戦争巡歴

同盟通信記者が見た日中戦争、欧州戦争、太平洋戦争

大屋久寿雄［著］
鳥居英晴［編集・解説］

柘植書房新社

上右・昭和９年12月７日、鎌倉にて
上左・1931年、撮影場所不明
下・４人の子供たちとともに、自宅にて、撮影時期不明

上・同盟通信社本社（市政会館）一九四二年夏撮影
下・一九三七年七月七日の盧溝橋事件を伝える同盟通信の第一報（「同盟旬報」）

盧溝橋事件

現地情勢

支那兵日本軍に發砲

北平【七・八】豐臺駐屯の我部隊一個中隊は七日夜夜間演習中午後十一時四十分頃盧溝橋附近に於いて不法にも突如支那側より數十發の射撃を受けたるを以て直ちに演習を中止し狀況を偵察すると共に取敢へず該支那部隊長に對し嚴重謝罪を要求中である、尙ほ不法發砲の支那兵は馮治安の第三十七師の一個營である

上・第２次上海事変、上海で、撤退する中国軍を追い、鉄道監理局ビルのそばを野砲を押して進む日本軍兵士。
下・南京から東へ 37 キロの江陰に入城する日本軍歩兵。

上・1939 年 9 月 23 日、南京会談後、記者団と語る、汪兆銘主席
下・1940 年 9 月 27 日、３国同盟締結を祝って外相官邸の祝賀会、中央に東条英機首相、乾杯の音頭をとるのが松岡洋右外相。

上・バルカン地域の村落でぬかるみを進むドイツ軍親衛隊の装甲車両
下・「同盟写真特報」第 1823 号、タイ・仏印国境画定の偉業完成、1942 年 7 月 16 日

帝國の調停こゝに結実
泰・佛印國境劃定の偉業完成

上・共栄圏の子どもたち、マレー半島、ニューブリテン東、ビルマ、フィリピン
下・「同盟写真特報」第 1922 号、満洲開拓女塾訓練生の一日、1942 年 10 月 24 日

上・太平洋戦争中の同盟通信編集局外信部の風景、1943 年 4 月
下・10 月 31 日で解散することになり、社員に最後の挨拶をする同盟通信の古野伊之助社長、1945 年 10 月 15 日

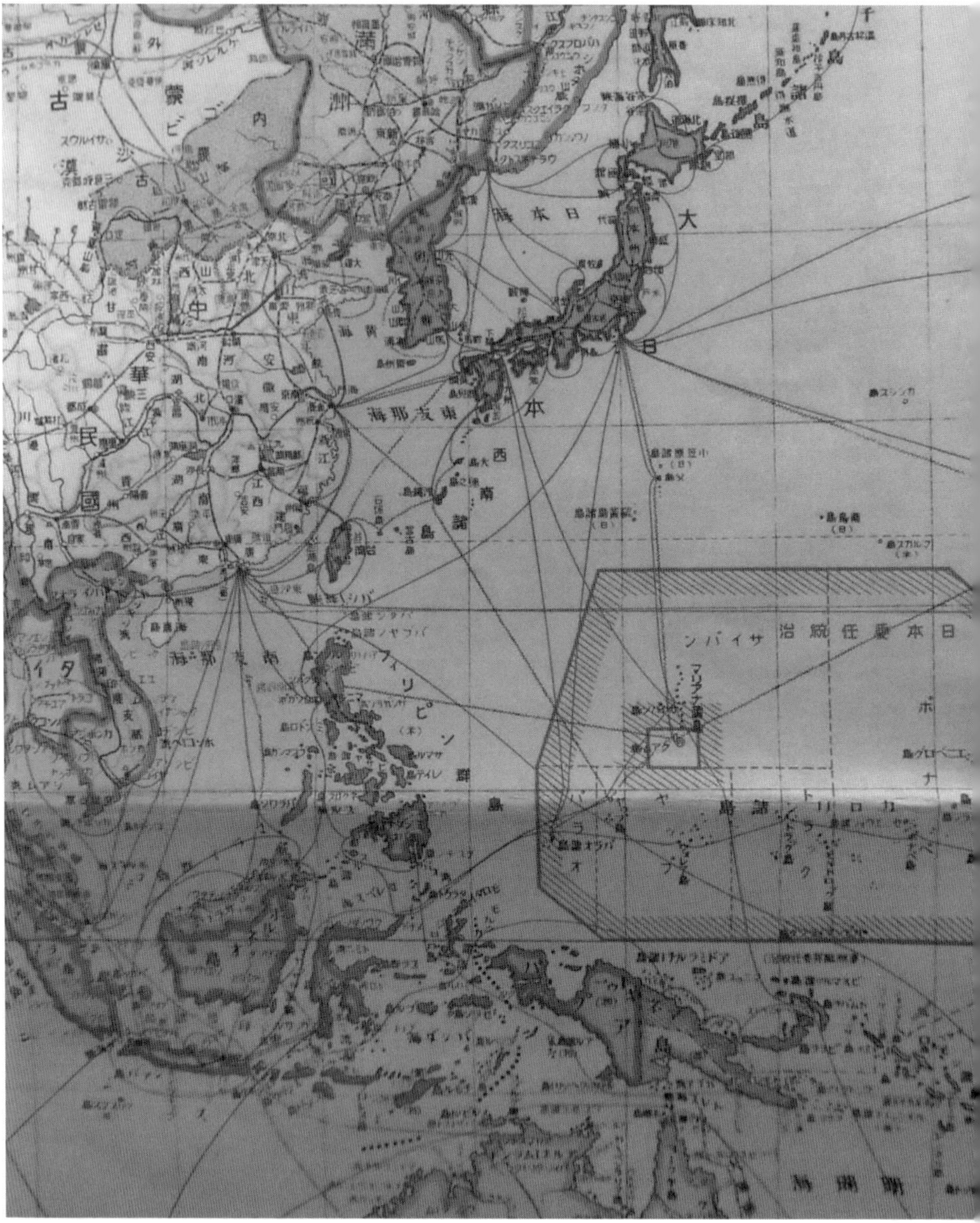

同盟通信社本社から、社員に最後の挨拶をする古野伊之助社長までの写真は、全て共同通信社提供。
上・最新世界全図（昭和 14 年 9 月）は、文化歴史資料館所蔵。

痛快記者、歴史の街道を歩く

保阪正康（ノンフィクション作家）

本書の主人公（太田三吉）は、むろん著者である大屋久寿雄、その人のありのままの姿である。読み進むうちにわかってくることだが、太田はなんとも憎めない、遊び好きの、そして自分なりの正邪の感覚をもった記者のイメージが浮かんでくる。一言でいうと「痛快記者、歴史の街道を歩く」とでも評することができようか。

本書の中には著者の人生観がいくつも散らばっている。あるいは自らの生活信条を告白している。たとえば、「三吉は物心ついてからこの方、夜の時間は遊ぶか飲むかする以外には使ったことがない。書いたり読んだりするのは、早朝の時間、といつの間にかそうした習慣になっていた」という生活態度は、どういうタイプであるかがはっきりとわかる。つまり人の動きがきわめて率直に明らかになる夜の空間で、記者として情報をとり、その情報を分析するという手法を身につけたのである。本書はこの「夜の部」の面白さが、いや著者の人間味あふれるその様が、歴史の裏側を垣間見せているといっていいであろう。

著者は昭和十三（一九三八）年に、日本陸軍の幾つかの謀略機関がかかわった汪兆銘工作を確かめるためにハノイに取材に赴いている。このハノイでの夜の生活やこの美しい街でくり広げられる情報工作を人間の欲望を軸にしながら描いている。そういう著者の目はしたたかだ。

汪兆銘が重慶からハノイに脱出して日本軍に協力して、親日政権をつくることになるのだが、その汪がハノイに隠れ家として求める家の周辺をカメラを持ちながら、それとなく散策して調べる。そのときの仲間の記者との会話を書き残していて、その中に次のやりとりがある。

「(汪兆銘の香港に住む娘の結婚祝いに蒋介石一派から贈り物が届く件にふれながら) してみると、汪と蒋とは、しんからの喧嘩別れというわけでもないのか」

「そこが俺たち日本人にはどうもよくはのみ込めないんだね。政治は政治、私情は私情というのかと思うと、必ずしもそう画然としているわけでもなく、都合によって画然と分けておいて、その裏で公的なものと私的なものとが絡み合っている」

二人の記者は、汪の隠れ家を回りながら、そういう会話を続けた。確かに汪兆銘は蒋介石政府を裏切って日本側に協力することになり、歴史上では漢奸として謗られることにもなった。だがそれは表面上のことで、太田ら痛快記者は本質を見ぬいていることがわかるのだ。

一九四五年八月の日本の敗北以後、汪政府の要人は蒋介石政府により投獄される。汪夫人も投獄されるが、そこに共産党の指示を受けた者が訪ねて来て、「あなたは過ちを認めて自己批判しろ。そうすれば罪一等が減じられる」と説得される。そのとき夫人が言ったとされる次の言はよく知られている。

「中国が困難に陥ったとき、あなた方はソ連、蒋介石はアメリカ、そして私たちは日本とそれぞれ結びついた。国を救うためにこれらの国と誰かが結びついておかなければならなかったのだ」

つまり中国の政治家、革命家は、国の存立に関わる折りには、わが身を通してそれぞれが危険を回避するための知恵をもっているということであった。

時代の折り折りの太田三吉の発言にはそういう歴史の含みがこめられている。それがこの書のもっともよく教えている点である。真実に近づくこういう歴史的カンというのは、太田のような破天荒な、いってみれば優等生とはいえない記者たちによって培われてきたといえるだろう。

もう一点あげておくが、欧州戦争の章では「ドイツ人は怕《おそ》れられ、ある場合には畏敬されることはあるかも知れないが、決して愛され親しまれる国民ではない、という感じは三吉のものでもあった」との太田の率直な感想が記述されている。ドイツ嫌いのヨーロッパ各国に駐在している日本人は意外に多いという事実を語っていく。満鉄のパリ出張所長をしている人物の反ドイツの言（たとえばドイツ当局の通信検閲制度では日本人間の通信もすべて開封し、その内容を全て記録しているという）を紹介しながら、自分は必ずしもそれに同調するわけではないがとしつつ、その実ドイツ嫌いをさりげなく告白している。

第二次大戦に入っているヨーロッパの事情を、大屋は細部にわたって書くのだが、その一方でアジアを見て回ったらしくその描写も興味深い。バンコクで松岡洋右外相にとりたてられた公使の「日本の国内政治のこと以外は興味をもたなかった」外交感覚のなさなども強い筆調で批判している。この種のタイプと大屋はあきるほど会っているということであろう。

太田三吉と名のる著者の経歴にも読者は興味をもたざるを得なくなる。本書を読み進むうちに一九三〇年代のまだ特派員派遣も充分に行われていないときに、その先兵となって赴いた大屋とはどんな人物なのか。日本社会からはみ出るようなこんな人物はどのようにして生まれるのか。

本書の末尾で、その経歴が紹介されている。明治四十二（一九〇七）年七月生まれで、福岡県の農村から東京に出てきたのは十四歳である。父親は開業医だから、相応の生活環境は保障されていた。成城高校を卒業するが大学には進まない。著者によるとあまりにもひどい成績なので、大学には進まないとの条件で卒業したというのだから、自分の関心をもつことには熱心になるのに、関心のないことには見向きもしないといったタイプなのであろう。

それをよいことにフランスにわたり、リヨン大学文学部に入学したという。といっても勉学よりは各地を放浪するほうが性格に合っていたらしく、各国、各地を回って見聞を広めている。このころの日本人には珍しいほどの進取の精神に富んでいたのである。あえてつけ加えておくが、こういう実学タイプの教養人は、日本社会の肩書き先行という枠内には納まらないといっていい。

昭和八（一九三三）年十月に新聞連合社に入社するが、この組織も昭和十一年一月には同盟通信社となり、そのままこの組織で新聞記者を務めている。昭和十年代初期から中期の日本の政治状況をまたよく見つめている。

日中戦争下の中国社会での日本人の正直な姿が記録されている。昭和十三年一月に近衛首相が「爾後蔣介石は対手にせず」と声明をだして、日中和平の道筋を自らの手で断ち切ることになった。このことについてふれている大屋の視点は歴史的証言に位置している。「近衛首相の怪声明は、あらゆる良識者の頭を完全に混乱させてしまった。われわれはいまや対手なしに闘っているのであろうか」と書き、日本は正常な感覚を失ったかのようだと指摘している。日本人の傲岸なふるまいの中に、国際社会でも恥ずかしい顚末が明かされている。引用しておこう。

「支那人は日本人を好いていないどころか、日に日に軽蔑を深くしていた。それは少し注意深く観察しているものの目には蔽うことのできない現実であった。北京郊外の萬寿山を天下の景観として彩る華麗壮大な堂宇や蜿蜒《えんえん》たる塀などに、一面の落書きを施し、芸術的な甍《いらか》や仏像などを叩き欠いで記念に持ち去ることによって、北京人が誇った名所の一つを殆んど見る影もないほど台なしにしたのが主として日本兵や日本人旅行者であることを支那人は皆知っていた」

大屋久寿雄は国際社会を放浪することによって、あるいは通信社の記者として各国の日常を見ているうちに、極めてまっとうな、言ってみれば真の国際人としての見識を身につけたのである。本書の最大の特徴は、一見破天荒で、痛快な記者の体験談であるにせよ、その本質は日本の軍人や官僚が決して身につけることができなかった平衡感覚を読者に教えている点にある。

大屋の経歴は、同盟通信社記者としてどのような国際的動きを報道したのか、という点についても詳述している。この平衡感覚を読みとることによって、私たちは本書のもつ意味を再確認することになるだろう。

終戦前後の日本社会の動き、そして同盟通信社の解散、新聞界の再編成なども占領史の貴重な証言になるだろうが、その「日本人論」は特筆すべき価値があるように思う。

大屋は、「私は戦争に負けたから急に日本民族が嫌いになったのではない。勝っている最中にはもっと強くこれを嫌悪した」と書いている。そのうえで「私は日本民族を誇りに思ったことは曾て一度もない」と断定している。十代から国際社会を見てきて、そして終戦に立ち会ってみつめた「日本人」のその姿に絶望を感じることで、大屋は何を訴えたかったのか。この文脈の中で、大屋は次のようにも書いている。

「万葉集のあとに歌集なく、源氏物語のあとに文学がない。徳川期といい、明治期というも文化的水準からこれを見れば甚だ幼稚なものでしかない。思想の面から見ても、一つとして世界に紹介するに足りるものを持たない。すべては、物真似の上に築かれた現代日本であった」

昭和期の日本人は「大和魂」なる呪文を唱えて「自己催眠」に安んじてきたと、大屋は分析する。「大和魂」のあとは「デモクラシー」を叫ぶ。デモクラシーには義務が必定のことだ。それなのに権利のみを主張しつづけるとこのジャーナリストの怒りは、日本人の本質に迫っていく。

こうした著者の不満や怒りは、戦後すぐの社会風潮を見ながら書き上げられただけに貴重であるといっていいであろう。もとよりこうした見方に反論もあるだろうが、著者の視点は事実にもとづいての帰納的手法での論の進め方だけに説得力を持っている。演繹的に歴史を見ようとする人びと（このところ一般的には歴史修正主義者に多いのだが）の短兵急さと単純さを、大屋は時空を超えて批判しているということになろうか。

教訓の宝庫

石山永一郎（共同通信編集委員）

同盟通信の存在は、一九八二年に共同通信に入社して以来、ずっと気になってきた。しかし、長年、「戦争に協力した事実上の国営通信社」といった程度のおおざっぱな知識しか持ち合わせてはいなかった。

その歴史を多少は詳細に知ることになったのは、編集委員室で歴史関係の記事を書き始めるようになってからだ。戦後七十年に当たる二〇一五年には、同盟通信をテーマに「リベラルな理念と国家主義　総力戦担った同盟通信社」という新聞1ページ分の検証記事も書いた。その際は、同盟通信研究において、今や第一人者と言える鳥居英晴氏の「国策通信社『同盟』の興亡」など多数の文献を参考にさせていただいた。

それでも、分からないことは多々あった。同盟創立の一九三六年以来、ファシズムの時代の中で、同盟の記者たちが日々どんな暮らしを送り、社ではどんな議論をし、中国、太平洋と続いた戦争に日々どんな評価を下していたのか。そういった細部はつかみきれなかった。

その一端がようやく分かったのは、鳥居氏から渡されたこの大屋久寿雄の未発表原稿のおかげである。戦後の闘病で死期迫る中、大屋が書き残した「戦争巡歴」は、私の同盟通信に関する二次元的な史実理解を、記者たちが笑い、涙し、怒り、苦悩する日常の描写によって、立体的な「現実」の形に変えてくれた。

フランス語とフランス文学に通じた大屋の文章は現代的で色あせていない。その語彙に圧倒されつつも、この膨大な分量を読み切ることはまったく苦ではなかった。

まず、驚嘆した。敗戦直後の病苦の中、四百字詰め原稿用紙で約二千枚の分量の原稿を書き続けたエネルギーはどこから湧いてきたのだろうかと。同僚や政府、軍関係者への評価を実名で率直、時には辛辣に下すだけでなく、自らの女性関係をも赤裸々に書いていることにも驚かされた。

敗戦の際に涙した大屋には、何もかも一変した戦後の風景の中で、おそらくは自らが生きた証しとして書き残さざるを得ない強烈な感情がふつふつと湧き続けたのではないか。

それにしても、当時はまだ発表に差し障りが多々あったはずの内容だ。発表の当てがないこれだけの分量の作品を、よく残したと感服する。執筆から七十年近くを経て、登場人物のほぼすべてが鬼籍に入った今でなければ、この本の刊行も難しかったはずだ。七十年近い未発表は必然でもあった。

同盟通信が戦前・戦中に政府の宣伝戦の中核を担った国策通信社であったことは間違いない。戦争責任の一端を負うべき存在でもあった。

同盟通信とは過去の異質な組織との印象が私には長らくあった。同盟が一九四五年十月末で解散した時点でその存在は葬られ、いったん清算され、その「遺伝子」は受け継がれず、同盟のあり方への反省の中で後身の共同通信、時事通信とも戦後の報道機関として歩んできたという理解があった。

戦後に共同が作成した編集綱領には「世界の平和と民主主義の確立および人類の幸福を念願して、ニュース活動を行う」と書かれている。時事の創立趣意書にも「報道の自由を確保して責任ある通信を発行する」とある。

しかし、日本が破滅的な戦争に突入していった時代に天津、北京、ハノイと海外支局を渡り歩き、さらには上海から東回りで欧州遊軍特派員となった大屋のこの記録を読むと、少なくとも共同通信の海外特派員の日常には、同盟時代の「遺伝子」が受け継がれているように思えてしまう。それは「国策通信社」の遺伝子ではなく、記者の取材手法や日々の過ごし方の部分であるのだが、大屋の記述の中には、現代の日本の海外特派員の姿と重なりは合うエピソードが多い。

私自身、共同通信のマニラ支局とワシントン支局に一九九〇年代から二〇〇〇年代にかけて駐在した。

各地の女性を強力な磁力で引きつける大屋ほどの記者はさすがに稀ながら、波風が立つもの、立たないもの、真偽定かなもの、定かでないものを含め、その地の女性との恋愛話は海外特派員の間ではよく聞く話でもあった。

かといって酒や異性に耽溺していられるほど特派員は暇ではなく、昼間は原稿に追われ、酒を飲んだ夜にしても、突発のニュースへの対応やライバル社の同行を常に気に掛けている。大屋の時代と同じように、海外支局と言っても日本人は自分一人しかいない場合がほとんどだから、かなりの激務である。

それを知っていると、露悪趣味的といえるほどに女性遍歴や酒びたりの日々を書き続ける大屋の文章の行間に、三十歳そこそこにして海外特派員に出た大屋の押しつぶされそうな緊張、重責感と格闘する姿が私には読み取れる。実際、あきれるほどに大屋は夜と女性のことばかり書くが、よく人と付き合い、昼夜問わずあらゆる取材を試みている。そして、現代であれば新聞協会賞級と思われる中国国民党ナンバー2の汪兆銘ハノイ潜入という国際的なスクープを放っている。そのスクープに行き着くまでの大屋の取材は、現代のジャーナリズムの視点からみても実に慎重にして的確である。

金がかかる長い潜行取材をしていると、途中で経費削減などを求めてくる会社も、それが大スクープに結実すれば評価を一変させる。「貴電　光彩陸離　全紙トップを飾る　世界的スクープ　成功を謝す」と大屋のスクープには本社から、社長を含めた祝電が送られている。こういうところは、今の共同通信もほぼ同じである。

ホテルと支局だけをもっぱら行き来し、ニューヨーク・タイムズなど現地メディアをひたすら読み込んで日本語に訳し「転電」と呼ばれる作業に没頭するニューヨーク特派員。自宅の家賃をめぐって家主と大げんかをして当事国政府まで巻き込んだ大問題に発展させてしまうブカレスト特派員。こういったエピソードやトラブルは現在の共同通信の海外支局でも決して珍しいことではない。

「転電」特派員について少し弁護すれば、現在の共同通信でもあながち否定される特派員の姿ではない。ＡＰやロイターといった欧米通信社や現地メディアの報道をいち早く追うことは、今も速報を重視される通信社記者にとっては重要な仕事であり、海外支局の場合、支局の外に出て自ら取材する機会は実はそう多くない。日本との時差や繁忙度にもよるが、大屋のように、それができるのは夜の時間に限られる場合もある。

かつて私が想像していた同盟通信特派員とは、国策にもっと忠実で、記者というよりはむしろ、大使館付諜報員というイメージが強かった。実際、そういう記者がいなかったわけではないようだが、この本を読む限り、「自分はジャーナリストである」という強烈な自負を大屋は持っていた。他の同盟特派員も、検閲への抵抗はあきらめていても、ジャーナリストであるとの自意識は決して捨てていないように読める。

各地の日本大使館が便宜を図ってくれる度合いは、同盟特派員の方が一段上のように思えるが、これとて在留日本人が少ない国では大使館員と記者が家族ぐるみで付き合う仲になることは今もある。同盟海外特派員の日常は、ネットや携帯電話が普及する以前、一九九〇年代半ばまで日本の海外特派員の日常とさほど変わらなかったように思えるのだ。

大屋に象徴されるように、同盟の社風は意外なほどリベラルで、人材も多くが有能でかつ多彩だった。社内言論もかなり自由だった。東京のデスクと大屋との欧州での電報でのやりとりの下りを読むと、上下関係もさほど厳しくなく、上司に堂々と反論する記者たちも少なくなかったようだ。こういうところもあまり変わっていない。

過去と今とを重ね合わせたとき、むしろそういうところに私はどきりとさせられる。同盟通信がまったく異質な組織であったなら「戦争協力をした過去と今は違う」と言い切れるだろう。しかし、同盟が今とさほど変わらないリベラルな記者や幹部がいた組織であったとすれば、戦争とメディアをめぐる教訓は別のものになる。今とそう変わっていない組織や記者が国を誤った道に導いてしまった意味を考えなければならない。

外相の松岡洋右に同行して欧州、ソ連を回って帰国した同盟編集局次長の岡村二一が帰国後、「ヒトラーの手のひらは実に柔らかい」と繰り返し得意げに話したという本書のエピソードは、現代のメディアにもありそうな話で、実にはっとさせられる。しかし、同盟が社長から一介の記者に至るまで、皆が勇んで国策に協力し、進軍ラッパを吹き続けたかというと、そうでもなかったようだ。

日中戦争が始まった一九三七年当時、同盟社長の岩永祐吉は戦線の不拡大方針を支持し、政府や軍を説得して回った。二代目社長の古野伊之助もリベラル派で、日中戦争の和平工作や、終戦時のポツダム宣言受諾をめぐり軍部の説得工作に関わっている。

同盟社会部長だった栗林農夫はプロレタリア俳句運動の旗手で、本書にあるように一九四一年二月に治安維持法違反で逮捕され、二年四カ月拘留されている。

その栗林を拘留中に見舞った大屋は、日中戦争には比較的無批判で「心の中では打ち興じているようなところもあったかも知れない」と告白しているが、太平洋戦争については「身震いするほどの真剣さで、これを批判しつづけた」と書いている。実際の大屋の批判がどれほどのものだったか。それが、書かれているはずの部分が欠落しているのは実に残念である。

同盟通信内にも、かつての戦争を批判し、さまざまな抵抗を試みた幹部や記者たちがいた。だが、日中戦争以降、いったん始まってしまった戦争は、個々の記者の見識や良心が「軟らかい抵抗」として表現されるだけでは、現実を動かす力にはならなかった。

同盟通信の歴史は戦争とジャーナリズムを巡る教訓の宝庫でもある。大屋がとことん描いた当時の記者たちの生身の姿は、そのことを深く心に刻ませてくれる。

二〇一六年八月

第一部　「支那事変」……1

第三部「欧州戦争」 …… 397

バルカン諸国一巡　440

パリから再びバルカンへ　488

ネルミン 522

第一の別れ 562

第二の別れ 584

第一部　「支那事変」

1937（昭和 12）年 6 月 4 日　第 1 次近衛内閣、前列中央が近衛文麿首相（共同通信社提供）

葉山

横浜から三浦半島を横断して葉山へ出る道はその頃までまだ舗装がしてなかった。曲がりくねりも上りも下りも相当はげしかった。自動車で飛ばして行くと赤土色のひどい土煙が濛々と舞い上った。

ほかの自動車から五百メートルほど離れて神奈川県警察部の無蓋フォードが時々跳ね上りながら先頭を疾駆していた。その土煙がちょうど消えた辺りを黒塗りセダンの「内閣1」がどっしりとした軽快さで辷《すべ》って行った。後も側面も窓には幕が引いてあって、内なる人の動静は判らなかった。

「内閣1」に続いて、てんでに社旗をはためかした二十何台かの新聞通信社の自動車が長蛇のような土埃の中を抜けつくぐりつ疾駆した。

太田三吉の自動車は「内閣1」から一台距ててすぐ後を全速で走っていた。曲り角に来ると鋭い軋り音を発して危く車体が横倒しになるかと思われるほど急傾斜で曲って行った。もはや速度制限などは存在しないも同様であった。「内閣1」の軽調なエンジンが出すスピードはともすれば先駆の無蓋車を追い越しそうになった。その度に無蓋車は懸命に喘ぎ走った。

誰も彼も絶えずせき立てられるような気持であった。

土煙のため窓は一切開けられなかった。窓の硝子に土煙が間断なく吹雪のように吹きつけて過ぎた。ともすれば身ぐるみ擲り出されそうになるのを吊紐につかまって防いでいると、身体中から脂汗が絞り出したようにぐっしょりと流れ出た。自動車の中は蒸し風呂のようにむれ返っていた。

昭和十二年（一九三七年）七月八日の朝である。閣議の途中から首相近衛文麿公爵は御避暑中の陛下に拝謁のため急遽葉山の御用邸に赴いたのであった。

断乎膺懲《ようちょう》か、現地の円満解決か。七月七日の夜半、北京近郊で突発した日・支両軍衝突事件を如何に捌くかはこの拝謁で本極りになるのである。しかし、政府の方針が大体不拡大に在るらしいことは記者仲間には既に知れていた。

だが、太田三吉は他の大部分の記者と同様、個人的には、断乎膺懲がよいのか、それとも不拡大が正しいのかに関する確たる意見は持っていなかった。ただ漠然と、不拡大などと生煮えみたいなことを言っていずに、ごつんとやったらよさそうなものだと感情的に思っていたにすぎない。のべつ支那側がいたずらするんじゃ仕方がないじゃないかとも考えていた。だが、それ以上深くは考えようともしなかったし、考えるための勉強も別段日頃からしていたわけではなかった。

疾風の如く葉山の街の中を走り抜けた「内閣1」は御用邸の玉砂利を轍で噛みながら門内深く消えて行った。これに続いた各新聞・通信社の自動車はいずれも門前でキュル、キュル、キュルと急激な軋音と共に急旋回して付近に屯した。

岩永裕吉　（新聞通信調査会提供）

近衛首相に続いて陸海軍の要人が数人自動車でやって来たほかは、葉山の街は案外静かであった。

政府の方針は不拡大と決まった。同盟通信*の社長岩永裕吉**はビスマルクがどうとかしたときの例というのを担いで、しきりに内閣のうちやそとを説いて回り不拡大方針の確定に日夜奔走していた。にも拘らず、太田三吉は、社の方針が遅疑逡巡して未だ定ったものを持たないことを感じていた。

＊　満州事変後、対外宣伝の必要性を重視した政府は、新聞聯合社と日本電報通信社（電通）の二大通信社の統合を目指した。交渉は難航し、一九三六年一月、新聞聯合をもとに同盟が発足、同年六月、電通の報道部門を吸収した。

＊＊　満鉄、鉄道院をへて、岩永通信事務所。国際通信専務取締役、新聞聯合専務理事、同盟初代社長。

ともかく同盟通信でも特派員を出さなければならない。政府が事件不拡大の方針を決定発表した翌日、社では社会部長岡村二一*ほか数名の第一次特派員を追い立てるようにして、北支へと飛行機で旅立せたのであった。

＊　東洋大学専門部卒。萬朝報をへて、新聞聯合に入社。同盟通信社会部長・編集局次長。戦後、東京タイムズ創立。

報道界は直感的に政府のいう不拡大方針に百％の信頼を持つことを躊躇していた。そしてその後の事態の発展はこうした直感の正しさを証明した。

内地の新聞は連日激越な調子で支那を責めた。事件その

岡村二一

岡村二一 （共同通信社提供）

ものは不拡大方針で処理されようとしていたかも知れないが、日本人の感情のうえではそれはしきりに拡大されつづけていた。この傾向は現地で報道に従事中の新聞記者の間に一、二の負傷者を出すことによってますますひどくなり、通州事件*、天津事件と相次いで支那兵暴発が報ぜられるに及んでは、もはや抑止しようもないものとなった。

＊　盧溝橋事件の直後の七月二十九日、日本の傀儡政権、冀東防共自治政府の首都通州で、日本軍に対する中国兵の寝返りで起きた事件。日本人居留民二百余人が虐殺された。

その頃、太田三吉は参謀本部から毎日情報連絡のため同盟に派遣されて来ていた若い大尉と、不拡大方針にも拘らず何故どんどん事件は拡大して行くかということについて話したことがあった。どうせ軍の方では思いきりやるつもりなんだろうから、というようなことを言うと、件の大尉は真剣な顔付をして、とんでもない。今度の事件で一番強いのは新聞社で、その次は陸軍省。参謀本部が一番弱気で腰抜けじゃと言って、いつも同期生あたりから叱られている有様です、と言っていた。

太田三吉にとってはどちらかと言えば、事件の拡大の方が望ましかった。拡大すれば特派員となって大陸に渡れるかも知れなかったからだ。彼が事件拡大の重大性について多少とも何かの認識を持つようになったのは、北支生活を一年近く経験したのちのことであった。

また太田三吉がこの頃何とはなしに持った近衛文麿に対する印象は不思議とその後殆んど訂正されることなしに近衛の自殺の後に至るまで持ち続けられたのであった。智と理が剰《あま》って、情と熱とがこれに伴わないという印象から来る冷さ、信頼できない気持。それは近衛が時々示す己を他より一段も二段も高いところに置いて事に向う態度に対する反感、そういうものと一緒になって、太田三吉を漠然とした近衛嫌いにしていたのであるが、三吉は過去十年間「世人は一体何が故に二言目には近衛々々と言うのであろう。近衛のどこが一体それだけ大政治家であり、偉いところなのであろうか」との問いをつねづね自分自身に対して繰り返して来たのであった。この自問に充分納得の行く自答を与え得るとき、三吉は自分にもいくらか政治のことも判って来たといい得るのかもしれないと考えていた。

近衛が総理になって、初めての記者団会見は慣例を破って箱根の富士屋ホテルでやるという。このときも皆自動車を飛ばして箱根に殺到したものであった。

この会見で近衛が何を言ったかは太田三吉はもう何にも記憶していない。新聞は寛いだ写真入りで青年宰相がどうしたの、若き日本のホープがこう言ったのと書き立て、例によって無学無趣味な記者たちのお好み記事が歯の浮く軽佻浮薄さで大きく印刷されたが、そして三吉もまた腕に縒りをかけて同様な三文記事を書き飛ばし、帰りの自動車の中では、小田原のカフェーで強《したた》か呷りつけた安ウィスキーに泥酔して伝書鳩の籠の上に大の字なりに寝そべって、持って行った鳩を全部潰してしまうなどの醜態を演じたりしたが、心の中では初会見の青年首相に何となく気を悪くしていた。第一、どことなく蛇に似たあの白味がちな冷い眼が嫌だ。次に、心から口を開いて笑うことを忘れたらしいあの人柄が嫌だ。まあ君たちとの交際はほどほどにして、といわんばかりの気位にも反感が感じられた。

1933（昭和 8）年 10 月 22 日、西園寺公望公訪問に出発する近衛文麿貴族院議長（共同通信社提供）

三吉の近衛に対する「嫌い」はその後年月と事件とを経るにつれて段々理由を持つようになって来る。一口に言えば無責任であり、身勝手であり、思い上った奴であるから嫌だということになる。

一体近衛という男は、と太田は考える。世上一般にいまや伝説となりかかっているが如くに、天皇陛下の親友として、反軍閥的な勢力のホープ的存在で、彼自身果してあったかどうか。能も智慧もない連中が軍閥の横車に堪えられなくなると恰も溜息と泣べその合文句のごとくして唱えた「近衛々々」の呼び声は、軍閥に対してまだ多少とも何か一言ぐらい言えそうなのが宮中勢力なら、これに連なる政治家としては近衛以外にその人がないということを意味しているのであるが、これとともに、軍閥の方でもまあ近衛ならといって比較的抱擁的態度を示したということは近衛の中に何かしら軍閥と一脈通ずるものがあったのではないかということを思わせるのである。

太田三吉はふとしたことから、この問題に対する近衛自身の回答を発見した。昭和十八年末に上梓された山浦貫一著『森恪』という本に近衛は昭和十五年十月の日付で署名入りの序文を寄せているがその中で彼は次のようなことを言っている。

「昭和六年五月頃であった。久しぶりに駒沢のゴルフ場で森君と会った。森君の政治的立場は非常に躍進して、もう政党政治論者ではなくなっていた。『世の中は大変な変化を来しつつある。政党とか貴族院とかいう小さな考えを変えなければとんでもないことになる』そういう意味のことを私に話した。当時私は極めて暢気であった。その春三月、議会を繞《めぐ》って起りかけたという事件のことも余程後になって有馬頼寧*君から聴いて始めて知ったくらいであった。森君はそういう激動の中心にいたのだから政党とか、貴族院とか小さいカテゴリーにこだわってはいられなくなったのである。森君に刺激されて私の眼は新しい時代の潮流に向けられて来た。そこで軍部や革新勢力の方面の人々とも森君の紹介で会うようになり、満州問題についても深い関心を抱くようになった。いわば森君は私を新体制の方向へ誘導した先達である」

＊　東京帝大農大学卒業後、農商務省に入る。衆議院議員、貴族院議員を経て、昭和十二年第一次近衛内閣農相。昭和十五年大政翼賛会の初代事務総長。昭和三十年中央競馬会理事長となり、「有馬記念」にその名を残す。

近衛が自ら迎えて軍と狎れ合っていたのであることを「新体制*」という言葉に包んで告白している。

＊　新体制運動。昭和十五年、近衛文麿の側近であった風見章らが、軍部に対抗するため、国民を基盤とした新たな政治勢力を結集しようとした運動。各政党は次々に解党し、軍部の工作もあって、同年十月、大政翼賛会が発足する。

天津

1　北支へ派遣

太田三吉が特派員に選ばれる可能性は少かった。社会部長は出発の前に次長の栗林農夫*に太田を留守番に置いとくからあとは然るべく頼むよと挨拶して行った。しかし太田は希望を断ってはいなかった。満州事変のときの先輩たちの話を聞いても、現地報道を経験するかしないかは記者としての将来に大きな影響を持つに違いないというように思われた。だから、生後一年半の長男が幼児には珍しい湿性肋膜炎を罹って慶応病院に入院しても、そのことを誰にも話さなかった。そんなことから選を逃すようなことがあっては大変だと考えたのであった。幼児は生死の境を彷徨した。三吉の妻は不眠で看護した。三吉も社からの帰りには必ず病院によった。

＊　雑誌『改造』の記者をへて、新聞聯合に入社。プロレタリア俳句運動の旗手でもあり、一石路という俳号を持っていた。

三吉に北支へ急行するようにと突然言い渡されたのは九月の初め、ちょうど幼児の生命をどうやらとりとめたらしいと思われたばかりのときであった。医者から、「どうやら峠は越えたようです」といわれたのを力に、幼児の生命を看護に疲れた妻に委ねて、三吉は「俺は死ぬかも知れない」と覚悟しつつ出発して行った。

一行は七人であった。いろんな人間がいた。大学を出るとすぐ中南米を漫遊して来たという金持の息子中屋健弌*、裁判所詰を専門にやって来た松井善四郎にとっては特派員になるのは今度がはじめてであった。妻君との間に子供がないので、一つ支那娘に優秀なる混血児でも産ませるかと言っていたが、当の妻君とは水盃をして来たとも話していた。

＊　東京帝大西洋史学科、同大大学院卒。昭和十一年、同盟入社。戦後、共同をへて、東大教授。アメリカ史が専門。

大阪から一行に合したニュース映画班の花房末太郎は誰とも初対面であった。彼のリュックサックには草履が五足程仰々しくくくりつけてあった。彼はひどい無口で殆んど返事もしないほどであったが、その日は始終笑っていた。何のきっかけもないのに「あて、前には京都の太秦でがらがらやってました。鳥打、後へこう回してな。よらば斬るぞをとってましてん。つまらんので今度同盟へ御厄介になることにしました。よろしくお願いします」などと話した。そのあとは何を訊ねてもただ、はあと言って自分でも仕方なさそうに笑うだけであった。この男はその後昭和十三年秋珠江啓開作戦で戦死したが、どこでも誰にでも地味に可愛がれた男であった。

一行は門司から乗船して塘沽に上陸した。そこはもう「戦場」であった。

2　塘沽に上陸

一旦難を内地に避けていたけれど、北京・天津地区もどうやら治まったようだから急いで帰って行く――そういう人たちで船は満員であった。船が白河の濁った水を遡りはじめる頃から、尻の高い支那帆船が何隻も続いてすれ違って行った。どこにも戦争の匂いはしていなかった。平原は渺漫《びょうまん》として果しなく拡がって靄の中に溶け込んでいた。一條の銀蛇の如くその中を白河が光りうねって輝いていた。あれがそれ天津の有名な百貨店「中原公司」の建物です、と天津に復帰する中年の紳士から指さされたその白い高楼は或時は右舷に来、左舷に往き、艫《とも》にきたかと思うと舳《へさき》に回りという具合に、白河のうねりに従って自由自在に位置を変えて人々を翻弄した。

塘沽近くになって、遽《あわただ》しいモーター音とともに海軍の小艇が舳で水面をひっぱたきながら勢よくすっ飛んで行ったとき、人々ははじめて戦争のことを思い出した。

塘沽は――流石に戦場であった。多くの輸送船がいた。土堤の上には日本軍が休んでいたり、行進していたり、何かを運んでいたりしていた。その間にまじって支那人が大きな声をたてていた。軍馬もいた。煙幕を張ったような土煙が街を間断なく引包んでいた。時々切れてもまたすぐより濃い土煙の集団が押しよせて来た。

船着場も、駅の構内も、街の中の通路も、どこもかしこも地面はぶかぶかの土埃であった。それが滲み出る汗にとけて忽ち身体中へばりついた。

いつになったら汽車に乗れるかは全く不明であった。汽車に乗れてもその汽車が何時《いつ》天津に着くかはこれも全く不明だという。停車場司令官の老中佐は、「新聞記者じゃろうが何じゃろうが来ん汽車には乗せれんからのう」と言って老眼鏡ごしにじろりと睨んだ。汽車は来た。しかしこの汽車に便乗を許されたのは駅の待合室でキァキァ騒いでいた九州弁の女たちの一団だけであった。二人の男が付き添っていた。彼女らはわれ勝にとホームに駆け出して、貨物車の扉口に立っている兵隊たちに向って蓮っ葉な口調で何か言っては、一人二人と彼らの手で中に引きずり込んで貰った。

「われわれ七人ぐらい乗せて乗せられぬことはないで

しょう」というと、例の老中佐は、「あの女子《おなご》どもはありゃ軍需品扱いじゃから特別じゃ、君たちはこの次、この次」と懶《ものう》さそうに手を振るばかりであった。なおも執拗《しつこ》くいうと彼はじろりと白い目を向けて「あんまりよけいなことを言わんで、当方から乗れと命令するまで温順しく待っとる！　判ったか！」と「静かに」怒鳴った。

多くの兵隊と馬とが街の埃の海の中で暑さと疲れとにへたりこんで休んでいた。そのうしろ側の並びにある飲食店では一般日本人や将校がビールを飲んで御馳走を食っていた。三吉の同行中のある者は支那人の苦力や小児らを捉えて支那語の片語単語を聞きかじって帳面につけていた。他のものは船中で知己になった天津の雑貨屋の娘というののお伴をしてどこかへ行ってしまった。その他のものも思い思いにどこかへ散って行った。

船の中ではあんなに近くに見えた天津が陸に上るといつ着けるか判らないほど遠くなる。塘沽の港と街とを埋めて埃にまみれながらまごまごしているこれらの人と馬と荷物の波は全部「陸上の距離」の犠牲者であった。街で休んでいた兵隊は自分らはもう三日ここでこうして待機しています、とて、曽つて癇癪を起してここから天津まで行軍で行った部隊があったそうだが、途中の道がぬかるんで、人も馬も半死半生になったそうだと話していた。

老中佐のいつも眠たげにたるんだ瞼は停車場司令室の外に渦巻くこうした景色を見ないためには好都合だったかもしれない。見たところで、処詮予備召集の彼などにはどうとも仕様のない問題だったのだろうから。

結局その日のうちに、三吉たちは汽車に乗ることができた。貨物車の中を二段に仕切って、ぎゅう詰めになって運ばれて行く兵隊たちの、その汗くさいほんのわずかの空間にわり込まして貰うのである。

夜襲があるかも知れないという兵隊たちの話は根拠のあるなしに拘らず、三吉たちに何となく戦場を身近に感じさせたが、汽車がおそろしくのろかったということ以外には、別段何の変ったこともなしに、二時間のところを十余時間かかって、列車は戦闘のあと生々しい天津駅に着いた。

駅のホームに大釜を据えて多勢の日本婦人が到着の列車ごとに湯茶のサーヴィスをしているのが却って戦争と直接繋がるものを感じさせるのであった。

ホームにはいろんな軍人が一杯いた。それがみんないかにも忙そうに歩いたり直立不動になったり、敬礼をしたり、廻れ右をしたり、鷹揚に歩いたり、敬礼にちょっと目で答えただけで何やら極めて重大そうな話に没頭したり、様々な形態でそこに溢れていた。

背広の日本人も大勢いた。走ったり、立ち停って手をあげたり、軍服の前で卑屈にへこへこ矢たらとお辞儀をしたり、けらけらけらと笑ったり、矢継ぎ早に喋ったり、ここでも百姿千態の騒々しさであった。

3　陣中新聞

日本租界はひどくごみごみしていた。同じ狭苦しくて人混みが激しくても地続きの仏租界のそれはどことなく重みもあれば深みもあった。第一富裕の匂いが立ち篭めて、それは繁栄という感じにむしろ近かったが、日本租界のそれは寒々と貧乏臭くて、ほんとのごみためであった。そこに無数の痩狼が群りつどうている形であった。

天津総站（本駅）から万国橋を渡って、白河沿いに日本租界に入る道には日本軍の軍用トラックが織るように流れていた。それらの自動車は恰も無人の大道を行くような乱暴さで疾った。車上からは間断なく最悪の罵声が投げ散らされた。日本租界は日本の兵隊としどけない服装の日本人男女と洋俥とで充満していた。

この頃戦線は早くも永定河の辺りにまで押しやられていたのであった。

六人の同僚は天津には一泊しただけで、すぐ北京に向かって発って行った。戦線はそこからすぐのところに布かれていたのである。太田三吉は自分だけが天津に残るように命ぜられたことに少からず不満を感じた。殊に兵隊新聞の編輯などという仕事には不満でもあったし、不安でもあった。従軍記者の華々しい夢にも未練があった。それに彼は新聞の編輯などやったこともなければ、見たことさえなかった。通信記者であった彼は、新聞はどういう工程を経て刷り上るものなのかについては何にも知らなかった。

「岡村君は、太田ならそんな新聞の一つや二つ、二、三時間ありゃあわけなくつくってしまうよと大いにわれわれを煙にまいて、それで君を呼んだんだから、今更出来ませんじゃ困るよ」

本社にも名の響いていた佐々木健児*はちょび髭を生やして、大陸育ちらしいゆったりとした態度の男であったが、三吉の躊躇を見て、苦が笑いを浮べながら言った。

＊　東亜同文書院中退。東方通信、新聞聯合を経て、同盟通信北支総局長、同中華総社長を歴任。

「軍で『朝日』にやらすか『毎日』にやらすかと言って

いるやつを、此方に掻払ったんだから、いま、しんさんに弱音をふかれちゃ、大変困る」と佐々木は笑った。

　結局三吉はやることに決心した。折柄席に居合せた軍報道部嘱託の大矢信彦*と天津庸報編輯局長の坂本楨が援けてやるというのであった。

昭和 14 年 1 月 15 日　天津庸報社編輯室にて　右は庸報主筆・坂本楨

＊　東亜同文書院卒業。満鉄勤務ののち、満州国通信社総支配人。昭和十四年に庸報の社長に就任。

　肥って、寡黙で、短気だが好人物な大矢信彦は曾つて満州日報の編輯局長をしたこともあった。また満州国通信社の支配人として編輯部長だった佐々木健児の上役だったこともあったが、もともと満鉄の人間で、華文を書かせては当代一という人もいた。実にいろんなことを知っていた。彼は、「つべつべ言わんでやったらいいがな。わからなけりぁ、始め二、三回俺が教えてやるよ」とやや語尾を引きかげんの独特な抑揚で言った。坂本楨は陸士中退者であった。右脚はつけ根から切断して義足をはめていた。その他内臓もあちらこちら悪いところがあるらしく、常に青くむくんだ顔色をしていた。少したるみ加減につき出た大きな下唇は彼を些か実質以下に見せていた。しかし彼は実に多くの、そして意外な名士を友人に持つ不思議な人物であった。中でも大橋忠一*、鈴木貞一**などは彼に対しては常にあらゆる扉を開いていたようであった。その彼もまた勧めて言った。「編輯も印刷も俺んとこでやりぁいいよ。俺んとこでも近く日本語印刷をはじめようと思って大体の準備はしてあるから、俺が手伝ってやるよ。職工が支那人だから、ちいとやり難いが、なあに、すぐに慣れるさ」。

＊　外務次官、蒙古政府最高顧問。戦後、衆議院議員、駐カンボジア大使。

＊＊　陸軍大学校卒業。第二次、第三次近衛内閣と東条内閣

で国務大臣企画院総裁。戦後、A級戦犯。

翌日佐々木に伴われて海光寺《ハイコンス》の軍司令部に出頭した三吉は軍宣伝部（後に報道部となる）の部長川口清健中佐以下、高級部員松村秀逸少佐などに紹介されて、軍嘱託の辞令をうけた。陣中新聞は新聞紙大二頁建て週刊で五万部発行ということであった。

前線の兵士がニュースに飢えていて可哀そうだから、これに新聞を供給せねばいかんという考えは、これは先頃前線を一巡して来た同盟の常務古野伊之助*が宣伝部に置いて行ったもので、従ってこの新聞は是が非でも同盟の手で発行しなければならないというのが、当時三頭政治の形で北支方面の社の業務を仕切っていた松方**・佐々木・岡村の考えであった。

* AP東京支局のボーイになったことをきっかけに、通信社の道に入る。国際通信の北京・ロンドン支局長、新聞聯合総支配人。同盟第二代社長。

** 松方三郎は明治の元勲松方正義の十三男。京都帝大経済学部卒。欧州に留学、帰国後、満鉄東京支社東亜経済調査局に入る。昭和九年に新聞聯合に入社。同盟通信の北支総局長、中南支総局長、満洲国通信社理事長。戦後、共同通信専務理事。登山家。

4 天津庸報社

貧相でぺしゃんこな日本租界の本通り旭街が繁華な仏租界のメーン・ストリートと変る辺りには大廈高楼《たいかこうろう》が櫛比《しっぴ》していて、昼も夜も売買の声がかしましかった。電燈も煌々と明るく、どことなく、そこには大都会らしい感じがしていた。天津庸報社はその仏租界の中心地区に在った。

曽つて京津地方で最有力な華字紙であったこの新聞は、事変とともに日本側の手に接収された。そして初めの頃は、曽つて国通（満州国通信社）の社長であった里見甫*が社長になって、親日華字紙として再出発したが、その後里見が例によって帽子も冠らず「ちょっと上海へ行って来るから」と飄然として姿を消したのちは（この人には前からそうした奇癖があった）坂本を中心に、大矢が顧問ということで、日本軍の御用紙的役割りをつとめていた。

* 東亜同文書院卒業。京津日日新聞、北京新聞などで記者を経験。満鉄南京事務所嘱託、満州国通信社主幹。日中戦争が始まると、陸軍特務部の依頼で阿片流通を支配したと

され、「阿片王」の異名をとった。

そこでは人々は実に静粛であった。内地の新聞や通信の編輯室を知っている三吉にはそれはとうてい新聞社の編輯室だなどとは信じられないほど、殆んど物音がしなかった。広い部屋に充分なスペースをとって並べられた机は、一定の時間になると長衫《チャンサン》の絹ずれもあるかなしかの、多くは支那服に支那靴という極めて非活動的な服装をした記者や編輯者たちが音もなくやって来て陣どった。彼らは悉く毛筆で仕事をした。電話も極く時たまにしかかかって来ない。給仕が定《きま》った時間に茶を注いで廻る。その時人々は音高く茶を啜るだけであった。

撮影時期不明　天津庸報社編輯室にて

こうした静寂を突如として破るのは編輯長の坂本自身であった。彼は提出された原稿や、既にゲラ刷となったものの中に何かの誤謬か、または気に食わない点などを発見すると、大声でがみがみと、しかし、少しもとげとげしいところのない、親しみ易い調子で文句を言った。当事者を自席に呼びつけて、滔々と支那語で何事かを論じ立てる。論じ終ると、どうじゃ？　というようにニヤリと笑って、その弛んだ下唇の上に舌も重ねて、でれりと微笑むのであった。当事者も何となく微笑んで静かに反駁したり、或は反駁することのないときはそのまま一輯して引退って行く。坂本は再び鋏をとりあげて、あるかないかのまばらな顎鬚をこくめいに刈りながら、部屋の静寂さの中に溶け込んで行くのであった。

坂本は自分の隣の机を太田三吉に呉れた。三吉は一週のうち二日だけここで働くのであったが、三吉がやって来る日は編輯室の中が平常よりやや騒々しくなるようであった。坂本と三吉とはよく冗話《むだばなし》をして大声で笑った。また隣の文選工場との往来が激しくなり、通じない支那語と日本語のちゃんぽんや手真似の会話がこれまた相当賑々しかった。

支那人植字工には仮名が鬼門であった。余程はっきり書いておいてやらないと拾い間違えた。再校刷ですら真赤になる始末であった。また大組みはゲラ刷りを全部まず鋏で切り、糊で実物大に貼ってやらなければ組んでくれなかった。夜業にかかるときなどは多少の現金のほかに、シューマイだのワンタンだの、チャーシューメンだのを職工たちに夜食として出すことが有効であった。

三吉には一人の助手が軍宣伝部から天降り式につけられた。曽つて満州の邦字新聞の経営にたずさわったことがあるといい、最近では熱河かどこかで金山をやったか、やろうとしていたか、とも角よくある満州型の邦人の一人で、松村少佐の知己であるらしかった。年は三吉より五つか六つ上かと思われたが、眉濃く、怒肩に握り太のステッキを携え、口をへの字に曲げて妙に切口上で物を言い、身体を揺って豪傑笑いをした。

「あっしは斎藤清と申しやす。以後よろしく」と初対面の挨拶にぎろりと睨めたところに凄みもあった。彼はそれっきり四、五日出て来なかった。

佐々木健児などは面白がって「太田公司は大変な家来を押しつけられたようだが、どうかな。家来の方が偉かったりするのじゃないかな」と笑った。佐々木は斎藤を多少知っていて、「あれは見掛けよりは胆の小さな好人物だ」とも言っていた。

握り太のステッキをついて二度目に斎藤が現われたとき、三吉は腹を立てて怒鳴った。「一体君は働く気があるのか、ないのか。なけりぁ辞めりぁよし、あるんなら僕が頼んだだけのことはきちんとやってくれ給え」。

斎藤は考えると言って帰って行ったが、二日目に「働く気がある」と言って出て来た。そして事実働く気のあることをその後引きつづき、三吉の共働者であった期間中、忠実に実行動をもって示した。ただ彼は非常に酒を好み、飲めば乱れ、乱れれば次の日は寝込んだ。三吉は何度かつき合わされた酒の上で、或ときは極端にほめられ「きさまは若僧じゃが、見どころがある」ということになり、他のときは「きさまのような生意気な奴は生けては置けん」といきまき立たれたりもした。だが彼の真底が貧乏に追いまくられながら大陸の悪にも染み切らぬ珍しい善人であることは、つき合っているうちに段々判って来た。

こうして、陣中新聞もどうにか滞りなく刊行されはじめたので、川口中佐は三吉を引いて寺内司令官に挨拶に行った。鞠躬如《きっきゅうじょ》として、「この男が陣中新聞の編輯を致しております太田三吉で、今回奏任待遇の嘱託を発令致しました」

と言うのへ、そんなことにはてんから関心がないというように、この有名なビリケン将軍は「おい君、この栗原彦三郎というのはな、知っとろうが、これは前代議士で刀鍛治だよ。やって来たらしいが、儂もよく知ってるから、君一つよろしく待遇してやってくれ。よいか」と命令した。

「はーっ！」

三吉と北支派遣軍司令官寺内寿一陸軍大将との公式会見はこれで終りであった。三吉は寺内司令官が果して彼三吉の姿をちらとでも見たかどうか、どちらとも言明することはできない。それにつけても、三吉は前年の秋北海道の大演習に陸軍大臣として供奉していたときの寺内の姿を思い出すのであった。列車は網走から室蘭さして走っていた。陛下の御召車は数時間前同じ方向へ走り去っていて、この列車には寺内陸相が乗っているだけであった。列車は細々した駅に一つ一つ停って行った。そこにはまた必ず、多いのは二、三十名、少いのは四、五名の在郷軍人や村の消防組などがホームに出て整列していた。寺内陸相はこれらに対して一々車外に出て答礼した。

「何々村消防隊、何の某ほか何名であります」

「御苦労！」

おお、悠揚《ゆうよう》迫らざる大将軍の温容かな！　と人は思うであろう。太田三吉も同じ列車に乗り合わしていて、はじめは一々自分もホームに降りて写真をとったり、将軍の片言隻句をノートしたりしていたが、段々バカくさくなって、ビリケン陸相も相当の芝居屋だわいと思ったものであった。

5　天津支局長

前線に従軍しているものは一日八円、北京だの天津だの後方にいるものには一日五円の手当が支給された。夜食と食費は社で負担したからこれだけは完全に小遣いというわけであった。太田三吉はこのほかに月五十円の特別手当を本社から会計検査に来た計理部長を口説いてせしめた。計理部長は苦が笑いしながら、「何だか理由はよく判らんが、前線に行って驢馬を殺してみたり、ひどいのになると機関車を買ったりした清算書を出す連中に比べれば、あんたのなんかそんな悪いことをする機会もないんだから、まあ五十円ぐらいの特別手当は仕方がないでしょう」と言って承諾した。

しかし、百五十円や二百円の小遣いでは実は何ともならなかった。天津は日本租界中がカフェーであり、小料理屋であり、待合いであった。ダンスホールもあった。日本租界が午前二時頃静かになると、英租界の夜が待っていたし、旧ロシア租界にも歓楽場はあった。河を渡ればイタリア租界でも充分遊べた。三吉に関する限り間もなく従軍とは放蕩の限りをつくすということと同意語になってしまった。三吉の放蕩はもともと東京でも同僚間では有名であったが、自分でも制し切れなくなった不身持ちの惰性に一思いにストップをかけるつもりで決行した結婚も、母親から義絶同様の反対をうけるやら結婚生活自体が思ったほど内容のじっくりしたものでなかったことへの不満などもあって、一時ぐっと下火になっていたものが最近ではまた少しずつ崩れかかっていたのであった。それが天津に来てすっかり旧に戻ってしまったというわけであった。

仕事の方は二日に一回も司令部に顔を出して、川口部長から寺内司令官の名を下の方に小さく組んだのは不敬だから今後気をつけろとか、司令官は真崎甚三郎大将を非常にお嫌いだから真崎に関することなど一切掲載しちゃいかんなどというお叱言を喰っていればそれで済んでいた。この他には、相変らず捌けぬ輸送の関係で刷れども前線には送られず駅に滞貨している新聞包の山を飛行隊や自動車隊に頼んで何とか少し宛《づつ》でも第一線に送るための工夫をするくらいのことであったが、それは実のところしてもしなくてもよい仕事であった。宣伝部では陣中新聞を発行させていればそれでよかったのだし、三吉はそれを編輯して発行していればそれで責任は済んでいた。その新聞が現実に第一線の各兵士たちに行き渡っているかどうかを心配することは実は責任の範囲外の、よけいなお節介というものであった。だが結局宣伝部に屈強の若者五人を雇って貰って、彼らに自ら列車に乗り込んで新聞の輸送を差配させるようなシステムを講じたのであった。こうして、うまく行けば兵五名に陣中新聞一部の割りで行きわたる筈であった。

あとは締切日までに新聞二頁分の原稿をこしらえればよかった。従って昼間であろうと夜であろうと、三吉は飲もうと思えば飲めたし、遊ぼうと思えば遊ぶ時間は充分あった。

女たちはしきりに電話をかけて来たり、誘い出しに来たりした。彼女らも昼間は閑散で困っていた。それに男を誘えば何をするにも金銭は要らなかった。面白半分の退屈まぎれに恋の真似ごとをするものもいた。三吉だけでなしに、同盟の支局にいる若い連中の殆んど全部に、一日何回か、どこかしらの女から電話がかかって来るのであった。夫婦約束したのだと言っている者もいた。あの女は金ばかり欲しがりやがって一向捗々《はかばか》しくないからもう止めるんだと憤慨するものもいた。「きょうは俺かと思うと明日はお前さ！　あんな図々しい女っちゃありゃぁしない。此方でも思い切り手荒くしてあとは何にも知らぬ顔の半兵衛と出るか」と作戦を相談するものもいた。編輯室の中は朝から晩までまずそうした話の連続であった。でなければ隣の応接室で七、八人車座の賭博に明け暮れした。忙しいのは無電の技師と、電報翻訳のため現地で雇入れた臨時雇だけで、あとは支局長から連絡員に至るまで閑な身体の処方に困る有様であった。

もっとも、支局長の山内友清は実に忙しそうであった。鼠の如く現れたかと思うと貂の如く消えて行った。一体いつ支局に居るのか誰にも判らなかった。彼がどこで何をしていればそんなに忙しいのか誰もほんどうのことは知らなかった。現金という現金は彼が全部内ポケットに入れて歩いていた。従って彼がいなければ支局中に一文の公金もないという有様で急場の間には合わなかった。彼を捉えて手当を受けとるのは一仕事であった。まず彼が支局に現れたところを逸早く捉えなければならない。それから、何だかだと文句を言い、はては「もう二、三日待って下さい」と恰も現在手持ち現金の欠乏でも来しているかの如く、頑固に支出すまいとするのを押しまくって強引に払出しさせなければならない。彼の戦術に引っかかって手当も本俸も既に三、四ヶ月も支払いをうけないでいるなどという気の弱いものも数多い連中の中には五、六名いた。

人々は山内支局長の弗買いを誹しやかに噂した。山内は既に二十年来天津に住んでいて個人としても相当の資財を持っているらしかったが、最近では本社から送金して来る莫大な戦時費を他に流用して巨利を博しているのだというのがその噂の筋であった。また数多い在留邦人の中で現金を持っていることでは山内の右に出るものはないのだとの聞込みも吹聴された。

山内は支局の近くに相当な私宅を構えて生活していたが、合宿設備の不備に対する不満なども加わって、支局の人々は一種の山内退治運動をはじめていた。三吉も別してどうという考えもなかったが、何とはなしに気に喰わない人柄の男であったので、先に立って山内退治に加わった。

三吉は山内の姿を見かけると所構わず「山内さぁーん」と呼びとめておいて「金！」と怒鳴るのであった。「東京から来た人たちは皆気が荒れて叶わんわい」などと呟きながら、山内は仰山な身ぶりで右手にブーっと唾を吹きかけて札束を数えた。三吉は未払いになっている「気の弱い人々」の方もずらりと受領証を山内の前に並べた。山内はそれを一々検討してから「この方と、この方とはもう二、三日待って下さらんか」などと値切ったりした。「本社の方ではきちんきちんと払出してるものを、あんたが途中で三ヶ月も四ヶ月もくすねて払わんのはどうしたわけかね。山内さん。そのうえ、長屋の掛取りじゃあるまいし、二日待て三日待ても変な話だね、山内さん」「いやそりゃね、何せ一度にどっと人が増えて、出るわ、入るわ、前借りじゃ、立替じゃ、それ前線に行く、清算じゃとて、とても私一人じゃ整理がつきかねてますんや」「それならそれで、専門の会計を二、三人置いたらいいじゃないか山内さん。何にもあんたが一人で有金ごっそり内ポケットに入れて歩かんならん理由もないようだがな、山内さん。それとも他人に会計やらすと具合の悪いことでもあるのかな、山内さん。そんな噂する奴も時々いるけど」

傍で聞いていた大矢信彦は面白そうに笑って「もうほどほどにしておけよう。まるで、どっちが支局長だか判らんじゃないかぁ。老人をあんまりいじめると碌な死態はせんぞう」と取りなすような野次るような調子でいうのであった。

山内はその後幾何かの現金を支局次長の猪股芳男に預けておくようになった。猪股は支局の二階に家族と一緒に住んでいて、大抵のときは室の一隅で居眠りをしているか、碁を打っていて、外出することはほとんど稀であったから、金の入要なときはいつでも間に合うようになった。

6　天津の日本租界

兵隊たちは飲んではよく暴れた。或るときはカフェーで女給の奪い合いから兵隊が若い会社員を背後から銃で撃った事件も起きた。乱酔した下士官が、俺たちは明日前線に行くんだぁと叫びながら、抜刀して卓子の角や客席の仕切りなどを片端から切り削ぐ光景などはそう珍しいことでもなかった。「やい、てめえら地方人どもは俺らが前線で生命を的に闘っているとき毎晩毎晩こんなところで女を抱いてでれついてやがるんだろう、とんでもねえ奴らだぁ!」などと怒鳴って辺り構わずビールをぶちまけるなどもまたかという程度の事件にすぎなかった。

三吉は乱暴するのは空色徽章の航空隊に多いことを発見した。彼らは二言目には明日死ぬという言葉を使った。けれども周囲のものがこの悲愴な言葉に対して殆んど何らの特別な関心も示さないとき、彼らは往々にして暴れ出すのであった。「あんなこと言ってますけど、あいつら、いずれも乗員じゃないんですよ。地上勤務なんですよ」と現地採用の補助記者で飛行場専門に詰めていた若者が耳打して笑ったことがあった。

これが近代的装備を誇る日本陸軍の航空隊かと訝られるほど旧式な、まるで石炭箱にプロペラーをつけたような飛行機ばかりがずらりと飛行場に並べてあったり、また離陸したと思った途端突如失速して、記者たちの目の前で見苦しくも墜落焼失した中爆を外部に向っては憶面もなく津浦線の敵師団司令部に対して突入自爆したように発表したり、そんな内幕話はあっても、とにもかくにも当時既に航空隊は皇軍の花形になっていた。だが考えてみれば、彼らが悲壮がりたかっているほど悲壮がらねばならぬような事実は当時の航空隊に関する限りないと思われた。何故な　　　　ら、当時既に空中で出会《でくわ》うべき敵空中勢力は無に近いものになっていたからである。従って悲壮さは専ら内から来る原因――故障その他による危険率に起因するものでしかあり得なかった。とんと滑稽な話である。しかしそんなものは相手にするものはなかった。そんなことを言い立てれば凡そ何でも大なり小なりこれに類した滑稽事に帰してしまう。たとえば軍宣伝部が最も力を入れていた仕事の一つとして、例の詩人満鉄社員八木沼丈夫を拉しきたって班長に据え、多くの好青年を使ってやっていた宣撫工作なども、班長八木沼の熱血と純情だけでは何ともならぬ矛盾を早くも露呈していた。訓示をすれば必ず自らまず泣くという八木沼の誠心は彼に直接結ばれた百名近くの青年部下まではる影響を及ぼし得ても、そのまた先に連なる何百人、何千人の宣撫班員とは凡そ無縁の存在でしかなかった。だから、支那人婦女子は武装したカーキー服より非武装のカーキー服（宣撫班）を怖れ戦くこととなってしまうのであった。

曙街近くの歓楽境一帯には憲兵が配置され夜は一定時刻になると二人宛組んだ銃剣の巡邏がカフェーや小料理屋を一軒一軒覗いて歩いた。しかし、彼らの権限は下士官以上には及ばないのか、乱酔者が将校や下士官などであった場合、彼らはこそこそと見て見ぬふりをして行ってしまうのであった。

高級将校はこんな人目の多い騒々しいところには現れなかった。彼らは松島とか神戸館とかその他の大きな料理屋や待合に背広服で出入した。これらの場所の方が下士や兵の出入する場所に比べると遥かに便利に出来ていた。下士や兵はカフェーや小料理屋ではただ飲んで食って騒ぐだけで、生理的処用を果すためにはまた別の場所に行かなければならなかったが、一流料理店や待合ではその場で生理上の満足をえることもできるようになっていた。

天津の日本租界でうろうろしている限り、支那事変とは一体何であったかなど別段考えてみよう気も起らなかった。街の中を兵隊がうようよ歩き廻るのが常に目障わりではあったが、兵隊の氾濫に狎れっこになっていない日本人は少かったから、兵隊がうようよしていたからといって、特別に変った考えにもならなかったのである。

7 玉菊

カフェーに行けば毎晩同じ顔ぶれにどこかで必ず出会った。或者はコンクリートのたたきの上で女給を捉えてダンスをするのを好んだ。他のものは酒を傍に引きつけ「ガチャン」にへばりついていた。一枚二十銭の贋硬貨を入れてハンドルを引くと中の機械が自動的に廻って、うまく当れば五円にも十円にも百円にもなって帰ってくるが、なかなか何にも当らないという仕組みであった。毎晩根気よく十円二十円を奉納する熱心者も多かった。中には女給の射落しを狙ってやって来るものも多かった。常連の九割はそれであった。だが大部分は大阪や神戸や大連あたりの場数を踏んでここまで荒稼ぎに渡って来ている女たちであったから、事変のお陰で突然あぶく銭を掴んだばかりのへなちょこ月給取りなどにそう簡単に狙落されたりはしなかった。彼らが掴んでいるあぶく銭をやんわりとまきあげるのに必要な程度で同伴外出ぐらいのところで引ずっていた。女給たちは馴染の客が驕りさえすれば実に驚くべき食欲を発揮した。何でも貪り食うのであった。彼女らは夕方店の出て来ると百年一日の如く定って「ライスカレー」らしきものを給されるが、多くはそれを食べないのである。食べたくないのも事実であるが見栄で食べない者も多い。そして客の驕りで腹を充すのが、彼女らの慣習なのであった。

三吉は己が酒を飲んでいる傍らで飢えたる狼のごときがっつきようで、物を食われることを好まなかった。それに喧騒さ以外には何の技能も持たない大部分の女給に対しても何の興味も持たなかった。殊に大阪系資本のケチな経営方針がむき出しに出た天津の大カフェーは前からあったものも、事変後大資本で新設されたものも、あげて窮屈な設計で、満員電車の中で酒を飲むようなものであった。にも拘らず三吉は殆んど毎晩のように出かけて行った。

合宿の食堂で佐々木やその他酒好きのもの三、四人で毎晩二升か三升を飲んだ。殆ど意味のない馬鹿話をしながら九時か十時近くまで飲んだ。三吉はそれから或るときは同僚と一緒に、或るときはひとりで曙街に出かけるのであった。合宿にいれば退屈であった。退屈しのぎに皆賭博をやったが、三吉は仲間同志できない臭い殺気を漂わせて闘うあの病的な真剣さが余り好きでなかった。時には仲間入りをしたが負けても勝っても三吉の興味は長続きがしなかった。それで結局彼はぶらりと出かけて行くようになるのであった。

撮影時期不明　天津か北京と思われる

女給たちは、あんたは一体誰が好きなのさと責めた。一応定めておかないと「番」の都合があるというのであった。「さあ、俺の方には別段好きな人もないが、君たちの方で俺を好きな人はないか、あればそれでもよいが」。

「おーや、とんでもなく背負ってる野郎だよ。こんちく生は。誰がお前みたいなけちな小僧なんか好くものか」。女給たちの中で、年かさな、一番騒々しいのが平手で卓子を叩いて叫んだ。

「そうかい、けちな小僧は女にゃもてねえかい」

「そうともさあ。来たってカツ一枚驕るじゃなし。勝手に散々っぱらいいように人の悪口言い散らかして、二円置いて、へい左様ならじゃ、いくらお人よしでも惚れられないよう」

「それじゃ能なしの亭主とガキの三人も養っちゃ行けねえものなぁ。無理もねや」

「こんちくしょー。また勝手なことこきあがって。亭主もガキもねえんだよう」

「じゃ、そうチップ・チップってがつがつすな。毎晩来るような莫迦は、ちったあ細く長くしねえと続かねえ」

女給たちはともかく三吉の卓子に集るのを好んだ。そこにはつき出しのほかは何にも注文などなかったが、小一時間悪口の応酬が恒例となって、集る女給の顔ぶれは一定していた。あたしたちはここのインテリグループだよなどと言って三吉を吹き出させたりした。

「ほんとだよ。皆女学校に行ったことのある連中だからね」

彼女らの中には毎月三、四百円ぐらい内地に送金している者も少くなかった。中にひとり、曽つて内務省で事務員をしていたことがあるという女がいた。カフェーでは緑と呼ばれていた。彼女は相手さえあれば自分は結婚したいのだと或る日三吉の事務所に訪ねて来たとき、真剣な顔つきで話した。あんな騒々しいばかりで莫迦々々しい生活はほんとうに嫌なのだと言った。あんたは一体何が面白くて遊びに来るのですとも訊ねた。人間は皆心の底ではお互に退屈しているのねえと悟ったようなことを言ったりした。

　この娘がぐんぐん目に見えて彼に接近して来るのが感じられた。背が高くて色がひどく白かった。それだけに雀卵班《そばかす》が目立って見えたけれども化粧していれば美しい方の部類に属した。それに身のこなしがひどく肉感的であった。

　その頃、支局の事務室が狭隘になったので三吉の仕事場だけ一軒隣りの家の階下を借りてここに移していたが、緑は殆んど毎日のように菓子などを持って三吉の事務所を訪れた。

　「あんたは酔ってるときも酔ってないときも同じね。どこまでが真面目でどこからが冗談だか判りゃしないわ」と彼女は自尊心を傷けられた気まずさをぶつくさの中に隠して呟いたりした。

　「君の御自慢の肉体ぐらいのお駄賃で、ありふれた通俗悲喜劇の片棒担がされるのはわしゃ嫌だということさ。君が何の条件もつけないで、俺も退屈、お前も退屈、どうです、妾を抱っこしないとあっさり明朗に言うんなら、僕は喜んで抱っこするよ。だけど、新派大悲劇を演ずるがものはない。ざっくばらんの大真面目に言って、話の真底はこうだ」

　或る日の夜、午前二時か三時頃、ひとりの酔払い女が三吉たちの合宿の前で、街路にべったり座っておいおい泣いていたという話が朝飯のどきの好話題になった。外から帰って来てこの光景にぶつかったという男は、

　「太田さん、驕りだよ。大変なもんだぜ。宥めて帰すのに僕あ大骨折ったよ。罪な人だねえ。捨てたんかい」などと大仰にその様子を話すのであった。

　金は苦もなく面白いほど儲かるが、そして月々それを親許送金はしているものの、そんなこととは関係なしに、毎日毎夜胸の底に重い鉛のようにたまって行く割り切れない人生に対する乙女の感傷。多分それが彼女を酔わせ、狂わせるのであろうか。

　三吉にはそんなものをしんみり聞いてやる気持がなかった。そんなことをしていれば危険であった。三吉の同僚の

中に実に巧みにあらゆる階級の女性を征服する術を心得ている男がいて、彼は唯一の秘訣は、どんな話でも女の話をつねに親身の真剣さで聞いてやるこ

〔四百字詰め原稿用紙一枚が欠落〕

騒な繁栄であり、英租界のそれは落着いた富裕さであった。レストランであり大喫茶店でもあるキスリンなどの空気がその好適な象徴であった。

玉菊は三吉の手をギューッと強く握りしめて、悪戯らしく、ややけんのあるその美しい顔に片笑靨《えくぼ》を浮せて眼尻で彼を睨んだ。黙って聞いていなさいという合図であった。

背中合せの席に女人群がどやどやと四、五人入って来たときから、彼ら二人は見られてはまずいと出来るだけ俯向き加減に顔を外向けていたのである。

「へっ。ときちゃんもときちゃんさ。へど吐くほど酔っぱらって、あげくの果てが泣いたり喚いたりでしょう。そのまた背中を、いやらしいじゃありませんか、太田の野郎、真妙な面して、なでている図ったら！　緑ちゃんこそいい面の皮だよほんとに」

玉菊はクックッ笑いを耐えながら、握っていた三吉の手の甲を爪で強く抓った。

「ときちゃんだって、ほんとうはどうだか判らないわよ。あ奴、相当なもんだって、同盟の人だって皆そう言ってんだから。銀座じゃ可成の悪だったんだってよ」

「芸者だって、玉菊とか八重子とか楠香とか一鯉とか、皆相当に遊んでいるって、この間誰かが話してたわね」

「余計なことだけど、どこからそんな金持って来るんでしょうね。ほかの連中よりずっと派手だものね」

それは一種の驟雨みたようなものであった。すぎてしまうまで首をすくめて待っているより手がなかった。皆行ってしまうと、玉菊はまだ笑い止まぬ顔で、面白くてたまらぬというようにいろいろなことを訊ねはじめた。

とき子は小柄な、声の妙に嗄れた、しかしよく見ると目と唇の美しい、あどけない娘であった。三吉の卓子にはついぞ一度も来たことがなかったが、ある日偶然街上で出会って昼食を一緒に食べたことがあった。そのとき彼女はいろいろと身の上話をして、現在一緒に住んでいる母は育ての親であって、自分は小学校も三年までしか行かず、爾来ずっと母親を養っているが、いつになったらこの母親か

ら離れて自分自身の生活を出来るようになるのか判らないというようなことを話した。彼女はかねて三吉の卓子に行きたいと思っていたのだけれども、何となく恐いような気がして、それに三吉の卓子の常連の女たちはとき子たちとは別派の連中なので行きそびれていたことなども話した。

「それだけ？　ほんとにそれだけ？　隠しちゃだめよ。あたいは大抵のことは知ってるんだから」。玉菊は三吉の顔を覗き込んで真疑を裁くようにその眸をみつめた。玉菊の眼は依然として悪戯っぽく笑っていた。

「それだけさ。また仮に、それだけでなくたってそれが君とどういう関係があるというんだろう」

「おや言いましたね」と玉菊のややきつい目が急に冷く輝き、眉毛の端がピクリと動いた。「そんなこと言っていいの。えあんた。そんなこと言っていいのかってのよ。いくらあたしが芸者だからって、お座敷以外のところでまでお勤めはしないのよ。あたしは。唇を許したのは客と芸者だからじゃないことよ。失礼なこと言わないでちょうだい」

「謝るよ。僕の失言だ」

三吉と玉菊とは殆んど毎晩のようにどこかしらで会っていた。三吉にはそう屢々客となるほどの資力はなかったので、玉菊が客席を脱け出して彼のいる踊場に踊りに来たり、席がはねての帰りに彼が待っている小料理屋に寄ったりした。二時すぎの自由な時間を一緒にすごすために、二人はほかにも友だちを誘って度々英租界のダンスホールに行った。そこでは午前五時まで踊ることができた。しかし、玉菊の姿がどこにも現れないことも屢々あった。そんなとき三吉は白々と苦が笑いしながら、やがてひとり合宿に帰っていくのであった。だが他のときは、二人は手をとり合って何度も彼の合宿と玉菊の置屋との間を往復したりした。こうした深夜の散歩の或る瞬間、六ヶ月に亘る長い交際の間にただ一回だけ、三吉は玉菊に向って肉体的にも恋人となることを申入れたが、玉菊は「それはいや」と何のこだわりもなしに答えた。そして二人の間はそれっきり、進みも退きもしなかった。

二人はよく喧嘩した。庸報の坂本など、時折彼と行きつけの待合鷹の羽に編輯をすましたあと十二時すぎに押しかけて欝を晴らすことがあったが、「君と行くもいいけれど、すぐ玉菊と喧嘩を始めるでのう」と笑うのであった。右の義足をガチャリと外してこれを大事そうに床の間に立てかけてから、女将などを相手に、「ねえおかみ、今度此奴らがわけの判らぬ喧嘩を始めたら、此の義足でぶん殴ってやろうじゃねえか」とも言った。

三吉には彼らが何故喧嘩をはじめるのか判らなかった。玉菊は三吉が深酒をするのが嫌だ、深酒をすると三吉は眼を据えてとても人相が悪くなるから呼ばれてもお座敷へは来ないと主張するのであった。

三吉は三吉で一体自分がこの女に惚れたり愛したりしているというのは事実であろうかと自問したりすることが多くなっていた。生粋の天津育ちで柄は大きく見えたが今年十八で、一本になってまだ二年にしかなっていなかった。八つの歳からこの社会に暮しているという。それにしては理智的で、話していてもそう退屈でもなかった。顔にけんがあるがごとく気性にも意地っぱりなところのあるのが三吉には高く見えた。顔もひと並には美しかった。だが、それにしても、もし三吉が退屈していなかったなら……そう問題にすべき女とも思われなかった。

周囲の女たち、殊に鷹の羽の女将や玉菊の姉芸者の八重子などはこの社会の仕きたりに従って、事を深刻に考えねばならぬように定めていた。玉菊にしても三吉にしてもいずれは多少の好意はお互いに持ち合っていたにもせよ、処詮退屈と気紛れの処産にすぎない行きずりの経緯を、周囲の女たちは、玉菊が三吉の前に三吉と同じ社の記者二人までもとちょっとした浮名を立てたのは実は根も葉もないことだとか、玉菊も少し臍まがりなところがあるから、三吉も余り気短に怒らずに、今度機会をつくるから難しいことを言わずにさっさと一緒に寝てしまうがいいとか、いろいろなことを言ってとりなすのであった。

「どうせ退屈しのぎなんだから、玉菊でなければならんということは少しもない」

「それそれそれそれ、それが悪い癖」

しかし、三吉と玉菊の間は玉菊の入院によってふっと整理された。玉菊の入院については様々の説をなすものがいた。三吉は見舞に行かないことをもってこちらの友情を知って貰い度いと思った。そして、自分で見舞に行く代わりに毎日キスリンのチョコレートだのアイスクリームだのを八重子に言伝ててやった。

玉菊の留守中三吉は「誰とでも」遊んだ。だが鷹の羽の女将ももう何にも言わなかった。そして、三吉がどの女とも関係しようとしないのを「義理立ての必要もありますまいに」と笑ったが、三吉は人の思うにまかせていた。そして玉菊の姿が再び曙街に現れないうちに三吉は軍司令部の北京移転とともに北京へ移って行った。

8　天津租界の暗闇

凍てつくような寒風が白河の河面を吹いて渡った。渡船はハイヤライのすぐ近くに客をあげる。万国橋を渡って行けばひどい廻りになるが、この渡船を利用すれば、日本租界から伊租界のハイヤライ賭博場までほんの目と鼻の先の間であった。

多くの日本人が毎夜毎夜ここで熱狂していた。支那人は黙って大金を賭けたが、日本人はキャーキャー言いながら目糞金や鼻糞金を賭けた。なかには日本人でも慣れたのもいて半分は商売らしく、彼らは支那人なみに静かに勝負を観察しては自分の思う選手へ相当の大金を賭けているようであった。彼らは勝っても負けても黙って影のごとく帰って行った。硬い球がコンクリートの床や壁に叩きつけられてキーン、カーンと澄んだ音を場内に響かせていた。この賭博はただ見ているだけでも相当趣味のある競技であった。スペイン人やイタリア人の選手のスラリとした姿が煌々とスポットライトに照らし出されて大きな長い影を投ずる光景は芸術的ですらあった。

三吉はこういう場所で日本人の集団を見ることを嫌った。日本人はひとりひとりばらばらにいるときはむしろ臆病なくらいに控目で大人しいが、何人か十何人かの集団になるとうって変って喧騒で、無作法で、傍若無人ですらあった。日本人の目にさえ不快に映るような振舞いも彼らは何ら憚ろうとはしない。女までがはしたなく叫びながら勝負を追った。

もともと勝負度胸のない三吉は賭けでは大抵負けた。しかし競技の興味に惹かれてよくハイヤライへ来た。勝つこともあったが、勝っても負けても帰りには結局曙街のどこかで夜をふかすことに落付くのであった。

また、内地や満州などから客が来ると、案内役には多く三吉が当った。客人は大抵三吉の知人であったが、彼らが案内を求めるのは、昼間の市政府爆撃のあとや各租界見物は別として、夜は大体ハイヤライ、恵中飯店、ピーカン、ロスピーの四つに限られていた。

恵中飯店や交通飯店は仏租界にあった。外観はいかにも堂々とした大旅館であったが、一歩中に入れば、これはまた驚くべき一大私娼窟であった。私娼とこれに付随したやりて婆、下男、食物屋その他雑多なものがそこには充満し、廊下一杯に溢れて、耳も聾せんばかりの姦しさで夜どおし叫び立てていた。その阿鼻叫喚（まさしくそれはこうした形容詞がいかにもぴったりする光景であった）の中を通って、嫖客は室々からのけたたましい招きを払いのけつつ己が気に入った妓を心行くまで探すのであった。そこにはあらゆる病毒が住んでいた。身の毛もよだつような場面に遭遇することも珍しくなかった。天津中の悲惨さと不潔さとがここに掻き集められているのかと思わるるほどであった。

　しかし、悲惨さと不潔さとの点にかけてなら、私娼の不夜城はとうていピーカンカンのそれには及びもつかなかった。そこは日本租界と仏租界の境界付近にとびとびに散在する陰惨な秘密の家で、多くは暗闇の中に入口があったので、三吉などは何度行ってもたしかにここと

撮影時期不明　天津庸報社編輯室か

は覚えることができなかった。日本租界を流している洋俥の俥夫なら大抵心得ていた。ピーカンと言うと黙って飛んで行った。

　大蒜《にんにく》の匂いとそれに何とも言えない妙な臭気の発散する狭くて汚い室に通される。室の中には犬でも嫌がるだろうと思われるようなベッドが一つ据えてあって、椅子も備わっていることもあった。冬はむっとするほどストーブが焚いてあった。

　一人頭二円宛も出すと、やがて幽霊のような女とその相手になる栄養不良みたいな男とが半裸で出て来て、客たちの環視の真中で男女の交りをしてみせるのであった。三吉はこの案内を一番辛く思った。しかも客たちが最も熱心に求むるものはこの案内であった。そのくせ客たちの中にはその不潔さとそのあまりな醜怪さと、何とも言えぬ異様な空気とに胸を悪くして、嘔吐を催したものもいた。それでも、とに角見ておかなくっちゃ話にならないからね、と言うのが彼らの共通の心理のようであった。日本人は極端な名物食いであり名所見である。そこには何の個性、何の見識もなかった。何千人、何万人来ようが、日本人は常に最初の一人と同じ場所、同じ物を視察し、同じ人に会い、同じ話を聞き、同じ物を食って帰って行くのである。俺はこ

んなものを見るんだと勝手な熱をあげる人物は殆んど零と言っていいほど稀であった。

ロスピーと呼ばれた白系露西亜人の私娼にしても単なる名物にすぎなかった。彼女らが白人であるという以外に何の変ったこともない。彼女らの営業所である郊外近くのしもたや風の軒先には赤い電燈が点いていた。室の中は中流ぐらいの生活を思わせる調度であった。そこに愛想のよいもう中年以上のロシア女が現れていきなり大仰な愛の仕草をする。それを客人たちは異国情緒と呼んで大いに満足するのであった。

三吉は凡そこれらのとごとの他愛なさに苦笑せざるを得なかった。彼らは内地に帰って「北支では」などといっていろいろな話をすることであろう。それは「百聞一見にしかざる」その一見者の生々しい現地視察談であるではないか！　その言葉が持つべき当然の権威を否定し得る者があるだろうか。しかも今後日本中にこの種の「即物知識」がいかにはびこることであろうかを思えば慄然たらざるを得なかった。

9　同盟社員初の戦死者

津浦線の方でも戦争はずんずん捗《はかど》っていた。日本軍は黄河を渡って済南の敵を南に追い払った。山東の王様といわれ、日本と内通しているとかいないとか、今度も闘わずして城門を開くだろうというようなことまで噂されていた呉鉄城も結局形ばかりの抵抗を試みて、抗戦三日ののち、牙城を捨てて南走したのであったが、その途中で部下に弑されたということであった。

天津の日本人はいい気持であった。いまは戦線も遥かに遠い。京漢線、京綏線、津浦線の上を日本軍が破竹のような勢いで進撃していた。前線から連絡や休養のために帰って来る兵や記者たちの話も、それがどんなに手に汗握らせるような場面を含んでいたとしても、処詮は座興話にすぎなかった。戦争は一方的に勝ってばかりいたのだから。

三吉も同僚の記者や写真班やニュース・カメラ班を前線におくり前線から迎えるのに忙しかった。彼らの出入は連日何の予告もなしに行われた。或る者は敗残の兵匪に襲撃されて命だけ持って逃げて来たりした。或る者は前線で他の同僚と喧嘩して癇癪を起して帰って来た。また或る男が帰って来たお蔭で、それまでどうしても連絡がとれずに困っていた或る前線班の様子が漸く判ったようなこともあった。その班の無電技師が已は酒を喰って、無電器を徴発の騾馬の背に括りつけて進撃して行くうち、騾馬が暴れて無電器をぶっ毀してしまったというのであった。また他のものは京漢線の方に出ていた或る同僚からの三吉あての親展書を持参した。それには彼が行きつけのカフェーの某子から結婚の承諾をとりつけて、それを無電で報らせてくれ、もし談合が不成立の場合は自分は敵弾に身を曝して進撃し、生きて再び天津の地は踏まないつもりだ、と書いあった。彼によればその某子は、自分が知っている限り日本一の女だと信ずる、という程の女だそうであったが、三吉は苦笑せざるを得なかった。この男は東京にいたときも社の近くのバーにいたひどいあばずれ女に惚れて、あんな純情な娘は二人といないなどと傍迷惑な大騒ぎをしたこともある失恋茶番劇の前科者であったが、今度もそうであった。当の女給は大阪女で天津にはその情夫と一緒に出稼いでいた。こんな話など持ち込んだら多分笑い転げることであろう。三吉は返事をせずに放っておいた。そのうちに今度は電報で催促が来た。幸運なことには、某子は卒然として大阪へ帰って行ったので、家庭の都合で内地に帰ったから連絡の仕様がない旨を返電したら、それっきり何の音沙汰もなかった。

そうした遽《あわただ》しい出入の中で、同盟としてははじめての戦死者が出た。黄河の仮鉄橋が漸く開通したばかりのころ、それを撮影するために出かけて行った映画班の柳沢〈注―柳沢文雄〉という男が天津を出て行って僅か四日目に敵襲に会って殺されてしまった。遺骨はそのとき一緒にいて危く生命を拾った同僚が三人ばかりで抱いて帰って来た。

お通夜には生残り組の「いかに凄かったか」という話が何度となく繰り返されて、折柄業務視察のために来合せていた常務理事の古野伊之助なども佐々木や松方などの現地幹部と一緒におそくまでこれらの話に耳傾けていた。個人的には殆んど顔すら覚えていない一カメラマンであっても、それが社員の戦死である限り、常務理事はそこに何らか自分との感情的にも深い繋りを感じなければならないような仕来りになっていた。しかしやがて古野の感壊は「常務と社員の死」などという神妙らしい垣根をいつの間にか乗り越えて、日本の北支経営とそのために目下流されている幾千幾万の「貴い血」との関係についての勝手な熱の吹き流しへと変って行った。それが古野の本領であった。若い社員たちも古野の舌端が吐き出す自由自在な煽動の魔電に打たれてその話に聞き酔うた。酒が廻りはじめると、生き残り組の話も、「惜しい男であった」柳沢の写真も忘れられてしまった。

喪服を着た中年の女と若い女が三人、しきりに酒を斡旋していた。古野は中年の女を捉えて、若い奴らがいろいろと御世話になりますが、何分ともに今後とも面倒を見てやっていただきたい、と極めて鄭重な挨拶をしていた。中年の女は適当に言葉を返して調子を合していた。

大矢信彦が突然大きな声で、「太田、あの小母さんはどこの女じゃ。俺も知らんが。古野はぼんやりだから、山内支局長の奥さんと間違ってさっきからしきりに鯱《しゃち》こばった挨拶をしているが、ばかな奴だ」と半分笑いながら言った。「若い女たちには見覚えがあるけんど」。

三吉は「鷹の羽って待合の婆さんですよ」と笑った。「僕らがよく行く家です。女たちも僕らの友達ですよ。きょうは座敷を休んでお通夜に勤めてくれるっていうもんだから」。

古野君、と大矢は議論を吹きかけるときの癖でひどくせき込んだ呼びかけをした。「君んとこの若い奴らあ、遊びすぎるぞ。評判じゃわい。朝日でも毎日でも読売でもこうは遊ばん。この間も土地の新聞や雑誌が、いったい同盟の特派員たちは色ごとが本職か従軍が本業かと書いとったが、少し目だちすぎるのう。なんともお手当だって貰っちゃいないようだが。もっとも色男が揃っているには揃っているが」

古野はつるりと顔をなでて、はははんと笑った。大矢は糞まじめに、も少し宿舎の設備を改善してやらねばいかんとか、手当を他社なみにしてやれば遊ばなくなるとか、そういった議論で古野を悩ましはじめていた。

三吉は玉菊、八重子、楠香の三人を伴って英租界に踊りに行った。三人とも喪服を着ていたのが却って美しく目立って見えた。

そこにはもう一人おそろしく目立つ日本女が来ていた。乗馬服仕立てのカーキー背広で、真紅のネクタイをしていた。赤皮の乗馬靴はやかましく皮鳴りを立てた。拍車ががちゃがちゃ鳴った。一方の乗馬靴には皮の笞が挿してあって、彼女の左腰には拳銃が吊るしてあった。頭髪は縮れて肩におおいかぶさっていた。彼女はとりまきの男たちと、その異様な服装のまま立てつづけに、如何にも得意そうに、場内狭しとばかり踊り狂っていた。

あの変な女知っているかい、と言っても女たちはだれも知らなかった。「あれはね、婦人公論の記者で、五・一五事件の海軍側被告の姉さんだそうだよ。大変な女だっていうよ」。

三吉は玉菊と踊りながら、武装の麗人の傍を踊り抜けるとき、「山岸さん、今晩は」と声をかけた。

「あら、どなたでしたかしら」

三吉は苦笑いしながらそのまま踊り離れて行った。記者仲間ではこの女について、随分あらぬ噂を飛ばしていたがそれが嘘か真実かなどは三吉にはあまり興味のないことであった。

北京

1　森の都

日本軍の司令部が天津の海光寺から北京の東四牌楼大街に移ったので、太田三吉の陣中新聞も三月から北京に移転した。

天津から北京に移ったということは気分の上では三畳の檻から放たれて美しい公園に自由な生活を許されたというほどの変化を意味した。

もちろん、北京にもぽつぽつ日本流のせせこましさが流れ込みはじめてはいた。東四牌楼の大通りに喫茶店ができて朝からけたたましくレコード音楽を流していたり、おでん屋が店を開けたり、少し横丁に入れば小料理屋なども暖簾を展げはじめていた。しかしそれはまだ珍しがられていた。

北京人に独特な、天津人とはまた違った悠長さは北京正陽門停車場に蝟集して客を求める洋俥夫などの態度の中にさえ見られた。彼らは罵らず争わず、己の俥に乗った客をゆっくり挽いて走った。賃金も適当に支払われれば彼らはそれで充分満足した。彼らは天津の俥夫のようにいくら貰ってもなおそれ以上ねだるというような不快な習慣にはまだ染んでいなかった。

幅広くとった大路小路のゆとり、森の都といわれて空から見ると北京は路と森だけの公園みたいに見えるともいわれた街路樹の豊かさ、家々の一軒一軒がどんなに貧しくてもどこかに漂わせている不思議な古めかしさの幽しい雰囲気、そんなものが混然と織りなすのが北京の空気であった。

三吉も北京を訪れたものの例に違わず、日一日とこの街が好きになって行った。蒙古から吹いて来る蒙々と天を覆って物皆すべてを黄色い埃で染め上げてしまうひどい季節風が北京の街に住むすべての生物の目鼻を塞いでしまっても、別段北京を住み難い街とは感じなかった。五、六月頃になってアカシアやネムなどの若葉に雲の如く湧く微生虫の白蛉が、どんなに手足を包んでいようとまた日夜蚊帳を吊していようと、どこからかいつの間にやら忍びよって、手といわず足といわず、首や顔まで一面に刺しまくり、そのあとがひとによっては大変なおできになるほど痒くて堪られなくても、北京は決して不快な街ではなかった。北京の街は徐々にいろんな人間を呑み込むのであった。

2　軍の検閲

三吉が最初に北京にやって来たのは、天津にいて陣中新聞もどうにか順調に出はじめたころのことであった。その頃彼我の第一線はまだ永定河の手前にあった。東四牌楼大街に直角に連る西総布胡同にあった同盟の支局では東京から来た社会部長の岡村二一が総指揮で戦況の報道に忙しそうであった。東京で別れて以来の太田三吉であったが、岡村は頭をあげて「来たか」と言おうともしなかった。ねじ鉢巻をして机に向っている彼の傍には火鉢には大きな茶罐がかけてあって、それに酒が沸かしてあった。奥から松井善四郎が何か悲鳴に似た声をあげながら出て来た。彼はいま先刻第一線から逃げて帰って来たところだと言った。

「何ったって、大砲の弾丸がヒューン、ヒューンと前に落ちたり後ろに落ちたり、滅茶苦茶だからなあ。どこへ来やがるか判りぁしないさ。危なくって頭なんぞあげていられあしない。俺ぁその場につっ伏したっきりさ。何があったかてんで知らんよ」

仕方なしに彼と一緒に帰って来た連絡員（原稿運び）は傍らから笑いながら説明した。

「味方の大砲だって言うんですけどね。松井さんは、味方のだって当りぁおっ死んじゃうだろうと言われるんで、仕方がないから帰って来たんです」

その場に居合わせたものは皆腹を抱えて笑った。松井自身も如何にも滑稽そうに笑った。

「ちげえねえや、味方の大砲だって当りぁ死んじまわぁなぁ、松井君。君一つ、初従軍記をありのままに書けや。戦争とはどんなにおっかないものかということを」

岡村は貧乏性に身体を揺りながら言ったが、松井は不平そうに口を曲げて、「まさかぁ、大砲の音が恐くって逃げて来たなんて書けますかぁ」と外方を向いて、茶罐から熱燗の酒を茶碗に注いでしきりに飲んでいるうちに忽ち酔ってしまった。

その頃内地の紙面は漸く戦争記事もだれ気味で、各社とも何とか斬新な報道材料はないかと血眼になっていた。そのせいか、ときどき捏造にしてもあまり人を莫迦にしすぎたと思われるような与太記事が大きく報道されていることもあった。こうなると、戦争という実体とは全く別個に報道という行動だけが生きていて、それが勝手に目的を持ち、材料をでっちあげて、のしあるくということも平気で行われるようになるのであった。何のために日・支両軍は闘っているのか、その戦争の真実の様相はどうなっているのか、

撮影時期不明　同盟北支総局

その戦争の背後で支那人はどんな生活を営んでいるのか、支那人は日本人をどんな風に見ているのか、というような支那人と日本人の関係はどう発展して行っているのか、というような地味な問題は各社特派員の捨てて省みないところであった。何か珍奇なことはないか、何か奇抜な形容詞はないか、何か人の知らない秘話はないか、というようなことのみが現地報道陣の手柄争いの対象となっていた。そして、内地の編輯者もそれを期待していた。

戦況がはじめのうちは津浦線方面よりも京綏・京漢両線に沿って活発であったので、司令部がまだ天津にあるうちから、軍の宣伝部は北京に松村少佐を特派して、戦況報道の指導に当らせていた。松村少佐は二・二六事件の頃ちょうど東京にいて陸軍省新聞班員だったので、東京から来た連中は大抵その人柄を予め知っていたが、その他の記者たちはその怪異な容貌とともに一見傍若無人で人をなめたように見えるその性格に度肝を抜かれていた。彼は事務所の大机の上に恰も関取が土俵待ちのときに使うような大座布団を置かせて、その上にどっかと胡坐をかいて坐っていた。そしてしきりにタンネンベルヒがどうしたこうしたというような、陸軍大学の講義で丸覚えに覚えて来たような話をして、何にも知らずにただ畏っている記者連中を煙にまい

ていた。

記者たちが書いた原稿は一々ここで松村少佐の検閲をうけなければ発信してはならぬことになっていたが、それらの原稿に彼は15点だの35点だのと採点して、返してよこした。記者たちはこうした侮辱にその場は黙って堪えたが、一歩室を出ると、「あの怪物奴、俺にこんな点をつけやがった」と怒りながら、その点数のところをゴムで消すのであった。また或るときは記者のひとりが何かのことで恰も一従卒ででもあるかのように、彼の大面罵を食わされることも珍しくなかった。更にそれが昂じると所払いを食わされることも稀にはあった。軍の忌避する人物ということで北支から姿を消さなければならないのである。

各社は競って軍関係、殊に宣伝部関係の人々と懇親する機会をつくった。そうすることは社のためにもよかったし、また社費で堂々と遊べる記者個人にとっても決して不愉快な役目ではなかった。

3　軍報道部の暗闘

北京に移ると軍の宣伝部も報道部と名称を改めて、陣容も急に大きなものになった。部長の川口清健は大佐になって大いに機嫌がよかったし、高級部員の松村秀逸も中佐になった。このほか東京から新に中佐や少佐が二、三名臨時増員になって来た。それに前からいた少佐が三名、大尉が二名、召集の若い少尉が三名、軍属が……などと数えたてたら、一体何をすればそんなに人が要るのかと訝られるほどの陣容を備えていた。

これが二派に別れて何となく気まずく対立していた。部長の川口大佐と高級部員の松村中佐とが事毎に不和で、意見が合わないのである。

川口大佐は右の耳が聞こえなかった。しかもそれを人に知られるのをひどく嫌っていたので、人が右側から話しかけると急に不機嫌になった。また、そうでなくても気分にかなりむらなところがあって、どちらかといえばお天気屋であった。それだけに、人間は好人物の方に属していた。背丈優れて胸広く、眼大きく眉厚く、なかなかの美丈夫でもあった。咽喉が自慢で宴会などでは実によく歌った。日本中一県一県、北は樺太から南は台湾に至るまで、こくめいに俚謡を知っていて、それを片端から歌うのが自慢であった。芸者にもまずもてる方であった。

松村中佐は聞えよがしに「莫迦の言うことなんかは聞かんでもよい」と大きな声で放言するようなこともあった。

部長が何といおうと、俺が言ったとおりにすればいいんだ、と三吉なども幾度か頭ごなしに叱りつけられて肚の底からむかついたこともあった。陣中新聞の編輯上の些細なことについてまで、川口大佐と松村中佐とは、まるで対立せんがための対立としか思われないような感情的対立で啀《いが》み合うのであった。

「カソリック少佐」と綽名されていた横山という少佐がいて、彼はまた別派をなしていた。彼は神官の家に生れたが、己はカソリック教徒であるという変り者の軍人で、川口と松村の啀み合いを心から苦々しく思っていた。そして、彼らの確執に弱っている太田を見ると、彼は自席から大きな声で「太田君、そんな阿呆な喧嘩にかかずらう必要はないのだよ。君は編輯長として君の信ずるとおりにやり給え、それでよいのだよ」と怒鳴るのであった。好人物らしくいつもニヤニヤ笑っている平岡少佐も、莫迦な話だよ、と言って苦笑するのであった。

召集の若い少尉はいずれも銀行員であった。彼らは所用で太田の編輯室などにやって来るとなかなか帰ろうとはしなかった。できるだけ長い時間そこで油を売って行ったが、彼らもまた部内の暗闘を嘆くのであった。「部長が好人物のところへもって来て、松村中佐の方が仕事も出来るし、やり手と来てますからね、納まりませんよ」と彼らもそう見ていた。

後に司令部の別動機関として特務部が出来て、紫禁城の西側地区にある西長安大街にその事務所が出来ると、松村中佐は政務、経済、交通、民衆工作その他の部門を担当する佐官級の連中と一緒に、啓発宣伝担当ということで多くはこの方で執務するようになった。そして、日々何人かの報道関係者がここに呼び出されて、高圧的な調子で「相談」をうけたり、頭から怒鳴りつけられたりした。

岡村が東京に帰って、その後任としてやって来た本社政治部長の大平安孝*などは松村中佐の前に出ると、目ばかりパチクリさせて、何にも言わずにしきりとお辞儀をするのを最良の手段としていた。

＊ 日本大学法科卒。毎夕新聞、都新聞をへて、新聞聯合の政治部長、同盟の編集局長。

だが、膨張したのは軍の報道部だけではなかった。何も彼も急速な勢いで膨張して行った。

軍の最高顧問というので実業界の大久保彦左といわれた元文相平生釟三郎老人がやって来て、内地と北京と半々の遽しい生活をはじめた。内務系統の六達茂雄だの赤羽穣だのという元気なところもやって来たし、大蔵系統では毛里英於菟*などの尖鋭なのも北京でぶらぶらしていた。このほか満鉄などは大量の現業員のほかに、その自慢の調査機関もどしどし繰り出して来ていた。

＊　革新官僚を代表する一人。

戦線が遥かに遠く押し下げられるにつれて、北京は政治的にも経済的にもぐんぐんその重要性をましつつあった。それに伴って、北京にある日本人の影は商社関係や報道関係から小料理屋喫茶店の末に至るまで、これまた急激にむくむくと大きくなって行った。

同盟もこれまでの手狭な西総布胡同の支局はこれを宿舎専用にして、新に東堂子胡同のもと何か華字新聞社で使っていたという広大な平建を修理してここに引移り、幹部も松方と佐々木とが天津から移って来て、これに大平を加えて、松方を中心とする三頭政治の形を整えた。記者も新に東京、大阪、名古屋など内地からと満州からと大増員されて、次々に新設される前線支局の需要を満すに充分な用意が出来ていた。谷萩那華雄少佐が特務機関長をしていた太原などでは、入社してまだ二年ぐらいにしかならない一若年記者が谷萩の気に入って、同盟の支局長と日字新聞及び華字新聞の両方の社長を兼ねて、多数の人員を駆使し、「谷萩王国」で一時は「飛ぶ鳥も落す」勢いを示したりした。京漢線と井径鉄道の接続点に当る石家荘でも、嘗ては大砲の音が嫌で戦場から逃げて来た松井善四郎がひどくここを気に入って、自ら望んで支局長になり、日本人会の参与か何かで大いに羽ぶりのよいのを楽しんでいたりした。彼はかねて宣言どおり、支那娘を入手したので、これに子供が生れたならばその子が日本精神を忘れることのないように、日の丸のちゃんちゃんこを捏えてこれを常時着せておく方針であると手紙に書いてよこしたりした。

そのほか京綏線方面では張家口、大同、綏遠、京漢線上では徳州などにも常設の本格的支局が開設されて、仕事の間口は戦線とともに間断なく拡大されて行った。

4　軽蔑される日本人

「まあそう仰言らずに、ひとつゆっくりお話を聞かして頂きたいもので」と周章てて押しとめようとするのを構わず、「どうもこの手の御高説拝聴はいかんよ。俺は帰るよ」。二言目には何かうまい儲け口はありませんかと来る。俺は帰るよ」。

三吉と松田常雄は立ち上がった。「俺も帰るよ」とほかにも二、三人が続いて立ち上がった。

もたもた言って手を引ぱったり、胸を押したりしてなおも止めようとするのを、まだ何にも食っちゃいないんだから食い逃げじゃないよ、とつっぱねて強引に外に出るは出たが、腹が空いているので、二、三軒先の別の料理屋に皆で入って行った。

「近頃矢鱈とあんなのが来やがって怪しからんよ。何々県北支経済視察団などというからにはも少し真面目な、少しは支那のことも心得た奴らかと思うと、来る奴も来る奴も巾着切りみたいな奴か、さもなくば田舎の投機師みたいな捌けねえ野郎どもばかりだ。二言目には何ぞぼろい儲け仕事はありませんかと来る。いくら暇だからと言って、あんな百姓どもの酒が飲めるかというんだ」

「日・華経済のABCも知っちゃいないんだね。ただ県の特産物売込みの相談をしたり、一篇こっきりでもいいから一掴千金のような話を探したりばかりだ。それじゃ経済になっていない。盗棒の相談でしかない」

「そんなもんさ、日本人の経済常識というものは。これはとても国際レヴェルから論じられる代物じゃない。気長にギブ・アンド・テークなどということは貧乏人の性に合わんのだろう。みろ、内地からやって来る奴らのあの嫌らしい眼つきを。ぞっとするような眼つきをした奴がいるねえ」

松田や三吉らは口々に最近特に多くなった「何ぞ儲け口は」の視察者たちを思いのたけ罵りながら酒を飲み、料理を食った。天津にいたときに比べると、三吉の関心は遥かにその間口を拡げていた。それは主として同僚の中に、従来と違って後方勤務専門の、従って単なる戦況報道だけでなしに北支を中心とする政治・経済・文化等の諸問題の取材を担当するものが漸次増えて来たことに刺激された結果であった。彼らと語り、彼らと一緒に飲むことによって、これまでは退屈の底に徒らなる酒と女との空虚な交渉に隠れひそんでいた三吉の時局に対する関心が少しずつ頭を擡《もた》げて来るようであった。

一体、こうした果しもない軍事的動きのぎりぎりの結着はどういうところでつくのであろうか、ということが三吉の一番大きな、また最も漠然とした関心であった。国民政府は南京を逃げ出して漢口に移り、ここがいけなければ次は重慶か成都か貴陽かとも角どこまでも逃げる算段でかかっていた。日本軍はそれを追いつめようとして当時徐州の一大包囲戦を計画して、しきりと開封正面の牽制作戦や台児荘の擬装作戦などに貴い血を流していた。こうして、ジリジリ、ジリジリと泥沼に引きずり込まれて行くような戦争はいったいどこにゴールを持っているのであろうか。

近衛内閣の不拡大方針なんか人々はもうとっくの昔に忘れてしまっていた。そして昭和十三年の正月半ば、恰もヒステリー女の発作のような突如さで発表された「蒋介石を対手とせず」という近衛首相の怪声明は、あらゆる良識者の頭を完全に混乱させてしまった。われわれはいまや対手なしに闘っているのであろうか、それとも蒋介石以外の対手が真の対手として新に出現したのであろうか。ともかくこの軍事行動の行く手は茫漠たる支那大陸の地平線の彼方にぼやけ込んでしまって、普通の人間にはてんで見透しのつかないことになって来つつあった。

それに、不即不離の支那人を一体どうするのであろうかという問題についても、三吉は大きな危惧を持っていた。

支那人は日本人を好いていないどころか、日に日に軽蔑を深くしていた。それは少し注意深く観察しているものの目には蔽うことのできない現実であった。北京郊外の萬寿山を天下の景観として彩る華麗壮大な堂宇や蜿蜒《えんえん》たる塀などに、一面の落書きを施し、芸術的な甍《いらか》や仏像などを叩き欠いで記念に持ち去ることによって、北京人が誇った名所の一つを殆んど見る影もないほど台なしにしたのが主として日本兵や日本人旅行者であることを支那人は皆知っていた。北京城内の北海、中海、南海の池を連なる絵に描いたような公園に矢鱈と紙屑や折箱などを捨てて汚すのも多くは最近どっと流れ込んで来た新来日本人であることを支那人は皆知っていた。深夜の街に喰い酔って高歌放吟し、或は互に罵って乱闘を演じ、または女を求めて右往左往するのは必ず日本人であることを支那人は全部知るようになった。日本人の数を増すにつれて北京の情緒は一つ一つ抹殺され、そのあとには野卑で騒々しいいわゆる日本情緒なるものが無作法に移し植えられることに北京人は皆眉をひそめはじめていた。北京にもカフェーが簇出《そうしゅつ》して、下卑たレコードの歌声は昼間から辺りの空気を滅茶滅茶に引かき廻して鳴り響いた。そこには間断なく軍服や背広が出たり入ったりして思い思いの狂態を曝して行った。北京人にとっては何百年かの伝統に染んだ静かな恋の取引場所であり、取引とは言っても一種独特の幽玄さを持った恋の享楽境でもあった前門《チエンメン》は日本兵と新来日本人の闖入によって忽ちその雰囲気をぶち毀され、次第にただの肉欲取引所へと堕していかねばならない境遇に追い込まれはじめたことを、北京の通人たちは天を仰いで痛歎した。一時どこかに逃げ潜んでいた名優たちもぼつぼつ帰って来て、またもとどおり扉を開けた支那劇場は、喧騒蕪雑《ぶざつ》な日本人観客が圧倒的に増えたことに驚き恐れた。上等席の大半は毎夜々々日本人たちによって買い占められたが、彼らの多くは勝手なときにやって来て勝手なときに帰って行った。そして傍若無人に高笑いしたり、勝手なことを喋ったり、矢鱈と茶を飲んで瓜子の皮をぺっぺっと吐き散したりした。支那人観客はこれら日本人観客の多くが、支那芝居については何事も知らないのみか何らの興味すら持たないにも拘らず、見ておかなければ話にならないというので、程硯秋やその他の名優の顔だけ見に来る「ひやかし」にすぎないことを百も二百も承知していた。

こうした日本人の大波があとからあとからと何の制限もなしに「皇軍占領下の北支」へ恰も己の畑にでも踏み込むような荒々しさで押しよせて来るのである。

民衆工作の中央機関としてでっちあげられた新民会*も空廻りなら、臨時政府の役人たちも手を拱いてただ徒食しているにすぎないことを三吉たちは漸次知るようになって来るとともに、支那人を一体どうするかという問題の重要性が段々具体的な形をとってのしかかって来るように思われるのであった。

＊ 日本の傀儡政権である中華民国臨時政府が民衆教化動員のために設けた組織。

5 洋俥代論争

以上のように書けば、恰も北京に移った太田三吉は天津時代とはまるで人が変ったように事態を考え憂うる男になったかのようであるが、彼が日・華関係の将来というような観点から物を考え、またそうしたことについて同僚と論ずるのはごく稀《たま》のことでしかなかった。三吉の時間は働いているときのほかは大部分依然として酒と女に費されていた。そして、この場合も彼は議論するときと同じように大抵松田常雄と一緒であった。

支局が東堂子胡同に移ってからは、中庭を囲んだ□型の建物の一角に、三部屋の一棟をあてがわれて三吉と松田は二人でここに住んだ。真中の部屋を二人共用の応接兼書斎にしたが、この部屋は飲みつかれた二人が夜中の三時か四時に帰って来て、渇いた咽喉をうるおしつつ冷水を入れた一升瓶を中に、下らないことで再び議論をはじめ、ついに夜を明かすために用意されたもののような室であった。

「またやっちょるな、気狂長屋は」

酒も飲まず煙草も吸わぬ松方三郎と、大平の下で編輯部次長をしていた大岩和嘉雄の二人は、朝早く起きて中庭で体操をはじめるとき、アルコールの痲れと睡眠せぬ疲れとに頭も舌もだるくのびきって、何を喚いているのか自分たちにすらよくは判らぬような三吉と松田の果なき議論を、外から大声で笑うのだった。

「ええい、面倒な、貴様のいうことは、どうも判らん。明日だ、明日だ」

「貴様こそただ徒らに無用の長舌を動かしているにすぎんぞ」

そんなことをけりにして、二人はそれから二三時間眠るのを習慣にした。そしてすぐ起きて、その日の仕事にかかるのであった。

「また洋俥論かね」

「そうさ、此奴がどうしても二十銭やっちゃいけねえ、十銭でなくちゃいけねえというから小生の持論が始まったのさ」

「それにしても感心するよ。お二人ともよくお続きになるもんだよ」

同僚たちが食堂や編輯室で三吉と松田を捉えてこうした調子で感心してみせるのは、第一にこの洋俥論なるものが三吉と松田とが酔余の夜明し論議をするときの定ってその主要論題であることについてであった。それは二人がいわゆる気狂長屋に同居するようになってから以来のことであった。三吉と松田とは大抵俥を並べて帰って来た。そこで門前で一紛争必ず起きるのである。彼らが乗って来る距離が昼間なら五銭、深夜なら十銭を適正賃金とする距離であることは一般に認められていた。三吉はだから一人前十銭しか払わぬことを主張するのであった。これに対して松田は二十銭払うことを強硬に主張して譲らなかった。

松田の主張の根拠は、十銭のところを二十銭払うことによって、一つには支那人の人心を収攬し、二つには彼らに購買力をつけてやる。そしてこの原則は今後のわが北支経済工作の全般に適用さるべきものである、というのであった。

三吉は真向からそれを否定した。日・華の関係が政治的にまた軍事的に現在・将来どのようになろうとも、適正賃金の原則は厳格に遵守されなければならない。適正賃金を経済的必然以外の他の不自然な理由から歪曲するならば、そのことによって正常な彼我の経済関係は切崩されてしまう。人心収攬も購買力賦与もそれはこのような方法によっては期待することが出来ない。三吉の議論はそういうのであった。

はじめは冗談に出たこの理論的対立も、回を重ねるごとに次第に真剣な性格をおびて来た。殊に議論が起るときは必ず酒気を帯びていたので、門前における俥賃支払いは定ってひと騒動であった。

「よせよ、そんな莫迦賃金を払うのは。君は己の感傷主義を満足させることによって、一般の相場をつき崩そうとしている。経済的秩序の破壊者だ。君は！」

「いいじゃないか。俺は俺の理論的信念と、感情上の傾向とに従って、己の財布の中から二人分の洋俥代として金四十銭也を彼らに支払うんだ。文句があったら理論闘争で来い」

「よーし。朝まで寝るな」

そして、彼ら二人は己の理論の正しさを立証せんがためにあらゆる事例を引いたり、仮定を立てたりして争うのであったが、間もなく二人の話は先刻飲んだ酒の味の批評になったり、女の話になったり、その他何の話でも、何のこだわりもなく発展して行くのであった。

逆の場合もコースは同じであった。松田は三吉が二人分で二十銭しか払わないことに必ず文句をつけた。すると支那人俥夫たちも松田の語勢に景気づけられて追加金を請求して已まないことが多かった。松田は勝ち誇って、三吉の適正賃金説の弾力性に欠けた一面を指摘したりしたが、他の同僚たちはこの問題に関する限り松田の賃金破りを非と判定していた。

松田と三吉とは夜更けて帰る度にこうして門前でまず議論をはじめて、門を開けてくれた門番になにがしかの酒銭を与えたのち、冷水を持って来させて、殆ど毎晩のように同じ議題を論じ合うのであった。それが、よく続くよの第一であった。

第二は毎晩二人で飲み歩いて、よくそんなに金が続くものだという意味であったが、この方は二人の財布は共通になっていて、会計係を二人で交る番に脅迫してはもう何ヶ月分か宛先借りがしてあった。

第三は二人とも一日の睡眠時間が三時間か四時間にすぎないのによく身体が保つものだという感歎であった。三吉も松田も俺らの身体は防腐剤を注入した材木みたいなものさというのが得意であった。

6　美人女給

東西牌楼と東長安大街の角のところに、北京飯店と並んで二、三軒のダンスホールがあった。そのうちの最も繁昌している一軒は日本人と朝鮮人の共同経営だといわれていた。日本人の遊冶郎《ゆうやろう》〈注―放蕩者〉は日本人ダンサーの多いところに集った。これが「白宮《パイクン》」がアルカザールやその他の雰囲気から言えばずっと上品で味もある古いホールなどより遥かに繁昌している原因であった。そこは様々な日本人で恰も芋の子を洗うような混雑であった。

入口のアカシアの大木の並木の下には客待ちの洋俥夫たちを相手の屋台がずらりと並んで喧しかった。引っきりなしに奏し続けられるダンスミュジックはここいら辺りまで聞こえて来た。そして、なかでは毎晩一組か二組の乱闘騒ぎが必ず起きる定めになっていた。三吉と一緒に海を渡って来た中屋健弌も或る晩、入口のガチャン賭博に興じているとき、彼と一緒にいたダンサーに質のよくない悪戯をした男に鉄拳を喰らわしたのがもとで、一度退散した件の男が呼び集めて押し戻して来た五、六人の若者どもと、ホールの真中で、あっという間にナイフや真鍮の足つき灰皿などをふり廻しての大乱闘を演じた。折柄あちらこちらに分散して踊っていた同盟通信の若い連中が忽ち十人ばかり飛び出して、「相手は満鉄か、よーし、皆叩き殺しちまえ！」というような勢いで暴れ廻ったあげく、彼我ともに二、三人宛の怪我人を出したが、中屋は眉間に相当大きな裂傷を負ったりした。

ここでも同盟の若い連中の遊びは在留邦人間に有名なトピックスとなっていた。或る者は楽隊仲間と親しくなって、マイクロフォーンを占領し、己の歌う下手くそな歌でさあ皆踊れとばかり何十組かを踊らせて、やんやと噺したてられた。或る者はそこのNo1といわれるダンサーと浮名を立てられて、やがてその女と結婚した。天津で或る女給にぞっこん惚れ込んで、結婚してくれなければ死ぬという手紙を前線から寄越した男も、はやくもそんなことは忘れ去って、ここのダンサーの一人と熱烈な恋に陥っていた。彼の表現に従えばその女は東洋一であった。顔はまずかったが気だてのよさは或は東洋一であったかも知れない。同盟の支局はあげて彼女をひいきにした。そして間もなく彼らも結婚した。

白宮ダンスホールの棟続きに白宮キャフェーというのがあって、そこに多勢の女給のうちでも、これはとちょっと目を瞠らせるに足る一きわ目立って美しい女がいた。欠点といえば己の美しさを余りによく知りすぎていることと、歩くときに少し跳ねるような調子になることとであったが、多くの男が彼女の周囲に蝟集してわいわい言っていた。

朝日では誰、毎日では誰、読売では誰、報道部では、満鉄では、華北鉄道では……というように、後にはいずれも代表選手を樹てて、この美人女給の獲得戦が野次も手伝って一つの興味ある行事とすらなっていた。

三吉と松田とは同盟からも選手を出そうじゃないかと、どうせ出足が問題にならず遅れた競争であったから冗談半分に態《わざ》と問題にも何にもなりそうもない一人の男——といってもまだほんの少年上りの、子供々々した写真班の青年を連れ出して、毎晩根気よく通いはじめた。

彼女は「番」というのが五重にも六重にもついていた。ということは、受持の卓子が一時に五つも六つもあるということであった。従って彼女はどの卓子にもほんのちょっと顔を出して、ひとわたりビールのお酌をする程度で、他の女給のようにゆっくり腰かけてサーヴィスするというようなことは殆んどなかった。あちらからも此方からも「悦ちゃーん、おーい悦子ー」という声がかかって、惚れたりこがれたりしている男たちの切ない哀願が、或は怒声となり、或は狂喚となって交錯した。するとその度に彼女は「はあーい」と張りのある鈴のような声で答えて、その場のもののたちにじんわりと包むようなながし目の愛嬌を残して行ってしまうのであった。

「うーむ。こう忙しくっちゃ、こりぁ駄目だわい。此方のよいところをじっくりと味わわせてやる閑がない」。松田は飛燕のように飛び廻る悦子の姿を目で追いながら、「流石にあでやかじゃのう」と笑った。

「桃園の女将のようなわけには行かんなあ」。三吉も笑った。桃園という小料理屋の女将が松田の酒ののみっぷりに惚れ、この方は松田が行くと、ぴたりその傍に坐ってもう絶対に離れようとはしないのであった。

「あれはよい。あれは俺のほんとうの味を判る年頃じゃて。此方はお前、まだあれは十九か、せいぜい二十だぞえ。小便臭い年頃だわさ、まだ。ただああしてれあ、莫迦みたいに金が儲かるから、それで一応大人のように自分でも思い違いしているが、人生とは、そのようなものではない。人生とは、桃園のように、店はあれど客来らず、客来れど嚢中銭なき野郎ばかり、というようなところだろう。よし、ここは今晩これまでにして、桃園へ行こう」

だが、不思議なことに間もなく悦子はちょっとの閑を見てはひらりと三吉らの卓子に走り寄るような様子を見せはじめた。三吉らは悦子に何も彼もあからさまに言って、この男が同盟の選手じゃからそのつもりで交際しろと宣言して、四人で大笑いに笑ったりした。

「なぜ、あなた方は御自身で選手におなりにならないの」と悦子はその美しい目に案外無邪気ないたずらっぽさを湛えて訊ねた。

「第一」、と三吉は説明した。「松田にはお露、俺にはお歌とてそれぞれ歴とした女房があるので、もし優勝者になったとき、引込みがつかなくなる惧れがある。第二に、もしふられたとき、ぐあいが悪い」。

「それでこの坊やって方を代表選手になさったのねえ、悪いわねえ」。悦子は宮崎のコップにビールをついだ。宮崎は赤くなって恐縮しながらビールの泡を啜った。

「この野郎は年も若く度胸もなく、おまけに金もないから、大体優勝圏外だがね、ちょっと可愛いい顔をしているのと、気だてが素直で情に厚いというところが取柄さ。ほかに能がねえから、おい坊屋、俺が歌ってやるからお前例の足柄山の熊公踊りでもやりな」

「いやだよう」

「含羞んでやがる。どうせ悦子菩薩に惚れて貰えっこねんだから、構ねえ、やりねえ」

「じゃ、やるか」

宮崎は背広の上衣を裏返しにして胸の方から両手を通し、松田と三吉が歌う阿呆駄羅経の文句と調子に合わせて、莫迦な踊りを狭い通路で踊ったりした。松田と三吉とは箸でコップを叩きながらやけに大声を出して歌った。宮崎ものちには含羞などふっ飛ばして所狭しと踊り狂い、辺り近所の卓子からは客や女給が総立ちで、腹を抱えて笑いころげたりした。

熊は畜生の浅間しさから、己の無器量ころりと忘れ、恋し恋しの悦子如来、一目拝んで優しい声の、一声二声も恭けないと、こうして夜な夜な罷り出まする、可哀そうなはこの熊で無い、はぁ、はっちきはっちき。

そこら辺りで卓子を叩き、床を踏み鳴らしてこれに和する者もいた。わぁーっと大歓声があがって、悦子如来万才！などとビールを乾杯するものもいた。

次の晩、三吉が「おい熊踊りだ」というと悦子は後生だから止めてくれと頼んだ。「そんなことなさらなくても、妾今晩はここにいます、ええ、屹度いますから、後生、あれは止めてください」。

十日目には思わぬ凱歌がここでもまた同盟の上に上っていた。松田と三吉とが特務部からの帰り、自動車を南海の方から中海の方へ、公園の中の散歩道に乗り入れたとき、前方を肩と肩をくっつけ合って睦じそうに歩いて行く一対の男女の後姿にまぎれもない悦子と宮崎とを認めたのであった。彼らは追い越しざま振り向いて、今度は正面からそれを確かめた。

宮崎は悦子には大連に許婚者があること、母親も大連にいてこれがなかなかの頑固者だということなどを松田と三吉に打ち明けた。三吉たちは余りに意想外な、しかもスピーディな事態の発展ぶりに狼狽してしまった。どうも口ぶりから察するに、二人の関係は既に最後の一線を突破しているらしかった。もはや冗談ごとではすまされない事態になっているようであった。悦子はその後堂々と事務所に宮崎や松田や三吉を訪れて来るようになった。そして、一度大連に帰って何とか話をつけて来たいとも言った。そうなれば宮崎と彼女とを結婚させることは松田と三吉の義務となって来る。

「うーむ、えらいことになってしまった」。松田は腕を組んで考え込んだが、三吉は、「なあに放っておけば、なるようになるよ、貞操なんか、若いときの白日夢だ、どんな大傷でもそれで死なない限り必ず癒るもんだ」と言って次第にこの問題から離れて行った。

7　芸者小千代

芸者のいる家も何軒かあった。古くから知られている長春亭などのほかに、青島から避難して来て最近開いた家などもあり、いずれも急造のアンペラ*張りの座敷など、いくつあっても足りないほどの繁昌ぶりを示していた。前線から処用で出て来る将校などで、これらの高級料理屋を定宿にしているものは多かったし、どの男にはどの女と、敵娼《あいかた》も大体定ったのが多かった。

＊　熱帯地方の原産のカヤツリグサ科の多年草。その茎を打って編んだむしろ。

これらの高級将校のところには様々なカテゴリーの背広が出入して、夜などは一緒に飲んだり歌ったりした。三吉もときどきそうした席のお招伴をすることもあったが、彼は大体松田と二人で「自力」で芸者遊びをした。どうせ派手な遊びは出来なかったが、行きつけの久米酒家などでは大抵の芸者は友達であったし、殊に雛妓たちとは仲よしであったので、女将や仲居なども、別して客扱いをするものでもなく、何だかわけの判らぬままにずるずる遊びをさせてくれていた。芸者や雛妓たちは退屈するとよく、鮨だのおはぎだのお菓子だのの手土産を持って彼らを訪ねて事務所に遊びに来た。そして映画のマチネー〈注―昼間の興行〉に誘ったりした。

「お土産はね、まず第一に、そら、あそこに大きな帳簿を抱えて坐っている人がいるだろう、あの人のところに持って行ってくれ」

「あれ誰、支局長さんなの」

「うんにぁ、もっと偉い人だよ」

「そう。会計のひと、ね?」

支局の計理主任は差し出されたものを一つつまんで、「これじゃ太田さんにしても松田さんにしても、金が要りますよ」と苦笑いするのであった。

こうした社会の信用は、松田にしても三吉にしても特定の芸者に惚れたり、同衾を要求したりせず、どれでも手の空いている女たちとごく下らぬことを言いながら酒を飲み、眠くなれば殆んどごろ寝同然にして、松田と三吉と二人で抱き合って寝る、そして勘定は全部でないまでも、必ず払えるだけはきれいに払うというところから生れて来るものらしかった。室がなければ女将の居室に閉め込まれたり、女が全部座敷に出ているときは一時間でも二時間でも放っておかれて、お酒も自分で気軽にとりに立ったりする有様であったから、月末の勘定もいい加減につけてあるらしく、殆んど毎晩行っていて二人合わせて三、四百円程度でしかなかった。

三吉自身、一体何が面白くてこんなところに毎晩来るのだろうと自問することもあった。結局それは惰性であり、退屈のさせる仕業であった。カフェー、ダンスホール、小料理屋と毎晩定ったコースを一廻りしたあげくは結局、「おい行くぞー」ということになるのであった。

久米酒家は八大人胡同の奥まったところにあった。酔うと何とも知れないものが彼らをここに引ぱって来た。「来たよ、来たよ、二人組がまたべろんこだよう」。一番先に彼らを見かけた女がそう叫ぶと、「いつも遅くって、仕様がないねえ、たまにはも少しまともな時間に来て御覧なね」とぶつくさ言いながら仲居が席をつくってくれるのが定りであった。「座敷も女御衆ももうありはしないねさ」。

「へっ、毎度の事で驚かないよう。行くところがなくならなきゃ、こんな小便小路の奥の方まで迷い込んじゃこないんだから」

「今晩は水かよう」

「水はいくらだ。ただなら水だ」

それでも女たちが交る交る座敷をぬけてやって来た。それは一つの座敷から他の座敷に線香を移すのではなしに、彼女らは或る者は酒やサイダーを飲みに、他のものは膝を崩して喋りに来るのであった。宴会が一つ一つ消えると、お泊りのかからない女はぼつぼつ身体が空いた。彼女らは何十畳敷かの道場のように広い芸者部屋にずらりと並べた床に入って枕を並べて眠るのであったが、この芸者部屋で寝る女はまだお泊りをうけつけない雛妓のほかは極く少数であった。それは彼女らにとっては必ずしも名誉なことではなかったようであった。身体の空いた女たちも余り早くから大部屋に帰りたくはないらしく、彼女らは大抵三吉らの部屋に来て油を売って行くのだった。

「さあさあ、情夫《まぶ》はひけ過ぎ、情夫はひけ過ぎ。売れのこりのおかめは皆来たれ、来たれ。これからが大騒ぎだて」。

三吉らはうけに入って喜ぶのであった。そして他愛もない大一座ができ上る。板場の方で火を落しても彼らは驚かなかった。女たちが酒の燗ぐらいした。帳場が寝てしまっても女たちのうち誰かが「持つ」ことでいざこざはなかった。そして結局座敷一杯に女や雛妓まで入り乱れて雑魚寝に夜を明かすことが多かった。こうした女たちには三吉たちのような型破りの遊びが楽しかったのである。

しかし、やがてここでの遊びも三吉には余りからりとしないものとなって来た。女たちの中に小倉の女学校を卒業したと称する小千代というのがいた。顔もあまり美しくなかったが可成りの大女であった。それに声が悪くそれにもまして頭が悪かった。冗談を解せず、軽口の応答などもてんでできなかった。この女を見ていると、芸者とは何ぞやということを改めて考えさせられる程であったが、この女が三吉に惚れているということを聞かされたとき、三吉は小鼻の上をてひどくひっぱたかれたような気がした。彼はそれを一種の侮辱とすら感じた。

仲居は熱心に三吉を口説いた。

「可哀そうに小千代ちゃんはあんたの前に出るとあの大きな身体で小さくなっちまって、口も碌に利けないじゃありませんか。傍で見ていても気の毒なくらい。ね、何とかしてあげなさいよ。第一あんたぐらいの若さで、何ぼお酒を召し上るからって、全然女っけなしなんて身体に毒だしさ、ここよりほかのところで何してればそれは別だけれど、そんな風にもみえないし。ほんとに変っているよ、あんた方二人は。ね、私がいいように計らってあげるから小千代ちゃんを喜ばしてあげなさいまし。そうなさいまし。お願い、わたしからもお願いですから」

「断るよ。俺ぁ、女断ちの願をかれているんだから」

「知ってますよ、天津の一件は。だけどそんなこと、くよくよするような男でもないでしょうが」

三吉は苦笑した。天津の一件か。誰がどんな風に伝えたか知らないがあれもこれも、よく考えて見れば、肉欲よりも先に立つ三吉の精神的な潔癖の縺れのさせた業だったとも言えた。三吉にはこの潔癖さと一見傲慢らしく見える態度の底に潜んでいる案外な女性崇拝《フェミニズム》の性向さえなければ、情婦の二人や三人拵えるのはさして難しい仕事ではなかったであろう。また玉菊にしても、あまり親しくならないうちに、定めの枕金二百倆を積めば案外いざこざなしに売った、買ったでけりがついていただろうと思われる。それをそうしなかった、そうできなかったところに、三吉の芯は放蕩児らしくないところがあった。

松田はしきりに、「俺にはお前の気持は判るよ。要するにお前はピューリタンだ。莫迦だよ。軽く女と遊ぶというような粋な真似はできない野郎だ。すぐ深刻になる田舎っぺさ帰するところ」などと言って、半ば真面目な顔で笑った。「勿論、俺も同様だ、俺もお前に劣らず莫迦である。お互に莫迦だから、こうして二人で酒ばかり飲んでいるというわけだな」。

三吉が小千代にすげないという話はいつの間にか同僚の間で有名になってしまった。そして彼らは面白半分に小千代をけしかけたりからかったりした。すると小千代はよく泣き出すのであった。

三吉の転任が極ってその送別会のとき、平常はあまり酒のいけない同僚が二人三吉の前に坐り込んで、「お前は人非人であり、人情を解しない奴だ、男の風上に置けない奴だ、俺たちは小千代の純情に同情する。彼女は川口大佐のあれだったのを、お前がそれで川口大佐に遠慮しているのかと思って爾来一切断っていたというではないか。にも拘らずお前は彼女のことを冷笑する、そういう奴を俺たちは大嫌なのだ」というようなことを論じたてて、のめもしないのにコップでぐいぐい三吉と献酬を重ねたため、そのうちの一人はそこでのびてしまい、他の一人は剣舞をやるといって突如暴れだしたが忽ち嘔吐を催してこれも倒れてしまったりした。その晩小千代はひどく酔って何だかめそめそ泣いていた。三吉がどうでも宿舎に帰って寝るというと、彼女はそれでは明日駅まで送って行くとてきかなかった。ほかの女たちや雛妓たちは三吉の禁令を守って駅には来なかったが、小千代は地味な平常着を着て目だたぬようにホームの一番外れの方に立っていた。

8　無頼漢たち

北支の各要点を結ぶ大運河網の開鑿計画だとか、山東のおける綿花栽培の一大改良計画だとか、蒙疆地方の鉱山開発に伴う北支の製鉄工業振興計画だとか、そのような話を特務部や満鉄や華北鉄道や北支開発などから聞きかじって来ては、彼らは彼らなりに大いに論じた。これらの話は公表厳禁であったから新聞電報にすることはできなかったが、彼ら記者仲間の議論欲を満足させるための好話題を提供した。

また漠然と、北支を一体どうするかというようなこともよく彼らの議論の種になった。

共産軍があちらこちらに潜入していて、恰も野鼠のようなすばしこさと執拗さとで、日本軍の戦線の内側をしきりに荒し廻っていた。これを一体どうするのか。

支那人は老獪だからそう露骨に外面には現わさないが、彼らの心が日一日と日本軍のやり方を去って行きつつあるのは誰にも感じられていた。臨時政府に行っても誰一人本気で仕事をしているものはなかったし、政府の内部では間断なく要人間の嫉視反目が繰り返されて帰着するところを知らなかった。同盟の天津支局長を辞めて非常な高給で北京政府の官員になった山内などに訊いても、北京政府というものは一体何をするところなのかはっきりは判らなかった。にも拘らず、日本側の一隅では前記のような厖大な産業開発計画が樹てられて、関係者たちだけは少くともここ数年を出ずして北支に一大工業王国の出現もまた決して夢ではないと力み込んでいたりした。

一般民衆に対する日本軍及び北京政府の無為と無力とを何とかして補う目的ででっちあげられた新民会という大衆組織があった。表面は北京政府の要人たちを首脳に、在野の支那人有力者を配した民主的組織のように擬装されていたが、内実は日本軍の武力を背景に満州国の協和会イデオロギーをそのままここに移植して、満系日本人を中心に運営されていた民力動員の強力組織であった。このことは一般に知れ亘っていたし、関係者も別段強いて隠そうともしていなかった。

満州国における協和会の工作が果して那辺までほんとうの意味で成功していたかは当時の三吉には判っていなかったが、少くとも、新民会工作指導のため北支に流れ込んで来たこれら満州の成功者たちの人柄から判断したところでは、これもまた假装せるゴロツキの一大集団ではないのか知らと思わされる節が多かった。新民会関係の邦人には幹部から三下に至るまで何だか無頼漢みたいなのが多かった。日本人にとってすら何とも無気味なこれらの連中が多勢屯して、中心勢力となり、畏縮し切っている支那人を手足に使って、新しき大アジアの民となれ、というどえらい精神運動を指導し実践するのだというのであった。

これまでにも度々少量ずつではあったが軍の品物を闇に流したりして憲兵隊の御厄介にばかりなっていた札付の親爺が経営する「島の娘」というおでん屋は三吉たちがよく寄る家であったが、その親爺が今度は相当大がかりに係りの下士官も二、三名抱き込んでの思い切った一仕事でどんと食い込んで、今度こそは生命も助かるまいと噂されていたところ、わりに気象ものの女将が何とかかとか留守の店を張っているところで、新民会の若い連中が店中にとぐろをまき、辺りに人なきが如き怒り肩の鯨飲ぶりはまだよいとして、大いに国策を論じ、北支経営を嘆いた末、十二、三人もいただろうか、そ奴らが一斉にドスを抜いて己が腕に傷をつけ、ビールのコップにその血をうけて、互にコップをとり交し、兄弟お互に命を捨ててやろうぜ、誓ったぞ、などとすごみの文句を並べながら、血で赤く染んだビールを廻しのみに飲み合う大時代な有様を目の辺り見たとき、三吉はいささか度胆を抜かれた形であった。

北支はこうした機関や組織や人々によって治められんとしていたのである。漠然とではあったが、これでは駄目だというように感じはじめていたものは三吉の周囲にも多数いた。だから、王克敏がいまでも蒋介石政府との間に直接連絡を保っているなどという噂も決して嘘とばかりは響かなかった。またその頃ちらほら耳にするようになった邦人商社の大仕掛けな不当利得事件なども当然あり得ることとして聞かれたのであった。

自分が運転を誤って他人の乗用車をひっくりかえし、おまけに怪我人まで出しておきながら、それが軍属の運転する軍用貨物自動車であったが故に、却って被害者の方が手ひどく怒鳴りつけられて、ビールの一打も持ってお詫びにいかねばならないというような事態が平然として許され、その不当さをどこにも訴え出る方法がないという有様では、もう物事は末であった。

軍司令部が如何に厳めしい歩哨を立てて、高級将校の出入毎に、世界一規律正しい敬礼をして見せても、その建物の内部では如何なる乱脈が渦をまいているかは、誰も一言も言わなくても、日本人も支那人も皆、感じで知っていた。

9　前線の略奪と北京の平和

蒙疆地方から荷を積んで来た駱駝が奇怪な影を大きく地に引きながら、ひょっこり、ひょっこりと北京の大通りを歩いて行った。前の獣の尻尾に結んだ綱が後の獣の鼻に通した輪に結んであって、十頭から二十頭近いキャラバンはこうして呑気に編成されていた。

正陽門駅前の繁華街を南に走って、あの有名な天壇に至る天橋南大街の両側にずらりと店を開いた露天市、俗に小盗児市場（盗棒市）といわれた喧騒を塵埃の本場みたいな辺りをこの駱駝ののどかな縦隊はよく通って行った。

三吉は天壇の何と言っても法外に雄大な規模を見て、その結構の美よりもむしろその気宇に感に堪ゆるのであった。清朝歴代の皇帝が即位を天に告げ、豊年を祈る儀式を行うための式場だと聞けば、広大な花崗岩の一大フォーラムともいうべきこの壇の片隅に立っただけで、当時の華麗にして盛大壮厳であったろうと思われる儀式の様が容易に想像された。露店ではあったが、何十万人を一時に容れてなお悠々たる余裕を残すと思われるこの総花崗岩の大建築物は、支那人のどこかに潜んでいる途方もない大きさを象徴したものではないだろうか。

何とやら帝が逆臣に追われて首を縊って死んだといわれる景山に上って、すぐ目の下に展けた紫禁城の壮麗な美しさを眺めたときの感歎とはそれはまた全く異った驚異であった。紫禁城の甍の色、夕陽に映えて得もいわず崇高な紫がかった黄金色に照り洹ゆるこの建築芸術が持つ高さに対しても三吉は、日本人としての「及ばなさ」を心ひそかに感じて一種の恐れを禁じ得なかったのであるが、天壇を訪れることが度重なるにつれて、万寿山の湖と山とを人工の力で造りあげたという清朝の浪費力や豪宕《ごうとう》な好みからうけるあの圧倒感と全く同じものをそこから受けるのであった。どえらいことをやる民族である。

ふっと、万里の長城のことなどを思い合わせると、三吉は思わず身慄いの出るのを禁じ得ないこともあった。今となっては万里の長城などという着想は児戯に類したものに相違ないが、当時これを構想し、これを実現したその雄大な気力はまさに戦慄に値するものではないか。

日本には大阪城がある。明治神宮外苑がある。などというけれども、そんなものは強いて引合いに持ち出さない方がよいと思われた。何と言ってもお話にならず気宇が狭少である。その日本が今や支那を呑もうとしている。一尺の蛇が百貫の大牛を丸呑みにしようとしている。長袖公卿首相がいくら不拡大などと声明して見ても、気負い立った島国の住民たちはそんなものには耳も籍さずに、目下盲滅法、大陸一呑みとしがみついているのである。

だが、都大路を悠々と駱駝の列を連ねて練り歩いたり、城壁に近い区域では街中で平気で大豚小豚の放し飼いをしてたり、日本側に狩り出されてそれぞれ政府の要人にはなったものの何にもせずに一日中袖に手を入れて坐ってぃたり、このような支那人を対手に、キリキリ、ヤキヤキと朝から晩までせせこましくキャンキャン飛び廻っている日本人に果してこんな大それた仕事が仕終せるであろうか。

「いまに草疲れてしまう」

支那育ちで、言葉も習慣も、そのあくまで積極的な気象を除けば、そっくり支那人同様な佐々木健児などは恰も他人ごとのようにそう言って、日本人のやり方を冷笑するのであった。

蒙古名産の絨緞や毛皮に深い趣味を持っている大矢信彦が天津から出て来る度に(彼はその後天津庸報の社長になった)よい出物が多く見られる小盗児市場を大勢で訪れた。佐々木や三吉などもそのおつき合いでよくこの方面から天壇のあたりに自動車をとばした。そして帰りには前門街の古い料理屋に行ってそこの有名な家鴨料理を食べるのであったが、料理屋の椽の下の真闇にした狭い場所に一杯詰め込まれて、無理に肥らされている家鴨のうちから、よさそうなのを二、三羽選んで、目の前で料理させつつ、彼らは多くの場合悲観論を話すのであった。

「お前らみたいなキョロキョロした奴らばかりやって来て、何の日本人が支那さんに勝てる道理があるものか」

殆んど半生を支那で送った大矢信彦は平常から三角に見える目をますます三角に尖らして、恰も目の前にいる松方や三吉や松田などが悪いといわんばかりに罵るのであった。

「日本人はけちんくさくって駄目だねえ」。松方はアメリカなどがして行った仕事の殆んど無目的かとすら思われるほど一見没我に見える遠大なやり方と比較して痛歎するのであった。

「駄目ならも一度やり直すさ」。佐々木はそう言って、えへ、えへ、えへと笑うのであった。

「何度やり直しても同じだよ。理屈と実際は別物だから。大陸政策とその実践とは別物だよ。掏模や掻払いばかりがこうようよ押し出して来たのでは、政策も何もあったものじゃない」

大矢はこんなときいつも吻を尖らして真面目に論じた。

殊に彼は前線における日本軍や従軍者たちの掠奪事件の頻発――それは殆んど常習化していると言ってもいいほどの亡状を痛憤するのであった。最近では南京陥落のときの全面的掠奪と法幣買い不当利得事件とは北支一帯にも鳴り響いていた。また津浦線方面で従軍報道関係者の一団が組織的に掠奪行為を行い、掠奪品を内地に送るためには門司や下関の税関吏のうち或る者と秘密のわたりをつけているという事件が漸く表面化しそうになっていた。こうした全般的悪風潮は一、二の司令官の潔白な性格だけでは防ぎようもないものの如くであった。宣撫班が出て行けばそこにも必ず問題が起きた。新民会が動けばそこでも悶着は必至であった。掠奪のあとは焼け、強姦のあとは殺せ、が鉄則になっているなどという噂も別段憚るところなく平気で流布されていたほどであった。

しかも北京城内の生活は極めて平和であった。星の印をつけた乗用車やトラックがとてつもないスピードでけたたましい警笛を引きりなしに吹鳴しながら傍若無人に横行することさえなかったら、どこに戦争があるかと誰しも訝らずにはいられなかったであろう。例えば城内の南海公園にある野外料理店に行けば、快く掃き清められた木蔭に席を設けて、愛嬌のよい男女の給仕人が快適にサーヴィスした。支那人の客も日本人の客も、こうした趣味を解するもののみが持つ共通の静粛な雰囲気を決して乱しはしなかった。また例の有名な東安市場に行けば、そこではありとあらゆる品を売っていた。食糧品、工芸美術品、衣料品、そして娯楽場や飲食店もあった。支那人の客も日本人の客も広大な、しかも迷路に充ちて二度や三度来たぐらいでは処詮地理も方角も覚えられそうもないこの大市場の中をぞよろぞよろと流れて行くのであった。

こうした平和な生活から僅か五キロや六キロ離れたところで、通州へ行く道や永定河の彼岸などに、いまだに敗残兵だの共産匪だのが絶えず出没して、小規模ながら彼我の小銃の音が日夜聞かれるなどとは容易に信ずることのできない話であった。

だが、それが支那の真の姿だったのである。

10　ギルド制

東堂子胡同の入口のところに、よく支那人の大道芸人が店を出していた。十三、四ぐらいの娘が弾く胡弓に合わせて、六十近い片目の老人が、日本で言えばさしずめ浪曲か辻講釈と思われる物語り調のものを、独特の哀調で語るのであった。その傍らでは十になるかならぬかの子供が支那曲芸を演じていた。そして露天床屋は木箱の上にお客を坐らせてごりごりと青坊主に頭を剃りあげて行くし、筮竹に似た竹製の籤で当ればジャジャ麺三杯食ってもよいが当らなければ十銭まる損という賭博と立食い屋兼営の麺屋も相当繁昌していた。

石家荘から所用で出て来た松井善四郎が突然それらの人々の前に洋俥を止めて、俥の蹴り込みに立ち上がり、右手に一個の骨董的懐中時計を示して、下手な支那語で

「この時計と同じようなのをつい先刻確かこの辺りで紛失したから、もし見つけた者には二十円やる故、早く余のもとに持ち来れ」

と告げたとき、その場には忽ち一大センセーションがまき起された。二十円は彼らにとって一月の生活費を意味した。古時計一個二十円。

松井の言っていることの意味が判ると、胡弓は止み、物語は中断し、曲芸は種をばらし、床屋は剃刀を持ったまま、麺屋は釜に木蓋をして、ぞよぞよと辺り一面の通路を改めて探しはじめた。

通行人の一人が、「これか」と言って差し出した時計は明らかに彼自身のものであった。上海製で五円も出せば買える代物であった。松井は怒って手を振りあげ、日本語で、「太え野郎だ商売しようとかかってやがる」と怒鳴って追いやった。松井が紛失した時計というのは時代物ではあったが日と週日とが盤面に出て来る精巧なもので、松井はそうした変り種の時計とオルゴールとを趣味で集めていたが、二、三日前東安市場で出物を見つけて、二、三度通った末、結局十円に値切って買った品であった。それをいま彼は二十円の懸賞で探させているわけである。

センセーションは結局むだに終った。

松井は悄然として支局に帰って来た。すると松井の乗っていた洋俥夫が松井のあとを追って、支局の建物の中まで入って来た。松井は充分の賃金を支払ったではないかと大声で叱ったが、洋俥夫はにやにや笑って、この時計を二十五円で引とってくれとて、松井があれほど探しあぐねていた例の時計をとり出すのであった。松井は烈火の如く怒ったが言葉が自由でないため、結局現物欲しさの弱味から気短かに二十五円投げ出すこととなった。

このようなことは別段珍らしいことではなかった。支那人一般の常識では品物を返却すればそれで問題は解決するのであり、盗んだということそれ自体にはたいして重味がかけられていないかの如くであった。

また支那人の下層社会に広く根を張っている一種のギルド・システムは彼らの生活力そのものの根強さを思わせるものであった。人事係も会計係も知らないうちにいつの間にか支那人ボーイが二人も三人も増えているようなことが往々にしてあった。

「抛っときゃいいんだよ。働かしといて、よけりゃ月五円もやりゃいいし、わるけりゃ一文もやらなくたって、結構奴らは食ってだけは行くんだから」

佐々木は訝る三吉らに事もなげにそう言った。そこに根を拡げているのは一種のギルド制なのである。

「ここの親方はあの門番の爺さんさ。あれが大将で、コックが中将、その他少将、大佐、中佐、なんでもいるよ。あの爺様の一味徒党とそれに連なる人間でないと、ここには勤められないことになっている」

三吉たちは佐々木の説明にあの如何にも人のよさそうな、いつも頭を青々と剃ってニコニコと笑っている門番の老爺を改めて見直すのであった。支那には門銭という制度があった。門を出入する商人は必ず何某かの心付を門番に奉らねばならなかった。従って商人の出入の激しいところの門番は相当大きな収入をあげるのである。門番の爺はそうした収入で自分の縁類を何人か食わしていた。そして、そうした寄食者をそれとなく人手の手薄なところに嵌め込んでいつの間にかずるずると使用人に仕立ててあげてしまうこともできるのであった。

食堂でもよく問題が起きた。急激に人数が増えて、いまでは百四、五十人のものが朝昼晩の三度三度支局の共同食堂で食事をするのであったが、始終文句を言っていないと、目に見えて食事の質が落ちるのであった。人の出入が激しかった上に、外食して社の食堂では食べない者も毎日相当数に上ったので、それらの分を浮かしただけでもボーイから阿媽まで全支那人使用人を養うには充分であると思われたが、その上にコックが材料の仕入れに当って何某かのコンミッションを取るのは当然のこととされていた。そのコンミッションの取り方が激しくなるとてきめんにお菜がまずくなるのである。文句を言えばその次の食事からまるで別の家の食事のようによくなって、スキ焼の大盤振舞いなどをやらかすのであった。

「実際かなわないねえ。文句を言わなきゃだめだし、文句も三日にあげずに言っていると今度はばかにされるし」。食堂の係りをしていた庶務の男は始終そう言ってこぼしていた。

これらのことが毎日毎日の生活の経となり緯となってご

く自然に行われて行く――それが一般支那人の生き方であるらしかった。

11　聯合系と電通系

幾棟もの建物から成っている支局は入ってとっつきが広い事務室で、奥の方は主として独身ものの宿舎に当てられていた。

中庭には美しい花壇があって、季節季節の花が間断なく咲いていた。中庭の四辺に沿って建てられた各棟から起き出て来た独身者たちは、歯ぶらしを啣えてまず中庭の花壇に歩みよるのが朝の始まりであった。そこでは早くもいろんな虫どもが咲き揃った花の中へ出たり入ったり忙しそうに立ち廻っていたり、葉の先っ端のところに危げに止っていた大きな露の玉がとうとうほろりと転げ落ちたりしていた。独身者たちは、麻雀で疲れたものも、宿酔でまだ少しぼんやりしているものも、議論がすぎて眠りの足りないものも、皆一様に、この花壇を見るとその鮮かなすがすがしさにほっと救われるのであった。朝というものの有難さをしみじみと味わうのである。多くの場合そこには澄明な陽がさしていた。

三吉が踏み込んで、遊げな虫の出入りをぼんやり眺めながら口の中一杯に泌みたフランス製の練歯磨の強烈な味と香りとを楽しんでいたとき、いつも陰鬱な顔つきをしている経済部長の安武〈注―安武誠一〉がこれも楊子をくわえてぶらりと中庭に下りて来た。三吉はおやと思いながら、唾に溶けて口一杯になった練歯磨をぺっと石畳の上に吐いていた。

「安武さん、あんた行かなかったの」とたずねた。安武は不審そうに、「どこへ」と反問した。

常務の古野伊之助が今朝南苑の飛行場につくことは青島からの電報で昨日の夕方既に判っていた。古野は徐州総攻撃の牽制作戦で山東東部に戦っていた板垣征四郎中将を態々《わざわざ》戦塵の間に訊ねて、その序手に何度目かの北支巡察を開始したのであった。このとき古野が何のために板垣に会いに行ったかは、それから間もなく板垣が陸軍大臣に任ぜられたのでも凡そ見当がついたが、それは兎も角として、安武がかねて古野が北京に来るときは自分としてはどんなことがあっても彼を出迎えねばならぬ気持ちだと、くどいほど繰り返して言っていたのは三吉も何度か耳にしていたことであった。従って、今朝は当然彼もまた松方や佐々木、大平などの幹部と一緒に古野を出迎えに行ったとばかり三吉は思っていたのであった。

安武は見る見る嫌な顔をした。黙ってくるりと踵を返すと洗面所の方へ歩いて行った。三吉は安武の気持を下らない女女しい業だとは思ったがしかし同情せずにはいられなかった。それとともに大平や佐々木などが持っている妙に依怙地な偏狭さを憎む気持が段々強くなって来るのであった。

本社でも経済部長をしていた安武は北京に行ってそこの経済部長になれといわれたとき、これは自分としては当然辞職すべき機会だと考えたというのである。彼は同盟通信社を形成する二大系閥のうちどちらかと言えば悲境に置かれていると見られていた日本電報通信社の系統に属する古参であった。昭和十一年の夏愈々合併が実現してからも、新聞聯合系と日本電報通信社系とでは、殊に幹部級の古参者の間に、何となくしっくり行かないものがあって、人事の度に陰気な燻りが感じられていたが、電通系の人々は、社長の岩永裕吉が生粋の新聞聯合側であったことはともかくとして、社の実権者である古野伊之助がこれまた曽つて岩永を看板にしての新聞聯合の実権者であった点から言っても、当然電通系の人々は遅かれ早かれ古野によって圧迫され清算さるるものと予期し、確信していたのであった。電通系の安武が北京に行けといわれてそれを辞職の機会と感じた理由はここにあった。

古野伊之助　（新聞通信調査会提供）

古野は大いに笑ったというのである。安武はこのときのことを何度でも眼に涙を浮べて語るのであった。

「君らは部長だ幹部だと言って威張っているけれど、君らがそうして机にしがみついて、やれ電通系だ聯合系だなんといって、屁みたいなことで啀み合ったり夢中になったりしている間に、若い奴らは皆大陸に飛び出して行って、どんどん新しい問題にぶつかり、どえらい勢いで偉くなって行っているのだ。あ奴らが帰って来たら、君らがいくら空威張りをして見せたって、実力が物をいうこの世間では、もう誤魔化しは利かない。結局は軽蔑されて、退かねばならぬことになる。そうならないように、僕は幹部再教育ということを計画しているのだ。社会部長の岡村にも政治部長の大平にも、地方部長の田村にも、また松方や君などにも、どんどん大陸に出て行って貰って、も一度勉強のしなおしをやって貰う——これが僕の考えだ。左遷だの辞めるのと阿呆なことを言っていないで、君にも一つ大いに勉強をして貰わなくっちゃならない」

古野は安武にそう言ったのである。安武は感激してしまって、本気で勉強のやり直しをするつもりで北京にやって来た。それで、今度古野が此方の方へ廻って来るときは是が非でも自分が一番先に飛んで出迎えて、古野の知遇に報いねばならない、と安武は始終そう考え、そう口に出して言っていたのであった。

朝の朗らかな空気を慄わして自動車の警笛が高らかに鳴り響くと、やがて賑かな気配がして数人の人々がどやどやと室内に入って来た。門のところまで飛んで出た安武は古野に縋りつくようにして何事かを口早に述べていたが、古野はけろりとした顔で半分はほかのことを見たり聞いたりしているみたいな無関心さでそれを聞き流しながら室内に歩を運んだ。飛行場まで出迎えに行った連中がその後から入って来た。記者や事務員や写真班など、いろんな立場の連中が引っきりなしに古野を捉えて様々なことを訴えたり、告口したりした。古野は面倒がりもせずに終日彼らの相手になっていた。

安武は、「古野さんは偉いよ、誰が出迎えに行ったか行かないか、てんでそんなこと気にも留めていない」と独り言のように繰返して言っていた。

だが、こうしたことの不快さは当の安武やその他の電通系の人々が日常些細なことにも味わうだけでなしに、三吉なども半分は公憤的な気持も手伝って毎々不愉快千万に感じていた。また支局全体の気分も何とはなしに二つに分れているようにも感ぜられた。三吉ですら出席するような宴会に主催者側の部長である安武が故意にか過失でか通知洩れになっていたなどというようなことも珍しくはなかった。三吉はそうした対立意識の源泉を大平だと信じていたので、これまでにも、飲めぬ彼を無理に誘って、酒盃の間に、そうした偏狭な感情を捨てようではないかと話したことも二回や三回はあった。三吉の考えは、本社に居ればともかくも、こうしてお互いに火線のすぐ背後までも乗り出して来たからには、従来のちっぽけな感情はこの際さらりと捨てて、も少し大陸的な気持で出直すべきではないか、というのであったが、大平にしてみれば、彼が既に政治部長をしていたときに、ずぶの新米として入社したこの若僧が、その後僅か三、四年の間にどれだけの成長したにしても、とんでもなくませた口のききようをするものだと、心中片腹痛くもあったろうし、むかつきもしたであろう。だが、それがこの人に今日の地位を社内で築きあげさせた最も大きな原因であると思われたその頑固なねばり強さから彼はうむと口を緘したまま一言も意見を吐こうとはしなかった。そして依然として朝は一番早く事務室に出て夜は一番晩くまでそこに残っているという百年一日の如き生活――その間々にほんのときたま軍報道部に顔を出して必要以上にお辞儀をして来ることと、夜おしまいにしてからは大急ぎで自動車を駆って支那芝居の一幕見に駆けつけることと、それだけが辛うじて彼の生活に僅かに綾をつけているといったような、そうした毎日を送っていた。

そのためかどうか、電通系の優秀な記者たちが北支の現地で相次いで職場をかえて行きはじめた。或者は聯銀*に入り、他のものは政府弘報所に入り、また華北鉄道に入ったものもいた。安武自身も結局のちには華北鉄道入りをして同盟を去って行った。このため北京の経済部は事実上殆んど潰れてしまった形となり、ただ僅かに松田常雄が一人残って孤軍奮闘しているという有様であった。

＊　中華民国臨時政府の中央銀行である中国聯合準備銀行。

何だって人間という奴はこうもけちくさくお互いに排斥し合ってばかりいねばならないのだ。という平凡な憤懣が大平の顔を見る度に三吉の胸にむくむくと黒雲のように湧くのであった。

「太田三吉という奴は安心のならない奴だ。聯合系のくせに電通系と通じて妙に立ち廻ったりしやがる。警戒した方がいい」

そのような噂が北京や天津よりもむしろ東京あたりで広く伝えられたのはちょうどこの頃であった。

12　三角太々

北京支局はこのほかに、厄介な悩みをもう一つ持っていた。

東堂子胡同の方に独身者の宿舎が大体整ってからは、西総布胡同の旧社屋は家族持ち社員のために幾つかの独立した住居に改造されたが、どういうものか妻君たちは必ずそして常に不和であった。些細なことが互いに白眼を剥き合う原因になるらしく、話を聞いてみても呑み込めないことが多かったが、こうして一区画の中に集団的に生活していると、何だか判らぬようなことで、しかもひどく気に喰わないことが多いものらしかった。妻君たちのそうした不和反目はきわめて徐々にそして漠然とではあったが、のちには矢張り何となくその夫たちにも響きを呼んだ。あちらの家では毎晩三時四時までも御主人がそこらの給仕上りみたいな新米社員を集めては、何やら自慢たらしく自分ひとりいい気になって先輩ぶった手柄話をしているが、それはいいとしても煩くって眠れやしない。奥さんも少しは集団生活のつき合いぐらいは心得ていて、御主人の嘘ぱち八分のお喋りをいい加減に止させるくらいのことはしてもよさそうなものだ。おまけに朝は早くて八時のお眼覚めじゃ、みっともなくて仕方がないじゃありませんか。などという方はまだいくらか筋の通っている方で、これが夫たちの職場では、あ奴は仕様がないよ、毎晩新米を集めちゃほらばかり吹いて、朝まで喋ってやがるからいつでも出勤は早くて十一時だ、というようなことになり、片方はルーズな勤務習慣を非難し、一方は朝何時に出て来ようとが、毎日するだけのことをしていれば文句はあるまいという理屈で応酬して、互いに不快な気分を啀み合うという結果になったりした。

だがこれらの小悶着と慢性的な反目とは別段ここだけに限った現象ではなかったし、それはまた皆から三角太々と呼ばれていた或る無電技師夫人の場合に比べればその迷惑の度合いは物の数ではなかった。

三角太々とはとんがり夫人というほどの意味の綽名であったが、年は三十そこそこ、三児の母親にしてはいつも若造りで多少容貌自慢なところもあるようであった。北支がまだ戦乱の渦中にまき込まれない前から夫は長年の北京支局勤務で、彼らの一家は西総布胡同の社屋の一角を住かにしていたが、北京籠城の頃から夫人の頭は少しずつ変調子になりはじめて、戦線の拡大に伴い急激に人の出入が輻輳しはじめた頃にはもう余程顕著な異常ぶりを示していた。しかしそれは厄介なことに誇大妄想の上に強度の色情狂的徴候を呈していた。

夫の無電技師は平常でも晩酌一升という大変な酒豪であった。三角太々もそれにつき合って三、四合は平気で飲んだ。夫婦して子供そこどけで酔い騒ぐなどということも時にはあった。その無電技師は妻の様子が段々変になって来るのを見ていながら、別段気にとめるでもなく、技師陣の人手不足もあって終始京漢線の前線に従軍したまま、既に何ヶ月もの間帰っては来なかった。夫人の病状昂進をつげて一度帰るようにとの連絡電報にも、また人に言伝てた手紙にも一切何の返事もよこそうとはしなかった。三角太々は十歳を頭に三人の子供を引具して、日に日に募る病状で支局中の人々を一斉に縮み上がらせながら社屋の内外に蔓《はびこ》り且つ横行闊歩していた。

彼女の病状ははじめのうち突如として訪れた莫迦丁寧な挨拶ぶりとなって現れた。十年の旧知を捉えて初対面の如く長々しい挨拶をするかと思うと、いま到着したばかりの新来者を捉えて十年の知己に対するように諄々《くどくど》しくいろんな打ち明け話を始めたりした。だが間もなくそれは誇大妄想の症状に変り、彼女の頭の中ではその長男がこの会社の社長であると同時に北京支局の最高責任者でもあったらしく、彼女自身はその後見者ということらしかった。彼女は会う人ごとに彼女の長男に対する敬礼を促した。そして矢鱈と辞令を発して手当り次第に様々な職に任じたり解任したりした。辞令の交付は多くの場合食堂で行われた。三角太々は前夜中かかって書いたらしい辞令の束を両手で押さえつつ、長男を傍に引き据えて何時間でも食堂に頑張っていた。彼女並にその長男に恭々しく一礼して、彼女からとりとめもない訓示を与えられ、最後に抜擢左遷常ならぬ飛躍的辞令を授与されることなしには社員たちは食事をしためることはできなかった。

後にはそれが一つの楽しみみさえなって来た。皆は食堂に行くことを、三角様のおみくじを引いて来るかな、と言うようになった。「おい、大吉だ、社長秘書に抜擢されたよ、俺は男前だからな」とか、「一夜にして俺は自動車係に下落だ、はて何が三角様の御気に障ったのかな」などという話が食堂を出たあと、事務室で若い連中の間に一しきり賑うのであった。

三角太々の病状が更にもう一飛躍して色情狂の本質を露骨に発揮しはじめたのは、満州から来たある特派員が津浦線から山西戦線に廻るため、北京にはほんの一泊しただけでそのまま石家荘経由井径鉄道で太原へ入ろうとして道を急いでいる途中敵襲に遭って戦死したその通夜の晩からであった。遺骸は同僚たちが現場まで行って荼毘に付して持ち帰って来た。急電に気も狂わんばかり、大急ぎで駆けつけて来た故人の未亡人を劬《いたわ》りながら、同僚たち皆は西総布胡同の食堂で通夜を営んだ。中央に飾られた故人の大きな写真は従軍服姿でニッコリ笑っていた。ジッと見ていると今にも物を言いたげな、不思議に動的な唇の格好をしているのが未亡人には堪らないらしく、写真を見あげてはその度にヨヨと歔《すすりな》くのであった。

そこにつと三角太々が入って来たのである。皆ハッとして気を呑まれたようにその方を見た。黒の喪服をきちんと着こなした姿は薄化粧さえしていて一通りの美人にこそ見えたが知らぬ人の目には精神異常者とはどうしても見えなかった。

三角太々はつーつーと祭壇の前に進んで、暫く写真をジッと見つめていたが、やがて深く合掌して首を垂れた。皆は困ったことになったと思いながらも、次に展開する場面の奇想天外な滑稽さ——多分また彼女は社長代理として弔辞を読むか訓示をするかして何らかの辞令を発するに相違ない、という予想に一抹の微苦笑を禁じ得ないでいた。ところが局面はこれらの人々の楽観的予想を裏切って全く思いもよらぬ発展を示してしまったのである。

三角太々は突如として歔いた。そして霊前に殆んど身を抛《なげう》たんばかりにして言うのであった。

「あなた！　許して下さい。あなたを殺したのは妾です。あなたは妾のために自ら死に赴いたのです。あなたがあれほど熱い胸のうちを打ち明けなさったとき、妾は冷膽でした。妾は拒みました。妾は人妻だったのです。でも心の中では、ほんとうは妾はあなたのものだったのです……」

一座があっと気を呑まれて、しーんと聞いていたのはほんの二分か三分であっただろう。

「その気狂い女を叩きだせ！」

と極度に興奮した声が後の方で叫び立てたのと、三角太々のすぐ傍らで椅子に首垂れていた未亡人が低い呻き声をあげて気を失ってしまったのとは殆んど同時であった。あとは手のつけられない混乱の渦であった。泣き喚く三角太々は逞しい男たちの怒りに慄える荒々しい手でつつき廻されながら住居の方へ引立てられて行った。気を失って椅子から落ちてしまった未亡人は二、三十分もすると貧血失神の症状からは脱したが、横えられた布団の中で悶え泣いて

「信じられません。妾にはあんなことは信じられません。どなたでも、どなたでも結構ですから、どうぞほんとうのことを仰言って下さいまし」と、今度はこの方が狂い出すのではないだろうかと恐れられるほど肺腑を吐き出すような悲痛な声をあげて哀願するのであった。故人を最もよく知っている佐々木や、未亡人とも面識のある誰彼がかんでふくめるように説明した。しかし三角太々が気狂いであったということは未亡人の切ない疑惑を一掃する何の手がかりにもならなかった。

「あんな美しい人ですもの。あんなにお美しいですもの」と未亡人は泣くのであった。佐々木は怒って
「莫迦なことを言って泣くもんじゃありませんよ。それほど自分の亭主に信用が持てなけりぁ、何にも、それが死んだからってこんな大騒ぎして泣いたり喚いたりすることなんかないじゃないですか。遺骨はあとで社の者が持って帰ってあげるから、明日にでもさっさとあんたは帰りなさい」と半分本気で高飛車にきめつけなければならないほどであった。
この騒動を起したとき以来、三角太々は急激に露骨な色情狂に変って行き、それまでは多少の面白半分な気持で眺めていた社員たちの気持は全面的な嫌悪と恐怖へとこれまた急速に変って行ったのであった。

13 事変犠牲者

三角太々は夜とはいわず昼とはいわず、物蔭、暗隅、自動車の中などに潜んでいて、誰かれの差別なく飛びついたり、縋りついたりするようになった。しかも彼女の認識の上では彼女は常に被害者、受動者であったらしい。彼女は人々の集っているところを狙っては凄じい勢いで駆けて来て、昨日何某さんと何某さんとが妾を無理矢理に手篭にしただの、けさ何某さんがいやらしい手紙を呉れただのという生々しい事実を大声で報知するのであった。そこに名前をあげられた人々は仕方なしに苦笑していたが、かかる気狂いを何の手当もせずに放置しておくこと――どうしても前線から帰って来ようとはしない夫の無電技師や困るなあという以外に能がない社の幹部などに対して漠然として不快を募らせるのであった。

北京支局に新設の大きな無電機械を据えつけるため東京から態々出張して来た製作会社の技師が徳国飯店にわずか一週間滞在中、事情を知らなかったせいもあって、遂にこの三角太々と関係したという噂ははじめは誰も信用しなかったが、その後三角太々がせっせと味噌汁をホテルに運ぶようになったことなど、男が北京を去るとき駅のホームで繰り展げられた愁歎場の様子などから、いまでは九分通り真実と信じられるようになった。気狂いを益々気狂いにするようなこうした没徳漢の行為をその間接の被害者である社員たちは口を極めて非難した。

三角太々の存在はいまでは全支局員恐怖の的と化してしまった。西総布胡同の住人たちは即刻彼女を他に移してくれという共同の嘆願を決議した。結局東堂子胡同の社屋

の一角に全く隔離されたような構造の一棟があったのを改修してここにできるだけ閉じ篭めておくことになった。だが繋いで置くわけではなかったから、廻り道をして表門や裏門から入って来る気あらばこれを阻止することはできなかった。彼女は長男に手製の厚紙製王冠のようなものを冠らせて、次男と長女にはそれぞれ紙飾のついた棒を持たせ、つもりでは大変偉くなった彼女ら一家の行列なのであろう、てれて笑いながらとに角賃金さえ沢山貰えばと悟りすましている洋俥夫を叱咤しながら、己は一番後の俥に乗って悠々威儀をつくろって北京の大路を練り歩くこともあった。

この頃から彼女の綽名は三角太々から西太后というのに変った。この行列が支局の表門から繰り込んで来ると異様な恐慌状態が電気のように社屋の隅々を打った。

しかし、僅かに二人の例外があった。この二人は徹底徹尾彼女からその存在を無視されていた。一度として声をかけられたことがなく、従って評判の辞令を貰ったこともなかった。また暗がりなどで抱きつかれた経験も持たず、彼女の恋人として指名をうける名誉にも与らなかった。

その二人というのは佐々木と三吉とであった。同僚たちの中には、「流石に三角様はお目が高い。とるに足らぬ男と見たところなどは大した眼力だよ」などといって喜ぶものもいた。

「男前だから、処詮手が届かぬと諦めたのさ。気は狂っても気は確というわけだ」

「酔うてもわしゃ酔わぬという奴か」

佐々木も三吉も同僚の揶揄を適当にいなしながら、その実、内心では、三角太々の冷眼視を多少不審に思わぬでもなかった。殊に三吉は初めのうちは些か自尊心を傷けられるようにすら感じていた。三吉の視線がすーっと一直線にのびて三角太々の大胆な視線にぶつかると、その瞬間彼女の視線は軽くこれを外すのだった。周章もしなければたじろぐでもない、ただ何気なく彼女は三吉の視線を外した。それはお前なんぞ対手にしないぞ、と言っているもののようであった。自動車の中に待伏せしているようなときでも、彼女は乗ってくるのが三吉だと知ると素知らぬ様子で反対側の扉をあけて下りて行くのであった。爾来飄軽な同僚たちは、「おーい、魔除けの先生、自動車で行くんだ、一緒に行こうや」などと面白がって叫ぶのであった。

三吉は結局これにも彼独自の理屈をつけて一応独善的な自己説明をでっちあげた。気狂いに対して最初から微塵の興味も同情も理解も持たず、毅然として己を恃んでいる人間には気狂いの魔力も及びようがないのだ。三吉は三角太々の存在について最初からその夫の無責任さとこれを放置する幹部のルーズさとを心の中で手酷しく批判していた。また彼女の容貌自慢を苦々しく感じていた。三人の子供たちに対してもこの鼻汁たらし餓鬼どももアル中の両親に育てられたんじゃ可憐そうなものだと眉をひそめてこれを見ていた。従って、一言でいうと、つけ込む隙がないのだ、と三吉は勝手に結論していた。

佐々木は笑って、「気狂いにそんな難しいことなんか判りゃしないよ。ただ虫が好かないというまでさ」と事もなげに言って、てんで無関心なようであった。

撮影時期不明　同盟北支総局前にて

青島から飛来した古野伊之助が支局の主だったものを支那料理に招いた夜も西太后は宴半ばに突如として疾風の如く乗り込んで来た。盛装した彼女は室に中央につっ立って、「古野さん聞いてくださいまし」と泣きながら喋り出したが、彼女の言葉は浅間しくて、とうてい耳を蔽わずにはいられないほどであった。事情を知らない古野はひどく面食ったようであった。大平は狼狽して古野の耳に何事かを口早に囁いた。

「よく判りました、奥さん、不心得な者は私がよく調べた上で厳重に処分します」

古野は繰返してそう約束した。西太后はくどくど何度も念を押して帰って行った。

どえらい騒ぎが持ち上がったのはその夜である。

夜中すぎ、大勢の人が声高に罵り合うただならぬ気配に三吉と松田とは期せずして眼を覚し、何が起きたのだ、と襖越しに不審がりあっているところへ、支那人ボーイが一人飛んで来て、「太田先生《タイテイセンチョン》も松田先生《スンテンセンチョン》も早く来てくれ、日本人警官が大勢乗り込んで来た」と支那語であわただしく告げたのであった。領事館警察が？　何のために？

二人はともかくはね起きて急いで室を出て行った。騒ぎの現場は古野常務の寝室の方である。寝室に連なる応接間は既に人で一杯であった。領警が三人いた。古野常務が寝間着の上に室内着を引っかけて何やら苦笑しながらやや離れて立っていた。室の隅の壁際には椅子の上に崩折れて西太后が泣いていた。交渉は既に領警の警部補と佐々木との間に移され、その傍に大平が眼ばかりぱちぱちさせながら立っていた。

領警の説明では、女の声でけたたましく泣きながら、たった今ここで強姦された上に、なおひどい目に会わされそうだからすぐに救出に来てくれという電話だったから、とりあえず駆けつけたのだ、というのであった。

佐々木は例によってへらへら笑いながら、御覧のように相手は色気狂いの女だし、此方は木仏金仏よりもっと確なここの重役だから話は最初から間違っているのだ、安心して引きとってくれて結構だ、と主張していた。

しかし、この話はそう簡単には片付かなかった。領事警察の方ではなおいくつかの不審をさしはさんでいた。

重役室というのはどこだ、と門番を嚇しつけて案内させてみると、この室にこの女が一人しょんぼり立っているので、「先刻電話をかけたのはお前自身か、そしてその暴行を働いた男というのはどこにいる」と問うと、女は寝室の方を指差して、男はいま寝ているという。叩き起して訊問してみたが何が何だか一向に要領を得ない。「お前がこの女を手籠にしたというではないか」と詰めよると、「何だか知らないがこの女の人は少し気が変だとか昼間社員たちが言っていたようだが、自分はけさ着いたばかりで詳しい事情は知らない」ととぼけたような返事で不得要領だ。ともも角事情聴取のため本署まで一緒に来て貰い度いと押問答しているところへ、大勢やって来て、女は色気狂いだという異口同意の抗議である。或は事実そうかも知れない、しかし自分ら領警の立場としては、たとえ女の訴えが虚偽であったにもせよ、一応こうして出動してきた以上、事情をはっきりさせるために対質訊問をする必要があるから男女相方とも一緒に来て貰わないと困る。また仮りに皆の言うとおり、女が強度の色情狂であったとするならば、それは当然領警にも予め報告されて、適当な保護監視の責任者を設けてある筈だが、それがしてない点も一応追求する必要がある。どちらにもせよ、このまま有耶無耶というわけには行かない、というのであった。

そのあとの、気狂いの届けをしていなかった点については明らかに当方の手落ちだから、夜があけたら適当な責任者を差向けてどのような善後措置も取ろうが、今夜の一件は全くお狂さんの悪戯だから、このまま引とって貰い度い、そんな阿呆なことで、われわれのような国家的機関の重役を領警なんかに差出すことはできない、というのがこちら側の言い分であった。

三吉や松田のところに支那人ボーイを使に寄越したのは大平の仕事で、彼は松田がかねて領事館警察の誰彼と親しくしていることを知っていたので、彼に口を听かせようという考えからであった。松田は警部補を捉えて、領警の直接責任者の名やその上の取締をしている大使館の役人の名などをいくつか並べて、「彼らも古野伊之助といえば二目も三目も置くぐらいよく知っていることだし、もしどうしても取調べる必要があるというのなら彼らの意見を聞いてからにしたらどうかな、つまらぬことで形式にこだわって余り頑張ったり職権風を吹かしたりするのはどうも常識のなさすぎる話で、お互に面白くない結果を招いてもつまらんからね」という具合に些かからんで持ちかけて、結局彼らを、「何とも御苦労でした」とそのまま還してしまった。

三吉は心中で、あの古野の如きできた人物でさえ矢張り気狂いにこうまで魅入られる何らかの隙を持っているのだなぁ、と感に堪えて考えた。古野は宵の支那料理屋で心から彼女に同情したのに相違ない、西太后はそのことを直感したのだ、それが今夜のこの騒ぎになってしまったのであろう――三吉はそう考えた。

古野はひどく同情して、幹部にその怠慢を叱責し、一日も早く治癒するような方法を金は社の負担で支出してよいから早速に講じるようと命令した。

その結果九州の郷里許から西太后の実母が至急呼び寄せられたが、佐々木の表現に従えばこの実母なるものが、「いやこれは大変な大三角だ、これじゃ小三角と大三角で収拾のつけようがない」という有様であった。実母は恰も命令するような調子でありとあらゆるものの供給を社に要求した。そして娘の病気については、子宮の異状から来るものでよくありがちなことです、と別段そう深く気にもとめている風でもなかった。夫の無電技師は態々人をやって連れ戻された。それから三角太々を東京で入院させよというので東京転勤になった。彼らが北京を去って行く頃には病状は極端に昂進していて、夫は妻を羽織の下で縛りあげてその縄尻を取って旅行しなければならない有様であった。それは悲惨な旅立ちであった。彼らが北京を去ってから一月か一月半もした頃、三角太々が東京の郊外電車で自殺したという噂が北京まで伝わって来た。

三角太々の病因については遺伝だという説、過度の飲酒

撮影時期不明　天津か北京

のせいだという説などのほかにごく一部の人々の間で声をひそめて言われていたことは、彼女がいわば一種の事変犠牲者であって、夫が病気の彼女を見捨てて前線にばかりいたのにもそうした暗い原因がひそんでいたのだとの説明もあった。

　その噂が真実か虚偽かは誰も知らなかったが、事変の犠牲者という問題は現地に来てみると案外深刻な様相を帯びていることを知らされるのであった。財産を失った者、負傷したもの、生命を失ったもの——例えば通州事件のようなはっきりした惨事の犠牲者のほかに、精神的に或は肉体的に、人知れぬ痛撃を蒙っている者は少なくなかった。通州事件の数少ない生存者の一人として、銃殺のため堵列させられた何百人かの列の一端から、狂気の如く脱出して、半死半生の敵中彷徨を続けること三日、気力もあわや絶えはてんとする一歩手前で救出された同盟の一記者〈注—安藤利男〉なども、この脱出行のために一躍非常に有名になりはしたが、言ってみれば最も顕著な犠牲者の一人であった。彼は危く生命は拾った。何千人に一人の稀有な生命拾いが彼を時の人にした。だが彼は最初のうちひどい恐怖症の虜となっていた。コトリという物音にも彼は飛び上って驚いた。それほど彼の神経は痛められていたのであった。それもやや鎮まって来ると、今度は彼は誇大妄想の症状にとりつかれた。自分のしたことが何だかこの上なく英雄的なことであったかのような錯覚に陥って、態度が急に傲岸不遜になり、名刺にも「通州事件遭遇脱出記者」というような文句を刷り込むようになった。これもまた余りに大きかった精神的衝撃の反動的な現れであると思われた。人々は一日も早く彼を内地に還してどこか温泉などで静養させねばならぬということに意見を定めて、彼は三吉などと入れ違いに内地に還って行ったのであったが、三吉が到着した頃、この有名人が汽車待ちがてら二、三週間静養のため滞在していた天津では、彼に関する様々な逸話が語り残されていて、いずれも死に損ねた男の精神的犠牲の深刻さを示していた。なかでも一番最後に、彼が愈々天津を発って行くとき、入構して来た列車を前にして彼は見送りの人々に如何にも不満げに、俺専用の車輌を一輌特別につけるように頼んであったんだが、つけていやがらんのはけしからん、と本気で呟いた、という話はむしろ信じ難いような実話であった。

14　マダム・レイ

雑多な日本人が滔々として流れ込んで来るにつけて北京の洋俥夫も段々人柄が悪くなって来た。彼らの中には日本人の顔さえみれば怪げな日本語で、「イコカ、ベッピン、ジョガクセイアルヨ、ジョガクセイ、カアイイコアルヨ、五十セン、イコイコ」などと執拗に追って来るようなことを専門にするものも現れた。

野鶏《ヤーチー》（辻君）は大抵日本人に対しては自分ではジョガクセイであるというものらしかった。また日本人の夜遊野郎も多くは、ジョガクセイ・ヨー・メイヨー（いないか）と洋俥夫に問いかける習わしらしかった。

そんな洋俥夫にぶつかると三吉は無性に腹を立てて、矢庭に日本語で

「この野郎、客商売してるもんならも少し目を開いて人を見ろ、野鶏なんか買う旦那かどうか一目で判りあがれてんだ。唐変木奴！」

というようなことを怒鳴ると、相手はその呼吸で呑み込んで、ハオ・ハオ（好々）とにやにや笑いながら従順に走りだすのであった。

実にいろんな日本人が北京にも入り込んで来た。毎月千を単位に数えねばならぬほどの勢いで在留邦人人口は激増して行った。三吉がプライヴェトな関係で知っている人たちだけでも十人近いものが、「おや、いつきましたね」と挨拶せねばならぬほど思いがけなさで三吉の前に現れていた。

銀座で文士や画家、音楽家など芸術家ばかりを客とする変ったバーを経営していた婦人もひょっこり現れて、北京の芸術品を勉強したいつもりだと言っていた。学校が三吉よりも二年下の学究肌の男は今度彼の尊敬する人物が日華学塾を開いたのでその教頭ということでやって来たと話した。三吉も二、三度講義を聞いた記憶のある史学の教授は史学よりも酒学が専門だろうなどと蔭口を聞かれるような人柄であったが、これが今度北京大学に推挙されて渡って来たと言っていた。

三吉の弟の学校友達で、その妹が三吉の弟の許婚みたいな関係になっていたので三吉とも親しくしていた憲容は粛

親王*の第十何番目かの子供であったが、現在講師をしている京都帝大の方を辞めて、もともと彼の財産として北京や蒙古や満州方面に散在している家屋土地などをすっかり整理した上で、一つ内蒙古あたりにもって行ってすばらしい一大農牧場を開発経営しようかと思っているというようなことを話していた。彼はその下調査のため既に何度も大陸に渡って来ていた。その頃天津にいた川島芳子なども彼の極く近い血縁に当っていたが、「あんな阿片と梅毒だらけな女は駄目ですよ、何にもできる人じゃありません」と言っててんから寄りつこうともしなかった。

＊ 清の政治家、清朝皇族。満蒙独立運動に活躍した川島浪速の養女芳子の父。

三吉の幼友達の一人で、十八歳のとき高校の入学受験用にとりよせた戸籍謄本ではじめて自分が現在の両親の実子でなく、貰われ子だという事実を知って以来急にぐれ出し、一時は赤の闘士として入獄までしたことのある男が、その後実父に名乗りかけて、船舶界、鉱業界その他日本の実業界に大きく君臨しているその実父から僅かの資本金を出させて文房具屋をはじめていたのが、今度は実父の経営する鉱業会社の社員として北京支店詰めに転出して来たりもしていた。東京で三吉と同じ時期に飛行記者会の会員であった報知新聞の記者は報知の廃刊とともに飛行協会に転げこんでいたが、華北航空株式会社情報課長などという名刺をもって訪ねて来たりした。

こうした雑多な人々の中から、一人の女が現われた。肩の辺りから両腕を露に出して襟を高く立てた最新式の支那服の非常によく似合う中肉中背の女であった。顔には一面に雀斑があり、目と目とが少し離れすぎていて決して美人とは言えなかったが、きちんと眉毛を引き、眼に隈を入れ、口紅を塗り、両腕を胸に組むような形をしてしかも組まず、軽く左右の肘を掌で抑えるようにした彼女独特の姿態をしてみせるときは、やや不良じみた全体の感じの活発さもあって、淑かな美人の多い北京娘たちの中に出しても、また違った意味の、むしろ上海的な魅力で一きわ引き立って見えるであろうとも思われる女であった。それは東堂子胡同の入口に近く新に開かれた喫茶店「レイ」の経営者で二十七、八歳かと思われた。

レイは開店早々からなかなか繁昌した。同盟の人々は、門銭が二重に要ることになった、と言いながら出入の度にここに立ち寄って何かしら飲む習慣をつけた。他の新聞社の連中もやって来た。熱心に一日に三、四度自動車を乗りつける准幹部級の男もいた。彼は額だの飾り皿だのというような相当高価なものをレイ夫人に贈った。

「あの野郎は莫迦さ、あの仕切りのカーテンをぱらりとめくれば、その奥には今年六歳の娘の子とその子を生ませた拳闘屋崩れの活俳がごろりと寝ていることを知らんのだからな」

歯に衣着せぬ松田はレイ夫人を前にして、いま出て行ったばかりの「いけすかね一見業平風の」同業者のことをこういってずけずけと罵るのであった。

「松田さんは案外古いわねえ、妾の身体はここにあるのよ。妾が持っているのよ。誰もこれを縛ってはいないのよ。亭主野郎も、子供も妾を繋いではいないわよ。この身体、妾があげたいと思えば、その人にあげることになるかもしれないわよ。何ですか、古風な！」

「マダム・レイよ、君はポシビリティを言っているのであって。それは現実とは余り大した関係がないな。君はその身体、縛られざるその麗しき身体を現実の問題としてはあの業平気取にもやらんし、また僕にも呉れない。或は、太田三吉にはひょっと間違うと呉れてもいいかと思う瞬間があっても結局呉れはしない。君は処詮あの六歳の娘のママであり、あの拳闘屋崩れの媾に終わるのさ。勇気がないよ」

こういう調子の受け答えが出来るというだけでも、この店は流行る要素を持っていた。その上に支那娘の美しいのを二、三人雇い、レコードの選択にも心を配っていた。また松田のいわゆるカーテンの向う側を店の方と遮断することについてはこの上もなく厳重な注意が払われていた。ほんの偶然の機会に見かけたことのあるごく少数の人々以外にはマダム・レイの娘も亭主もその姿を見たものは殆んどいなかったであろう。

そのレイ夫人が、「あなた妾を覚えてらっしゃらない」と問いかけたのは、珍しく室内に客がなく、三吉も一人だけで入って行ったときであった。レコードの傍に所在なげに塊っていた支那娘のうち、すらりとして美しい方が覚束ない日本語で、「オオタサン・ナニ・アゲマスカ」というのへ、三吉は冗談半分にそのすんなりとした右手をとって少し引きよせるようにしながら、これもすこぶる怪げな支那語で、「給我您的心、我愛您太々的、我的心太動（我に汝が心を与えよ。我汝を愛すること切也。我心動いて止まず、という意味を言ったつもり）と芝居もどきに言って、更に左手で彼女の背中を抱こうとすると、支那娘は声高く笑ってその手を振りほどき、「不是《プシー》！」と叱りつけるように言って、「マダム・オコルヨ、コレヨ」と両手の人指で額に角をつくってみせた。「マダム・コヒビトヨ、オオタサンヨ、ダメ」。「こーれ」。と例のように両肘を軽く抑えた腕組みの姿でレイ夫人がカーテンを潜って現れた。「子供に手を出してはいけません。口説くのなら大人を口説きなさい」。

「大人はすぐ本気になるから可怕いよ」

「生意気な。退屈しきっているくせに」

そしてレイ夫人は三吉の斜向うに腰かけて、妾を覚えていないか、と急に真面目な顔で問いかけたのであった。

「どうも、どこかで見た方だ、名前もたしかに聞いた名だと思って随分考えたけどどうしても思い出せなかったのが、松田さんにあなたのこと伺っているうちに、前にもフランスに行ってらしたことがあるってことと、成城の出身だってので、はっと思い出しましたのよ。ほら、ミネコー御存知でしょう」

「うーむうむ。そうかそうか」

「思い出して下さって」

三吉たちの学級からは随分変わり種が出て、俳優になるもの、文学者になるもの、舞台装置家、銀行家、種畜場の経営者、船乗り、絹織工場主、吉原の大籬《おおまがき》の経営者など様々なものがいた。三吉はその頃の傾向として芸術的傾向を持ったグループ、従って相当不良性をおびた連中と親しかった。これらの連中の中にミネコーがいた。そのミネコーが主催していた演劇研究会にレイ夫人もいたようである。三吉は自分で演劇をやるわけではなかったので、ただときどき同人たちの懇談的会食に出て、何か喋った記憶があった。そのとき、美しくはないが活々した表情の、いかにも舞台向きという感じの娘に気がついていた。

三吉はこのときも自分の方から進んで、その後どうしました、とは訊かなかった。対手が語れば聞くがそうでなければ求めて人の身上話を聞くようなことはしない、というのは三吉が別段そうしようと何かの理由に基いて戒律みたいに定めていたわけではなかったが、何ということはなしに三吉の癖であった。レイ夫人も進んで話そうとはしなかったから、その後どんな経路を踏んで彼女がここにこうした姿で現れることになったかは三吉も知らない。とも角彼女は一旦真面目に結婚し、夫の両親は大連で相当の生活をしているのであるが、現実には彼女がこうして稼ぐその上がりだけで夫婦三人の生計をたてている様子であった。夫はきまって朝早くどこかに出て行って、夜は随分晩く帰るらしかった。彼が何をしているかはレイ夫人も苦笑するだけで言わなかった。

「大きな図体をしていながら、いまだに芸術がどうしたとかこうしたとか、似たりよったりな仲間連中と集っちゃ屁みたいな話ばかりしてるんでしょうよ、きっと」

　周囲では三吉とレイ夫人の間をとやかく言う声も相当高かった。客のたてこんでいるときでも彼女は何とか彼んとか言っては三吉の傍に坐ったし、夜になって酒精方を出す時間になると彼女も少し酔ったりして、三吉にしなだれかかることもあった。

　だが、三吉もレイ夫人も二人の間に恋或はそれに近い何らかの感情が動いているなどとは一度も考えてみなかったであろう。三吉は彼女と話すことを好んだし、彼女は三吉の傍にいるのを楽しんだ。だが、それがかくかくの理由からそうだなどと明確に説明されなければならないとは少くとも三吉は思っていなかった。いまにして思えばレイ夫人は当時心の索漠に悩んでいたのかも知れない。だが彼女はいま一度運命に挑戦して、何か滅茶苦茶なことをやってみるだけの元気をもう持ってはいなかったのだろう。三吉は彼女の口紅の塗り方がいつも少し凸凹で粗雑なことや、姿態といえば例の腕組み以外には変化を知らないことや、その他くだらない細々したことの中にこの女の欠点を拾いながらも、どこに行っても、三吉程度の支那語の力では処詮支那人の間にも求められず、さりとて日本人の間には求める方が無理なインテリらしき異性の香りをここに辛うじて少々ばかり発見していた形であった。

　三吉に転任の命令が来て、いよいよあと三、四日で北京を去るという頃、北京は初夏とは言えもう暑かったが、レイ夫人は三吉を伴って東安市場に行ってお互いに記念品を贈り合った。それから月の明るい夜、彼女は店を閉めた後、三吉と腕を組んで深夜の北京の街をどこまで行っても土塀つづきの胡同から胡同へと散歩して、三吉の手を絶えず握りしめたり絡めたりした。

「あたし、あなたのお部屋で今夜一晩明かそうかしら。それともそんなこと莫迦げた考えかしら」

「もしそうなるなるのだったらお互いに知りあった初めのうちからそうなるべきだったろうね。僕は記念品《メモアール》なら昼間買ってもらったライターだけで結構だ。智慧のない作家の低俗な終末みたいな場面は僕の好みではない」

「ご免なさい。感傷のせいよ。娘じゃあるまいし。時々気が狂うのね、あんまり索漠とした生活をしていると」

　三吉は彼女をその戸口まで送ってから、ひとりで八大連胡同の久米酒家に俥を走らせた。こうして、三吉とレイ夫人とは唇一つ合せることなしに別れた。そしてお互いにすぐ忘れ去ってしまった。

済南

四月の半ば頃、三吉は済南に出張した。それは徐州作戦の準備最高潮期で、作戦の前線基地になっていた済南はなにかにつけて遽しい空気に充ちていた。

済南行きの軍用列車は天津から出た。三吉は随分久しぶりのような気持で天津の空気を吸った。雑ぱくな、いかにもビジネスライクなこの街の騒々しさが、北京のような戦時中でもどこかおっとりとした街から来ると、妙に活々と感じられるものである。駅にたかっている赤帽の客を奪い合う姿からして北京正陽門駅の呼ばれなければ赤帽も来ないのどかさとは別の世界――ちょうど日本に帰ったようなせちがらさであった。

来るかどうかと危みながら使いをやると、玉菊はすぐやって来た。それがいいというので態々英租界のロシア料理屋に行ったのだが、彼女は料理には殆んど手を出さなかった。

「いいのよ、ほしくないの。お腹一杯なの」。何をすすめても一律にそう言うだけで、健啖な三吉のナイフとフォークの動しかたを、やや窶《やつ》れたその面影に淋しそうなうす笑いをうかべて眺めているだけであった。

二人とも二月末のそっけない別れのことだとか、その後のお互いのことだとかには強いて一言もふれなかった。前から大きな方ではあったが、それでもふくよかにすんなりしていた玉菊の両の手がこの時の三吉には妙に目立って大きく骨ばって見えた。それは何となく痛々しかった。彼女は数日前に起った天津俘虜収容所の襲撃事件だの、津浦線の列車襲撃事件だの、仏租界の劇場爆破未遂事件だのについて聞きかじったことを頻りに喋った。日頃から特別大きかった目がひどくくぼんで、縁の隈が彼女を七つ八つも年老けてみせていた。柄は大きくてもどこかに残っていた子供っぽいあどけなさがすっかり消えていた。いかにも分別くさい感じであった。にっこり笑うと片笑靨が深く抉れてそこからこぼれ出ていたみずみずしさもいまでは涸いてしまっていた。

「汽車は明日?」と訊いたり、「今夜来て?」と尋ねたり、彼女は同じ問いを何度も発した。そして別れぎわに、「でもよく使い呉れたわね、来てもどうせ素通りだろうって、妾きめていたのよ」と言って、このときはじめて昔の彼女の名残りを思わせる明るい笑顔を見せた。洋俥の上で深々と腰を二つに折って叮嚀《ていねい》な挨拶をして曲って行った。

三吉はその夜玉菊に会いそうなところにはどこにも行かなかった。例のカフェーに行くと相変らず騒々しい女たちが一層騒々しく囃し立てて歓迎した。

「何だ、もう金の五、六万もためて、さっさと内地に帰っているかと思ってたのに、まだこんなところにくずついていて、おまけに昔と同じおんぼろのアッパッパーを着ているじゃないか。俺がいないとチップも少いとみえるね」

三吉はそんなことを言って女たちの騒々しさになおさら油を注いだ。女たちは口々に三吉を罵り立てて大声で笑った。とき子はこの夜も卓子でべろべろに酔っていた。そして足どりも危げに彼の卓子にやって来ると同僚たちに、「ご免なさい」と挨拶してから、じっと眼を据えて三吉を睨めていたが、「女って何故こうまで馬鹿なんでしょう」と例によってほろほろと泣きはじめた。

本名は何というのか、カフェーでは「のぼる」と言っていた温和なちょっと美しい娘がいた。とき子と仲がよく、下宿も一緒のようであったが、この子が三吉と一緒に渡って来た写真班の男に恋をして、言い出せないでいるから、何とか一つ一緒に食事でもさしてやってくれというとき子の頼みで、ある日とき子も加えて四人で鯛ちりなどつついたことがあった。男は非常に女に惚れられる質で、ダンサーや芸者などの中にも彼に熱くなっているには二人や三人ではなかったが、彼はただニヤニヤ笑うだけで比較的女には冷胆であった。のぼるに対しても彼は格別興味を感じないようであった。

「のぼるはほんとにバカだよ、太田さん。あたしより余程バカだよ」

とき子はのぼるが結局屁みたいな男に欺されて瞬く間に折角の貯蓄を全部まきあげられたばかりか、今では済南に流れて行っているという話をして泣いた。女は全部夢を見ている間は身体は清いものなのだ。その夢が何かのはずみで自分でもあれっと思う間に破れるとき、身体の清さなんてものは実に脆く吹っとばされてしまう。「のぼるなんて、あんなにのぼせていたかと思うと、妾だってまさかと思っている間に、あんな、顔は四角で真黒で、声は梅毒みたいな濁声の、何をどうやって毎日のおまんま食っているのか誰も知らないような、年は倍近く違う男に、てもなく身を委せているんですもの、何が何だか判りぁしない。

女って、ほんとに莫迦だわ、太田さん、あんたはそう思わないかよう。こんちくしょーったら！」

とき子はそう言ってまたも大声でおいおい泣いた。辺りの席からいくつかの好奇の目が時々こちらを見た。ほかの女たちはきまり悪がって一人去り二人去りして、三吉はとき子を預けられた形になってしまった。

「太田さん、妾は近く内地へ帰るよ。おっかさんには一万円で縁を切って貰うことに漸く話がついたから、妾は故郷へ帰る。故郷に行ったって何にもないし、誰もいないけど、それでも故郷に帰って、何か、自分ひとり食うくらいのことは出来るさ、ねえ」

とき子は急にむっくりと頭を起して、三吉の胸にとりすがるように彼の顔を見あげながら、その形のいい唇でいかにもそれだけが希望だというふうににっこり笑った。

「それがいいよ」。三吉は彼女を抱きしめて接吻でもしてやりたいような、しかもどこか兄貴めいた気持もまじった複雑な感激をそのとき覚えた。

とき子は三吉の制止もきかずに、なおも呻《うな》りに飲んで結局へどを吐いた。

済南行きの列車は翌日の午前十時に出た。三吉が乗っていた一等車らしい車輌にはカーキー色のほかはごく少数の日本人が乗っていただけで、支那人の一般旅行者の多くは貨車を改造したような粗末な車輌につめ込まれていた。数名宛一団となった警乗兵が銃を腋の下に構えて一時間おきぐらいに廻って来た。停車する駅々でもホームや構の内外に銃剣の日本兵が配置してあったりして、どことなく物々しかった。駅々では支那人の物売りが茹卵子や鶏の丸焼や、揚げた麺麭《めんぼう》やその他いろんな物を列車の窓際から売り込んで歩いたが、北京＝天津間の何の不安もない快適な走破とはかなり違った空気であった。警乗兵たちがどんな嫌疑からか知らないが一人のまだほんの子供みたいにも見える若い支那人青年を荒々しく引立てて車室の中を通りぬけて行ったりした。青い顔が埃ぽく汚れて、ぼろに近い支那服を纏《まと》ったその青年は早くも気を失ったように、くにゃくにゃとしながら引立てられて行った。警乗兵の詰所で思いきりいためられるのであろうと思うと三吉は酸ぱい思いを禁じ得なかった。何かというと打つ蹴る殴るのあの拷問だけは止めねばいかん、と思うのであった。身分から言えば大尉相当待遇の三吉ですら憲兵詰所に行くときは堂々たる公用で行くにしても何となく圧迫感を感じるほどそれは陰惨な影を引いた場所であった。

「油断はなりませんからね」

三吉のすぐ隣にかけて、天津からずーっと引きつづき講談倶楽部か何かに読みふけっていた一人の少佐が彼も例の支那青年に気を引かれたと見えて、彼らがどやどやと行ってしまうとはじめて三吉に話しかけた。

「目下のところこの津浦沿線が最も治安が悪いです。もともと山東は共産匪の大きな地盤でして、天津から徳県、済南のあたりも彼らの勢力圏に包含されているようですが、各列車毎に必ず四、五名は危険な奴が乗っています。子供みたいだなんて思っていると大変な間違いで、あんなのでもなかなかの大仕事をやらかすので油断はなりません」

その少佐は急に饒舌になって、三、四日前彼が天津に出張するときも、列車が青海県のすぐ近くで敵襲にあって、警乗兵が二人戦死したが、車室の床に図嚢を枕にして仰臥していた彼はあと一寸のことで危く命拾いをした、とてその図嚢を示しながらそのときの様子を詳しく話すのであった。

「あと、ほんとに一寸でしたね。弾丸が私が枕にしていたこの図嚢をぶすとうち抜いているんですからね。ナイフ、地図、ノートなんかやられましたが、上に頭をのっけていた私はあとで、図嚢を見るまでそんなこととは知らんかったのですからなぁ。全く、人間の命なんてものはでたらめなもんです」

「人間の命なんかわからないものです」というところを、この少佐は「でたらめなものです」と言った。その言葉が強く三吉の印象に残った。

「奴らは正規軍の敗残兵もいるけれども、主として共産軍ゲリラですな。これには弱っているです。郷村に布告を出して、これらの匪軍をかくまった村は全村同罪と見て徹底的に討伐し、全村焼却、全員死刑の厳罰を課すと言ってもなかなか絶えない。随分討伐もやったし、スパイ狩りもやったが、この赤だけは根絶できないですな。おしまいにはどれが良民だかどれが共産ゲリラだか全く判別がつかなくなる。怪しと思いはじめるとどいつも此奴も手当り次第に殺してしまうほかに安心のできる途がない。女だろうが老人だろうが子供だろうが油断はならぬ。警備も楽じゃありません。どだい、たったこれだけの兵力でやれる仕事じゃないんだから、はじめっから何も彼もがでたらめなんですなぁ」

彼はからからと笑って、煙草の煙を大きく輪に吹いた。彼は済南から更に南に下った博山鉱山付近に任務を持っていたらしかったが、それからあともなおも引続き、人間の命がいかにでたらめなものであるかということの実例を、自分では別段そうした意識もなしに、いくつとなく話して聞かせるのであった。

黄河はこれが音に聞く黄河かと訝られるほどけちな河に変っていた。水の流れている部分はほんの少しで、あとはちょっとした沙漠に近い巨大な砂丘の連続であった。その砂丘から小さな水流を越えて他の砂丘へと巨大な木材を数知れず河床に打ちこんで架けた仮橋が黄河の堤防と堤防を結んで蜿蜒とのびていた。匪襲にあって死んだカメラマンの柳沢がその死の直前に撮影した黄河架橋工作の映画面に見たあの天地を呑んで渦まき流れる滔々たる大濁流の偉容は目の前に見る黄河からはどうにも想像することすら不可能なくらいにそれはしょぼくれた小溝となっていた。支那軍が上流で黄河の右岸を切り、その水を開封と徐州の中間地区に流して日本軍の作戦を阻もうとした洪水戦術が黄河をこうした老衰の姿に変えたのであった。

済南の商埠地*の方はすっかり日本的になってしまっていた。そこはカフェーと喫茶店と安っぽい日本式ジャズ音楽の氾濫する街であった。四月の半ばというに、もう日中は汗ばむほど暑いこの街では街路樹に何だか白い花がさいていて、軍の乗用車やトラックが次から次へと白っぽい埃をまいて走り、引っきりなしに大部隊の隊伍が軍靴を鳴らして通った。北京や天津と違って、夜など少し遅くふらふらしていると、街角で突如として銃剣を胸先三寸に感じて佇立させられることも度々あった。

＊　中国政府が外国人の居住や企業活動のために指定した地区。

「何処へ行く!?　何者だ!?　何処から来た!?」。これらの大喝と共にぐっとつき出された銃剣の前に立つとき、三吉は戦場の近さをまざまざと感じるのであったが、その線を通りぬけて一歩ある家の門を入ればそこにあるものは北京や天津に優るとも劣らぬ享楽の雰囲気であった。三吉は自分もその一人でありながら、日本人という奴はどうして一体かくも騒々しく享楽せずにはいられないのか知ろうと考えてみることもあった。日本内地の全国津々浦々、山間僻地や寒漁村などに至るまで、不思議な発達をとげたあのカフェーと称する下等にして喧騒なる享楽機関は、港街の、それも下級な区域は別として、あれは世界中どこに行ってもまず類例をみない日本独特のものであった。

女郎屋とカフェー＝日本人はこれがなくては生き甲斐もなく感じるのであろうか。毎夜毎夜、この二種類の機関に吸い寄せられる日本人男子の数は凡そ男子全人口の十分一に達するのかも知れない。恐ろしいことでもあれば不思議なことでもある。

済南支局の友人たちは済南中のカフェーやダンスホールや料理屋を次から次へと案内するのが遊蕩児太田三吉に対する最高の礼だと心得ていたので、そのとおりにした。三吉のことを知っている天津崩れの女たちも何人か流れて来ていた。あるホールには聞いたこともないような映画俳優の名が表の立て看板や案内の飾提灯にべたべた書き出してあって、彼女が特別出場するというので客を引いていた。ある料理屋ではそこの仲居が済南支局員の一人と夫婦約束をしているというので特別扱いをうけたりした。二人は本気で結婚するつもりのようであった。

どこに行っても同じ種類の喧騒な享楽以外に何もない日本式のやり方に、実のところ三吉は最近少し倦怠気味であった。

「支那人の目から見たら日本人の戦争ってのはまるでお祭りの連続みたいに見えるだろうねえ」

三吉は喧噪とアルコールとに痺れてしまった頭を重く不快に感じながら突然そんなことを同僚に話しかけたりした。

虐殺とお祭り。これが戦争の本質かも知れない。原始時代の戦争は少くともそうであったようだ。

そんなことで同僚に議論を求めてみたりもしたが誰も相手にならなかった。それよりも、彼らにとって現実に興味のある問題は、山東の一角に潜んでいる孔子の何百代目かの子孫と称する男から貰って来た一片の書が果してなにがしかの価値あるものなりや否やであり、先日一夜の契を結んだ支那女は果して彼女が自称するが如く、曽つて韓復榘*の妾室にいたことのある女であるか否かであり、また来るべき徐州作戦にはどの部隊につくことが最もよい記事を書けることとなるかを研究することなどであった。

＊　山東省政府主席。抗日戦争の初期、日本軍に抵抗せずに山東省全土を放棄した罪で軍事裁判にかけられ、処刑された。

一度も前線に従軍しないで、始終後方にばかりいる三吉と、次から次へと出来るだけ多くの戦闘に参加してすっかり兵隊と同じ気持になり切っている前線支局の同僚たちとの間には物の考え方や感じ方について、はやくも大きな深い溝が出来ていた。まるで日本の豆腐そっくりだろうが、と支局の連中がひどく自慢にしている支那豆腐を冷奴にしたので日本酒を飲みながら、三吉はこのことを強く感じていた。津浦線上を華々しく進撃して、あらゆる要衝を朝に一城夕に一廓という文字どおり破竹の勢いで攻略して行った部隊と、その西側地区を、膝まで没する泥濘《ぬかるみ》を克服して、地味に進撃して行った名前すら一般には知られていない影の部隊と、その戦果上の功績は果していずれが大きいかというような問題や、いま台児荘に出て敵の主力を引きつけている部隊の尨大な犠牲が果して那辺までよく真の陽動作戦であり得るのかというような問題など、支局の同僚たちが口角泡を飛ばして真赤になって論じ立てるような議題には、三吉は正直なところあまり興味がなかった。「そんなことはあまり記事にならんからなあ」と支局の同僚たちが後頭部を掻くような問題——例えば山東地区の共産軍の勢力とかその戦術とかこれに対するわが軍の作戦とか、そういった問題だの、最も確実な親日分子といわれ、その内応は既定の事実かの如くに考えられていた韓復榘が結局ずるずると抗戦陣営に引込まれてしかも部下のため敢えなく暗殺されてしまった真の原因など、そうしたことがむしろ三吉の関心を集めた。

城門を潜って商埠地から城内に入って行くとそこはまるで別天地のような、全く異なった雰囲気であった。商埠地が日本軍の軍靴の渦が捲きあげる埃に蔽われて何とも遽しく騒々しいとき、城内は支那人独特の喧噪さは喧噪さとして、その底には何処かじーんとした静謐なものを湛えていて、いかにも落着いていた。ある横丁には夥しい鍛冶屋の集団が余念もなく、皆同じようなものを拵えていた。軒並に右も左も、五十軒も百軒もの家から入り乱れた槌の音が響き出て小路に木魂し、店の中には鍬だの鎌だのが皆同じような出来栄えで並べられていた。この夥しい製品を誰が一体買いに来るのであろうか。ある一画では大小様々の綱ばかり売る店がずらりと並んでいた。城内の中央にある巨大な噴水池（街の人々はこの噴水池の水が太明湖の水源だと言っていたが）では池全体の水が噴水のために上を下へとざわき立つ中を鯉だの鮒だのが勢いよく泳いで、多勢の人間がいつもいつもぼんやりとその周囲を取りまいて見ていた。

三吉は太明湖に遊覧の小船を浮べながら、都塵を避けてどこまでも澄明なそののどけさに異常な感銘を覚えた。つい先日まで、この街も熾烈な戦いの真中にあった。きょうでも一里と郊外に出ることなしに敗残兵の銃声を聞き得るという。その中で、霞ヶ浦から潮来に通う水郷の風景にやや似たこの太明湖には、平常と同じ龍頭の飾りをした小舟が遊覧に浮んでいるのである。

戦争は支那民衆の大部分にとって、それは心からの関心事ではないかの如くに思わざるを得なかった。それは一種の暴風雨であるかの如くであった。人力では何ともなし難いもの、やって来たら避くべきもの、通りすぎたらもう一切構うべからざるもの、そういったものが一般支那民衆の大部分にとっての戦争であるらしい。

そうした民衆の中に割り込んで、目を血走らせたり、酒池肉林に耽溺したりしているのが「暴支膺懲」を叫ぶ日本人じゃないのか――三吉はそんな風の考え方をすることが最近とみに多くなったのであった。

綏《すい》遠《えん》

1　ハノイへの辞令

三吉が突然「シキュウ　ハノイヘ　トクハヲメイズ」という本社からの電報を受けとったのは一九三八年（昭和十三年）の六月も半ばすぎであった。北京はもう暑かった。皆半ズボンに開襟シャツで歩き廻っていた。

ボーイが持って来たカタカナ書きの電報をさっと見て三吉はフンと苦笑した。

「いま頃何だって俺をハワイへなんかへやるんだ。莫迦にしている」

彼は投げ出していた足を机の上から大儀そうにおろして、のっそり松方三郎のところへその電報を持ってやって行った。松方は大いに笑って、

「あわてるなよ、ハワイじゃないよ、ハノイだよ。仏印のハノイだよ」と、むくれている三吉の肩を叩いた。三吉も漸く合点して仕方なしにてれくさそうに苦笑した。

その頃内地の新聞はいずれも連日米・英・仏等の援蔣物資のことを書き立てていたが、なかでも仏印ルートのことは新しい問題として相当派手に取扱われはじめていた。広東ルートに次いで将来重大性を増すのはまさしくこのルートでなければならないと思われた。

陣中新聞を投げ出して行くわけにも行かないので至急後任は定めるとともに、軍報道部の諒解もとりつけなければならなかったが、この方は問題なく運んで、あとは例の白宮ホールのナンバー・ワン嬢と結婚した国通系の同僚に引きつぐことにした。川口報道部長は慰労金として金百円を呉れた。

だが三吉にはそう簡単には北京を発てない理由があった。支局会計への借金がいまでは千円を越えていたので、これを何とか清算して行くことが必要であった。

三吉は出発に先立って蒙彊地方の旅を思い立った。蒙彊地方はかねて彼が是非一度行って見たいと思っていたところであったほか、粛親王の遺児の憲容も牧場候補地の視察がてら徳王以下の蒙古要人にも会っておきたいから同行しようと言っていた。それに報道部からの旅行命令で三週間ばかり「軍公用」の無銭旅行をしてくれれば、旅費、日当、手当をひっくるめて七、八百円——うまくやれば千円近く浮かすことが出来るかも知れない、という松田の計算による苦肉の策でもあった。

報道部の横山カトリック少佐は三吉の告白を聞いて、笑いながら、「そのくらいの金だったら慰労金として部長の機密費から出して貰ったらいいじゃないか」と言った。

「慰労金ならもう貰っちゃったですよ。川口個人からとして金百円也さ。何ともならないよ、これじゃ」

「けちだからなあ、ほんとうに」

カトリック少佐は太い天秤棒眉をしかめながら、やがて報道部の出張命令書を書いて呉れた。

2 憲容

八達嶺の激戦のあともいまは平和に寂れた小農村と化していた。更に行くと、千年の苔を頂いた万里の長城がうねうねと峯に這いのぼったり谷間に上り込んだりして、地表の大きなうねりと共に遥かなる空の霞みの中に溶け込んでいるのが見えた。沿線の地表には見渡す限り無数の条が整然と描かれているだけで、ほかには何にも見えなかった。果しなき広大な畑である。どこに人が住み、どこに部落があるのか判らなかったが、突然何人かの百姓が窓外の地平線近くに現れて、のろのろと働いているのが見えた。どこから来て。どこに帰るのであろうか。

ふと見ると、のぼり、またのぼりと喘ぎ喘ぎのろく進む汽車の足もとに、ちいさな流れがあって、ポツンと水車が一つ廻っているそのそばで、家鴨と家鶏とが何羽か仲よく餌を漁っていたりした。支那には珍らしくこの流れの水が澄んでいたので、三吉は何だかひどく詩的な旅情を覚えたものであった。

憲容はよく喋った。流暢ではあったが発音にどこかかなりひどい訛を残した彼の日本語は、ねっとりしたその話しぶりとともに三吉の余り好まないものの一つであったが、他人の表情や細かい感情の動きなどにあまり気をとめない質の憲容は、三吉の興味と気分とがいまどこを向いているかには殆んどお構いなく、彼の好むところに従って話した。

元来が蒙古旗旅の出である粛親王家と現満州皇帝溥儀陛下——即ち清朝宗家との関係について彼はかなり詳しく話した。それから彼の畏敬する師の一人であるらしい京都帝大の矢野仁一博士の東洋史観について滔々と述べはじめた。三吉がどの程度に聞いているのか等は凡そ彼の関心外ではないかと思われた。山と山との間が急に狭まって切通しのようになったところを汽車が通るとき、憲容の声は木魂する車輪の轟きを押し消そうとするように思いきり高まって、あたりの者を振り向かせるほどであった。

三吉はところどころ彼の話に興味を覚えないでもなかったので、多くは曖昧なうす笑いをうかべながら聞いていたが、時々質問をしたり簡単に自分の意見をのべたりした。

撮影時期不明　天津か北京

憲容の意見によれば、日本は内蒙古を完全に把握し得るか否かによって、その大陸政策の成否を決することとなるというのであった。そして内蒙古政策の成功にはまず蒙古人を定住させるための諸政策が有効に講じられなければならないとも言った。そこから話は彼自身の広大な新牧場の計画のことに入って行ったが、また間もなくそこを出て、北支における日本人のやり方の何事につけても如何にも拙劣なことに及んで行ったりした。それはすべて日本人がけちで我侭で気短かなことから起るので、日本人は明日の百円よりも今すぐの一円を愛し、己のやり方あるを知ってそれ以外のやり方を認めようとせず、人と人との複雑な関係さえも一種命令的なもので割り切ろうとする、と憲容は言うのであった。

「私は日本で育ち、日本の文化を身につけた。私たち兄弟は皆日本をこの上なく愛している。だけど、私は日本に帰化しようという気にはならない。私は矢張り近く京大の講師を辞めて蒙古の草原に帰り、一蒙古人として牛や馬や羊と暮そうと思っています。これは何故でしょうか」

「それは君が一個のロマンチストにすぎないからさ」

三吉はニヤニヤ笑いを口もとから消しもしないで簡単に答えた。憲容はこのときはじめて少し不快そうな顔をして、ほんのちょっとだの間口を噤んだが、やがてまた前の陽気さをとり戻して

「あなたはサチリストを衒う男だから何とでもお言いな

さい。しかし、このことは日本人自身が真剣に考えてみなければならないことだ」というように、三吉が真面目な対手でないとみるとまた彼ひとりで勝手に話を続けるのであった。

三吉はこの機会に彼と充分話し合っておかなければならない別な話題を実は持っていた。だがそれは別段急ぐことでもなかったので、彼ら二人の間の会話は憲容を主役として、彼らが旅行中に見るもの、聞くものを題材にまず繰展げられた。こうして三吉は毎日毎日この同行者の多識と多弁とに驚きを新にするのであったが、憲容の方でもお互いが東京で識り合っていたときの三吉とは余程違った三吉——妙に拈《ひね》れ且つ僻んだところのある考え方をするようになった三吉に驚きの感情を隠そうともしなかった。

東京では三吉の家のすぐ真向うの家を憲容が借りて、憲容たち兄弟のうちの誰かが交る交るそこに住んでいた。一番上の姉はもう三十六、七かと思われたがいつも地味な黒絹の支那服を着て静かな物言いをするひとであった。背高く、色が黒かったが歯並びは白くて美しかったので、人柄のよさと相俟って、この人が笑うと一座は急に和むかのようであった。結婚はせず、水彩画を習って半玄人の域に達しているようであったが、一番得意なものは支那料理で、三吉の妻も時々教わって来ては妙なものを造って食わせるのであった。三吉の家などに遊びに来ていても、広くもない家の中でこの人の居ることが別の室にいるものには容易にわからないほど静かな人であった。この人が主としてこの家の家事取締りをしていた。

その次が憲容で、彼は多く京都にいたが、休暇や、休暇でなくても時々ひょっこりと二三日宛帰京して来るとここに来て泊った。彼が帰って来ると、それだけでもう、あたりの空気が何となくざわめかしくなるように思われて、三吉の家などでは「大方騒々しいようだが」というのが常用の冗談口になっているほどであった。「そら来たぜ」と言いもあえないうちに、「やあ、こんちわー」という訛の強いアクセントで声をかけて、憲容がどかどかと入って来て、忽ち家の中が喧しくなるのであった。

次の妹は女子医専に通っていた。顔が大きくて、胴が長くて、兄に似た瓜実顔は少し色が白すぎた。従って容貌は決していい方とは言えなかった。その上、気質もかなり気紛れなところが多く、学校の寄宿舎にいてみたり、知人の家に下宿してみたり、かと思うと姉の家に帰って来たりという有様であった。三吉が憲容と是非とも一度真面目に話しておきたいと思っていたのはこの憲瑠のことについてであった。

このほか容貌も飛び抜けて美しく、すっかり近代的な明朗娘で、性質にも些か不良じみたところの見える三番目の妹もときどきここの住人になるようであったし、憲兄妹の甥と称する温和ないい青年も二人ほどここに住んでいたことがあった。

彼らの一族はこのほかにもなお日本や満州、北京などにかけて非常に沢山いたようであった。三吉の妻はこれらの人々の複雑な相互関係をやや知っていたようであるが、三吉には一度や二度聞いたぐらいでは全く憶えられなかった。それに、これらの多くの一族たちはいったい恒産を持っているのかそれとも何かの仕送りなどで暮しているのかなども三吉には判らなかった。そこにも一種の支那式調整方法があってそれで万事がうまく行っているのであろう、と三吉は漠然と考えていた。

三吉の弟と憲容の妹の憲瑠とが当人同志婚約の誓を交していたことは三吉も憲容も知っていた。三吉としては実は内心この選択には余り賛成でなかったが、自分が母親の義絶に近い怒りまで冒して自分の選択を立て通した関係もあって、一言も反対意見はのべていなかった。むしろ長兄として必要な手続きだけは積極的にとっておこうとすら考えていた。

この結婚には幾つかの困難がある、と三吉は考えた。まず第一にこの結婚は国際結婚であった。対手は表向きはともかくとして、内実は満州国皇帝の縁故者であり、現に満州にある同族の多くはその意味での特別待遇を公私の両面にわたってひそかにうけているのだから、この結婚にはこれら同族たちの同意を必要とすると思われた。第二は三吉の弟と憲瑠との実生活上の調和をどうするかという困難であった。三吉の弟は、三吉がフランスに遊んだごとく、彼もまた学業半ばにしてドイツに遊んで、帰来後は丸の内の独逸人会社に勤めていたが彼の薄給と、やせても枯れても女医としての資格を持って出て来る憲瑠の安易な生活観とを破綻なく結びつけることは相当至難な業だと思われた。

第二の困難は勿論主として当人同志で解決すべき問題であったが、第一の困難は三吉と憲容とで話し合うべきものと思われた。

長い蒙彊旅行の途次、三吉と憲容とは何回かこの問題にふれたが、その度に憲容は事もなげに、「その方は大丈夫です。僕が引きうけます」と言うのみで、この結婚が含む相当重大な国際的、社会的意味については彼は凡んど何らの留意もしていないかのごとくであった。

3　張家口の茶館

雨降りあがりだったので、張家口の街はまるで泥田の中を行くような深いぬかるみになっていた。活動的に様々な知人を訪ねて歩き廻る憲容の知己範囲の広さにまたも一驚を吃しながら、三吉は彼と同行することにも疲れを感じて、むしろ同業の蒙疆通信社や蒙疆新聞社を訪れて、彼らについて蒙疆に関する一般的な知識を吸収することの方により多くの興味をおぼえた。

蒙疆の同業者たちはいとも誇らしげに蒙疆ブロック政策の全面的成功について多くを語った。蒙疆地方だけを逸早く北支地方から切り離して、軍事的にも行政的にもまた経済的にも一応独立した特別地帯の方式をとったことが今日の成功の出発点であると主張された。物資はすべて他地域への移出に備えて大量の余裕を残しており、通貨政策も極めて安定しているほか、政治的にも従来の三個の地方治安維持会は極く近い機会に大同合一して一個の自治政府へと発展する基礎工作が完了していることも告げられた。

してみると、そこにはまた別個の新しい独立国が誕生しようとしているのであろうか。日本は支那から満州を割いて一個の満州国を創設した。そしていままた蒙疆地帯を割いて独立国内蒙古を創設しようとしているのであろうか。

或はそれが現実的な処理方式としては最も優れた実効的なものであるかも知れない。しかし、こうした処理方式が常に許されることとなれば、日本の都合に従って、適当と思われる諸条件を備えた地域ごとに次々にこうした分割政権が今後もまた幾つか拵えられるであろう。それは支那の国内世論も外国世論も非難して止まない地方軍閥制度を日本の手で形を変えて再現して行くにすぎないのではないか。

三吉は話を聞きながらそんなことを漠然とながら考えていた。しかし、蒙疆の同業者たちは完全に「蒙疆の人」となり切っていることがあまりにもはっきり見えていたので、三吉は聞くだけで、別段反駁したり議論を試みたりしようとは思わなかった。最高級の軍人から、政治顧問、経済担当者、報道関係者に至るまで、蒙疆の日本人の大部分が「俺たちが担当している蒙疆地方」が他の如何なる占領地域にも優れて万事うまく行っていることを非常に誇りにしていることは張家口に着いて二、三時間とは経たないうちにそれと感づかれることであった。

しかし、憲容が特に伴れて行ってくれた——従って日本人など凡んど絶対に立寄るようなことのない——純蒙古人と支那人ばかりの、それも可成り下級な茶館で、いまだにそこの壁という壁、柱という柱にべたべたと一面に激越な抗日ビラが貼ったままになっているのを見たとき、三吉は何だか、暖かい表面の潮流からそれとは反対の方向に流れる全く冷え切ったどす黒い底流の中に沈み込んだような感じを持った。憲容の説明によれば、ごちゃごちゃした蒙古人街の一隅にあるこれらの茶館は、曽つてまだ鉄道が通わず、専ら駱駝の背中による輸送が唯一の通商手段であった頃、隊商たちがその往来に立ち寄った宿場茶屋で、昔はもっともっと繁昌したものだとのことであったが、三吉たちが行ったときも、粗塗りの赤土壁のまま、何の装飾もなく、薄暗くて湿っぽい茶館の中には、粗鉋《あらがんな》のままの木肌が汚れて真黒になった机と長椅子に一杯、うす汚い人々がたかっていた。そこからは異様な臭気と、蜜蜂の巣箱を叩いたような騒音とが湧き起っていた。なかには茶の椀と何かつまみ物様のものを前に置いているものもいたが、大部分は自分の前に何も置いてはいなかった。その一隅では野天床屋が頭を青々と剃りあげていた。

三吉らがその前に洋俥を止めて、憲容が先になってつかつかと店の中に入って行くと、蜜蜂の巣箱は突然唸りを止めて、瞬間シーンと無気味なほど静まり返って彼らの上に集中された無数の目がそのとき何だか一斉にギラリと輝いたように三吉には思われた。

憲容が漸く二人分の席を造って、彼らが些か窮屈げに並んで腰をかけたとき、巣箱は再び前にも増した騒々しさに還っていた。憲容は店の主人を読んで何かを言付けけた。

三吉は居るほどに何とも妙な落着かない気分になって、多少の不安に嫌悪を加えた気持ちで一刻も早く立ち去りたいと思った。衆からうける一種強烈な圧迫感を何としても払い切れなかった。三吉は自分の胸中に起っているそうした波を憲容に悟られまいとする意識もあって、つとめて快活げに彼に話しかけた。

憲容は周囲で話されていることの大半は判らないが、処々想像はつくと言った。われわれのことを大いに訝って様々に想像して話していると説明した。決して好感は持っていないようだが、好奇心の方が強いようだとも言った。

彼らの前に運ばれたのは色の真黒な一種の饅頭に平べったい焼餅みたいなものであった。それが経木のようなものの上に重ねてあった。憲容がまず口の中に抛り込むのを見てからでなくては三吉は手を出さなかった。

「美味いもんじゃないいな」

「だけど、不味くはないでしょう」

「決して美味いもんじゃない」と三吉は繰り返して強く言った。「それに不潔で叶わんよ。経験蒐集癖という好奇心の下らない趣味さえなければ決して手を出す代物じゃないね」。

「あなたは物の考え方にしてもそうだが少し神経が細かすぎる。それでは大陸は旅行出来ませんよ。大変な従軍記者だなあ」と憲容は笑った。

「一度も小銃の音一つ聞いたことのない従軍記者さ」と三吉も笑ったが、「物の考え方にしても」という憲容の一言はひどく三吉の気に障った。

支那に来たはじめ、天津の支局で、食事の度に皿や椀の中のものがまるで見えなくなってしまうほど、真黒にたかって来る蝿に悩まされて、飯を食うのが苦になっていたのもやがて遂に克服して、一応平気——でもないにせよ、ともかく辛抱できるようになった。支那料理屋の調理場でコックが手洟をかむ現場を見ても眉をしかめる程度ですませるようにもなった。だがそんなことはほんの上っ面だけのことであって、三吉の物の考え方が「神経質すぎる」——即ち些か病的に、割り切ろうとしてみたり、または必要以上に一方の意味を強調してみたりして、その間、推論の自然な成り行きを歪めることや平衡を失するようなことが傾向として多かったのは拒めないという忌憚のない指摘は三吉の急所にふれていた。

三吉もまた秘めたる急所にふれられるのは決して好きでなかった。しかも彼自身、この欠点を極めて容易にそして度々暴露するのであった。大同で、龍烟鉱山にも行かない、石仏などは莫迦莫迦しい限りだなどと言い出して、是非行こうという憲容と、理屈にもならない理屈を並べて一応論争したのも、実は張家口での憲容の何気ない一言に彼ひとりで拘泥って、いろいろと自己反省やひとり反駁などを繰り返しているうちに、少し神経衰弱気味になって、張家口にしろ大同にしろ、目につくものは日本人経営の矢鱈と騒々しい安カフェーばかりなのが無性に腹立たしくなり、その上、珍客が来ると大いに接待してくれた大同在勤の同僚の相も変わらぬ蒙疆自足論が気に障り、も一つ加えて、同じ日に投宿した一人の陸軍中佐が廊下で大きな声で自分の室と三吉の室とをとりかえるようにと宿の女中に高圧的な口調で命じていたのを聞いていて、女中が恐れ入りますがと相談に来たのを手厳しく拒絶はしたが、軍服を着ていれば何でも許されるという考えが戦争の拡大とともに漸次軍人の間にも一般人の間にも根強く滲透しつつあることに対する憤りの余熱がとれずにいたせいもあった。

憲容は兄のような寛容さで三吉を宥め賺《すか》してながら龍烟鉱山にも石仏にも結局彼を引ぱって行った。

４　日本の看板

三吉は大同から厚和（綏遠はその頃日本軍によって厚和《ホホフト》と改名されたばかりであった）に行く汽車の窓から、遮るものもなく展がった大草原に見入りながら、約十年ほど前、彼が高等学校を終っただけでその春ただちにパリへ旅立ったとき、三等車で横切《よぎ》ったシベリアのあの広漠たる大平原を思い出していた。どこから現れるのか突如として草原の彼方に姿を現して、彼らの列車と併行に暫くの間馬を走らせるのを楽しむかに見ゆる騎乗の遊牧民たちののどかな姿はシベリアの汽車の旅でも確かに見かけたあの姿に通っていた。この平原はあの平原に連っているのであろうか。この人々の生活はあの人々の生活にそのまま連っているのであろうか。憲容の話によると外蒙古と内蒙古との間に実はそれほどはっきりした境界はないのだとのことであった。彼の縁につながる蒙古旗人の中にもいまでは外蒙古に住んでいるものもいるとも話していた。

四囲のしめくくりのない広大さの中に些か溺れ込んだような形で、三吉がとりとめもないことを漫然と考えている間に、活動的な憲容は彼らの車輌から何輛目かの食堂車なるものに行って来て、そこで食わせる麺が比較的うまいから行って是非食べて来いとすすめた。それは家畜輸送車に似た不潔な車輌で、その一隅に調理場があり、人々はがらん洞な車室に蹲んだりつっ立ったりして食べていた。多くは支那人であった。木の長椅子が一つあったが、それには誰もかけてはいなかった。三吉が入って行くと、前には白かったときもあったらしい汚い調理服を着た男が出て来てその木の椅子にかけさせた。そして妙なアクセントの日本語で「チャーハン　アゲマスカ　ウドン　デスカ」と言った。見ている前で飯を炒り、麺をあげるのだからその点はわりに安心できたが、食器を洗うのに用いる水を見たとき三吉の咽喉は危く塞がりそうであった。馬穴に入れたその水は既に黒くどろりと濁っていて、油の微細な粒や野菜の切れっ端などが重なりあって浮かんでいた。料理人は返されて来た皿や箸などをその中にザブリとつけてそのまま今度は黒い雑巾のような布片で拭くのであった。

三吉が食堂から帰って来てみると憲容はまたも席にいなくて、三吉もこの汽車に乗り込んだ最初から何となく気を惹かれていた相当の要人らしいでっぷりと肥っておそろしく背の高い、面貌もなかなか立派な支那人のところに坐り込んで、愉快そうに何か熱心に話していた。その要人にはほかに四、五名のおつきがいて、その中の二人は立派な軍服を着ていたので、要人は平服であったが、多分蒙疆政府の高級軍官であろうと思われた。彼は勢いよく話し込む憲容に時々頷きながら言葉少なに答えていたが、色白の丸い顔にはたえず目尻に小皺を刻んで穏かに微笑んでいた。厚い大きな胸をいつも反らして上体の姿勢は殆んど動かなかった。

　憲容が遽《あわただ》しく帰って来て、三吉にも来いと言った。あれが有名な李守信*将軍だという。三吉はあまり乗り気でもなかったが憲容について行った。将軍は気軽に会釈して自分の前の席を三吉にすすめた。しかし、憲容を通して三吉と李守信将軍との間に交された話は至って平凡な、無味乾燥なものであった。李将軍は蒙疆の将来性や特殊性について、また日本軍と協力する蒙疆義勇軍の使命について、極めて公式的な意見を開陳したにすぎなかった。三吉が外蒙と内蒙の経済的・政治的相互関係の見透しについて彼の意見を問うたり、徳王**という人の政治家としての手腕について訊ねたりすると、将軍は茫洋とした笑顔をしてただ「好好」とゆっくり言うだけであった。

　李守信という蒙古軍の将軍については彼は実は日本人だという説も一部には伝わっていたが、三吉の印象では純粋の漢人だと思われた。李将軍はこれから五原まで行くところだと言った。そして三吉にもお愛想からかやって来ないかなどと言った。五原は彼我の第一線に最も近い最前線基地で、当時は敗残の傅作儀の軍隊と一部の八路軍とを正面にわが軍が蒙古軍と協同してこれに対峙していた。しかも、これより先に進むことは当時のわが軍としては諸般の事情からまず困難だとされていた。

　この汽車が厚和についたときはもう黄昏も余ほど濃かったが、親切な支局の人たちは自動車を持って待っていてくれた。ここでも停車場は支那の他の多くの都会の場合と同じように、城内から相当離れたところにあったので、日暮れて洋俥で行くのは叶わないなと思っていた三吉にとっては、到着時間の不正確にも拘らず自動車まで用意して待っ

＊　蒙古人。一九三七年十一月、蒙古聯盟自治政府が成立すると、蒙古軍総司令に就任。同政府副主席などを歴任。

＊＊　蒙古人。一九三七年十一月、関東軍の協力のもと、蒙古聯盟自治政府を成立させた。一九三九年九月に蒙古連合自治政府に改組し、主席に就任。

ていてくれた親切は身にしみてうれしかった。

　一日目よりも二日目、二日目より三日目と三吉は滞在するほどにこの綏遠の街が段々好きになって行った。街は新城と旧城の二つに別れていて、経済や政治の中心地である繁華な旧城と静かな住宅街である新城との間は約一里近く離れていた。その間を結ぶ幅の広い立派な舗装道路にはとぎれとぎれではあったが、大きく繁った街路樹が快い日蔭をこしらえていた。

同盟北支総局玄関（昭和13年，北京）
右から佐々木健児，大平安孝，松方三郎，松田悟
（『佐々木健児』より）

　三吉たちは新城の方にある新規開業の日本人旅館に泊っていたが、すべての所用は旧城にあったので、朝がた洋俥を連ねてこの道を旧城に向い、夜遅くこの道を新城に帰って来た。道の両側には白い花が一面に咲き乱れて、遠くの方は恰も白布を伸べたような景観を呈していた。これが阿片採取用に栽培されているケシの畑だと聞いたとき、三吉は改めてこの広大な白布の畑を見直した。五里向うには砲煙轟くなかで、この広大なケシ畑が何事もないかの如くかくも見事に耕作されているのである。その畑の更に遥か彼方、緑の森の中に、畑の白さを圧倒して一際白く輝く一群の白亜建築物があった。

「あれは何でもアメリカの伝道協会が経営している修道院とかいう話でしたが、詳しいことは知りません。相当広大な土地も持っていて堂々たる経営ぶりだとかいうことですよ」

　支局の同僚の説明は簡単であったが、三吉には妙に深い

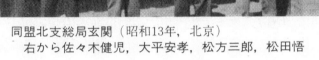

感銘を与えた。彼は北京で東安市場に行く度に何気なくその傍を通りぬけて行った広壮なロックフェラー病院*〈注—現・北京協和医院〉のことを思い浮かべた。また、軍報道部の横山カトリック少佐がいつか話していた太原の伝道機関のことも思い出した。これらのことはその時は何気なく見過したり聞き流したりして別段特別な意味も読みとらないものであるが、何かの機会にふと思い合わされると、そこに思いもかけない深刻な意味を暗示されたりすることがあるものだ。三吉もいまちょうどそうした経験をしていたのである。

　彼は道々、こんなところにまで！　と驚かざるを得ないほど執拗で丹念な抗日文句の組織的な示威が、いまだ完全には払拭されきらずに各所に残っているのを見て来ていた。それはなにも京綏線沿線に限ったことではなかったが、殊にこの線のように辺鄙な地方に分け入ることが深ければ深いほどその痕跡は広汎にそして明瞭に残されていた。例えば大同のような交通上の要衝でもあり産業上の中心でもありかつまた日本軍兵站上の最重要基地でもある一大都市にあってすら、その長大な城壁一杯に書きなぐられた激越な大文字を悉く塗り消してしまうのは大変な大事業であるらしく、新しいペンキで日華提携・恒久和平などと書いたその下から、どうやらそれと判読できる程度のうすさではあったが、徹底抗戦・日寇撃滅などと旧い文字がのぞいていて、いかにも皮肉らしい空々しさを新しい標語に与えていたりした。場末に行けばこれらの抗日文字はてんで消してすらないところも多かった。

　また三吉は北京・奉天の大幹線はもとより、その他あらゆる鉄道の沿線にもって行って、さながら内地の鉄道旅行に見るあのめまぐるしさをそのままに、家々の壁という壁、屋根という屋根はもとより、田の畔、畑の中にも立看板をしてこれでもかこれでもかと性急な一大広告の散兵線を展開している「仁丹」「ロート目薬」「メンソレータム」「ジャノ目ソース」その他日本産のがらくた製品のことを思い出した。これらの広告は支那事変の遥か何年か何十年か前から既に行われていたものなのである。楊の木が五、六本木群をなしているその下をゆるやかに流れるともなくうねりくねっている小溝のあたりに、羊や豚や家鴨などを一緒くたに放牧して、いかにも支那らしいのどかさを描き出している北京城外の田園風景をほんのいま先刻楽しんだばかりの目に、突如として迫り来る北京市の大城壁一杯に白と青とでくっきりと描き出された「仁丹」の大文字が恰もわれわれの頭上に直接覆い冠さるかの如き傍若無人さで立ち塞がっているのを見せつけられたとき、三吉ならずとも常に舌打したいような気持になった人は多いであろう。

三吉はこれらのことを何も彼も一緒くたに思い出していた。利益ということを全く度外視して支那民衆の公共衛生に広大な貢献を日々直接的に齎らしているロックフェラー病院があるかと思うと、綏遠のような辺鄙なところにとじ篭ってじっと地味な教育事業の根を張っているアメリカ宗教界がある。

そして日本は一体何をしているか。

5　厚和の支局長

徳王にも会った。最高顧問をしている金井章次*という本職は医者の大陸政治家にも会った。徳王の下で専ら日本人との連絡に当っている才気煥発の青年官吏とも二、三回食事をともにした。だが、そのいずれも三吉を満足させるものからは遥かに遠かった。平屋建の質素な建物の質素な室で彼らを迎えた徳王はそのゴム毬のように丸くてよく肥えた血色のいい顔にいつも屈託のなさそうな笑みをうかべているだけで、彼の話は蒙疆一の政治家が日本人記者に語るために常に用意している公式見解以上には一歩も出なかった。徳王はそれよりはむしろ憲容の牧場計画により多くの興味を感じているらしかった。金井章次は何でそう忙しいのか実に繁忙を極めている様子であった。彼の注意は三分とまとまって三吉との会話に集中していることを許されなかった。人々は次から次と何やらの紙を持って来ては彼の判を求めた。日本語をかなりよく話す蒙古人青年の熱情は三吉にはあまりに単純すぎて、まるで中学生とでも話しているかのごとくに感じられた。彼の話は日本をオールマイティとする前提からすべて出発していて、そうした話をすることが彼にとっては幸福ですらあるように見うけられた。

＊　北里研究所をへて、ジュネーブの国際連盟事務局に勤務。帰国後、慶応大学医学部教授。満鉄に移り、満州青年連盟理事長代理、奉天省総務庁長、間島省長などを経て、一九三九年、蒙古連合自治政府最高顧問。

「実に駄目ですよ」と三吉に相槌をうって、一応彼と憂いを共にするがごとき議論をするのは却ってここの支局長をしている無電技師出身の記者*であった。彼は共産軍の厄介なことを充分に知っていた。傅作儀**の軍隊が強いのは奥地の民心が彼らの側にあるからだということをも指摘していた。「いつまでもこんなことをして、いたちごっこを繰り返しているわけにもいかんでしょうが、結局、一切の偽善的なことは止めて、直接日本自身がこの地域全体の統治責任を負うことが必要となるのじゃないでしょうか」とも話していた。「徳王という人は見栄と自尊心が並外れて強い人だから、あまり煽っているとおしまいには持て余すようなことになるだろうと思うんですがねえ」とも彼は言った。

＊　当時の厚和支局長は松田悟。
＊＊　中国の軍人、政治家。一九三一年以降、綏遠省政府主席として日本軍に抵抗。

　背のずんぐりと低い、視力が弱いらしくて始終目をぱちぱちまぶしそうにまばたいている、頭の禿げたこの四十男を見ていると、この人のどこにこんな「形式的でない」観察と認識の実力が潜んでいるのだろうと三吉には些か訝られるのであった。この人は本来の記者でなく、オペレーター上がりだというので、北京などでも比較的軽視していた。しかし、張家口や大同などに配置されていた大学出の本格的記者よりも、実際に話してみた感じはむしろ遥かにしっかりしていた。張家口や大同の記者たちの多くは好んで肘を怒らして盃をふくみ、口を開けば何々大佐がとか何々顧問がとかその他その土地の主要人物の名を挙げて、その人たちの意見、その人たちの計画、その人たちの判定を披露するのを競った。これに反して、この無電技師支局長は実際のところ三吉にも彼が果して徳王や金井顧問などに再三親しく会っているかどうかは判らなかったほど殆んど自己を語ろうとも示そうともしなかった。

　彼は三吉がここに滞在している間に三度ほど、夜遅くほとんど真夜中に近い時間に旅館へ訪れて来た。そして様々のことを明け方近くまで話して行った。「ここは辺鄙なので滅多に人がやって来て呉れませんもんで」と彼は去り際に必ず言い訳して行くのであった。

　ある晩憲容が、黙って跟《っ》いていらっしゃいと言うので、言いなりについて行くと、旧城と新城の中間にある一部落の中の相当広壮な一軒の家につれて行かれた。土塀で周りを囲んだその家の内部は外の静寂に比べて、明るく賑やかであった。それはちょうど北京の前面街の一軒を思わせるような、比較的上品な享楽場であった。多くの女たちが出て来て、胡弓に合わせて歌ったりした。憲容は木の床几の上に長く横になって、頭を肘つきで支えながら愉快そうに聞いていたが、瓜子を噛んでいる三吉を省みて、「どうですか、阿片を吸ってみますか」と揶揄《からか》うように笑って言った。三吉は頭を振って苦笑した。そして何故だかそのときふと、ド・クィンシーの「阿片吸引者の告白」を読んだときの異様な印象を思い浮かべていた。

「あれで、天津の各租界のうちで一番阿片吸引の盛んなのは日本租界ですよ」と憲容は例によって彼の豊富な知識を並べはじめた。天津には何をして食っているか全然判らない日本人が相当多数いるが、それらは殆んど例外なしに全部阿片の密売買に関係しているものと思ってよいことなども話した。

「だけど君、イギリス人だって、フランス人だってそれは盛大にやっているぜ」

三吉は珍しく日本人を弁護する気持になって、彼が曽つてシンガポールで見た阿片小売店前の行列の話や話に聞いた仏領印度支那の阿片吸引者の話などをした。シンガポールは一日一人一定の分量を限って阿片の吸引が認められていて、政庁直営の小売店の前には毎朝一定の売出し時間が来ると支那人の長い行列ができるのであった。また、いままで元気よく走っていた支那人の洋俥夫が突然へたへたと坐り込んで、阿片を一服やるから待ってくれ、と路傍に蹲み込んで、悠々と白い煙を二服三服、深々と胸の奥まで吸い込んだ後でないと走り出さないことなども珍しいことではなかった。仏印では一戸構えた阿片屋のほか路傍に青空の阿片屋が出ていて誰でも手軽に吸わせるのだとの話も聞いていた。

憲容も三吉も別段このことについてまじめに議論する気もなかったのでその話はそのままになった。そして三吉は憲容を先に帰してその夜はそこに泊った。支那の高級享楽場には比較的多く見かける殆んどおしろい気のない、服も青色木綿の平服に近い質素なものを着た、清楚な感じの娘が最初から三吉の傍にいて、茶を注いだり、手拭をしぼったりしていた。三吉が多少遠慮がちに抱きよせてみると、彼女は嬌声を立てながらも案外素直に彼の膝の上に腰かけて、その裸の腕を彼の首に廻した。ほんの少し、三吉の危げな北京語らしいものが彼女にも通じるようであった。書けば大抵のことは通じた。こうした女たちにこの程度まで字が読めるということはまず珍しいことであった。

三吉は相当通わなければ泊りの客にはなれない前面街の習わしを知っていたのでここではどうかなと思って憲容に訊ねてみた。憲容は笑って、「さあね、北京でも日本の兵隊さんがすっかり荒しちまって、いちげんＯＫに大抵の家が堕落させられちまったようだから、ここらなんか勿論問題はないだろうと思うけど、一応聞いてみてもよいが……お止しなさいよ。つまらないから」と軽く反対した。「えらいまたその妓がお気に召したもんだな」。憲容は仕方なしに、寝そべったまま無精たらしく顎で老妓を招いて、何やら話していたが、「本人がいいのならいいと言っていますがね」と悪戯らしい目で三吉と妓とを等分に眺めて言った。既にそれを察していたらしい妓はつと三吉の膝から立ち上って部屋の隅の方へ行ってしまった。

憲容は何から何まで細々とした注意を三吉に与えたのち、「まあ御ゆっくり」といって帰って行った。

三吉は次の日一日中この妓楼に閉じ籠っていた。おひるすぎに憲容が心配して様子を見に来た。そのとき三吉はちょうど、様々な料理を妓の室に取りよせて、妓の仲のよい友だちたちを四、五人呼んで、三吉には一言半句も判らぬながら、彼女らの陽気で楽しげな饒舌を聞きつつ昼食を摂っているところであった。食事は済ました、と言っていた憲容が一番大食であった。彼は坐り込むなり次々に料理に箸をつけて行き、更に料理を追加注文した。

三吉は大陸に渡って来て以来既に十ヶ月、この間実によく遊び、あらゆる階層の女に亘って日・華・白露等接せざるはなしであったが、肉体的に妻への貞節を放棄したのはこれが最初にして最後であった。

こんな辺鄙なところまで来て、何でそんなことになったのか、三吉自身にもそれは説明の出来ないことであった。

三吉は何ら心に悔ゆるところなく、さばさばした気持で北京へ向けて厚和を去って行った。

仏印へ

1　丁士源の忠告

軍人と新聞記者ばかりの見送り人にまじって、黒っぽい着物をつつましやかに着た小千代の姿がホームのずーっと端の方に立っているのを見かけると、三吉は何だか急に忌々しくなった。それは可憐《いじら》しいとか、誠実なとかいう感じを起させる代りに、未練で愚昧だという軽い憤りを三吉の心に起させた。

七月の北京の朝は焼けるように暑い。人々は半袖半袴でいたって軽快な服装をしているのだ。ほがらかに談笑しながら三吉を送っている。その中にたったひとり、恰もお葬式にでも列するような服装で、何かひとり深刻ぶった泣べそ面を肩身せまそうに物蔭に隠している小千代の感傷を三吉は愚かな小煩いものに思うのであった。これほど大きな潮流となって、人も物もすべてが力強く流れ動いているときに、相も変わらず卑小な己だけの気持をたった一つの手懸りにして、それに縋りつきながら生きて行こうとするものすべてを、小千代に限らず誰でも、三吉は蔑まねばいられないような気持であった。

だから、天津の駅頭で、見送りのために出て来た同僚たちが、「ここに一晩も泊らず素通りするとは薄情じゃないか、あとで儂らが恨まれるから是非降りろ」と冗談半分に言ったときも、三吉は己一人の胸の中では到って割り切れた気持で颯爽としてそのまま通過して行ったのであった。

北支と三吉――その関係は、その殆んどが全部と言っていいほど無意味なものであったが、こうしていまや一応の清算期に達したのであった。汽車が山海関を越えたとき、三吉は一抹の哀愁とともに、まずまずこれで次の新しい生活々動舞台へ――そこでは今度こそいままでのような醜悪と無恥の失敗を繰返すことなしに、何とかも少しうまくやりたいと心から考えていたのであるが――どうにか辷り込むことが出来た、という安心を感じて、暑い車室の寝台に疲れた身体をのびのびと横たえた。

さあ、これで一応何も彼もおしまいだ、という、失敗の常習者が自己の運命に一区切りつく度に感じるあのいわれなき安堵感を寝台車の動揺のあい間あい間に断続的に感じていた。

奉天の駅には、彼より一足先に北京を発ってここに来ていた憲容が出迎えていたほか、見知らぬ支局の人も二人ほど、右腕に腕章をまいて出迎えていてくれた。憲容は満州国軍の高級幹部になっている彼の長兄の家に泊っていて、三吉にも是非そこに泊れとすすめたが、窮屈さを嫌う三吉は支局で申込んでくれていたホテルに落着くことにした。憲容は殆んど毎日ホテルに彼を誘いに来て、いまは草茫々と荒れるがままに放置してある清朝廟や、見るからに愚鈍さがその眉宇の間に現れている坊主どもが如何にも勿態ぶって錦の覆布をちらと開いて見せる例の歓喜仏や、人と家と物とがごった返している旧城内にあって、いまでは図書館になっている曽っての張学良の広壮な邸宅などを案内して歩いた。

三吉が初代の駐日満州国大使丁士源に会うことになったのも憲容の勧めと紹介とによることであった。比較的質素な洋風の家に住んで、最近では専ら畑造りを日課としているという丁士源老は、この頃では訪う者も少いと見えて、三吉の訪問を少からず歓迎した風であった。

彼は午後から話しはじめて、夕食を勧め、宵を語り徹して夜半に至り、まだ止めそうもなかった。彼の日本語には三吉ははじめのうち相当疲れたが、後には殆ど何の障碍も感じられなくなったほど、三吉と丁老人とは迅速に相互を理解し合った。三吉は午前三時に至って遂に丁家の一室に泊り込んだ。そして翌朝は午前十一時に目を覚ましたが、丁老人はまだ朝の茶をとらないで彼を待っているとのことであった。ベランダで鶏卵に紅茶の軽い朝食をとりながら、二人は更に昨夜の続きを語り継いだ。実に多くのことを語ったその中で、三吉を最も強く印象づけたのは、今は肉枯れて古木のようになった白髪のこの老爺の、曽っては中国水軍の提督であったというその経歴から語り出す支那事変処理の方法に関する意見であり、更に北京政府の要人の殆んど全部を個人的にもよく知っているという彼の仮借なき人物評であった。

丁士源老人の意見では、徐州の攻略に一面成功したかの如くして実は非常な手違いを生じて、いわば藻抜けの殻の徐州に見事な肩透しを喰わされた形の日本軍が、目下全力をあげて準備をすすめている武漢攻略戦をもって支那事変における その実力行為の最終段階とするのでなかったならば、その後は全く収拾がつかなくなるであろうというのであった。かれはこのことをあらゆる角度から指摘し、実証しようと試みた。広東ルートといわれ、仏印ルート、ビルマ・ルートといわれている援蒋物資の輸送問題についてもその背後に潜む国際的意義を解剖してその重大性を説いた。

日本がここで大きく転換して、思いきった政治的手を打つのでなかったならば、この戦争は底なしの泥沼と化して了う惧れがあると彼は主張した。丁士源氏はまた北京政府要人たちのうち二、三の名をあげて、彼らの人格に対する致命的な不信の事実を、過去の実例をあげて説いた。

「こんな連中を日本が強権をもって起用し、支持し、それを支那民衆に押しつけている限り、北京政府は処詮うまく行く筈がない。彼らがどんな種類の私利私欲の徒であるかは支那人の殆んど全部が皆よく知っているのです。日本人は支那を知らず、忠告する人があってもその忠告を用いることを知らない」

丁老人は強く頭を振って、暫く口を噤むのであった。

先刻から、のっそりベランダに入って来て、傍の籐椅子に腰かけていた陸軍少将の服を着た憲容の長兄は、このとき突然、しかし静かな声で

「満州でも大体同じことだなあ」と言った。

丸い赭ら顔の、健康そうなこの人はそう言っただけで、

あとは黙って茶を啜りながら静かに畑の方を眺めていた。

2　平壌の末弟

三吉の末弟は召集されて平壌の聯隊にいた。奉天から新京まで足を伸ばした三吉は、青写真の骨組みだけをまずコンクリートで塗り固めたようなその都市設計構想の雄大さと、汚ならしいどろどろの広場を前に控えた何かの小工場然たる見すぼらしい帝宮（満州国皇帝の住居）の対照などからうけた妙に混乱した印象の消えきらぬうちに平壌の駅に降り立った。

一つ星のみすぼらしい軍服を着た弟がぼんやりホームに立っていた。何だか変に照れたような笑顔で、やあ、と言って彼を迎えた。そのすぐ後の柱の陰から思いがけず憲瑠が白い旅行服姿で現れて小腰をかがめた。

「どうしたの、何時着いたの」。驚いて問う三吉に憲瑠は彼女が暑中休暇で満州へ帰る途中、けさ早くついたのだと話した。

弟は三吉からの電報で外泊許可を得てあると話した。三吉は疲れていたのでひとまず宿屋に入ることにして、駅前の自動車で大通りの三階建の家へ行った。

兄弟の間には別段特別の話もなかった。会うまでは何だか非常に沢山の話があるような気がして、弟の戦死の場合や、彼自身の突つ走りに伴う様々な問題などについても一応充分の話をしておかねばならぬように思われていたのであったが、二人で宿屋の昼めしを食いながら五語六語話したら、あとにはもう言わなければならないことは何にも残っていなかった。昼食後彼らは弟の案内で少し郊外の小高い公園地に行った。そこの見晴台からは、丘の麓を廻って流れる大同江の濁った水の帯が平原と空と間に悠々と溶け込むのが眺められた。

三吉と弟とは憲瑠を宿屋に送り込んだあと、弟が非常にお世話になっているという小林という家へ、三吉が北京から携えて来た支那菓子の折などを提げて立ち寄った。兵営の正門から五分ほどのところにあるこの弁護士の家を弟たちの仲間数名のものはアジトと呼んでいた。彼らは一つ星として支給される定額以上の金銭の所有を許されなかったので、家族からの秘密の送金をこの家に預けておいて、外出の度にそれを持ち出しては一つ星らしく甘いものを食ったり、映画を見たりしていたのであった。

弟が狎々しい親しさで「お母さん」と呼ぶでっぷり肥ったこの家の主婦は、頬に細い血管の網が浮いている赭ら顔に好人物らしい笑みを始終浮べて、大きな身体を大儀らしく持ち運びながらしきりにビールなどを接待した。

「立派な教育もおありなさるこんないい青年たちがねえ、百姓の子や大工の倅などと一緒くたで二年兵の褌洗いから靴磨きまでなさるんじゃ、並大抵じゃありませんよ。全くお気の毒でねえ。主人なども始終できるだけのことをしてお慰めしてあげろと申しているのですけど、根がぐずでございますから何にも行き届きませんで。お世話申すなどと申しては口幅ったいのでございますが、外出のときなどまあ何はありませんでもおはぎか何かぐらいはね」と主婦は弟の方を見て笑った。三吉の弟もニヤリと笑った。

「ぼくがこの間おはぎを二十八食ったんだよ兄さん。それが評判でね」

弟と主婦とはさも愉快そうに声を揃えて高らかに笑った。見ていると弟は出されるだけのつまみもの、そそがれるだけのビールを次から次へと何の遠慮もなしに平らげて行った。

小林家の門を出て、彼らは再び繁華な街を方へ歩いて行った。

弟は実に目まぐるしく敬礼した。殆んど二、三分置きに右へ左へ挙手の礼を送らねばならなかった。時にはその場に直立してしゃちこばった敬礼を対手が行ってしまうまで続けていたりした。一緒に歩いている三吉の方がその気忙しさに閉口であった。

「一つ星と歩くのはやり切れないねえ。これはまさに神経衰弱ものだよ。ついでのことの外出中ずーっと敬礼したままにしていたら煩くなくってよいだろう」

「全くだ。犬でも馬でも動くものを見たら敬礼、電柱でも郵便ポストでも長くて立っているものを見たら敬礼、まずそれくらいにしておけば無事だね」

「殴られるかい」

「大いにね。僕ら小林アジト組七人が目の仇らしい。それにこの連中が揃って幹候の試験をうけなかったんで、それがもう一ついけないらしい」

弟は相変らず忙しく敬礼の連射を左右に送りながら、二年兵が営門のところに見えたらさっと飛んで出て営舎の入口に整列していなければならぬことだの、そうすると、ぬーっと入って来た二年兵が、いきなり気の向いた奴二、三人をパンパンと殴る話だの、外部からの差入れや郵送品はその十分一が本人の手に入ればまず上成績の方であることだの、三吉が北京から送ったロシアチョコレートは弟の口に入ったもの僅かに三個であったことだのを笑いながら話した。すると突然、三吉も驚いて足をとめたほどの大声で、「コラッ！　笑いながら敬礼する奴があるかっ！」という怒声を耳もとで聞いた。「ハッ！」といって弟は直立した。一人の軍曹が目を怒らしてつっ立っていた。「久しぶりで兄が訪れて呉れましたのでつい話すぎて、御無礼致しました。敬礼、モトイッ！」。三吉の弟は破れるような大声でそう言って、機械人形のようにキビキビと敬礼をやり直した。軍曹はジロリと三吉の方を流し目で見たが、三吉がニヤニヤ笑いながら弟と彼とを半々に眺めているのにひどく気を悪くしたらしく、「第何中隊の何班で何というか、名を言えっ！」と怒鳴った。弟がやや早口に隊名と名を名乗ると、「よーしっ、覚えておくっ。今後気をつけっ！」と大喝して、肩を揺りながら行ってしまった。

三吉は肚の底から可笑しくなって、くっくっ笑った。弟は、「楽じゃないよ、あんなのばかり相手に毎日暮すんだからね」と苦笑した。

二人は平壌一大きな料理屋に入って行った。そこで出された「金釜」「銀釜」という清酒はわりにうまかった。弟は朝鮮人には茶を飲む習慣がないという新知識をしきりに披露した。彼らの多くは茶の代わりに、飯を炊いたあとのおこげのついた釜に白湯を入れて煮立て、これに軽く塩味をつけたものを常用するのだということであった。鮮人社会でいう両班、つまり有産階級は主として人参湯をのむようだが、日本人の影響をうけて緑茶を嗜むものも漸次おおくなっているとのことだというようなことも話した。三吉も支那の抹茶はあれは一番下等な茶を粉末にしたものらしいとか、支那茶の芳香は人為的にすぎて決して茶本来の味をたすけるものではないとかいったようなあやふやな支那茶の知識を並べたてた。そのうちに妓が来て席が賑やかになった。酒が流れるほど次々に運ばれて来た。上衣なしで便所に立った弟は廊下の外れで飛白縞のまだ子供子供したイガ栗頭の青年に何か言われていたが、その傍を悪戯っぽい揶揄うような目をして通って行った三吉が部屋に帰って来ると、照れて頭をかきながら、「あの坊やは俺のところの分隊長でね」と言い訳をした。

三吉も酔い、弟も酔った。妓たちは三味を弾いて歌った。三吉も弟も歌った。

3　ハノイ特派の舞台裏

その頃ある重大な事件の序幕が開かれていて、東京に帰りついた三吉も、間接にではあったがその一端に繋がれることになったのだとは、三吉自身はずっと後になるまで知らないでいた。だから、社長の岩永裕吉が彼の帰京が遅いとてひどく怒っているという話を聞いたときにも、彼は軽い反感をすら覚えたのであった。彼が東京に辿りつく数日前、毎日新聞は横田高明という特派員がハノイから打電して来た仏印ルート視察記を一面全部を割いて華々しく掲載していた。彼もそれを一読して何となく出鼻を叩かれたような感じたものの、このくらいのことで社長自らじりじりしなければならないような重大事件だとは考えていなかった。いったい何だってそんなに急《せ》いているのだろう。

　社長の秘書は態々彼のところにやって来て、社長は毎日々々、日に二度も三度も、「太田の奴はまだ帰らんか、いったいどこをうろついているのだ」と大変怒っている有様だからとて、挨拶に行くときの細い注意をして行った。

　他方では、三吉の所属部長や次長なども彼を捉まえて、「今度の人事には俺たちは皆反対なんだから、社長が何と言おうが、君はそのまま返事を留保して来るんだ」といきまいて話した。彼らが反対している理由というのは、この人事が彼らに何の相談もなしに、社長の一存で独裁的に決したのが不可だというのであった。

　話の起りは上海支局長の松本重治*が上京して来て、是非ともハノイに特派員を出さねばならないと主張した結果、松本自身二人の特派員候補者をあげたが、それは二人とも社長に拒否されて、代わりに社長はその場で太田三吉を自ら指名したのだという話であった。

＊　東京帝大法学部を卒業後、欧米に留学。一九三二年、新聞聯合に入社、上海支局長。同盟通信上海支局長、同編集局長、常務理事。戦後、国際文化会館を設立。

　背の高い、いかにも名門出らしく貴公子然とした、どこかに人を半分しか相手にしていないようなところのある松本重治は編輯室の真中で、初対面の三吉を捉えて無遠慮な大声で言った。

「ああ君が太田君か、よろしく頼むぜ。社長の話ではハノイ行きは君以外に適任がないのだそうだから。僕はほかの人をと考えたんだが、社長がそういうから、君、大いに期待するぜ」

　三吉はケンブリッヂ出身だという*この名門公子の巧まざる傲岸さに一種の威圧を感じたが、心の中では何を言いやがる、此方から頼んだわけでもあるまいし、俺が嫌だったら誰でも好きな奴をやったらよかろう、とむっと来るものを感じて、「はぁ」といったただけであった。

＊　エール大学などに留学しているが、ケンブリッヂには行っていない。

社長は頭から怒鳴り立てた。「蒙彊に行ったの満州を廻ったのは言い訳にならぬ、準備のでき次第すぐ出発し給え」と三吉には全然口を開かせずに命令した。「社会部長などは何やらぶつぶつ言っているそうだが、奴らには話は判らんのだ。君は今後、すべてに上海の松本君の指揮命令をうけるのだから、よく松本君と話し合って行き給え」。

上海での松本重治（右）（松本洋氏提供）

三吉は一つお辞儀をして社長室を出た。

蒋介石の懐刀といわれた高宗武＊が親友松本重治らの斡旋で東京に乗り込んで来て、岩永裕吉の家に泊ったりしたのはこれより少し前のことであった。高宗武がこのとき会見した政府や軍の最高首脳部との間にどんな話が交されたかを遂一知っていたのは、当時民間では松本や岩永のほかには満鉄の西義顕などごく少数の人々がいただけであったが、ハノイ特派員の人選を繞《めぐ》る何となく異様な焦燥の空気は実はこうした。人に知られぬ、また言えもせぬ舞台裏の事件と一脈の関連があった。

＊　九州帝大卒。外交部に入り、一九三五年に外交部亜州司長。

三吉はフランス大使館にアルセーヌ・アンリー大使を訪れたりして、すっかり準備を終えると、七月下旬東京を出発した。

4　青年記者黒沢俊雄

妻の実家の開業医のところで、老父の助手代りに臨床の修業をしていた中の弟を八幡市の山の手にある小じんまりしたその寓居に訪ねて、何年ぶりかでこの弟と一夜を共に明した三吉は、翌日は弟を伴って、筑豊炭田の端れ、古処山の麓にある故郷に父の墓を展じた。行き会った人々のうち何人かは三吉をそれと見分けて、仰山な驚きの声をあげて挨拶した。曽つて三吉ら兄弟が毎朝まだ暗いうちに自転車を並べて町の中学に通った田舎道には、がたがたではあったが小型フォードの乗合が揺れたり跳ねたりしながら通っていた。父の墓を覆っていた大きな一本松は益々その枝を拡げて、墓所の白砂の上には松葉が美しく散り敷いていた。

山麓の村全体を見下す位置にある墓所の端に立って、曽つて漁りした川、小鳥罠をかけた森、数々の想い出を持つ赤瓦の小学校などをぼんやり眺めながら、三吉と弟とは末の弟の噂をした。

「どうだろう兄さん、張鼓峰の方へ出動してんじゃないじゃろか」

「さあね、判らんが、或はあり得ることだね」

「いったい、ソ連側はどうしようちゅうのかなあ、あっしどもにぁ、新聞で読むほか、何にも判らんが、この前のカンチャーズ事件*みたいなことかねえ」

＊　一九三七年六月十九日、黒龍江上にある中州カンチャーズ島で起きた日ソの国境紛争

「東京でも真相はよう判らんようだったが、日本側が迷惑しているのは事実だね。だから、これは大したことなしに静まるよ」

末弟の身の上を思うにつけ、北朝鮮に勃発したこの突如たる日・ソ両軍の衝突事件は三吉たち兄弟にまた特殊な感心を抱かせた。

三吉は長崎行きの急行に乗るために一旦門司に出た。そして彼が門司の駅に下りたとき、入れ違いにホームを辷り出して行った長崎行きの臨時急行の二等車に、硝子窓越しではあったが、三吉は一つの影を見て思わずはっと目を瞠った。しかしその影は、いま一度見直したときには、折柄強く照りつけた朝陽の光が硝子にバーっと反射したため、三吉の目が眩んで、確かむべくもないまま向う側の列車は出て行ってしまった。

長崎に一泊して、翌朝早く連絡船に乗り込んだ三吉は、そこで、昨日の門司駅での一瞥が彼の錯誤ではなかったことを確めた。プロムナード・デッキで相手の姿を見かけた彼はつかつかと歩み寄って、だしぬけに声をかけた。対手は驚いた。

対手というのは三吉が最も親しくしている同僚の一人で黒沢俊雄という青年記者であった。彼は張鼓峰事件のため

朝鮮に特派されて、三吉よりも十日程早く東京を出発していたので、どう考えてもいまごろ上海行きの連絡船などに乗っている筈のない男であった。しかし、彼の言うところによれば、釜山に上陸して見ると、東京からそのまま上海へ直行して新作戦（武漢攻略戦）に従軍せよと言って来ていたのだという。

黒沢と三吉はデッキに籐椅子を並べて殆んど終日そこで話していた。黒沢は終始少し苦々しい表情をして、三吉のいうことを聞いていたが、別段それを反駁するでもなかったが、さりとて決して承服する気はないようであった。二人の間の話題というのは黒沢の恋愛問題であった。

黒沢の父は有名な学者であったが、家庭には複雑な事情があったらしく、黒沢は中学校の頃から引きつづき親許を離れて下宿生活ばかりしていた。殊に彼が高校の二年生のとき左翼がかった学校騒動のリーダーとして検挙されて以来、彼と家庭との離隔は決定的になっていた。誰が考えても些か不釣合にすぎると思われる現在の恋愛事件に彼が案外真面目に嵌《はま》って行ったのには、実はこうした深い遠因が働いていたのであった。

対手はある酒場の女主人であった。商売柄ひじょうに若く造ってはいたが、年は三吉たちよりも七つ八つ上であった。美人というでもなし、特に教養があるというでもなく、相当に酒も飲めば蓮っぱに噪ぎもする——些か肉感的で娼婦的な媚態をよくする、という以外にこれと言って特長もない女であったが、金銭には敏感で、経営はなかなか細心らしかった。黒沢を最初のほどここに伴れて行ったのはむしろ三吉であった。そして黒沢とこの大年増との間に特殊な関係が成立しているということは、そこに働く女の一人が、「まぁ、のんきね、あんた知らないの」と驚いて告口するまでは三吉は全く知らないでいた。

女の方でも決して不真面目というのではなさそうであった。真底、彼をいとしいと思う様子が正直に現れていた。しかし、彼女の愛には世間の裏をとことんまで知りぬいた経験女の一段と高みに立った態度——従って時とすれば若い燕に対する享楽的なものも混じり、他のときには母親的なものと保護者的なものとが情婦的なものと混じり合った複雑なものともなり……といったようなところがありありと見られるのであった。

黒沢の方ではいずれは彼女と結婚するつもりでいるようであった。そして三吉が真向から反対して来た点はこれであった。三吉がこの奇遇の機会を捉えて、特に執拗に説得を試みたのも、今後半年なり一年なりの別離が黒沢をして静かに過去を再検討せしむる機縁となることを見透して、彼のため、そこに反省への一つの角度を据えておきたいと思ったからであった。

　三浦千代子と言ったその女は一度結婚に失敗した人であった。現にその結婚によって生れた女の子を一人つれていたが、その子は既に女学校に通っていた。現在では彼女は北海道選出のある代議士に秘かなる援護をうけていた。そしてその経営する酒場もその代議士の出資になるものだと言われていた。彼女がそれとなく弁明するところによれば、その代議士との関係は既に清算されていて、彼女は現在全く自由な立場にあるとのことであったが、三吉たちの目には必ずしもそうとはうけとれない点もあった。

「それだからいけないというのではないよ」と三吉は黒沢に言う。「僕だって、たとえ前身が女郎だろうが芸者だろうが、至純な恋愛の浄火は一切の過去の曇りを灼き清める、という勇ましい学説を頭から拒否しようとは思わない。ただ、僕が問題としているのは、そうした過去ではなしに現在なのだ、現在の人柄だよ。対手が現在達している境地だよ。それから、君が現在居る心理的な位置だよ。そこから見透せる将来への予想だよ。それらが、僕によれば健全でない、というのだ。アブノーマルとまでは言わないが、不健康だというのだ」

「僕はそうは思わない」。黒沢は膝の上に肘を立てて、両手で顔を支えて聞いていたが、頑固な態度で答えた。

「まあいいよ。僕はここで君と僕と、どちらの説が正しいかの黒白を争っているのじゃない。だから討論をする気は毛頭ないし、君はただ参考として、僕の恋愛観、結婚観を聞いてだけおいてくれればいいんだ。君は従軍し、僕は仏印へ行く。もう会わんかも知れない。会っても数年先かも知れない。だから、僕は心からの友人として、君に僕の恋愛観や結婚観を聞いておいて貰いたいのだ。僕が君たちのケースをとりあげるのは、手近な例としてそうするにすぎないのだよ」

　黒沢は黙っていた。ふと見ると、拇指でそっと泪を押しぬぐっていた。三吉も瞼の裏がじんと熱くなってくるのを覚えた。

「僕はそもそも恋愛というものの永続的価値を疑う。それは一種の異状だよ。特殊の、生理的にも心理的にも、特別な昂奮状態でしかない。いわば病気だ。そんな病的な状態は判断の基礎とはならない。そんなものを出発点にして将来の計画を樹てるなんて、乱暴なことだ。恋愛の異状な昂奮状態が漸次落着いて来て、静かなる、意識に上るか上らないか判らない程度の感情となって残されたとき、それが愛という奴なんだと僕は思うのだよ。これは永続的で、信用もできる。生活設計の基礎になるべきものはこの静かなる感情でなければならない。

君のはそうじゃないと僕は思う。君は自分の寂しい境遇に甘えて、自ら求めて変態的な心境を造り出しているんじゃないか。そこへふれて来て、しかも肉体まで揃えて君に提供した女、それを君は必要以上に絶対的な機縁だと信じている。ところが、それはそうじゃないんだ。君を愛する女なら誰でも君に与え得る筈の精神的慰安と肉体的満足、それを彼女は偶然の機会から、まず最初に君に与えた、というにすぎないのが現実だ。それを君は、自らかねて用意しておいた特殊の心境の上に重ねて、そこに君は僕のいわゆる異状なる昂奮状態――病的現象を惹き起している。そして君は是が非でもこの女と結婚しなければならないと考え、それが君の宿命であるとさえ信じ込もうとしている。君はそこに道徳的責務を見ようとさえしている。

君は、いい機会だから、一年なり二年なり戦地にいて、も少し異った立場から物事を反省して見給え。真に君が彼女を愛しているかどうか。愛というものは一切のアブノーマル乃至は不均衡の上には永続しないものだと僕は思う。

君の妻として、彼女は余りにも年が上でありすぎる。教養がなさすぎる。現在の君は彼女が与え得るもので一応充分満足だろう。だが、十年後、十五年後に君が要求するものを、彼女は与え得るであろうか。恋愛ごっこなら短期間の間だから、場合によってはアブノーマルであればあるほど興味が深いこともあるが、結婚という永続的なことを建前とする行為にあっては二、三十年先のことまで一応考えた上で決定がなされなければならぬだと思うがどうだね。十年後、二十年後には、君は世間的にもどんな地位に立つかも知れない。そのとき彼女は、君が何のひけめもなしに、これぞわが妻とその腕をとって、ひと中につれて出られる女に自らを育てて行ける人だろうか。二十年後といっても君はまだ男の盛りだ。しかるに彼女はもう腰が曲るかも知れない。そんなとき君は聖人のように、若かりし日の情熱の燃え殻のみを眺めて、じっと満足していられるだろうか。そのとき君は想い出に忠実にして、断乎不倫を却け得るだろうか。

不自然なことは不自然に終る。これはきまっているのだ。

不自然が持つ魅力を全部却けよとはいわない。享楽は享楽で、それが理性よりも強ければ当座は心おきなくそれに従うべしだ。だが、その一時的屈服を自ら求めて永遠の屈服におきかえるという、第二の、そして決定的な不自然を敢えてするところまでバカになってはいけない。それは偽善というものだ。

　己が陥った不自然な享楽を、不自然な享楽であったと告白して、それを清算するだけの良心と勇気とを持たないものが、己をもまた世間をもごま化すために、その不自然を固定させてしまう——それを世間では責任をとる、という言葉で言っている。それはうそだ。真に責任をとることは、自ら不自然を清算して、自然な形に還ること以外にない。勿論この場合、彼は世間から道徳上の非難をうけるだろう。だけど、それは過去の対する非難であって、将来に対するものではない。

　現在の己に甘いことは卑怯者の特権だよ」

「どこまで聞いても同じだ。僕には君の言うことは判らない」と黒沢*は立ち上がって歩き出した。「もういいよ。この問題は僕の自由にまかしといてくれ」。

＊　黒沢俊雄は東京高校を退学処分。昭和六年に共産主義青年同盟に加盟、翌年中央委員会の事務部長になった。同年五月、逮捕される。同盟に入り、社会部記者となる。南方総社情報主任、マニラ支社編集主任。一九四五年六月一五日、日本軍と行動を共にしたマニラ東方山地で、同僚とピストルの相撃ちによって自決した。同僚はけがだけで、捕虜となり帰国した。

5　上海から香港へ

　先に上海に帰っていた松本重治は、東京であったときとは全く別人のように親しみ深い態度で三吉をその広大な事務室に迎えた。

「これからは君、いろんな大事件が次々に起るよ。面白いぜ。ジャーナリストとしてほんとうの舞台はまさにこれからだねえ」

　社内では勿論、社外でも非常な傑物として噂されている松本の悠然たる挙措と、ゆっくりした話ぶりとに三吉はすっかり頭を下げていた。そして彼の心の中に手がつけられないほど、何だか判然としない未来の華々しさのために踊り狂っていた。松本が、「外人たちと交際するとお金が要るよ」と言って、「これはほんのポケットマネーだが、僕の餞別だ」と百円札を二枚呉れたとき、三吉の感激は瞼の裏がじーっと潤んで来るほどに昂ったのであった。松本は、その日、真夜中の出帆だというのに態々船まで彼を見送った。揚子江の河面を吹き渡って来る風に吹かれながら、船のベンチに腰かけて、さまざまの、新聞記者としての注意を漫然と話す白服姿の松本と並んで、大上海の夜を知らぬ煌々たる夜景を眺めながら、三吉は自分がいま非常に英雄的な仕事のため、一種悲壮な首途にあるもののような気がしていた。

香港につくと、こうした自己満足の気分は一層現実味をおびて来た。

かつて五年ほど前、前途に何の見透しも持たない一介の浮浪学生——それもこれと言って別段とりたてて言うほどの勉強はせず、ただぶらぶらと海外の生活を経験したにすぎない、いわば学生と名乗る国際浮浪児として、欧州からの帰途、船の三等船室から眺めやった香港の美景も、いまでは、そのときの一種哀愁の気を含んだ詩的情緒からだけではなしに、もっとあくどく、活きて動く国際世態の一断面として、三吉の眼には映じるようになっていたのであった。海面に沿ってびっしり建ち並んだ繁栄の家々も、ピークのすてっぺんまで山を蔽って散在する富裕な邸宅も、これすべて、この広大な中継港設備に寄生することによってのみ齎《もたら》され、保護されているものではないか、と三吉は考えるのである。この港を埋めつくして、港外にまではみ出している大小無数の船、アメリカの、イギリスの、フランスの、ギリシアのその他あらゆる国々の国旗をかかげた海洋船の群と、その蔭を息せききって遽しく駆け廻るランチ、手押しの支那船などの群。そうしたものがよってたかって、広東ルートを盛り立て、仏印ルートを新に啓き、そして蒋介石の抗戦力を培養することによって自らも太り肥えつつあるのだ、と三吉は公式どおりに観察し結論する。してみると、この港全体が、そこにありとあらゆるものが、すべて敵性ならざるはないのである。小波立つ海峡を超えて、フェーリーで九龍側に渡ってみると、そこの埠頭には何杯もの大型貨物船が繋がれていて、板の表に墨黒々と「爆発物」とか「自動車」とか「重慶行き」とか「仏印経由雲南行き」とか大書した大きな箱包を積んだり、降ろしたり、遽しく荷役をやっていた。

敵性だ、敵性だ、すべてが敵性だ！

三吉は徐々に昂奮していた。香港の支局の連中が何故こうしたまざまざたる現行犯を詳細に打電しないのかを彼は訝った。支局長の松代悶次が恰も彼の到着を待ち構えていたかの如く性急に理解させようとして諄々と説明する香港政庁当局との困難な折衝に関するこみ入った話はこのとき三吉の興味の外にあった。支局長が政庁当局の陰剣さや、日本総領事館当局の冷胆さや、日本側同業者たちの嫉視と妨害や、それにも拘らず彼の苦心と成功やについて話すとき、三吉はあまり熱心に聞いてはいなかった。三吉が対蒋貿易基地としての香港が示す数字や、援蒋物資の荷主国籍別や、内容品目別や、香港政庁のこれら政治商品に対する根本政策などについて質問するとき、支局長は殆んどモノシラブルでこれに答えるだけであった。

三吉は自社の支局長の興味がそうしたことには全然なくて、社内における自己の評判だとか、在留邦人仲間のちいさいいざこざだとか、二十人ばかりいた日本人芸者との情事とかにむしろ多くの注意を向けていることを知ると、他社の特派員たちに向って、なにかたしになりそうな知識を求めて歩いた。

仏印の実情踏査に第一陣の先鞭をつけた毎日新聞の横田高明は気のよさそうな、肥満した青年であった。彼は、こちらが問えば何でも快く話した。しかし問わないことは何にも話さなかった。むしろ、彼の傍らから時々口をはさんだ、蒼黒くたるんだ皮膚と、ひどく嗄れた声と、がさつなその物腰態度とでその過去を雄弁に物語っている支局長夫人の方が、聞きかじりの話ではあったが、余計に喋った。

「仏印はそれはひどいといって言いますよ。この人などは随分いじめられたらしいですからね。あなた、向うに常駐じゃ、大変ですねえ」

北京の長春亭に勤めていたこともあるというこの五十女はしきりと三吉に同情した。御亭主の支局長は笑うと目を糸のように細くする飛びきりの好人物であったが、酒の上が余りよくないとみえて、三吉を招いて一度飲んだときも、「いやー、今晩はお蔭で、大威張りで飲めますわい、平常は督戦隊の奴がうるさくてねえ」と夫人の監督の厳重なことを機嫌よく愚痴ったりしているうちに、いつの間にやら目が据わり、口のききかたもがらりと変わって盃を投げたりしはじめたのであった。

「在留邦人なんか、どいつもこいつもつきあえるようなのは一匹もいないよ」

三吉のところの支局長はそう言って、相手がつきあってくれないのか、此方がつきあわないのか、殆んど交際らしい交際はしていないようであったが、三吉がひとりで勝手に他の社の人々とつきあいはじめたのを見て、露骨に不機嫌な顔を見せるのであった。

三吉はイギリス籍の貨客船を選んでそれで行くことにした。ほかに仏印直航のフランス客船もあったが、できれば沿路各地の様子も見ておきたいと思ったので、わざと赤坎や海口、北海などに寄港する貨客船を選んだのである。

6　貨客船クワントン号

南支那海の沿岸各港を廻って歩いているこれらの貨物船や半貨半客船などは、いずれも二、三千トン級の汽船であったが、例外なく各甲板の周囲全部に外側に向って鋭く反り返った鉄鋒の金網を繞らしていた。海賊避けの鉄網だとのことであった。

海賊は主に尻の高い支那式ジャンクで漕ぎつけて来て、手に手に得物を持って、狙った船へひらりと飛び移って来るというのである。この鋭く先の尖った金網はそうした闖入者を防ぐためのものであった。

この話は三吉の心を少年のそれのようにかき立ててはずませた。俺もいよいよ偉大なる冒険の海に向かって乗り出すのだ！　三吉は恰も少年冒険小説の主人公のような昂然たる気持になりかかっていた。彼は沖がかりのクワントン号の欄にもたれて香港の街の方をぼんやり眺めながら、街を背景に、彼らのすぐ傍にも何杯か錨を投じている同じような沿岸航路船の物々しい金網姿を、遥かに天翔る空想の眼をもって眺めた。島影から突如数隻のジャンクが現れる。

南海の海面はいまやまさに沈まんとする西陽の真赤な光に燃えたたんばかりだ。忽ちあちらこちらに白い煙がパッパッとあがって……

「やあ、失敬、失敬、まだいいと思ってうっかりしているうちに、君はもう乗船しちまったというもんだから、あわてたよ」

支局長の松代がゆれるモーターの中から彼の方を仰いで大きな声で呼びかけた。

「送ってくれなくてもいいのに。態々じゃ恐縮だよ」

松代はタラップを駆け上がって、ちょっと見えなくなったが、すぐ彼の傍に現れた。

「こんなもんを取りに行ってたんでね。一つにはそれで遅れたのさ。色男はどこに行っても得だよ」と彼は卑しく笑って、彼の前にウィスキーの瓶を二本出した。「これは千歳の桃子からだよ。どうしても君に持っていってくれって頼まれてね、僕が取りに行ったわけさ」

「桃子って、どの女だね」。三吉は珍しくもないウィスキーの瓶を冷ややかに眺めながら訊ねた。

「そら、あの夜、しきりに君に盃をくれって言ってた妓がいただろう」

三吉は顰め面をした。額のばかに抜け上がった獅子っ鼻で金入歯の目立つ、大柄な女を思い出した。女である、というたったそれだけのことが、かくも大きな特典であり実力であるということを思い知る上に最も適したのが彼女の場合であろうと思われた。形から言っても気分から言ってもどこ一点として人を娯しませるものを持っていないにも拘らず、彼女はただ女であるが故に、相当教養もあれば趣味も解する筈の男たちの間に立ちまじって一ぱし何とか振舞うことができるのである。

「まあ君、そんな渋い顔をせずに収めといてくれよ。彼女の思いだから。いいとこ、あるじゃないか。君が日本酒よりウィスキーだと言ったのを覚えていての餞別だよ」

「何だね、こんなものを貰いに態々、支局長ともあろうものが、のこのこ山の上まで出かけて行くなんて。不見識な」

「そういうなよ。君も案外頑固で野暮なところがあるね」

三吉は笑い出した。そして、「判ったよ」と言った。「このウィスキーが桃子とやらからであろうと、そうでなかろうと。それはどうでもいいことだ。ありがとう」。

支局長も話題を転じて、三吉が海賊避けの金網の話に興味を示すと、それに関連のある話をいくつかはじめた。

海賊団の中には一味を船客に仕立てて船に忍ばせておいて、かねてしめし合わせた地点までくると船内の連中が突如ピストルを翳して船の自由を奪う一方、ジャンクが漕ぎ寄せて来て荒仕事をするような方法も時々用いられることだの、広東のやや北方、福州との中間地区に巣喰う海賊は援蒋物資の横取りなども盛んに行っているらしいことなどを話した。

「この船も相当の援蒋物資を積んでいる筈だが」。支局長は彼を誘って船首の方へ甲板を歩いて行った。彼らより一段下の広々とした前部甲板には何台もの乗用自動車がカヴァーをかけて積んであった。

この下のハッチには、と支局長は見て来たように指で甲板のもう一つ下を差しながら言った。「君、まだ組み立ててない古い貨物自動車だの爆薬だの、橋梁材料だの、そんなものが一杯積み込んであるよ」。

三吉の船が波の出た香港の港を後に南を指して動き出したのはもう夜の暮れ暮れであった。三吉はキャビンにとじこもって、何事か心の中に大きく蟠《わだかま》っている感慨を、思いきり雄大で意味深長な文字にしてノートに書きつけようと焦ってみたが、結局何事も文字にはならなかった。

通信記者になって約四年半。三吉はいまはじめてたった一人ぽっちの、全く独立した特派員として、新しい運命に向かって一揺れ一揺れ踏み込みつつあるのだということを思って、心のふくるるのを禁じ得なかった。

7　ひとり角力

太陽が正面にあるときは、黒眼鏡をかけなければ一分と直視することもできない程、ぎらり、ぎらりと輝く南海の凪いだ海面に、すーっと一本黒い線を引いたように水平線遠く平ぺたい島影が現れたとき、三吉はそれが多分海南島であろうと見当をつけたのであったが、彼の感は正しかった。支那人ボーイはぶっきら棒にそうだと答えた。

宋子文をはじめ宋美齢、慶齢、靄齢などの姉妹で聞える宋一家を産出した島がこれであった。そこには未開の苗族もいて蛮刀を揮って首取りの功を競う風習をいまに残しているとも聞いていた。この島の鉄鉱資源は未調査ながら極めて有望なものらしいと言われていた。ゴムや綿花の栽培も悪くはなかったらしい。

三吉は案内記によって知ったこれらのざっぱくな智識に、それでも現実の興味を少からず刺激されながら、次第に形をなくして来る水平線上の黒い線に熱心に見入っていた。小波一つなく凪いだ海面には、舷側の真正面に太陽の強烈な光線をうけて、時々燃え上がるように大きな光の束が三吉の目の中にばぁーっと広がって立った。

近づけば近づくほど海南島は平ぺたい島に見えた。ぎらぎらぎら、燃え立つ金色の油の海の真只中に、水面とほとんどすれすれの赤ちゃけた砂浜が浮いていて、仕様もない灌木の原野が内地を形成していた。しかし、船が漸次廻り込んで、なお一、二時間も進むと、島の扁平さは忽ち消えて、凸凹の激しい、頂きの尖った山系が現われて来た。そして行く手遥かに市街地らしい白い影が見え出した。

それは、海南島唯一の開けた港である海口であった。近づいて見ると、海岸に沿って断続的に一里余りものびたその市街地の中心と思われるところに、時計台に似た尖塔があった。椰子の木が諸処に高く聳えていて、赤い屋根の家なども見えていた。

ここは敵地である、ということが突忽として三吉の頭に浮んだ。すると彼の心臓は一瞬間激しく高鳴った。彼は瞳孔をひらいて己の眼前に展開しつつあるもろもろの事象に注意深く見入った。

船は遥かに沖がかりであった。湾内の水は少し濁っていた。船がスクリューを逆転させると海底から夥しい濁水がむくむくと湧き上って、忽ち辺り一面に茶色の濁りを拡げた。水は浅いらしい。

湾内には小波が立っていた。風が出たのである。急に何も彼もがうす暗くなった。空は墨を流したように暗く、海面もどんよりと鈍ってうねって来た。そのうねりに、或るは乗り、或るは押し分けるようにして、尻の高いジャンクが何隻も群り集って来て、舷側に不規則に繋ぎ合わされた。そこからは人の叫び声や罵り声が間断なく聞えて、のろのろと荷役が行われているのである。

青天白日旗をはためかしたモーターボートが一隻、時計台の下あたりを離れて、矢のように此方をめがけて走って来た。三吉はも一度改めて、軽い血の逆流とともに、ここは完全な敵地であるということを思い出していた。彼は甲板に立ってこれからのことを眺めているのが何となく不安になって、蒸し暑いキャビンの中に入って行った。少し調子の狂った旋風器は時々パリンパリンと引掻くような音を立てながら懶《ものう》さそうに廻って、生ぬるい風を送ってよこした。

それから、十五分か二十分も経ったろうか、彼のキャビンをノックする音がして、ボーイが半身をのぞけて

「旦那、ポリスです」と言った。

三吉はどきりとしてはね起きた。両の頬からさっと血のひいて行くのが自分でも感じられた。膝ががくりと動きそうだった。口の中が熱く渇いて来た。それでも

「プリーズ、カム・イン」と言った彼の声はそうみっともないほどには慄えても、かすれてもいなかった。彼は少し落着きをとりもどした。

丸い青天白日の徽章をつけた帽子を冠り、腰にピストル・バンドを帯びた支那人警官はキャビンの中に入って来ようとはしなかった。二十三、四としか見えない色の黒い目の鋭い男が先頭にいて、その背後になお二人ほどいたが、彼らは何となく憚るもののように、キャビンの入口から、じろじろと狭い室内を眺め廻しただけであった。

先頭の若い警官はちらと三吉の方を直視した目が彼の視線とかち合うと、ちょっととまどったようにしばたたいて、余り威厳のない声で言った。

「ユー、ミリタリー・マン?」

「ノー」と三吉の声は自信をとり戻して、少し太くなっていた。

「ディプロマット?」

「ノー。ジャーナリスト」

「イェース。ジャーナリスト」。警官はうなずいた。そして、「ユァー・パスポート、プリーズ」と言って、依然自分では手を出そうともせずにボーイの方へ顎をしゃくっ

た。ボーイは三吉からパスポートをうけとると、それを警官にわたした。警官はその場で暫く記載事項を見ていたが、旅券を持ったまま黙って行ってしまった。

再びベッドにかけて、旋風器の生ぬるい風を上半身にうけながら、三吉の頭と心とは切実に忙しく働いていた。あの警官は俺の旅券をなお詳細に検討するだろう。どうも俺のことを変装した外交官ではないかと疑っているらしい。もう一度引返して来て、今度は荷物の検査をするというかも知れない。

三吉はちょっとの間、自分の所持品を全部頭の中でひろげてみた。よーし、別段不審を打たれるようなものは何もない。しかし、疑を晴らすか晴らさないか向うの虫の居所一つによることで、所持品に怪しいものがなかったからとて、それで無事通過とは保障されないのかも知れない。或は不審訊問ぐらいするかも知れない。そして……

三吉はどこまでも発展して行く自分の考えに我にもなくはっとなって、どきんと心臓が止まるような衝撃を覚えた。ともかくも下船しろ、不審抑留する、というようなことにでもなったらどうしたものであろうか。そんなことがないとは言われまい。この考えに。彼は改めて辺りを見廻した。ないとは言われないばかりではない、むしろ大いにあると思わねばならないもののようにすら考えられはじめたのである。多分そんなことになるのであろう。そのとき自分はどうするか。おめおめ海南島で捕虜となるのか？

この船はイギリス国籍の船だ、ということが雲の晴れ間のように一時、かっと明るい希望の線で彼の暗い想念をうち割って閃いた。イギリスの船だからその船内では中立国での領土主権が確認されているのではないかしら。そうだとすれば、彼はイギリスの主権で保護されているのだし、従って中国の官憲は彼を勝手に拉致することはできないのだ。

だがこの考えはより一層暗い別の考えで忽ち押し包まれてしまった。その場合、もし船長が同意すれば一体どうなるのだ。勿論そうなれば文句なしに彼は下船させられるに相違ない。船長は一体同意するであろうか。勿論、同意する。第一、どういう理由で船長が同意しないなどということに考えつくことができるのであろうか。船長はイギリス人ではないか、それも長年支那で生活し、多分妻子や財産も全部支那に持っているイギリス人なのに相違ない。彼の利害はむしろ支那とともにあるのかも知れない。

船長は同意するだろう。それに三吉にとってたった一つの頼みの綱であった第三国船舶の治外法権ということも、どうも軍艦の場合にのみ適用されるのであって、普通の商船には及ばないのではなかったかと思われはじめた。三吉はそれがどうであったかをこの際はっきり思い出すことができないのをひどく苛立たしく思った。

彼はもはやジッとしていることができなかった。不安は彼をベッドからつき起した。彼は昂奮してキャビンの扉をパッと押した。狭い廊下の外れには銃剣を持った裸足の支那兵がのんびりと立哨していた。

三吉は自分のキャビンの入口に立って、暫くその支那兵の様子をじっと食い入るように見ていた。それから彼は勇を鼓して大股にずかずかとその立哨兵の前を、しかし凍るような思いで、通って見た。立哨兵は別段彼に特別の注意を払っているようでもなかった。三吉は更に甲板の方に出て見た。甲板への出入口には二人の支那兵が同じように銃剣で立哨していた。彼らは三吉がその間を抜けて甲板へ出ようとすると、二人とも一歩ずつ寄って彼を制した。

三吉は再び蒸し暑いキャビンに帰って、ベッドの上に上り、丸い船窓から外を眺めた。海面はますます暗く、ますますうねりをましていた。そのうねりの間をつき切って、赤地に青天白日を描いた小旗を立てた先刻のモーターボートが時計台の方へ消えて行くのが見えた。

警官は帰って行ったらしい。

三吉の気持はやや落着いて来た。荷役のジャンクも一隻、また一隻と、高い尻をうねりにのしあげる度にますます高く持ち上げながら、その渋を引いたような厚ぽったい帆をきしませつつ船を離れて行った。三吉はそれら光景をいつまでもぼんやり眺めていた。

海面にいま一段、一刷けさっと黒インクでもはきつけたように思うと、恐ろしい勢いで叩きつけるような大粒の雨が、無数の針を吹き込むときのように水面に白く泡立ちながら降りはじめた。一抹の涼気が感じられた。その雨の中を、はたかれながら、えらい勢いで再び先刻のモーターボートが船の方へ飛んで来るのを、三吉は最初のときよりもっと激しく、はっとした。

先刻陸へ帰ったのは指令を仰ぎに行ったのに相違ない。そして、「連行せよ」という命令を持って、あんなに勢いよく勇み立って帰って来るのだろう。どうでも、そうのようにしか思えなかった。

三吉はベッドの上に仰向けになった。

案外静かな心で、まずいことをしたな、と思っていた。彼がこのイギリス船を選んだとき、皆は物好きを諫めて、直航のフランス船を選ぶようにとしきりにすすめたのであった。毎日新聞の横田なども、「それは君、止したがよいよ」と言って、つい二月ほど前、満鉄社員で地質の研究のため仏印に渡ると称していた男が貨客船の中で急死して、ハイフォンの港務防疫部では心臓麻痺という診断であったが、所持品のなかからだいぶん書類なども紛失していた形跡もあるので、毒殺らしいといまだに疑問視されているという話をした。三吉はいまそれらのことを思い浮べていた。僅かの功を焦ってのつまらないことをしたものだ、と元来が多少軽はずみなところのある自分の性格を責めてみたりした。

どうとでも、なるようにしかならないものなのだ、という考えに段々落着いて来たとき、三吉は既に何度か失われていて然るべきはずの自分の生命のことを漫然と思った。十七歳のとき乗馬が即死するほとの騎乗事故を起したにも拘らず、彼自身は気絶だけで助かっていた。そのときの打撲と風邪が原因でその年の暮から罹った肋膜炎が肺病となり、急性の簇（粟）粒結核だと診断されて、まずだめだろうと専門医をしてレントゲンの前で即座に歎声を発せしめた難症が二十歳の春には殆んど快癒に近い状態になっていた。二十一歳の春、単独で九州や四国を旅行しての帰途、大軌鉄道の大衝突事故に遭遇して、彼もその粉砕された車輌の一つに乗り合していながら、百何十人の即死者と数百人の重軽傷者の血潮の中に埋れてしかも彼は擦り傷一つ負わないで奇蹟のようにじっと坐っていた。*

＊　昭和四年四月十四日、大阪鉄道で起きた衝突事故のことか。運転手一人が死亡。

今度従軍してからも、彼は当然第一線の敵弾下に身を挺する筈であったのを、変な巡り合せから、一発の銃声をも聞かずに終った従軍記者という、いわば不名誉な仕儀になっていた。

若し、下船を命ぜられるようなことにでもなれば、それがそこまでの俺の運命だったというわけだ。三吉はじっとりと全身に汗のわき出るのを覚えながら、どうにかそうした、いささか投げやりながらも一種の落着きにまで辿りつくことができたようであった。この上は、静かに、奴らの来るのを待って、できるだけ堂々と振舞えるように、いまから心の準備をしておくことだ。三吉は強いて目をつむった。しかも、とろとろとしたようであった。あまりに長い間、ひとり思い、ひとり悶え、際限のない自問自答に己をさいなんでいたために、疲れてしまったものと見える。ふと気がつくと、枕を伝わってゴトリゴトリと鈍い機関の音が穏かながら規則的に聞えて来た。

助かった！　ということが稲妻のように彼の頭に閃いた。三吉はがっばとはね起きて、まず窓を覗いた。確かに船は動いていた。しかし、まだ海口の港を出はずれてはいなかった。雨は止んで、再びぼーっと明るくなりはじめた海面に海口の街が薄く浮んで見えていた。

キャビンを出て見た。銃剣の哨兵はもういなかった。

「ボーイ！」。彼は無闇と大きな声で怒鳴った。「俺のパスポートはどうなったんだ？」

「キャプテン・キーピング・ユァ・パスポート」

支那人のボーイは極めて冷胆にそう言っただけで、行ってしまった。

海の彼方に蜃気楼の城砦のように現れた白っぽく峨々たる感じの北海の港に寄港したときも赤地に青い青天白日旗は船に乗りつけて来た。しかし三吉はもう驚きはしなかった。そして二、三年前この辺鄙な支那街で起った邦人菜種商一家鏖殺事件（いわゆる北海事件）などを平静な気持で思い出していた。

三吉にとっての第一の試練はこうして、三吉の一人角力――自ら描いた幻覚との怯情な闘いのうちに無事通過することができたのであった。


船は一週間ののろい航海を終わって、いよいよ仏印の領海に入って行った。

そこから三吉の、己はそれを知らぬ間に、最も重大な国策の片隅に、しかしまぎれもなく直接結ばれた新しい生活は、開けて行ったのである。

（第一部　終り）
一九四六・三・三
大雪の朝、砧村にて

第二部 「和平工作」

1939（昭和 14）年 10 月　南京遷都に際しトーキー吹き込みの汪精衛（汪兆銘）氏（共同通信社提供）

〔最初の四百字詰め原稿用紙一枚が欠落〕

た後のことである。

三吉は仏印から上海に移って、やがて突発した欧州の戦乱を追ってヨーロッパに渡ったが、大東亜戦争の勃発に先立つ約半歳の頃日本に帰って来た。その頃には汪精衛*は既に南京に国民政府を樹立していた。そこで三吉は日本側や支那側の関係者の一人一人に当時の事情を、折を見ては根気よく訊ねて、汪精衛の和平工作に関する記録をまとめあげることに努力したのであった。

* 汪兆銘の号。法政大学に留学。中国同盟会に入会し、孫文の側近として活躍する。国民政府主席兼軍事委員会主席。行政院長兼外交部長。蒋介石のもとで国民党副総裁に就任。日本側の協力を得て、一九四〇年三月、南京に汪兆銘政権を樹立。一九四四年十一月、病に倒れ、入院先の名古屋で死去。

それは何度も書き直し後、不完全ながらとに角一応完成した。しかし原稿は三吉の不注意から敵機の空襲のため知人の家の金庫の中で焼けてしまった。その後三吉は今度は、なおも残っていた書類をもとに、今度はほんの荒筋だけの記録を纏めあげたのであるが、それはもはや、前のものほどには、説明も描写も詳細をつくしていない。従って当時の空気を伝えるには極めて不充分である。

はじめてほんとうに独立した一個の特派記者として仏印に乗り込んだ太田三吉の経験を人間に能う限りの忠実さをもって、ありのままに摘写せんとしたこの第二部「和平工作」篇は、そうした意味で、三吉自身が純然たる資料的記録として書き残しておいた前述の手記を補う意味で一読されるべき性質のものである。

（一九四六・三・三）

1 ハイフォン港

昭和十三年八月二十一日午前四時半――空は晴れてまばらに星が瞼いていた。

初陣の特派記者太田三吉は、平常から彼に決して少いとは言われなかった好奇心からばかりでなしに、何事によらず新米にありがちなあの不必要な緊張も手伝って、何一つ見逃してはならないと、まだ海上ですら薄暗いうちから甲板に出て、注意深く辺りを眺めていた。船は七時から八時の間にハイフォン港に入る筈だと言われていた。右甲板の沖合に遥かに、海面まで厚くたれ下った雲と水との間を低く這うようにのびているのが、黎明前の星明りにぼやけてはいたが、まさしく仏印そのものの陸地であった。トンキン州の北部、アロン湾の沿岸地帯であろうか……三吉の目は暗がりをすかして見るように根気よくそれを見つめていた。黒い線は船の速度を追いかけてぐんぐん南に延びた。そしてやがて暁の光が黄色味をまして行くとともにそれは灰色のから緑色へと色彩を変えて急速に輝かしい陸地の姿を現して行った。

やがて、あたりの海水が支那の河口付近で見るのと同じように濁っている場所に来ると、船は少しずつ速度を落して、船首を真直ぐに陸地の方へ向けた。ぐんぐん濁った海水の中を分けて陸地に向って突進する。支那の小舟に似た汚い木の葉舟が二、三隻、船の針路に当って漂っていた。船は顚覆させんばかりの大きなあおりをくれつつ、この木の葉舟のすぐ傍を通りぬけて行ったが、一つの小舟の中では殆んど裸に近い汚ならしい姿の子供が三人ばかり、舟底に転って、朝の惰眠を貪っていたし、そのすぐ傍ではこれもぼろぼろの、煮しめたような着物を着た女が細々と何かの煙を立てていた。父親らしい痩せた男はいま取外したばかりの屋根代用の苫蓆《むしろ》をくるくるまいていた。また、そのすぐ近くに漂っていた他の一隻では、一人の男が舟端にしゃがんで、尻を縁から外につき出して用を足していたが、これらのものはすべて船のあおりで一斉に激しく上下左右に揺り上げられ揺り下げられした。彼らは広東辺りにいる蛋民とはまた少し異った水上生活者の一種かも知れないと三吉は想像しながら見て通った。

左手に岬が現われて、その辺り一帯が浅瀬らしく小波だち、折から強く照りつけて来た朝陽にもその付近だけが少し違った色の照り返しを見せていた。そして船は突然、極めて狭い土堤の間に割り込んで行った。船の両側がほとんど土堤とすれすれに近く、それは曽つて通過したことのあるスエズの運河よりもずっと狭隘なもののようであった。おまけに土堤は赤土の地肌がむき出しのまま何の舗装をしていなかったので、船の舳が押し立てる波は強烈なうねりとなってこの土堤にぶっつかかり、赤い地肌をじかに噛み取ってそこに真赤な渦をまき起こすのであった。

まるで田圃の中にでも割り込むようだ、と思いながら、三吉はなおも濁った水へ汚い水へとつっ込んで行く船の行手をいまは異常な興味とともに眺めていた。船は河の流れに乗り入れていた。その河はうねりくねっていて、河縁のあちらこちらにぽつんと石油タンクがあったり、二、三軒の民家があったりした。それは同じく河流の溯航でも白河のときのそれから見れば遥かに狭苦しくて、せせこましかった。

こんな水路じゃ出入が大変だ。第一、五千トン以上の海洋船には果して出入できるかどうか疑わしいものではないか……三吉の胸には喧伝される仏印ルートの中心点としてのハイフォン港に対する一抹の疑念が、まだ見ぬうちから、こうして快い朝の大気を船の甲板で楽しんでいるうちから早くも湧いてきたのであった。

その疑念は現実に、早朝のハイフォン港を目の辺りに見たときに、一度で軽蔑へと変わってしまった。

港の入口には、捨てられた玩具の船みたいに小さくて古めかしい一隻のぼろ船が、これも屑鉄の一歩手前という状態に近い小型の浮船渠に入って、船も船渠も赤錆びた汚ならしい姿をぽっかり三吉の眼前に曝していた。そこには人影は一つもなかった。誰も作業はしていなかった。だから、船は船渠ぐるみ一層捨てられたもののように感じられるのであった。

桟橋というのはどぶ泥と水垢とで下水溝の棒杭みたいに腐った感じを与えている木の角材に支えられた粗末な木橋であった。もしその上に、小さな手押トロッコ用のレールでも引いてなければ、そしてもう何ヶ月もの間一度も使われずにそこにそうして錆びついたまま放り出してあったとしか思われない(また事実そうであったらしいのだが)小型の移動起重機が一台、少し離れたところに捨ててでもなければ、これを桟橋だと信ずるのを人々は少からず躊躇するに相違ない。そして、この桟橋の長さはせいぜい一時に三杯、三吉の乗船クラスの海洋船が繋留できる程度であった。ただ、そこに大勢の人がいて、何やら鵞鳥の鳴き声みたいな妙に甲高く響く吃音でかしましく喋り立てながら、船の繋留されてるのを待っている状景だけはさすがに船着場らしい感じであった。ショート・パンツに半袖、ヘルメット姿のフランス人もいた。彼らは二、三人しかいなかったが何となく威張っていた。顎で物を言っていた。それをとりまいで、白い背広をきちんと着た安南人や、頭に黒いターバンを巻き、一種の支那服とでもいうような長いぞろりっぺとした白木綿の安南服を着た男たちが、或者はキョロキョロと、或者は怯々と立っていた。その周りをやや少し避けるようにあけて、桟橋一面に散らばった男女の群は、或はしゃがみ、或は立ち、或は歩き廻り、或は始終何かをペッペッと地面に吐いていた。男は大部分三角・菅笠様のものを冠り、青木綿が色褪せてただまっくろに汚れてしまったような古い上下のぼろ服をまとっていた。女は主として黒いターバンを髪にまき、渋で煮つめたような（事実それは渋で煮つめたものであった）汚い上衣の裾を身体の前で結び合わせて、黒いズボンを穿き、ひどく外股で歩いていた。彼らは男も女もひとりの例外もなく裸足であった。そして彼らは悉く或は荷上げ人足であり、或は洋俥夫であり、或はポーターであり、その他港の使用人夫であった。

三吉はそこで乱雑に屯して仕事を待っているこれら労働者の中に余りにも多くの女がいることに異様な眼をみはった。男の労働者よりも女の労働者の方が遥かに多い。彼女らは桟橋のすぐ向うの道路の大きな並木の下にも沢山いたし、その道路を距てて六棟ほど並んでいる倉庫の中にもしきりに出たり入ったりしていた。彼女らは重そうな荷を、わりに軽々と頭の上に載せて、腰から上を直立の姿勢で、手を大きくふりながらひどく外股に歩いて運んでいた。

あの、手をあんなに仰山に大きく振ることと、ひどく外股に歩くこととは、あんな重い荷を頭で運ぶことに何か力学上の関連があるのかも知れない、などと考えながら三吉はその様子を見ていた。

船も長い時間かかって、狭い流れの中ほどで、辛うじて一廻転して桟橋に横付けになることに成功した。港の中にはほかに二、三杯の海洋船がも少し上流の、流れの真中に碇を投じていただけで、小舟も余り駆け廻ってはいなかった。流れの水はクワントン号がその回転作業中に掻き立てた真黒な泥水で一層どろりと、臭気すら発するかのように思われた。桟橋の橋桁には潮の影響で汚いものが一杯流れずに引っかかっていた。

なあーんだ。これが音に聞く仏印ルートのハイフォン港か。

三吉はひどく気落ちのするのを感じた。目の前の倉庫と附近の広場や道路の上にも十数台のトラックが露天に並べてはあった。並木の下には橋梁材料らしい鉄骨が沢山積んではあった。そのほか何だか判らないが大きな木箱がそこかしこに転してはあった。しかし、それが果して仏印ルートの実体であるとしたならば……仏印ルートとは現実の問題ではなしに、むしろ将来の可能性に関する名称でしかないのではないか、その可能性も水路や港湾施設の関係から極めて限られた輸送量しか持ち得ない制限つきの可能性でしかないのではないか——三吉は船の上にいるときから、早くもそうした推論を試みるのであった。

何事でも、日本の新聞はすべて大袈裟にすぎるのだ。俺だけは、できるだけ事実をあるがままに伝えてやろう——三吉はいま眼前に見つつあることを一応頭の中で記事にまとめながら、下船前の朝食を急いでとった。

「いまだ可能性の問題にすぎず！　仏印ルート実見記」——三吉の頭の中ではそういう標題がつけられていた。

2　石山ホテル

やたらに真紅な花が眼についた。それはどこにでもあった。幅の広い舗道の両側に立ち並んで道を青葉の隧道で蔽った大きな並木にも何という花か、真赤な花が咲いていた。そのまた両側にたっぷり敷地をとって立ち並んでいるバンガロー造りの住宅の庭にも赤い花が、中にはカンナの種類もあったが、三吉には名すら判らぬ赤い花が咲き盛っていた。

ぺたぺたと洋俥夫の裸足の足裏がリズミカルに舗道を叩いて走る。三吉はトランクを両脚の間に挟んで洋俥に揺られながら、相変らず初心者の忠実さを失わずに一切のものを観察していた。

ハイフォンという街は眠りの街である（死の街といいたいところだが）と三吉は心に思った。いま走っているところは屋敷街かは知らぬがそれにしても余りにひっそりしすぎている。洋俥夫は例外なく痩せているが、強そうである。彼らは余り足を高くあげずに走る。これは疲労をできるだけ少くしようとするためかも知れない、とも考えた。彼らは汗臭い、と三吉は顔をしかめた。洋俥夫が走りながらときどきペッペッと吐く唾は血でも混じったように赤い。これは伝え聞く噛み煙草を常用しているのかもしれない、とも思ったりした。

そして、並木道が切れて、木の少ない広っ場沿いの道から木の一本もない、ごちゃごちゃした町家街の喧騒さの方へ廻ろうとした角のところで三吉は俥を下ろされた。洋俥夫は泣くが如く訴えるが如き奇妙な高音で

「イシー、イシヤマ・ホテル、モシュー（旦那、ここが石山ホテルです）」＊とひどい訛のフランス語で言って、上衣の裾をまくりあげて顔中の汗を拭いた。

＊　牧久『「安南広王国」の夢』によると、石山ホテルは天草出身の石山ゆきという女性が経営していた。劇作家岸田国士の戯曲「牛山ホテル」のモデルといわれる。

標札をかけた石の門からずっと奥の方までブドーか何かの青々とした棚が日覆い代りにかけ渡してある。玉砂利が気持よく靴の下で鳴った。見たところはただの二階家にすぎない。

いきなり土間があって、そこの籐椅子にかけて、一人の青年が珈琲でパンを噛りながらフランス語の新聞を読んでいる傍らに、ひどく大きな犬が二匹、長い舌をたらしてはあはあ息を切らしていた。土間の奥の八畳ほどのアンペラ敷の床にはアッパッパを着た土色の肌をした五十近い日本婦人と、もう一人は後向きに一人の洋服の男が坐っていた。

荷物を持った洋俥夫を後ろに随えてこの土間に入って行った三吉は、そこが受付でも玄関でもなさそうなのに少し面喰いながら、誰にともなく、「突然裏口から入って来て失礼ですが、ホテルの御主人はどなたでしょうか」と言った。

アンペラの日本間に後向きに坐っていた洋服男が、くるりと振り向いて、怪訝そうに三吉を眺めながら、立ち上がった。四十四、五と思われる、色の青白い、小男ながら、硬そうな口髭の立てかたと、角刈りにした頭髪と、その眼のどことなく渡世人風な鋭い輝きとで不思議に強い印象を一目で人に与えるその男が主人であった。

「主人は私でございますが……」と彼は土間に降りてもなお疑いを払い得ないような、警戒的な口ぶりで言った。間もなく、主人のこの怪訝な顔色は、この日入港予定の定期船がないのにも拘らず、どこから現れたか突如として訪れた若い日本人旅行者の予告なしの闖入に対するものだということが三吉にも判った。主人は恰も、定期の直航連絡船に乗らない日本人客、予め電報を打って来ない日本人客の存在を信じ得ないかの如き、またそうした日本人客は当然その無謀と軽率とを非難さるべき充分の理由を持っているというかの如き口吻で三吉に答えた。

「へえ、一週間ね、一週間！　そうでしょうとも、そのくらいはかかりましょうよ。で何ですか、途中は御無事で？」

土色の肌をしてしぼんだ感じの細君も下りて来て主人と一緒に、「電報一本下さればお迎えに出ましたものを」と何度も繰り返して話し、早速珈琲をいれてくれて三吉に、「よくまあ無事で」と心から言うのであった。

「いえね、つい二月ばかり前ですけれどね……」と例の怪死した技師の話を細君は諄々とした。三吉が海口でちょっと怖い思いをしたことを話すと、主人も、朝食を終って先刻から犬とじゃれていた青年も、二人とも大仰に驚いて、「矢張りね！　ちゃんころのことですから決して油断はなりませんて。それでも御無事で何よりでした」と言うのであった。

青年は顔の長い、前歯が二本抜けて笑うと歯茎が出る大柄の男で、三吉と同年か少し年上かと思われた。彼は台北市の三輪商会の派遣員で佐伯光夫というもので、ずっとこのホテルに泊っているのだ、と自己紹介した。

「それで、あなたは態々、方々を見られるために今日の船を選ばれたのですな」と言って、三吉がそうだと答えると、佐伯はしきりに、「えらいなぁ、感心なものだなぁ、すばらしいなぁ」と独白ともつかぬ露骨な賞讃の言葉を発しながら、大きな声をあげて時ならぬ高笑いをひとりで連発した。三吉は眉をしかめてあとはなるべくこの男の相手にならぬようにしていた。

理由もなしに、何だか好きになれない、できるだけ口を聴きたくないというような対手は往々にしているものだ。だが、この場合三吉はこの容貌も大造りな青年の中に「賢くない人間」の一つの型である騒々しい軽佻さを忽ち感じて、口を閉ざしたのであった。

ホテルの主人は横田のことを訊ねたり話したりした。「あの人も官憲《ポリス》には相当妨害されて苦労したらしいですよ」とそれらの話もした。それに彼の話では、いわゆる援蔣物資なるものは相当の量が仏印ルートからも輸送されているということであった。

それまでは、明かな三吉の不機嫌にもかかわらず間断なく話に口をはさんでいた佐伯青年が援蔣物資の話になるとパタリと口を噤んで、急に犬の頚を引きよせたりしはじめたそぶりには三吉も軽く気付いていたが、三吉に仏印ルートのことをいろいろ問いかけられる度に主人が何となくしれしれと具合悪そうに笑って、ときどき佐伯青年の方をちらと素早い流し目で見やりながら、余り熱のないしどろもどろな答えかたをすることの方が余計三吉の注意を惹いていた。

「この男が？　軍事スパイ？　まさか⁉」

三吉も彼の方を改めてチラと見た。どこからどう考えてもそうした仕事に適する知性の持主とは思われなかった。

「私どもあまりその方のことは存じませんですが、何でも毎夜トラックでどんどん品物が行くと申します。それにこの港からでなしに、もっと北の方の、広西国境に近いところからも品物をあげているという話もあるようでございますし」

三吉はホテルの主人をこれ以上責めることの徒労を察して、自動車を傭って貰って、主人の案内で、改めてハイフォン港全体の視察に出かけて行った。

自動車の中では、主人は先刻よりはやや雄弁であった。ハイフォンやハノイに有力な支那人の自動車輸送会社が出来ていて、そこでは貨物自動車の組立もやれば、ハノイ＝ランソン経由で広西方面へ火薬だの小銃弾などのトラック輸送も盛んにやっていることなどを話した。

「先刻の青年社員は変な人ですね、小父さん」

「へへへえ。御商売柄ですからもう大抵はお判りでございましょうが。まあ、その、私どもではただ佐伯さんと申していますんで」

三吉は久しぶりに日本式の魚料理で昼食を食べて、その日の午後早く、自動車でハノイへ向かった。

3　漆屋

石山ホテル主人の頼みで同意はしたものの、三吉は佐伯青年の便乗を非常に迷惑に思った。青年は騒々しく喋りつづけた。彼は三吉が車外の風景に見とれているように見せかけてできるだけ彼との受け答えを避けていることなどにはてんで気付きもしない様子であった。佐伯の口から間断なく飛び散る唾の飛沫は三吉に生理的嫌悪をすら起させた。佐伯が乱雑な言葉の連続速射の間に、懸命になってある事――主として彼の身分に関する秘密を三吉にそれとなく悟らせようと努力していることが、三吉の心にこの青年に対する最初からの軽蔑をますます深くさせた。佐伯は性急なひとりのみ込みの話しかたで、仏印在住の邦人中にはひとりとして信頼するに足る骨のある者がいないこと、ここで全日本人が真に一致団結して時局に当たらねば事態はますます深刻化すること、仏印当局の態度は実に狡猾というか、無良心というか、言語道断であろうことなどを、たて続けに喋り立てた。

幅はあまり広くなかったが、コンクリートで舗装した坦々たるドライヴ・ウェーが両側一面に渺漠《びょうばく》として展けた広大な水田の中を一直線に伸びていた。ところどころに椰子の木群があって、壊れかかった貧弱な民家が四、五軒づつその付近に塊っていた。水牛を追ってぼろ衣の百姓が裸足で歩いている。自動車はそれらの傍らをぴゅん、ぴゅんと音立てて飛びぬけて行った。実に暑かった。三吉はじっとりと全身に汗を感じながら、この国の人々の貧しさを早くもありありと感じとっていた。

佐伯は三吉が外ばかり見ていることにも、それを物珍らしさのせいと解してか、少しも気を悪くせずに、まず喋る

撮影時期場所不明　背景にあるのはハノイの紅河にかかるドゥーメル橋（現・ロンビエン橋）か

前に自分だけがひとりで心行くまで仰山に咽喉をならして笑ってから、やおら、いかにも情熱家らしく、愉快に堪えぬというように、手を振ったり胸を反らしたりして喋り続けた。しかし、三吉が生返事だけで余り反応を示さないのには少からず焦燥を感じたらしく、「ね太田さん、一緒にやりましょうよ、是非一緒にやりましょうよ」と執拗に「一緒にやること」の誓約を求め、且つ、「実に愉快だ、愉快だなあー、実に愉快だ」と最大級の感謝を示すことに彼自身非常な満足を覚えるものの如く、何度となくそのねっとりと湿った大きな脂手で彼に握手を求めるのであった。

三吉は脂っこい掌の感触にも生理的なショックを覚えた。そして遂に軽蔑はこの青年に対する嫌悪へまで発達して行った。

「ばかばかしい、こんな奴が軍事諜報勤務員だなんて！」

三吉が仕様ことなしに、白けた苦笑で彼の情熱に答えている間に、自動車は百二十キロを約二時間で走破して、紅河にかけられたばか長い鉄橋を渡って、ハノイの白っぽい街中に入っていた。

一本の鉄橋を汽車と、自動車と、人間とが共同に利用するように設計されたこのドゥーメル橋*は、いままで走破して来たのびのびと茫漠たる景色の印象の直後だけに、ひどくせせこましい、それだけに何かこの橋の向うにある首都の繁華さと関係のありそうな印象を三吉に与えた。汽車も自動車も一方交通で、いかにも窮屈そうに、幅員ぎりぎり一杯になって通って行った。自動車道の両側に設けられた人道も矢張り洋俥の通行で同じようなせせこましさを示していた。おまけに大きな荷を天秤背いにした通行人が多いために、一般の徒歩通行者は二、三百メートルごとに設けられた待避所でこれらの横暴な通行者をやりすごしつつ渡って行かねばならなかった。

＊ 現・ロンビエン橋。一九〇二年完成。同年まで仏印総督を務めた、ドゥーメルの名をとり命名された。

三吉の自動車は鉄橋の入口で約十分ほど待たされた。その間、ハノイの街から出て行く自動車がひっきりなしに吐き出されて来た。橋畔のボックスにいた警官は一々自動車番号を手帳に控えていた。

彼が自動車から降り立って灼くような陽の下で、物珍しげに辺りの風物を眺めていた間も、佐伯は自動車の幕を物々しげに下ろして、クッションに腰を埋めるように深々と隠れていたが、自動車が車道一杯となって徐行を開始すると、「あなたは新聞記者だから平気ですが、私などは矢ばり余り顔を見覚えられない方がよい」と言った。自動車はちょっとでもハンドルを動かすと、すぐ歩道の方へ乗りあげそうな窮屈さで、徐行した。下には紅黒い泥水が渦巻き流れていた。

橋の向う岸にも矢張りポリス・ボックスがあって、一々車の番号を書きとめていた。「ああやって、一切の地下運動を取締るんですね、流石に植民地の警察は細心ですよ」と佐伯は説明した。

小さくて白っぽい家のごちゃごちゃと建ち並んだ見るからに暑苦しい商業地区らしいところを走りぬけると、急に亭々とした大樹木の立ち並んだ、恰も大原始林の中に幅三十メートルの大舗装路を切り開いたような、一直線に日蔭のトンネルを形成した大通りに出た。その両側に広大な地所を区切って、涼しそうな木造の高級住宅がぽつりぽつりと並んでいた。佐伯は何やらひとりでのみこんで、「あとでホテルまで送るから、その前に是非『親爺』に会って行った方がよい」と勝手に運転手に行き先を命じた。「とに角、ここにも日本人の旅館はありますけど、こ奴は完全なフランス警察の手足でしてね、危ないですから、余りよりつかんがよいです、尤も、古くからいる在留邦人の大半は似たようなものですがね」。佐伯はそんなことも話した。

自動車は大樹隧道から少し横に切れて、小じんまりした横丁の、真赤な花をかけた蔓草が門から塀にかけて一面に蔽っている小さな二階建の家の前に停った。隣の屋敷からは塀ごしに、真赤なカンナの丈高い大きな花が数本ニョキニョキと覗いていた。佐伯は何やら紙に包んだものを車の中の仕切り越しにいきなり運転手の鼻先につきつけて、下手なフランス語で

「サ・サン・モベ」（いやな臭いだろう）と言って驚くよ

うな大声で、咽喉を鳴らす彼独特の高笑いを放った。運転手は従順に「オイ・モシュ」（左様で旦那）と劣らずひどいフランス語で気の重さそうに答えた。佐伯は三吉を省みて、

「沢庵ですよ、これを嗅がせておかないと、此奴ら、疑いやがるですからね」と言って、「ちょっとお待ちください」と赤い花の下から、門の中に走り込んだ。

やがて佐伯が現れて三吉を誘った。三吉は仕方なしに車から出て、「僕は何を嗅がせようか君?」と言った。

「いいですよ、大丈夫ですよ」。と佐伯は真面目にそう答えて彼を門内に案内した。涼しそうな硝子のすだれがチリチリとなって、タイル張りの床に質素な応接のセットが据えてある室へ、「や、いらっしゃい、私、橋本三郎と言いまして、漆屋ということになっています」とのっけから非常に親しそうに、笑みを含んだ声をかけながら入って来たのは、年輩はもう五十がらみの、頭髪の真白な、卑しからぬ人品が一目でそれと知れる背の高い紳士であった。ふちなしの眼鏡の奥では異常に鋭く眼が光っていて、容貌のその他の部分の柔和さをひそかに監視しているかのようであった。

三吉は予期していた人柄とは遥かに違った人物の出現に少し戸迷ったが、最初に一瞥を交したときから、急速に心が開けるのを感じて、渡来の目的や今後の方寸について話した。橋本は、「何でも構いませんから、相談に来て下さい」と言った。

橋本の話は、暑いとか、長くいると怠け者になるとか、食物は豊富だとか、ブドー酒のいいのが安いので何より有難いとか、そういう話に限られていて、それを如何にも屈託なさそうな、人好きのする様子で話した。

年頃同じく五十ぐらいと思われる上品な、いまでも昔の美しさが偲ばれる一人の日本婦人が恭々しく奉仕していた。主人が「小母さん」と呼んでいたところから見て勿論夫婦ではなさそうだが、と三吉は訝しく思ったが、橋本三郎は自らを語ろうとはしなかったし、お喋りの佐伯も橋本については殆んど何の説明も加えなかった。三吉もまた訊ねはしなかった。

4　猜疑と白眼

市の真中に絵に描いたように美しい湖水があった。辺りの大きな樹木や、白っぽい建物などが静かな湖面に倒さ映しになってゆれていた。中央にほんのぽっちりした小島が

二つ並んでいて、いつも鳥などがいた。

プチ・ラック*（小湖）と呼ばれているこの湖は長い方が約千メートル、短い方が三百メートルばかりの惰円形で、東西に長く、その北側が官庁・百貨店、ホテルなどのある中心繁華街、南側が散歩道と電車道、東側の岸には大森林の名残かと思われる大木の茂みが並んでいて、その角では大勢の安南娘が大樹の下に露天の花店を出していた。西岸はすぐ、喧騒で狭隘な安南人と支那人との商店街に接していたが、その北南には奇蹟の剣に絡む古い伝説を秘めた由緒深い浮御堂があった。南の角にはコンクリート建のキャバレーがあって、夜になると露台のイルミネーションを美しく水面に反映させていた。

＊　ホアンキエム湖。

小湖の北側地区に、トンキン州庁とトンキン州理事長官官舎とを大通り一つ隔てた向い側に眺める位置に木造四階建のホテル・メトロポールがあった。堂々たる大ホテルではあったが、安南人の使用人たちは全部裸足で、家具調度も殺風景であったうえに、部屋の中はおそろしく暑苦しかった。

泊っているのは殆んど白人ばかりで、ほかには支那人が少数いるようであった。

ホテルの玄関にはいつも洋俥が十数台、ずらりと客待ちしていて、客が現れると一斉に先を争ってこれを奪い合った。

三吉はこの洋俥を馳って、さっそく次の日から活動を開始した。まず日本総領事館に行くのが順であろう。総領事館の事務所は青苔の蒸した旧城壁に沿って例の大樹隧道を余程行ったところに、緑のしげみから日章旗をはためかしていた。折柄老眼鏡越しに何か書類を見ていた白髪赭顔、脂ぎった健康そうな老総領事は、案内も乞わずにずかずかと入って行った三吉を見て、ひどく驚いたようであった。彼は頓狂な声をあげて、その場に腰を浮かした。

「太田君じゃないか！　これはまた、どうして⁉　ちっとも知らなかった。いつやって来たのだね」

三吉はいたずらっぽく笑いながら、「驚いたでしょう？　実は僕もひどく驚いたばかりのところですよ」と言って、「まあ、まあ」と席をすすめる老総領事と固い握手を交した。

「僕はいま、新聞記者になっているんですよ。そして、今度ハノイ常駐を命ぜられて、昨日やって来たところです。迂闊千万な話で、いまここにやって来て、下で館員の方に伺うまでは、ここの総領事が誰だか調べもしないでいたような次第で、あなただと聞いて、実は奇遇に仰天してしまったようなわけですよ」

「全くだ、全くの奇遇だねえ。あれからもう何年になるか、七、八年になるんじゃないかねえ」。老総領事は喜びがこぼれそうな声で言った。「僕がここに来てからでも、もう四年近くになるのだから。それにしても、君は大人になったよ。立派になったものさ」。

「恐れいります。もう親父ですよ。二人もありましてね、男の子と女の子と」

「そうかね。いくつだい？」

「男の子が三つ。女の子が一つ。事変以来ずっと北支に行ってたもんですから、女の子なんか、この間ここに来る前、ちょっと東京に立ち寄ったとき、二週間ばかり顔を見ただけです。それでも、親父ですからね。歴とした！」

「親父かね、君が」と老総領事は追懐の情に堪えぬものの如く、くっくっくっと含み笑いをした。「いかがわしい女の尻ばかり追い廻してはひどい目に遭っていたあの、のんだくれの不良学生の太田三吉が、二人の子の父親かね！してみると、僕の白髪もあたり前かな」

「あなたは変わりませんよ。ちっとも」

「変ったよ。こんな田舎に追いこまれてさ。近いうちに首だからね。年をとったものさ」

二人はこんな調子で、旧知同志の奇遇には避けることのできない無意味な内容の、しかし当人同志にとっては最も強い感興にはずむ会話を、だらだらと交した。

宗村老総領事〈注―宗村丑生〉と三吉とは、前者がリオンの領事時代、三吉がリオン大学の文科でごろついていた当時の知り合い――というよりも、貧乏学生のくせにいろいろな下らぬ事件を引き起してばかりいた三吉にとって、宗村領事は一種の後見人のような役割りに、自然となっていたのであった。その後三吉はパリに帰り、次いでブラッセルに移って、内地に帰った。宗村領事がマルセイユに転じたということは三吉も聞いていたが、ハノイでの邂逅は全く思い設けぬできごとだったのである。

「君が来てくれれば、僕も随分心強いよ」と老総領事は何度も繰り返して言った。お互にその後のことなども前後の脈絡もなく話した。しかし、総領事は三吉を食事に招待しようとは言わなかった。また、リオン時代始終出入して親しんでいたブロンドの夫人の安否を訊ねても、「ああ、有難う、元気でいるよ」というだけであった。三吉はそこに何か少し異状なものを感じた。曽つてリオン時代、僅かな金を賭けて三吉とポーカーをやることを毎夜のように娯しんだ夫人が現在ここで健在ならば、それだけでもこの老人は三吉を彼らの食卓に招かねばならない筈であった。

総領事館の次には、数年前日本視察団長として来朝して、日・仏印親善に功労があったというので贈勲され、現に観光局の嘱託か何かをしている親日・フランス人として有名な建築設計家ラコロンジュ氏の事務所を訪ねた。プチ・ラックの北側地区にある白亜のビルディングに広い一室を占めたラコロンジュ氏は通り一遍の叮嚀さで三吉を迎えた。ラコロンジュ夫人は実によく喋る女であった。三吉の訪問がラコロンジュ氏の中に惹き起した外面の儀礼的な叮嚀さと内面の迷惑さのような冷たさとの不器用な弥縫を、しいて取り繕うとするかのように、夫人はしきりに喋った。ラコロンジュ氏は彼が帯びる日本勲章の手前から言っても、三吉の訪問をこのまま追い返すこともできまいと考えたらしく、彼の事務所からほど近いところにある有力な日刊フランス語新聞「ヴォロンテ・アンドシノアーズ」（印度支那の意志）の主筆ジャン・ソーモンという男のところへ三吉を伴って行った。

コロンと呼ばれる植民地生れの二世フランス人にありがちな、早熟さと傲慢さとを完全に兼ね有したこの若い主筆は、父譲りのこの事業を自信をもって経営しているようであった。無意識に近い安南人に対する君臨の習慣と、本来保守的な性向の強いフランス人の旅行嫌いからくる見解の狭さとは、植民地生活の富裕さに助けられて、多くのコロンたちを無智のまま尊大なものに仕立てるのであったが、ソーモンの場合は大学の課程だけをパリで終えることによって、外形的には幾分かそれがオブラートに包まれていたとは言うものの、コロンの本質は依然遠慮なく覗いていた。三十を漸く超えたか超えないくらいの年頃と思われたにも拘らず、彼は己の断定以外には権威というものはあり得ないと信じているかのような大人びた保守的な口調で話をした。彼の妹と称する黄色い顔色の娘がコクテールをサーヴィスした。一巡案内して貰った彼の新聞社は三吉の目には日本の三等郵便局同然の幼稚な組織にしか見えなかった。

「また話に来給え」と若い主筆はそれがほんの口先だけのお愛想にすぎないということが明かに判るような冷かな声で言って、握手を交すが早々、急いで扉を閉めた。

あらゆるところに、冷胆か、そうでなければ敵意に充ちた警戒の気分が三吉を待ちうけていた。通信社というからには、そこに当然相当の活気を想像して訪れて行った官営のアリップ通信社では、まるで空っぽの倉庫のような無気味な薄暗さの中で支配人と称する男が名も名乗らず、つっ立ったままで、「ジャーナリストというものは事件を求めて動くものなのに、平和と安穏以外には何一つなく、また将来とも何一つあり得ないこの仏領印度支那に、君はいったい何の目的で来たのですか」とのっけから、つっかかるような議論を吹きかけて来た。そのほか、「フランス・アンドシース」とか「ハノイ・ソアール」とか「ジュルナール・ド・トンカン」とかいったフランス語の新聞社では皆、三吉の名刺を見るなりさっと冷い敵意の風を吹かせて、似たような応待をした。ただ、ドン・ファップなどの安南語新聞社だけが、好奇心まじりの、遠慮がちではあったが比較的好意のひそんだ関心を示した。

三吉がハノイについてから四、五日目のある朝、フランス語の新聞は各紙とも一斉に誰の目にも明かに同一原文によったものだと、一読にして容易に看破される同じ調子の文章を掲げて、仏印当局は即刻三吉を追放すべしという強硬な主張を展開していた。その文章はまず日本の侵略主義を非難し、その威嚇政策を排斥して、フランスは日本などの威嚇に影響されるものではないと力んでいた。そして、この度、日本政府の御用通信社は一人の若い特派員をわれわれの平和と安穏の郷土に送り込んだが、かかる行動の裏に秘められた日本の悪意ある企図を見抜き得ないほどわれわれは盲目ではない、と主張するのであった。彼らは最後に、仏印当局が断乎としてこの「好ましからぬ」そして「招かれざる」客人を国外に追い出すことが望ましいと結論していた。

三吉はロビーに続く読書室で軽い朝食をとりながら、これらの記事を次々に読んで行った。腹の底から怒りが湧いて来た。やがてその怒りは軽蔑に変った。せせら笑ってやりたいような闘志がじっくりと三吉の中に溜るようであった。彼の周囲では何人かのフランス人が同じように新聞を読んでいた。その中の何人かはチラチラと彼の方をぬすみ見た。三吉は傲然と肩をそびやかすような気持で、新聞を鷲掴みにすると、大股に歩いて部屋に帰って行った。

フランス語新聞社同志の間で自発的に話し合ったものか、それとも政庁当局が指図したものかそれは三吉にも判らなかった。

とに角、これは断乎として抗議しておかねばならない非礼である、と三吉は考えた。

老総領事は抗議のための訪問には明かに躊躇の色を示したが、折から他の用件で自分も理事長官を訪れようと考えていたところだから、とて、三吉が「挨拶」のため彼と同行することには賛成した。

　広い室の真中に、大きな机を前にして、天井の大旋風器のゆるく廻る下で、トンキン州理事長官シャテル氏は上衣なしの腕まくりという姿で客を迎えた。巨大な体躯は赤く脂ぎっていた。頭髪は灰色であったが、腕はレスラーの如く、顔はボクサーのように逞しかった。そしてやや鼻づまりの、従って下品な大声で
「ヘーイ・コンマン・サ・モン・ヴァ・モン・ヴィユ」（おい、どうだね、御老体）といった調子で、熊手のように大きな手で、がっしと老総領事の手を握った。

　白い麻服に身を包んだわが老総領事は、脇の下をすぼめるようなややぎこちない礼儀正しさで、やたらと「ウィ・セサ」「ヴ・ザヴェ・レゾン」「モン・シュール・ムシュー・ル・レジダン・シューペリウール」（左様・左様）（仰せのとおり）（親愛なる理事長官殿よ）というような、対手に対しての多分の優位を容認する言葉を連発しながら話をすすめた。

「エ・ス・ジューン・ノーム？」（で、この青年は何ですか？）とシャテル氏が顎で三吉の方をしゃくったとき、老総領事は漸く彼をこの野育ちの老フランス人に紹介した。

「ああ、そうそう、来てた、来てた。東京のアンリー大使からそう言えば電報が来ていたよ。何でも、日・仏印の相互理解と親善とに大いに努力したいというのが渡航の目的だから、できるだけの便宜を供与してやってくれという依頼の電報だった」と言って、三吉の方を向いて、「そう、確かそういう目的で来られたのでしたね。君は」と人を食ったように笑った。

　三吉もこれに応じて微笑した。そして
「まさにそうです閣下、それで、けさは早くも私の使命上是非とも閣下の御注意を喚起しておかねばならぬような……」

「ああ、あの記事かね」と皆まで言わせずにシャテル老長官は磊落に言った。「どこの国でも新聞という奴はどうも勝手な、無責任なことを書くので困るよ。あんなことは余り気にしない方がよいな。それから、何でも僕のところの新聞課長のボンフィス君とよく話してくれ給え」と言いながら呼鈴で当のボンフィスを呼んで三吉を彼に託した。

　中背で、髪が黒いせいか殊更に色の白いのが目立つボンフィスは、むしろ真面目すぎる青年のように思った。彼は仏印当局としてはむしろ三吉の来航を歓迎しているのであって、三吉が自身で、これまで伝えられていた各種の噂の実否を充分確めて、誤解の訂正に努力するためなら、当局はどんな便宜でも躊躇なく与えるであろうということ

を、熱心に話すのであった。そして彼は上級官庁である総督府の係官をも訪問するようにと、自ら電話で時間を打合せたりした。かくて三吉は大樹隧道の南の端れにある植物園に連った広大な総督府を訪れたが、そこを支配していたものは完全な無関心であった。役人たちの多くは、日・仏印関係の改善などよりはもっと手近な毎日曜日のポニー競馬や、毎夜のブロット賭博や、ブドー酒や仔牛肉串焼に、より多くの熱情を持っていることが対談している間にすぐ理解された。

5　日本人社会

ハノイとハイフォンとサイゴンとにほぼ同数宛、日本人は全部で凡そ二百七十人ばかりいた。そして、これをだいたい三つのカテゴリーに分けることができた。第一は内地資本の糸に何らかの形で結ばれているビジネスマンの一群であって、いわば上流社会を形成していた。第二は大正八年に総引揚げの命令がでて一挙に潰滅してしまうまでは、南方各地を風靡する勢を示した、いわゆる「天草娘」の代名詞で知られる娘子軍の残党及び、これら娘子軍に付随して各地に進出していた雑商人の土地に居付いたものたちの一群であった。ロマンス——紛糾と興味とは主としてこれらの人々の中にあった。第三のものは第二の人々の縁故関係などでその後渡来して、細々とした資力で何とかやり繰りしている人々の一群であった。彼らの中には相当の成功者もいれば、気力のある人物もいないではなかった。

誰がどのカテゴリーに属する人であるかは、彼がハノイ到着後数日してから開かれた日本人会総会の席上で、だいたい三吉にものみこめた。佐伯がフランス警察の手先だから警戒せよと言った小田ホテル*が、いわば日本人クラブに用いられていて、何かの会合はすべてここで催されることになっていた。当夜の会合は、満期になっていた会長、副会長の選挙のほか、近く内地帰還の内命をうけていた老総領事の慰労と、新米の三吉に対する歓迎などをかねた会食であったので、老総領事以下総領事館員も、第一カテゴリーの人々から第三カテゴリーの人々に至るまで、殆んど全員に近い出席者であった。漆屋の親爺橋本三郎も来ていた。

＊　牧久『「安南広王国」の夢』によると、松下光廣が経営していた旅館を天草の友人であった小田直彦に譲り、名前も小田旅館と変えた。

汚くて、狭いホテルの中は人でごった返していた。普通の安南式二階建の店舗用家屋を二、三軒とりつぶして一軒にまとめたこのホテルは、いわば一種の下宿屋にすぎなかった。ロビーは土間だったし、サロンと食堂とは一緒になっていた。女たちは台所の手伝いや配膳に繁忙をきわめていた。青年たちもいるところのない手持無沙汰さから女たちの手伝いをするものが多かった。

「上流」に属する人々、或はそれに近付きたがっている人たち、つつましやかに他人の話を傍聴することのすきな人たちなどは、食堂の片すみにごたごたと並べた椅子に腰かけて、入りみだれた雑談を交していた。

会長も副会長も会計監事も再選されて重任した。日本人会のこれらの幹部はいずれも第二カテゴリーの人々、すなわち曽つて娘子軍に付随して進出した人々のうちでここに土着となった連中の中から選ばれていた。第一カテゴリーの人々はそんな煩雑さを嫌ったし、第三カテゴリーの人々は第二カテゴリーに人々に対する敵意の点で一歩を譲るべき立場にあった。しかし、人間としての質は第二カテゴリーの人々が一番落ちていた。

三吉は雑談のグループの中にいて、一時間もしないうちに、ここでもまた日本人の社会には幾つかの暗流と対立とが、彼らの属するそれぞれのカテゴリーとは別個に存在することに気付いた。それは冗談の端々や、会話の糸の張りかたや、笑声の波のうねりかたの中に、凡そ見当はつく程度の明瞭さで現れていた。

会長の下村老人*は老いたる巨大な白牛という感じであった。慢性の神経痛のため些かよぼよぼしていたが、六尺近い巨躯の威力と、まず成功者の部類に属するその家産と、彼の世話で今は独立の店舗を張っている青・壮年者が多いというこの三点で、彼の人物や識見や手腕などの実際がどうあろうとも、日本人会長の役は殆んど彼と共に固定したものとなっていた。

＊　牧久『「安南王国」の夢』によると、ドイツに留学するつもりで日本を出た千葉医学専門学校出身の下村里寿は、ハイフォン寄港中、高谷マサの店に登楼して、そのまま居座った。

四角くって平ぺたい大きな顔には方々に皮膚がたるんで、ゆれていた。頭髪の白さがあまり目立たぬほど、病的に白い皮膚の襞は、それが咽喉のあたりに至って幾重もの垂幕を形成するに及んで、恰も衰えた白い牝牛といった感じになるのであった。

彼は老総領事を君付けで呼び得る唯一の人物は自分だ

けであることを充分に意識し、またそれをあらゆる機会に示して他人《ひと》にもはっきり認識させておく必要があると確信しているもののようであった。グループの中央にどっかりと陣取って、しきりに「宗村君」「宗村君」と老総領事に話しかけた。彼はまた、彼が単に長年の日本人会長であったからばかりではなく——そんなことは第一カテゴリーの人々や三吉のような行きずりの人々にとっては大して威力のあることではなかったので——他にも、あらゆる人々を当然君付で呼んでよい充分な理由を持っているのだということを、老人らしい性急な無反省さで示したがった。

彼はドイツ留学の機会を逸したことを口癖のように残念がった。新来者があると、必ずこの話が出るので、誰でも一応は話の筋をのみ込んではいたが、細部になると話の度に少しずつ違って来る。だが本人はそれに一向気付かぬようであったし、仮に誰か意地の悪いものがいて（それは或時は彼の「親友」宗村老総領事であったし、他の時は漆屋の橋本だったり、第一カテゴリーの印度支那産業の山根老人だったりするのであったが）前回の話との食い違いを指摘しても、下村老人は平気な顔でつまらないことにこだわる相手の細心さを却って一笑に付するように

「なあに、ほんとうはこうなんじゃよ」といま話している方に真実性のレッテルをべったりと貼るのであった。

彼はしきりに二、三の有名な医学博士の名をあげて「彼奴」呼ばわりした。もし彼が彼らと「あのとき」——と彼は言うのだが、それが果していつ頃のことであるかは誰にも判らなかった——一緒に予定どおりドイツへ留学していたならば、彼もまた今頃は一かどの国手〈注—医者のこと〉となっていたことは間違いないというのであった。その彼がどんな運命の悪戯からこんなところに流れて来て、今はこうして老いさらばっているのかについては、彼の話からは何にも知ることはできなかった。試みに誰かがそのことについて訊くならば。彼は笑って

「人生は複雑なものじゃよ、いや、自分では思いもかけぬような出来事があるものさ。とに角、病気になっても心配はいらん。いつでもお出で。年はとってもまだわしの診断は確かなものじゃて」と答えたであろう。だが、誰一人彼の診断を乞いに行ったものはないし、彼の話を信用するものもなかった。第三のカテゴリーに属して、まだ一人前に成功者とはなっていないひとりの青年は、三吉の傍らで

「嘘もあんなに繰り返して吐いている、おしまいには自分でもほんとうのことと信じ込んでしまうんですね、近頃では自分を真物の医者だと思っているらしいですよ」と苦

笑していた。

　だが、下村老人の話にも満更根拠のないこともなさそうであった。彼がまだ二十代の若い頃、いわゆる医家の代診か何かで、でたらめに脈をとり、何でもアスピリンを飲ませることをもってひところ生計の手段にしていたのはどうも事実らしかった。彼がホンコンに流れついて、そこで、現在の彼の妻になっている小柄な老婆――当時はなかなかの男まさりであったという話だが――の男妾のようにして拾いあげられたとき、彼の持物が一つの聴診器と一個の薬箱のみであったことも事実のようだ。

　彼は女主人に伴われて、彼女が盛大な女郎屋を経営していたこのハノイへと渡って来た。そこでは彼は女主人の情夫とも男妾ともまたは内縁の夫ともつかぬ形で十何年かを過した。曽ってこの楼に抱えられていた女の一人であるという「青山のお米」が言うことには、あるときお米が女主人に、何だってあんなぐうたらな大飯食いをいつまでも背負込んでいるのだと訊ねたら、「生意気言わんで一度あの人と寝てみなさい、そしたら妾の気持が一遍に判るから」と答えたという。この話はその後日本人社会に膾炙して、当の下村老人もまたそれを自慢にするようになった。下村老人は彼の情を知ったという女という女は、日本人、支那人、安南人の区別なく、皆泣いて別れを嫌ったという話を好んでするのであった。

　本国政府の決定に伴い、領事館の干渉ですべての日本人女郎屋が閉鎖された後は、大飯食いの下村老人が中心になって、この一家は日本雑貨の輸入商をはじめ、老人は正式の夫となり、夫妻の間に二人の男の子まで生れたほか、老人は妻の妹を妾にして一家は相当繁昌したのであった。彼からのれんを分けて貰っていまでは相当の間口を張っているものも少くなかった。

　下村老人の楽しみはほらを吹くことと囲碁とであった。いまでも自分では相当いけるように言い且つ信じているらしい女の方は、もうてんでいけないようであった。老人にとっては話題のすべてがほらの材料ならざるはなかった。そして、吹いている御本人には、ほらと真実のけじめが全然判らなくなって、それを知っているのは却って聞き手の方だ、という現象が普通になっていた。彼はまだ青楼華かなりし頃、時の総督が度々派手な伴揃いで彼の家を「視察」に訪れたので、彼と歴代総督とはたいてい「貴様・俺」の極めて親しい仲であった、という話を好んでする。しかし、聞き手の方は、衛生上の「視察」に青楼を訪れるものが総督などではなしに、下っぱの衛生官吏にすぎないこと、その頃下村老人は女主人の男妾にすぎなくて、青楼の女主人は現在の彼の妻であったこと、下村老人は今日でもフランス語は殆んど喋れないこと、などを熟知の上で彼の話を聞いていた。そこにほらと真実との大体の限界があった。碁はどこで覚えたものか、ハノイでは一番強いとてハノイ本因坊を名乗って、宗村老総領事にも二目置かせていた。突然……

「つまらんことを言うのはどちらも止めなさい」と大きな声で怒鳴って、自席から立ち上り、いまし目を怒らして殆んどつかみ合わんばかりになって相対していた下村老人と副会長の小田老人との仲に割って入って、これを各自の椅子に押し戻した男に三吉は前から、何となく注意を惹かれていた。四十二、三か。がっしりした体躯には妙に重味がついていた。この男の特徴はその大きな、底光りのする眼で、それは彼の人相に一癖加っていた。

「いい年をして、つまらんことを言い募るもんじゃんなかよ。会長と副会長がどっちもスパイだったんじゃ滅茶じゃないか」。その大きな凄い目でじろりと両方を睨めてから、彼自身も苦笑しながら席に帰った。三吉は、どんなきっかけであったのか、激論の始めの方は聞きもらしたが、小田老人が下村老人に向って形相物凄く

「儂がスパイなら、お前なんぞはスパイもスパイ、スパイの大親方だろうじゃないか。バカのような顔を売物にして、あっちこっち出入りして、シュルテ(保安警察部)に一々御注進しているなあ、一体どこの老耄れだというのだい」と殆んど噛みつかんばかりにして怒鳴りかけたので、「おや!」と思って成行きを注視しはじめたのであった。

「言いがかりを言うもんじゃないよ」と下村老人は長老であり会長であることの貫録を意識しながら、態と白々と笑って、落着いた声で応じた。「自分がそうしているからといって、ひとにまでそんな非愛国的、日本人らしからぬ行為をなすりつけるなんぞは、男らしくない行為だよ。祖国は目下、非常時じゃ、皆、非国民的行為はこの際改めねばいかん」

「何を言いやがるんだ、空々しい。儂がいつ非国民的行為をしたというんだ」

ここで松下秀明*が仲裁に乗り出したわけであるが、見渡したところ、どうも激論の火元は漆屋の橋本三郎のようであった。台湾拓殖**の出先機関ではあったが、仏印の法律上一個の独立した仏印法人として、印度支那産業を名乗っていた鉱山会社の坂本支配人や山根顧問などと一塊になって掛けていた橋本は口の辺りに皮肉で辛辣な笑いを浮べて、

互に憎々しげな眼眸をときどき交しながらいまではむっつりと黙り込んでしまった二人の老人の方を、いかにも軽蔑するように眺めていた。

＊　松下秀明とは、『「安南広王国」の夢』に描かれている松下光廣のことと思われる。天草で生まれた松下は一九一二年、十五歳で仏印へ渡った。ハイフォン、ハノイ、サイゴンで働いたのち、一九二二年、ハノイに貿易商社の大南公司を創業した。

＊＊　一九三六年、台湾総督と民間資本の共同出資により設立された。

松下はもと下村のところの小僧であった。しかし、いまではハノイに本店を置き、サイゴン、バンコックに支店を設けて、一年に一度は松下自身ホンコン、上海から内地にまで、必ず商用で立ち廻るほど手広く輸出入商を営んでいて、財産の点でも人物の点でも下村などの比ではとうていなかった。仏印にいても彼は始終サイゴンとハノイの間を飛行機或は自家用車で忙しく往復していた。語学も安南語は殆んど安南人同様であったし、フランス語や支那語、英語なども日常の商用にはまず困らない程度に話したり読んだりしたが、いずれも殆んど独学に近い実践学習から得たものであった。

それでも彼は大勢の中だと一応は下村や小田に敬意を表して席を譲った。下村と松下の関係はともかくとして、小田もまた年配から言っても下村に近く、古くからこの街に雑貨の輸入と漆の収買とを業として苦心経営して来ただけに、松下の小僧時代には彼は既に一店の主であったわけだ。

このほか、この夜ここに集った人々の中で特に三吉の注意を惹いた人がなお数人あった。会計監事の菊池という老人は黄色い顔をして始終黙然と一隅に控えていたが、こつこつと独力で鉄の山を経営して、何とかやり繰りを続けていた。この方面の事情についてはこの人が一番詳しいということであった。しかし何を訊ねても、「はぁ、さあてね」というばかりで、容易にははかばかしい返事はしなかった。

印度支那産業の山根道一＊老人は若い頃から支那の奥地だのビルマ方面などを方々歩き廻ったことがともすれば昔話に出る程度の気のよい「海外への先覚者」であったし、支配人の坂本四郎は四十にはまだ二つ三つ間があるかと思われる実態はただの会社員だと思われた。二人とも下村老人に言わすれば彼の碁の弟子であった。

＊　『「安南王国」の夢』によると、山根道一は明治十七年、山口県防府市生まれ。若くして香港に渡る。中国雲南省の

軍閥、竜雲将軍の軍事顧問。第一次大戦が終わると、英国に渡る。一九三七年七月、ハノイに澤山商会ハノイ事務所を開設。澤山商会は長崎の海運業の会社。同事務所は同年十二月、台湾拓殖会社の現地法人として印度支那産業会社となる。山根は台湾拓殖の嘱託の顧問に就任。「山根の〝本来の仕事〟は、松下（光廣）と連絡をとりながら、ベトナムの独立運動家たちと接触し、日本軍の仏印進駐時に一斉蜂起する準備にあった」（『「安南王国」の夢』）。一九四一年十月、山根を中心とするグループは、長勇南方軍参謀副長の直属機関に組み込まれ、「山根機関」となる。

水牛という綽名で呼ばれていた原という老人がいた。いつも真赤な顔をしていた。背がずんぐりと低くて、常に首を垂れてのっそりのっそり歩いている。しかし、彼に水牛の称のあるのはそうした歩きぶりよりも、むしろ彼の相貌に原因があるのだと思われた。ずりこけそうな老眼鏡を片方は紐で耳に引っかけていた。低い鼻がどっかと顔の中央に胡坐をかいていて、大きな鼻の穴が黒々と空を向いていた。放っておけばすぐくっついてしまいそうに弛んでいる瞼を、しいて引っぱりあげておくようにしているせいであるかのように彼の顔には深く大きな横皺が何本も刻まれていた。眼はいつも眠そうにそのたるんだ瞼の下からどんよりと辺りを見ていた。彼はここ一年ばかりずっと小田ホテルの一室に下宿していたが、仏印に現れる以前には雲南にいて、雲南には昆明の覇者がまだ龍雲＊でなく、その前代の唐継堯であった頃から根を張り、原自身の言葉によると「唐には随分可愛がられました」とのことであった。しかし、何をしていたれば唐継堯に「随分可愛がられた」のかは誰も知らなかったし、龍雲になってからのことは彼自身も殆んど語らなかった。支那事変の余波が彼を雲南から追い出してしまったのである。橋本三郎の身分について凡そのことを知っているものはまた、原老人のほそぼそとした生活費が橋本の手許から一部支出されていることについてもうすうす知っていた。

＊　中国の軍人。一九二八年、雲南省政府主席。

青山のお米と呼ばれる四十女は飯屋とは名のみの、自宅を一種の独身者集会所みたいにして、麻雀や花札に会場を提供し、きまった人々に昼夜の飯を食わせていたが、求められればすき焼きぐらいは用意して、そんなこんなに細々と暮しをたてていた。よくもこんな顔で、いかに植民地の女郎屋とは言え、色を売る客商売ができたものだと思われるほど、彼女は醜かった。色黒く、顴骨がとびぬけて高い上に眼窩がとびぬけて深かったので、大きな目がひどく、とぼんと凹んで、ぎょろりと光っていた。土色の唇は厚くて大きかった。笑うと大きな黄色い歯が金歯とともに歯茎までずらりと出た。髪はいつもぱさぱさに乱れて、生まれながらに備わった百姓女の骨格はがっしりと大柄であった。三吉は早速彼女に「クイン・コング」という綽名をつけてやったのが、若い者の間に忽ち流行して、その意味を知ったお米は本気になって三吉を恨んだ。しかし、彼女は侠気にとみ、心からの親切者であった。それが自然と若い独身者や、橋本、山根、坂本などの同情を惹くこととなり、ひいては反長老派的色彩を無智な彼女の門口に貼りつけることともなっていた。長老派を軽蔑していた人々は、五人や十人の小会食には小田ホテルでなしに、まずくて汚い青山のお米がかたを態々利用することにしていた。お米はこれを多として、自分でもはっきり「お国の為に妾はできるだけのことをしますのだ」と心の底ではいきんでいた。しかしお米自身もそれが差し当りどんなことだかは知らなかった。彼女は相変らず若い者の麻雀や花札の相手をし、注文に従ってすき焼きの卓をこしらえるのを日常の業としているだけであった。

第三のカテゴリーに属する者の中には若い独身の青年が相当いた。彼らは多く北部トンキン州に産出する生漆の買付とこれを日本へ輸出する商売によって足場を築こうとしていた。そして、なかには生涯をこの国の土に埋めるつもりで安南人の娘と正式に結婚しているものもいたが、多くは一応生活の基盤を築いたら、内地に却って適当な妻を連れて来たいと考えていた。そして彼らは祖国の非常時に際して、心から仏印当局の援蔣政策を憎んでいた。

狭い社会には狭い社会なりに、やっぱり様々な風波が間断なく立つものである。

この夜の宴会はやがてひどく乱れて、上の一室に下宿していたハノイ保安警察部のフランス人警官プレジャン――この下等なフランス人警官を下宿させていることに絡んで、小田老人への様々な猜疑や蔭口が日本人仲間に絶えなかったのである――が驚いて様子を見に下りて来たほどであった。

6　ボーイ「グェン」

意外な訪問者が三吉を「襲った」のは彼がハノイに到着してから三日目のことであった。その前日、宿の帳場で教えられたとおりに、シュルテ（保安警察部）に出頭して所要の申告手続を終え、長期滞在用の身分証明手帳《カルト●ディダンチテ》の下付願いを提出して来たばかりで三吉には、この日の訪問者は全く意外であっただけでなく、疑えば随分疑わしいものに思われた。彼のハノイ到着を知っているものは、日本人の主な人々は別として、宿の帳場と警察と、それ以外にはハノイ新聞社会の一部の人々だけである筈だったが、殊に彼が相当長期に亘ってハノイに常駐の計画であることを知っているものは、前日の出頭の際、彼からそれらの事情を詳細聴取した警察部外事課の係員だけでなければならなかった。それだのに、この日の午前、外出先から食事に帰って来た彼をその旅室の前で突如「襲った」一人の安南人青年は、自分を是非ボーイに採用してくれと執拗に懇願して止めなかった。これは明らかに、この青年がどこからか彼の長期滞在と支局開設の計画とを聞き込んで来たものであることを物語っていた。二十二、三かと思われた。色浅黒く、痩身であったが、その目は一般の安南人に比してどこかにより活動的に鋭い光を湛えていた。純白の安南服に白いヘルメットを手に持ち、足にはサンダルを穿いていた。これは安南人としては中流以上のものの服装であった。仮りに、この訪問のため彼が最上等の服装をして来たものと仮定しても、これだけのものを持っていることからして「ボーイ」クラスには珍しいことでなければならなかった。それに彼は相当フランス語を解した。喋ることは至って不自由のようであったが、こちらのいうことは大抵解るらしかった。

　三吉は何らの確答も与えずに、その日はそのまま外出してしまった。次の日、朝早く、彼がまだ朝食もとらずにいるうちから、件の安南人は早くも押しかけて来て、泣くような、訴えるような安南人独特の声で執拗頑強に迫るのであった。彼の「労働証明書《セルティカ●ド●トラバイユ》」（安南人は必ずこれを所持していなければならなかった）には彼が数ヶ月前まであるフランス人の家庭にボーイとして勤めていたことが書き入れられていた。

「このフランス人のところを辞めてから今日まで、どうやって暮していたのかね」

　三吉はゆっくりと解りいいように二度繰り返して訊いた。

「失業《サントラバイユ》です　旦那《ムシュー》、私・失業です《モア●サントラバイユ》」と彼は憐みを乞うように訴えた。

「僕のことを誰に訊いて来た？」。三吉は部屋で朝食をとりながら、そこに立ちつくして帰ろうとはせぬこの安南人青年を少しずつ相手にしていた。対手は何とも知れぬ妙な表情で微笑するだけで答えようとはしない。

「警察かね？」と皮肉な顔で言うと、青年は狼狽して
「違います《ノーン》、旦那《ムシュー》、違います《ノン・ノン》」と強く否定するのであった。

「じゃ、誰だ？」

「友達《カマラード》です」

「どんな？」

再びしらじらと笑うだけで、返事はなかった。三吉はこのときもそのままにして外出した。橋本三郎や青山のお米などは、「それはてっきりシュルテの廻し者だから、充分注意したほうがいい」と言った。殊に青山のお米は三吉に件の青年の人相を詳しく聞いて、どうも心当りのあるような、としきりに首をかしげて、「もしかすると遠藤大尉追放事件の関係者ではなかったろうか」と言うのであった。つい半年ほど前、語学将校としてここに滞在していた陸軍大尉遠藤某なるものが、軍事密偵行為の嫌疑で追放になった事件があったのだが、その背後に仏印警察の手先として暗躍した安南人の少女と青年たちの一団のうち、お米が心当りのものがいたという。どうもそのうちの一人ではないかという気がするというのであった。お米は九州訛りまる出しで
「そげな安心ならんもんを寄せつけちゃ危いけん、それは断りなっせ。私がよかボーイを世話しまっしょ」

と熱心に勧告した。

三吉が夕方帰って見ると、件の青年はまだ廊下に立っていた。彼を見かけると弱々しげに笑ってお辞儀をする。三吉は部屋の鍵をあけながら、頚をねじむけて言った。

「君はきょう終日ここにいたのかね」

「そうです、旦那」

「何のために？」

安南人は当惑げに例の白々とした微笑を浮べただけで、答えない。三吉は彼を室内に招じ入れて、序《つい》でに、彼のためにも一杯のレモンエードなどをとりよせたが、青年は部屋の入口に身を固くして立っているだけで、いくら招いても卓子の方へは近づこうとしなかった。

三吉は青山のお米の話を聞いたとき、ふと一つの考えに捉われて、この青年をボーイに雇ってやろうという気に秘かになっていた。もし彼が真実シュルテの廻し者ならば、三吉としてはそれは却って好都合である。後暗いところのない者にとっては直接自家に敵の諜者を引き入れておくことの方が、面倒がなくて話も簡直でよい、と三吉は考えたのであった。三吉はそろそろ彼との会話を筋書きに従って始めた。

「君は、グェン君と言ったね。で、グェン君、君はいったい、

どういうわけで、是非僕のところで働きたいのかね」

「私《モア》、日本人《エーメ・》、大好きです《ボークー・ジャポネ》。旦那《ムシュー》」

「君は日本人を沢山知っているの？」

「いいえ、旦那」

「そう。……遠藤という人を知ってたかね」

三吉はそう言って、対手の様子を注意深く窺ったが、グェンは三吉の視線をまともにうけて二、三度またたきしただけで、別段変った表情も見せなかった。

「警察に友人があるかね？」

「いいえ、旦那」

「まあいい。とも角、あすから来給え。別段これという仕事もないが、家を捜したり何か手伝って貰うこともあろうから」

グェンの黒い顔が急にパッと輝いたかと思われた。心から幸福そうな、悪意も邪意もない瀾漫とした笑顔で、何度も何度も、「メルシー・ムッシュー」を繰り返して、ぺこぺことお辞儀をした。

橋本もお米も勿論反対した。橋本は、「君のところにそんな狗を飼っておかれたのでは、今後僕らが困る」と言った。お米は、「まあ物好きにも程こそあれ、いんま、手を噛まれてしまいますばい」と口をへの字に引き曲げて言った。だが三吉はなぜだか彼らが言うほどにはこの青年に危険なものを感じていなかった。或は彼らが言うごとく、この青年はシュルテの廻しものかも知れない。しかし、決して悪者ではない、と三吉の直感が告げていた。

グェンは自転車を一台買って欲しいと言った。それを与えられると彼は子供のように喜んで暇さえあればそれを磨いていた。また、三吉の外出中は忠実な犬のように、部屋の外の廊下に脛を抱いて坐って待っていた。（ホテルでは彼らが室内に入ることを余り好まなかった）

グェンは間もなく恰好の家を見つけて来た。それは橋本の家から程遠からぬ、大きなバナナの木のある家で、ハノイ市の西北郊にある太湖《グラシュラック》〈注―西湖〉の水際に立っていた。二階の窓べりから見渡すと渺々たる湖面が一眸のうちに見えた。湖水の東の隅に近く、大きな並木に蔽われたドライヴ・ウェーが湖の中をつっきって走っていて、その手前側には一面に水草などが浮いた池のような感じであったが、土堤の彼方は、いわば外海というところで、風のある日は湖面が遽しく波立ち騒ぎ、天気のいい日は二、三杯の軍用水上機が気紛れに離水したり着水したりしていた。ヨットも斜に傾いて上っていた。

青山のお米が「是非自分に委せなさっせ」というままに、

家具調度の買入れには彼女にグェンをつけてやった。お米はやって来て
「矢張りあれですたい。あれに相違なかと。たしかに見覚えがあります。用心なされんと。いまに後悔しなさっしょばい」とグェンのことについて三吉に改めて忠告するのであったが、三吉は笑ってとりあわなかった。とりあわなかったばかりか、彼は更にコックもこのボーイの推薦する男を雇い入れた。盗人のように鋭い目をしたこのコックは一語もフランス語を解しなかった。(しかも彼の労働手帳には、つい先日まで同じくフランス人の家にいたように書いてあった)。彼との話には全部ボーイ・グェンの通訳を必要とした。ときたまグェンがいなくて、どうでも直接二人だけで話し合わねばならないときは、双方とも大変苦心して、手まね入りの「大会話」を試みるのであったが、コックは三吉に判ろうが判るまいが、勝手な早口で、泣くが如く訴えるが如き例の安南口調で喋って、矢鱈と両掌を合せて拝むような様子を繰り返すのであった。そして、三吉の言わんとすることが彼に解ると、彼はニッコリ笑って、いとも満足そうに「オイ・モシュ」「オイ・モシュ」と、そこだけフランス語(彼としてはそのつもりであるらしかった)みたいな発音で答えた。その顔を見ていると、三吉にはこの男もまた悪人だとは思われなかった。

こうして、三吉のハノイ支局は漸く形をなして来た。グェンもコックも家族を伴って引越して来た。コックの家族は彼のほかに妻と男の子一人であったが、グェンの方は妻と子供二人のほかに、若い女を、も一人つれていた。そして、彼らは庭をへだてて建ててある使用人用の別棟に、それぞれ分れ住んだ。

グェンが伴っているも一人の若い女が、三吉が考えていたような彼の妹や何かでなしに、その妾であったことを三吉に話したのは、それから半月ほどして、印度支那産業の坂本支配人の世話で助手に採用したヴィエン青年であった。

一見肺病ではないかと疑われるほど顔色蒼白、虚弱らしい体質のヴィエン青年は、話して見ると、びっくりするほど強い性格の男であった。安南人に通有な妙な訛りを別とすれば、書かしても読ましても話さしてもほぼ正確な彼のフランス語は、その教養の高さを示していた。彼は田舎に引込んで、一生涯を漢語の寺子屋の師匠に甘んじているその父親を、心ひそかに誇りとしている風であった。彼自身は最近まであるフランス人商社に勤めていたが、そこに行われている数々の不合理に心楽しまず、日本人商社に奉職したい考えで、かねて印度支那産業に申入れていたのだと

語った。言葉をつつしんではいたが、その端々に現れる植民地的支配への反抗の気持は三吉にも容易に汲みとれた。そして三吉はそれを決して疑わなかった。その頃、日本人社会では、遠藤大尉事件以後相次いで起った三、四の追放事件にすっかり疑心暗鬼の状態で、日本人同志互に猜疑するとともに、日本人に近づいて来る安南人をも一がいにまず警戒の目で見るという風であったが、三吉は対手の人物、殊にその目から受ける印象で、充分に危険を読み分け得ると固く自分を信じていた。彼の印象に従えば、ヴィエンの如きは最も信ずべき人々の一人であった。

そのヴィエンが或日ボーイのグェンに関して、彼にいかにも重大そうに告げた。

「ムシュー、あなたは紙屑籠に充分気をおつけにならなくってはいけません。私の友人で、保安警察部の書記をしている男がいるのですが、彼の話では、あなたの屑籠の内容物は一つ残さずシュルテに提供されて、そこで厳重な閲読をうけているとのことです。私はあのグェンなる人物について、多少聞いていることもあるのですが、彼は妾まで蓄えているほどで、ここから四里ほどある田舎の小都市に彼の本当の家はあるのです。先日も私のところにシュルテの役人が二回ほどやって来て、それとなく彼らの情報提供者になれと勧め、さもなくばここを辞めろと脅迫しましたが、私は両方とも、キッパリ断りました」

三吉はヴィエンの好意を謝したが、「僕はそんなこと一向に構わないよ」とあっさり答えた。三吉としては、グェンが最も忠実で気のきいたボーイ兼家扶であり、コックが充分心してうまいものを食わせてくれ、ヴィエンが心から熱心に安南語新聞の翻訳やその他の手伝いをしてくれている限り、その他の点で彼らが如何なる面を持っていようとも、それは己の関知するところではないと考えていた。

7 生命の価値

ここでの生活は、三吉がその生涯において経験した第二番目の植民地生活であった。最初のものは彼がまだ学生の頃、欧州にごろついてからの帰途、約半年あまり足を止めていたシンガポールでの生活であったが、このときは三千人からいた日本人社会の中にいて、時たまそれ以外の生活にふれたとしても、それは至って間接的なものであったから、植民地生活の実相に直接ふれたという点から言えば、そしてそれをある思想的角度から認識し、批判したことから言えば、むしろ仏印での生活が最初のものだとも言えた。

それは想像していたとおりのものであった。富と貧しさ、権勢と無価値、驕りと委縮、そうした対照の最も極端な配置がすべての基調をなしていた。それは単純な公式に従った生活様式であり、そういう点から言えば、そこには何らの紛れもなかったから、或る意味では深味もうまみもないようでもあった。しかし、植民地の哀歌はすべて、こうした定型、きまりきった単調さの中にその深い根を下ろし、人の心をゆすぶって止まぬその哀調をひめているのだとも言える。

灼くような強烈な太陽と、洗うような激しい暖雨との下で、木も草も、伸びきれるだけ逞しく伸びしげっている傍らに、なぜ人間だけがいじけたように、しがなく、怯々として生きていなければならないのであろうか。

ボーイやコックの子供たちは中庭で遊んでいるときでも三吉の姿を見ると、あわてふためいて逃げ走った。ヴィエンの言うところによると、グェンはきかない子供を叱るとき「旦那《ムシュー》が来るぞ!」と言って脅かしているのだとのことであった。三吉は苦笑した。それは三吉だから特別に怖いというのでは勿論なかった。フランス語のムッシュー(旦那様―安南人にとっては主としてフランス人を意味していた)という言葉は、安南人の子供にとっては、三吉などの子供時代によく聞かされた「人買い」や「幽霊」と同じ響きを持っていたのである。

どこに行っても、窓口事務のあるところでは、フランス人は無条件に順番を越えて用を足すことができた。市内に三つか四つかあった洋風ホテルの食堂や、プチ・ラックの周辺にこれも三、四軒あった大きなカフェーなどでは、安南人の姿をその客たちの間に見かけることは極く稀であった。

あちらの大樹の下、こちらの芭蕉の葉かげなどに擔《にな》い荷の屋台を下ろして、ちょうど日本のひやむぎに似た麺の丼に田螺の煮出し汁をかけたのを食わす店、そこに集る洋俥夫や苦力などの一銭、二銭と零細な取引き、または路傍に一本の煙管を備えるのみで、一服いくらの微細な金で煙草の立ちのみをさせる人々、そしてその煙草を次々に吸っては立ち去る人々。彼らの弱々しげな、いかにも生活力の絶えなんとして残り少なげな様子をみていると、ショートパンツに半袖シャツのフランス人がふっと巨人に見えた。

特にとりあげてかれこれ言うほどの没義道がそこで行われているというのではなかった。フランス人による安南人殴打の悪風も近年では少くとも表面上はなくなっていた。フランス人は太い、高圧的な声で「お前呼び《チュトアマン》」で安南人に対したが、安南人は頭をあげて彼に答えることも許されていた。にも拘らず、安南人は常におずおずとして生きていた。きれいな、青みがちに澄んで大きな目で、多少怯えたように彼を見あげる安南人の小児たち（子供たちはどこの国の子供たちでも可愛かった）を見るたびに、三吉は、お前らもやがて大きくなるにつれて、あの大人たちのように、ほんとに意気地なくなってしまうのだろう、と思わずにはいられなかった。

フランス人であるが故に、腕には卑しい文身を入れ聞くにたえぬほど下品な言葉を使っている男でも、彼には二百ピアストル、三百ピアストルの収入が保障されていた。そして一方、安南人であるが故に、蔭で聞いていたのではどんなに教養高いフランス人かと思われるほどみごとなフランス語を話し歴とした医学士や法学士の肩書きと実力とを持っていても、彼には最高八十ピアストルどまりの収入しか許されていない、というような、植民地としては当然すぎるような当然さが、ここに生きる青年たちの心を如何に強く蝕んでいたか。

これらのことは、滞在いまだ一月ならずしてはやくも三吉の胸に強い感銘を印していた。そして、間もなくこの印象を決定的なものにする一つの事件が起きた。大雨の日の午後――

ハノイからハイフォンへ、田圃の中を一直線にのびた例のドライヴ・ウェーを三吉の自動車は時速百キロ以上の高速をもってつっ走っていた。篠つく大雨が降りしきって、すべては灰色の燻しをかけられたように朦朧と煙っている。ペーヴメントの上一、二尺は雨粒の飛沫に煙って、水煙の帯が道のうねりに随って遠くのびていた。ところどころ、田の中にある竹群や木群がはっと思うほど突如として煙の中から現れては後にふっ飛んだ。

俥の前部の硝子板はゴム製の自動払拭器が力一杯慌しく拭っても拭っても、滝のような雨滴の流れがその上に条をなして、見透しも定かでなかった。自動車の右側前面数百メートルのところに、雨蓑を着た一人の人影がぼーっと浮かび出たと思う間に、自動車は物凄い勢いでその傍僅か一尺ばかりのところを、危くすれすれにさけて飛んだ！　と思った瞬間、自動車の後部に当って何やら、がつと猛烈な勢いでぶつかったらしい衝撃を感じた。

三吉ははっと思って身をひねって後部の窓から外を見た。脱ぎすてられた着物のようなものがぐしゃりと道の上にへたりついていて、みるみる遠ざかった。

「停めろ、停めろ、運転手、停めろというに！」

しかし、運転手は降りしきる豪雨の音に聾せるかの如くますます高速で走った。三吉はカッとなって、中仕切越しに安南人運転手の肩を強く掴んだ。

「おい、停めろというに、何故停めないのだ。馬鹿奴が！人一人轢き殺したではないか！」

ぐーっと自動車の速度が落ちて、間もなくぴたりと停まった。四方八方からこの小さな箱をめがけて砕けよとばかり叩きつけて来る大粒の雨勢は、中の者をして思わぬ大声で話すことを余儀なからしめる。三吉はなおも怒鳴った。

「汝は先刻のショックが判らなかったのか」

運転手は首を捻じ向けて、恨めしげな眼をしておどおどと言った。「私は困る。私は困るのだ、旦那。旦那はよいけれども、私は困るのだ」。

「困るったって、あのまま放っては行けないじゃないか。俺ができるだけのことはして、お前の困らないように計ってやるから、あそこへ俥を返えせ」

運転手は渋々俥を返した。蓑はどこへやら吹っ飛んでしまって、ぼろを着た人間が、恰もぼろだけのようにぺしゃんこになって、そこに雨に打たれて転っていた。三吉は土砂降りの中に飛び降りて、濡れ鼠になりながら、犠牲者の様子を調べた。後頭部に抉ったような大穴が白々とした骨まで見えるほど深く開いていて、そこから多量の血が流れ出ていた。左脚が脛のところでぽきりと折れていた。そして、既に死んでいた。三十か、四十か、五十か、それとも六十か、どうも年の見当すらつきかねるほど、それは土色の汚れた皮膚をしていて、骨と皮だけのように痩せ細っていた。苦力であろうと思われたが身分を証明するようなものは紙片一枚持ってはいない。

「死んでるよ！」

心細さそうに、しかし横着を構えて俥から降りようともせず、三吉の様子を見守っていた運転手に、三吉は投げつけるように言った。

「この近所にどこか警察はないか？」

「警察？」と呟いて運転手は泣きそうになった。しきりに首を振って合掌する。「ありません、旦那、ありません。私は知りません」。

「じゃ、この先のハイドンまで行くんだ。人一人殺して、知らぬ顔もできまいじゃないか。警察に行って、よく、お前の罪にならないように僕から説明してやるよ。それでないと、却って面倒なことになるから」

思いもかけず近いところに警官の駐営所があった。諦めたものか、運転手は現場から一キロ足らず後戻りしたところの、竹林と木林が一塊りになった小部落に自動車を乗り入れた。そこには十数軒の民家のほか、赤十字の大きな看板を出した救護所と、その右隣りにフランス人警察官の駐営所があった。

　三吉が入って行くと、庭に面したヴェランダで、雨の飛沫の届かぬ辺りに卓子を持ち出して、五十がらみのひどく肥満した平服のフランス人夫妻と、まだ二十七、八歳かと思われる、フランス人と安南人の混血児らしいすらりとした制服の青年とが三人で、しきりにトランプをいじっていた。

「署長は儂だが……」と肥満したフランス人が八字髭のいかめしい大きな赭ら顔をねじむけて、うるさそうに眉をひそめた。人を轢き殺したと聞いても別段動ずるでもなく、左眼の黒白が流れて少し濁った眸でじっと三吉の顔を見ていたが、いかにも大儀そうな声で、「君は支那人かね」と訊いた。

「いや、日本人です」

「ふむ。日本人！　日本人か。ふむ」。彼は何度となく鼻を鳴らしていたが、今度は妻と同席の青年に向って、「さあ、《エ●ビアン》やれよ《アロン●ジー》」と言った。そして漸く勝負に一区切りついたらしく。大きな腹を波打たせるようにして今度は身体ごと三吉の方を向いた。

「さて、日本人君、いったい何事が起きたというのかね、詳しく承ろうか」

　三吉はいま一度、およその模様を話さなければならなかった。そして、現場を検視して貰うため、死体はそのままにして来た、と付け加えて言った。

「現場検視？　この雨の中を？　冗談じゃない、そんな必要は全然ないよ。死んでしまったんだろう。死んでいると君は言ったね。じゃ君、死体をここに運んで来て。法定の手続をとって葬るまでさ。隣りに病院がある。あそこへ連れてって呉れ給え。ドクトルが知っているよ、どうすればいいかは一切ドクトルに委せておけばよい。そのあとは、またそのあとのことだ」

　三吉たちが自動車で飛ばして現場に帰り、雨に打たれて急速に冷えたためか、早くも硬直しかかっていた死体を乗せて引き返して来たとき、警官たちはなおもトランプに熱中していたが、やがて木靴をひきずりながら肥満した署長が煉瓦の廊下伝いに病院の方へやって来た。死体の検査は安南人の医師にまかせて、署長はちらと一瞥投げただけで「これは道路工夫《カントニエ》だな」と呟いた。「即死かねドクトル？」。「そうです、後頭部を一撃何かで抉られているのですが……それで即死ですな」

三十前後と思われる若い安南人医師は三吉の説明を聞いて、少しの間外に出て行ったが、やがて帰って来て、掌にした毛髪づきの小さな肉片を彼らに示した。

「自動車の右側扉の外部把手にこれが付着していましたよ。あの車は把手の先が前向きについている。この男が倒れかかったとき、把手の先で後頭部を抉られて、後の車輪で脛を折られたと、こういうわけですな」

「仕様のない豚《ポーブル●コッション》だ！」と警官は髭の間から呟いて、三吉と運転手に、「とも角、供述書を拵えるから自分について来い」と言った。

運転手は泣きそうになって慄えていた。署長の事務室で、三吉は彼の机の前に椅子を与えられて腰かけ、運転手はその傍に立っていたが、立っている運転手の慄えるのが、掛けている三吉にまで感じられた。署長はいかにも面倒でならぬといわんばかりの様子で、大雑把な質問を続け、その傍らに控えた安南人警官に要領を口述して筆記させた。

「君か？　先日新聞が『好ましからぬ客人《ヴィジトゥール●アンデジラブル》』と書いていたのは」と署長は改めて三吉の顔を眺めた。事件そのものよりもむしろ事件の主によって彼の好奇心は刺激されたごとくであった。

三吉は、急用があってハイフォンまで行く途中の椿事であったことを述べて、今夜はこのまま放免して貰いたいものだが、と恐る恐る言った。

「勿論君は自由だ、この書類に署名さえすれば、それで君はどこへでも行き度いところへ行けるわけだ。誰も妨げる者はいないよ」

「僕もですが。運転手はどうでしょう？」

「どうしていけなんだね？」と署長は怪訝そうに反問した。「こんな事件は珍らしいことじゃないよ。その度に運転手を留置していたのでは留置場はいつも満員になるだろう。いずれこの書類をハノイに送ったら、裁判所から正式に呼び出しが行くだろうから、そのとき出頭してくれれば、それで儂の方は何の文句もないわけだ」。

三吉は書類に署名を終ってから、慰謝料の問題について署長に相談した。犠牲者がどこの何者とも知れぬわけだから、身許が知れた上でいずれ相応のことをするとして、とりあえず百ピアストルばかり署長が預ってくれて、そのうち知れるだろう遺族に彼の手から渡して貰えないだろうかと頼んだのである。署長は驚いて眉をひそめた。

「それは儂の権限にないことだよ君。慰謝料はいずれ裁判所が正式に決定するだろう、そのときに払って貰えばよいのだ。従って儂の関知したことではない。但し、法定の埋葬料として三ピアストル、それにドクトルの診察料として十ピアストル、これは君において負担してくれれば甚だ結構というものだ」

　もう日はとっぷりと暮れて、鼻をつままれても判らぬ漆黒の闇であった。横なぐりに降る雨足がヘッド・ライトの光の帯の中で銅色の斜縞模様を織りなしていた。三吉は心身の両面にひどい悪感を感じながら夜十時すぎ、漸く石山ホテルに辿りついた。アンダー・シャツまでずっぷり濡れてしまったたまま、長時間、着換えもせずにいたことと、自分の乗用車で人一人を即死させたという生れてはじめての経験が与えた衝撃と、この二つが彼の身体を熱っぽくしていた。ぬるんでいた風呂をいま一度熱くして貰って、ゆっくり温ってから、のりのきいた浴衣に着かえて、ポマール印の赤ブドー酒を二本ほど空けたとき、漸く人心地にかえることができた。

　翌日はからりとした晴天であった。三吉は午前中に所用を済ませて、午後ハイフォンを発った。そして件の病院の前で自動車をとめて、警察の方へつかつかと入って行こうとすると、折柄病院の方から出て来た署長にぱったり出会った。署長はきょうは官服を着て安南人警察官一人をつれていた。彼の後には、いかにも身なりの不潔な小柄な安南女が、殆んど裸にひとしい五、六歳の男の子と、まだ乳呑児と思われる腫物の一杯できた子供をつれて随っていた。

　三吉は一目で、これが彼の犠牲者の家族だということを知った。小柄な女の方でも三吉を認めると、いきなり大仰な声をあげて、おいおい泣き出した。泣きながら何やら言うのだが、一語も解しない三吉は困惑して署長を見るばかりであった。署長も肩をすぼめて、俺にも判らぬのだ、というしぐさをしてみせてから、ひどく突慳貪《つっけんどん》なフランス語で傍らの安南人警官に
「この婆さんは一体何を吠えているのだ」と訊ねた。安南人警官は弱々しく笑って
「夫が殺されたのは仕方がないが、明日から食うにも困るのだから、子供たちにお金をやってくれ、と言っているのです」と答えた。

　三吉は慌てて札入れを出して、二十ピアストル紙幣を五枚数えた。すると、彼がまだ紙幣を札入れから引きぬかないうちに、署長はその大きな掌で三吉を制して、

「君は土地の習慣を打ち毀してはならない。どこの国にも尊重すべき慣例というものはあるものだから……どうでもいま金をやらねば君の心が安らかでない、というのなら、

ま十ピアストルか十五ピアストルもやって置き給え」と命令口調で言った。

三吉は困惑しながら。躊躇ののち、二十ピアストル紙幣を一枚抜いて、「ではこれを」と署長の手に渡した。署長がそれを渡そうとすると、両の目の縁が赤むくれに爛れて、髪毛の抜け上った件の女は、何やらなおも仰々しく泣き喚きながら後ずさりした。

「いったい、この牝豚は、何を吠えているのだ、おい！」と署長は腹立たしげに安南人警官を怒鳴った。

安南人警官は先刻よりも一層弱々しげに笑って、「もっと欲しいと申しております」と答えた。

「要らなきゃ、やらないから、さっさと帰れとそう言え！」。署長は吐き出すように言って札を安南人警官に渡した。女は安南人警官の手から札をうけとって泣き泣き行ってしまった。

「土地には土地の尊重すべき習慣がある」

三吉はこの言葉をぼんやりと何度も繰り返し考えていた。それは青山のお米や、下村老人や小田老人なども別の言葉で彼に言ったことであった。彼がボーイに月十五ピアストル、コックに十八ピアストル、助手のヴィエンに三十ピアストルを約束したと知ったとき、これら土地の日本人たちは、そんな無茶をされたのではほかの日本人が迷惑すると強硬に主張したのであった。ボーイは十二、コックは余程腕のいいもので十五が普通だというのであった。

土地の「尊重すべき慣習」が更にどんなものであるかを、三吉はそれから約二月して、この轢殺事件の公判のときにも、改めて知ったのであった。

8 青山のお米

青山のお米は殆んど毎朝のように、まだ起きぬけの三吉のところに、市場に買出しに行くついでだからと言って、味噌汁や、煮つけなどを持って洋俥でやって来た。味噌汁には大きな麩がくらげのようにべろべろ浮んでいたり、蒟蒻が沈んでいたりした。

「日本人は矢張り、毎朝味噌汁ば飲みまっせんと元気が出まっせんたい。太田さんは若い人とじゃけ、洋食ばかり食べよると、すぐに西洋人のごとなるかも知れんけ、心配な」などと言った。だが三吉はこの女の親切を実のところ余り有難いとは思わなかった。少しつき合っている間にこの女の性格はすぐ底をついてしまった感じであった。その親切も半分は真物であったが他の半分は、自分は小田や下村とは違って、橋本や太田やその他「おえらい人たち」の信用を得ているのだ、ということをひけらかしたい気持も手伝っていることが見えすいていた。

九月の半ばすぎになるとお米は急に忙しくなって、嬉しそうにはしゃいでいる日が多くなった。それは橋本や太田のほかに、「おえらい人」が更に増えたからであった。

長崎の佐和山商会〈注―澤山商会のことと思われる〉から派遣されて仏印の鉱物資源調査を目的に、高山文雄という鉱山技師が三吉より約二十日ばかり遅れてやって来て、ホテル・スプランディドというのに投宿していた。お米はこの「頭髪もまだのびきらず、目のいかつい、そしてお辞儀をするときには米搗きバッタのように機械的に上体を折る」青年技師のために、三吉のときしたと同じような、所帯持ちの世話をしてやらねばならなかった。高山は脇目にはむしろこっけいに見える程仔細らしく「日本人の目を出来るだけ避けたい」と言っていた。そして印度支那産業の世話で橋本や三吉の家から余り遠くないところに一軒家を借りると、橋本の斡旋で曽つての娘子軍の残党だという老婆を飯炊きに雇入れて、非常に旧式なルノーの赤塗り箱型を一台買い入れてこれを乗り廻しはじめた。彼は日本人の集るところには初めのうち余り出入せず、例の腰高な赤塗りルノーで印度支那産業の事務所に毎日通勤していたが、日本人の社会では忽ち彼の存在を知ってしまった。

総領事館に嘱託として山田育世〈注―山田敏世〉という小柄な老人が現われたのもその前後であったが、この老人の存在はずっと後まで日本人社会ではあまり知らなかった。彼もスプランディドに投宿していた。しかし本館の方でなしに、大通り一つ隔てた別館のささやかな一室に寓居して、月定めの賄付ということで食事も多くは別館の食堂でとっていた。総領事館には毎日出勤していたが、与えられた一室に終日閉じこもって、何をしているのか館員ですら誰も知らなかった。色が安南人のように黒く、小柄な上に少し猫背で、伏目がちにひょこひょこ歩いている姿は人の注意を惹くべき何の特長も持っていなかった。彼は、総領事館に出勤しないときは一竿を担いで飄然と太湖の彼岸に糸を垂れていた。お米はこの初老人のところにも時々米飯や味噌汁を運ばねばならなかった。

それから間もなく、今度は満鉄の調査部員だと称する三人連れの青年たちがやって来た。彼らもまたスプランディドに投宿して、熱心に仏印当局や、滇越鉄道*本社などを訪れて、必要な資料の借りうけや、実地調査の便宜供与の交渉などをしていたが、彼らは殆んど毎日のようにお米の家のすき焼きを食った。

＊　ハノイと中国雲南省の昆明を結ぶ鉄道。一九世紀末、仏印のドゥーメル総督時代にフランスが計画したもので、一九一〇年に開通。

　こうしてお米の家が最初の単なる土地の独身者寄合い所から急に様子をかえて、何となく妙な「新来者」の会合所みたいになって行ったのは、却って橋本三郎の案外神経質な人柄のためもあった。彼は極端に下村や小田を憎んだ。この一度として漆など見たこともない「漆屋」が下村老人や小田老人のことを話すときは、その眼は急に激しい輝きをまし、唇をきゅっと引しめて「あの国賊どもが！」と繰返して叫ぶのが癖であった。その反動が「青山のお米、あれはクイン・コングだそうだが、安心の出来る女だ」と橋本をして単純に、そして絶対無条件にお米を支持させたのである。日本人社会のいわゆる「あの人たち」の間では土地に一番古く、従って自然に勢力もあった橋本がこういう以上は、彼らの会合は多くの場合、お米の家の暑くるしくてうす汚いアンペラ敷きの二階の一室で催されるのを常とした。そして誰もお米の人柄について別段の異存を言うものはいなかった。ただしかし、三吉だけは心中ひそかに橋本の極端から極端に走る感情の激動に眉をひそめていた。橋本が皆で金を拠出しあってお米の家に電話を架け、家の中も多少手を入れて、彼らの会合所として、も少し具合のよい家にしようではないか、と提案したとき、三吉が第一に反対して、「そんなことをすれば、そうでなくさえ睨みあって、互に何だかだと屁みたいなことをとりあげて吹聴しあっている日本人社会を、ますますもって好んで真二つに分けてしまうようなことになるから、彼ら自身のためにも決して得策ではない」と主張し、そして結局皆も三吉の議論に賛成したが、三吉の反対の真底には、あまりに子供っぽく感情の激動に身を委す橋本の年甲斐のなさに対する反感が強く動いていた。

　三吉は下村の雑貨屋にも、小田のホテルにもよく遊びに行った。下村の家では住居になっている二階の真中に老人の室があって、老人はたいていの場合、かたびらみたいなうすものを着て、天井から吊した大きな板戸様のものをゆっくりと安南人使用人をして綱で動かさして、そこから起るゆるやかな微風の中にでっくりと座していた。彼に傅《かし》づく老女二人は聾に近く、お互に怒鳴り合わなければ何を言っているのかてんで用を弁じなかった。一握りのほどに少くなった髪毛を頭のてっぺんに引っめ髪の小さな髷《まげ》に束ねて、曲った腰を叩きながらそこらを蠢《うご》めき歩くこの二人の老女は下村老人より遥かに年上かと思われた。下村老夫婦の間に生れた子供は二人とも一見してそれと知れる程度にうすのろであった。だらしのない着物の着かたをして、呼ばれると懶《ものぐ》さそうに「おー」と牛の啼き声のような間のびした声で答えた。下村老人の碁はたしかにハノイ「本因坊」であったが、その碁と、いまでも若い女の二人や三人は欲しそうなことを言ったりするアクのない駄法螺以外には能のないこの老人の家に、憎んだり、警戒したりしなければならないような何かがあろうとは三吉には考えられなかった。

小田ホテルでは毎夜麻雀賭博が行われていた。小田老人も仲間入りしてよく夜明しすることもあったが、三吉などが入って行くと、彼は必ず慌てて席を譲ろうとした。「まあおやんなさい」と肩を抑えて押しとどめ、その後から見ていると、彼の打ちかたは実に小心よくよくとしていた。この老人には中学に行っている息子と女学校に行っている娘とがあった。そしてそれが老人にとっては余程の自慢らしく、「フランス人の学校に行っているのはうちの子供たちだけです」と言って、彼らが如何に巧みに、フランス人そっくりのフランス語を喋るかを、うれしくて堪らなさそうに話すのであった。

「フランス語がうまいのは勿論結構なことだけど、どうだろう親爺さん、矢張り日本人としては一応日本語での読み書きも或る程度できないと困るんじゃないかな」

「へえ、へえ、それはもう何です、大いに困りますですなあ」。小田老人は素直にそう合槌を打つのであったが、彼の息子や娘たち自身でもむしろ日本語や安南語は片言ぐらいにしか判らないということを自慢にしている様子であった。要するに彼らもまた他愛もない人たちの集りにすぎなかった。よしや彼の家にフランス人警官が下宿していたとしても、それだからと言って彼らが非難さるべき積極的な理由はない。シュルテの方では日本社会にも絶えざる監視の必要を感じていたであろうし、下宿したいという仏人警官を「断乎」拒絶せねばならぬ理由は小田老人としては見出し得なかったことでもあろう。小田老人はこのため税金が免除になっているのだとか、日本人社会に起るできごとを遂一シュルテに報告しているのだとかの噂を立てられていたが、彼が仮りにそうした秘密の仕事に従事していたとしても、三吉の見るところでは、彼がなし得る程度のことはシュルテの方が遥かに手際よく先廻りしてなし終っていたものとしか考えられなかった。

みんなつまらぬことなのである。それを自ら事荒だてて、日本人の中に愛国派と売国派とを強いて区別し、対立させ、そして互に猜疑し、悩々として互の影を踏む有様であった。

橋本の下村や小田に対する憎悪が昂まれば昂まるほど、お米はいつの間にか愛国派の女傑じみた存在になっていたのであった。

自力一本で地元住民中随一の大商人に叩きあげた松下秀明はそうした経緯を冷笑して、彼のみは渦の圏外に超然としていた。それは彼がハノイとサイゴンの両方に本拠を構えていて、ハノイにばかりはいなかった関係もあったが、自己の力を信ずる者にありがちな一種の旋毛曲《つむじまが》りからも来ていると思われた。彼は総領事にも、橋本にも、高山にも、山田にも、また山根や坂本にも、特に求めて近づくという風はなかった。だが、さりとてこの二潮流に真底無関心なわけではなく、彼は彼流に愛国的な行動をとっていて、そのことを話すために彼はある日三吉のところを訪れて来たことがあり、三吉を自宅に招いたこともあった。

「輿論を動かさねばいけません」と彼はギロリと光る目で三吉を見据えながら言った。「その意味で実は私は及ばずながら多少隠れた仕事をしているのです。そして、今度、あなたがここに常駐のためおいでになったことを、実に心強く思っているのです」。

彼の語るところによると、彼はサイゴンで仏字紙「警報《アレルト》」の主筆ジャック・フォクノーなる人物と一つの契約を結んで、対日輿論好転の工作を続けているのだとのことであった。フォクノーは仏・安混血児であったが、週三回発行の前記新聞を自ら経営して、以前から多少親日的傾向を示していたので、仏印の新聞界が一斉に反日的傾向を示しはじめた頃、松下らはフォクノーに談じて、サイゴン日本人商工会の商品広告料として毎月定額五百ピアストルを提供することを条件に、敢然として親日筆陣を展開することを約せしめたのであった。

「彼は敢然としてやってくれます。僅かに月五百ピアストルで、しかも現実に広告も掲載しているのですから、この金は正規の広告料として当然な額でしかないのですが、それにも拘らず、非常によく日本の肩を持ってくれていま す。だが、弱っているのは材料が不足だということです。私どもも、彼らも、どうもあまり詳しいことは知らんもんですからすぐに論文の材料に手詰りを来しちまって」

三吉は即座に論文の執筆を引うけた。彼が書き流したフランス語の論文はヴィエンによって多少訂正され、タイプに打たれて一週に二回宛の予定で松下を通じてフォクノーに送られ、アレルトの第一面に大きく、太田三吉署名入りで掲載されはじめたのであった。

「日本人は何かというとすぐに仲間同志で喧嘩ばかりしていて、仕様がありませんよ」と松下秀明は三吉の論文を掲載した新聞がサイゴンから届いたのを自身で態々持って来て、それとなく己の仕事に満足の意を表して行った。

9 ホンゲイの老夫婦

漆が儲るといえば日本人で少し商売の心得のあるものはわれもわれもと漆の収買人になった。印度支那産業が進出して来て鉄鉱が有望らしいということになると、資力の充分でないものまで随分無理をして、あちら此方の貧鉱を買い漁った。それと同じで、ホンゲイの無煙炭の仲買もまた現地日本人のたつきとしては最も重要なものの一つであった。大きいところではハイフォンに出張所を置き、現地ホンゲイにも駐在員を採って大量の買付けを行っている三井物産から、小は一船ごとの特約で「三井のこぼれ」を拾い買いするハイフォンの日本人商人に至るまで、幾組かの石炭屋がいた。

総領事館で経済関係の仕事を担当していた書記生の塩見聖策*は、耳まで裂けるかと思われる大きな口をぱくぱく開いて、決して三十秒とは対手の顔を直視することのない忙しい視線を始終きょろつかせながら、よくこの問題を慨嘆するのであった。彼によれば、漆関係でも、鉄鉱や石炭関係でも、はたまた日本雑貨の輸入関係でも、日本人業者がそれぞれの共同組合を結成すべきで、そうすれば互に利益が多いというのであった。だが彼は自分が単に一介の書記生にすぎないということを知っていた。そして書記生は外交本街道から言えば「人間」ではないことも知っていた。従って彼の意見や発言などは誰からも本気で省みられることのないこともよく知っていた。しかもなお若い彼の熱情は、先輩の書記生が例外なしに落ちついて行く「その日暮し」の安穏さの中に安住することを許さなかった。彼は自費で謄写版刷りの「仏印事情研究」という不定期の小雑誌を発行して、自分の抱負をそこに書きなぐるのであった。原稿は彼自身のほかに、若い人々の中からも時には集められた。それを彼が館務の余暇に謄写して、製本から配布まで、ひとりでやった。それから彼はしめくくりのない分裂性の声で早口に老総領事の腑甲斐なさを歎き、日本人業者たちの無自覚を罵った。彼に従えば、宗村総領事は書記生上りの悪弊の権化のようなものとされた。無気力で、妥協的で、金銭への愛着が強烈で、利己一点張りで……等々。その上、最近では定年退職が決定したので、今後の身のふりかたに関して、フランス女であるその夫人との間に相当深刻ないざこざがあって、結局退職後は夫妻とも南部フランスにある夫人の郷里に引込んで暮すということに定ったらしく、夫人は一足先に、三吉と殆んど入れ違いぐらいにフランスへ出発したが、そんなこんなで老総領事の仕事ぶりはますますもって、その日暮しに全く堕し切っている、というのが塩見書記生の考え方であった。

＊　大阪外国語学校仏語部卒。一九三六年、ハノイ総領事館書記生。中国側に拉致されたのち、桂林や重慶で反戦活動に従事する。

フランス語新聞の中で一番毒々しい反日態度を示していた「フランス・アンド・シーヌ」が或る日、日本皇室に関して相当思い切った論説を掲げたとき、塩見青年は誰にも謀らずに独断で自ら出かけて行って「厳重抗議」をしたりしたのも、彼の日頃からのこうした気持がさせたものであったが、抗議をうけた件のフランス語新聞が翌日の紙面で、日本の総領事館では書記生が総領事を超えて外交の処理に当ることになったものと見える、といった意味の皮肉を書いたのを見て、彼は口を耳まで裂いてにがにがしく笑いながら、「総領事が何もしてくれんから仕方がないじゃありませんか」と三吉に同意を求めるのであった。

日本人の利己主義についても、彼は言うべき多くのことを持っていた。漆の組合については橋本三郎が中心になって、一応はできかかっていたが、肝心の橋本が「漆など見たこともない」そして「一滴の漆も収買せざる」漆屋であったので、真物の漆屋たちはこれを甚しく迷惑なことに感じていた。従って相当の資力もあり地盤も有する三、四の有力収買業者たちは何かと口実を設けて、その実、心の中では橋本さんの隠れ蓑になるのは真平だと言う気持から組合加入を逃げた。残った業者たちは資本的にも性格上も極く弱い人々ばかりで、「あの人たち」の中でも最古参の橋本が主唱する計画に積極的に反対することに、一種の愛国心上の憚りを感じている若者どもであった。だからこの組合は有名無実にすぎないものとなっていた。塩見は有力漆業者の態度を、「怪しからんです」と言って激しく攻撃した。鉄鉱と石炭の場合は、鉄鉱においては印度支那産業の、石炭においては三井物産の資本力があまりにかけ離れて強すぎたために、日本人業者の戦線統一ということは、さし当りこれらの二大資本力による他の日本人小資本の吸収ということを意味したが、大資本側ではその必要を感じなかったし、小資本側では「殺される」ことを極度に嫌った。だから塩見が考えているような組合はここでもできなかった。

こうして、ホンゲイ炭鉱にはいまでも毎日のように誰かしら日本人がハイフォンからやって来た。渡船の必要のない本街道を走れば距離が二倍近くにのびるので、多くの人々は途中二ヶ所の渡船場で時間のかかる自動車ぐるみの渡しを待つ不便を忍んでも、近道を走った。それでも片道に凡そ半日を要する。

三吉は高山技師と満鉄の調査員中彼と最も気の合う倉持青年と三人でこの近道をホンゲイへ自動車を走らせた。ホンゲイの街へ行くにはここでもまた第三番目の渡しを渡らなければならなかった。その渡場の此方側の岸に近く、雄大なアロン湾の、歴々たる巨岩の島々が無数に展開する景色を一眸に収める位置に、生い茂った蔓莚に深々と蔽われた一軒の小さな家があった。一本の巨木が亭々とそびえ立ったその庭先には同じ蔓で日覆い棚を設けた下に、雨曝しのままの、古い粗木の長卓と椅子とが、朽ち果てたように並べてあった。自動車を乗り入れて来た道はこの庭の中で磧《はた》と行きどまりになっていて、青苔のむした石の階段がそこからすぐ波打際に下りていた。

ここはハイフォンやハノイからやって来る石炭関係の日本人たちの休憩所であり、旅籠でもあった。たまには、石炭積取りの日本船の船員たちも上陸のついでに立ち寄って行くこともある。亭主は斎藤某と言って、もう七十を超えた老人であった。青白い膚をして、歯のぬけてしまった口でぼそぼそ何やら話すとき、彼の首と手先とは始終ぶるぶる慄えていた。彼が膝の間に挟んで愛撫している大きな洋犬まで、ひどく老い耄れて、耳を垂れ、ふんだんに目脂を出していた。亭主の老いたる妻は三、四年来寝たきりで、今年の冬は持ちますまい、と老人も諦めていた。そして家のことは一切「昔から知っている」お咲さんという五十女に委せきりで

「わたしどもは、もうはあ、今生に何の楽しみもないですな、ただどっちが先に楽になるか、死ぬのを、こうやって、ぼんやりと待っているだけですたい」と老人はぼんやりと沖の方を眺めながら、力もなければ感情の動きもない淡々とした声で言うのであった。「ここにこうやって根を生してから、早いもんで、はや、三十年の余、おおかた四十年ちかくにもなりますか。昔は盛んなものでした。ですが、いまじゃ、ただこうやって食うだけの話で……まあ、せめてものことに、婆様とあたしと、骨だけは故郷《くに》に埋め

て貰えてえと思いますが、それも思うだけのことで、どうなりますやら、できなければできねえで、どこか、そこいらの海にでもほうり込んで下されても、別段文句もありませんたい」

そう言って彼は虚な口をあけて、はっはっはっと喘ぐように笑った。

「子供さんはないの、お爺さん？」

「ありましたですがね……」と彼はぽつりと答えたっきり、あとは何とも言わなかった。

「いやー、どうも、とんでもねえ、カムファ・ポートの方に入りあがって、困ったよ」

生垣の蔭のところから、いきなり大声で言いながら、脂ぎっててらてら光る、陽灼けのした大きな丸顔の汗を、乱暴に手拭いで拭き拭き肥満した老人が入って来た。そしてそこに三吉たちを見ると、ちょっと興冷めたように黙ったが、三吉とは石山ホテルで面識があったので、すぐまた元気な様子にかえって
「これは太田さん、きょうは御見物ですか」と彼の傍らに腰かけた。

「日本船が入ってるんですか」

「そうです。私んところの七千トンもあるやつですがね、この正面に入る筈だったのが、入る間際になって急にカムファの方に廻ることになったもんだから、此方は大慌てでさ。自動車はなし、てくで行ったり来たりじゃ、片道に一日仕事だでね」

「だけんども……」と斎藤老人が喘ぎながら口をはさんだ。「横山さんは元気だよう。年はわたしと二つか三つほか違わないだども、こうして若い者も及ばんのじゃからなあ、羨しいことで」

「年より、十は若く見えるとは聞いていたけれど、そんな年なんですか、ほんとうに」と三吉は驚いて横山老人に訊ねた。

横山老人は真実、見たところ五十そこそこにしか思われなかった。頭は禿げ上がって、短く刈り込んだ頭髪も髭も美しく真白ではあったが、顔にも手足にも脂が張りきっていて、皺などはまだ一つもなかった。美しく並んだ白い歯を指して
「此奴も真物ですよ。煎り豆でも食える」と横山老人はその大きな太鼓腹を揺って笑った。ハイフォンの邦人仲間では一番の資産家であり、精力もあって、三十代の若い後妻との間に今年四つか五つの子供があるという話であった。

彼は三吉が高山と倉持とを紹介すると、ただ軽く、「ハン」

と言って頭を下げただけであったが、その様子は持前の傲岸というよりも何となく新米の二人を憚り避けるかのように見えた。そして依然として三吉だけを相手に喋った。

「どうも近頃はいろんな人が見えるようですな」と横山老人は二人の方は見ないようにして言った。「そら、何と言ったかな。あんたより前に一度来たことのある毎日新聞の……そう、あれよ、あの記者の書いたものを、この間内地の新聞が送って来たんで見ると、えらい仰山なことを書いていたが、事実は御覧のとおり、十の一つもそんなことはありゃしない。新聞というものは大袈裟なことを書くものだわいと思ったがな。あんたも大方その口じゃろう。どうな？」

老人は大声で笑いながら小便に立って行った。その隙に高山は不愉快で堪らぬというような顔をして

「失敬な親爺だな。まるでフランス人みたいなことを言いやがる！」と呟いた。

横山は前のボタンをはめはめ帰って来ると、まだ座らないうちから続きを大声で始めた。

「いったい、漢口をとったら、それで戦は済むのかい、済まんのかい。最近じゃまた、仏印ルートだのなんだの言って、どうやら此方へ風が向いて来そうなあんばい式じゃが、ええ加減にしておいて貰いたいもんじゃて。あんたらあ、若いから面白いのかも知れんが、わしらみたいに年をとると、もう安穏にさしといて貰いたいだけが望みだでなあ」

食事の用意ができると、老人は驚くほどの健啖ぶりを示して、出されるだけの皿数を次々に平げながら、今度は石炭の話をした。この鉱山の出炭量の半分以上が日本に行っていることだの、ここの炭がないことには日本の或る種の精密工業は不可能になるだの、様々のことを機嫌よく喋って、食べ終ると、「御馳走様、ではお先に」と言って、大股に出て行った。垣根の裏の方へ曲って消えて行く横山老人の、かくしゃくたる白服の後姿を見送っていた高山は

「あの爺さんは僕のことを気付いているらしいね」と不機嫌に言った。

「ここいらで、多少の財産も拵えたという人達の偽わらぬ気持ではないのかな」

やや弁護的な調子の倉持と、真正面から非難する高山と、二人の間に始まった現地日本人論には加わらずに、三吉は石の階段を波打際に下りてみた。

水面は殆んど揺れていなかった。青苔のついた石段は水の中に静かに沈んで、六、七段先までよくすき透って見えた。そこには無数の小魚が群れ泳いでいた。時々大きな美

しい魚が突如としてやって来て、またさっと見えなくなる。一度四散した小魚の群は間もなく参々伍々、楽しそうに群れ帰って来た。亭主の老爺が音もなく彼の傍に来て立っていた。

「荒れるときもありますですが、まずは波穏かで」と老人は呟くように話した。「御覧のように、沖の方に幾重にも大きな岩山が重って壁のようになっていますで、時化と言っても外海のようなことはございません。この岩山の島はああやって、このも少し南から、ずーっと北の方の、支那領に近いところまで、一帯にああやった具合で、鎖みたいに続いていますで、アロン湾の名物でございます」

遠い島々はそれ自身金色に光るかと覚えて、輝く海面と澄みわたった日光との中に霞み込んでいた。近い島々は黒々と海面に或はそそり立ち、或は長く横臥していた。そその中間にある島々には灰色だったり、紫色がかっていたりした。そして無数の島々は互に重りあって疊々たる一大岩壁を築いて北に北にとのびていた。時々汽船が弱々しげに煙を吐きながら、突如としてこの壁の中からつき出されて来たり、すっと吸い込まれて消えてなくなったりした。

「すばらしい眺めですなあ。こんな景色を朝夕眺め暮していられるなんて、それだけでも大したことですよ」。三吉は心からそう思って言ったが、老人は淋しげにほほ笑んだだけで何とも言わなかった。

自動車ぐるみ三度渡しを渡って、彼らはホンゲイの街を走りぬけて、海岸沿いにカムファ・ポールまでドライヴした。ホンゲイの街は最近では積出し港に変っていて、昨今一番活発に出炭しているのはむしろカムファ付近であった。ホンゲイからカムファに至る間には、仏印ではここだけだろうと思われる電気機関車が長い炭車の列を牽いて走っていた。沿道到るところで有名な野天掘りが行われていた。高い炭殻の人工山が諸処にその屋根型を並べている。カムファの港はその堂々たる近代港ぶりで三吉たちを驚かした。ハイフォン港の貧弱さから、またたったいま走りすぎて来たホンゲイの港諸設備から、当然それ以下の、ほんのちょっとした船がかり場ぐらいを想像していた彼らは、眼の前に現れた堂々たる突提、コンクリートの桟橋、活発に動いている起重機の林、巨大な火力発電所の建物などを見て驚いたのであった。前面には三個の岩山があって、天然の大防波堤を形成していた。これだけの大設備が仏人経営の一炭鉱会社だけの手でなされているということも一つの驚異であったが、そのことが今日まで、一般には殆んど知られていなかったということも不思議なことであった。

「一万トン級が三隻は横づけにできるね」

「仏印側がもしこの港を援蔣物資の陸揚港に利用したとして、ここから広西省への輸送手段はどうだろう」

「そりぁ、ハイフォンなんかよりは遥かに有利だろう。ジャンクでモンカイに持って行っても、陸路トラックでモンカイに持って行ってもずっと近いもの」

彼ら三人は炭殻の小高い丘の上に立って、眼下に展けたカムファ港の堂々たる姿に見入りながらしきりとこういうような話をしあった。

その夜、ホンゲイの街の海岸ばたにあるフランス人経営のホテルに泊って、次の日はモーターボートを仕立てて、アロン湾内に半日の舟遊を試みたが、夜のホンゲイに炭鉱町らしく下卑て荒々しいキャバレーを素見していても、アロン湾内の、近くから見ればまたそれだけに、別の不思議な美しさを増す多島海風景を賞でていても、彼らの脳裡を常に去来していたのは、全く思いもかけなかったカムファ・ポールの立派さであり、そこから支那領広西への余りにも現実的な近さであった。現にアロン湾内には多くの支那人漁船が広西省の部落々々から出漁して来ていて、そこここの島蔭に五隻、十隻と、無数に屯していた。遠くから見れば木も草もないかに見ゆる岩山の島々にも、近よって見れば木もあったし、草も生えていて、夥しい野猿の群が遊んでいた。そして岩の根は波に削られて、或は洞となり、或は向う側につつ抜け、或は橋の如くになりまた他のものは屋根の如くになっていたが、それらのきわに尻の高い支那式小舟は思い思いに適当に陣取って、静かにアロン湾内の魚を釣りあげていた。

支那はほんとうにすぐそこにあった。

10　虎御前

ハノイの日本人社会はまた一人、新来の客を迎えた。仏印・広西国境方面の視察が目的で香港からやって来た元公使矢田七太郎氏は脂ぎっててかてか光る顔をした、みるからに精力的な人物であった。メトロポールに泊って、老総領事を宿に呼びつけたりしていた。

彼はホンコンでは料亭常盤に陣取って、かれこれもう三、四ヶ月もぶらぶらしていたようであったが、外交官としても既に現役を退いていたこの人物が誰の金で、どんな目的のもとに、こうしてここらで遊んでいるのか、一般には知られていなかったし、また誰もとりたてて穿鑿するものもいなかった。そんな、えたいの知れぬ人物の来往はその頃の天津・北京、上海、香港などでは少しも珍しいことではなかった。あの有名な疑獄事件以来、世間からはとんと忘れられてしまっていた小川平吉＊などという老人まで飄然と香港に現れて、矢田老人と同じ頃、矢張り同じ料亭常盤の一室に陣取って、夜になると毎晩、同じようにえたいの知れぬ日本人を何人か集めては飲んでいたものである。矢田老人は三吉をもホテルに招いて、一緒に食事をしながら、仏印の事情を、主として援蒋ルートとしての仏印の実情を聴取した。

＊　小川は鉄道相当時の昭和四年、五つの私鉄事業者に便宜を図ったとして入獄、政界を引退した。

食堂からロビーに移って、そこの天井吊の旋風器の下でコニャックを飲みながら話していると、五つ六つ先の籐椅子にかけて、二人の中年者フランス人と話していたひとりの婦人が、自分の席から三吉に笑顔で会釈した。三吉も会釈を返した。

「あれは誰です?」。矢田元公使は目敏く見咎めて三吉に聞いた。

「マダム・ロームと言って、フランス人の未亡人になっている日本婦人です」

「まだ若いじゃないですか。それに珍らしい美人だ!」

そのときローム夫人は要談が終ったと見えて立ち上がり、二人のフランス人と握手してこれを送り出したが、また歩を返して、三吉から四、五歩のところまで来て少し躊躇の様子であった。三吉は矢田老人に、「ちょっと失礼します」と言って、ローム夫人の方へ立って行って握手した。ローム夫人はたどたどしい日本語で、些か甘えるように言った。

「あなた、きょうのよる、おいそがしいですか」

「別に。何ですか」

「わたしね、少し、おはなしがあるけれど、あとで、部屋に、でんわ、ください。まってますからね」

「承知しました」

「では《アロール》、おわすれなく《ヌ●ヴリエ●パ●ムッシュー》、あとでね《ア●バー●タ●ルール》、屹度ですよ《シュール?》」

とここだけ、流暢なフランス語で言って、彼女は袖をひるがえして行ってしまった。事実、彼女の袖は派手にひるがえった。というのは、彼女は日本服とも朝鮮服ともモンペともつかぬ妙な、彼女独特のデザインの服を着ていたのである。長い袖つきの上衣は紺地の絹布で出来ていた。一見袴みたいなスカートも同じ布地であったが、普通の袴ともモンペのそれとも違って、絹靴下にハイ・ヒールがよく似合うように工夫されていた。

彼女の服装はすべての人の目を惹いた。それに彼女は西洋婦人のように色が白くて目が大きく、唇が赤かった。

「いったい、どういう婦人ですか、あの人は」と矢田老人は異常な関心を示して、三吉にたたみかけて訊ねた。

三吉もつい二、三日前に知り合ったばかりで、余り詳しいことは知っていなかったが、彼女もまた娘子軍出身者のひとりであること、しかし、店に出で僅か三日目には早くもロームというフランス人官吏に身請されて、正式にその夫人となったこと、当時彼女は十七歳であったというから、現在は四十歳前後であろうということ、彼女の夫は退職後、彼女を同伴して世界を一周し、のちトンキン州南部に大きな珈琲園の経営を始めたが、数年前全財産を彼女に残して病没したこと、爾来彼女は自ら珈琲園の経営に当っていること、月に一回ぐらい所要でハノイに出て来るらしいことなどを知っていた。

「面白いね、女傑じゃないかね君、何故紹介してくれなかったんだ」

「女傑といえば、ここの日本人仲間では彼女に虎御前*という綽名を奉っていますよ」

「それはどういう意味だろう」

「さあ、僕もよくは知りませんが、何でも非常によく飲むそうです。飲めば虎になるとでも言うんじゃないんですか」

「ますます面白いじゃないか。愉快じゃないか。君、是非一つここへ呼んで、一緒に飲もうじゃないか。電話をかけて、呼び給えよ」。矢田老人は熱心にそう言ったが、三吉は笑って相手にしなかった。

「それとも、君の方に、なにか、さしさわりでもあるのかな」

「莫迦言っちゃいけませんよ」

「でなかったら、いいじゃないか。君、呼び給えよ」

「それほど御熱心だったら、あとで、ご自分でお呼びになるんですな」

三吉が不機嫌に言うと、矢田元公使も暫く黙ったが、既に相当アルコールの廻った目もとをぎらぎら光らせながら、再びローム夫人の身の上について質問を続けた。三吉は笑って、「仏印ルートがマダム・ロームに早替りしちゃったようですね」といったが、矢田老人は、「君、かかる婦人の話は好個の話柄だよ、何しろ、変った存在だな」とますます熱心であった。

「で、何かね、彼女は自分ひとりでその、何百人かの苦力を監督している、というわけでも勿論あるまい」

「僕もよくは知らんのですけどね、何でも前にはフランス人の監督を使っていたらしい様子でしたが、いまでは日本人の男を二人ほど使っているような話ですよ」

「で、なにかね、その、ずーっと独身なんだろうか」

「でしょうね。少なくとも表面上は。例のフランス人監督というのは、内実は情夫であったらしい。ローム夫人の言うところによると、フランス人は恋だけでなしにすぐ財産まで欲しがりはじめるから、もう真平だ、ということで、監督さんをおっぽり出したのも、どうもそういうことが、原因らしいですね」

「で、その、いまいる日本人というのはどうだろう」

「存じませんね。もっとも、それほどお気がかりなら、近々に彼女の珈琲園を訪れることになっていますから、いずれ調べた上で、お報らせしますよ」

「それには及ばないがね」と矢田老人は三吉と声を合せて笑った。「時に、君はどうかね、君は。年は若いし、男ぷりはよし、別段財産に目をかけるようなこともないだろうから、条件はよいじゃないか」

「一つ、御推薦願いますかな」

「怪しいもんだて。先刻も何やら約束していたようだが……」

「先方がどんな気でいるかは、これは僕と関係のないことでしてね」

「うまく言うよ、この小僧。どうしても紹介したがらないところを見ると、怪しいもんだて」

三吉は矢田老人と一旦別れてから、改めてローム夫人に電話をかけた。彼女はその旧い友達である青山のお米のところで会おうと答えた。三吉が先に、ひとりで入って行くとそこでは高山が珍しく山田老人を引張り出して酒を飲んでいた。高山は機嫌よくへらへら笑っていたが、山田老人はひどく酔っていて、三吉が
「御老人、珍しいじゃないですか、娑婆に出て来て酔うなんて」と挨拶すると、とろりと据った目を向けて、唇のはしから涎をたらさんばかりのろれつの廻らなさで
「こーらっ！　新聞屋の小僧、何が国策通信社だ、大きな面あしやがって、小僧っこのくせに、人を人とも思わぬ生意気な奴だ。この俺が、山田が、盃をやる、のめーっ、のめーと言ったら、ぐーっと、のむんだあー」

と、ひょろひょろ、ゆらゆら、手にしたコニャックの盃をつき出して、腰から上では立ち上がろうとし、腰から下ではどっかと座って動かなかった。「爺様は、おそろしく酔いましたね」と三吉がその盃をうけて飲んでいる間に、

彼はそこにごろりと他愛もなくひっくり返って、眠りこんでしまった。

「妾を捉えて、先刻から、抱いて寝るちうてききなさっせんと」とお米が言うのへ、高山が
「うれしかったろう」と揶揄った。

「何のうれしかろうに。太田さんでばしあればねえ、二つ返事じゃけども」

高山が笑いすぎてむせ返っているところへ、ローム夫人が颯爽として現れた。高山は一時笑うのをやめたが、これが噂の虎御前と聞いて、更に陽気さを加えたようであった。ローム夫人も、「また来ます」と言って帰ろうとしたのをお米に引とめられて、そのまま腰を据えた。

ローム夫人は矢継ぎ早に盃をほした。三吉は控え目に盃をあげながら、急速に乱れて行くローム夫人の様子を眺めていた。これではあてにしていた件も今晩のことではないと諦めて、いい加減のところで切りあげて帰ろうと機会を狙ったが、ますます陽気になって来た高山や、これも少し宛酔って来たお米などに執拗にとめられて立ちかねていた。

最初に会ったとき、ローム夫人が珈琲園のトラックを徴用されたので困っていると話したのをきっかけに、三吉は彼女にフランス軍の動き、配置、準備状況など、できたらそれとなく探って貰えないかと頼んだのであった。彼女はもう十年近くも前、たった一度訪れただけだが、故郷のいまは亡き父母の墳墓のことは片ときも忘れたことがない、という話を感傷をこめて長々とした末、彼女はハノイにも、田舎にもフランス人の知己があるから、できるだけそのようなことも調べて来てお報せしましょう、と約束した。今夜は何かそれに関連した話があったのかも知れないと、三吉はひそかに期待していたのであった。

「のみなさっせよ、太田さん、あなた、今夜はえらい調子の悪かが、どうかしなさしたと？」とお米は絶えず三吉にすすめた。高山は大きな口を開いてのべつ笑いながら、ローム夫人を無作法に抱き寄せて、しきりに
「接吻《ベーゼ》、接吻《ベーゼ》」と言っていた。

ローム夫人も甲高い嬌声を発して、接吻こそ許さなかったが、面白そうに対手になっていた。

「マダム、あんたは、日本人を恋人にせにゃいかん。僕は日本人の中でも一番誠実な日本人だよ」

「あれまあ、高山さんの、自分で自分をほめなさすと。誰が信じまっしょうかい」とお米が言えば、高山はまたも、拳も入りかねないほどの大口を開いて、からからと笑うのであった。

「さあ、お米も来い、太田、お前も来い。これからマダムをつれて、サン・スーシーに行って、大いに飲んで、踊ろう」

だが、お米は山田が酔いつぶれているのを口実に行かなかった。三吉はぶっきら棒に、「俺は行かん」と断った。高山は別段気にするでもなく、マダム・ロームの腰を擁して、ふらふらしながら、例の赤塗りの自動車で出かけて行った。

台風一過のあとのように、家の中はしんとなった。正体もなく眠りこけている山田老人の苦しそうな鼾の音だけが、時々溜息まじりに聞える。

「大丈夫でしょうか、あたしは心配な」とお米がややたってから真顔で言った。

「まさかへまもやるまい。高山だって、酔っても己を忘れるような男じゃないよ。それより、僕が心配なのはローム夫人だよ。お米さん、あの人はいったいどんな人かね」

「へん」とお米は唇を曲げた。「どんなというて、見とんなっしょうが。あのとおりの人ですたい」

「まさか、シュルテの方は大丈夫だろうね」

「それは、その方なら御心配はありまっせん。ただね、酔うと無茶じゃけん。それがちくと心配なばってて……」

「乱暴でもするのかね」

「別に言うほどのこともないとですけど……あの人が出て来ると、小田の爺がそわそわして、婆さんがやきもちを焼いて、大喧嘩ですたい。お絹さん（ローム夫人）の方は何でもなかとでも、酔って、色気のありそうにしますけん、小田の爺がそわつきますたい」

三吉は少し不安になって、行ってみようかな、とも思ったが、強いて大丈夫だろうと思うことにして、「じゃ、お休み」と立ち上がった。お米は突然走って、戸口の前に両手を広げて立ち塞がった。

「帰さん、帰しまっせんばい、今夜は」

三吉はぎょっとして、髪毛を乱したお米の凄いような醜い顔を見た。とぽんと窪んだ目ばかり、やたらぎらぎらと光っていて、土色の厚い唇が無気味に大きかった。

「冗談をするなよ、お米さん」。三吉は静かに彼女の前に立った。「何で帰さんのだ?」。

「あなたはこれからカムチェンにおいでるつもりでっしょうが。……それじゃけん、妾が帰さんと言いますと。若いあんたの言いますにぁ……」とお米はなおも戸の前に立ちはだかって、三吉を真直ぐに見て言った。「あなたは近頃、毎夜のごと、カムチェンにおいでるそうな。そりぁ、お若いけ、遊びなさるもよござすばって、気をおつけなさっせえ。あそこは皆シュルテの手先ばかりですとばい。それに、碌でもない、安南芸者づれに高い金ば捨てて、阿呆らしか」

　言いあてられた弱味に、苦笑ひしして立ちつくしていた三吉が、思わずぞっとしたほど、突然、お米は彼の手をとって、低い声で言った。

「あげなところに行くくらいなら、わたしのとで我慢しなさっせ。誰にも知れんけ、こっそり……そうなりまっせ」

　三吉は大きな生唾の固りがごくりと咽喉を落ちて行くのを感じた。それから、逆にお米の手を捉えて、傍に引き退けた。

　三吉は辛うじて、「お休み」と言っただけで、外に出た。

＊　田沢丈夫『白象』（一九四一年）に「安南虎御前秘話」として、ローム夫人が紹介されている。当時三十五、六歳。いわゆる娘子軍が引き揚げた後の大正末期、天草出身の彼女は石炭船に乗ってハイフォンにやってきた。ハノイの日本人経営の喫茶店で働き始めた。ちょうどそのころ、フランス本国から官吏ロームが赴任し、彼女と知り合った。ロームは本国殖民省監察官となり、ユエに駐在する。二人は間もなく正式に結婚、ユエに住んだ。彼女はフランスに帰化する。ロームは突然病死し、彼女はロームが手に入れていたコーヒー園に移り住んで、コーヒー園の経営に努力を続けた。当時、百数十人の労働者を使っていた。田沢は経営するコーヒー園の付近に時折、虎が出没することから、虎御前のあだながついたらしいとしている。虎御前は、昭和十六年十月二十一日「日本ニュース」第七十二号「仏印でコーヒー園経営の日本婦人」というタイトルで、本名鮫島キヨミとして紹介されている。

11　カムチェンの夜

　三吉はお米の家を出たときはじめて、かすかながら月の光があることに気付いた。

　洋俥をひろって、「カムチェン」と命じると、俥夫は心得て一きわ元気よく走り出した。夜も既に十一時である。歓楽街の宵は漸く幕をあけはじめた頃であった。

　並木の葉の繁みから月の光が斑にこぼれて指していた。俥の揺れに身体をまかせて、脚を組み、アルコールにやや上気した頬を冷い夜風に快くなぶらせて、眼をつむっていると、何か知ら、近頃ときどき頻りに覚える索漠とした心の空虚さに、またしても襲われるのであった。それはかすかに歔《すすりな》きたいような、或は急に子供の昔に返って突然「お母さん」と叫んでみたいような、一種歯切れの悪い感傷であった。ヨーロッパでも、支那でも、かなり永いこれまでの海外生活のどの瞬間にも曽つて味ったことのない、やるせなさであった。それがときどき、間欠的に近頃の三吉を襲って来る。

心と身体が女欲しさに飢えているのだ、と三吉はその原因を自分でそう診断していた。女というものは、必ずしも肉体的にこれを得なくとも、ある程度までは辛抱できるものである。女の肉体を現実に身近に感じつつ、一方では女恋うる心にかなりの満足が与えられるならば、三吉のごときはそれで相当長期にわたる禁欲にも堪え得る。例えば、北支時代における三吉の生活がそれであった。天津では芸妓玉菊を中心とする女たちによって、北京ではマダム・レイを中心とする女たちによって、淡くはあったが女恋うる三吉の精神上の渇は少からず醫《いや》されていた。だから三吉のいわゆる「北支童貞」は綏遠旅行の小事件にぶつかるまでは十ヶ月余にわたって、保たれていたのである。

仏印に来てからはそのいずれもが与えられなかった……

洋俥は並木の大通りを横に切れて、今度は並木の一本もない裸の通りを支那人旅館の前にぬけて、やがてハノイの停車場前を一直線に、構内の外れで鉄道の踏切りを越えた。四周が急に騒々しく、賑々しくなって、活気が辺りに充ちていた。踏み切りのすぐ傍にある公共水道の大きな水栓には、真夜中近い時間だというのに、多くの水汲人たちが長い列をなしていて、付近の地面は大夕立のあとのように、びしょびしょにぬかるんでいた。その辺りから、道の両側にずらりと、様々な飲食の屋台が並んでいて、うすぐらいランプを吊した屋台には、鍋から立ちのぼる湯気の中に首をつき込んで、物売りたちが何かの煮込みを竹串につきさして客に供していた。瓜子や豆などを売り歩くものもいたし、飲料水を売る屋台もあった。

両側に立ち並んだ家々からは、地階からも二階からも、三階のある家は三階からも、多くの窓々から煌々と光が洩れて、陽気な妓や客のさんざめきが、胡弓に似た蛇皮線の嫋々たる哀調と調子づいた鼓の音とに乗って流れ出ていた。客の登楼していない室の戸は閉されて、ぽつんと歯の抜けたあとのように暗かったが、そんな家の門口には必ず、手すきの妓たちが涼みがてら客とりに出ていて、顔見知りの客が素通りしかかると大騒ぎして引とめようとした。

「オオタ！　オオタ！」

と二、三の声がかかったが、三吉はそのまま俥を急がせて、近頃よく登楼する五十八番に前で飛び下りた。門口には四、五人の妓たちが涼んでいたが、三吉を見ると色とりどりの、しなやかな安南服をひるがえして走りよった。彼女らは殆んど例外なしにフランス語を話せない。そして三吉には安南語が全く判らない。この、泣くが如く訴えるが如くしゃくりあげるが如く、妙な吃音の連続みたいな世にも情けない言葉（と三吉には感じられた）を学習する気は三吉には全然なかった。妓たちは三吉の手をとって、引ぱりこみながら口々に何やら勝手に喋った。なかに、ほんの片言だけフランス語を幾つか喋れるのがいて、言った。

「お前《トア》・友達《カマラド》・上に《アンオー》。沢山の友達《ボークー・カマラード》！」

そして彼女らが先に立って、どやどやと二階に上って行った。

二階の広間には七、八人の日本人青年たちがいずれも上衣を脱いで、白シャツに白ズボンという姿で、橙、緑、桃色、黒と紫などのとりどりな色調の長い羅絹の安南服を着た華かな娘たちを相擁して、レコードに合せて床も狭しと踊っていた。ビールとコニャックの罎が何本も隅っこの机に立ててあった。

青年たちの中には満鉄の調査員たちも混じっていた。

「よう、ウェルカム……じゃなかった、ビアン・ヴニューか！」

倉持が踊りながら大きな声で、戸口に立っている三吉に向って手をあげて挨拶したので、彼のパトナーになっていた通称マリー・ローズとフランス風に呼ばれていた女が振向いた。そして彼女は真白に並んだ素敵に美しい歯をにっと見せて何事か叫びながら（三吉には安南語はすべて叫ぶか訴えるか泣くかのいずれにしか聞こえなかった）倉持をすてて、三吉の方へ飛んで来た。倉持は日本語で
「おいおいおい、俺を捨てて行っちゃひどいじゃないか」

と笑いながら、彼も三吉のところへやって来て、躊躇していた彼を中に引込んだ。

「勇名はまさに轟いているね、驚いたよ。この界隈どの家に行っても、のっけから『あんた《チュ》、知るか《コンネートル》、太田《オータ》？　来ないか《パ・ヴニール》』だよ。知らなきぁ、もぐりだっちゅう、わけだろうじゃないか。ひでえ野郎だ。こん畜生！」

片岡という温順しい技師も踊りをすましてやって来たが、彼らはいずれも今宵はひどく酔っていた。片岡はいきなり三吉に抱きついて、学生時代から引つづき剣道の選手だというその鉄のような腕で、ぐいぐい彼の頚を絞めた。

「おい、俺あお前を尊敬しているぞ、知っているか。しっかりやれよ。お国のためだ。いまここで何かやれるなぁ、立場上、お前だけだ」

そして、「シャンパン！」と叫んだ。妓たちはワァーいと喚声をあげて、口々に戸口の方に向って、「ボーイ、シャンパーン」（仏印ではボーイのことだけは英語でボーイと言った）と怒鳴った。うすてのシャンパングラスが配られて、音高く栓のはじけたシャンパンの罎からは、妓たちの白い手で、泡立つ豊醇な黄金の液体がついで廻られた。背の高い倉持が、前後左右によろめきながら、しゃっくりとともに盃をあげて、「われわれハノイ日本人愛国青年のために」と唱えると、妓たちが驚いて思わずとび上るような大声で、皆は一斉に「万才！」と叫んだ。次いで一座はどっと崩れて、或は踊り、或はくだをまき、或は隅の椅子に馬乗りになってへたり込んだ。

三吉は阿片吸引具を備えた黒檀の支那式寝台の上に、頭を右肘で支えて横になりながら、傍からはなれようとしないマリー・ローズの白い柔かい手に己の手をあずけて、ぼんやりしていた。

この女はいくつぐらいであろう？　二十か二十一か。ハノイ女の流行は多くここから出ると思われるくらい、この女は商売柄とは言いながら服飾に金をかける様であった。今夜の彼女はうすい織模様のあるレース縁つきの黄色い絹衫を着ていた。安南人とは思えぬほど色白の肌にそれがよく映えた。そして、耳と頚と、腕とにはめた金（或は金めっき）の飾り環にもよく調和した。踝のあたりまで来る上衫の、割れた両腿脇からのぞいて見える白絹のズボンはおうようにだぶついていて、その蔭から安南人独特の美しさを誇らかな美しい足指の爪がぽっと貝殻のように色づいて覗いていた。彼女らは素足の美を誇り、その素足に優美に工夫した女用のサンダルをつっかけて歩いた。

妓たちの中には普通の安南人とは全く異って色のぬけるように白い女が半分ぐらいはいた。この妓たちはまだ五、六歳か七、八歳の幼いうちに、両親のもとから僅か五円か十円で買いとられて来て、楼主の手許で育てられるのだという。従って、いわば終身の女奴隷であった。楼主は彼女らに芸をしこみ、美食させ、肌を磨き、美しい服装をさせて一人前の妓に仕立てる。彼女らの美しい肌、優しい手指、彫ったような足指などはすべて商品価値の要素をなすものであった。

嫖客は幾晩でも根気強く浪費しなければならなかった。つまり、楼主は抱え妓たちに対して、「その恋愛行為に関する限り一切の強制を加えない」のである。妓たちは愛するも愛しないも全く彼女らの自由意志に委ねられていた。妓たちは、もし欲すれば初会のその夜に唇を許し、求められれば下帯の紐を解くことも彼女らの自由であった。しかし、そんなことは殆んどないことであった。妓たちは能う限り嫖客を長く引よせて、「楼主の恩」に酬いようとする。そのうちに妓と嫖客の相寄る気持が昂じて、一夜の契りが成立すれば、彼女はそのことを主人にも朋輩たちにもつげて、その客と妓との関係は公然たるものとなるのであった。

客は彼女に対して「情人」としてのあらゆる義務を尽さねばならなかった。定めの贈物があった。そのほかに随時恋人を喜ばせるための贈物も多い方がよかった。でなければ客は彼女を買い取る、つまり身請けして己の専有物とすることが必要であった。そのいずれをもなさずにただ妓の身体を自由にしただけの男はここの社会から厳しく閉め出されるのであった。そうした男に軽々しく肌を許したことについての妓の不面目は暫く別として、男の不徳義背信は忽ちのうちにカムチェンの全社会に知れわたるようになっていた。

遊興に定価のない社会——茶だけで帰ったからとか、一時間しかいなかったからとか、或は妓を二人しか呼ばなかったからとか、今度は逆にシャンパンを抜いたからとか、妓を総あげしたからとか、朝までいたからとか、そんなことによって、それぞれ異った勘定書きが提出されるのではない社会、それがカムチェンであった。嫖客は各々の気持で金を払った。勿論、この社会に遊ぶほどの客なら、遊興の費用を償ってなお充分に利潤のあるだけのものは置いて行くのが普通であったが、払われた金額がかりに消費の原価を割っていても、その場では決して誰も何とも言いはしなかった。

こうした、この貧しい国には思いがけない鷹揚な慣習は北京の遊里、前門街のそれによく似ていた。そして三吉はそれが好きであった。

マリー・ローズの手からコニャックを飲んでいた三吉の耳もとで、通りがかりの妓が

「太田《オータ》・マリー《マリー》・結婚《マリエ》する。お前とお前《トア●エ●トア》・愛する《エーメ》・沢山《ボークー》・沢山《ボークー》」と言って、きゃっきゃっと笑って逃げた。それは三吉が水牛と綽名していた、柄の大きな、鼻が低くて鼻孔の非常に大きな妓であった。マリー・ローズは立って行って、彼女を捉えて何かしきりに訴えていたが、そのまま二人とも室から出て行ってしまった。彼女らは、好きなときに来り、好きなときに去った。漆仲買の青年がひとり、先刻か

ら安南語でしきりに妓たちと談じていたが、くるりと三吉の方を向いて言った。

「こ奴らは、最近街で盛んに、近く日本軍が攻めて来るといっているが、ほんとうかと、うるさく訊いて仕様がないですよ。そんなバカなことはないといくら言っても、その証拠にはいろんな日本人が沢山ハノイに入り込んで来ているという話だ、というんです」

「そりぁほんとうだから、早いとこ今のうちに往生しろと言ってくれ」

倉持はそう言って笑った。漆屋の青年はそのとおり言っているようであった。

「日本軍が来たとき、守ってくれるなら、御意に従ってもいいと言っていますよ」

「よし、引うけた」

「俺もだ、俺もだ」

倉持と片岡とが二人で先を争って手をあげた。妓は笑いながら、舌を出してこれも室を出て行ってしまった。

三吉はここを抜け出して、五、六軒先の、この社会では一番の老舗で、格も上だとされている六十三番に行ってみた。ここには三吉がスネークと呼んでいた可憐な踊り子がいた。色は黒かったが、眼が鈴のようにつぶらでしかも切れながなところに、十五、六の娘とは思えないような豊な色気をたたえていた。彼女の小麦色の肌からは甘いミルクのような香が発散して、その声は安南人には珍らしく朗かな響きを持っていた。そして彼女は安南音楽にあわせて実に怖ろしいほどのうねらせかたで、実物の蛇以上にうねうねと身体をよじりながら、スネーク・ダンスを踊った。

ここにもこの夜は日本人の一団がいた。それはひどく年寄ばかりで、老総領事をはじめ、下村、山根、原、菊地、小田それに唯一の頭髪の黒い人として坂本が加わっていた。

「なあんだ、養老院の総会かぁ」

三吉は老総領事が彼のスネークをその膝の上に抱きとって、アルコールのため充血した目に淫らな光りを浮べながら、しきりに彼女の腕や胸をその脂ぎった手でなで廻しているのを横目で眺めて言った。

「こいつが、来る早々にあんな悪いことを言いやがる」

と下村老人が黄色い大きな歯を剥き出して、狎々《なれなれ》しげに罵った。「ここは子供の来るところじゃない」。

幹事らしい坂本がすぐ立って来て、彼の席を設けようとした。老総領事は
「老人組で送別会をしてくれたのでね、第二次会に僕がお招きしたのさ。ここへ来いよ、ここへかけ給え。ちょう

どいい、誰も一向飲まないので……

「まるでお通夜のようでした」と小田老人が引とって言って、へっへへへと意味もなく笑った。

菊地と原の両老人は一向に面白くも娯しくもないらしく、伏目がちに、さりとて酒を呷るでもなく、むしろ悄然と窮屈そうに並んで腰かけていた。痔疾のため木の椅子に掛けられない山根老人はひとり離れて、隅の寝台に片肘ついて横になっていた。妓たちも何となくもっさりと、沈みがちに席についていた。

ここの妓を二人か三人とか身請して、その度に一週間とは囲わぬうちに妓に逃げられたという老総領事の「女難」の話を思い出して、三吉は愉快になった。

「さあ、一つ踊れや」と言って、老総領事はスネークを膝から押しやった。小田老人がそれを安南語で通訳した。ほかの妓たちはのろのろと立って行って、てんでに楽器をとった。

12　国境の秋

太陽がやたらと黄色く見えた。まだしーんと眠り込んでいる享楽街の朝である。

三吉は洋俥の上で、やたらと自分の後頭部を右手で叩いた。強い洋酒の混ぜ飲みと、蒸し暑い寝苦しさとが頭にしこって、むやみに痛い。いまは一分も早く自宅に帰って、快いシャワーに身を潔め、濃い珈琲の一杯に心気を洗うことのみがやたらと急がれた。

朝になって見ると、すべてが莫迦々々しく思われた。三吉はよく、サロンに続く妓たちの私室で眠るのであったが、三、四人の妓が同居しているこれらの私房はたいてい狭くて窓すらないものが多かった。夜どおし小型旋風器をかけっぱなしにして寝ても矢張りねっとりと汗ばんで寝苦しかった。嫖客が泊る夜は妓たちはサロンでごろ寝した。

マリー・ローズは三吉が泊るときは必ず自分だけが彼の横に来て寝た。だが二人の間にはまだ何の異常も発生していなかった。スネークは三吉が招けば彼の傍に来て寝た。だがそれだけのことであった。三吉は自分の遊びを狭めたくないと思っていたのである。

また朝帰りか、というような顔で迎えるボーイに援けられて、水浴をすまし、朝食をとっているところへ橋本が犬を索いてやって来た。そこへ高山も来合せた。高山は、「やあ昨夜は失敬、失敬」と少し照れたように笑いながら入って来た。

「無事だったかね。だいぶん御機嫌のようだったが」

「無事は無事だが……どうも、えらい小母さんだね。すっかり煙にまかれたよ」

三吉は橋本に昨夜のことを話した。橋本は高山に自重するように言った。それから三人の間には明日三吉が矢田氏らと一緒に行くことになっている広西国境方面の視察についての打合せが始められた。高山や橋本は特に注意して見て来て貰いたい点について三吉にいろいろと注文をのべた。

三吉は電話のベルが鳴ったので、事務室にあてていた二階の広間に上がって行った。明日の国境行について、政庁当局との交渉に当っていた総領事館の橋丸書記生から、午後総領事館で打合せをするからとの電話であった。

三吉が再び客間に戻ってみると、橋本が何事かぷんぷんしながら出て行くところであった。

「どうしたの、もう帰るのかね小父さん」

「ふざけてやがる。俺は一切関知せんから、君たちだけでやれよ」

「何だい、どうしたんだよ」

しかし橋本は行ってしまった。残された高山はばつが悪そうににやにや笑っていた。

「どうしたんだよ」

「怒っちゃたよ。余り細々したことを彼是言うから、俺がつい、君は僕の言うとおり、電報を打ってさえいりゃいいんだ、と言っちゃったんだよ」

「そりゃ、あんたが悪いよ」

「だけど、彼も怒りっぽいね」

「だいたい、あんたの態度は僕なんかも決して好感は持っていないよ」と三吉は歯に衣着せずに言った。「何でも高圧的な命令口調で物を言う癖がまだ随分強く残ってるけど、軍服を着ている間は兎も角、こうして名も鉱山技師高山文雄とあれば、それはそのように、修業せにゃ、だめだよ」

高山は暫く黙っていたが
「軍の仕事では命令系統が厳重だからね」と言った。

「しかし、もっと基本的なことは、人間としての交際だよ。たとえ今日の身分や地位や命令系統上の位置はどうあろうとも、橋本の小父さんが持っている過去はお互に充分これを尊重すべきじゃないか。あんたなんか、正直なところ、青二才だよ、まだ」

高山も些か憤然として帰ってしまった。

三吉はその足ですぐ近くの橋本の家に行ってみた。玄関のところで犬の蚤をとってやっていた家政婦のはるみ（というと何だか二十代の若い女のように思われるが、彼女も

〔四百字詰め原稿用紙通し番号151以下が散逸〕

大屋は一九三八年九月、矢田らとともに広西・仏印国境を視察、十月、満鉄調査員とともに、陸路サイゴンを訪れた。帰りは海路をとってハノイに戻った。その翌日十月二十八日早朝、仏印憲兵三人が大屋自宅を訪れ、軍法会議への出頭を求められた。サイゴンで発行されている親日的フランス語新聞「アレルト」の経営者フォクノーが軍事機密を売ったとして逮捕されたことへの関連であった。大屋が旅行中、サイゴンなどに住む日本人五人の家宅捜査が行われた。同紙に寄稿していた大屋は、フォクノーに会ったことはなく、手紙を書いたことがあるだけであった。軍法会議にかけられたフォクノーは、売国罪で懲役十五年を宣告され、本国送りとなった。二百字詰め原稿用紙通し番号1は、軍法会議での訊問から始まっている。

リスト教徒でない人々がこの世にまともに生きてい得ることが不審でならぬというような目をして三吉を見るのであった。三吉は日本における神のことだの、仏のことだのを話した。そして誓いは天皇陛下に対する忠誠の表徴としてのみ行われることなどを話した。

クロックヴィル少佐はそれに少からぬ興味を覚えたようであった。彼は傍らの記録係を「休め」というように手で制してから、しばらくの間、三吉との間にまず雑談を交した。

取調べは先刻松下の店の番頭を見たときから三吉が想像していたように、フォクノーの事件に関するものであった。少佐は数頁の記録綴りらしいものを見ながら、ぽつりぽつりと三吉を訊問して、その訊問と答弁との内容を自ら口述しつつ記録係りに筆記させた。

三吉は十分とは経たぬ間に極めて楽な気分になっていた。訊問の模様から察するに、この少佐はフォクノー事件なるもの、それに関連するサイゴン日本人事件なるものを余りよくは知らないらしかった。それに、三吉は答弁に際して殆んど何一つ虚偽を講じる必要を感じなかった。問題がこの事件だけに止るならば、それは三吉の関知する限りこれ以上にはどんなことがあっても発展しっこないと確信された。

クロックヴィル少佐はこの事件と三吉のサイゴン行き

とが時期の上から合致することを重要視したい風であったが、その望みも、鈴木新総領事〈注―鈴木六郎〉の出迎え方々サイゴン視察に赴いたのが主な旅行目的であると説明されて空しくなった。その次は彼とフォクノーの関係が相当つき進んだものでなければならないとの彼の仮定も、サイゴンに行ったらフォクノーと会って見たいと考えながら向うに到着して見ると、もう二週間も前に検挙されているとのことにむしろ驚いたくらいであると陳述されて、どうやら崩れ去ったようであった。更にフォクノーは日本側の或る機関から相当な金額を秘密に供与されている筈だとする憶測も、そんな事実が仮にあったとしても、一介の通信記者にすぎない三吉としては何事も知らないのだ、彼はただ、フォクノーの求めによって数篇の論文を認めたにすぎず、フォクノーとの文通も専ら右の論文に関連することばかりであると説明されて立ち消えとならざるを得なかった。

クロックヴィル少佐は黄色く染まった三吉の人差指と中指を見て

「君もたばこは好きですか」と訊く。そして

「じゃお互にやりながら話そうじゃありませんか、僕も非常な強喫煙家でね、三十分も喫煙しないでいると苦しくなって来る。君は日に何本ぐらいやりますか」などと、取調べの途中で雑談に耽ったりした。彼らは恰も客と主人が少しまじめな話をでもしているときのように、笑うことこそなかったが、ゆったりとした気分で、二人とも互に煙草をすすめ合い、火を点け合ってひっきりなしに紫煙をくゆらせながら話を進めて行った。

しかし、調べは午前中では終らなかった。クロックヴィル少佐は、「食事が済んだら、午後二時までにまた来て下さい」と愛想よく言って、握手をしてから室を出て行った。

三吉は真すぐに総領事館に洋俥を乗りつけた。階下では塩見や松本や渡辺初子などが、一斉に立って彼を囲んだ。二階では総領事の室で浦部と橋丸とを集めて、鈴木と宗村とが何か相談していたが、彼を見ると、総領事の席に着席していた宗村老人が

「おお、帰って来た、帰って来た！　どうだったかね君」と言ってまず立ち上ったので、この席の相談がけさの事件に関連したものであることが判った。皆は三吉の説明を聞くと愁眉を開いた。三吉は留置されるようなことはまずあるまい、と言った。それでもなお念のために、高山や橋本、山田には総領事館から一応連絡をして欲しいとつけ加えた。

午後の取調べの冒頭に、クロックヴィル少佐は

「自分は自身では別段君を疑っているわけではない。す

べてはサイゴン憲兵隊からの依頼で、こうした不快な仕事をやっているわけだからその点誤解のないように」と態々弁明した。そして取り調べは朝よりももっと和かに、それだけだらだらと続けられた。少佐は三吉の個人的な事柄に、より多くの興味を覚えるらしく、三吉が妻との同棲は僅か一年半で、爾余の一年余は専ら従軍ばかりであることや、二番目の子供はほんの数日間顔を見たにすぎないことなどを話すと、大仰な驚嘆の表情をして、

「僕はかねてから君たち日本人の犠牲的な精神の讃美者であるのです」などとも言った。

すべては午後の五時頃済んだ。

「君の率直な態度に僕は非常に満足した」と少佐は三吉と握手をして、彼を階段の下り口まで送って来た。

だが、この事件はこれだけでは済まなかった。

19　不思議な老安南人

北部仏印には冬がある。十一月になると朝夕はいくらか秋冷といった気分の日が続いた。空は飽くまで蒼く、乾燥しきって澄み渡っていた。並木の大隧道通りに落葉が漸く繁くなり出した。その頃の一日、香港からは毎日新聞の横田高明が定期連絡船でまず最初に乗りつけて来たが、それを追いかけるようにして、朝日新聞の熊本友明は一旦サイゴンに出てそこから陸路、横田より二日遅れてハノイへ、その翌日には読売新聞の嬉野満洲男が飛行機で、相次いでやって来た。ハノイの日本人社会は一時に四人の日本人記者を集めて何となく色めき立った。

彼らは三吉の召喚事件を余程の重大事件と考えたらしかった。サイゴンの事件がかなり彼らを刺激していたところに、今度は三吉が突如憲兵隊に拘引されたというのであったから、すわ、と色めき立ったのであろう。

しかし、彼らの遽しい来着はむしろ三吉を驚かせた。三吉自身ではこの事件はあの日一日で済んだものと思っていた。従って三吉はこの一件に関しては別段何の電報も打たないでいたのである。翌日になると東京と香港とからはひどく気づかわしげな事情問い合わせの至急電報が矢継ぎ早に届いた。しかし、それに対しても三吉はただ簡単に委細の報告は書面でするとだけ答えたまんま放っておいたのであった。

東京と香港が何故そんなに大騒ぎしたかは他社の同僚たちの話で漸く明かになった。

あの日の朝、宗村老総領事は三吉が召喚されたと知ると

直ちに、この旨暗号で東京の本省に報告したのであった。東京では外務省から三吉の本社に連絡され、本社から上海と香港とに早速事情調査の訓電が打たれた。しかも三吉からは何の報告もない。そんなことで騒ぎは必要以上に大きくなったものらしかった。同僚たちは、「まあよかったよ、しかし、ともかく充分気をつけたがよいね」と言い合った。そして、三吉の外出には必ず尾行がつくことだの、三吉の家や橋本、高山などの家の付近にはいつも大道商人にばけた安南人の見張りが立っていることなどを聞いたり、確かめたりして、一応話の種だけは持って帰れると笑った。

横田と嬉野とは小田ホテルに、熊本はメトロポールに泊まっていたが、彼らは毎日三吉の家に集っては酒を飲んだ。

この三人と三吉とはいずれも旧知であった。それも、仏印への途上、香港で新たに知り合った横田を除けば、他の二人とは思い出のある間柄であった。嬉野とは三吉がまだ学生であったころ、パリで知り合い、一時は相当強く彼の思想的影響のもとに三吉はいたのである。起訴猶予にはなったが、三・一五事件*の連累として学業を中途から擲たねばならなかった嬉野は、叔父に当る国際司法裁判所判事の織田萬博士の監督をうけるということでパリに遊学していた。しかし、パリでの彼は織田萬博士などとは全然無関係に、パリ郊外のフォンッネ・オ・ローズという気持のいい住宅部落に住んでいて、その頃同じくパリにいた共産党の佐野碩などと繁く往来していたようであった。三吉がのちのフランスに居られなくなる間接の原因も或は彼との交際に発していたかも知れないし、またその後帰国に際して、三吉が神戸水上署に留置される直接の原因となった多くの左翼文献は主として彼の影響下に買い集めたものであった。嬉野はフランスから後にドイツに移って、帰朝と同時に読売新聞に入社したが、事変後南京支局長となり、最近香港支局長に転じたものであった。

＊　一九二八年三月十五日、日本共産党などの関係者千数百人が治安維持法違反の容疑で一斉検挙された事件。

熊本との知り初めは実に奇妙な事件によってであった。昭和十年の秋〈注―昭和十一年十一月〉、フランスの飛行家ジャピー〈注―アンドレ・ジャピー〉がパリ＝東京間スピード記録樹立飛行を企てて、成功の直前、不運にも九州背振山の密雲に障げられて山頂に衝突し、ひどく怪我をした事件があった。三吉はこの事件の現地報道のためすぐさま東京から、フランス大使館の航空武官ブリュイエール大佐や飛行協会の加治木中佐などと一緒に、日本航空の急行便で福岡へと飛び立ったのであったが、この飛行機に同じ目的で大阪から乗り込んできたのが熊本であった。

彼は三吉のすぐ後ろの席にかけて、初対面の挨拶ののち、パリに特派員として四年ばかりいたことがあるなどと話したりしていた。報道界に入ってまだ僅か二年ばかりにしかならなかった三吉は対手の話を聞いて、その大先輩らしいのに早くも一種の畏縮と、同時にひそかな競争意識とを感じていたが、ブリュイエール大佐に話しかける彼の些か得意らしいフランス語の相当思いきったブロークンさに一面大したこともないらしいと、そのままうつらうつらしはじめた。その日は素晴らしい好天気であった。瀬戸内海は言葉どおり一面の青鏡であった。陽の当る側の窓を占めていた三吉はよい気持に眠り込んでしまった。何者か、彼の肩をつつく者がいる。彼の斜後にいたブリュイエール大佐がしきりに三吉の背中のあたりを指さしていた。頚を捻って見ると、三吉の肩から背にかけて一面嘔吐の汚物がかかっていた。そして熊本が失神したように蒼白になって、座席にかけたまま両膝の間に頭を垂れ込んでぐったりとなっていた。福岡に着いてからも熊本は半病人のようにふらふらして、出迎えの支局員に助けられながら歩いていた。ブリュイエール大佐の自動車に同乗させて貰った三吉は「勝った」という稚気に充ちた職業意識の満足を満喫したことをいまでも思い出すのである。

彼らはそんな話に打ち興じて、昼間から三吉の家で酒を飲んだ。横田は巨大な体躯をしている割りに酒を飲まず、また余りひとづき合いも好まないらしく、多くはニヤニヤ笑いながら聞いているか、三吉のベッドに転って何かの本を読んでいるかした。嬉野は盃を持った方の腕を肩と直角に張って、間断なく瞬をしながら、殆んど唇を動かさずに小声で「そう、そう、そう」と対手構わず時構わず、無闇に合槌を打った。そしてなれない人には滅多に聴取困難なほど不明晰な言葉で何かを喋っては突然大声で笑うのであった。熊本はブドー酒三杯ぐらいで態度をがらりと一変する危険な酒飲みであったが、酒は非常に好きであった。彼は或時は涙を流し、或時は慷慨して卓を叩き、或時は同じことを何度も繰り返し叫んでいるうちに段々昂奮して来て、突如として器物を対談の相手に向って抛りつけたりした。

熊本が仏印当局の暴虐を罵って、三吉を一種の尊敬すべき英雄にしようとしていきり立つと、嬉野はあるところまでは「そう、そう、そう」と従順について行くが、やがて「お前が言う程でもないさ。まあ静まれ、静まれ、こら、気狂い！」などと言って、声高く仰向けに笑った。

横田は笑止そうににやにや笑って全然相手にならなかった。

熊本はきっと何か事件を起すだろう、と皆思っていた。するとと果せるかな、ある日三吉の家から帰りに、可成り酔ってひとり洋俥をプチ・ラックの湖畔にあるカフェー・タヴェルヌ・ロアイアルに乗りつけて、そこで三人のフランス人を対手に派手な立廻りを演じたあげく、付近の警察に拘引されてしまったのであった。総領事館の塩見から電話があって、一緒に行ってくれということで三吉が出かけたときには、熊本は独房の中で手錠をかけられたまましきりに咆えていた。檻から出されると彼は再び誰彼となく食ってかかりはじめたが、その夜はともかく、医者の手当をうけて、ホテルに連れ帰られた。彼は顔と腕に三、四ヶ所のかすり傷を負っていた。

次の日、この事件はフランス語新聞によって悪意に充ちた描写をもって報道され、ついでに他の日本人記者たちも、平池に波瀾を起しに来た無頼漢どもの集団であるというように書き立てられた。それがまた熊本を激怒させ、気狂いのようにさせた。彼は三吉の事務室でありったけの憤慨を指先にこめて終日タイプライターを叩き続けた。そして、この事件を一向打電しようとはしない他の三人に対して彼は猛烈な勢いで食ってかかった。

三吉は正直なところ、彼らに早く引揚げて貰いたいものだと願うようになっていた。そして、その願いはそれから間もなく叶えられることになった。まず宗村老総領事が発って行ったあと、これをきっかけのようにして、満鉄の三人がタイからマレーの方へ出るためにサイゴンへ向って出発した。続いて横田がまず一人先に香港へ帰ることになり、他の二人も四、五日遅れて出発することにきめたようであった。

三吉はフォクノー事件から彼のサイゴン行き、そして軍事裁判所への召喚など、一連の事件に関する詳細な報告書を認めて、これを横田に託した。その横田が、そんなことはこれまでに曽つてないことであったが、定期船の出帆直前になって、持物全部の厳重な検査をされたうえ、三吉から託された手紙だけを押収されて、そのまま下船を命ぜられ、ハノイに禁足を食うことになったのであった。

横田は蒼くなって、その日の夜またハノイに舞い戻って来た。彼は三吉に対して恨むともつかず悩むともつかぬ苦い笑顔を向けて、しきりに、「どうも弱ったね、弱っちゃったよ、一体どうなるのか……何が書いてあったのだね」と愚痴っぽく繰り返すのであった。

三吉も全然予期しないこととは言え、小心な横田の悄れかたを見ると心から気の毒になった。そして、「君には決して迷惑を及ぼさんつもりだから、君は何でもありのままを陳述してくれ」と言った。

今度は三吉も腕を組んで考え込んだ。

出帆間際にドサを喰わすなどということは、少なくとも日本人に関する限りいままでに一度もなかったことである。前後の事情から察しても、これは明かに、三吉の手紙を横田が託されているということを知ってての上での計画的な行為でなければならなかった。とすれば……

誰が？　どうして？　それを当局に告げ知らしたか？

これに対しては二つのことしか考えられなかった。

一は三吉の家の中に光る目がいて、それがすべてを密告した場合であったが、そして差し当りそれはボーイのグェンでなければならなかったが、彼に果して、始終書き物をしている三吉のどの書き物がどんなものだとははっきり識別するだけの知性があるかどうか、それは疑わしかった。それに三吉が記憶する限りでは、三吉が報告書を書きあげてそれを封筒に入れ、封蝋を施して横田のところへ自ら持って行ったとき、――それは横田の出発前夜九時頃であったが――ボーイは既に自分たちの住いに引とっていた筈である。またコピーは三吉だけしか開けかたを知らない筈の小型手文庫の中に彼がその場で終ったのであった。

第二の可能性はそれが横田の手に渡されて以後、即ち小田ホテルの中にスパイがいて、それに感づかれた場合であるが、彼はそれを横田の室の中で「これは報告書だから済まんが支局長に手渡してくれ」と簡単に言って手渡し、横田はこれも気軽に「たしかに」と言ってそれをボストン・バッグの中に入れて鍵をしたからまず何人にも気づかれなかったと思うのが至当である。

不思議なことだ、と三吉は腕を組んで頭を振った。それからコピーを取り出して、一行一行丹念に読み返してみた。意地悪く読めばかなり引っかかりの出来るところもあった。クロックヴィル少佐の取調べに対して陳述したことと矛盾したり食い違ったりする点は余りなかったが、彼には言わなかったこともそこには可成り書いてあった。しかし幸い橋本だの、高山、山田などに迷惑の及ぶようなことは一行も書かれていなかった。もし追求されるとすれば、彼自身知っていて言わなかった点がその中心となるであろう。がしかし、それはそれで何とでも言いぬけられる、と三吉はまず安心した。

二日、三日と、何事もないだけにそれだけ却って不安な日がすぎて行った。いま頃は多分あの手紙を翻訳しているのであろう、と三吉は想像していた。この間に横田は総領事館を通じて、不法禁足に対する抗議を何度かしてみたが、その度に、この措置は軍の方でとったもので政庁当局としては容喙《ようかい》の限りではないとの冷胆な返事しか得られなかった。

軍事裁判所から三吉と横田とに対して出頭の命令が来たのは五日目の夕刻であった。横田には明朝八時、三吉には十時に出頭せよと命令書が特使便で届けられて来た。

今度は前のときと違って迎えの憲兵もなしに、三吉は単身指定の時間に出頭したが、三吉が例の階段を上りきったところで、俯向き加減に急ぎ足で調べ室から出て来た横田と出会い頭にぶつかった。三吉は笑って、

「やあ、どうだった？」と問いかけたが、横田はちらと笑顔を見せただけで、微かに首を振って、何も言わずに階段を下りて行ってしまった。

三吉はすぐ調べ室に呼び入れられた。正面の大机には既にクロックヴィル少佐が坐っていた。三吉は比較的ゆったりした気持で、口の辺りには微笑さえ含んで入って行ったが、室内の空気はすぐ三吉のこの微笑をそのまま硬直させてしまうほど冷胆で峻厳なものを漂わせていた。三吉は少佐が立ち上がって彼に手を出すことを期待して机の方へ進んで行ったのだが、クロックヴィル少佐はじっと彼に冷い視線を注いで、まるで全然未知の人のような動かぬ表情で迎えた。

「掛け給え」と前の席を指定する。三吉は黙ってそこに掛けた。やがて、彼の左隣に、先日チラと見かけた黒い服の老安南人がやって来て音もなく座を占めた。そのまた隣に一人の安南兵が坐り、少佐の左右には一名宛の記録係り安南兵、そして背後に例によって三名の護衛兵は先日どおりであった。少佐の机の上には押収された三吉の報告書が封筒のまま置かれていた。

クロックヴィル少佐はやがて、先日とは全然別人のような厳しい声で言った。

「太田君、君はフランスの軍刑法を知っているか？」

「知りません」

「よろしい。法は知っていなくても法は法である。ここを読んでみたまえ」

少佐はコード・ペナル・ミリテール（軍刑法）と書いた部厚な小型の本をとりあげてそのある頁を開き、読むべき個所を自分で指さした。そこには、軍事裁判所における

訊問及び陳述の内容を他に洩した者は三年以下の懲役に処す、と書いてあった。読んで行くうちに三吉の顔からはみるみる血の気が退いてしまった。いまのいままで持っていた落着きは一時にどこかへ消し飛んでしまった。三吉は指と膝とがわれにもなく慄え出すのをどうすることもできなかった。これじゃ駄目だ！　まるで罠にとらわれた思いであった。

「解ったかね？　充分理解したろうね」

「確かに読みました」

「よろしい。それで」と彼は机の上の封筒をとりあげて、それを三吉の方に示しながら、「これは確かに君が横田君に委托したものに相違ないね」と念を押した。その封筒は封蝋もそのままになっていて、開封したらしいけしきは見えなかったが、三吉はそれが開封され、既に翻訳されていることについては何ら疑いもないと確信していた。

「確かに私のものです」

「横田君はこの内容が何であるかを知っていて、その上で君の依頼を受諾したのかね？」

「そうではないでしょう。僕はただ、これを頼むと言って渡したのですから」

「何故君は郵便で出さなかった？」

「横田君の出発前日、夜遅く書きあげたので郵便よりは托送の方が速くもあれば確実でもあったからです」

「君は最初からこれを横田君に托するつもりで書いたのであろう？」

「勿論そうです」

「よろしい。ところで、君は、君の隣人とは一切直接口を听いてはならない。解ったかね」

三吉は改めて黒服の老安南人を見た。安南人は彼の視線をうけて心持ち頭を下げるようにした。うすいえびす髭を口の端に垂れた小柄な人物であったが、色黒な平べたい顔の中でその細い両眼だけが時々異様な光を放っているように三吉には思われた。

クロックヴィル少佐は封筒をとりあげて

「ではこれから、この内容物を検討する。太田君は傍らにいて、翻訳が果して正確であるか否かを監視し、もし間違っていたらその場ですぐそれを指摘しなければならない。いいかね」と宣告したのち、中味の報告書を抜いて、それを件の安南人に渡した。老安南人はちょっと目読していたが、やがて、三吉にとっては凡そ思いもかけない容易さで、すらすらと口頭で翻訳しはじめた。

老安南人の翻訳は安南語であった。それを彼のも一つ隣に控えていた若い安南兵がフランス語に翻訳する。それをクロックヴィル少佐と三吉とが聞いている、という仕組みであった。

クロックヴィル少佐は一句切り毎に、「そのとおりだね、間違いないね」と三吉に確かめた。三吉は老安南人の日本語読破力に舌をまきながら、その度に深く頷いた。

三吉の肚の底には微かな反抗的気持が段々と固まって来つつあった。まず第一に、ここにこうして演ぜられていることはすべて一場の偽善的道化芝居にすぎない、と彼には思えた。彼らがこの五日間にこの手紙を予め開封翻訳していない筈がどうしてあり得よう！　その証拠には、と三吉は微苦笑をもって思うのであった。現にこのフランス人はのっけに「軍事裁判所における訊問並に答弁の内容を他に洩したるものは」の一条を三吉に示すことによって、彼が予めこの手紙の内容を知っていることをまぎれもなく自白してしまったではないか。それを尤らしく再び封蝋して、いまはじめてそうするかのように、手数をかけて翻訳させているのである。多分彼は肘の下にある書類綴りには、三吉の手紙の詳細な翻訳文がとじ込んであるに違いない。長崎に三十年ちかくいたというカソリックの仏人宣教師がつい先頃招聘されて来て、目下フランス人や安南人の警官に猛烈な日本語の速成教授をしていることを三吉は知っていた。そのカソリック坊主にでも翻訳させればわけのないことである。

老安南人の翻訳はずんずん進められた。彼と一緒に自分の手紙を目読していた三吉は、ときどき具合の悪い個所にぶつかって、ひやりとした。しかし、老安南人は木像のように平然と動かぬ表情をして、三吉がひやりとしている個所は必ず、恰も三吉の神経をそのまま彼が感じてでもいるかのように、無二の正確さをもって、ひょい、ひょいと何食わぬげに飛ばしつつ、先へ先へと翻訳を続けるのであった。三吉の驚きは二重になった。

いったいこの老安南人は何者であろう。何者であればこうまで機智的に、正確に、三吉にとって不利な個所を省略して、三吉の利を計ろうとしているのであろうか。三吉はこの驚きを外に現すまいとして常に下を向いていなければならなかった。

しかし、老安南人のこうした隠れた好意も多分冗な努力でしかないだろう、と三吉は思った。否、却ってそれは二人の――三吉だけでなしに、この老安南人に対しても――立場を不利にするかも知れない。フランス人が予め三吉の手紙を翻訳していることはいまでは三吉にとって動かすことのできない事実と思われたが、もしそうだとすると、老安南人の翻訳が大いに不正確なものであることは一度でばれてしまうのである。

　老安南人は時々つまった。それは彼が三吉の書体を読み間違えたり、片仮名で書いた英語の部分が判らなかったりしたためであった。その度に三吉は傍らから訂正したり助言したりした。

　こうして二時間たらずで翻訳は済んだ。

　老安南人は少佐と三吉とに対して、それぞれ叮嚀に会釈すると、そのまま音もなく出て行った。

「扨《エ・ビアン》（さて）」とクロックヴィル少佐は、ぼんやりしていた三吉の注意をもとに戻すためかのように、少し強い声で言った。「君はどう思うかね。先刻読んだ軍刑法に該当するかどうか？」

　三吉は頑強に黙っていた。

「明らかに抵触する。君は明白に罪を犯したのだ」と少佐は言った。それでも三吉は黙っていた。何を言うことがあろう。罪とか罪でないとかは権力あるものの一方的意志によることが多いのだ！

「しかし」とクロックヴィル少佐はややあって重々しく語を継いだ。「君は正直だ。君が先日ここで僕に陳述したことが偽りでなかったことが、君のこの手紙によって思わずも二重に実証された。この点、当法廷は満足に思っている」。

　対手の気を惹くようにポーズを置く少佐の言葉に対して、三吉はあくまで片意地な沈黙と伏目とをもって答えた。

「よって、君は明らかに軍刑法の規定に違反してはいるが、今回に限り不問に付すこととする。よいかね、解ったね。爾今、決して、ここであったことは、どんな些細なことでも、誰にも口外してはならない」

　少佐はなお永々と説諭めいたことを喋った。そして、握手はせずに、さっさと室を出て行った。

　三吉は営門を出てからすぐ近くの小田ホテルの方へぶらぶら歩いて行きながら思わずにんまり笑った。

　先刻横田が物も言わずに逃げて行った原因に思い当って、そのことも笑止であったが、あれほど煙草好きなクロックヴィル少佐が今日は二時間以上喫煙を辛抱して、懸命に威厳をつくろっていたこともおかしかった。

　横田たち三人はそれから三日後の定期船で、いわば這々《ほうほう》の態《てい》という格好で香港へ帰って行った。

20　コーラムとコーナム

エレーヌのコーラムと、ポーレットのコーナムとは是非とも彼女らの家で一夕三吉を招きたいと言った。三吉は生粋の安南料理を所望した。そして彼女らが、誰か三、四人お友達を連れて来てくれというままに、彼は橋本と高山と印度支那産業の坂本とを招いてくれるように頼んだ。

その夜、二人の安南娘は殊更に美しく見えたが、なかでも大きな織模様のある黄金色の安南服を着て、長く垂れた束ね髪の根元を同じ色のリボンで結んだコーナムの長い裾をひるがえして活々と室内を飛び歩く姿は三吉の気持を久しぶりにのびのびと楽しくさせた。三吉は自分でも殆んど無意識のうちに絶えず目で彼女の後を追っていた。濃い紫の安南服を着て淑かに落着いた主婦ぶりを見せていたコーラムは、時々三吉をつついて、いたずらっぽく目で笑いながら

「ね、綺麗でしょう?《ネスパ・ジェリー》」と囁いた。

三吉も素直に微笑み返した。室の中には三吉が贈った花があちこちに手際よく活けてあって、ついさっき百貨店から届けられて来たフランス人形が二つ、応接の椅子の上に行儀よく並んで腰かけていた。コーナムに宛てた方が大きくもあれば、ぜんたいによく出来ていた。コーラムは何度もそのこと言って、こんな場合によくフランスの上流婦人たちがするように、やや媚を含んだ声で艶めかしく三吉をいじめにかかった。

「ほんとうにあなたのことを思っているのは、妹じゃなくて、妾なんですよ。それなのに、憶えてらっしゃい、コーナムにはあんないいお人形を下すったくせに、妾のは小さくて、きりょうも私と同じで美しくないんですもの」

「確かフランスの諺に、ある婦人の心を獲ようとする男は、まずその婦人の周囲から獲よ、というのがありましたね」

「ウソ、ウソ、ウソ、あなたは信用のならないドン・ジュアンです」

すると坂本が傍から喙《くちばし》を容れて、ぎこちないフランス語で、「そうですよ、《ウィ・セサ・マダム》この男は《イル・エ・トレ・トレ》大変なドン・ジュアンです」

と言った。

コーラムは、「ええ、存知てますわ、存知てますとも」と笑った。そしてささやかな夜宴は徐々に陽気さを加えて行った。三吉にはコーナムの片言のフランス語を聞いているのが何とも言えず楽しかった。

橋本はしきりにチュム・チュム（米からとる安南酒）の

盃をあげて、その度に娘たちの方に

「御健康を祝します《ア●ラ●ヴォトル●サンテ●メダム》」と声をかけては愉快そうに笑った。初めのうちは何となく場なれないぎごちなさに、むしろ怒っているのかと思われるほど固くしていた高山もそのうちに顔をほぐして来て、げらげら笑うようになった。彼は酒が廻ると、しきりにコーラムに近づいて何やら喋りだしていた。

息をぜいぜい切らしながら、六十三番の女主人がビール樽のように肥満した身体を苦しそうに運び込んできた頃には、座はもう相当乱れていて、食い荒らされた皿が幾つとなく汚らしく散乱している卓子の上には処々酒があふれこぼれていた。そして例によって橋本が「露営の夢」を歌い、高山が己の名に因んで「高山彦九郎」を歌い、坂本は少々音痴なのも構わず和製タンゴの一節を歌い、三吉はフランス語でジョセフィン・ベーカー＊の「可愛いトンキン娘《プチット●トンキノアーズ》」を歌ったところであった。

「万才《ブラヴォー》！ でっかい六十三番婦人歓迎《ビアン●ゲニュー●マダム●ソアサント●トロア●ラ●グロス》」と三吉が叫ぶと、皆笑いくずれた。コーラムからその意味を通訳して貰った女主人がひとり遅れて、その大きな贅肉を揺って勢いよく笑い出すと。再びどっと哄笑の波がまき返した。そしてシャンパーニュが勢いよく抜かれた。それは何本も何本も次々に抜かれた。三吉はシャンパーニュの栓がポンと澄み渡った音を発して天井に向って飛ぶのがうれしくて、自分で次から次へと抜いた。

やがてすると、サロンはややロレツの怪しい声高な日本語の横行に委せられはじめて、コーラムもコーナムも些か興冷めのした面持ちで黙り込んでしまった。三吉がひとり、フランス語で奮闘してみたが、酔った他の三人のために、ともすると仲間に引入れられて、娘たちを疎かにする度数が多くなって来た。

男たちが五十八番に行こうという話をしているとき、耳敏く聞きつけた六十三番の女主人は、

「ゴジュハチバン？」と日本語で言って、首と手を、いやいやというように激しく振り、「ロクジュサンバン！」と叫んで、皆を笑わせた。

コーラムは三吉の手をとって次の室に連れて行った。そしてまじめな顔をして

＊ 米国セントルイス生まれ。父はスペイン人、母は黒人で、一九二五年黒人レビュー団の一員としてパリで公演し、黒いヴィーナスとしてレビュー界のスターとなる。一九三七年にフランス国籍を取得。

「いやですよ、折角いい宵を送っていたのに、これから五十八番なんかに行っては」と言って、「もしどうしてもあの方たちがいらっしゃりたいのなら、三人だけで行けばいいのだわ、あなたは行かないで下さいね。ひとりで、もう少しここにいて下さいね」。そして、じっと彼の顔を見あげて、何やら訴えるように人為的に美しく塗りあげたその顔を三吉の顔に近づけて来た。

　三吉ははっと心臓にこたえるもを感じて心もち首を後に引いた。敏感にこの動作を感じたらしいコーラムは静かに微笑して

「あなた、ほんとうにコーナムがお好き？」と訊いた。

三吉は、「好きです」とぶっきら棒に答えた。

「じゃ、なおのことよ、なおのこと、あなただけでもここにいてちょうだいな」

「そう、第一、今夜五十八番に行くなんてのは失礼です、僕はそう言うんだけれど、あの連中は何分酔っているもんだから。……でも何とか、なだめて見ましょう」

　しかし、三人は、殊に坂本は、口を歪めて「あんたにこう見せつけられちゃ、われわれはたまらん、お客になっといて失礼じゃが、ちくとウサを晴さんことにゃぁ」と主張して首肯かなかった。

娘たちは苦笑した。コーラムは、「じゃ行ってらっしゃい」と言って、「但しおとなにしてるんですよ《メ・ソアイエ・サージュ》」と言ったが、コーナムは三吉の手をとって、それを自分の身体と一緒にふりながら、「行ってはいけない」としきりに言った。高山は大きな口を開いて笑った。そして

「太田、お前はここにおれ。俺たちだけで行く」とよろよろ立ち上がって、「マダム・オールヴォアール、ボン・ニュイ（奥さん、またお目にかかります。お休み）」と言いながらコーラムの手の甲に接吻した。

　コーナムは三吉の手を引いて次の室につれて行った。そして

「キーツォンを呼びましょうか」とその大きな目で見あげて言った。三吉は首を振って

「僕は君が好きなんだから、誰も呼ばない方がいい」と言った。コーナムは三吉の胸に額をすりつけて、「今夜はここにお泊りなさい《ス・ソアール・クッレエ・イシー》」と小さな声で呟いた。

「おい、おい、おい、行くよ、行くんだぜ、なあんだ、古風なことをするなよ、太田さんともあろうお人が。天下に女は多い」

　なだれ込んで来た坂本は三吉の手をとって、むりに引ぱった。コーナムは大きな目を驚きのためなお一層大きく

見開いて、そこに立ちつくしていた。

三吉はその翌日の飛行機で三ヶ月ぶりに香港へ出て行った。

快調に廻るプロペラーの音が、じーんじーんと単調に響く三吉自身の耳鳴りの音と調和して、遠くなったり近くなったり、ぐったり死んだように座席にかけていた三吉を絶えずうとうとと、仮睡の幕の中に押しこめるのであった。そのまた底の方で、いろんな音やメロディーや声の色が雑然たる、そして極めて朧げな交響楽となって、間断なく鳴りわたっていた。

突然、「露営の夢」のメロディーが大きく浮び上って来るかと思うと、間もなく、プロペラーがはっきりと「拝啓御無沙汰しましたが、僕は益々元気です」と元気のいい軍歌を、歌の文句まで明瞭に歌っているのが聞こえて来て、いくらそんな筈はないと思って頭を振ったり、叩いたりしてみても、ますます明晰にその歌を歌いつづけるのであった。プロペラーが歌の文句を歌う?! 三吉は自分の頭が狂いかかったのではないかという考えにゾーッとして危く座席の上に立ち上ろうとしたほどであった。やがて、歌の幻覚はパタリと消えた。そして今度はコーラムの嬌声がマリー・ローズの怒ったような声と入り混って、早口にペラペラとまくし立てるのが聞こえて来た。何を言っているのかは判らなかったが、矢車のように急速に動く真赤な唇と長い舌とがいやにはっきりと見えたりした。かと思うと渡辺初子の恨みを含んだ大きな目がじっと彼を睨んでいた。そして鈴木総領事の美しい夫人がぽろぽろ泪を流して声もなく泣いていたし、高山が大きな口を開いて笑っている姿も見えた。

三吉は恐ろしくなって、お土産にと思って携えていたブドー酒の中から一本引ぬいて、それを壜から口うつしにごくりごくりと呷りつけた。同乗の客たちの中には二、三人三吉の方をじろりと見たものもいたが、一気に半分ほど飲みほすと、漸次三吉の心気は落着いて来たようであった。そして彼は深々と眠りに落ちた。

どんどんどん、と快い衝動にふっと目を開いて見ると、四角い小窓の外には赤い無数の線が急速力で走っていた。それは飛行機がフォート・ベイヤールの中継飛行場の赤土の滑走路を走っているときであった。

三吉の耳も頭もやや正常な状態をとり戻していた。彼は地上に降り立って、思いきり背のびをし、それから四股を踏んで、体操のまねのようなことをした。深呼吸をして、大あくびを続けざまに五つ六つした。そうしているうちに、どうやら血の中の汚濁物が少しずつ浄められて行くように思われた。手の指のしびれがずんずんしながらうすらぎはじめた。

太陽はかんかんと赤土を照りつけて、吹き抜ける風でさえむーっと暑く感じられた。広大な飛行場全体が陽炎のためにゆらゆら揺れていたが、三吉には自分が踏みしめている大地そのものが真実揺れているように感じられた。

恐ろしく飲んだものだ、と三吉は思った。朝飛行機に乗るのに、ボーイのグェンに抱き入れられるようにして乗り込んだのを思い出していた。朝がた帰って、とろりとしたと思うと、もうグェンに起されて、水浴から、朝食まで全部グェンに援けられてすませ、飛行場でも一斉の手続はグェンが小まめにしてくれたのであった。

ばかに飲んだものだ。三吉は飛行場の隅の方で放尿しながら遂次昨夜のことを思い出しはじめていた。

彼らは結局五十八番に行った。そこになだれこんだ。そしてどえらい騒ぎになったが、そこでひどく酔った三吉はふらふらとそこを抜け出して、再び姉妹の家に引かえして行ったのである。

姉妹はもう寝ていた。それでも悦んで起きて来たが、二人とも白いパジャマを着ていた。三吉はそのとき、何やら喋っている途中でふっと眠くなって、応接室のソファの上でとろりとしたようであった。目を開けてみたら、コーナムは彼の前に立って心配そうに大きな目でじっと彼を見下していた。三吉はにっこり笑って立ち上って、コーナムを抱きよせた。コーナムの身体がいやに固かったように覚えている。それから接吻した。確かに接吻したようである。どうも案外固い唇のような気がした。それに彼女の髪につけた香油の香が強烈に三吉の鼻を刺激した。

三吉はぶらぶらと表に出て、コーラムの嬌声が高らかに何か言って笑うのを背にうけながら、雲に乗ったように再び五十八番に帰って来た。そこでは阿片吸引台の上に何人もの人がごろごろ転っていた。三吉はぐるぐる廻るように感じられる床の上に危げな足つきで立ちはだかって、じっと瞳を据えて、そこに転っている人々の中にマリー・ローズがいるかいないかを見定めようとしていた。すると何者かが彼の後から頚をしめた。彼はそのときそう思ったのである。あたりは一度に真暗になった。その次目を覚したとき、彼はひとりで、真暗な室の広い寝台の上に寝ていた。旋風器だけがやけに騒がしい音を立てて廻っていて、時々青いスパークがそこから洩れていた。

とうとう越えたか！　三吉が一番先に思ったことはこれであった。彼は確かにここで、この寝台の上で、ひとりの女と、仏印に来てはじめて交りを結んだ記憶があった――と思っていたのだが、それも段々、のちには何だかあやふやになって来た。しかも、その女が、或は夢かも知れないのだが、果してマリー・ローズであったが、それともかねてから彼に対して特別に妙な素ぶりを見せていた「水牛」であったのか、それとももっと別な女であったのか、てんで判らなかった。

三吉はぶらりと広間の方へ出て来た。すると、並居る死人の中からむっくり一人だけ起き上って、ぎろりと三吉を睨めるものがいた。それは眼鏡を片方のつるでだらしなく引かけた橋本三郎であった。彼は、「帰るか！」と言って立ち上った。

二人は洋俥を連ねて相前後して帰って来た。しかし、途中まで来ると、橋本はひどくねばねばした口調で

「おい、太田、渡辺初子嬢のところに行こう」と怒鳴った。

「二人ならよかろう」。

渡辺初子は目を両手の甲で擦りながら出て来て、何事かと驚きながらも、ともかく二人を招じ入れた。

三吉は橋本がしかつめらしい顔をして、時々突然声を高めながら。しかし何を言っているのかは聞いていなかった。橋本は渡辺初子と向い合って腰かけていた。三吉は、「出してあげるわよう」という初子の手を払いのけて自分で台所に行き、安物の赤ブドー酒を探し出して来て、橋本にもついでやった。

初子は時々、「いやぁよう」と鼻にかかった声で答えていた。すると橋本は必ずからからと笑った。三吉は少い髪をお下げに編んで垂らしたこの女の、いかり肩の後姿を何の興味もなく眺めていた。

それから、二人は漸く家に帰って来たのである。もう三時をすぎていた。そして飛行機は朝の七時に出発することになっていた。

21　変る香港

香港は三月前からみると余程変っていた。香港そのものが――ではなしに、三吉の接触する香港の一面が、その頃どんどん変りつつあったのである。

総領事館では、東京時代から三吉が親しくしていた若い領事の黄田多喜夫は相変らずのんしゃらりと、プレスカンファレンスなどをやってそこにいたが、何となく冷い感じ

のする総領事の中村豊一は、その行きすぎた貴族趣味のため恐ろしく評判の悪かった妻君を連れて——この妻君は外交界の長老芳沢謙吉の娘であった——既にここを去ってい て、そのあとには、上海で新聞記者団からボイコットを食った、おそろしくとっつきの悪い田尻愛義が着任していた。

田尻総領事は挨拶に行った三吉を迎えて、「はあん」と一こと言ったっきり、支那語新聞を両手に拡げて、廻転椅子をぐるりと廻し、三吉に横顔を見せながら凡そ十分ほどもそうしていたが、三吉はこの間に、いわば無礼千万なこの態度をじっと観察していた。そしていつもの彼ならいきなり怒って悪口の一つも叩いて出て行きそうなものを、このときに限ってそう腹もたたず、ぼんやりそこに坐って待っていた自分をちょっと不思議に思った。総領事はやがて新聞を下に置いて、にやりと笑いながら

「今夜、何か約束があるかね」と訊いて、三吉が、「別段」と答えると、「じゃ、七時に常盤で待っているよ」と言った。それっきりである。別段態とそんなことをして三吉を試したという様子でもなく、これがこの男の自然な姿であったものらしい。

その夜三吉は黄田も交えて三人で何が何だか判らなくなるほど飲んだ。そして目を覚してみると彼ひとり広い部屋の真中に、着たままの姿で上から掛夜具だけ掛けて貰って寝ていた。日はもう高かった。香港の海が足の下に光って見えている。勘定もできないほど酔っていながら、芸者を交えて麻雀をしてしたたか負けたことや、彼がウィスキーに咽せて田尻総領事の胸のあたりにその飛沫をとばしたことなどが痺れた頭のどこかでぼんやり思い出された。田尻も黄田も一眠りして、朝がた近く帰って行ったと女中は言っていた。

三吉の社の支局でも陣容は三月前とは全く違っていた。前の支局長の松代冏次はかねて噂のあった芸妓を身請して東京につれて行ったが、大部大きな社金の使い込みはそのままに残して行ったようであった。そしてそのあとに北京にいた松方三郎がやって来て、例の仕事好きから何やらチャカチャカと支局の中味を彼流の几帳面さで整頓していた。支局の事務室は同じフロアーの幾室かを借り増して、前に比べると四、五倍の広さに拡げられていた。人員も急速に増加していて、中には三吉と一緒に北支に行って、例の白宮《パイクン》ダンスホールで華々しい活劇を演じた当の立役者の中屋健弌や、社長の長男で三吉とは学校の二年後輩に当る岩永信吉などもいた。

朝日や毎日や読売などの各社もそれぞれ支局の陣容を整

備していた。

　要するに、香港はいまや日本の南進する報道網の一大中心地であり、次の前進に備えての主要な基地となりつつあったのだった。曽つて上海が演じていた役割のうちから南への触手をここが完全に奪った形であった。つい一ヶ月ほど前殊に広東が陥落してからは、広東＝澳門《マカオ》＝香港を結ぶ人々の来往が極めて激しくて、香港にも、このルートを伝わっていまや滔々たる日本の勢力が遠慮なく流れこんでいるように思われた。現に同盟の支局にも国民新聞の特派員と称する目のいかつい四十男が毎日やって来てごろついていた。それが村上という参謀本部の中佐であることを三吉が知るのに二日とはかからなかった。また地方新聞連盟の特派員だというふれ込みで始終広東と香港との間を往来していた丸顔の愛想のいい、しかしどこかに傲慢な態度の残っている四十五、六の男がついこの間までバンコックの陸軍武官をしていた田村大佐だということもすぐ知れた。ピークの頂上に近いところに前から大きな事務所を持って、これは公然と身分を名乗って乗り込んでいた連絡将校の石野大佐のほかにも、すぐその下のところに、入口には東勝洋行と看板を掲げた雑貨輸出入商の主人が住んでいたが、高橋さんと呼ばれる白髪まじりのおっとりと好人物らしいここの主人も始終三吉たちの事務所に出入りしていた。そして、この男が大場鎮の激戦で勇名を馳せた一田中佐だということも三吉はすぐ知った。

　香港の日本人社会では日本軍の次の動きとして、香港対岸の九龍半島戡定《かんてい》作戦は既定の計画と信じられていたが、そのほかには広西作戦だろうか、それとも海南島作戦だろうか、というのが大きな話題になっていた。

　香港はぐるぐる目まぐるしく廻っていたのである。

　ハノイで一緒に飲んだ記者連中がここでもまた毎晩のように海岸通りの青風楼に集っては飲んだ。そして、これにはそのほかの連中も誰彼となしに、来合せたものは片端から加わって、一座はいつも十人近い賑かさであった。そして三吉は殆んど宿屋にも、支局の贅沢な合宿にも帰らずに、毎晩ここに泊り込んで、これらの人々の真中に坐りっきりであった。座には嚮導社と呼ばれる派出式の支那芸妓が——と言っても彼女らの多くは広東やその他の地区から香港に避難して来た中流以上の支那人家庭の娘で、避難はしたものの生活の糧に窮して、こうした速成の派出芸妓業を開いたものであったから、別段芸を知っているわけでもなく、酒間の斡旋のほかには、結局肉を鬻《ひさ》ぐほかは収入を増す方法はなかったのだが——侍って、騒々しく躁ぎ廻るのだった。彼女らはほんの少し日本語の片ことを喋るか、二こと三こと英語を解するもののほかは全部広東語だったので、北京語――それも大いに怪しげな北京語しか話せぬ三吉たちには筆談によるほかに意志の通じようもなかったが、それでも酒の勢いでは結構一座の興趣を持ち支えていた。

身体の曲線に沿ってぴったり裁断された派手な上海服に包まれた彼女らの、脇の下まで露わな脂ぎった腕や、むっちりと盛り上った乳房や、腿脇の襞目から始終ちらちらと見える肥え太った肢などは、むせかえるほどの青春を室一杯に撒き散した。

しかもこの中で日本人はよく喧嘩をした。殊に熊本と中屋とは顔さえ見ると直ちに喧嘩をはじめ、中屋が、「この気狂め！」と怒鳴ると熊本は、「気狂いはそっちだ」と応じてあっという間に盃が飛び、膳がひっくり返るのであった。そして嬉野は悠然として肘を肩と直角に怒らして盃をふくみながら、「ま、しずまれ、しずまれ、うるさいぞ、小僧共！」というようなことを呟いてひとりで笑っていたし、三吉は、「喧嘩するなら帰れ！」と言って絡みあった二人を引わけねばならなかった。

地下水を吸いあげる電動器の規則的な鈍い律動音を聞きながら、次第に浮び上って来る深く重苦しい眠りの中から、やがてぽっかりと脱け出した三吉は、やがて手をのばして枕もとの水をコップにつぎ、やけ爛れたように渇き切っている咽喉や胃の腑や腸などに、その清冷な感触をごくりごくりと送り込んで、ほっと人心地をとり戻すのである。

何かが狂っている！　もしかしたら、何も彼もが狂っているのかも知れない！

三吉は痺れた頭を振って、何の脈絡もなしにそんなことを考える。それは自分自身のことを言っているのでもあったし、自分の周囲の全部を言っているのでもあった。

元来は客を泊めるようにはできていなかったこの家では、三階から上がホテルになっていて、二階だけが料理屋に使われていたが、三吉は好んで内庭の、水汲み用の大きな電動器の据えつけてある狭い空地に面した、昼でもうす暗いこの六畳間に泊った。広東の本店からここの支店の支配を委せられていたお正はもう四十一、二の、背の高い、色の浅黒い、いやにはきはきした姐御気取りのところもある、多少お侠な仲居型の女であったが、最初の夜から妙に三吉を劬わる調子で、まるで姉かなんぞのように、「仕様のないやんちゃなお人だよう、この坊やは」などと言って、自ら夜具を運んだりして泊めてくれた。

「ごっとん、ごっとん」と微かに壁に伝わって響く電動器の音が、うす暗い部屋の中を一層なんだかしんかんと、落着いたものにさせていた。多分もう日も高いのであろう、そしていまごろは定めしかまびすしい雑踏にあふれているであろうと思われるすぐ前の海岸通りやすぐ後の電車通りなどの、あの支那人社会特有の喧騒さから完全に遮断されて、こうして単調な律動音の底でしーんと静まり返っているということが、三吉には毎朝の目覚めに少からず快かったのである。

それにしても、香港についてからこちらの三吉の行いは、まるで常軌を逸したものというほかはなかった。周囲の人々は、「仏印で随分虐められているようだから、たまの息抜きで、それも仕方ないだろう」というような同情的な目で多くの場合見ていたようであったし、自分でもそれに便乗して、「息抜きだ、息抜きだ」と心の中で言おうとするのであったが、さて自分で自分に開き直って考えて見ると、彼自身は別段、息抜きをしなければならぬほどそれほど仏印の生活を苦しいとも気詰りとも思っているのでないことは明らかであった。

「ま、いいや」と三吉は考える。会わねばならぬ人には会い、話さねばならぬ話は一応話し、するだけのことはともかくやっているのだから、夜になって与えられた宿屋でしょんぼりしていなかったからと言って、或はここら辺りで飲んで騒いでふしだらを重ねたからと言って、まずどうということはなかろう。少し評判が悪くなるくらいが落だ。現に石野武官も村上中佐も田尻総領事も、これで仏印の状況がどうにかはっきりして来た、と言っていたではないか。

「それにしても」と三吉は改めていま自分がその上に胡坐をかいている柔かい夜具を見廻すのである。

「仕様がねえなあ！」

そこにはまだ何だか鬢つけの香や香油の残り香が漂っているように感じられた。それは三吉が持っている最も獣的な、最も醜い一面をごっそりそこに集約して見せているような「褥《しとね》の虚ろさ」であった。それは全く盲目的な動物的行為の連続以外の何ものでもありはしない。息抜きなどという生やさしいものでは全くなかった。

「真実俺はどうかしている！　狂ったのかな？」

お正がどかどか入って来て、「もう起きたの」と例の姉みたいな無雑作で、ぺたりとそこに坐った。そして、「昨夜はほんとに呆れたよ。太田さんたら、何時になってもどうしても寝やしないんだからね、強いねぇ！　あたしぁ、もう眠くて、眠くてたまらんじゃないか。仕方がないから、一服盛ったよ」と笑った。

「一服盛った？」

「ああ、盛ったわさね。あんたはウィスキーならウィスキーばかりだから、ええ加減の頃合いに、一杯ブランディか何かを飲ませると、他愛もなくころりだからね。四時だったよ、けさは！」

三吉は苦々しく昨夜のいろんなことを思い出すのであったが、お正はむしろ面白そうに、細々したことを喋って、三吉の苦い記憶の再生を刺激するのであった。

三吉は一切の汚れを洗い浄めたいような気持で、「風呂はわいてないかな、お正」と訊いた。

「沸してあるよ、どこもここも洗ってやらぬことにぁ、仕様がないよ、あんたは！」

そしてお正はすぐ三吉のあとから手拭一つ持って湯殿に入って来た。お正の黒い身体は案外痩せていた。

「何だい、いいよ、ひとりで洗うよ」

「洗ってやるって。さあ、出て来なさい」

「莫迦言うなよ、変だよ。変な婆だなあお前は、……」。

しかし、結局三吉はお正のために痛いほどごしごし洗われた。

「痩せてるねえ、苦労してると見える！」。お正はひとりで呟いた。彼女もまた三吉が虐められているという、熊本あたりの十倍も大袈裟な伝説的お話しの信者だったのかも知れない。彼女の三吉に対する態度には明らかに、苦役から逃げ帰って来た弟を劬わる姉といった軽い自己陶酔に似たものが見られた。「この痩せた身体のどこにあんな悪いことをする力が隠してあるのかねえ」。

「全身これ何とかなんだろう」

「若いからねえ」

お正はタオルで三吉の身体を拭いて着物を着せた。それから海に向った広い室の窓を開け放って、そこで、紅茶と鶏卵とでいつものように軽い食事を彼女も三吉と一緒にとった。外は風があって、光る海面にも白い三角波が遽しく一面に立ち騒いでいた。

「だけど何だよ、太田さん、あんたの酒はほんとにいい酒だよ」

「もういいよ、そんな話」

「よかないよ」とお正は勝手に喋り続けた。「あんたの友達は熊さんにしろ、健さんにしろ、満洲さんにしろ、みんなああいった連中だから、わたしは始終はらはらばかりしているがな。そこに行くとあんたは、偉いよ」

「偉かないよ」と三吉は面倒臭そうに言った。

「偉かなくはないよ、偉いよあんたは。こんな商売していると、一目見ればちゃんと判るよ、人間苦労してるか、してないか、隠せないもんだよ太田さん。あんただからこそ、あんなところで勤まるわさね、松方さんもそう言ってらした、岩永社長さんは矢張り目が高いって」

「おい、トンボ！」と三吉は部屋の前をしどけない格好をして通りかかった妓に声をかけた。崩れたまんまの髪をかきあげもせず、寝間着の上に羽織を一枚羽織っただけで、白粉のはげた青黒い顔のその妓は鳩胸の背の低い身体をちょっと「く」の字に曲げて、懶さそうに、「なにさ」と立ち止まった。

「もう、ヒスは治ったかい？」。昼間見ると恐ろしく汚ないな、と思いながら三吉は言った。この女は昨夜何か気に食わないことがあって、嚮導社の支那娘をこっぴどくひっぱたいて、自分も泣きながらどこかへ行ってしまった妓であった。

「ほんとにさ」とお正も言った。「困るよあんなことしちゃ。支那人は平手打ちされるのを殺されるより嫌うんだからね」

トンボはぞよろと入って来て、三吉とお正の横正面にぺたりと坐った。

「だって、猿さんが悪いんだわ」、ぽつりとそう言って、彼女は三吉の前にあった罐からイギリス煙草をぬくとふーっと大きな煙の輪を横に吹いた。耳の後の何かの傷あとがむごたらしく大きなはれになって見えていた。

「そうそう、あたしあ、感心したよ、太田さん、よく辛抱したね。よっぽど、怒りあしないかと思って、心配だったけど、笑ってたよ、この人ぁ」

「俺あ、腕力に自信がないからね」。三吉はお正に閉口して、半分は本音を吐いた。しかし、お正はきかなかった。

「いくら自信がなくたって、あんたの気象で此奴、と思ったら、きくものかね。そりあ、矢張り相手を莫迦にして呑んでるから、腹も立たないのさ。猿さんと来たら、飲むと八つ当りだからね」

バンコックにいて、何やら軍関係の秘密の仕事に関係しているのだということを、二言目には匂わすような物の言い方をする猿渡某という青年は、つい二、三日前嬉野が引ぱって来たので、それ以来一緒に呑むようになったのだが、顎のしゃくれた、歯の黒い、妙に人をねめ廻すような目つきばかりするこの男を三吉ははじめから少しも好かなかった。しかし猿渡の方では毎晩やって来て、誰彼となく悪口を浴せながら大いに飲んだ。そして昨日は三吉がその悪罵の槍先にあげられる巡り合わせになっていたのである。

　このほかに、領事館の黄田も、貴公子然とした高崎書記生も——事実彼は男爵で海軍中佐であった——よくやって来て、三吉と一緒に飲んだ。そして三吉は、ハノイにいる山田老人は、実は前にポーランドの武官をしていた、今は退役の山田敏世海軍大佐だということを高崎から聞いたのであった。

　三吉はいまではもうつくづく嫌になりはじめていた。どうにもならない惰性ははやくハノイに帰る以外に止めようがないように思われた。昼間は発心して香港の山を越えた裏側のリパルス・ベイに海水浴に行ったり、競馬に出かけたりしてみても、結局夜になるとまた青風楼に集って同じような騒ぎを繰り返すのであった。お正も今では呆れてしまって、前のようには、いい酒だ、とも、何たって偉いよ、とも言わなくなった。それどころかむしろ、「たまには宿に帰って寝なさい」、とか、「そう毎晩だだをこねて違う妓ばかり言うんじゃ妾が困るよ」とか、「みなさい、トンボもチョウチョウも、ズズメもみんなあんたのところには来なくなってしまったろうが」とか様々なことを言って三吉を叱るようになっていた。

　折柄東京から視察に来ていた本社の外信部長〈注—正しくは整理部長兼発信部長〉をしている福岡誠一*と毎日の外信部長だった楠山義太郎**の二人が澳門を通って広東へ行くというので、三吉も思い立って、彼らと一緒に出かけたが、マカオで支那人賭博場にはまり込んだ三吉は、広東に行くのが嫌になって、最後の一弗まですっかりはたき出してしまうまでここに居つづけた。そして三日目にぼんやり香港へ帰って来た。だが、ハノイを追放された原水牛老人が尤らしい制服を着て澳門＝広東通いの軍用連絡船の旅客監督になっている滑稽な姿、上向った鼻の上まで落ち冠さった軍帽まがいの帽子を冠ってちょこちょこ歩いている姿に偶然邂逅したことは三吉をひどく喜ばせた。これはいい土産話であった。こうして、三週間の連続放蕩で疲れはてた身体をいよいよハイフォン行の定期船に抛り込んだときには三吉はわれながら全くほっと救われたような気持になった。

＊　東京帝大法学部卒。国際通信社入社。新聞聯合ロンドン特派員。同盟通信南方総局長。戦後、リーダーズ・ダイジェスト日本語版編集長。
＊＊　ロンドン特派員として、一九三二年、リットン調査団報告書をスクープ。毎日新聞編集局長、取締役・主筆などを歴任。衆議院議員

お正はウィスキーを三本餞別に持って、他の連中と一緒に船まで送ってきた。そして「お国のために、身体に気をつけなさいよ」と何度も繰り返して言った。

22　静かなるハノイ

仏印は静かでいいなぁ、と三吉は思った。ハイフォンの石山ホテルの親爺は相変らず何度負けても決して白石を渡そうとはせず、一、二時間もするとけろりと自分の負けは忘れて、対手の負けばかり憶えているというような型の、熱心な碁打ちであることに変りはなかった。二匹の大きなセパードはいつものように土間に長々と腹をつけて休んでいた。佐伯は近頃妙に温順しくなって、むしと悄然と、どうかすると三吉を避けようとするかのように、多くの場合隅っこの方で講談本ばかり読み耽っていた。あのかくしゃくたる横山老人が珍しく神経痛で寝ていたが、それは年のせいもあろうけれど、若い女房を可愛がりすぎたのと、一つには例年にない寒さ——と土地の人々は言っていた。三吉などは春服の上にレインコートを羽織っただけで充分であったが、安南人や長くここに住みなれた日本人の間には冬のオーヴァーを着ているものもいた——のせいだろうとのことだった。

ハノイにも大きな変化はなかった。

ボーイのグェンは相変らずサンダルをばたつかせて飛んで出て来たし、跣足《はだし》のコックも揉み手をしながら出て来て、何やらぐしゃぐちゃと泣くような声で言った。助手のヴィエンは三吉の留守中に三本の電報を仏文で東京に打電したことがひどく満足で得意らしく、そのことを諄々と報告した。そして三吉の室からはグラン・ラックの渺々たる水面がますます清らかに光って見えたし、ヨットクラブの付近には何杯もの白帆がすんなりと傾いていた。

三吉は壁暖爐に薪を焚かせて、そのゆるく燃える焔に片手をかざしながら、ゆったりした気持でコニャック入りの濃い珈琲を啜った。そして机の上にうず高く積みあげられた郵便の束の中から、新聞、雑誌と書翰の類を選りわけて、まず手紙から先に読んで行った。その中には三吉を正式にハノイ支局長に任命するという本社からの書類も来ていた。また、九州で医者をしていた二番目の弟がまたもモヒ中毒症で危険な状態にあるから、今度こそは東京に呼びよせて徹底的に治療させたいが、何分金もかかることだし、という母親からの陰気な手紙もあったが、別封では、岩永社長独特の大きな字で書いた激励と戒告の手紙もあった。

その中で、この好人物の社長は、「お前のポストは今後ますます重要になるから、万事に気を配って遺憾ないようにせよ」というような月並な指示のほかに、「聞けば何だかある未亡人と親しいような噂もあるが、お前に対しては自分は特別の期待をかけているのだから、それに背かぬように自重して貰いたい」とも書いてあった。

三吉は好色らしい矢田老人の顔を思い浮べてひとり苦笑した。そして母には、僅かなものではあったが彼の貯蓄を全部弟の病気治療のために使って下さいと返事を書いて航空便で出した。

この静かなハノイにも、ごく僅かずつの変化は営まれていた。

まず総領事館の事務所が並木隧道通りの大通りから、坂本や山根などが一緒に住んでいる印度支那産業の社宅のすぐ隣り、総領事の官邸からも歩いて三、四分のところへ引越していた。それは以前の事務所と比べると一廻りは広かった。それから鈴木総領事に対する批評がはっきり二派に別れて、橋本や高山などの排斥派と、塩見書記生や坂本支配人などの前のよりはまだましだという程度の弁護派とができていた。一方鈴木夫人はつい先日、ハノイ在住の全部の日本婦人を招いてお茶の会を開いたとかで、これは異口同音に評判がよく、青山のお米などは「妾のげな女子でも、ちゃんとお招き下すって勿態ないことでござすたい。前の奥さんな、フランス人でござしたけでしょう、お目にかかったこともなかとでしたけど、やっぱり奥さんな日本人でなからにゃ、つまりませんと」と非常な感激で、その全壹眼に涙など浮べてこのことを繰り返して話すのであった。

それから三吉の留守中にも、鉱山技師の高山文雄はひとりで屢屢《しばしば》コーラム・コーナム姉妹の家を訪れていたらしく、高山とコーラムとの間に何事かがありかかっているのではないかという気配がうすうす感じられた。橋本は例のやや神経質にすぎる潔癖さから、これをしきりに怪しからぬと言っていたが、三吉はそうも思わなかった。

太湖のおおらかな景色を望み見る窓際で、新聞を読みながらひとりゆるゆると朝食を食って、助手のヴィエンと少し話をして、やがて前後五百メートル宛ばかり離れたところに自転車に乗った尾行者を一人ずつ引具して洋俥で出かける。政庁に行ったり、理事庁に行ったり、独逸や伊太利の領事のところに行ったり、日本人のところを廻ったり。気が向けば自宅に帰って昼食を食うが、そしてその方が遥かに美味なのだが、面倒なので、たいていは行き当ったところで食う。ホテルのこともあるし、レストランのこともあり、日本人の家で御馳走になることもある。午後はふらついたり、昼寝をしたり、少し書き物をしたり、電報を打ったり、夕食はたいてい誰かに招ばれているか、招んでいるかだが、そうでないときはコックの料理をひとりでもっそり食う。このコックは料理はうまいが、うっかりうまいなどと賞めようものなら、三日にあげず同じものを食わされるから、三吉はうまくても黙って食う。ブドー酒は二日に一本。それから山根や坂本たちのところに碁を打ちに行くか、小田か青山のところへ麻雀をしに行くか、ペリカンとかサン・スーシーなどのバーへ飲に行くか、……そして三日に一度ぐらいの割でカムチェンへの道を走る。

三吉の日課は右のごとくに一定していた。そして香港から帰って来ると、再びこの日課の定めるところに従って落着いた毎日を送ることができるのを一種の楽しみにしていたのであった。しかし事実は、享楽に疲れた三吉が香港や船の中で懐しみ想うたほどには、その日課なるものは必ずしも平和なものというわけには行かなかった。

まず三吉はある朝、ひとりの見知らぬ男の訪問によって、殆んど忘れかかっていた不快な記憶を呼び戻させられた。貧しい身なりをしたこの若い、うす汚れた男は先日苦力を轢殺したときのあの運転手の弟だと名乗った。両手を下腹のあたりで下向けに合掌するように合せて、しきりに小腰をかがめて何やら言うのだが、ボーイのグェンの通訳では充分なことは呑み込めなかった。グェンは詰ってしまって、黒いおはぐろの歯を剥き出して、しれしれと笑っている。訪問者は泣かんばかりになって何やらしきりに陳情した。そこへヴィエンが出勤して来たので漸く事情が明らかになったが、訪問者は近く兄の事件について裁判があることになったから、是非とも三吉から有利な証言をして頂きたく、そうでないと一家が忽ち生活にも困るのだというようなことを言っていたのであった。そして、あの事件以後の一家の困窮状態をのべて、なにがしかの恵みを乞うた。

三吉はまざまざとあの大雨の日の午後のことを思い出した。そして次の日病院であったあのただれた目の女のことを思い出した。訪問者はいくらかの金を持って帰って行ったが、ヴィエンはなぜだか嘲笑するように笑いながら「あなたはあんまりお人好しだ《ムッシュー●ヴー●ゼーッ●トロ●ボン》!」と言った。

フランス語の新聞は相変らず、ときどき思い出したように三吉へのいやがらせを書いた。官報の告示からヒントを得て、仏印政庁当局では今後カムラン湾後方地帯の一部私有土地に対して徴用権を適用することになったが、これは目下立案中の仏印軍備拡充計画の一つであるとて、軍拡国防公債五千万ピアストルの強制的割当発行や空軍充実計画や、ハイフォン港の拡張計画など、最近発表された一連の関連事項を記事にして打電したところ、それから二日して、フランス語の新聞は申し合したように一斉に「彼は軍事機密をどうして知ったか」というような標題をつけて、恰も三吉が諜報行為でもしているかのような印象を与える書きぶりで、このことを書きたてた。三吉は莫迦莫迦しいので問題にもしなかったが、不快な気持は禁じ得なかった。それで、理事長官シャテルに会った序に

「フランス語新聞の編輯者たちは官報も読まなければ、お互いの新聞が何を報じ何を書いたかもとんと記憶していないらしいですね。それに、標題のつけかたも互に相談して決めるらしい」

と言うと、老シャテルは事もなげに愉快そうに笑って答えた。

「どこの国でも新聞は勝手なことを書くものに決まっているのさ。何しろ報道の自由は憲法の保護のもとに確立された権利なのだからね」

23　汪精衛か王寵恵か

水浴でぽっぽっと温まった身体をフランネルのピジャマに包んで、ガウンを引っかけ、ちろちろ燃える壁暖爐の薪の火の前に据えてあるソファに深々と身体を埋めたとき、三吉は青春のなぜともない漠然とした幸福感に充ちていた。グェンが機嫌よく微笑みながら香の高い珈琲を運んで来て、その中に強烈なキルシュ酒をいつものように小さなコップで一杯注ぎ込んだ。珈琲の香と酒の匂がまざり合って辺りにたゆたった。

充ち足りた気持でそれを啜り、オムレツにパンで軽い食事を、目と手と口とを別々に動かしながらのろのろと摂りつつ、三吉は毎朝の習慣に従って、フランス語の新聞をつぎつぎにざっと見て行った。

グェンは傍に立っていて、珈琲のお代りを注いだ。それから、ポム・キナの皮を剥いた。

「旦那様《ムシュー》、きょうのポム・キナは特別上等です」

「うむ……」。三吉は依然新聞から目をはなさず、左手で盲人のように果物のありかを探った。グェンが果を押してよこした。

「おや！」。三吉は雑報欄の一番隅の方に小さく載っていた十二月二十一日付重慶発ロイター電報に目をとめて、はっとした。それは一段一行標題の、本文も五、六行にすぎない極く簡単な電報にすぎなかったが、国民党副総裁汪精衛《ワン・チン・ウェイ》が昆明経由二十一日極秘裡に航路ハノイに潜入した、ということを報じていた。

三吉は二度三度と、その簡単な、まぎれようもない電報を読み直した。そして彼の心臓の辺りに起った最初はごく軽微だったショックはやがて急速に全身的に拡がって行って、五分後には三吉を居ても立ってもいられないような一種の焦燥感にかり立てた。これは何か大きな事件にぶつかると三吉が必ず感じる職業的な昂奮ではあったが、このときも三吉はいつもしめつけられるような不安を感じた。彼は新聞を抛り出して立ち上ると、まず香港支局宛に真偽問い合せの電報を打った。その頃香港の支局では重慶側の暗号電報解読の組織と施設を完成していたので、この方面から或は何かの手懸りが得られるのではないかと三吉は考えたのであった。

汪精衛が……汪精衛が、重慶を脱出して、ハノイへ、このハノイへ、ひそかに、潜入した。……何故に？　何が故に？　何をしようとしてハノイへ？

ボーイのグェンを大急ぎで電信局に走らしたあと、室内を歩き廻ったり、立ち止って太湖のすがすがしい朝景色にじっと眺め入ったりして、このことを繰り返し考えているうちに、三吉には何となくこのニューズが大して重大なものではないようにも思われて来はじめた。よく考えてみれば変な点が二、三ないでもない。第一に、汪精衛が重慶を「脱出」したというのはどういうわけだろう。蔣介石あたりと喧嘩をしたとでもいうのだろうか。それから「ハノイに潜入した」というのはいったいどういうわけだろう。香港とでもいうのならまだ解るが、ハノイというのが解せなかった。町としてのハノイは三吉の好みには合っていたが、いわばごくの田園都市にすぎなかった。それに重慶＝昆明から来る欧亜航空《ユーラシア》、ロンドンから印度・ビルマ経由で来るインペリアル・エア・ウェーズ、パリから同じ経路で来るエール・フランスの三つの国際航空路が香港への途上、いずれもここに寄航するとは言っても、交通の上からは、ハノイは片寄っていたし、不便であった。そのうえ――と三吉は考える――もし汪精衛の出発が何らかの秘密など国際政治上の目的を持ったものだとすれば、彼の対手は当然イギリスかアメリカであるべきで、フランスである筈はない。フランスは対支援助においてもイギリスの尻馬に乗っているにすぎず、脇役以上ではあり得ないのだ。
どんな点から言っても、ハノイは政治的亡命地としては適当でない、と思われた。
「香港への途上、ちょっと立ち寄ったか、一時の足だまりにするというのなら解るけどね」と三吉は橋本に言った。
橋本はまだ新聞を読んでいなかったが、三吉に言われて、改めてその記事を読んでから、三吉の意見に対しては
「汪は最近ずーっと蒋介石と不仲だったようだから、あり得ないことではないようにも思うがね」と言った。三吉は引続き雲南や広西の新聞を読んでいた橋本の意見をむしろ頼りにしていたのであったが、橋本にもこれ以上確たる意見はないようであった。電話をかけて高山にも橋本の家に来て貰ったが、高山は
「ひとつ至急に事の真偽を君、是非確めてくれや」というだけであった。
三吉は東京がこのニューズをどう扱うかを知りたかったので、橋本に東京ラヂオを注意して聞いていてくれるように頼んでおいてから総領事館に行ってみたが、正月用に頼んでおいた日本酒がもしかすると入らないかも知れない、ということの方をむしろ気にしていた橋本の、このニューズにはさしたる関心もなさそうなのが些か心許なくもあった。
総領事館でもこのニューズにはまだ誰も気づいていなかった。いつでも十一時頃でないとやって来ない鈴木総領事は別として、情報関係を主としてやることに分担が決っていた橋丸書記生も、大きな膝を気忙しくかち合せて、眉をぴくぴくさせるばかりで
「もし事実だとすると、ちょっとしたニュースでごわすな」と言うだけであった。それでも彼は午後から、ハイフォンの支那人諜者に会うために、自動車で出かけて行った。
三吉は香港からの返電が気になったので、時々出先から電話をかけて見たが、ヴィエンはその度に几帳面な声で、
「まだ何も参っておりません」と答えるばかりである。
理事庁の新聞主任ボンフィスも、総督府政庁の情報部長ジュヌヴェスも、そんなことは一向知らぬと何の関心もなさそうに答えた。殊に鶴のように痩せて背の高いジュヌヴェスは昼食に帰るから、そこまで一緒に歩いて行こうと言って、植物園の地続きになっている広い公園のような政庁の構内を、砂利を踏んで悠々と門の方へ歩きながら
「そんなことがどうしてそれほどに君の興味を惹くんですかね」という質問で三吉をまごつかせた。
「そりあ、重慶政権の内部に起きた重大な出来事は悉く

われわれの関心事ですよ」

「なるほど、だが、君はハノイ特派員だから仏印内のできごとだけを注意していればよいのじゃないのですか」

「仮りにそうだとしても、現に汪精衛がハノイに潜入したと外電が伝えているのですからその真偽を確めるのは当然私の仕事になるわけですよ」

「なるほどねえ《ジュ・コンプラン》。いや《エ・ビアン》、御成功を祈ります《ボンヌ・シャンス》」

彼はそう言って呑気そうに別れて行った。

仏印ではその他の熱帯地方と同じように、昼夜後の休憩時間が非常に長い。普通の商家などでも午後二時までは表戸を閉めているが、ハノイ全体が完全に午睡から覚めて、午後の活動に入るのには四時が打つのを待つ必要があった。来たはじめの頃、まだ午睡の習慣を持たなかった頃の三吉はいつもこの空白な時間の長さに自分ひとりじりじりして、なすこともなく暑さを呪ったりしていたのであったが、最近では彼も漸く惰眠に馴れて来ていたものの、この日ばかりは久しぶりにハノイの昼寝の長さに苛々と腹を立てた。

漸く時間が来て、次々に訪ねて行った新聞社では、どこでも申し合せたように、「その後何にもありません《リャン・ド・ヌーヴェル》ね」とごく冷胆な答えが待ちうけていたにすぎなかった。なかには、「汪精衛っていったい何者です」と自分の新聞が掲げた記事についてその意義すら全然知らないでいる編輯長もいて、三吉を狼狽させた。これらの新聞社では最初からこのニューズを殆んど問題にしていない様子で、従ってまたこれに関する探訪も行っていなければ、特別の情報も持っていなかった。二度目にもしやと思って、それにちょうど通り路でもあったので寄ってみたとき、このことを話して露骨に軽蔑をこめた驚きを見せると、ボンフィスは困ったように苦笑して
「御承知のようにこの国の新聞社は規模も小さく、それに平和な日常に慣れてあまり外部の事件には積極的な興味を持っていないのでしてね」と弁解した。

「だけど、日・支事件の報道などは、支那に有利な記事ばかり誇大に掲載して、その関心の尋常でないことを示しているじゃあありませんか」

「まあそれはね、編輯者個人々々の見識によるのでして……」

三吉は念のために、汪精衛を運んで来たと思われる欧亜航空の支店にも行ってみた。愛想のいい安南人の書記は、昨日昆明からの定期便がついたときは自分も飛行場に行っていたが、それらしい人は乗っていなかった、と言って態々

旅客名簿を持ち出してみせてくれた。そこには幾人かの支那人の名が連ねてあったが三吉がそれを見ても処詮はむだであった。似たような名すらない。それにどうせ変名しているのだろうから、だとすれば判りっこないのである。その安南人書記は辺りに誰もいないのを見定めると、急に低い声で

「ムシュー、僕はあなたに一つ申上げることがある《ジェイ●ユンヌ●ジョーズ●トレ●アンポルタント●ア●ヴ●ディール》んですが……」と目を光らして切り出して、三吉をどきりとさせた。

「何ですか……」

「日本軍は、いったい、何時頃ここへやって来るのです?」と言ってから、いま一度辺りを見廻して、大急ぎでつけ足した。「いえね、実はわれわれ、それを一日千秋の思いで待っているのです。一日も早く日本軍がここにやって来て、われわれをフランスの桎梏から解放してくれることを熱望しているのです……」

三吉は苦笑して、「莫迦な《サン●ブラーグ》!」と一こと言い捨てたまま外に出た。誰がそんな甘口の罠に引かかるものか。愛想のいい、そしてフランス語の上手な安南人は百中九十九人まで安心ならぬ。

三吉の洋俥の前後を相変らず根気のよい尾行者が懸命にペダルを踏みながら、自転車で走って行く。

一日中かかって、何一つ掴み得なかった不機嫌さを、人間をまるでただ同様にして使っているから、こんな阿呆な真似もできるわけだ、と三吉のような人間に対してまでふんだんに尾行を付している仏印保安警察当局のやりかたに向けてぶちまけてみたりしながら、三吉は家に帰って来た。

そこには香港から、彼の地でも二、三の新聞が簡単なロイター重慶電を掲載しているだけで、真偽のほどはまだ判らない、と返事の電報が届いていた。

しかし、その夜、橋本の家で日本食を御馳走になったあと、彼の書斎で東京放送の短波ニューズを聞いていた三吉は、要旨だけではあったが、近衛首相が突如として発した支那への呼びかけ声明*の内容を聞き、その中に、日本は支那側に若し同憂具眼の士があれば相携えて事態の収拾にあたることを躊躇するものではない、という意味のことがあったのにはっと胸をつかれた。それは橋本も同じであったと見えて、二人は期せずして同時に

「これは臭いね、大変臭いよ」と言った。

そして橋本はなぜだか、急に怒ったように眼を光らして、「日本にも莫迦が多いよ」と吐き出すように言った。

＊ 昭和十三年十二月二十二日、汪の重慶脱出の連絡を受け

て発表したもの。対中和平における善隣友好、共同防共、経済提携の三原則を示した。

次の朝早く、まだ帰ってはいまいと思いながらそれでも念のため三吉が橋丸に電話をかけてみると彼は既に帰っていた。そして日頃極端な秘密主義の彼にしては別人のように上機嫌な磊落さで、「すぐいらっしゃい」と言う。

橋丸は火も焚いていないがらんとした部屋で、「いま帰ったばかりのところだ」と言いながら、「総領事にもまだ報告してないんだから、そのつもりでな」と膝を揺すり揺すり、彼が秘密に持っているハイフォンの支那人筋の確実な情報だというのを話した。

汪精衛ではなしに、二十一日にやって来たのは実は外交部長の王寵恵だというのであった。

「Wang ching wei（汪精衛）ではなしに、Wang chung hui（王寵恵）だというんじゃがな！　ほんまに莫迦莫迦しい！」と橋丸はその大きな眼玉をぐるりと一つ廻して、さも得意そうに、両頬を吸いよせるようにして唇を大きくぽんとならしてみせた。

三吉は引きよせられるように、「どうしてそれが判ったね」と訊ねた。

「そりあ、あんた」と橋丸はたえず身体を揺りながら鼻の頭に小皺を寄せて、まず自分だけで充分笑っておいてから、「こうじゃよ」と、どこの方言だか判らないような訛をまじえた彼独特の言葉で説明した。「その諜者にな、あっしが、この二、三日、何じゃ、支那の大官がハノイにこっそりやって来はせなんだか、と訊いたのさ。すると、来た、来ましたと言う。そ奴は何言う者じゃいな、と訊いたところ、ワン言う奴じゃと答える。ワンてどのワンや、ワンにも仰山あるで、支那にはワンは日本の太郎・花子より余計あるでな、どこのどないなワンや言うと、ワイ・チャオ・プー・チャン（外交部長）のワンや、言うのさ。じゃ、ワン・チン・ホイじゃないか、と言うと、それだ、それだ、と言う。ワン・チン・ウェイじゃないのか、ワン・チン・ウェイとは違うんやな、と念を押したが、違う、ワイ・チャオ・プー・チャンのワンだと言う」

「何だか、変だね」と三吉が言った。

「何で？」と橋丸は急に水を注されたように笑顔を止めて、大きな眼を剥いた。

「何でって、君、対手は何にも知りゃぁ、せんのじゃないかな。それじゃまるで君の誘導訊問じゃないか、対手は君の質問にただばつを合せてるだけみたいじゃないか。変だよ」

「何も変なことないがな。ちゃんと外交部長の王だって言うとるんだから」

「それも何だか、君につつき出されて、苦しまぎれに言ったみたいだね。第一、のっけから、誰か大官が来はせなんだか、って質問も変じゃないか」

「変なら、聞いて貰わんでもいいがな」と橋丸は明かに怒りはじめていた。「別段君に話さんならんこともないのじゃから」。

「そうはいかんよ、君の調査はいずれ公電になって東京へ行くんだろう、だから、それは正確でなくちゃならない。いったい、君の諜者っていうのはどんな種類の人物なのなかね」

「阿呆らし、そんなことが言えるかね!」

「まあいいや。僕も昨日一日、政庁、理事庁、新聞社、航空会社、あらゆるところを洗ってみたけど、何の手懸りもなかった。だけど、昨夜の東京放送は妙に奥歯に物のはさまったような近衛首相の対支声明なるものをやっていたが、君、きいたかね」

「聞かん」

「そう。支那に同憂具眼の士があれば提携してやって行きたい、というのさ。何だか変じゃないか。どう思うね?」

「前から何度でも言ってることじゃないかいな」と橋丸は吐き出すように、ぷんぷんしながら言った。

「だけど、この声明は十二月二十二日に出した、ということはどうかね? 全くの偶然だろうか」

「そんなことは知らんがな」

三吉と橋丸は暫くお互に気まずい思いで黙っていた。そのうちに、ふっと三吉の胸に、もしかして、近衛声明は外交部長の王寵恵を狙ったものではあるまいか、というような考えが浮んだ。そして、日・支の和平!?

「ワイ・チャオ・プー・チャンのワンか」と三吉は独白のようにして言った。「尤も汪精衛だって何度も外交部長をしていたことがあるし、汪も王も、どっちも同じワンだから困るねえ」。そして三吉はふっと気をかえたように、橋丸に言った。「日・支間にもしかして何か和平の話でもあるのじゃないだろうかね。そのために王寵恵が出て来る、というようなことはあり得ないことではないかもしれない」。

「違いまっしゃろ」と橋丸はにべもなく言下に答えた。「王寵恵が来たのは、輸送問題の交渉のためさ」。

橋丸のいかにも自信に充ちた言いかたに三吉は多少気押

されて、「輸送問題？・」と反問した。「滇越鉄路のかね？・」。

「そうさ」と橋丸は不機嫌ながらもずるずると三吉の対手になって答えた。「トラック輸送は量的にどもうまく行かん。どうしても鉄路を利用せんならんのじゃけども、税関や運賃のことで仏印側が支那さんの思うような条件にうんと言わん。これは、あんたも知っててじゃろうがね」。

「そう」

「そこで、この間うちから二度も、交通部長の張公権が自分でやって来て、交渉しとったんや」

「そうかね、そんなことがあったのかね」

「あんた、知らんかったのか？　なあーんだ」と橋丸はここで漸く、再び大きく仰向いて笑った。そして急に快活になって喋り出した。「あっしはまた、あんた、とうに知ってて、電報も打ったもんやとばかり思うとったが、知らなんだのなら、教えてあげればよかったなぁ。それで張公権が失敗したんで、今度は王寵恵御大御自身で出かけて来たと、こういうわけなのさ」

「そうか、なるほどね。話の辻褄は合う」

「まだあんな負け惜みを言うとる。あんたもこれで、なかなか依怙地やからなあ」と橋丸は心の余裕を示してからからと笑った。

ハノイやハイフォンの支那側輸送機関の総元締としての西南運輸公司の最近とくに著しい急速な膨張――それは支部をサイゴンやツーランにも置いて、近頃では印度支那半島を縦貫する陸路輸送まで開始していたし、総指揮者として宋子文の実弟宋子良なども自ら出て来ていた。またハノイにはこれらの機関の費用や輸入物資のトランジット料金支払のために中国銀行の支店が十二月初旬以来開設されたりしていた。

これらの事実を思い合せてみると、汪精衛の脱出・潜入とはまた別個に、外交部長王寵恵がひそかにやって来た、ということは極めてあり得ることのように思われた。

三吉はむだとは思いつつも、いま一度総督府政庁とトンキン州理事庁とを廻って、今度は王寵恵の来否如何について訊ねて歩いたが、誰も何も知らなかった。

しかし、とにかく、一応の情報として三吉は香港支局経由で上海と東京とにこの経緯を打電したが、折返し、香港支局からは

キジョウホウ　スベテアヤマリ」オオセイエイノハノイセンニュウハカクジツ」オオチョウケイハジュウケイニアリ」シキュウセイエイノキョショツキトメヨ」

とまるで高飛車な電報が来た。

三吉はいきなり頭を撲りつけられた気持で、全身の血が一時に顔へ逆流する思いであったが、香港がこう高圧的に出るのには、それ相応の、すなわち、重慶側の暗号電報解読の結果に相違ないという充分な根拠のあることを知っていたので、もはや迷わなかった。彼は却って静かな心境で――職業的な焦燥感は依然として払いきれなかったものの、今度はもっと計画的に採訪活動を開始した。

24　潜める汪

焦っていたのは三吉だけではなかった。高山もひどく昂奮して、日に何度となく例の赤塗りの自動車を三吉のところに乗りつけて来ては、「判ったか」とおなじことを訊くのであった。そして、「金は要るだけ俺の方からいくらでも出すから、至急に情報網を確立してはどうだ」と三吉に言った。だが、情報網が一日か二日でできる筈もなく、結局は一番動き易い三吉を中心に、フランス人の間にも事業関係から相当広く知己を持っている印度支那産業の坂本支配人もこれに加えて、高山や橋本はむしろ蔭にいてこれに協力する、ということで差し当りは進むほかなかった。

だが、このチーム・ワークも、橋本の案外な冷胆さのためにときどき気まずいことになる場合もあった。彼らは毎晩どこかに集って互の意見を交換するのであったが、橋本はいつも、「いま頃汪精衛なんか引ぱり出しても大したことにはならんよ」と言った。

「なるか、ならんかは別として、それに第一果して日本側と特別な関係があるかどうかも判らんが、ともかく、全力を尽して、彼の所在をつきとめるのが先決問題だよ」と高山や三吉は主張した。

ハノイの新聞はその後殆んどこの事件に関する電報も情報も掲載しなかったが、三吉のところには香港の支局から毎日何本もの情報電報が来て、外国の通信社や支那の新聞などが思い思いに報じている汪精衛関係の、てんでんばらばらな憶測や流説や、噂などを遂一報らせて来た。或るものは、汪精衛は既にハノイを去って香港に到着したと報じていたし（その真偽については、足許のことになると、香港の支局でも一向に判らないらしく、三吉の問合せ電報に対しても、真偽不明と返電して来たので、三吉は、そらみたことか、と変に満足したりもしたが）、他のものは、汪は病気療養のため近く欧州に向う筈だ、と言い、また別の報道は、汪は蒋介石の代理として世界の輿論に働きかけるため、近く欧州から米国方面への遊説に上るのだとも書いていた。更に汪は目下ハノイのさる病院に入っているというのもあった。

　これらの噂の一つ一つについて、その度に三吉は走り廻った。少し誇張して言えば、三吉の全神経はささくれ立ち、眼は血走って、始終いらいらした気持で過ごしていた。

　たったこれんぽっちの小都会に、汪精衛ほどの大物が入り込んで来ていて、どれほど秘密にしていたとは言え、匂いすら嗅ぎ出せないのはどうしたことだ？

　ハノイには病院は、汪精衛などが入院しそうなものとしては二つしかなかった。その一つにはひとりの不幸な老日本婦人が雑役婦として働いていたので、その友人である青山のお米を通じて彼女に最近の入院患者を全部調べて貰った。他の一つの方はヴィエンの友人がそこの会計係をしていたので、彼の手を通じて調べたが、両方とも何の手懸りも得られなかった。

　支那の総領事館に手を入れれば何かの手懸りがあるかも知れない。しかし、どうやってそこの繋りをつくるか？

　ずっと前、まだ三吉がハノイに着いたばかりの頃、洋俥に乗って、総領事館《コト●シュル●ゼネラール》と命じたまま、俥の上で何やら考えごとでもしていたらしく、ぼんやりしていて、梶棒が下りたのでふと気づくと、洋俥夫は彼を支那総領事館に引込んでいた、という小事件があった。それはいまは兵営地区になっている旧域内を横に貫く大通りにあって、何か知らん巨大な古木がその上を蔽っていた。そして道を隔てて一軒の、あまり上等でない旅館兼レストランがあった。

　汪の事件以来、始終苛々として、終日殆んど家にいない三吉の様子を、ヴィエンはおどおどと見ていたが、二、三日してのある日、彼は遠慮がちに

「ムッシュー、もし、何か私に出来ることがありましたら、是非手伝はして戴きたいのですけれど」と恰も金の無心でもするときのように、伏目がちな様子でおそるおそる言い出した。しかし果して三吉は、ヴィエンが一番恐れていたとおりの、険しい目でチラリと彼を見ただけで、不機嫌に黙っている。暫くしてから、ヴィエンは赤くなりながらまた言った。

「許して頂くわけには参りませんでしょうか。勿論、大したことはできませんが、何かのお役には立てると思うのですが……」

　三吉はヴィエンが首垂れてしまうほどまでまじまじと真正面から彼を見ていたが、言った。

「政庁当局ではこの事件をひた隠しに押し隠しているの

だぜ。それでも君はいいのかい。僕は当然そうする権利のある外国人特派員だから嗅ぎ廻ることを当局も敢て妨害はしないけれども、君となると、事情は異る。或は不愉快なことが起るかも知れないが、それでもいいのかい？」

「構いません」とヴィエンは目をあげずに呟いた。

暫くしてから、恐らくそれはヴィエンにとっては息詰る思いの五分間であったと思われるが、三吉が「それじゃ、やってみ給え」と言ったとき、ヴィエンは思わず二、三歩進み出て、跪かんばかりに両手を胸の辺りで合掌して、叫ぶような声で言った。

「有難うございます、ムッシュー、有難うございます」

「まず、支那総領事館の様子を探ること、シュルテの方に手を廻すこと、政庁か理事庁の方に手を廻すこと、それから広東人会の方面も探りを入れること、差し当たりは以上四つだ。このうち、どれでも君にできそうなことを、極秘裏に、しかしできるだけ迅速にやってみ給え。どれか、できそうかね」

ヴィエンは暫く考えていたが、美しい歯並みを見せて、はじめて、にっこりと笑った。

「ええ、できます。シュルテには例の友人がいますし、支那総領事館には、私の小学校の友人で、あそこの前のレストランに料理人をしている男が始終料理の用事で出入していますから、もしかすると様子が判るかも知れません」

三吉は百ピアストル出して、ヴィエンの前に置いた。それはヴィエンの三ヶ月分の給料に相当する「大金」であった。

「君の自由に使っていいよ」

ヴィエンは後退りして顔の前で手を振った。

「オー・ノン・ムッシュー。要りません。要りません絶対に！」

「君への報酬じゃないよ」と三吉は少しむごいほど荒々しい声で言った。「君への報酬はサラリーが払ってある。これは君が君の友人に仕事を頼むときの費用だよ。足りなくなればまたあげる」

結局ヴィエンは半分だけ持って、いそいそと出て行った。だが、そこからもなかなか思うような手懸りは得られず、苛々した三吉の前に、ヴィエンは泣きそうになって、萎れ込んでしまっていた。

そんな日のある宵、まだ少し日は早いが忘年会だからと、日本人会長の下村老人が鈴木総領事以下総領事館の日本人職員全部と、印度支那産業の山根、坂本、それに橋本、高山などを自宅に招いてのすき焼会に、三吉も余り気は進まなかったがともかく出席した。

三吉が少し遅れて入って行ったとき、人々は既に狭い客間を煙草の煙で濛々といぶしながら食前酒《アペリチーク》を飲んでいたが、橋本の盃に注がれた酒の中に、死んだ蠅が一匹入っていたというので、橋本がその盃を高くあげて
「名医ともなれば、こんな不養長寿の虫酒を人に飲ますものかね」

と言ったというのでけたたましい笑声がまだ尾を引いて揺れていた。自分の冗談の成功に気をよくした橋本は畳みかけて
「下村老人があの年になっても下の方だけは若いもん裸足《はだし》なのも、こっそりこんな酒を常用してたからだな」と言った。そして三吉を見ると、「おい太田君、君はこんな酒を飲むとあれだぞ、カムチェンに十日も居流《いつづ》けしなけりあならんことになるから、止したがいいぞ」と今度はそれほどでもない下卑な笑い声の中で、自分だけはいかにも愉快そうに声高く笑った。

傲然と控えた鈴木総領事の両脇には浦部副領事と橋丸書記生とがかけていた。そして、たえず酒盃を上げ下げする鈴木と、二人とも殆んど盃を手にしないその部下たちとはいとも真面目な顔をして何かを論じていた。

「いったい」と鈴木が言った。「汪精衛というのは汪兆銘というのとは、同一人かね、それとも別人かね」

「そうでごわすなあ」と橋丸が膝頭をこつこつふれ合わせながら、合掌した両手を両腿の間に下向けに挿し込んで、肩を丸くした姿で、例の尤もらしい煮えきらないうけ答えをはじめていた。

「どうかね、浦部君?」

「知りませんよ、総領事。恥ずかしながら私は本省では大臣の鞄持ちばかりしていたもんだから、一向勉強しませんで……」。彼は急いで辺りを見廻した。そして、「太田君、どうなの?」と三吉に声をかけた。

「知らないよ、そんなこたあ」と三吉は不機嫌な声で言った。「支那は橋丸君の専門だよ」。

「そう。橋丸君は同文書院だから専門な筈だな。どうなんだ?」

「そうでごわすなあ。だが、太田君は新聞社だし、橋本さんは支那は古いんだから、御承知でごわしょう」

「あれは、同一人でごわしょう」と橋本が上機嫌の続きで橋丸の口真似をして言った。

「そうかね？　橋丸君」。鈴木はどうしても橋丸に最後の判決をさせる胆らしい。橋丸は何故だか返事を渋っていたが

「私はそうだと思いますが、総領事はどうお思いになりますんで……」と反問した。

「おらぁ、そんなこたあ君、てんで知らねえよ。知らねえから訊いているんじゃねえか」。そして、嗄れた声でげらげらと笑った。

塩見書記生が三吉の傍によって来て、耳まであるその大きな口を二三度軽く痙攣させてから、吃り加減に、ひくい声で言った。

「いやな奴らだよ、太田さん。何でもあの調子で二人でお髭の塵ばかり払っているから、何にも捗りあしない。誰でもそのくらいのこたあ知っているじゃないか」

「莫迦さ！」と三吉は答えた。「今様新三猿主義だよ。知らザル、恥じザル、恐れザルさ」。

「あっはっはあー」と三吉の後で突然大声をあげて高山が笑った。咽喉仏が見えそうなほど大きく口を開いて、「これは面白い、知らザルに、恥じザルに、何だ、恐れザル……か。はっはあ、面白いな」。

坂本が部屋の向う隅から眼をきょろつかせて、はやくも笑いにつりこまれながら、「何だって。知らザル、恥じザル、恐れザル？　誰さ、誰がさ？」。

「太田君が言ってるよ、訊いて見給え」

「此奴が！　この小僧が！」と鈴木が濁み声で叫んだ。「生意気な奴だよ、これは本当に」。

鈴木はもう相当酔っていた。三吉は彼の勘のよさに内心少し驚いた。そして三吉は彼からできるだけ遠いところに席をしめて、余り喋らずにしきりと牛肉をつつき、ブドー酒ばかり飲んだ。彼の向う側に席をしめた山根老人は温順しい松本書記生を捉えて、例によって、彼が若かりし頃敢行したという雲南からビルマ方面にかけての奥地探検の大旅行の話（それは三吉も既に三回ぐらい聞いたものであった）などをしていたが、卓越しに三吉を揶揄って、

「どうしたかな若い衆、きょうはえらい温順しいね。専ら食う気と飲み気ばかりのようだが、近頃は余り踏み切りも越えんという話はほんとかね」などと言った。

下村老人は鈴木総領事を捉えて、する度に少しずつ筋違っていく彼のドイツ留学失敗の話をはじめていた。

三吉は皆には黙ってこの家を出た。そして、何となく無性に抑えがたい焦燥感にかられて、酒にほてる顔を夜の冷い空気になぶらせながら支那総領事館、その官邸、それから支那人街の中にある広東人会館のあたりなどを、洋俥をうたせて一巡りしてみた。何事もない。

家に帰ってみても更に落着かなかった。

香港からは三通も電報が来ていた。うち一通は暗号で、他の二通が平文でその日の新聞情報を一括して報じていたのに反して、この暗号電報は簡単ではあったが、汪精衛は確実にハノイのどこかに潜伏していること、汪の同志たちも相次いでハノイに潜入しつつある模様であること、汪の行動はどうも仏印当局や蒋介石とも何らか秘密の諒解のもとにとられていると思われる節があること、などを知らせていた。

三吉は暖爐の中でめらめらと燃えて行くその暗号電報をじっと見ながら、何とも頼りどころのない、生れてはじめての心細さをしみじみと感じて、唇を噛んだ。

思いきり泣いてみたいような、自分の腑甲斐なさに対する切なさが酒の勢いで非常に誇張されて感じられた。

ぽろりと一滴、二滴、涙がこぼれた。

25　汪は居た！

その夜三吉は、最近一週間ばかり越えなかった踏切りを晩くなってから越えた。そして五十八番も六十三番も素通りして、真直ぐコーラム姉妹の家へ洋俥を乗りつけた。

「ずいぶん来なかったこと！」と姉のコーラムが嬌声をあげて、腕を拡げて走りよって来た。しかし、そこには彼女ひとりしかいなかった。目で探している三吉の様子を素早く感づいた彼女は

「いま六十三番の方へ遊びに行っていますの。女中を呼びにやりましょうか」と言った。

「いいですよ。あの前を通って来たんだから、どうせもう知れているでしょう。妓たちも二、三人門口に出ていたから」

「そうね」。コーラムは三吉の膝に自分の膝をくっつけるように、近々とソファーを引寄せて向い合いに掛けた。そして、膝の上に立てた両肘で顎を支えながら、下から三吉の目をいたずらっぽく見あげる。今宵はうす桃色の安南服を着て、ひどく若返っていた。髪も布でまかずに、ただざらりと後頭部に束ねていた。

なんというコケティッシュな！　と心に思いながら三吉は仕方なしに、ぼんやりと微笑で応じていた。

「何故来なかったか、私、そのわけ知っててよ」。物言う度に掌で支えた彼女の顎が揺れる。

「どんな？」

「言わない！……それとも言いましょうか？」

「どちらとも《コム・ヴ・ヴートレ》」

「意地悪《メシャン》！」

コーラムは上身を起して、右手の人さし指をピストルのように三吉につきつけながら
「あなたはね、忙しかった。訊ね人があるのでしょう？」

三吉は思わず目を光らせた。

「そーら！　驚いたでしょう？　当ったでしょう。私はね、あなたに関する限り、何でも知ってるのよ、まるでシュルテのように！」

三吉は立ち上った。彼女も立ち上った。

「どこへいらっしゃるの？」

三吉はまた坐った。

「怒っちゃいやですよ。ちょっと待ってらっしゃいね、いまお酒を持ってきますからね」

裾を翻えして出て行く彼女の後姿を見送って、三吉は、不思議な女だ、と思った。勿論、人間というものは、偶然な機会に恵れさえすれば、どんな思いがけないことでも知り得る。しかし、この女はそうした偶然からではなしに、何か必然の手段で、真実彼らのことを相当程度知ることができるのではないか。三吉にはそう思われた。高山に対しても或はむしろ彼女の方から進んで接近したのではないかしら。


コーラムはすぐ酒壜と盃とを持って帰って来た。そして三吉にはブランディを注いで渡し、自分には甘いコァントローを盃に半分ほど注いで、それを持ったまま、三吉のソファーの肘に腰かけて、彼の背中に手を廻すようにした。

「不思議？」

「ああ、不思議だ」

「占いよ。毎日、あたしとコーナムとで占いばかりしてますのよ。当るでしょう！」

三吉は一いきにぐっと飲み干した。そして危くコーラムの言葉を信じかけていた。すると彼女が突然声高く笑った。

「と言っても、あなたは信じないでしょう。いえ、占いをしていることは事実ですわ、来るか来ないかってね。いまさっきもやったんですのよ、そして来ない、と出たもんだから、コーナムは六十三番に行っちゃったのですの。でたらめね、当りあしないわ、すぐそのあとからやって来るんですもの」

コーラムはその赤く塗った唇をぴちゃぴちゃいわせて盃の酒をすこしずつなめた。三吉は自分で酒を注いだ。

「あなた、ほんとにコーナムを愛してらして？」

「さあね、どうですか」

「どうですかって……じゃ、愛してらっしゃらないの？」

三吉は突然、そして巧みに話題をかえるコーラムの物なれたてくだを、心の中で相当なものだと思った。

「判らない、とにかく、好きなことはすきなんだが……」

「ああ、可愛いい！」とコーラムは頓狂な声で、大仰でやや不自然に叫んだ。「あたしたち、あなたのその率直さが好きなの。姉妹とも。二人で、競争よ！」

「嘘！　高山さんが怒る」

「あんな！　お友達ですよ！」

「ときに、どうして僕が目下人を尋ねているってことを知ったんです？」

「いや！　私の問いにまず答えて下さらなくちゃ。ね、ムッシュー・オオタ、あなた、コーナムと結婚なさりたいおつもり？」

「いいえ」と三吉は即座に答えた。「僕は日本に妻もあれば、子供も二人ある」

コーラムはいたずらっぽく微笑した。

「御免なさい、つい、ここの習慣で『結婚《マリエ》』などという言葉を使ったりして。いいえ、私が言おうとしたことは……お判りでしょう？」

三吉も微笑した。そして言った。

「その意味でなら、いいえ、といえば嘘になるでしょう。でも、僕はどうせ半年か一年、長くたって二年とはいない人間なんだから、その間の、いわば享楽だけの対象としては考えていません」

「そうおお？《エス・ヴレー》」とコーラムは目を瞠って、語尾を長く引いた。「どうしてでしょう？　それ悪いことか知ら？」。

「いいことですかね？」

「一緒にいられる間、一緒に愛の生活を楽しむ。私には美しい、楽しいことのように思われるけれど……」

「ときに、あなたはどうして……」

「まだよ、まだあたしの訊ねる番よ。ね、あなたは、あたしをお好き？」

三吉が黙っていると、コーラムは突拍子もない大声で笑い出して、ぽんと椅子から飛び下りた。そして、

「ああ、面白い！」と叫んで、あっと言う間に三吉に飛びついて、激しく三吉の唇に接吻した。三吉の手にあった盃からは酒がこぼれて三吉の胸を濡らした。三吉は別段女を押しのけようとはしなかった。コーラムは何度でも自由に三吉を抱擁した。そして、彼の膝の上に腰かけて小さな声で言った。

「わたしはね、お妾です。あるフランス人の、あなたが、時々会うことのある……ね、お判りになった？」

三吉は点頭《うなず》いた。コーラムはなおも、週に二、三回、昼寝の時間に彼女の方から官舎へ行くのだというようなことから、彼がよく三吉の噂をすることだの、三吉のことを「正直な少年《プラーヴ・ガルソン》」と言っているということなどを喋った。

そして彼女が最後に、永い接吻ののち、彼の頸に両手をかけて引ぱったとき、三吉の、高山のことだとか、そのフランス人のことだとか、コーナムのことだとか、彼自身の仕事のことだとか、そんなことに対して少くとも多少は慎重な考慮を持する自制の気持は脆くも崩れ去っていた。

寝室の扉に鍵をかけながら彼の方をふりかえってにっこり笑う彼女の、小皺の多い目もとを、三吉はぼんやり見ていたのであった。

三吉は帰りの洋俥の上で、彼とコーラムとがまたもとの客間に帰って来ると間もなく、外から勢いよく入って来たコーナムが、いきなり安南語で何事かをいいつのりながら、冗談ともつかず本気ともつかず、暫く姉と二人でつかみ合うようにしていたあどけない姿などを思い浮べながら、深い自己嫌悪の中に陥った。そして、

「あなたの尋ね人は場所は知らないけど確かにハノイ郊外にいるということですよ」と言ったコーラムの言葉を一途にしっかと握りしめるような気持でいた。

次の朝早く、三吉がまだ寝床の中にいるうちに、表門のベルが鳴って、グェンが木靴を引ずりながら走って行くのが聞えて、間もなく、跣足の彼が寝室に入って来た。

「小さな子供がこれを持って来ました」

渡された手紙には二行で、「お渡しするものあり、できるだけ早く、おいで下さい。SV」とあった。

総領事館に長く働いている安南人の老人にスォン・ヴァンと名乗る老人があった。殆んど口をきくことのない、いるのかいないのかわからないような静かな老人で、毎日机の上にかがみ込んで何かしらこつこつと書いているようだったが、彼は貧乏ではあるが、名門の出の徳望家で、いまでもトンキン州の住民会議（州会）の代議員をしているとのことであった。そのスォン・ヴァン老人がつい二、三日前、二階の階段の上り口で、辺りを憚るように三吉を捉えて唐突として言った。

「あなたは汪精衛のことに関心をお持ちですか？」

三吉はちょっと相手の真意を測りかねたが、とにかくうなずいた。

「私に少し心当りがあります。もし判りましたらお報せしましょう」

三吉は訝りながら、「橋丸君に教えればいいじゃないか」

と言ったが、スォン老人は黙って鼻の先で右手を振った。そして

「私の友人が政庁の政務局に勤めています。二、三日待ってみて下さい」。そういう話であった。

手紙はその老人からであった。

三吉が出かけようとしているところへ、案内も乞わずにロミエと称する仏・安混血児が何か仰山らしい顔付をして入って来た。三吉はみるみる不愉快な表情になった。饒舌でどことなく軽佻な感じのするこういう男を、よく調べもせずに情報提供者のひとりに加えたことが悔いられた。右の頬からこめかみにかけて焼傷のあとに似た大きなひっつりのある顔に人を食ったような笑みを始終湛えたこの男は三吉を殆んど子供扱いにするかのようであった。ぬけぬけといい加減なことを言う、それを三吉に指摘される、すると、「ああそう」とか、「なんだ、知ってたんですか」とか言って平気で嘯いている。そして情報費だけは毎回五十だ百だと請求する。

この男が最初突然、誰の紹介状の申送りもなしに、てぶらの自己紹介だけでやって来たとき、三吉はその軽佻浮薄そうなのが気に食わなくて、よほど断わろうかと思ったのであったが、総領事館と深い関係があるとの話に、一応調べてみてからということにしたのであった。総領事館では塩見書記生だけが彼のことを多少知っていた。ロミエは宗村総領事のところにこの二、三年来引つづき出入していたとのことであった。「恐らく宗村老人の唯一の情報ソースだったんじゃないですか」と塩見は言っていた。「まあ、何か持って来るだろう」と思って三吉は彼を採用したのであった。

しかし、ロミエはただ騒々しく、けたたましく、無作法にやって来るだけで、何にも持っては来なかった。来るたびに多くのことを喋り、三吉の机の上にあるイギリス煙草を何の断りもなしに何本でもたてつづけに吸ったが、そこから三吉の興味を惹くに足る片言隻句も出ては来なかった。

この朝もロミエはアメリカ映画に出て来るある種の若者のように、椅子を避けてわざわざ三吉の机の端に腰かけながら、汪精衛は病気なのだとか、近く香港へ移るかも知れないとか、すべて三吉が知っていることばかりを得々として並べ立てた。

「そんなことは皆知っているよ」と三吉は不機嫌に言った。

ロミエは更に何本目かの莨《たばこ》に火をつけて、その煙をふーっと斜め上に向けて太く吐きつけてから、改めてにやりと笑った。

「すっかり聞いちゃってから、そんなことはなんでも知っているよ、はちょっと狡いですね。これでも随分苦労して集めた情報ですよ」

「じーっと坐ってたって得られる情報だよ」

「何？　何ですって！　余り妙なことは言いっこなしにしましょうや」。ロミエはちょっと気色ばんだが、すぐまたにやにやと笑いはじめた。

「君は僕が新聞記者だってことを忘れていわしないだろうか」

「という意味は？」

「あんまり甘く見なさんな、ということさ」

二人の間にはちょっと殺気立った沈黙がつづいた。ロミエはチラ、チラと二度ほど三吉を見た。三吉は始終じっとロミエを見ていた。ロミエは莨の吸い殻を手荒く灰皿の中で押し潰して、机の端から腰を下ろした。

「要するにあなたは私に用がない、とこういうわけですね」

「まさしく」

「よろしい。判りました。じゃ、もう来ますまい。きょうの午後になれば確実に汪精衛の居所がつきとめられる筈になっていますけど、それもいまとなってはむだなことです」

三吉は黙っていた。反応がないと知ると、ロミエはちょっと出て行くような様子をしたが、また思い返したように、机の傍によって来て
「あなたのように、そう短気に怒るもんじゃないと僕は思いますがね。情報などというものはそう容易に、正確なものが掴めるわけのものじゃないのだから」と言葉を柔げて言った。それでもなお三吉が頑固に黙っているので、ロミエは更に一本、イギリス莨を抜きとって、「どうでしょう、僕にあと五日、確実に五日間の余裕を呉れませんか、そうしたら、必ず汪の居所をつきとめて来ます」。

「僕はもう知っているのだよ」と三吉は静かな声で言った。

莨に火をつけていたロミエは弾かれたように頭をあげたが、すぐにやりとして、「そ、そんな……」と言いかけた。

「君が短波ラヂオの情報を尤もらしく高く売りつけようとしている間に、僕は歩き廻っていたのだからね」

「そ、そんなことはあんまりひどい、それは僕を、フランス国籍を有する立派な共和国市民である僕を完全に侮辱した物の言いかただ、僕が短波放送を高く売りつけたなどとは聞き捨てにできない」

火をつけそこねた莨を指の間にはさんだまま、その手を大きく振り廻して、ロミエは声高に言い募った。

「文句を言わずに、帰り給え！」と三吉もまけずに大声で怒鳴った。「何が侮辱だ。聞き捨てにならなければどうしようというのだ。君がフランス国籍の共和国市民なら、僕は日本国籍の帝国臣民だろうじゃないか。もし僕がいま言ったことが君を侮辱することになるなら、二日も三日も前に、短波放送が報道し、仏印の新聞を除いて世界中の新聞が明白に書き立てているそういった流言や噂話を、情報だなどといって大切そうに持ち込んで来て、その度に五十だ、百だと請求することは、いったい何という行為に該当するのかね」

ロミエは黙っていた。三吉は急に声の調子を落して言った。

「宗村老人と僕とは君、少し違うよ。僕はこれで毎日のパンを得ている人間だからね」

ロミエは今度きりだからとまたも百ピアストル要求したが、三吉は、今日までに与えたものでも充分すぎると思っているとて、つっぱねて一文も出さなかった。

三吉は不快でたまらなかった。あんな奴と十分でも十五分でも口論したということだけで、どこかに肉体的な汚れができたような気がした。

スォン・ヴァン老人から総領事館の事務所でうけとった手紙には

「汪精衛はハノイ市内パニエ街四十二番地の支那人宝石商、広東人会会長李宝善という男の斡旋でハノイ郊外の某所に目下潜伏中らしい。それがどこだかは正確には判らないが、李宝善に当ってみたら、或は判るかも知れない」ということが書いてあった。

26　遽しき年の瀬

ごちゃごちゃいた安南人と支那人の店が立ち並んでいるパニエ街の李宝善宝石店には主人は居なかった。サイゴン方面に旅行中だと言う。年内に帰るかどうかも判らない、と家人は素気なく答えた。三吉は自分で直接出かけて来たことの不手際を悔いたが、さりとてほかに適当な方法も考え当らなかったのだ。

李の家から悄然と帰って来た三吉の机の上には裁判所からの呼び出し状が待っていた。年も押しつまって二十九日午前十時に、例の苦力轢殺事件に関する運転手の過失致死罪をハノイ軽罪裁判所で開くから、相被告として出廷せよ、という通知状であった。

そこに橋本三郎が何かの紙片を持って、階段をどんどんと音高く踏みならしながら上がって来た。彼がこんな様子で、室の入口から、「おい！」と声かけて大股で入って来るときは、必ず何か事のあるときだった。案の定、橋本は、「おい！」と言って入って来た。

「酷え奴らだよ、搦め手からいびり出しに出て来やがった！」

「どうしたの」。三吉は机の向い側に椅子を引よせてそれに腰かける橋本の昂奮した白髪頭の顔付を見ながら、できるだけ穏かに言った。

「まあ、読んで見て呉れ」

橋本がつき出した紙片には、本年度の営業税千三百八十六万ピアストルを来る一月十五日迄に納めよ、と書いてあった。

「高いね！」

「べら棒だよ！」

「ほんとの税金だな」

「え？」

「ほんとの税金だっていうのさ」

橋本は仕方なしに苦笑した。

「十日ほど前に税務署の若いちんぴら役人が二人ほど来てね」と橋本は経緯を話しはじめた。昂奮したときの癖でこめかみが白髪の生え際で激しく動いていた。「漆の商売は儲かるか、なんて聞きあがったり、二つ三つ転しておいた漆樽を足の先で蹴ってみて、おや、こいつはどれもこれも空だ、なんてぬかしたり、散々嫌味をして帰って行ったと思ったら、これだ！　ほかの、ほんとの漆屋どもは一番高いのでせいぜい百五十ピアストルなんだそうだ、皆に訊いてみたんだがね。してみると。これは明らかにこっちを困らせようとする陰謀に違いないんだ。一滴も商売しない人間に向って何を基準にして、いったいこんなべら棒な税金をかけるか……」

「そう言って、一つ強硬にかけ合うか、俺ぁ一年中一滴だって漆の商売はしていないんだぞって！」。三吉はいままでの不快を忘れて、大声で笑った。

「冗談じゃないぞ」と橋本も仕方なしに笑い出した。「あんまり忌々しいから、払うまいかとも思ったんだが、払わなきぁ払わないで、何とか難くせつけて来るだろうと思うしね」

「そりあ、待ってましただね」

「払うのは何だかみすみす盗まれるような気がして……」

「税金だよ。安いもんさ、小父さん」

「そうだな、そう言えば、まあ、そんなもんだ。だが、初め見たときはカッとしたよ」

三吉は橋本に裁判所の呼び出し状を見せて
「このてんで行くと、俺もしこたま絞られるかな」と笑った。

それから三吉は総領事館に電話をかけて、二十八日の午後から出かけて二十九日の夕刻帰って来る予定で再び鎮南関〈注―現・友誼関〉方面の広西国境視察に行く約束をしてあった塩見書記生に、裁判所の呼び出しがあったので行けなくなったことを話した。塩見はとにかくひとりででも出かけると言う。

昼食に帰っていたヴィエンが目を輝かしながら、息を切らしてやって来た。そして
「ムッシュー、ムッシュー」と呼ぶのだが、あとが言えない。

「どうしたんだね?」

ヴィエンは白い歯をみせて笑って、自分の胸をなでるようにしながら、彼がかねて何かの情報でもあったらと頼んでおいたメトロポール・ホテルの電話の交換手がいまさっきやって来て「二十四日の夜、タム・ダオのホテル・カスカード・ダルジャンから本店のメトロポールに電話で、夜具六人分を至急届けて欲しいと言って来た。そして二十五日の午後、メトロポールからツェンという支那人ほか二名がそこに移って行った」と教えてくれたのだという。

「このツェンというのが汪精衛じゃないでしょうか」。ヴィエンは昂奮のため耳朶を赤くしていた。「ツェンはその後もメトロポールにもなお二部屋リザーヴしているということです」。

「タム・ダオのカスカード・ダルジャンというのはどんなホテルだろう。それに夜具をわざわざハノイから取り寄せるというのはどんな意味かね」。三吉は態と冷静に反問した。

「あそこは避暑地の別荘部落ですから、冬期はホテルも閉鎖しているのです。それで、夜具なんかも冬期用のがなかったのじゃないでしょうか」

「君はこれからすぐ行って」と三吉は何のためだか自分もすっくと立ち上がって言った。「その男に、そのツェンなる人物とその一行の行動をどんなことでも一々詳細教えてくれるように頼んで来るんだ。いいかね、謝礼にこれだけ前渡しし、しといてくれ給え。それから、これは君にあげる!」

「いいえ、ムッシュー、僕は、僕は要りません。それにその男は僕の知人ですから、こんなには要らないのです」

「いいから、とっておくんだ」

叱りつけるように言った三吉の権幕はむしろ不機嫌にさえ響いた。ヴィエンは二言とは抗弁せずに、温順しく小さな声で
「ウイ・ムッシュー」と言って、つと駆け出して行った。三吉はその背中に向って
「洋俥で行くんだよ！」と怒鳴った。

三吉は何だか、いても立ってもいられないような、不安な、苛立しい、妙な気分になっていた。打電するか？　否、否、まだ確実ではない。最近は随分いろんな支那人が入り込んでいるから、ツェンなる人物は充分に汪以外の人物であり得る。焦ってはならない。

三吉は地図とガイド・ブックをとり出して、タム・ダオの位置を検討してみた。それは、トンキン平野が洋々たる紅河の流れに沿って、次第に上っぽまりに北上している辺り、ハノイから八十七キロ距てたところに、平野の中に突兀としてつき立ち聳えた単独岩山の頂上に近いところにある贅沢な避暑用別荘部落であった。山は千三百メートルばかりであったが、部落のあるところはちょうど千二百メートルのところだと書いてあった。

八十七キロが「郊外」と言えるだろうか？　言って言えないこともあるまい。だとすると矢張り汪か？

「よく頼んで来ました」と言いながら帰って来たヴィエンも何となく落着かない様子であった。三吉は彼を伴って、小湖の畔の酒場に酒を飲みに行った。池の面は小波一つなく、いつものように四囲の木々や高低黄白さまざまな建物などの影を倒に映して、美しく静まり返っていた。三吉もヴィエンも殆んど口をきかず、黙って思い思いの方向に漫然と目をやっていた。

「ムッシュー」とヴィエンが沈黙の圧力にたまらなくなったらしく、おずおずと言った。「日本に行くことができるでしょうか？」

三吉はいまこの青年の頭を去来している考えを凡そ想像することができた。しかし、何故だか答えたくなかった。答えれば一言や二言では済まない。いまは、単音でできるような簡単な返事以外はしたくないのだ。

湖の縁に沿って歩道に立ち並んでいる欅に似た巨大な古木の列が悉く裸になっていた。そのうちの一本の、梢という梢に何の鳥だか、灰色の印度鴉に似た鳥の群が鈴なりに止っていた。

表の通りを高山の赤塗りの自動車が可成りの速力で走って行くのが見えた。それから暫くすると、それがまた引返して来て、印度支那産業の事務所のある方向へ走って行っ

た。

「もう、帰り給え」。目のふちをほんのりと赤くしているヴィエンをかえり見て、三吉はぶっきら棒に言った。ヴィエンは従順に一礼して帰って行った。三吉も家へ帰って来た。

ボーイのグェンがひどいフランス語で何やら懸命に電話で応答しているのが階下まで聞こえて来た。三吉は下から

「何だ！」と怒鳴った。するとグェンの声で

「待って《アタンデ》・ください、帰って《イル・ヴィエン》来ました、帰って《イル・ヴィエン》来ました」

というのが聞えて、階段の中途にいた三吉に、グェンが上から、「ローム夫人です」と叫んだ。

ローム夫人は午後早く珈琲園から出て来たのだと言った。ホテルで夕食を一緒に食べないか、というのである。

三吉は危く断りかけたが、ふと思い直して承諾した。そしてすぐホテルに出かけて行った。まだ時間が早かったので、ロビーはがらんとしていた。帳場でローム夫人に来訪を通じて貰いながら、三吉は彼が止宿していたとき以来、何彼と用を頼んだことのある安南人の書記にツェンのことについて何げなく訊ねてみた。

「彼はいま居ませんよ」と書記は態々立って来て、仕切り越しに近々と三吉に対した。

「だけど、部屋はあるんだろう？」

「ええあります。何番だったかな……三三四と三三六だったかな……」

「何人ぐらい？」

「さあ、泊っているのは三人ですが、出入りが多いから……」

「どんな人です、ツェンというのは？」

「そうですね、肥って、背が低くて……」

「ティン！」と一声、いままで黙って帳簿の上にかがみ込んでいたフランス人が大きな鋭い声で叱った。その一声で安南人はちょっと首をすくめて自分の席に帰ってしまった。フランス人は敵意に充ちた眸でじっと三吉を睨んでいたが、そのまま帳簿の中に顔を埋めた。

ローム夫人は舞うようにして、例の彼女独特の服の袖を空に拡げながら、正面の階段を下りて来た。そして、いきなり

「おや、どうかなすったんですか、お顔の色が大変悪い」と言った。しかし、三吉自身は先刻ヴィエンととった食前酒のききめで腹の中や耳のあたりにほてりを感じていたので、むしろ自分の顔は少し赤くなっているように思っていた。二人向い合って、ロビーにかけてからも

「高山さんと一緒じゃないんですか」などと言ってみたりしても、何だかぴったりしなかった。

「少しね、心配ごとがあるんです」

「おや、おや。それはいけませんね。少しおすごしになったら？」

三吉はふと思いついて、特別の料理を注文するように装いながら立って行って、食堂長の老安南人を物蔭に呼んだ。そしてそっと多少の金をつかませると、まず卓子のことを言ってから、「ときに」とツェンのことを訊ねてみた。「部屋で食事することもあれば、四、五人で食堂に出て来ることもあった」というのである。だが、食堂長の描く人物は三吉が想像していた人物とは年頃も風采もあまりに違いすぎていた。

「フランス語はムッシュー、あなたとおなじように上手でした」と老食堂長はお愛想を言って食堂の方に消えて行った。

「何してらっしゃるのよ、何だかひどくそわそわして！」とローム夫人が思わず眉をひそめるほど、三吉は落着かなかった。そして、帳場からフランス人が出て行くと、すぐ立って行って、安南人の書記を手招きした。

「いいかね、あのツェンという人の行動を一々書きとめておいて、僕にわたしてくれないか。僕は毎夕、ここに何かしら用事をこしらえてやって来るから。いいね。大丈夫だね」

安南人は黙ってうなずいた。そして三吉の手から急いで金をうけとると、にやりと笑ってそのまま自分の席にかがみ込んでしまった。三吉は急に落着きを感じた。

「失礼しました」と言ってローム夫人の傍に帰った。

その夜三吉はローム夫人を伴れて、太湖の水ぎわに張り出し縁を設けて建てた洒落れたフランス式バーに行って、ハノイの街の灯が湖面越しに遠く明るく反映しているのを眺めながら遅くまで飲んでいた。ローム夫人は殆んど酔わなかった。そして面白そうでもなかった。しきりに、いま一度故郷に行ってみたいという話をしていたが、日本語も大半忘れてしまったし、故郷でも知った人は殆んどいないのだから、行っても結局つまらないかも知れない、とも話していた。

次の日の朝、今度は三吉が、前日橋本が威されたと同じように、しかし橋本のとでは桁違いに大きい金額を記入した一片の紙切れで完全に脅しあげられた。それは税金ではなかったが、電信局から突然差しつけられた電報料の追徴金支払命令書で、金額は一万二千なにがしに達していた。

三吉は呆然としてしまった。彼の電報の中には一語と称して二語も三語もつめ込んであるのが無数にあり、分析の結果、これらは悉く違法と判明したから、規則に従って右の金額の追納を命ずるというのであった。

これは満更の言いがかりとばかりは言われなかった。ローマ字で打った電報では、法定の最大制限一語十五文字以内でできるだけつめて綴るのが、その頃一般の習慣になっていて、これは多くの場合大目にみられていたが、厳格に言えば敢えて違法だとも充分言えたのである。

払わなければなるまい、と三吉は考えた。しかし何分にも巨額すぎる。どんな基準で算出しているのか、叶わぬまでも一応は交渉してみなければ……

三吉はすぐ電信局にやって来た。係長のフランス人はどういうわけだか頭をざん斬りにした、ちょっと見ると東洋人かと思われる四十男であった。彼は赤鉛筆で丹念に分析区分した三吉の電報用紙の束を持ち出して見せた。

「気の毒だが、事実はこのとおりです」

三吉はじっと、一枚一枚それを見て行った。

「これはいったい、誰が分析したのです?」

「それは言えない」

「随分でたらめだ!」と三吉は叫んだ。

事実、三吉の電報も随分違法を犯していたが、対手の分析の仕方も無茶であった。読んで行くうちにその分析が多くはフランス語の文法を基準にしてそれを日本語に適用してなされていることがはっきりして来た。例えば三吉が一緒にしていたFutuinseifuwa（仏印政府は）を四語に分析していた。「仏」「印」「政府」「は」だというのである。なるほどそれはフランス語で書けばle Gouvernement de l' Indochine Francaiseということになり、冠詞を省いても完全に四語になる。しかし、国際新聞電報規約では一定の規則に順応した略語と合成語は認められている筈であった。例えば英語の電報では英国政府のことをBritish Governmentと二語にする代わりに、Britgovernで一語にすることは全く合法的なことであった。

三吉と係長は長い間言い合った。そして、三吉は率直に自分の違法を認める一方、このようなでたらめな分析によって、勝手に一方的な計算で課せられた追徴金には応じられないと強硬に主張した。

「僕は断じて払うわけには行きません。勿論正当な追徴金は払いますが、そのためには、僕と立会いの上で改めて分析し直して欲しい。僕の電報全部をです。そのことなくして、ただここにある二十通余りの分析標本を示されただけで、易々諾々と、仰せのような一万二千何百ピアストルかを払うわけには、僕としては断じて行かない。追徴金算出の基礎に、あなたも当然認めるざるを得ないような、重大な誤謬があることがあきらかになったのだから」

係長もそれ以上は言わなかった。そして、いずれ後日改めて何分の通知をするが、今日の追徴金支払命令書は一応保留する、と言うことになった。

昼食も食わないで、午後三時頃まで卓を叩いて論じていたので、ひどく空腹を感じて、がつがつとひとり貪り食っているところへ、塩見がこれから広西国境へ出かけるのだと言って自動車を乗りつけて来た。

彼は三吉から、現場の模様を詳しく聞いて、かねて三吉が拵えておいた鎮南関付近の見とり図と、三吉のローラ・イコンタの写真器とを借りうけて、機嫌よく出かけて行った。そして出しなに、これから情婦のところに寄って名残りを惜しむのだ、と冗談を言って行った。塩見の情婦というのは支那人を父に安南人の母から生まれた美しい女で、何度も保安警察から調べられたが、絶対に僕には忠実な女です、と塩見は常ににやにや笑いながら、彼女のことを惚気《のろけ》ていた女であった。

27　タム・ダオか、ドーソンか

煉瓦造りの、兵舎のようにそっけない建物の中庭は群衆で混雑していた。石段のところに群をなして蹲みこんでいるもの、壁のあたりにへばりついて僅かの太陽を独占しようとしているもの、これらが皆、思い思いに喋っていた。それはちょうど鶩鳥の集会に似ていた。そして、彼らはみんな、年押しつまって山積した事件を一気に処理してしまおうとする裁判所当局の顧客であった。

これら群衆の中から、一群の安南人たちが三吉に挨拶した。それは運転手たちの一団で、多分その縁者か友人かと思われる男たちが四、五人付添っていた。当の運転手はてれたようにしれしれと笑って、握り合せた掌を膝のあたりまで下げながら、何卒よろしくというように、後しざりした。

十時はとうの昔に過ぎていた。

漸く法廷に呼び入れられたが、それはちょうど学校の教室のようで、幾列か前向きに並べられた木の長椅子には、数組の先客が並んで腰かけていた。正面の一段高いところに裁判官がいて、書記が呼びあげるのに従って進み出る犯人や証人を、彼は片っぱしから全く快刀乱麻を断つの鮮かさで片付けて行った。扉が絶えず開け立てられて、次々に人が出入する。三吉は驚きの目を瞠ってこの様子を眺めていたが、忽ち彼らの順番が廻って来た。

三吉と運転手とは最前列に進み出て、そこで並んで腰かけた。書記が立って、型どおり宣誓の文書を読みあげ、三吉と運転手とが型どおりの誓いを終る間、裁判官は彼らの方など見向きもせずに、机の上にかがみ込んで、恰も試験勉強でもするかのように、大急ぎで書類を読んでいたが――三吉はその様子を眺めて、次々に凡百の、悉く異った事件を水の流れる如く手軽に裁いて行くこの裁判官の非凡な能力に皮肉な苦笑を禁じ得なかった。

やがて年輩のその裁判官は顔をあげて、眼鏡越しに、まず三吉に一瞥を注いだ。そしてなおときどき書類の上に目を落しながら

「被告太田は一九三八年九月〇日、ハノイ＝ハイフォン街道〇〇付近において、……」と轢殺事件の概要を読みあげて、

「そのとき被告は、相被告自動車運転手〇〇の運転する賃貸自動車に乗っていたに相違ないな」とじろりと改めて彼の方を見ながら訊ねた。

「相違ありません」

「被告太田はそのとき、検視の警官、〇〇駐屯署長〇〇に対し、法の定めるところに従い被害者家族に対して相応の慰藉料を支払うべき旨申出でたる事実に相違ないな」

「相違ありません」

「よろしい。右相違なければ当裁判所は」と裁判長は即座に判決を申渡した。金額は僅かに十三ピアストルと何がしかであった。三吉は自分の耳の誤りではないかと疑ったが、問い返すことはできなかった。

「正式書類は追って送達する。退廷してよろしい」

五分とはかからなかったこのスピード裁判中、三吉はたった二言しか喋らなかった。運転手のために有利な証言をするもしないもなく、運転手の運命がどうなったかさえ知らずに、彼は一礼してそのまま退廷した。

判決の正式文書が次の日になって届けられて来たが、金額は百ピアストルを超えていた。矢張り自分の聞き違いだったか、と思いながらよく見ると、それは聞き違いではなしに、慰藉料のほかに裁判費用として八十何ピアストルかが加算されていたのであった。

三吉が裁判所から帰って来たとき、机の上には電報が六通も一緒に載っていた。それは香港からのもので、その朝*の香港漢字新聞「南華日報」が汪精衛の長い声明書を掲載

している、とてその要旨を報せて来たのであった。三吉は大急ぎでそれを翻訳して書きとると、橋本の家に高山にも来て貰った。内容は明らかに、一週間前の近衛首相の声明に答えたものと思われた。自分こそ、近衛首相の求めていた「同憂具眼の士」にほかならない、とその声明書は言っているに均しい内容であった。

＊　汪の声明を同盟香港支局が打電したのは三十日夜、南華日報がこれを掲載したのは三十一日付であり、二十九日とするのは大屋の記憶違いである。

「汪はもうハノイにはいないね」と高山が言った。「たしかに香港に移っているよ。この内容から推して、汪の目的が日本との和平実現にあることが明らかになった以上、彼がハノイなんかに止っていると考える理由はなくなった」。

「そうだろう」と橋本も言った。「どちらにしてもハノイは一時の足場にすぎないのさ。本格的に動き出せば、ここでは駄目にきまっている」

三吉もその説に賛成した。だが心の一隅では何となく腑に落ちないものを感じていた。二十五日にタム・ダオに移ったという支那人の一向は果して汪精衛ではなかったのだろうか。この方が明らかにならない限り、簡単に結論を下してしまうことは危険ではないか。橋本や高山は或はそれでもよかったが、三吉はそれでは困ると考えた。

夜の東京放送を聞いてみたが、汪精衛の声明についてはは香港から報してくれた以上のことは言っていなかった。重慶の日本語放送も大して参考になるようなことは言っていなかった。

いっそのこと、思いきってタム・ダオに乗り込んでみようか……三吉は苛々した気持で発作的にそうも考えてみた。しかし、それが最も拙劣な、場合によっては万事ぶっ毀しにもなりかねない、最後的手段であることは彼も充分知っていた。

夜遅く、もう寝ようとしているとき、電話でメトロポールの書記が、「ちょっと来ませんか」と言って来た。ホテルにはもう誰もいなかった。彼は今夜当番だと言っていた。

「確かに汪精衛に相違ありません」

「だけど人相は大分違うようだけど」

「いえ、ツェンという人は違います、彼は汪精衛の秘書らしいのです。いまでもときどきここにやって来ます。昨日もちょっと来ていました」

「どうして汪精衛だと判るね？」

「パトロンがあるフランス人にそう話していました。大変な秘密だけど……と言って」

「それで、まだいるね？」。三吉は胸を弾ませて訊いた。

「いると思います。ツェン氏が昨日も山から下りて来ていましたから」

「だけど……」。そのとき誰かが入って来たので、三吉は言葉を切って振向いた。それはローム夫人であった。彼女は酔っていた。彼女のうしろからひとりのフランス人青年が追い縋るようにして入って来た。ローム夫人はその長い袖で打ち払うように、差し出されたフランス人青年の手を打って
「もう沢山《アッセ》、もう沢山《ジャン●ネ●アッセ》！」と叫んだ。青年は立ち止った。そして、ローム夫人が
「おや！　太田さん、あたしを訪ねて下さったんですの？」と三吉の方を泳ぐようにして進み寄るのを、敵意に光る眼で見ていたが、更に二、三歩進み出て、両手を哀願するようにのばして
「ね、後生ですから《ジュ●ヴ●ザン●プリ●マダム●》、お願いですから《エイエ●ピチエ●ド●モア》！」と情けない声で言った。しかし、ローム夫人は答えなかった。答えずに、三吉の手をとってひとりで踊るような恰好をした。

三吉は困って、安南人の書記をかえりみた。

「じゃね、またはっきりしたら、頼みますよ。ちょうど夫人が帰って来たから、好都合だった」と三吉は狼狽気味に自分でも半分は意味のわからぬでたらめを言ってその場をつくろうつもりであったが、ローム夫人は
「どう好都合ですの、どう好都合ですの？」と執拗に訊いた。三吉は黙っていた。ちょっと間の悪そうな恰好でそこに立っていたフランス人の青年はまたも手を差しのべて進み寄った。

「私は嫌だと申しているんです。帰って頂けません？　え？　帰って下さい。帰って下さいと言っているんですよ。でないと……」

青年は悄然と、お休みなさいを言って、案外素直に踵を返して行った。

「しつこいわね。ほんとに！　バーからつけて来たんですよ」

「お休みなさい！」。三吉は唐突にそう言って、逃げるように表に出た。ローム夫人が後から何か言っていたが、三吉は構わず洋俥をうたせた。

汪精衛はタム・ダオにいる！　行ってみようか、自分で出かけてみようか？　いや、焦ってはいけない、充分慎重に考えて行動しなくちゃいけない。

三吉は膝頭が慄えて、頭の中が熱くなるように感じた。

今夜は何故ともなく、眠られそうにもないように思った。通りがかりに仰いで見ると、橋本の家はもう真暗であった。

三吉が部屋に入るか入らないかに、電話のベルが澄み渡って鳴った。ローム夫人からだということは聞かなくてもわかったが、あまり執拗に鳴るので、躊躇を押し切って受話器をとった。夫人は怒っていた。「失礼じゃありませんか」と本気で詰り寄った。あの青年は向うが勝手に追かけて来たので、自分の知ったことではないとも言った。三吉はそんな風に解釈されることが莫迦莫迦しくもあったが、弁明するのも煩く思われたので、黙って聞いていた。三吉が余り黙っているので、早口に喋りつづけていた電話の中の声は急に高い調子で

「聞いているんですか、《ディッ●ドン●エクス●ヴ●メ●クーテ》いったい！」と叫んだ。そして、対手がガチャリと受話器を置いて通話を切るまで、三吉は殆んど無表情で受話器を耳にあてていた。

次の日の朝、気持の悪い寝醒めを三吉はぐずぐずと、いつまでも寝床の中で、とりとめもないことを考えながら、何だか妙に苛立たしい思いですごしていた。そこにずかずかと高山が気忙しい足音をさせて入って来た。

「おい、起きろ、起きろ、仕様のない奴だな。忙しいんだぞ」

「何かね、勢込んじゃって！」

「何だねじゃないよ、行くんだよ、これからすぐ、さあ、早く起きろよ！」

「どこへ行くんだね？」

「ドーソンだよ」

「何しにさ」

高山はチョッと舌打をした。「とに角、起きろよ。汪精衛がドーソンにいそうなんだよ」。

「へえー」。三吉はやっぱり寝床の上に半身を起しただけでぼんやりしていた。ドーソンに？　と考えた。全然あり得ないことではないかも知れない。ドーソンはハイフォンからまた二十二、三キロつき出た岬の突端にある海水浴場で、砲台もあったが立派なホテルやレストランも五、六軒あった。

「どうしたんだ？　また放蕩したんだろ？　放蕩もいいが、こんなときは君も少し真剣にならなくちゃいかんよ。さあ、起きろ！」。高山はじれて、椅子の上にあった三吉のガウンを投げてよこした。三吉はそれを羽織りながら、

「いればタム・ダオだよ」と不機嫌の直りきらない声で言った。「誰の情報かね？」。

「誰でもいいよ。相当確実な筋なんだ」

高山が何度も念を押して帰ったあと、三吉は水浴をして、

いつものように朝食をとりながら新聞を見た。そこにはぽつんと、汪精衛がハノイから香港に到着したという香港電報が小さく載っていた。

橋本の家には高山と坂本とが集っていた。

「此奴、毎晩放蕩ばかりしやがって、仕様がないよ」と高山は上機嫌で、大きな口を開いて笑った。

三吉はドーソンには行かない、と言った。結局橋本が行って、ハイフォンで佐伯や、三井出張所の馬渡などを誘って、何食わぬ顔でホテルを片端から洗ってみることになった。

橋本は翌日のお午まえ、「草疲れ損だよ」と笑いながら、石山ホテルから分けて貰った日本酒の一斗樽一本と搗きたての餅を入れた箱とを自動車に積んで帰って来た。

それは昭和十三年の大晦日のことであった。

28　奇怪な失踪

総領事の官邸は晴れ着の男女で一杯であった。元旦の拝賀式が済んで、立食のとき、三吉はふと気付いて、傍らの浦部副領事に
「おや、塩見君はまだ帰っていないのかな」と訊ねた。

「そうらしいね」。浦部はそれっきり別な人々のグループの方へ行ってしまった。

三吉が総領事夫人とたあいもない話をして笑っていると、盃を手にした総領事がやって来て、嗄れ声で
「此奴はうちの女房に惚れてるらしいよ」と言って無遠慮に笑った。「俺の悪口ばかり言っているくせに、ちょくちょく来ると思ったら、酒と女房を狙ってやがる、太い小僧さ！」

夫人はちょっと眉をひそめたが、依然笑っていた。

「奥さん」と橋丸が陽気に口を出した。「太田君は大変な発展家ですからね、御用心なすった方が、ようでわすよ」。

「ええ、存じていますわ。ほほ」

三吉はチラと彼に投げられた夫人の目だけで何となく幸福な気分になっていた。そして話題をかわすつもりで、鈴木総領事にも塩見の欠席について同じことを話しかけた。

「あ奴あ、まだ帰って来ないよ。君と同じで仕様のない奴さ！」

そこが済むと、三吉は橋本とつれだって橋本の家に行った。そしてゆっくり落着いて、「この分だとこの樽も三日とはあるまいよ」などと言いながら日本酒の豊醇さを味った。高山も坂本もちょっと来たが、坂本は会社関係の客が多いからと言って帰って行き、高山は何となくつんとして

すぐ出て行ってしまった。三吉はまた何かあったな、と思ったが口には出さなかった。高山と橋本とが仕事のことで小さな争いを起すことは別に珍らしいことではなかったし、それは放っておいても二、三日すれば忘れられてしまうのがおきまりであった。

年賀の客がぽつりぽつりやって来た。橋本は非常な上機嫌でひっきりなしに笑った。そして来る客ごとに、「一滴も漆の商売をしない漆屋が千何百円かの営業税をとられて、これこそ本当の税金だ」という小話を繰り返し聞かせていた。

来さうな客は殆んど来てしまって、橋本と三吉と二人きりになったころ、松下の店の若い店員がやって来た。彼は、バンコックから日本に帰っていた主人から電報が来て、皆さんによろしくと言って来たと、披露してから、急に低い声で、三吉に

「あなたは先刻塩見さんのことをお訊ねでしたでしょう」

と言った。

「ええ。何故です？」

「じゃ、ほんとに御存知ないんですね？」

「何か、あったんですか？」

「実は、堅く口止めされているんですが……塩見さんは支那兵に拉致されているんですよ」

「な、何だって！」と三吉も橋本も飛び上らんばかりに驚いた。「いつです？　どこで？　鎮南関ですか？」。

「そうなんです……」と言ったが、彼は急におどおどしはじめて、三吉たちが急き込めば急きこむほど、しどろもどろの答えしかこなかった。それでも、橋本と三吉とがかわるがわる両方から質問攻めに攻めたてて、彼の口から聞き出したことは……

二十九日の午後五時頃、鈴木総領事から至急官邸に来てくれという話であったので、行ってみると、そこには下村、小田の両老人のほか、菊地老人とほかに二人ばかり来ていた。そして、塩見書記生がその日のお午ごろ、誤って支那領へ越境したため、支那兵に捕まったということを政庁から報せて来たが、善後策を皆で考えるように、そしてこのことは、事件が解決するまでは、煩いから、高山、橋本、太田、山根、坂本の五名には絶対言わぬようにして貰いたい、とのことであった――というのであった。

「政庁から電話がかかって来たのは何でも午後二時ごろだったとかです」

その男はこのことを彼らに洩らしたのが彼であることは絶対に言わぬようにして貰いたいと何度も何度も馬鹿念を

押してから帰って行った。

「真赤な嘘だよ！」と三吉は叫んだ。「誤って支那領に越境したなんて、絶対にあり得ないことだよ」。

「どうして？」と橋本は混迷したような表情で反問した。

「これは何かある！　何かあるよ小父さん」

「どうして？」

「どうしてって！　陰謀だよ、間違いなしに陰謀だよ。だって事件が起ったのがお午すぎだろう。それが二時頃にはもう政庁から鈴木のところに電話があった！　そんな、そんなに早手廻しな筈がない」

「筈がないって……現にそうじゃないか。そんな無茶言ったって仕方がないよ」

三吉はお互に食い違ってしまった気持をもどかしがりながら、塩見がどんな風にしてこの旅行にでかけて行ったか、そして鎮南関の現場がどんな風になっているかを橋本に吃り吃り説明した。

「ひでえ奴だ、畜生、鈴木の奴！　白々しく外方向いてやがって、煩くなるから黙ってろってのは一体どういう了見なんだ」

三吉は事件そのものよりもむしろ鈴木総領事の態度にひどいショックをうけた。橋本も事情をのみ込んでみると、急に腹が立って来たらしく一緒になって、みるみる怒りはじめた。

「どんなにぼんやりしてたって、絶対に間違ってなど支那領へ迷い込めるようなところじゃないんだ。道は一本道で、行き当りは厚い煉瓦の壁と門なんだから。嘘ばっかり！」

「おい、高山を呼べ！　高山を呼べ！」と橋本は家政婦に向って大きな声で怒鳴った。「すぐ来てくれって。重大事件だからって！」。

高山は家にはいなかった。

「じゃ、坂本のところや、方々掛けるんだ、一々言わなくたって判ってるじゃないか！」

橋本は額に大きな青い筋をうかせて、こめかみをぴくぴくさせてじれた。どこにもいないと家政婦が答えると
「あの莫迦奴！　いまだにお付武官気取りか何かで赤い自動車を面白がって乗り廻していやがって！」と曽つて閑院元帥宮のお付武官だったという高山の経歴に対してまで八つ当りに当るのであった。

「小父さん、それじゃ此方は此方で構わないからすっかり洗ってしまおうじゃないか」

「やって呉れ！　場合によっちゃ、鈴木の奴と正面衝突だ。こんなときこそ皆が協力すべきなのに、あののんだく

れ奴！」

　三吉は酔も冷めはてて表に飛び出した。そして塩見が自動車を賃借りして行ったガレージに行って、いきなり事務所の中に入り込むと
「主人はどれだ！」と室内を睨め廻した。

　主人は小男の安南人であった。ぺこりと腰を折って、もうおろおろ声になりながら、両手を揉んで「私《モア》です、私《モア》です」と言って出て来た。三吉は怒りを鎮めなければならないと思って、暫く黙って対手を見ていたが、それが対手には余計不気味に思われたらしく、主人は三吉がまだ何も言わないうちから
「私は知《モア●セパ》りません、知らない《ジュ●ヌ●セ●パ》のです」としきりに弁解しはじめた。

「君はフランス語を話すね？」。三吉は尖った声で訊いて、対手が、「少し」と答えると、「此方へ」と、主人を自動車の後の物蔭へつれて行った。三吉は例によって、まず紙幣を何枚か彼の手に握らせて、対手の落着くのを待ってから訊ねた。

「運転手は帰ってきたかね？」

「ええ、二十九日の夜中になって帰って来ました」。主人の声は冷静をとり戻して、案外すらすらと答えた。

「いまどこにいる？」

「ホンゲイの方に行っています」

「仕事でかね？」

「いいえ、帰って来るとすぐ、シュルテから警官が来まして、当分ハノイにいちゃいけないというので、一度警察につれて行かれて、それからあちらへ行ったのです」

「居どころは判らないか？」

　安南人は答えなかった。

「君は知らないかと訊いているのだ」。三吉は声を荒らげた。

「判らぬことはありません」

「僕のところへ連れて来れるかね。え？　少し訊きたいことがあるのだ。もし君が連れてきてくれれば、改めて五十ピアストルあげるよ。どうだ？」

「できましょう」

「いつ？」

「明日、明日の晩」

「きっとだよ。じゃね……」と三吉は夜十一時、橋本の家へ、と指定しておいて帰って来た。

　二日の朝、坂本が、「タム・ダオだよ、タム・ダオだよ」と言いながら三吉の事務室へ入って来た。

「太田さん、これは絶対確実だ、僕んところの会社関係のフランス人だがね、理事長官から直接聞いたというんだから、間違いないよ」

「よし、それで愈々確実だ」と三吉は坂本の手を握って強く振りながら言った。

「よかったね、よかったね」と坂本は相好を崩して三吉の肩を叩いた。

「橋本や高山にはもう報《しら》せたかね」

「いや、まだだ、一番先にあんたのところへ飛んで来たんだもの。いま聞いたばっかりなんだよ、話の途中で私が飛び出したもんで、フランス人の奴、ぽかんとしていたよ」

しかし坂本は三吉から塩見の話を聞くと

「えー」と言って、目玉を実際に二つ三つくるくると廻したかと思われるほど大きく見開いた。彼の上機嫌は咄嗟に消えて

「一体どうしたのかね」と三吉の机の向う側に坐り込んでしまった。

「今夜判るよ、全くひどい事件だよ」

「だけど、あんたは危いところで生命びろいだね。もし裁判がなくって、一緒に行ってたら、あんたも今頃は支那さん行きだったわけだね」

「僕が一緒だったら、まさかそんなへまもやらなかったと思うけど……或は……判らないよ」

坂本は頭をふりふり橋本の家へ出かけて行った。

三吉はいまは確信をもって暗号電報を組むことができた。

「汪精衛　居所　つきとめた　安心せよ」

すると東京からはその日の夕方になって東亜部長名の平文電報で

「至急　会見せよ　世界的　スクープとならん」と言って来た。

三吉は苦笑して、その指令電報を破いてすてた。

会見してよければ指令は待たぬ、という気持がまず三吉にはあった。此方が何故暗号で打ったかも察しないで、世界的スクープとならん、などと余計なことを、平文で打電して来る東京の莫迦が！

汪精衛の第二次声明が南華日報に出た。香港支局は第一次第二次声明の支那語の原文を航空便で送って寄越した。三吉はそれを持って橋本のところに行き、彼の正確な支那語の力でそれを解読してもらいながら時間の来るのを待った。やがて高山も坂本もやって来た。そして約束の時間どおりに、ガレージの主人は不潔な身なりをした当の運転手を連れて来た。主な訊問役は三吉が引うけた。

三吉が貸してやった見取り図に従って、そして三吉の注意どおりに、塩見たちは例の茶店の前で自動車を廻そうとしたのだという。自動車が三分の一ほども車体を回転させた頃、一台のトラックが彼らの背後からやって来て恰も退路を断ったかのように、そこに停車した。そのとき塩見は車外に出て辺りの風景を眺めていたらしいが、ふと気付くと、鎮南関の門から四、五十名の武装支那兵が銃剣をきらめかしつつ、何事か声高に罵り騒ぎながら、どっと駆け出して来たのだというのである。そして塩見は否も応もなく、そのまま拉致され、運転手も自動車ぐるみ鎮南関の向う側にある支那兵屯所に拉致されてしまった。

運転手はその後、塩見の上に何事が発生したかは知らない。彼と塩見とは別々のところに拘禁されていたのである。しかし、一、二時間して、ひとりのフランス人士官がやって来て、支那兵に向い、この運転手は印度支那国籍の安南人だからとかけ合って呉れたので、彼は自動車とともに釈放されたのであった。まだ陽のあるうちに向うを発ったのであるが、途中で故障を起こしたりして、ハノイに帰りついたのは二十九日の十一時すぎであった、というのが運転手の話の概要であった。

運転手たちを帰したあと、彼らはこの事件が支那側だけの計画的拉致なのか、それとも仏印当局もこれに参画協力しているのかについて意見を闘わしあった。

仏印当局が協力しているのではないか、という疑問の因って来るところは、塩見の国境視察を支那側がどうして察知したか、即ち、仏印側でこれを事前に支那側に連絡したのではあるまいか、という点、事件発生の通知がいつものぐずに似合わず余り早くハノイに知れすぎたという点、及びフランス人士官がやって来て安南人運転手だけ救出しておきながら、塩見を救出していない点、などにあったが、しかし、これらの疑点はいずれも仏印共犯を断定するのにはなお根拠薄弱なものであったので、皆は疑いながらも最終的な結論は下しかねていた。

三吉は三日の朝、官邸に鈴木総領事を訪問した。いつもは愛想よく門を開きに出て来る安南人ボーイがきょうは扉を開こうともせず、門の鉄柵の向うから

「閣下《エクセランス》、病気《マラード》、閣下《エクセランス》、病気《マラード》」と繰り返すばかりで埒はあかない。三吉は「とも角この鉄門を開けろ」と怒鳴ったが、安南人は首と手とを振って門を開けようとはしなかった。「夫人を呼べ」と言っても、「否《ノン》、旦那様《ムッシュー》」というばかりで、これにも応じようとしなかった。

三吉はむらむらと怒気のこみあげて来るのを感じなが

ら、名刺に急いで走り書して、それを総領事に渡すように、ボーイに命じたが、それには、塩見事件に関連して当の運転手を訊問したので報告に来たが、面会を拒絶されたからには自由行動をとるから承知していてくれと書いた。一種の絶交状のようなものであった。そして彼は事件の概要を早速打電した。

29 ルイ・オール

浦部や橋丸は流石に仮病も居留守も使うことができなかった。三吉に詰められて、不快そうに黙り込んだり、自分たちは一切与り知らんので、総領事が全部指図しているのだと弁解したりした。

「そうかね、君たちの同僚である帝国総領事館の館員が支那兵に拉致されたというのに、君たちは一切与り知らんのかね」というと、彼らは、「いやそんなわけじゃない、われわれとても勿論及ぶ限りのことはしている」と弁解して、下村の店で使っていた安南人を現地調査団に派遣したことだの、仏印当局も非常に心配して、目下柳州〈注─広西省内で鎮南関に一番近い都市〉駐在の領事に連絡して、塩見の安否を調査してくれていることだのを話した。

ともかく、事件が発生してから既に一週間にもなるのだ。それだのに、総領事館では誰ひとり現地の実地調査に行こうともせず、ただ仏印当局からの連絡を唯一の頼りに、べんべんと塩見の安否が知れるのを「酔っぱらいながら」待っている、としか三吉には考えられなかった。

けだもの以下としか考えられていない安南人の、それも何の経験も学識もない下男同然の奴を現地に派遣したって、何が判るものか！

三吉はそこらじゅうにある物を何でも手当り次第に地べたに叩きつけて、構わないから大声で泣き出したいような情けなさ、焦燥感を感じて、心から燃え上る怒りをどうすることもできなかった。橋本の方が却って抑え役に廻ってしきりに宥めたり慰めたりしていた。

すると、五日の新聞がとうとう三吉の癇癪玉を爆発させてしまった。フランス語新聞は一斉に、三段抜き、四段抜きの大標題で、そして例のように殆んど同じような文章で、自分たちは当初この事件を相互の利益のために報道しないでおくつもりであったが、(と全部の新聞が一様にそういう判断をしたもののような書きぶりであった) ここに愚かしい一外国通信社の特派員がいて、自らこの事件を暴露するの挙に出たので、已むなく事の真相を報道することにした、という書き出しでいた。

周知の如く――と彼らは続ける。仏印には某国のスパイ団が全国的にその網を張り繞らして活動を続け、彼らは常に仏印の平和を乱すが如き、危険な行動にともすれば出でがちであったが、今回はからずも、遂に彼らの触手がその国の総領事館の中にも深くのびていることを証明する一つの事件が突発した。

そして彼らは塩見が如何に軽率な行動をとったかをまことしやかに細々と叙述して、彼は愚かしくも自ら国境線を越え、かくて遂に支那兵の手に逮捕されたのであるが、逮捕当時彼はその乗用車内に、用途不明の電気器具一基、精巧な写真器二個、拳銃二挺、精密な軍事地図数葉を持っていたほか、懐中には数万の巨額を持っていた、と書いた。

そして標題には「奇怪な某国スパイ団の行動――越境して支那側に捕わる」というようなことを大同小異の文句で書いていた。

三吉の手はぶるぶる慄えた。恐らく彼の目は世にも険悪な光を放っていたことであろう。破れた巣に篭居する怠け者の蜘蛛のように、何一つ取材活動をするでもなく、じっと紙片が落ちて来るのを待っていて、僅か四、五人の編輯者だけで紙面を拵えているこれらの田舎新聞が何を知ろうぞ！　これは明らかに仏印政庁の情報部か理事庁の新聞係かが（あの好人物のボンフィスがそういうことをするのだろうか！）このような文書を捏造して各新聞社に配布したものに相違なかったが、それにしても……

用途不明の電気器具とは、拳銃とは、数万の巨金とは、吹きも吹いたり、拵えるにも拵えたり！　精巧な写真器にしても二個は嘘だ。三吉が書いたへたくそな見取図を軍事地図とは笑止の至りでないか！

卑劣！　卑劣！　卑劣！

しかも鈴木六郎の酔払い奴が！

三吉は捌け口のない忿懣に居ても立ってもいられなかった。彼はヴィエンに語調激しく命令した。かねて金をつかませてあった安南語新聞「ドン・ファップ」の記者に、是が非でも二、三日のうちに、ランソンにおける二十八日夜の塩見の行動、二十九日午前中の行動、ドンダン付近で何をしたか、等について、できるだけ詳細な調査をして来るように言えと命じた。「もし必要があればヴィエンも一緒に自動車で行け、金は要るだけ使え」とも言った。

「ああ、畜生！　どうしてくれよう」

そこへ、全く思いがけない訪問者があった。でっぷり肥った赭ら顔は脂ぎって輝き、おおきな鷲鼻が薄くて横に長い唇の上に蔽いかぶさっていた。膝関節の半分しか曲らない右脚を援けるために常に握り太のステッキを携えたそれはルイ・オールという老フランス人であった。

彼はパリの「プチ・パリジャン紙」「アントランシジャン紙」「パリ・メディ紙」東京特派員と書いた名刺をボーイのグェンに渡して、取次をも待たずに、グェンのすぐ後から室内に入って来た。

「僕を憶えていますか《ヴ●ム●ルコンネッセ●モンナミ》!」

彼はずんぐりと、むしろ横に広い身体を一揺りして、その大きな手で、がっしと三吉の手を握って振った。

「勿論ですよ《ビアン●シュールモン●ヴィウ》。いったい、いつ、どこから降ってきたんですか」

「あっはっは。驚いたですか」

彼はいま、重慶・昆明からの帰りだと言った。三吉は思わぬ珍客の陽気な入来に、いままでの苛々した不快さを一時忘れて、ありったけの酒をそこに並べて歓迎の意を表した。この老記者と彼との馴れ初めは、或る年の正月、宮城前で行われた陸軍初め観兵式のときであった。記者拝観席で彼の隣りにいたこの話し好きの老記者は、彼の父は明治初年以来相当長い間日本政府の軍事顧問であったこと、彼自身も東京で生れたこと、壮年期に入ってからはずっと東洋で生活していること、パリ有力新聞の東京特派員にはつい一、二年前からなっていることなどを話した。爾来、三吉とこの老記者とは北海道の大演習や、フランス人飛行家ジャピーの遭難事件などでも顔を合せていたし、仕事でなくてもときどき一緒に飯を食ったりしたこともあった。酒好きで、女好きで、日本好きなこの陽気な老記者は三吉にとっても不快な人物ではなかった。

三吉は彼に重慶や昆明の話をいろいろ訊ねた。だがルイ・オールは、「今夜一緒に飯を食って、そのあとで詳しいことは話そう」と言った。昼間はこれからまだ方々行かねばならぬところもあるから忙しいのだ、と言う。スプランディドに泊っているという彼を三吉は、あそこの飯はまずいからメトロポールに招待した。

「ところで、君に一つ訊きたいんだが……」

ルイ・オールは急に一膝すすめて言った。

「実は僕も汪精衛の一件には相当関心を持っているのさ。今夜君にも詳しく話すけれど、重慶でも昆明でもいろいろのことを聞いて来たのでね。それで、政庁や理事庁に行っていろいろ調べたんだが……まあ大体のことは判ったけれど、彼らが言うのに、日本の総領事と君とが一番熱心なようだから、行って訊いてみたまえとこういうわけさ」

三吉はオールを見ていた目でにやりと笑った。オールは平気な顔をして一段と顎をつき出すように語気を低めて続ける。

「それでまず、スズキと言ったかな、総領事をつい今しがた訪問したのだが……あの人は君と何か、不仲なのかね？」

「どうして？」

「何だかひどく怒っていてね、今朝の新聞を見たかというから、見たというと、太田が余計なことをするものだから助かる筈の塩見が助からないかも知れない、とかいうのだ。それから塩見という男の話ばかりするんだけれど、僕はそんなことは全然興味のないことだし、汪精衛のことをいろいろ訊ねても、何にも答えない」

「知らないからさ」。三吉はついうっかりと、再びむかついて来た不快の念を吐き出すようにそう言った。オールの目がきらりと輝いた。

「知らないのかね、彼は知らないのかね。じゃ知っているのは君だけ、とこういうわけか」

「僕も余り詳しいことは知らない。何分、政庁側でも汪側でもあらゆる手段を講じて秘密を守っているもんだからね」

「それで、君の考えでは、汪はいまどこにいると思うかね」

三吉はオールの目を真直ぐに見据えながら言った。

「ハノイ郊外のある支那人の家らしい。しかし、彼の関係者でツェンと名乗る男はメトロポールにいるよ」

オールはにやりと笑った。「そうだ、僕の情報と全く合致するよ。それで君はまだその郊外がどこだかは適確には知らないのだね」

「目下必死に追究中というところさ」

「成功を祈るよ《ジュ・ヴ・スエーツ・ボンヌ・シャンス》」と言ってから、オールはふと思いついたように、首を彼の方にぐっと差しのべて、急に小声になり、「君に忠告するけれど、君は少し注意した方がいいよ。僕は政庁にも理事庁にも沢山の知人を持っているが、彼らは皆君に悪い感情を持っていた。まずくすると追放などということにもなりかねないと僕は思ったほどだったね。僕は東京以来、君をよく知っているし、君が善良な、親切な青年だということをよく知っているから、いろいろと説明はしておいたが、君に対する悪い印象はなかなかどうして、意外に強いので驚いたよ」

そして彼は、また今夜、といって帰って行った。

三吉は彼が訪ねて来る前よりは、遥かに数倍も不快な気持でひとりそこに残っていた。

太田が余計なことをしたので助かる塩見が助からなくなった！

仏印当局が俺の追放を考えている！

後者はともかく、前者に至っては処詮腹に据えられることではなかった。彼は立ち上がって官邸に行ってみた。すると珍らしくもう事務所の方へ行ったあとであったので、すぐその方へ廻って、真すぐに総領事の室に入って行った。

鈴木のところには高山が来ていて、二人は何事かを和やかに話していた。

「おー、来たな」と言う高山には答えもせずに、三吉はいきなり、

「鈴木君！」と怒鳴った。総領事はその権幕と、思いもかけず「君づけ」で呼びかけられたことに明らかに衝撃をうけたらしく、はっとして顔から笑いを消した。

「君はけさ、ルイ・オールというフランス人記者に、太田が余計なことをしたから塩見は助からなくなった、と言ったかどうか。どうなんだね！」

「ま、君い……」と鈴木は明らかに狼狽して、曖昧な目色をしながら言った。「いまもそのことで高山君と話していたんだが、事実仏印当局はよくやってくれているんだ……」

「よし、聞こう。どんなことをしてくれているんだ」

「そこに君、まあ、掛け給え」

だが三吉は依然としてつっ立っていた。

「第一、事件が起きるとすぐ報せてくれたし」

「それを君は僕たちには絶対秘密にしておけと命令したのじゃないか」

「へへへへ……」と鈴木は嗄れ声でへらへら笑った。「君たちは煩いからね」。

「煩いったって、……」

「もういい、そのことは言うな」と高山が遮った。

「それから、どんなことがあったんだ」

「まるで君は喧嘩腰だね」

「ああ、喧嘩腰だよ。俺ぁ、場合によっちゃ総領事だろうが何だろうが、許しちゃおかないつもりだ。先を聞こうじゃないか」

「僕はもう言わんよ。君みたいな小僧に弁解する必要を認めない」と鈴木は穏かな声で言った。

「よろしい。聞くまい。だが、君はルイ・オールにそう言ったか、言わないか、それだけは答える義務がある。これは僕の名誉と君の人格に関係する事だからな」

「言った。言ったよ」

「どういう根拠で！」

「煩い小僧だな君は」

「何！　何が煩いのだ！」

「こら！　乱暴する気か、貴様は！」。高山は大喝して三吉を後から抱きとめた。

「ぶ、無礼な奴だ、酒ばかり食ってやがって」。三吉はそう言いながらも高山に制せられて、彼がなすがままに、山田の室に連れ込まれた。高山は三吉をそこに坐らせて、彼と鈴木との間に三吉が来るまでに交された会談の大要を話した。

高山も実はけさの新聞を見てその善後策のために鈴木のところへ来たのであったが、鈴木総領事の言うところでは、仏印当局はその後も始終緊密に連絡してくれて、柳州の領事をして実情調査をさせてくれており、塩見が柳州に連れて行かれていることもだいたい明らかになったので、差入れの手筈も定めたりしている矢先に、三吉があんな電報を打ったため、仏印当局の態度が急に冷胆化して、或はこれまでの好意的態度を捨てるかもしれぬとの懸念も当然起きて来る、というのであった。

「べら棒奴！　そんなこたあ、屁理屈だよ。三日の朝早く、俺ぁ奴と相談しようと思って態々行っているんだ。だのに乞食か何かを追っぱらうでもするように門の戸も開けやがらねえ。だから俺ぁ、勝手にするぞ、と名刺に書いて置いて来てあるんだ。それを今更塩見救出が失敗すりぁ俺のせいだたぁ、いったい何だ。君もそれに同意なのか！」

三吉は高山にも喰ってかかった。高山は舌打ちをして、

「まあそう昂奮するなって。とに角、仏印側じゃ、事件の起ったところは明白に支那領だと言っているそうだし、それやこれやで、総領事もできるだけ事を荒立てたくなかったらしいのだよ」

「そんならそうだと、俺たちにもはっきり言っておけばいいじゃねえか」

「そうだよ、その点、総領事も悪かったと言ってるんだから、まあ、そう怒るな。要は塩見を取り戻すことにあるんだから」

「そりあそうだ。とにかく、塩見を取戻さなけぁいかん。しかし、何でも仏印側の言うとおり、へえそうですか、とさえ言ってりぁ取戻せるというわけでもあんめえからな。第一事件が支那領で起きたなんてでたらめを、ああ左様で、なくて言ってたんじゃ、理屈から言ったって、仏印側が是が非でも塩見を取り返さなきあならないという責任所在の根拠はどこにもなくなるじゃないか。それこそ仏印側は気

紛れの好意だけでしてやってることで、失敗したって、お気の毒様、俺の知ったことじゃねえよ、ですんじまうじゃねえか。そんな阿呆なことでも交渉だなんて言えるのかよ、いったい」

「その点はまったくそうだな」

「だから、お前さんも矢鱈物分りのいいような面ぁなど気取ってねえで、この点だけは何としても、鈴木の奴の尻をひっぱたいて、はっきりさせとかにゃぁ、駄目だよ」

「勿論だよ」

「だったら、明日、俺がここに例の運転手を引ぱって来るから、橋本、君、俺三人立会いで、も一度鈴木の前で事実聴取をして、それを証拠に仏印側につっこませようじゃないか」

「よかろう」

鈴木総領事もそれを承諾した。

それでも三吉の不快さはなおらなかった。そして、夜ルイ・オールと会食して、いろいろと支那奥地の話を聞いても、少しも気乗りがしなかった。第一ルイ・オールは言いたがらないのか事実知らないのか、何を訊いても、ただむやみと言葉多く喋るだけで、大したことは言わなかった。

そして彼は札入れの中から、重慶の友人から貰って来たのだという手札型の一葉の写真をとり出して三吉に見せたが、そこには明るい窓際の机の前に汪精衛が掛けていて、その両側に汪夫人と娘らしい若い女と、ひとりの若い、額の広い男とが立っていた。画面は逆光線でとったいかにも下手な素人写真らしく、ハレーションを起して余り明瞭な印像にはとれていなかった。

30　男と女

何が何だかてんで判らない。

近衛内閣が辞めたのだという。あとには平沼騏一郎男爵が総理になったという。

「いったい、日本では汪精衛に反対なんだろうかね」と三吉は怒ったように言った。

「そりあ、反対は相当強いだろうね」とはじめからこのことに彼自身あまり賛成でなかった橋本は、こんどの内閣更迭の真因は汪と近衛の声明書のやりとりが日本国内で大反対に遭った結果に違いないと、ひとりできめてかかっていた。

「もしそうだとすると、これはこれっきりでおじゃんか。それならそれで、俺はもう遠慮しないよ。へんに気を廻したり、政治屋ぶったりするのは止めて、もともと新聞屋なんだから、ぶつかるよ」

「ま、もう少し、様子を見ようや」と高山はふんべつぶった顔をして言った。「そのうちに東京からも何か言って来るだろう。太田君も東京にきいてやってくれよ」。

三人はそんなことを話しながら総領事館に行った。ガレージの主人と運転手はもう来て待っていた。三吉は浦部も橋丸も現場の様子は熟知している筈だから、同席していていてくれ、と言って、六人で前夜と同じ陳述を運転手の口から聞いた。

「そういうわけだ。で、この通りだとすると、そしてこのとおりよりほかのことがあり得ないことは、あの辺の地形を知っているものにすぐうなずけるんだが、これは明瞭に仏印領内で起ったできごとなんだ。どうだね、浦部、橋丸の御両所の考えは」。三吉は二人を省みて言った。

「だろうと思うな」と浦部が応じ、

「ま、そうでごわしょうな」と橋丸も同じた。

「鈴木さん、以上のようなわけだ。この点は一つあんたから、充分つき込んで、明らかにしておいて貰いたいんだが……」。高山がそう言うと、鈴木は案外素直に同意して、前から会見が約束してあったと見えて、間もなく総督府に出かけて行った。

三人は鈴木の帰りを待っていた。

やがて鈴木はにやにや笑いながら帰って来た。そして、一枚の紙片を机の上に置いて、皆を近くに招いた。それには赤鉛筆と青鉛筆とで何やら簡単な図が引いてあった。

「これが一般に言われている国境線で」と鈴木は青鉛筆の線を指して言った。「この赤い線がほんとうの国境なんだそうだ。それで、この赤鉛筆の線は鎮南関の門から一千百メートルに仏印側に入った地点にあり、従って、塩見が自動車を回転させようとした地点は明瞭に支那領だというのさ」

「誰がそういうのかね」と三吉が早くも敵意を含めた尖り声で訊いたが、鈴木は三吉には答えない決心をしたのか、この時も黙っていた。

「何だ、そんな子供だましみたいな紙片を得々として貰って来たりして。それじゃ、ここに、仏印軍参謀部何とか大佐監修と明記した軍用地図があるが、これによると明白に鎮南関が国境になっていても、それは嘘であって、誰が書いたか知らんが、この紙片にちょっちょっと鉛筆で書いたものの方が真実と、そういうわけだな」

三吉は橋本が持って来ていた精密な軍用地図を机の上に

拡げてみせた。

橋本が突然昂奮して叫んだ。

「よーし、国境がそんなに仏印の内部に入っているのが事実なら、すぐ打電して、あの辺一帯を猛烈に爆撃させようじゃないか！」

「そんな君」と鈴木があわてて言った。「そんな乱暴を言っちゃ駄目だよ」。

「何が駄目だね。何が乱暴なことがあるものか。あんたが仏印当局からはっきりそう訊いて来て、そんな立派な地図まで貰って来ているんだから、鎮南関は広西省内一千一百メートルの地点にあることは明白じゃないか……」と橋本は少し笑いながら言った。

「君たちは、話が乱暴で困るよ、それだから僕は君たちに話したくなかったんだよ。僕はただ、仏印側ではそう説明している、と言ってるまでの話だ」

「で、あんたはどう思うのかね、あんた自身は？」

「僕はあ、判らないよ」

「判らないことがあるものか」とどうせ対手にされないのが判っているので、三吉はひとりごとのように言った。「ではこの地図はこれは嘘ですね、とこの軍用地図を持って行けば判る筈だよ。それに、もし仏印側が言うとおりだと、ドンダンから入ったあらゆる自動車は一旦支那領に五、六百メートル入らなければ回転できないことに最初からなっていることが判っていながら、仏印当局は視察許可を与えるときに、前の矢田公使のときでも今度でも、何故そのことを予め注意してくれなかったかも、是非訊いて来て貰いたいもんだね」

「こりあ」と橋本はますます嘲笑的な調子になりながら言った。「どうでも鎮南関爆撃だね。二、三発落さんと、あっちの莫迦も此方の莫迦も正気には返らんよ」。

「とに角」と高山が尤らしい顔をして言った。「事実は明らかに仏印領内で起った事件なんだから、総領事も一つ奮発なさって、大いに強硬にかけ合って貰うんですな。要は一日も早く塩見を救出することにあるわけだから」。

「それだけじゃないよ」とまたも三吉が口を出した。「塩見も救出せんならんが、日本はいい加減な小刀細工ではなかなかごま化されないことを少し教えとくことの方がむしろ肝腎だろうて」。

「そうだそうだ」と橋本も励まして応じた。そして、帰り途でなお橋本は鎮南関爆撃の考えを捨ててはいなかった。ともかく、仏印側の言い分を打電すると言っていた。

三吉は午後になって、ヴィエンから、命じておった調査

の報告をうけた。それは三吉自身がその後更に例の運転手について調べたところと大体符合していたが、それを綜合すると、

塩見は三吉の家を辞してからまずその情婦の家に立寄って、そこにかなり長いこと止っていた。従ってその夜の宿泊予定地ランソンの街についたのは十時近かったが、それから誰かの家を訪ね求めて、市内を三度ぐらいぐるぐる廻って、ある小さな家の前に停った。塩見はホテルには泊らず、同夜はその家に一泊し、翌日十一時近くランソンを出発して、ドンダンに向ったが、そのとき塩見の自動車には一人の安南人青年が同乗していた。彼らはまずドンダンの税関に入って行き、暫くして、塩見ひとりが鎮南関へと入って行ったが、残った安南人青年は税関のフランス人や安南人とビールを抜いて乾盃していた、というのがその大要であった。

これだけの事実から明らかになって来ることは、その安南人青年がこの事件に何か深い関係を持っているに相違ない、ということであった。いったい何者であろうか。

三吉はふと思いついて、塩見の情婦の家に行ってみた。おぼろげに聞いていただけで、一度も来たことはなかったし、女の名も知らなかったので、確かこの家と思われる小さな二階建の前まで来てはみたものの、入って行くのが少し躊躇された。この家はアパート式になっているらしく、下から見ていると、明らかに別々の家族に属すると思われる何人かの人影が二階の窓々から見えていた。

後から来た一台の自動車が忌々しげに激しく警笛を鳴らしたので、三吉は慌てて飛びのいた。スポーツ型のその自動車はゆっくり上って件の家の入口に横づけになった。そして、何かの合図らしく、警笛を三声永く鳴らした。

「桂林〇〇〇号」――それは最近ハノイやハイフォンの市内でよく見かける広西省の自動車である。中には支那人らしいスマートな青年がひとり、ハンドルを握って乗っていた。二階の窓が開いて、ひとりの女がちらと下をのぞいた。

それはまぎれもなく、塩見の情婦であった。三吉は一度しか、それも極めて偶然な機会にほんのちょっとしか、彼女を見たことはない。だが、への字型に細く剃り込んだ映画女優のような彼女の眉毛に、はっきりと見覚えがあった。

窓はすぐ閉った。そして間もなく、外套の襟を立てて、長い夜会服の裾を引ずった彼女が小刻みに走り出て来て、自動車の廻りを一廻りして、外側の扉から男の横に乗り込んだ。自動車は淡いガソリンの煙を残して行ってしまった。

三吉は急に何も彼も判ったような気がした。あの女……

あの男……安南人青年……桂林の自動車。

あの女は矢張りスパイだったのだ。彼らが疑ったように仏印側の手先ではなかったが、思わざりき！　支那側組織の手先であったろうとは。

塩見が来て旅行の計画を彼女に喋る。彼女はすぐ秘密の組織にそのことを連絡して、すっかり手筈を整える。塩見は出発の直前に彼女のところに立ち寄って、彼女からランソンでは是非こういう男を訪ねてその男を案内人にせよと忠告される。元来が女に甘い男だから塩見はそのとおりにする。それで彼の運命の一切は定まったのだ――と、これは三吉の想像にすぎなかったが、事実もそれとはそうは違はないものだろうと思われた。

三吉はこの新しい発見に昂奮して、帰りに橋本のところに寄ってその話をした。

「そうか」と橋本も実に意外そうな顔をして、「実は彼女は塩見がいなくなってから二度ほど、非常に心配してこっそり、渡辺初子のところに様子をききに来たりしたので、初子も同情して、何彼と慰めていたようだが、とんでもない女だったんだな」と言った。

その夜、橋本と三吉とはわけのわからぬ事で喧嘩をした。

彼らはやがてやって来た高山も加えて、三人で塩見のことや、鈴木総領事のことや、汪精衛のことなどを例のように話しながら酒を呑んでいたが、橋本が、「どうも不愉快なことばかりで気がくさくさして面白くないから、ひとつ街に行ってほがらかにやろうか」と言い出した。「カムチェンや行きつけのバーなどはいずれも面白くない」と言うのである。どこか、三人とも全然知らないところに行って、

「どうだい、セーム・コンディションで、もてくらべをするか」と橋本は調子外れな高声を発してひとり笑った。

三人は日頃は全然安南人ばかりしか行かない一軒の小さなダンスホールに行った。そこには楽隊も蓄音器もなくて、一台の古ぼけた自動ピアノがあるだけだったが、室内は人と埃で一杯であった。三吉が二、三度立てつづけに踊って席に帰ってみると、余り踊れない橋本と高山とは、自席に招んであったダンサーたちのほかに、一団の安南人青年たちに取りまかれて、愉快そうに何度も乾盃していた。青年たちは口々に日本をほめ、日本軍の強さをたたえ、日本への憧れを語って、既に相当いい心持になっていた橋本や高山をますます陽気にしていた。彼らはハノイ大学の学生たちだと自称していた。

誰が命じたのやらわからないが、あとからあとからと酒が流れるほど運ばれて来て、卓子の上はいつもべたべた

に濡れていた。いつの間にか女たちも大勢集って来て、この家の賑かさの七分どおりがこの一隅にだけに集中してしまったかのようであった。

三吉はこんな風のお大尽ぶりを好まなかった。何だか莫迦にされているような気がするのであった。彼はひとり気に入ったダンサーがいたので、彼女を独占して踊ってばかりいた。彼が踊り疲れて席に帰って来たとき、滅多に崩れぬ橋本の酒がきょうは珍しくだいぶ分狂って、手つきも呂律も相当怪しくなっているのに気付いた。橋本は招き猫のような手つきで、三吉の手を掴もうとしながら、

「おい、こら、少し落着け。騒々しいぞ」と言った。「ダンスなんか、大丈夫のすることじゃないぞ!」。

それから何が原因でそうなったのか、三吉には全く理解できなかったが、橋本が急にいきり立って、三吉を撲ると言い出した。

「だいたい、生意気千万な奴だ。小父さん小父さんと言うから、此方もその気でつき合っててやれば、いい気になりやがって……」

そして、椅子にかけたまま、卓子越しに盲滅法繰り出して来る橋本のふらふらな拳を、三吉ははじめの三つ四つは笑いながら躱したが、かわしきれなくなって、その両の拳を両の手でしっかと握って抑えつけるようにした。すると橋本は、いきなり破れるような大声で、

「無礼者!」と大喝して、右足の靴先で三吉のこめかみの辺りを激しく蹴りあげた。よろめいた三吉は更に凶暴な第二撃を横腹にうけて、危く息がつまりそうになった。

「止せ! 止せったら、止さないか!」

高山は橋本を必死になって制していた。室内は一瞬しーんとなって、自動ピアノだけが間ぬけた音を立てていたが、急に波が崩れ立つようにどっと騒がしくなって、「ポリス、ポリス」という声が聞えた。

三吉ははっとなって、握りしめていた拳をそっと開いた。涙が出て来た。しかし、彼はそのまま逃げるようにその家を出た。蹴られたこめかみは破れて血が流れていた。家に帰ってみると、手布は血で真赤になっていた。

傷口を洗って新しい手布をあてた上を手拭を裂いてしばった。しかし、頭を枕につけると脈搏の度にこめかみのあたりがずきりずきりと痛んで眠れそうにもなかった。

次の朝高山が何ということもなく照れたように笑いながら彼の寝室に入って来たとき、三吉はとうに眼を醒してはいたが、まだ寝床の中にいた。そして、昨夜ほどではなかったにせよ、依然口惜しさは去らず、橋本とは今後一切交際

せぬことを固く決心していた。橋本の一本気な病性の性格までが急に蔑まれて来た。

「どうだ、痛むかい」

「もういい。大したことはないよ」

高山はひとりで大きな口を開いて笑った。三吉はベッドを出て、傷口にはりついた手布を水でひたしてはがした。するとまた少量ではあったが血が出て来た。

「みっともなくって、歩き廻れないよ」

「弱っちゃったよ、ゆうべは」

高山はあれからなおも怒り猛る橋本を漸くなだめてつれて帰ったのだが、勘定の金が足りず、ありったけ置いて、一旦橋本を家に送り届けてからまた金を持って払いに行ったことなどを話した。

「だけど、よく辛抱してくれたな」

「検束されちゃ、俺はいいけど、向うはどんなことになるか判らないからね」

「そうさ、俺もそれを心配してね」

「あのとき、ポリス、ポリスって叫んでいたが、来たのかね」

「来たようだったが、そのときはもう何でもなかったから……君が逸早く逃げ出していたから、無事だったよ」

「ふん」と三吉は唇を曲げて鼻を鳴らした。「ポリス奴、しまった！　と思ったろうね」。

「どうだか……じろじろ見ていたが、何にも言わずに行っちまったよ」

高山はそれから、けさ行ってみると、橋本が何と空ではあったが浴槽の中にゆうべのままの姿で、ぐったり仰向けになって寝ていたことなどを、やや大袈裟に話してから
「ひどく酔ってたものさ。彼にしては珍しいことだよ」

と言った。

三吉は皮肉な笑いを浮かべて
「そんなこと言ったって、俺は嫌だよ、あんな乱暴されちゃ、このまま笑ってしまうことはできないよ」

高山も苦笑して、「それはそうだろう」と言った。「だが、正直、君も少し、まあ言わば生意気なところがあるからね。僕などは別に気にもしてないけれど……」

「生意気呼ばわりは言いがかりだよ、君にしてもいつの間にかひとりぎめで、僕の上官か何かのような口をきいているじゃないか、生意気呼ばわりをはじめりゃ、お互にきりはない」

「そりあ、そうだが……常識でさ」

「兵隊だから、役人だから、一般人よりは本質的に偉いのだ、というような常識は国内でならともかくも、こうし

て海を越えて、お互に裸一貫になっているときにぁ、むしろ滑稽だね。仕事の邪魔だよ」

「まあ、それはそれでいい。だがどうだろう、こんなことで、二人が外方を向いてしまったんじゃ、真実困るのだがな」

三吉は結局橋本が率直に詫びるなら、彼としては別段含むところはない、と言った。高山はその足で橋本のところへ引返して行った。

食堂で味気なく朝食をとりながら、三吉は橋本の場合を考えてみた。

三吉は、本人はそれを意識していないにもせよ、何事によらずいつも上官的な潜在意識で橋本に対する高山の態度を、橋本がかなり不愉快に思っていることをよく知っていた。このことについては三吉も二、三度高山にそれとなく注意したことすらあった。それに、病的に潔癖な橋本は、高山が酔えば必ず橋本の家政婦――娘子軍出身者にしては品もよく、若い時分の美貌がいまでもありありと目に見えるほどすっきりとした四十女――を捉えて、冗談ではあったにもせよ、接吻しよの一緒に寝ようのと、とかく淫らなことを言うのを非常に嫌っていた。しかも彼自身は、青山のお米あたりが、「橋本さんないくら白髪が多かというても、男じゃもん堪らんとが本当なけ、きよみさんも嫌じゃないようなら、そうなりますとが自然でっせのが」としきりに蔭でやきもきしていたにも拘らず、二階と階下の間に冷然たる一線を画して、これを越えることなど考えてみたこともない様子であった。それでいて、彼はときどき、渡辺初子のことは自分の方から話すことがあった。生蛮娘のように眼が恐いだの、鼻が饅頭の皮を抓《つ》んだようだの、あれで恋などという殊勝なこころを起すこともあるのだろうか、というような悪口を主として言っていた。しかし三吉は橋本が別段本格的な関心をもって初子のことを言っているのではないことを知っていた。橋本の何となくいらいらした日常は充分の同情をもって三吉にも理解のできる心境であった。

とは言え、昨夜のことは、このままに笑ってすごすことはできない。

三吉の背後に靴音がした。振り向いて扉の方を見ると、そこに橋本が殆んど直立不動の姿勢で立っていた。

「おい、許してくれ」と橋本は怒ったような声で言った。

三吉は弱々しく微笑して
「何でもないよ、小父さん、なんでもないんだよ」と言ったが、橋本の眼に涙がきらりと輝いているのを見ると、ぐっと胸がつかえて、瞼の裏がジーンと熱くなって来た。

31　曽仲鳴

三吉は二、三日まえから少し身体の具合いが悪くて引篭っていた。フランス人の医者は苦笑して、できるだけ安静にしているようにと命じた。しかし、夜遅くなって、いつものように電話で、メトロポールの受付の青年からちょっと来てくれと言って来ると、彼は局部の痛みを押してすぐ出かけて行った。

その日の午後五時ごろ、汪精衛が突然タム・ダオから下山して来て、ホテルに入った、というのである。

今度こそ汪はハノイを去って香港かどこかへ移ろうとしているのに相違ない、と三吉は判断した。高山も橋本も同意見であった。三吉はともかく汪に会見を申込んでみよう、と決心した。これにも二人は別段反対はしなかった。

「仕様のない奴だなあ、こんな大事なときに限って、極道な病気を引ぱり出したりして」

「すぎるんだよ、少し」

歩くときにも坐っていても、いかにも辛らそうに、変な及び腰をしている三吉を見て、二人は同情半分冷かし半分に、そんなことを言ったりしたが、高山はどこからかミルクの缶詰を二打ばかり担ぎ込んで来て、これを沢山飲むといいそうな、と言って置いて行った。

三吉は次の日、朝早く、医者に行ってまず注射をして貰ってから、局部をできるだけきつく褌でしめつけて、植物園脇の政庁に出かけて行った。

大男の政務局長グランジャンは

「さあ、なんなりと……」とくだけた調子で彼を迎えた。

「おや、どうしました、足に怪我でもしたのですか」

「いや、青春の病気でしてね」

グランジャンは腹を揺って笑った。「それはいけない、用心しないと。医者は誰にかかっています」と訊ねて、「ああ、それならよいけれど……それでまた、きょうはいったい如何なる重大な要件で?」

三吉は、彼はきょう汪精衛に会見を申込もうと思っているのだが、予め仏印当局の諒解を得ておく方がよいと思ったことを話した。グランジャンは大きな両手を拡げて、肩をすぼめながら言った。

「どうしてです?　それは汪精衛氏と君と、純然たるお二人だけの問題であって、私どもの関知したことじゃないですよ」

「そうですか、それならなお結構です。僕はまた汪精衛氏がハノイに滞在していることについては、当然仏印当局との何らかの諒解があってのことだと考えていたものですから」

「いいえ、いいえ。第一、私は果して汪氏がここに来ているのかどうか、そんなことを新聞では読んだけれど、実際には一向知らない」

「いや、判りました。それから」と三吉は「これはつまらぬことですが」と前置きして、ルイ・オールが仏印側で三吉の追放を真剣に考えているから注意しろと言っていたが、一体何故だろうと訊ねた。

「ああ、あの老人！」。グランジャンはルイ・オールの名を聞くと、ちょうど蝋燭を吹き消すときのように唇をつぼめて、さも軽蔑したように吐く息をヒューッと一つ鳴らした。「あの老人を君はどうして御存知です？」

「東京でよく会いました」

「あの人物は……ユダヤ人ですよ。ずっと前にここの役人をしていたこともあったようですが、どうもね、余り信用のできる方ではない。ともかく、君が正当な行為をしている限り、仏印の法律は不当に人権を圧迫しようなどとは微塵も考えていないことを、よく記憶しておいて頂きましょうかね」

三吉は、「最も慎しむべきは青春の浪費ですよ」というグランジャンの機嫌のいい笑い声に送り出されて帰って来ると、半日がかりで文案を練って、日本文と仏文とで汪精衛あての長い手紙を書いた。それには彼がなに故にきょうまで会見申入れをしなかったかその理由を書いて、しかし仏印を動く前に是非とも会って欲しいこと、もしどうしても会えない場合は彼に代って語り得る側近者でもいいから必ず面会したい、と書いた。漢文が書けないことの詫びごとも最後に書いておいた。

皆の意見ができるだけ人の出入の少い時間がよいというので、三吉は夜の十時すぎるのを待って、橋本の家に高山や坂本らを待たせておいてホテルへ出かけた。

受付には例の青年はいなかった。三吉は三三四号の室にこの手紙を持って行ってくれ、とボーイに頼んでおいて、ロビーの方で待っていた。勿論三吉の気持は平静ではなかった。会おうというか、会わぬと言うか、側近者が代って会うか、それともてんで人違いだと言って全然しらをきって来るか、三吉の職業上の将来がこの瞬間に大きくカーヴするのだと思うと、なにやら不思議な気もするのであった。成功というも多くは相手の意志如何にあるのではないか、と少し皮肉な気持で考えたりしていた。

ボーイはすぐ帰って来たが、手紙は確にわたした、というだけで、対手の意志は何にも持って来なかった。三吉はやたらタバコをふかしながら、時々、そして次第に頻繁に、腕の時計を見た。二分なり三分なりという時間は、こうしてみると、随分長い時間であった。ともすれば立ち上がって歩き廻りたくなるのを、じっと怺《こら》えて、三吉は階段の方を眺めていた。三十分もしたろうか……

鼠色のダブルプレスを着た、瀟洒な、余り背丈の高くない、額の広い青年が急ぎ足に階段を下りて来て、ちょっと辺りを見廻してから、椅子から立ち上がってその方へ一、二歩進み出た三吉を見ると、ずかずかと寄って来た。

「あなたが太田氏《エーツ●ヴー●ムッシュー●オオタ》ですか?」。非常に明晰なフランス語で言った。

「そうです」

「僕はツェン・ツォン・ミンと申します。汪先生は残念ながら、いまはお目にかかることはできないと仰言っています。しかし、僕は先生のお許しを得て、先生に代ってお話しをすることができますから、もしそれでおよろしかったなら……どうぞ、お掛け下さい」

額の広い、やや獅子鼻の、みたところ三吉より五つ六つしか年上ではないように思われる若いこの支那人は、こだわりのない調子で三吉と向い合って掛けた。三吉はこの人物を前にどこかで見かけたことがあるような気がしきりにした。勿論そんなことのあり得ようはずはない。しかし、どうも見たことがあるようだ。

三吉は職業的な確実さと無遠慮さとで、どんどん質問を進めてゆきながら、ほとんど何らの躊躇もなしに、何もかもあけっぱなしにぶちまけるような対手の答えをところどころ書き留めている間も、絶えず、どこで見ただろうと、そんなことを頭の一隅で考え続けていた。

「それで何ですか、汪先生は……」と三吉はますます露骨な言葉で訊ねた。

「蒋介石将軍の諒解のもとに重慶を出て来られたのですか」

「そうじゃありません、先生独自のお考えに基いて、先生の信念に殉じて行動されたのです」

「先生の声明は近衛首相の声明に答えてなされたものですか」。

「勿論、先生は近衛首相の声明は読まれています。しかし、先生の声明は先生の永い間の主張であり、先生の独自な考えなのです」

「先生は近く、香港へ行かれますか」
「将来のことは判りません。しかし、当分はここにいることになりましょう」
三吉は漸く思い出した。この男はルイ・オールが彼に示した素人写真の中にいたあの青年に違いない。
ツェン・ツォン・ミンは名刺を呉れた。漢字で曽仲鳴*と印刷してあった。

＊　一九一二年、フランスに渡り、リヨン大学に留学。広東大学教授、行政院秘書長をへて、一九三七年一月、国民党中央政治員会副秘書長。

曽仲鳴（『同盟グラフ』昭和16年2月号）

自分でよかったら、これからも何時でも喜んで会おうと言った。汪精衛はタム・ダオのホテルで足をふみすべらして捻挫したので、医者の手当をうけに下山したのだということや、彼はいま絶対に誰にも会わないと言っているが、そのうち機会ができたら、必ず会見できるように、自分が責任を持って取計ろうというようなことも約束した。そして、曽仲鳴はそのときはじめて三吉の手を握って、「お休みなさい」と言ってから、大きな尻を振りながら階段を上って行った。

三吉は時計を見た。十二時十五分前である。日・支両国はこれ以上戦争を続けてはいけない、という。そのために汪精衛は単身重慶を去って、拘束のない自由な身になり、自由な天地に隠れて、日・支両国の同憂の士に呼びかけようとするのだ、という。支那の内部にあっても、多くの人々が日・支は闘ってはならない、和平し、相提携すべきだと、熱心に考え、主張しているのだという。先日の近衛声明で、日本政府の意図もまたそこにあることが明らかになった、と曽仲鳴は言った。

だが、その近衛は突如として内閣を投げ出して、あとには極端な国家主義者といわれる平沼が出て来たではないか、これをどう考えるのか。

自分たちは近衛が平沼に代ったからとて、日本政府の根本方針には変りないと思うけれど、あなたはいったいどう考えるか、と曽仲鳴は反問して来た。

三吉自身では、戦争はもう沢山だ、と思っている。三吉が大陸で経験したことはすべて、感情的にも三吉をして戦争否定に趨《はし》らせるようなことばかりであった。もし汪精衛氏が考えているようなことが、ここで実現できるとすれば、それはともかくも日・支双方にとって、まずはやれやれということでは少くともあり得るだろう。

橋本の家では三人がブドー酒を飲みながら三吉の帰りを待っていた。なかでも坂本が一番大仰に喜んで、大成功、大成功と呼んで、踊るように、頭の上で両手を打ち振った。

「生憎と乾盃ができないのが残念だね」

三吉は夜じゅうかかって電報をこしらえた。そして夜の白々明を待ちかねて、グェンを叩き起こすとすぐ電信局へ走らせた。

そうだ、汪氏にお見舞いの花束を贈ろう、社長の名で贈ってやろう、そして、社長からお見舞いの電報を打電させてやろう。三吉はそう考えると、自分の思いつきに昂奮した。そして、昨夜来のことを改めて思い返しているうちに、少しも眠くなくなったので、そのまま水浴して、コックに珈琲をいれさせた。

だがしかし、蒋介石との間にもし何ら暗黙の諒解もないのだとすると、果して汪精衛の考えているようなことが、現実の問題として成功するかどうかは大いに疑問ではないか。これはむしろ、汪精衛に対する蒋介石のその後の態度——党籍を除いただけで、逮捕命令も出さなければ、反駁声明も出さず、個人的誹謗なども一切許していないことなどから推して、汪と蒋との間には極秘裡に何らかの黙契があると考えるのが妥当なのではあるまいか。

三吉は暖爐の薪火に顔のほてりを感じながら、ひとり次から次へと考えの糸を手繰って行った。爐の前に大きく股を拡げて、脚の低い安楽椅子を近々と引よせ、両手に珈琲のカップを持って、じっと焔を見ていた。

曽仲鳴の肥ってはいるが色の悪い、下ぶくれの顔が思い出された。人名辞典で調べた彼の閲歴では、彼がフランス・リオン大学に遊学中のころ、汪精衛もフランスに滞在していた、という以外に、彼と汪とを特に結びつくべき関係はそこには見出されなかった。慇懃で、正確で、開放的ではあるが、どこかに、入り込めない冷い一隅を常に残している男——三吉はそういう印象を彼との第一印象ではうけたのであった。

昨夜からの昂奮のためにすっかり忘れていた患部の痛みがこうしていると鈍痛となって甦って来た。三吉は急に心配になった。医者はいまのところそれはごく軽度のものだから、十日か二週間も安静にして、局部をどんどん熱湯で温めれば大したことにはなるまい、と言っていたが、昨日一日でそれはとりかえしのつかないことになってしまったのかも知れない。

三吉は大声でボーイを呼んで、小型の水枕に熱湯を入れさせ、それを患部にあてがって、床の中に仰臥した。

俺は実に莫迦な男である、と思った。香港以来の狂ったような乱行のことを思い返してみた。そこには満足は一つもなくて、ただ嫌悪の想い出のみが残っていた。何が俺をあんな風にさせたのだろう?

三吉はひそかにその原因を知ってはいたが、自分でも強いて知らないふりを装っているようなところがあった。しかし、この朝は三吉は素直にその事実の上に目を開いた。お正や、その他の香港の気分が彼を何か英雄的な気分に誘い入れたのである。三吉は自分のことを、知らず知らず一種悲壮な行為の主人公のように考えることに快さを感じていた。

三吉はいまさら痛烈な苦々しさを感じて、床の中で思わずチェッ!　と声を出して呟いた。コーラムのことにしても、考えてみれば随分不潔な話であった。彼は彼女に対して、一度として特別な魅力を感じたことはなかった。従って彼女の誘いが彼に喜びを齎らすようなこともなかったのだ。

ましてと三吉は更に一層苦々しくひとり微苦笑した。彼女のパトロンが近く停年になって、本国に帰ってしまうということが判ってみれば、俺は愈々もって莫迦の骨頂である。

コーラムの口からはっきりそう確めたわけではなかったが、四囲の事情から多分そうだろうと三吉が想像していた彼女のパトロンというのは、例の磊落な独身長官、老シャテル氏であった。彼はその長い植民地官吏稼業に終止符をうって、近く本国に帰ることが発表されていた。

もう二度と彼女らのところには行くまい。それとともに、カムチェンなどからもできるだけ遠からねばならぬ。いま俺の身辺では、次々に重大な、真面目な事件が起きつつあるのだ。俺も、今少しく真剣に、いろんなことを考えてみなければならないところに来ているのだ。

それから三吉は、この数日でごたごたで、結局うやむやにわけが判らなくなってしまった塩見のことを考えてみた。彼はどうも重慶に連れて行かれたらしい。それとも殺されたかも知れない、或は自殺したかも知れない。のどを絞めあげられて、あの大きな口を音もなくいたずらにぱくぱくさせる塩見の苦しそうな顔が、どういうわけか二度も三度も、ありありと、三吉の眼前にすーっと浮び出て来た。

32 祝い鯛

「おいでですか」と下に声がして、石山ホテルの親父が何やらえらく大きな篭の包みを持ち込んで来た。三吉は、「こちらだよ」と寝室から声をかけた。

「おや、どうしたんですか、病気ですか」

三吉が苦笑して説明すると主人は事もなげに、「なあに、そんなもなぁ、若いんだから二度や三度は必ずかかるにきまってます。たいしたことぁ、ありませんよ」と笑った。

「何だね、その大きなものは」

「きょうは、お祝いを持って参りましたよ」

「お祝いって、何の?」

石山の主人は三吉の前で篭の包みを解いた。そこには三尺近い大きな真鯛がまだ生きているかと思われるような新鮮な色艶をして反りかえっていた。

「おそろしく立派なもんだね、大したもんだね。まるで内地の鯛みたいだ!」

「でしょう?」と石山は多少得意気に、「けさ早く、暗いうちに市場へ行きましてね、まだ生きていましたよ、ほんとうに」

「それを僕が貰ったって、仕様がないやね、料理人が安南じゃ……」

「とにかく、ラジオを聞いたとき、やったなっ! ってんで、思わず佐伯さんと二人で踊り上りましたよ。馬渡さんも見えてましてね、こりあ、何でもかんでもあした早起して、祝い鯛を担ぎこまなきぁ、ってんで…… 太田さん、とうとうやりましたね! あっしぁ、あなたなら屹度やるって、そう言ってたんですよ。佐伯さんも、あなたなら必ず成功するって言ってましたしね、皆、何とか成功させたいもんだって、ハイフォンでも少からず気を揉んでたんですよ、これで!」

三吉はじーんと瞼の裏が熱くなって来て、とっさには口がきけなかった。石山の主人も三吉をみて、じっとそこに立っていた。そして、ぽつりと

「つまらないものですが」と改めてお辞儀をした。三吉は有難うとも言えなかった。物を言えば声が嗄れそうで心もとなかった。

グェンが電報を持って来たので、彼は何気ないふうを

装ってそれを読んだ。一通は平文で東亜部長から「貴電　光彩陸離、全紙トップを飾る、世界的スクープ、成功を謝す」とあった。

いま一通は暗号だったので、彼はそれを枕の下に入れて、そこになぜだか悄然と立っている石山の主人に、平文の方を黙って差し出した。主人は読んでしまってから
「お目出度とうございます」と静かな声で言った。

三吉もいまは全く穏かな声に返って
「あんたの鯛の方がよっぽど嬉しいよ」と言った。

「いやあ、太田さん、これで、あなたの出世はきまりましたよ」

三吉は石山の主人が言うなりに言わしておいた。主人は言いたいことを言って、自分も非常に満足そうであった。

三吉が、自分の家ではこの鯛の始末に困るし、この鯛は彼ひとりが受けるべきものでもないのだからと、橋本の家に高山や坂本も呼んで、皆で食べたらと言うと、石山は、「そんなら私が一つ料理しましょう」と鯛を担いで出て行った。

三吉は起きて、暗号を解いてみた。それは社長からで、

「事情あり、いまは時期に非ず、見舞電は出さぬ故、貴下より、よろしく挨拶すべし、貴下の措置、悉く満足、奮闘を謝す」とあった。「事情あり、いまは時期に非ず」「事情あり、いまは時期に非ず……」三吉は冒頭の二句を繰り返し口の中で呟いてみた。

「事情あり、いまは時期に非ず……」

三吉が変な腰つきで入って行くと、応接室に既に盃をあげていた三人は口々に何か罵りの声をあげて彼を迎えた。家政婦のエプロンを借りて、腕まくりした上からそれを着ていた石山の主人は庖丁をもったまま、血まみれの手をして出て来て、「もう席について呉れ」と言った。

真白な刺身が大きな皿に山と盛ってあって、卓の真中に据えた七輪には湯気の立ち上る大きな鍋がかけてあった。石山の主人はエプロンをかけたまま席についた。

「石山さん、もういいぞ、あとは小母さんに頼んでおいて、あんたも一緒にやろうよ」と橋本が言っても、彼は
「ええ、まあね、きょうはその、一つ、めでたいんですから」と三吉に、「あなたは酒はいけないんだから、うんと食って下さい、あとであら煮も出しますから」など言いながら、やたら彼の皿に魚肉や野菜を次々と取りわけて入れた。

「おい、小母さん、太田にざぶとんを二枚ばかり持って来てやって下さい」と高山はわざとそんなことを言って笑った。

「へっぴり腰はしてても、食うね」。坂本も言った。

「皆で、太田さんばいじめなしちゃ、いけませんよ。酒もちったぁ、遠慮しいしいあがりまっせ」。家政婦は美しい顔をわざとしかめてみせて、ほかの四人を叱った。

「いんにぁ、今夜は大いにのんで、酔うて、踊って……なあ、坂本！　太田はみておれ」

「ほんに悪か人たちですたい！」

「小母さんも飲め！」

泳ぐような手つきをはじめた高山を眺めながら、橋本が
「小母さん、そろそろ用心せんと、また始まるよ。此の男は小母さんにも気があるのだから」

三吉ははじめて全くの素面で、ひとの酔って行く姿を見た。それはなだらかに段々と大仰に酔う型、ギクリ、シャクリと一つ一つ階段のように酔いを深めて行く型、突然どーんと落っこちたように、気付いたときは早くもひどく酔っている型など、さまざまに分けられるようであった。

石山の主人は最後の型らしかった。つつましやかに飲んでいたと思ううちに、すっくと立ち上がって、いい声で、彼の故郷の民謡らしい追分節を歌った。それも立て続けにいくつでも歌った。それから隣に坐っていた坂本の手をとって、無理に引ぱり出してこれを人形に見たて、家政婦に箒を持たせてこれを三味線に見たて、自分は上布を前から着て裃に見たて、口がたりで浄瑠璃をやりながら何かの愁歎場を一段演じたが、人形がひどく酔っていて、泣くどころか、ふらふらしながら笑ってばかりいたので、おしまいには二人で抱き合って、滅茶滅茶に室内をはね廻りはじめた。橋本が例によって「露営の夢」を怒鳴り、高山は「高山彦九郎」を踊った。

三吉は半ば照れたようにこれを見ていた。誰も飯を食うものはなかった。三吉が食おうとすると、石山はそれを押しとめて、辺りに散乱している魚肉の皿を全部彼の前に集めてそれを食えと言ってきかなかった。

それから結局、皆はカムチェンに行こうと言い出した。

「いい男じゃから、嬶がまた大きな角を出すじゃろうが、仕方がない、きょうはカムチェン泊りじゃ」と石山は曲ったネクタイを直したりした。そして、今日はどうあっても行かぬ、という三吉を、彼は背後から抱きついて押し出すようにしながら、

「何ですか、睾丸の二つや三つ痛いぐらい。いい若いもんがそんなことで、酒も飲まん、女も買わんで、どうしてえらい仕事ができますか。あしたもし、睾丸がふくれたら、あたしがきれいに治してあげる！」とわめいた。

「太田の睾丸がふくれたら、また鯛持ってこうよ」と坂

本が早くも洋俥の上にふんぞり返って叫んだ。

「鯛でも鮪でも何で持って来る！」

そして三吉は結局、皆が騒ぎつかれるまで、五十八番の阿片台の上に横わって、とりとめもない騒ぎを見ていなければならなかった。マリー・ローズをはじめ妓たちは酒を飲まない三吉についてしきりに好奇心を働かした。坂本はマリー・ローズを捉えて、彼女らのフランス語を口真似しながら、

「太田さん《ムッシュー・オオタ》、病気《マラド》。彼《ルイ》・マリー・ローズ、結婚《マリエ》した。此処《イシー》（と自分の股の間を指して）、太い《グラン》、こんなに《コムサ》！」と両手で大きな円をつくって見せた。

マリー・ローズは同輩の笑い崩れるなかで自分もげたげた笑いながら
「莫迦《ベーツ》、莫迦《ベーツ》」と手を振りあげて、坂本を追い廻した。

33　職業的競合い

香港からは依然として、この政治的陰謀と商業上の駆け引きと生活上の賭けとに渦まく国際港に流れこんで来るあらゆる情報を、こくめいに報せて来た。蒋夫人宋美齢が汪精衛説得のため自らハノイに向ったとか、白崇禧*や宋子文が蒋の使者として極秘裡に仏印へ入ったとか、北支から呉佩孚将軍が日本側の使者として香港経由ハノイに行ったとかいった種類の風説が間断なく交錯した。蒋介石から欧米渡航用の旅券と一緒に多額の旅費が届けられたという噂も執拗に伝えられた。

＊　中国の軍人。広西派の領袖。軍事委員会副参謀総長などを歴任。抗戦勝利後、国防部長。一九四九年末、台湾に亡命。

そしてこれらは悉く曽仲鳴の何の屈託もない明るい爆笑で一蹴された。香港も上海も東京も、噂や風説が出る度に、半日か一日もすれば、一々こくめいに三吉からの否定電報をうけとることができた。

三吉の心はいまでは至って平静であった。もうゆるゆると寝ていることだってできた。メトロポールの受付係りの書記やその他の情報提供者にも殆んど用はなかった。電話一本で曽仲鳴との連絡がとれるようになっていた。

脚の捻挫も大事ないと判ったので、汪精衛は間もなくまたタム・ダオへ帰って行った。曽仲鳴は二日に一回は必ず下山して来るから、用のあるときはいつでもホテルへ電話してみてくれと言って、汪について彼も山に登って行った。汪が山に帰ってから二日目の夕方であった。あれ以来姿

を見せていなかったルイ・オールがひょっこり三吉の事務室に現れて、あす愈々出発して、サイゴン経由東京へ帰ると挨拶した。

「君、ほんとに僕の友情を信じて、自重した方がいいよ」と彼はまたも警告的なことをくどくどと話しはじめたが、三吉は今度はもうたいして気にも留めずに聞き流した。オール老人は梟のようにずんぐりとした感じでいつまでも安楽椅子に腰かけていて、なかなか帰ろうとはしなかった。東京に言伝はないかだの、帰ったら君の社にも行ってよく事情を説明しておこうだのと、頼まれもしないことまで喋った。三吉は、これは別れの晩餐への招待を催促しているのかとも思ってみたが、この老人と二人きりで晩飯を食うことは、考えただけでも気重《おも》りのすることだったので、言い出さないで、ただ気にない返事ばかりをしていた。

「とき《ディッ》にね」とオール老人は急に重大そうな顔をして低い声で言った。「君は汪精衛に会いましたか?」。

三吉は首を振った。

「私は会ったよ。私は会いましたよ!」。老人はぎらりと目を輝かして、叫ぶような調子で言った。「え! どうです、僕は彼と会ったんですよ」。

三吉はみるみる自分の顔から血の気が退いて行くのを感じた。咽がからからに乾いて、舌がくっつくようであった。

「どこで? いつ?」

「きのう。タム・ダオのホテルで!」

「行ったんですか?」

「そう。約三十分ばかり。いろんな話をしましたよ。彼は実に偉大な人物だ!」

「彼は」と三吉は半ば呟くように言った。「僕には、いまはその時期でないから、誰にも会わない、と言ったんだが……」

「そう、誰にも会わない、と言ったのです」。オール老人は三吉の呟きを引とるように言った。「けれども、私にだけは、特に、フランス国民に彼の心境を誤りなく伝えて呉れと言って、快く会ってくれたのです」。

「で、あなたはもう打電しましたか」

「いや、電報じゃない。きょうの航空便で発送しました。長いもんだから、電報料がひどく嵩むのでね。きょう出したから、あと一週間すればパリの新聞に大きく掲載されるでしょう。そうすれば、世界で最初の汪精衛会見記というわけです……」

オールは小さな書類鞄から、「これはどうです」と言ってカビネ倍大の汪精衛の半身像をとり出して見せた。

「きのう、記念に貰ったものです」

三吉はオールの方は見ないで、出された写真をお義理で手にとって眺めた。それはひどく若々しく美男子にとれた写真で、扉つきの飾り台紙に貼ってあったが、別段署名はしていなかった。三吉はふと、署名がないな、と言いそうになって、はっとして止めた。何だか人の幸運にけちをつけるようでいやな気がした。

「じゃ、御幸運を祈りますよ」。オールがステッキをかたこと音をさせながら帰って行ったあと、三吉はそこにじーっと立っていた。

最初の打ちのめされたような気持のしたから、むくむくと忌々しさが湧き上って来た。

よーし、俺も是が非でも会ってくれよう。そうすれば、あの老人の原稿がパリについて印刷される前に、俺の会見記が世界中にばらまかれる！　気の毒だが、商売仇だ。

だい一、と三吉は漠然とした憤りの感情をもって考えた。汪精衛がもしフランス国民に訴えることを持っているなら、それより前にまず訴えねばならぬのは、当然日本国民に対してでなければならない。彼がいま、フランス官憲の勢力圏内にいるというと特殊事情は充分わかるとしても、フランス人記者に話せることが、俺に喋れないという理由は一つもないはずだ。

三吉はヴィエンに言って、明早朝のために最優秀の自動車を一台契約させた。

まだ、人間はひとりとして歩いていない。自動車は紅河の流れに沿って北へ北へとのびる自動車路をびゅんびゅん唸りながら走った。乳白色の朝靄が次第にうすれて来た。その奥にぼんやりと黒ずんで見えていたタム・ダオの山の末端が、突然かっと黄色く光り出して、またたく間に靄は打ち払われて消えて行った。そして、辺り一面に爽かな朝の光が溢れ出して、突几として聳え立ったタム・ダオの山はその根本のあたりまで、山全体が黄金の山かと思われるほど輝きはじめた。

自動車は黄葉紅葉の美しい雑木林の丘道を暫く走ると、急に胸をつくような急坂にかかった。道は稲妻型に限りもなく上へ上へと曲折している。八合目辺りに一際眩しく輝いて見えていた一群の白亜の部落——それがタム・ダオの別荘邑であったが——は右になり、左になりして、始終三吉の目の前を行ったり来たりしながら、段々輪郭を明らかにして来た。

ちょうど半分ぐらいのところに、道幅が二倍に拡がったところがあった。エンジン・カヴァーから猛烈な湯気を吹きあげていた三吉の自動車はそこで停車した。運転手はすぐ飛び下りて、カヴァーをあけると、道の傍らにある水道栓から、とりつけの長いゴム管を引ぱって、エンジンの中にどんどん水を送りはじめた。忽ち熱湯のように湯気をあげて水は道路に流れ落ちた。

　三吉は道の端に立って、いま来た道を遥かに見下した。一丈から二丈近くも丈の高い、白穂の長さだけでもゆうに三、四尺はあろうと思われる、大薙刀のような巨大な薄《すすき》が縁どりしたように、いま来た道に沿って一面にそよいでいた。目の届く限り坦々と拡がっているトンキン・デルタのその果はまだ消えやらぬ朝靄の中に溶け込んでいて、銀蛇のようにうねりながら、ところどころ大きくなったり小さくなったりしてデルタを縫っている紅河の流れからは弱々しい水蒸気がうっすらと立ち上っていた。

　自動車はまた元気よく上りはじめた。部落の入口近くになると道はやや平坦になって、そこの道傍に二人、支那人らしい眼のぎらりとした青年が立っていたが、別段何とも言わずに三吉の自動車を見送っていた。

　ホテルには広い芝生の前庭があって、周りに花壇をめぐらしたコンクリートの池は水が乾いて何となくさくばくとしていた。誰もいない。真正面に旭をうけて一枚一枚眩しく輝いている窓硝子には、一階から四階まで全部にカーテンが引いてあった。

　正面入口の鉄扉は固く閉されていた。呼鈴をいくら押しても、電池がないのか、何の反応もなかった。三吉は急に不安になって来た。一切は虚偽だったのではあるまいか。タム・ダオにいるなどとは何かのカムフラージュだったのではあるまいか。

　彼は急いで横手の方へ廻ってみた。すると小さな扉が一つ開いていて、安南人の女がひとり、いましそこからごみを掃き出そうとしていた。三吉が物も言わずに飛び込んで行くと、彼女は仰天して大声を発した。近くの部屋から忽ち三人の男が飛び出して来た。

「誰かフランス語を話すか《キ●パルル●フランセ》！」と三吉はいきなり威圧的な声で言った。

「君は誰だ《キ●エーツ●ヴー》！」とその中のひとりが、やや怯るんだような声で答えた。

「曽仲鳴君はいるか。もしいれば、僕はこういうもので、すぐ、いますぐ、彼に会い度いと取次いでほしいのだ」。三吉は名刺を出したが、男たちはいずれも手を後に廻してそれをうけ取ろうとはしなかった。

「彼はいるんだろう？　確かにいる筈だ、何故取次がないのだ……」

　彼がそういって迫っているとき、階上の方から、確かに曽仲鳴の声と思われる聞き覚えのある声が、ひときわ大きく、長距離電話ででも誰かと話しているらしく、支那語で何やら激しく言っては、アルファベットを一字一字、二度宛繰り返して口授しているのが聞えて来た。どこかに打つ電報を誰かに口授しているらしかった。

「いるじゃないか、彼はいるじゃないか！」。三吉はそう言って、ずかずかと階段の方へ歩きはじめた。するとまた例の三人がその行手に立ち塞った。いずれも身体のひどくがっちりした、明らかに支那人と思われる青年たちであった。

「曽仲鳴氏は私をよく知っているのだ。ともかく、この名刺を取り次いでみて下さい」

　先程のひとりが結局それを持って上って行った。そして間もなく下りて来ると、黙って三吉を三階に導いた。電話室の扉をしめたらしく、曽仲鳴の声はずっと弱くなっていたが、それでもなおも二十分近く、三吉が待たされているがらんとした、寒々しい部屋まで聞えて来ていた。

　電話の声が断たれて、しばらくすると、曽仲鳴は「ややあ、どうもお待たせしましたね」と気忙しく手を揉みながら入って来た。そして、三吉の話を聞くと、破顔一笑して
「君は担れたのですよ、君は見事担がれたのですよ」といかにも笑止というように頬を揺って笑った。「あの老人は三日前だったか四日前だったか、メトロに来て、汪先生にお目にかかりたい、というので、私が会ったのです。そのとき、是非お写真が頂きたい、ということだったので、私が持っていたのを一枚あげたのですが、先生の御署名を欲しいといったのは断りました。私独断であげる写真に先生の御署名を頂くわけには行きませんでしょう」。

　曽仲鳴は、「安心していらっしゃい。お会いできるときがきたら、必ず君を一番先に御引見戴くように話してありますから」と笑って、三吉の肩を叩きながら自分で正面玄関の鉄扉をあけて送り出した。

　三吉は帰りの自動車の中で、自分の思慮のたりなさにひとり苦笑した。そして、折角快方に向っていた病気が、こんな振動の激しい目にあわしたりして、とりかえしのつかないようなことになったりするのではあるまいか、と急に不安になって、帰りに真すぐ医者のところへ自動車で乗りつけた。

　それから一週間ばかりして、三吉がサイゴンから送って

来た仏字新聞を見ていると、そのうちの一つに、大標題でルイ・オールの汪精衛会見記なるものが掲載されていて、そこには例の素人写真が、オール自身タム・ダオのホテルで撮影したことになっていた。その記事はオールの特別寄稿で転載禁止としてあったが、記事の中味はさすがに曽仲鳴の談話に忠実で、タム・ダオのホテルで会見したのだという簡単な嘘のほかは、別段タム・ダオにおける汪精衛らの生活の描写などはなにもしてなかった。

三吉は、なるほど、と妙に感心しながら読んだ。田舎新聞のこととて、原稿料としてもたいしたこともできなかったろうが、ともかくすばしこく商売をする奴もあるものだ、とその記事を切りぬいておいた。

それからまた十日ばかり経った。すると今度は香港支局から、ルイ・オールなるものが汪精衛と会見して、その会見記を朝日新聞の香港支局が独占買収した、すぐ会見記を送れとばかり、お前はいったい何をしているか、といわんばかりの激越な電報を打って来た。それから更に四、五日すると、東京ラヂオはルイ・オールが広東で南支軍報道部長立会いのもとに日本人記者団と会見して、汪精衛との会見顛末を話したと、その内容を伝えて来た。

「ああ、とても叶わねえよ」。三吉は橋本や高山にそう言って仕方なしに笑った。

この小さな詐欺師がその後上海で、当時上海にいた汪派の要人褚民誼氏*からなにがしかの金を騙り、更に日本につくと、各新聞社のインターヴューに答えたり方々の雑誌社に会見記を寄稿したり、ラヂオで講演したりして、相当の金を稼いだということを三吉が聞いたのは、それからずっと後のことであった。

＊ 日本、フランスに留学。行政院秘書長。汪兆銘政権の行政院副院長、外交部長、駐日大使を歴任。妻は汪兆銘夫人陳璧君の義妹。一九四六年、漢奸として処刑。

34 コロン街二十七番地

曽仲鳴はよくひとりでのんきに買物をして歩いたりしていた。小湖々畔の巨木の並木の下で、安南人の花売娘から花をかっている彼を見かけたこともあった。本屋で熱心にフランスから近着の小説本に読み入っているところに行き合わせたこともあった。百貨店の売場で大量の綿布を山と積ませて、何かしきりに交渉している姿をみたこともあった。そんなとき彼は常に上機嫌で三吉の挨拶に応えた。

ルイ・オールのでたらめに刺激されたのか、早速香港から飛んで来た毎日新聞の森本太真夫＊という特派員も、ついたその夜、三吉と一緒にメトロポールの食堂に居るとき、若い女もまじった四、五人のグループで曽仲鳴が入って来たので、その場で三吉から紹介して貰うという手軽さであった。

＊　戦後、東京放送専務取締役。

凸額《でこびたい》で眼のへこんだ、物を見るときには睨み上げるような目つきをするこの新来の特派員は、小田ホテルに泊っていたが、何ということはなしに三吉と気が合って、毎日朝三吉の事務所にやって来て、殆んど終日そこで暮した。あまり自分の意見は言わず、始終ににこ笑っていた。彼は、「悪く思うなよ」と断わりながら、如何にも苦心して曽仲鳴との会見に成功したかのごとくに、大新聞の面目上止むを得ないらしい小さな嘘を前置に書いた原稿を、打電前に三吉にみせた。彼の本社からは、当分ハノイに滞在すべし、と命令して来たらしく、「俺はフランス語ができないからよろしく頼むよ」と何でも三吉と一緒にするつもりで言った。それで、三吉と彼とは競馬も、麻雀も、酒も、ドライヴもたいてい一緒であった。

「太田君も仔分ができてよいな」などと橋本や高山は揶揄ったりした。「稚児さんにしては少し汚いが……」。

しかし事実は森本の方が三吉より一歳年長であった。ただ森本の性格が三吉ほどには驕慢でなく、背丈も低く、万事が控え目だったので、二人一緒にいると三吉の方がいつも威張っているように見えた。

三吉は段々彼が好きになった。三吉だけでなく、ハノイの日本人はだれでも一応は彼に好意を持つようになっていた。仏印に来たからには、というので、早速ベレー帽などを買い込んで、それを大きなおでこの上にちょんと載せて歩き廻る姿は、敵意の持ちようもないものであった。

一月の末になると、汪精衛がハノイ市内に一軒新しい家を構えて、タム・ダオの山からそこに移って来た。曽仲鳴は依然メトロポールに二室を持っていて、三吉たちとは必ずそこで会ったが、三吉には汪の新らしい家の電話番号や、彼らの乗用車の番号まで、別段なにの躊躇もなしに教えた。そして三吉はそれを森本に教えた。彼らは職業上の当然競争者的地位に居りながら、事実はむしろ協力者のような関係にいつとはなくなっていた。

三吉は汪の新しい隠れ家を知るとすぐ、森本を伴って、写真器をぶらさげてその家の様子を見に行った。それは、保安警察部《シュルテ》の前の並木の大通りを真すぐ、背に硝子片を植えてその上に有刺鉄条網を張り繞らしたいかめしい中央監獄の高塀に沿って、ハノイ中央停車場につき当ろうとするすぐ手前を右に折れ込んだところに、木も何にもない、のっぺらぼうな空地があって、そこに並んで建てられた同じような形の三階建二棟のうちの一つであった。

コロン街二十七番地である。

大通りの曲り角を、奥行き五百メートルくらいしかない短いコロン街の向うの端と、それから家のすぐ近くとに、それぞれ一人ずつの安南人警官が立っていた。

全く無趣味な家であった。白っぽい、角ばった、一見小型アパートか何かのような、つまらない近代様式の安建築である。コンクリートの二メートルばかりの塀がめぐらされていたが、門のところに二本の大木が立っているだけで、敷地には何の風情もなく、ただ僅かに、通を距てて向い隣にある家に、ふんだんに木と草花が植えてあって、辺りの雑風景さを救っていた。

森本と三吉とはしきりに写真器を向けた。警官のひとりが近寄って来たが、三吉はあまり対手にせず、自分たちは日本の新聞記者だが、建築物に興味があって、いろんな家の写真を撮るのだ、と言って警官を追っぱらった。

「汪は君、この家を買ったのかい」

「それはきかなかったな。早速きいておこう。だけど、どちらにしても、ここにそう長く住むとも思われないからな」

「家族は皆来ているのだろうか」

「陳璧君夫人も、令嬢の何とかいうのも来ているそうだよ。令嬢は近く香港で、何某《ホウ》とかいう若い学者と結婚するために、陳夫人と一緒に向うに行くそうだ。面白いんだね、それで君、蒋介石や、その他の要人たちから結婚の祝品が続々届くんだって、曽仲鳴が言ってたよ」

「してみると、汪と蒋とは、いいいい、しんからの喧嘩別れというわけでもないのか」

「そこが俺たち日本人にはどうもよくはのみ込めないいんだね。政治は政治、私情は私情というのかと思うと、必ずしもそう画然としているわけでもなく、都合によって画然と分けておいて、その裏では公的なものと私的なものとが絡みあっている、私情だと思っているとそれが突然公的なものに飛躍して現れることもある……そんなことじゃないのか」

二人の新聞記者は汪の新しい家の周りをぐるぐる廻りながら、そんな話をした。

その頃のある日、香港から突然領事の黄田多喜夫が飛行機でやって来た。何のためにやって来たかは言わない。言わないが、わかっているので三吉は彼をコロン街の汪の新居のあたりに案内したりした。それから、高山や橋本、それに山田、坂本、森本を加えて三吉とも六人で、青山のお米の家で彼を囲んでみんなですき焼を食った。しかし、黄田はだまりこくってやたらとブドー酒を飲むばかりである。「ブドー酒もうまいな」と、ときどきひとりごちながら、しきりに飲んだ。

黄田がホテルに帰って行ったあと、高山と橋本とは、あからさまな反感をこめた調子で、「何だいあ奴は！」と言った。

「何をきいても、そらっとぼけた振りをして、生返事ばかりしてやがる」

「なあに、真実のところ、なんにも知らないのさ。田舎領事なんか、ろくなことは知っちゃいない」

それはちょうど、この会食を斡旋した三吉に対する非難のようにも響いた。汪精衛と日本との関係が真実どうなっているのか、一月始め、突如として行われた内閣更迭が、ほんとうのところ、どんな意味を持っているのか、そんなことを、何の情報も得られないつんぼ桟敷にいた三吉たちは心から知りたがっていたのであった。香港にいれば或は凡そのことは知っているのではあるまいか、という期待が誰の胸にもあったわけである。

三吉がひとり、あとからスプランディド・ホテルに彼を訪ねて行くと、黄田は笑いながら、

「皆で、いろんなことをきくので、驚いたよ」と言った。

「まるで訊問会だ」。

「最初から、こっちはそのつもりだもの。ここにいては全く何にも判らないんだからね」

「対手がかりに君のいうとおり、すべて絶対に信用のできる連中ばかりだったにもせよだよ、あの場合、僕は別段そんな権限も任務ももっちゃいないんだから、なにがしかのことは知っていても、ああ多勢で質問ぜめに合されたのでは、一言も喋れないじゃないか。黄田の奴が飯を食いながら喋った、というのでは困るものな。君にしちゃとんだへまな筋書きだったよ。そうじゃないか」

三吉は苦笑しながら、対手の言い分を認めた。そして黄田から漠然とではあったが、汪精衛の和平提唱は日本政府とも充分連絡のある大きな政治工作なのだということをきいた。三吉の方からも、いままで曽仲鳴との接触で得た細々《こま》した情報を詳しく黄田に話した。許世英〈注―国民政

府前駐日大使〉が汪説得に来たとか、王世廷が来たとかいう噂がいまだに時々流布されていたが、それらは全部嘘説で、ただ一つ本当らしいのは、上海財界の闇の親分杜月笙〈注―チンパン（青帮）の首領、実業家〉が香港から重慶へ行く途中、ハノイに立ち寄って、どうも汪とも会って行ったのじゃないかと思われる、ということも、三吉は話した。

風の如く来た黄田はまた風の如く、誰も知らないうちに飛行機で去って行った。そして不思議なことには、総領事館でもこの男の行動については三吉たち以上には何にも知っていなかった。

浦部副領事が新しく引移った郊外の新邸披露に、総領事館員と三吉たちを招いた席上で、

「黄田君はいつの間にか消えてなくなりましたね」と三吉がいうと、鈴木総領事は

「あ奴ぁ、変な小僧だよ。ろくな挨拶もできねえ野郎だ」と口を曲げて答えた。

この日の会合もまた乱れた。鈴木総領事の「小僧」「野郎」がはじまって、その鉾先が悉く三吉に集ってきたので、三吉は不快になって、ひとり先に中坐して帰ってしまったが、そのあとで、橋本がとうとう癇癪を起して、今度は鈴木総領事をぶん撲ってしまったのだという。鈴木のふちなし眼鏡がふっ飛んで、彼は小鼻のあたりと、頬とに、大したこともなかったが少し傷をした。

次の日三吉が見舞に行くと、鈴木は寝ていて会わなかったけれども、夫人がでて来て、逆に三吉にしきりと詫びた。夫人の眼には涙がうかんでいた。

「あのひとは、決して悪いひとじゃないんですわ、どうぞ、堪忍してやってくださいましね。妾、もう、もう恥しくって、情けなくって……」

外部からの客がみな帰ってしまったあと、なおも荒れ狂う鈴木をもて余した館員たちはとうとう夫人に電話をかけて迎えに来て貰ったのだというが、そのとき夫人は人前も構わず泣きながら夫をつれ帰った、ということも三吉は聞いていた。

「あの人は、ほんとうはあなたを随分お力に思って、頼っているのですから、決して怒らないでやってくださいましな、ね、お願い致します」三吉はこのひとの口から聞くと、この言葉でさえも何となく素直に聞かなければならないような気になるのであった。しかし、鈴木総領事はそれから間もなく、ある朝、彼の事務室にぶらりと入って行った三吉の顔を見るが否や、いきなり、ひどく得意そうな、それでいて明らかに対手を嘲笑するような調子で

「おい、君、だめじゃないか、汪精衛はとうとう香港に行っちまったぜ」と言った。

「いつ？」

「おととい さ」

「そんな筈はない」

「それならそれでいいさ」

「あんたは、それで、電報打っちゃたんですか？」

「勿論！」

「ばかな！」。三吉は苦笑した。しかし、対手があまり自信満々として言うので、些か心配になって、すぐ曽仲鳴に電話してみたが、汪精衛は確かにまだいた。

どこからそんな情報が鈴木の手に入ったのか。それはまたも橋丸書記生の例の支那人情報であった。その日、香港直航の定期連絡船がハイフォンを出帆したが、それに汪精衛が出帆間際になって飛び込んだ、と言って、支那の総領事館が一時大騒ぎしたのは事実であった。三吉の情報網は間もなく、その日の朝、汪の乗用車がハノイを出て非常な高速度でハイフォンに向ったのを、かねてコロン街の付近や紅河の鉄橋などに配置してあった支那総領事館の見張員が早速報告したので、ハノイの支那総領事館からハイフォンの領事館に電話で手配して、一時はちょっと緊張してが、その自動車には汪自身は乗っていず、定期船に乗り込んで香港に向ったのは若い二人の支那人青年であったことが判って、支那側でも騒ぎはそのままけりとなったのだ、ということを三吉に報告して来た。

三吉はそのことは黙っていた。すると一週間ばかりして、鈴木はへらへら笑いながら
「汪はまた帰って来たらしいね」と言った。

「えらい早いね。往った船にそのまま乗って帰って来たのかな」。三吉も空とぼけていい加減に応じた。

「夜、俺んとこに来ないか。酒を飲ましてやるよ。ポーカーをやろう」。鈴木はそんなことを言って、けろりとしていた。

35　張伯先先生

妻からの手紙は三吉を憂鬱にした。弟のモヒ中毒は二度目ではあり、相当深刻なものらしく、おまけに、その妻まで一緒にこの悪癖に染まったらしく、大変だと書いてあった。

「お母様も余程御心痛の御様子にて、お手紙お書きになるお気力もないと仰言ってでございます。社の方に伺います度に、局長や部長の方々から、あなた

の並々ならぬ御苦労の御様子うかがいますにつけ、なおこのうえ、家事についてまで御心労をおかけ申すことは如何かとも思いましたが、大事のこと故、一応の御報告は致しておくべきだと相談致しました次第」

そして、ともかく病弟だけ上京させて、知人が経営している病院に入院させ、その妻は彼女の父と母とに厳重な監督をしてもらうことにして預けたが、この間の母の心痛は並々のことではなかった、と書いて来た。自分も先年来やや中風の気味で左手足の不叶いに悩んでいる身で、母は遥々九州まで出かけて、先方の両親にも厳しい掛け合いをしたものらしい。それから病弟を伴って帰京してからも、引き続き母は病院の方に毎日出かけている様子であった。ひと一倍苦労性の母のことだから、どんなにそれが心身にこたえただろうと思うと、三吉には母が憐まれてならなかった。父の死後、いつもいつも、目に見えぬ敵との絶えざる死闘の中にいるような、全く余裕のない、張りつめた明け暮れを送って来た母が、ほっとする暇もなしに、いままたそうした苦労をしていることは、考えただけでもやりきれなく思われた。

弟のモヒ中毒は持病の胃弱が原因であった。はじめは胃痛を和げるために、おてもりで打っていた注射が中毒の症状へと進んだものであったが、その妻の中毒症は三人目の子供を産んで間もなく、その子が死んでしまった頃からのことだと書いてあった。

妻からの手紙は一息に読んでしまうにはとうてい堪えれないほど、三吉にとっては苦痛に充ちたものであった。三吉は手紙を投げ出して、窓のところに立って行って、ひろびろとした太湖の眺めに目をやった。湖面はいつものように静かに光り輝いていた。けさはまだヨットも水面に辷り出してはいない。湖はただ広々と光っているだけである。

三吉は病弟が可哀そうでならなかった。兄弟三人のうちで、あんなに可哀そうな奴はない。上と下の二人が母の膝許にあって、どんなに厳しかったとは言え、ともかくも親ののじかな愛育のもとに、東京で教育をうけていた間、彼はひとり淋しく田舎の親戚に預けられて、そこの中学を終えた。久留米の医専に通うようになると、今度は四年間の下宿生活が始まった。一にも倹約、二にも倹約と一切の冗費をきりつめて来た母は、この四年間に僅か一度しか、この弟の上京を許さなかった。その間に東京では、落馬が原因で肋膜炎から肺を病み、漸く恢復した三吉の、母に対する猛烈な反抗が始まり、それはついに三吉を貧書生としてパリに追いやり、続いて末弟も思想事件から、これまた二十歳に満たぬ身でドイツに極端な貧乏留学ということになったのだが、上と下とがこうして欧州でぶらついている間に、中の弟は早くも医学士になり、久留米近郊の大きな開業医のところに実地見習い中、そこの娘と結婚したのであった。

その頃母は、この弟だけが頼りであり、自慢であった。三吉たちへの手紙にも、常に中の弟のことを感謝して書いて来ていた。それが、間もなく妻の半狂乱なモヒ中毒症と、彼自身その悪癖を習い覚えた弟のみるみる衰えて行く健康とのために破局に終ることとなったのであった。しかし、弟の病状はこのときはさしたることもなしに済んだ。そして弟は二度目の結婚生活で、こんどこそはいくらか朗かに、幸福らしくなれるかと思われたのである。

三吉は二つ三つ激しく頭を振って、窓べりを離れた。

いわば極道者の彼自身や末弟に比べれば、中の弟は何じゅう倍も親孝行な男である。どんなに金がかかっても、彼の病気は彼らの手で根本的に癒してやらねばならない。

いったい、家には金があるのかないのか——何もかにも母が独裁的に仕切っていたので、三吉は三十になったこの年まで、家のことはなにも知らなかった。ない、ないと言いながら、たとえそれは辛うじて生活するに足りるだけの僅かな仕送りであったとは言え、彼と末弟とをどちらも四年近く欧州に遊ばせ、中の弟にも二度の結婚式にそれ相応のことをしてやったことなどから見ると、いくらかはあったに違いない。それが現在でもなお残っているかどうか……それは疑問であった。かりにいくらか残ってはいても、どうせ息子たちはあてにならないと思っている母のことだから、それは自分の老後のために、母らしく何とかしているのかも知れない。そしてまたそれは当然のことと三吉にも思われた。

北支にいたとき、内地の諸雑誌に書いた原稿料が、これは子供の養育費にと別にしておくように言ってあったのが、或は小千円もたまっているかも知れない。あれを使おう。だがそれでもまだ足りぬかも知れない。少しでもよい送ってやりたいものだが……

三吉は貧乏していた。

本社から割りあてられた情報費（一種の機密費）は月額三十円という笑い話のような額であった。いくら人間をロハみたいにして使える仏印であっても、これでは何ともならない。汪精衛がハノイに来てからだけでも、領収書のとれない支出は相当多額に上っていた。高山はそれを彼のところから支出してやろうと言ったが、三吉は何となくそれが嫌であった。

勿論それは高山を疎んじるというのではなかったが、どことなく一段高いところから臨むような高山の態度が三吉に、まあいいや、と曖昧なことを言わせた。橋本に余裕でもあればだったが、橋本の手許は三吉と似たりよったりのものらしかった。

競馬も少し控えよう、カムチェンも已むを得ないときだけにしよう。そうすれば月に百や百五十は何とかなるだろう。それから、いままでは怠けていたが少しどこかの雑誌に原稿でも書こう。

三吉がそんなことをあれこれと、まとまりもなく考えているとき、電話のベルが鳴った。それは曽仲鳴からで、けさ十時にホテルまで来て貰えるか、ということであった。「君に是非会いたいという人がいる」と言った。

時期到来か？　三吉は急にそわそわと、みるみる昂奮した。妻の手紙からうけた陰鬱な気持は一時にどこかへ吹っ飛んでしまった。そして、時間になるのを待ちかねて、メトロポール・ホテルに出かけて行った。

三階のいつもの部屋の前には、きょうは屈強な二人の支那人青年が立っていた。三吉の名を聞くと、ひとりが中に入って行き、その間に、他のひとりが、黙っていきなり三吉の身体を着衣の上から探ろうとした。三吉は無言で一歩身を退いて、なおも執拗に手をのばして来る対手をきっとして払うようにした。いつもはないことなので、むっとしながらも三吉は期待に慄える思いであった。

曽仲鳴が扉から半身現して、そこに対手の支那人青年と妙な対峙の姿で立っていた三吉を、「さあ、お入りなさい《アントレ・シル・ヴ・プレ》」と招いた。三吉は対手の青年をちょっと横目で睨んで部屋の中に入った。

窓際の肱掛椅子に、逆光線をうけながらひとりの中年の支那人が掛けていたが、三吉を見ると、すっと立ち上って、まずにっこり笑った。案外背の低い、中肉中背の、縁なし眼鏡をかけた細面の温厚そうな紳士であった。三吉はともかくもその人の方へ真すぐに進んで行った。対手が依然微笑しながら何にも言わずに手を出したので、三吉もその手を握って、ちらと曽仲鳴を見た。対手を何者とも知らずにその手を握ることの軽い不安が三吉の眼に現れていた。曽仲鳴はいつもの笑顔にも似ず、きょうは至って機械的な、むしろ不機嫌な顔つきで

「チャン・パオ・セン先生です。こちらが太田君」と三吉にはフランス語で、紳士には支那語で、言葉短かに紹介すると、三吉には、「あとでまた《ア・ツー・タ・ルール》」と言って、そのまま出て行った。

「さ、お掛けなさい」。それを待っていたように、対手は突然、流暢な日本語で言った。三吉は驚いて対手の顔をまじまじと見た。色のやや黒い、よく輝く眸をした、どこかに人懐こい温かさのある顔をしていた。

「さ、どうぞお掛け下さい。きょうは、少し暑いですねえ」

対手は鼠地に白い縞のあるセルの瀟洒な洋服をきちんと着ていた。そして三吉が掛けるのを待ってすぐ、磊落なこだわりのない様子で話しはじめた。

「私は張伯先と言っていますが、もちろん、これは仮名《かめい》でして、本名はいずれお判りのときも来ましょうが、いまは暫く仮名のままで、失礼をお許し下さい」

そう言ってから、彼はいかにも親しげに、三吉の社の岩永社長のことや、古野常務のこと、松本上海支局長のことなどを、みんな、さんづけでいろいろと話した。殊に松本とは特別に親しいらしく、松本からは三吉のことをかねてからいろいろ聞いていた、と言った。

「汪先生からのお手紙にも、よくあなたのことが書かれてあったので、香港にいたときから、是非一度お会いしてみたいと思っていたわけです。今度ちょっと此方へ来たので、この機会にお目にかかれて、大変しあわせでした」

対手はそういうのだが、しかし三吉にとって、この対話者が依然何となくもやもやしたヴェールに包まれた感じであることには少しの変りもなかった。曽仲鳴などと異って、この紳士が日本側の人々ともどうやら相当深い関係にあるらしいこと、また曽の態度から推して、かなり重要な地位にいるらしいこと、いつもは香港にいる人らしいことなどは想像されたが、それでもなお、三吉はどこか焦点の合わない気持でこの紳士に対せざるを得なかった。

ボーイがオレンヂ・ジュースを運んで来て出て行くまで、ちょっとの間、対手は口を噤んでいたが、二人だけになるとすぐまた話はじめた。仏印の生活はどうだ、とか、仏印側官憲の態度はどうか、だとか、北支にいたそうだがあちらではどんなことをしていたか、だとか……三吉は、いったいこの男は何の目的でこんなことを根掘り葉掘り訊くのだろう、と心に訝りながら、言葉短かに答えていた。

「はははは……いや、ぼくばかり喋っていて、失礼しました。で、ひとつあなたの御意見を伺いたいのですが、日・支両国はこうしてだらだらと闘っていて、それでいったいいいものでしょうか、どうお考えですか。北支あたりにいられて、どんな風に見て来られたか、是非伺いたいものですね」

三吉はまず対手の目の中を見た。対手も柔和な光りではあったが、眼鏡の底に、じっと瞬きもせずに輝いている眸で三吉を見ていた。二、三分沈黙が続いた。

「正直に言えば……」

「ええ、正直な御意見が是非伺いたいのです」

「僕ぁ、日本人も支那人も、どちらも嫌いです。日本人も支那人もまけずに下等だ！」

対手は驚いて、ちょっとの間口辺を歪めたが、またすぐ微笑して、

「これは手酷しいな。どうしてです」と一層ゆったりとした態度を示した。

「戦線の後方で日本人がしていることは、御存知のように、破壊でなければ掠め取り、利権漁り、それから驕慢な乱暴行為、そうでない場合は日本人同志の嫉視反目か、奸策の弄し合い――多くはそのどれかを出でません」

「なるほど……」

「一方支那人は、十人中八人までが自分の日常生活以外には完全に無関心であるか、或はそうでないものも、その関心は自分の利害の観点からのみ持たれる関心にすぎない。彼らは便宜主義だし、嘘つきだし、実に無節操だ。残りの二人は無批判な野次馬みたいに、僕には見えます。国民政府は日本が悪いという、勿論日本も悪い、だが何も彼もただ日本が悪いのだという、日本さえ締め出し、追い出してしまえばそれで万事は解決するかのような宣伝を、どんな田舎に行っても、どんな小さな子供に対してまでもしている。そして支那人有識者の有力な人々までがこれを殆んど無批判にうけいれている。問題はいったい、しかく簡単なのでしょうか。僕は、日・支の両国民がこんな有様では、戦争していることがよいとか悪いとかいう議論は、はじめから大して意味のないことだと言わざるを得んと思うのです」

対手はちょっとの間黙っていたのち、おもむろに言った。

「いや、御尤もな御意見です。では、いったいどうしたらいいとお思いですか」

「わかりません。……だが、強いて言えば、国民の再教育などと言っていても、それは差し当りの間に会わないから、日・支双方の当局者や、新聞・雑誌などが、互に本当のことを言う……というようなことが考えられるのじゃないでしょうか。嘘や、都合のいいことばかり言ってないで……尤も、そんなことは或は不可能中の最も不可能なことなのかも知れないけれど」

はじめは静かに、考え考え話していた三吉はいつの間にか少し宛《ずつ》昂奮して来ていた。対手を包んでいた冷い幕は知

らぬ間に取り外されていた。

「考えなければならないことですね……」。張伯先はぽつりとそう言って、急に話題を変えるように、「ときに、あなたは東亜共同体理論*、あれをどうお考えになります」と訊いた。

＊　東亜協同体論。近衛首相のブレイン集団である昭和研究会を中心に構想され、三木清、蝋山政道、尾崎秀実らが主要な論客となった。

「あれも、嘘の一種だと思っています」

「とはまたどうして？」

その頃、三吉のところに本社から送ってくる出版物には、雑誌にも新聞にもパンフレットにも、盛んに東亜共同体の理念というようなことが書き散らされていた。東亜は一個の単一共同体であり、従ってその構成分子、殊にその中心をなす日本と支那とは完全な協力共同体を構成しなければならない、というようなことがその主な主張のようであった。

「あれは」と三吉は熱心に喋りはじめた。「僕が此方に来た後に、日本内地で急に流行しはじめた理論で、僕は従って、雑誌や小冊子などで読んでいるにすぎませんけど、一番いけない点、僕が嘘だという点は、日・支を平等対等の、五分と五分の立場に置いて、協力共同体を構成すべしと言っている点なんです」。

「なるほど……」

「あんな、現実無視の空論は却って有害だと思うんです。本音を隠して、支那人を欺そう、欺しておいて、何とか早いところ、どうも手におえなくなったこの事変を片付けよう、あとはあとのことだ、これがあの理念キャンペーン――僕にはこの主張の流行の突発的な点から、一種の政治的キャンペーンとしか思えないのですが、その真の狙いはあるのじゃないかと思われるのです。協力する、とか、共同する、とかいう場合、現実の形を見れば、そこには必ず主と従、推進力と協助力とが発生するものです。この主と従の地位と配合がうまく、ぴったり行ったときに、はじめてその関係は協力関係になり、その結びつきは共同体になる。それをはじめから二者はすべてに平等であり対等であるのだと言うなら、それは嘘だ。また是非ともそうしなければならぬというなら、それは不可能を論ずるものだ。誰が考えたって、現状では軍事的にも、経済的にも、文化的にも、また国際政治上も、日本が主で支那が従であることは明白すぎるほど明白な事実であるのに、その日本と支那の協力関係を論ずるに当って、いまさら観念上の平等を出発点とするのでは、故意の詐欺的議論でなければ、無智な空転理論にすぎない、と私は、あんなもの、あたまから軽蔑しているんです。あれは、どこかの政治陰謀家が考えついた、思いつきにすぎないんじゃないかとさえ思っていますｌ

「なるほどねえ……」

張伯先は三吉の議論については別段何にも言わなかった。そして、三度話題を転じて、二週間ほど前、香港の街頭で暴漢に襲われて負傷した南華日報社長の林伯生*のことなどを話した。

＊　広東の嶺南大学を退学。モスクワ中山大学に留学。香港で南華日報、上海で中華日報を創刊。汪兆銘政権では行政院宣伝部長などを歴任。一九四六年、漢奸として処刑。

時計はもう十二時をすぎていた。

張伯先は三吉の手を思いきり強く握って、「香港に来たら、田尻総領事にそう言えば判るから、是非訪ねて来てください」と言いながら三吉を送り出した。

まるでメンタル・テストを受けに行ったようなものだ。

誰とも判らぬ対手に向って、ついまたも力み込んで喋りたてた自分を些か滑稽に思ったりしながら、三吉が家に帰って来ると、間もなく電話がかかって来て、張伯先の熱のある声が、「きょうはお目にかかれて非常に愉快だった、忌憚のない御意見も面白かった、香港でまた是非会いたいものだ」というようなことを繰り返して言った。

三、四日して、三吉は張伯先は実は高宗武*だということを曽仲鳴から聞いて、はじめていろんなことに思い当るのであったが、高宗武は三吉と会った次の日の定期船で香港に帰って行ったのだという。

＊　九州帝大、東京帝大に留学。国民政府外交部亜州司長（アジア局長）。一九三七年七月、松本重治らの説得で日本を極秘訪問。高はハノイを一九三九年二月一日から五日まで訪問している。一九四〇年一月、陶希聖とともに和平運動から離脱し、香港大公報に日本と汪兆銘の密約を暴露。アジア太平洋戦争勃発後、米国に亡命。

同じ船で高山も、日本側の情勢をいろいろと聞いて来たいと言って香港へ出かけて行った。

36　お祭り

　随分前からいろいろなことを言っていた渡辺初子は思いきって台湾の両親のもとに帰る決心をした。彼女の家庭には何か複雑な事情があるらしく、必ずしも帰ることを喜んではいない様子でもあったが、さりとて、ここでみすみす老嬢になることもまた侘しかったと見えて、「帰ったらおとなしくお嫁さんにでも行きましょう」などと言っていた。彼女は元来印度支那産業がここに進出して来たとき、その母体である台湾拓殖から志願して来た人間であるだけに、乞われて総領事館にうつってからも、産業の坂本支配人などは、なにかと彼女のことを心にかけて、会社の若い社員との結婚なども一、二度それとなく世話しかけたこともあったが、どういうわけか初子の方に全然その気がない様子であった。それでいて結婚の意志は充分あるようだった。橋本などは、「あの顔で案外高望みなんだよ」と言って笑っていた。

「もしかすると、小父さんを狙ってるのかも知れないね」

「おいおい、勘弁してくれ」

　そんなことも言って、二人は声を合せて笑った。だが、三吉にはこの組み合わせはそう不似合でもないように思われた。美人でこそないが、そして眼が少々きつすぎて、顔が些か平ぺたすぎたが、渡辺初子は決して醜い女ではなかった。女らしさの少し足りない荒々しい物腰態度に教養の浅さと情緒の不足とを思わせるものはあったが、自ら進んでこんなところまで単身乗り出して来るだけあって、彼女の態度には積極的なところがあった。案外いいかも知れない、と三吉は思っていた。ことによったら坂本にでも話してみて、当って貰ってもよいではないかとも考えていた。しかしそうする暇もなく、初子は突然帰国すると言い出したのであった。

　初子の帰国がきまると、橋本は三吉を誘って彼女の送別会を二人だけでやろうと言った。その日はちょうどハノイの氏神の祭日であった。

　小湖のほとりに、いつもはほとんど誰にも気づかれないような小さな祠が、民家と民家との間に汚ならしく挟まれて立っていたが、それがこの氏神であった。その日は朝から付近一帯の路上に様々な露店が立ち並んで、あたり一面、まるで煙幕でも引いたように濛々と香煙が棚引き流れ、参拝者の波はあとからあとからと引きもきらずに続いた。爆竹が間断なく鳴らされて、夜になると、プチ・ラックの周りにずーっと取つけられたイルミネーションにぱっと灯が点って明るく湖面を照らし出した。湖の中の二つの小島と浮御堂にも電飾が施してあった。どこから持って来たのか、日頃は舟など一隻もないこの湖に、その夜は舳を厚紙製の龍や鳳の首で飾った飾舟が無数に浮べられ、四、五十人は乗れるかと思われる大型のモーター式遊覧船も湖中をぐるぐる廻游していた。

冬は終って春――というより一足飛びにまたも酷熱の南方の夏が来るのだ。それはもう既に来ていた。人々は早くも白服一色になっていた。

メトロポールで晩飯を食って、湖の西角の、浮御堂と向き合いのところに、湖面に張り出した露台のバーで、三人は湖面をわたる涼風を楽しみながらとりとめもない話をしていた。飾舟や游覧船が引っきりなしに近くを右往左往して、どこかにとりつけた拡声器から流れ出す嗄れた音楽が舟の行きかいを一層賑かに景気づけていた。

三吉が、もとはハノイの一青楼の哀れな妓女にすぎなかった今夜の祭神のことを話すと橋本は、「物識りだな」と冷かしながらもその話に興味を持った。

「安南では、何年目かに一回巡って来るある星の巡り合わせのその瞬間に死んだものは、生前の身分が何であれ、強盗殺人犯でも薄命な妓女でも、悉く神となる、という迷信が行われていた。そしてきょうの祭神はそうした星のその瞬間にその薄幸な生涯を閉じたのだという」

「それじゃ、ハノイの氏神は女郎かい？」

「そういうわけだ」

「ますますもって太田君などは、カムチェン詣りに精を出さなければならないわけだな」

「あそこも、どうやら近頃は世間が狭くなっちゃってね」

と三吉が言うと、橋本は大きな声で笑った。

「多少はわけらしいものがなくちゃ、遊んでも唖の物真似芝居みたいなことばかりしてても一向面白くなし、さりとて、わけをつくるとぱったり世間が狭くなってね、遊びも不便なものだ」

「男はいいわねえ」と初子がぽつりと言った。「仕たいことができるんだから」。

三人は飾舟に乗って、湖水の中をあちらこちらと、ときどきほかの舟にぶつかったりしながら漕ぎ廻った。漕ぐのは専ら初子で、橋本と三吉とはもうかなり酔っていた。橋本が何度でも飽きずに「露営の夢」を繰り返して歌うので、三吉もまたそれに和した。そして結局一番最後は初子も一緒にカムチェンへ乗り込んだ。

三吉にとって五十八番ならばとにかくまだ無事であっ

た。泥酔と闇黒との中での朧げな接触が果して当のマリー・ローズであったのか、それとも他の妓であったのか、いまだにはっきりしていない。妓たちの方でも誰もそれを言い出すものはいなかったし、三吉の方から言い出すわけは勿論なかった。しかし、いまでは六十三番は三吉としては何となく気づまりな家になっていた。そこに行けば当然コーラム・コーナム姉妹のところに連絡されるであろうし、もしかすると姉妹にひょっこり出会うかも知れない。コーナムにはむしろ出会いたかったが、コーラムに出会うことは具合が悪かった。

卑怯な様であったが、三吉はあれ以来、忙しくもあったし病気のためもあって、姉妹の家から暫く足を遠けていた。

それがこの夜ふと気が変って、久しぶりで姉妹の家に行ってみる気になったのであった。橋本が初子を送って帰って行くと、男らしくしようと思い定めて、三吉は少しぎこちないのを押してその家の前に立った。

しかし姉妹はいなかった。安南人の女中がでて来てしきりに何か言ったが、三吉には一言も判らない。六十三番かも知れないと思ってその方に廻ってみたがそこにもいなかった。多分お祭りに行ったのだろうと妓たちは言った。

スネークは目に大きな物貰いをこしらえて、気持悪そうにしていた。それをみると三吉は何だか急に不潔なような気がしはじめて、彼女がいつものようにすり寄って来て、彼の膝に腰かけるのでさえ重荷であった。

すっかり興ざめて、間もなく帰りかけたとき、三吉は入口のところで、折からどやどやと嬌声とともに入って来た一団の男女に会った。そしてその中に彼は曽仲鳴のずんぐりとした姿を見出して驚いた。彼のつれの二人のうち一人は若いフランス人であったが三吉には見覚えのない人物であった。

曽仲鳴はチラと三吉を見たが、全く一路傍人のようにそのまま会釈もせずに階段を上って行った。コーラムも勿論三吉を見たが、彼女もまた曽仲鳴と若いフランス人とを両方の腕で引ぱるようにして行ってしまった。少し遅れて入って来たコーナムだけが三吉の傍に寄って来た。彼女は鼻つき合すほど近々と、三吉と向い合いに立って、不自由なフランス語ですねたように言った。

「意地悪《メシャン》！　何故《プルコア》、来ない《パ・ヴニール》、永いこと《ロンタン》」

そっと彼のネクタイをいじっているコーナムの細い手を三吉は優しく握った。この妓にこみいったことをフランス語で説明するのは困難なことである。三吉は微笑して言った。

「病気だったのさ」

「嘘《パ・ヴレ》！　いつも五十八番《ツージュール・ヴニール・サンカント・ウィット》に来る！」

「御免《パルドン》、御免《パルドン》！」

「来て《ヴィアン》！　来て《ヴィアン》！」

コーナムは三吉の手を引いて外に出ようとした。

「どこへ？」

「私どもの家へ来て《ヴィアン・シェ・ヌー》！」

二人は手を引き合って彼女らの家へ行った。この娘と二人いると、三吉は妙に優しい、感傷的な気分になることが多かった。娘は快活であったがひどくあどけなかった。美しかったがどこかに駄々子らしさが残っていた。半分妹に向かうような、半分女に向かうような、可憐さと情欲との混じあった感情が彼をそんな気分に陥らせるのかも知れない。

コーナムは純白のずぼんに薄水色の上衣を踝の辺りまで引ずっていた。白い素足の美しい爪が見事に揃って剪ってあった。コーナムは真すぐに自分の居室へ三吉をつれて行った。そこには三吉が贈った大きなフランス人形がカヴァーをかけた寝台の枕もとに坐らせてあった。壁には一面に何百枚とも知れぬ映画俳優の写真が様々な姿態で貼り散してあった。それは姉のコーラムの室の何の風情もないあっさりした有様に比べると、いかにも子供子供した騒々しさであった。

コーナムは三吉を寝台の上に掛けさせて、自分は三吉の膝に両肘をついて床に跪いた。それはどうやら、アメリカ映画のラヴ・シーンにでもありそうな格好だったので、三吉は思わず苦笑した。三日にあけず映画に行くのが最大の娯しみだと言うこの娘にはありそうなことであった。

コーナムと三吉との会話は双方の絶大な努力によって片言の曲りなりにもともかく進行した。コーナムの話は、言葉の関係もあって、ニュアンスもなにもない、実に短刀直入である。三吉の答えもまた勢い剥き出しならざるを得ない。

「あんた、妾の姉さんと結婚した、悪《トア・マリエ・マ・スール・トレ・モヴェ》いよ。意地悪《メシャン》！」

「御免《パルドン》、御免《パルドン》、だが、僕は彼女が好きじゃない《メ・ジュ・ヌ・レーム・パ・タ・スール》」

「愛しない《パ・エーメ》。何故《プルコア》、結婚《マリエ》する？」

「病気だったんだ《ジェイ・エテ・マラド》」

「病気《マラド》？　よくない《パ・ボン》よ。もう決してしない《ヌ・パ・フェール・ジャメ》、ね。あんた《トア》、あたし、愛さない《ヌ・パ・エーメ・モア》？　愛する《エーメ・モア》？」

「愛するよ《ジェーム・トア・ボークー》」

「だけど《メエ》、妾を結婚しちゃ、いや《ヌ・パ・マリエ・アヴェック・モア・ビヤン》よ」

「ああ、勿論だ《ビアン・ビアン・トレ・ビアン》、ただ愛するだけだよ《ジュ・テーム・スールマン》」

コーナムはにっこり笑って、自ら求めて三吉に接吻した。三吉はこの娘を犯すまいと心から思った。こうして向い合っている間にも、抱擁している間にも突風のように吹きあげて来るどす黝《あおぐろ》い情欲の焔を三吉は努めて消した。コーナムが懸命にとめるのを振り切って、三吉は帰って来た。褥を一つにして、しかも彼女にふれないことは、彼女には平気であっても、三吉にはできそうもないことに思われたからである。

37　再び香港へ

日本軍が海南島に上陸〈注—一九三九年二月十日〉すると、すわこそとばかり仏印の新聞は仰々しく騒ぎ立てた。そのわれがちな憤りと罵りの声はまるで悲鳴のように聞えた。一時はあまり感じられなくなっていた街頭のフランス人たちの悪意に充ちた目がまた露骨に光りはじめた。縁も因りもない人物から突然議論を吹きかけられて、日本軍はこの次は必ず仏印に上陸して来るに相違ない、という意見に此方を是非とも屈服させようとする対手の苛々した執拗な言いがかりに、ほとほと閉口させられたことも一再ならずあった。

仏印から泰に出て、馬来半島を南下した例の満鉄の三人がシンガポールの宿舎で、突然スパイの嫌疑をうけて、英軍当局の手に逮捕されたというニューズが伝わると、これをきっかけに、またしても仏印における日本人スパイ組織の活動というようなことが仰々しく書き立てられて、何を恐れて一斉検挙をやってしまおうとはしないのだ、スパイ団の正体は判っているではないか、と若いジャン・ソーモンをはじめ、仏印仏字新聞の論者たちは喚き立てた。

新嘉坡《シンガポール》総督のスレントン・トーマスというのが武官や文官の随員を沢山伴って、突然仏印に飛んで来て、安南帝国の首都ユエで仏印総督ブレヴィエと前後三日にわたる会見をした。会見の内容は例によって仏印の新聞には何にも報ぜられなかったが、街では馬来と仏印との間に英・仏の局地的軍事同盟ができるのだ、との噂がしきりに行われて、議論好きのフランス人をやたらと力ませた。バーでもカフェーでもホテルのロビーでも競馬場でも、人の寄るところでは彼らは必ずこの話をしていた。

続いて全仏印軍の大規模な機動演習が行われて、これには泰国から態々軍事使節団が招かれて参観した。すると今度は馬来・仏印の軍事同盟は泰も加えて三国同盟に発展するだろうという説が盛んになった。そしてこの説は、新任重慶駐在フランス大使コスムが赴任の途中（当然のことなのだが）ハノイに数日間滞在したということによって、更に一段と拡大される可能性のあるもののように言いなされた。

二月から三月にかけて、このような遽しい仏印の動きは改めて、二、三の新聞記者をこの地に呼び寄せた。朝日新聞はその創業五十周年記念に東亜各地に派遣した一群の記者の中から、石山某〈注─石山慶次郎〉という、いやに悠然と構えた経済記者をここに送って寄越したが、肥満したまんまるい顔に五、六本の顎髭を生やしたこの男は、全然未知の三吉にある日突然「出迎えたのむ」という電報を打って来て、悠然とステッキをついてハノイの駅に降り立った。そして、小田ホテルに落着くと、「ははん、ははん」と半分人を食ったような返事をしながら三吉から最近の仏印情勢を聴取したあげく、

「最近日本では重慶・重慶といやに姦しく言うが、重慶というのは一体どのあたりですかな」と言って、三吉をひどく面食わした。

アメリカのクリスチャン・サイエンス・モニター紙の東京特派員でチェンバーレンという中年の男が矢田公使からの紹介状を持って三吉を訪ねて来た。いつもやや驚いたようにぱちくりした目をしている、あまり敏捷そうにも見えないこの爺むさい記者は、しかし曽つてモスクワ特派員もしていたことがあるとのことで、なかなかの敏腕家だと紹介状には書いてあった。英語は苦手であった三吉は一般的な情勢を説明するくらいが関の山で、対手の欲するところに従って、情勢をディスカッスするなどとは思いもよらなかったけれども、話しているときの印象から、人は見かけによらないものなんだろう、などと思った。

妾こそほんとうのプチ・パリジャン特派員だと称するもう四十五、六かと思われる婦人記者が現れた。エルフォール女史と呼ぶその婦人記者は明かな軽蔑の色を浮べて、ルイ・オール老人のことを、「あれは一行いくらで原稿を売り込む単なる寄稿家にすぎないのだ」と話した。三吉にとっては、どちらが真物であろうと、そんなことはどうでもよかったが、フランス女の最も悪い点──のべつまくなしに喋りたてるこの女の騒々しさには心から恐れをなした。しかし、対手はそんなことにはとんと頓着なく、随時三吉のところにやって来て長っ尻な話をして行くのであった。

リリー・アベック*という背の高い、男のような独逸の婦人記者もやって来た。赭ら顔のこの婦人記者のためにドイツ領事は一席の宴を設けて、三吉を招き、フランクフルター・

ツァイツング紙に何か仏印のこと、汪精衛のことで寄稿してくれないかという話をした。

＊　スイス人。ラジオ・トウキョウのドイツ語放送に関与する。

コロンたち（植民地フランス人）のいわゆる「平和な《ペイジブル・》仏印《アンドレーヌ》」はこうして日に日にいまにも何事か起りそうな「ごった返した仏印《アンドレーヌ・トルーブレ》」へと変貌して行ったのであった。

目立って支那人が増えて来た。それも従来のような着のみ着のままの貧しげな支那人ではなしに、或は立派な紳士だったり、或は故ありげな眼の鋭い屈強の若者だったり、そんな新米の支那人がハノイの市中に急激に数を増して、これまではひっそり閑と静まり返っていた支那旅館に急に活気を添えた。桂林や貴陽などのマークをつけた自動車が市内を疾駆するのを見かけることが多くなり、ハイフォンにも中国銀行の支店が開設されたりした。

いったい、何事が起ろうとしているのであろうか。

三吉は急に思い立って香港へ行くことにした。一度じっくりといろいろのことを話し合って来る必要を感じたのである。

渡辺初子も同じ日の船で発つことにしたと言った。船は香港・ハイフォン間専門の定期連絡船で、カントン号という小じんまりしたフランス船であったが、一等の船室には船の外側を一周している狭いプロムナード・デッキから直接出入するようになっていて、三吉と初子とは隣り合せの一人部屋であった。

まだ仏印の領海をそう遠くは離れないうちに夜が来た。真暗な夜であった。

「もう、寝たの？」と、ケビンの外から初子が心細そうに声をかけた。「デッキに出て、少しお涼みなさいよ」。

晩餐のブドー酒とそのあとで飲んだコニャックとにやや陶然となっていた三吉は初子の二度三度と呼ぶ声に、仕方なく、ガウンを引かけてデッキに出た。

「何をメランコになっているんだい」

「そりあ、あたしだって……」

デッキからは何にも見えはしなかった。船の周囲の海面を少しばかりうすぼんやりと照らしている燈火の光に僅かな波の起伏が目まぐるしく起きては消えて行くばかりであった。

三吉はその趣味からいっても、暗い夜の船のデッキに話すこともなく男女がただぼんやりと波を見ているなどというこんなポーズを余り好きではなかった。それに海の夜風は真実まだ少し肌寒かった。

「寒いじゃないか、中へ入ろうよ。喋るのなら、僕の室へ来て喋ればいい」

「だってえ……」

「嫌ならそこにひとりでいればいいし、どちらにしても僕は御免だ」

三吉は室に入った。初子も後から入って来て、狭い船室のどこにいようかと暫く見廻していたが、結局扉に背をもたせてよりかかって立った。三吉はベッドの上に片肘ついて、足を床にたれた姿勢で横になっていた。

「そんなところにぼんやり立っていないで、何か喋るなと、泣くなと、何とかしなよ、しんきくさくていけないや」。三吉はわざと乱暴な言葉つきで憎々しく言った。

「ひどいことを言うわねえ、侮辱しているわ」。そして彼女はぷいと出て行った。扉が風のあおりを食って激しい音をたてて鳴った。

三吉は電燈を消して目をつむった。

あの女が欲しているものはいったい何だ？　渡辺初子がこの夜、異常な精神的動揺の中にいることは三吉にも判ったが、彼女の心の乱れが単に三年来住みなれた仏印を去って行くことの淡い悲愁から来る感傷にすぎないのか、それとも更に、それ以上の何か——例えば三吉に対して日頃から何か特別な感情を持っていたというような（そうとは三吉には思えないことだったが）ことに原因しているのか。

三吉はむっくり起き上がって、デッキに出た。隣室の灯はまだ消えていない。別段すすり泣きの声が聞こえて来るような気配もみえなかった。ひとりのフランス人船客がゆっくり歩いて通って行った。その姿が舳の方に曲って見えなくなってしまうと、三吉は初子のキャビンの扉をノックした。そして扉は静かに、答えもなく開かれた。

次の朝三吉が目を醒ましたとき、東側の舷に位置していた彼の船室の中には、木の鎧戸を通して無数の光の條が美しく流れ込んでいた。三吉は鎧戸をおとして、またベッドの中に入った。今度は部屋中がかっと明るくなった。

それはからりとして、実に清々しい朝であった。

三吉は心からよかった！　と思った。きっと彼女もけさのこの陽の光を見ては、同じく心からよかった！　と思っているに相違ない、と思った。

あれはどす黒い情欲の一時の悪戯だったにすぎない。打ち克ったからよいようなものの、もしあのとき二人とも負けていたら——三吉が負ければ初子も間髪を容れずに負けてしまうだろうことは、三吉には判っていた——けさのこの太陽はこうもすがすがしくは感じられなかったであろう。

それが単なる情欲の激発である限り、すなわちそこにみるべき愛情なり恋慕心なりの動きが殆んどない場合、それがどんなにその瞬間には激しく且つ強くても、それはその次に来る不快なもつれの危険を冒してまで満足させるに足るほど貴重なものではないのだ。

三吉はかねてそう思っていたし、このときもそう思った。ただ、ときどきこの種の激発に負けるだけである。

だが、渡辺初子との場合は彼らが勝った。それは激発した情欲に対する一組の男女の共同の闘いであり、醜く赤黒い暗闘であった。だが、三吉は卒然としてこの闘いに勝ったのである。彼女は三吉を愛してはいない。彼も初子を愛してはいない。しかもそれは快い思い出すらなり得ないであろう――それがそうであることは三吉には既に経験のあることであった。

こうしてこの闘いは終ったのである。

三吉は洗面をすましてプロムナード・デッキに出た。そして隣室をノックしてみた。

「お早う。もう起きた?」

答えはなかった。

海面は目を細めねばいられぬほど眩しく輝いていた。デッキの手欄は早くも熱く焼けている。

初子は食堂でひとり朝飯を食っていた。三吉は朗かな声で朝の挨拶をして

「御免よ、ゆうべのこと」と何のこだわりもなしに詫びることができた。初子も機嫌よく笑っていた。

その日の夕食少し前、日本の駆逐艦が二隻颯爽として三吉たちの船と殆んどすれすれの近さを南下して行った。

38　遊妓陳璧君

香港には思いかけず高山がいた。突然三吉が現れたので高山も驚いたらしかったが、三吉も驚いた。あれから凡そ一月半にもなるというのに、高山はまだこんなところをうろついていたのであろうか。そうではなくて、高山は東京へ行っていたのだという。彼らは青風楼の一室で小半日お互の情報を交換しあった。高山は香港につくと間もなく東京からの招電で上京し、十日ばかり滞京して、これまでのこと、これからのことなどをひととおり聞いて来たのであった。

「そんなわけて、この工作は御前会議にまでかかった重大国策なんだから、これからは君にもひとつ、本格的に協力して貰わねばならんからね」。高山は重々しい声でそう

言った。

高宗武は東京に行ったとかで（それは二回目の東京潜入であった）香港にはいないとの話であった。

黄田も加えて、高山が明日ハイフォンに向って発つという前の夜、三吉と三人で青風楼で飲んだとき、三吉はふと、

「曽仲鳴と高宗武とは喧嘩でもしているんじゃないかね」とこの数日来胸に蟠《わだかま》っていた感じを口にした。

「そうなんだよ、うまく行かないことがいろいろあるんだよ」と黄田が答えた。

「どうもそうじゃないか、と思った、というのはね……」

三吉が香港行きを思いたったとき、すぐ曽仲鳴を訪れて、香港に行ったら高宗武に会うつもりだが、何ぞ用はないか、というと、曽仲鳴は明らかな反感を面に表わして、「あんな男」には別に用はない、といともすげなく答えたのであった。それはただの無関心というにはあまりにも冷く、とげとげしい言いかたであった。

「何だかよくは判らないが、どうも相当大きな感情上の疎隔が、単に曽仲鳴と高宗武というのでなしに、高宗武と汪精衛との間にもあるんじゃないかと思われる節が、いろいろあるよ」と黄田はそんな風に説明した。

高山は、三吉にもなるべく早く帰って来るように言って、急いで仏印へ帰って行った。そのあとで三吉はまた例によって、青風楼に籠城して遊びはじめた。誰彼との話は昼間支那飯や洋食や、お正が自慢の鯛ちりなどを食べながらすまして、夜になると騒いだ。お正はますます激しい三吉の馬鹿騒ぎに
「あんたが出て来ると苦労でいけんよ。あたしあ寝不足でふらふらやがな。ようもまあ、騒げるもんだ」と呆れた。そして、「あんたはこれからますます重要な仕事をせんならんのやさうなから、身体を大事にせんといけんよ」とまじめになって意見することもあった。だが三吉がしれしれ笑ってばかりいるので、なげたように、「仕様のない放蕩息子やな、支局長さんにでもうんと意見して貰わんにゃ、てんでひとのいうことなんか聞こうとも思わんのだから」とこぼすのであった。

黄田が一緒のときは二人とも忽ち羽目を外して、あるときなどは一糸まとわぬ素裸になって、便所の巻紙をとりよせて、それでどちらが先に褌をしめるのに成功するかという競争にその夜の勘定をかけるなどのでたらめをやって興じた。

「芸者衆が皆逃げてしもうたがな！」。ひとり残ったお正が呆れてしまって、「けったいもない！」と叫んだ。

華族の海軍中佐で、身分を秘して総領事館にいた高崎が一緒のときはいつまでも何やらしんみりとした話が続いた。高崎は胡坐はかいていてもどこやら端然と、日本娘の芸者や支那娘の嚮導社連中に対してさえ、礼儀正しくおだやかに話すのであった。しかし芸者たちは蔭では、彼のことをひどい猫冠りだと言っていた。

妻と二人の子供を呼びよせたのはいいが、忽ち支那娘との秘密な関係を嗅ぎつけられて弱りきっていた熊本が一緒のときは座はみるみる乱れて、収拾がつかなくなった。泣いたり怒ったり、わけが判らないのである。

嚮導社の支那娘たちはますます日本流の座敷サーヴィスに慣れて来て、日本娘の芸者と一座すると、彼女らのことを「姐さん」と呼んだりした。嚮導社にも幾つもの派や組があって、彼らは互に縄張りを争い、不仲な連中が一緒になると、彼女らは客前も構わず早速口汚い罵り合いなどを始めて姦しかった。三吉はある日腹這いに寝転がって支那語の小報（超小型新聞）を見ていたが、

「お正ぁ！」と呼んで、「ここに、嚮導社の広告に陳璧君というのが出ているが、この家でも呼んだことがあるかい」ときいた。

「さあね、知らないよ」。お正はまだ化粧前の渋を塗ったような地顔のまま入って来て、ちゃぶ台の前にぺたりと坐った。

「よし、今夜此奴を呼ぼう。こ奴はきっと抗戦派の妓に違いない」

「ばか言っているよ。嚮導社に抗戦派も和平派もあるものかね。それに陳璧君ってのは、汪さんの女房だろう。その名をもじっていればさしずめ和平派だわね」

「それがそうじゃないのさ。こうして陳夫人の名を賤しい稼業の晒し物にする、そこが抗戦派の狙いだよ」

「そうかねえ」とお正はあまり興味もなげであった、が三吉は妙に乗り気になった。

「抗日意識のやたら旺盛なのを猛攻また猛攻、口説落して遂に往生させる……というのはどうかね」

「阿呆ばかり言っていないで、早く仏印へ帰りなさいよ」

「帰るよ。あと三、四日したら、ちょっと広東まで遊びに行って来てから、船で帰る。四月のはじめの船を予約しといて貰おうかな。たしか四日か五日にある筈だよ」

その夜やって来た陳璧君と名乗る支那娘はこれが媚びを売って稼ごうとする女かと苦笑せざるを得ないような変った娘であった。阿媽などが好んで着るゴム引き薄絹の黒い支那服を着ていたが、大女で、しかもすが目であった。

「ほんものの方がまだしも美人だよ」と笑って三吉は早速女酒顛童子と綽名をつけた。しかし彼女は英語を少しは話したし、心は到って優しいと見えて、なかなか細心に座の取持ちを心掛けた。さされればいくらでも平気で酒盃を空ける。

「どうするのかね、抗戦派を口説くのかね」とお正が意地悪く笑いながら揶揄《からか》うのへ、三吉は苦笑して

「いや、あやまったよ」と素直に兜を脱いだ。

そんな、だだら遊びの間に、忘れるともなく忘れていた渡辺初子が或る日の午すぎ青風楼に三吉を訪ねて来た。

「なんだ、まだうろうろしていたのか」。海に面した一室の硝子窓を開け放って、いまだに寝間着姿のまま、東京に送る報告書を書いていた三吉は驚いて言った。

「ひどい人ねえ、抛りぱなしで！　誰も知った人はいないし、妾、困っちゃったわ」。初子は卓の上にハンドバックを投げ出すようにして坐った。

「いるじゃないか、横田君だって、そのほかの連中だって。殊に横田君は君と同じホテルにいる筈だよ」

「いるにあ、いたって、相談をしかけるほどの知り合いじゃないもの」

「何だい、どうしたのさ」

「随分ねえ」と初子はまだおさまらないらしく繰り返して言った。「何度電話したって、事務所にも、宿舎の方にも、いつだっていたことないんですもの。どこに行ってるかって聞いても、何だか、みんな人をばかにしたようなことを言って、言っちゃくれないし、ほんとにひどいと思ったわ」

「僕あもう君はとっくに発ったもんだとばかり思っていたもんだからね」

「発ちたくたっても、発てないじゃないの。どうしても、ここからだと台湾行きの船はないのよ。上海で乗り継ぐか、一旦内地まで行くかしなきあならないですもの」

「そうしたらいいじゃないか」

「大変よ、いずれにしても知らない土地で、知った人はなし、荷物は多いし……だからあたし、広東に行って、そこから御用船〈注―政府や軍が徴発して軍事目的に使用した民間の船舶〉に便乗させて貰おうかと思ったの、どうでしょう？」

「結構じゃないか」

「うふーん」と初子は鼻を鳴らして少し甘えるように身体を揺った。三吉はちょっと嫌な顔をした。「冷胆ねえ、あんた、広東に行くんだっていうじゃないの、横田さんが言ってたわよ」

「ああ、行くよ」

「だから、あたしを連れていって。そして、も少し何とか、親切にして下さいよ」

「そうだね、も少し親切にしなけあいけないね」。三吉は彼女がそんなに困っていると知っていれば、勿論、極く親しい広東の支局長に頼んで、御用船に便乗させてやるぐらいのことは何とかできるだろうと思った。

その日二人は自動車で、島の裏側にある美しい海水浴場のリパルス・ベイへ行って、そこのホテルで夕飯を食べた。帰りは夜になったが、ヘッド・ライトは時々、曲り角などで、相擁しながら歩いて行く若い支那人の男女を幾組となく照らし出した。

黙りこくっていた初子が突然弾んだ声で言った。

「ね、わたし、どんな人と結婚すると思って?」

「知らないね、そんなこと……」

「だけどさ……」

三吉は答えなかった。そして二人はそれっきり別段何の話もしなかった。

39　凶報

澳門《マカオ》の港は相変らずひどく混雑していた。中小の船が目白押しにこみ合っている。しかし大きな船は一隻もいなかった。

けちな、危く橋桁の腐り落ちそうな桟橋を渡って行くと、税関吏と警官の溜りがあって、その中から、英語で「暫くでしたね」と声かけながら出て来た瘦ぎすの男がいた。それは三吉がこの前ここに来たときも執拗くつけ纏っていた私服警官で、ポルトガル人と支那人の混血児であったが、彼は日本人を専門の係りにしている様子であった。

「おひとりですか?」

「いや、レディがひとりいるんだけど、荷物が沢山あるので苦力を雇おうと思って……」。お互にブロークンな英語だったので三吉は気楽であった。

私服は早速心得て苦力を呼び、自ら采配して初子の荷物を珠江の河縁にある洋風の大きなホテル・ベル・ヴューへ運ばせた。それから三吉が初子へのサーヴィスのつもりで領内一巡のドライヴに行くときも、彼は別段頼まれもせぬのに、運転手の脇に乗り込んで来た。ホテルから十五分も走るとポルトガル領と支那との国境に達するのだったが、そのすぐ傍にある守備隊の兵営では多勢の黒人兵が何かのお祭りででもあるのか、太鼓を叩いて歌いつつ乱舞していた。

「さ、これからは僕の世界だからね」と三吉はドライヴから帰って来ると言った。「君はホテルでおとなしくしてるんだよ」。

「心細いわあ。言葉も判らないし……つれてってよ」

「だめだめ、女子供の来るところじゃない」。ガイド同然な例の私服はロビーで待っていた。少し酒を飲ませて、僅かな金を掴ませれば、私服警官などとは全く思われない愛想のよさで何から何まで世話してくれるのを結局よいことに、三吉はこの男をつれて思うところに出入した。ダンス場の下にはバーがあった。その入口にはルーレットの賭博場があって、胴元には美しい混血児の女を揃えていた。ホールには日本語を話す支那人ダンサーがいた。そしてやたらと日本人の名を並べたが生憎と三吉はそのうちひとりも知らなかった。はねるまでいてくれればどこへでも行くと言ったが、翌朝八時の乗船を控えているので三吉にはその気も起らなかった。本式の博奕場では不思議な支那美人をみた。黙って、何の興趣も感じないかのごとく、眉一つ動かさずに胴の前に坐っている。そしてときどきしか張らない。だが張れば必ず百弗札を静かに張った。しかも必ずそれが当った。少なくとも三吉がみていた間は一度も間違わずに勝目へ勝目へと張って行った。胴元が数えてよこす札束を面白くもなさそうにうけとると、その中からなにがしか抜いてボーイにやり、残りはハンドバッグの中に入れた。

色の白い、眉毛の濃い、その手には真偽は別としてダイヤの指環が輝いていた。それは二十七、八かと思われるほんとに妖姚たる美人であった。みているうちに段々なんとなく不思議な不気味ささえ感ずるような女であった。やがて彼女はすっと立って出て行ってしまった。私服は事もなげに、

「金持ちの避難民でなけりあ、お妾ですよ」と言って別にそれ以上の興味も感じていないかのようであった。事実この街も香港と同じように、溢れるほどの避難民があとからあとからと流れ込んで来て、様々な人間が様々な生態で入れまじって住むようになっていたので、何事があってもそれは別段珍しいことでもなかったのである。

狭い裏通りは人間の波でごった返し、支那人特有の喧騒さが、何の音とも聞き分けることのできない、ただわんわんと甲高く響く雑音の嵐となって吹き来り吹きすぎて行った。通りの明るさに比べると私娼屋の室内は暗くてただ陰

惨であった。スプリングの緩んだがたがたの鉄のベッドが寒々と置いてあって、痩せて死人のように蒼い女が幾たりも、客が入って行っても物も言わなければ振り向いてみようともせずにそこに掛けていた。支那飯屋では麻雀の牌をかきまぜる姦しい音がどの室からも聞えて来た。阿片窟はうす暗く眠ったようであった。それらの店の間にはさまって煌々たる電飾の下で深夜まで営業している両替屋では客と番頭とが絶えず大声で罵り合っていた。

そんなものがみな一つところにごちゃごちゃと集っている——それがマカオの夜であった。

三吉は珍しく黒字になった賭場の勝だけ飲んで踊って、私服に送られてホテルに帰って来たときにはふらふらになるほど酔っていた。ホテルはもう寝静まっていて、クラークを除いてはどの部屋も全部真暗であった。

「太田さん、電報です」

三吉は部屋の鍵と一緒にわたされた電報をその場で、前後にふらふら揺れながら読んだ。

「キミノシンユウ　アンサツサル、　スグカエレ、　マツカタ」

ローマ字でそう読めた。

三吉はすーっと酔いが引いて行くのを感じた。

「キミノシンユウ、キミノシンユウ？」

三吉は最初それは汪精衛のことだと思った。だがあとでは、もしかすると曽仲鳴のことかも知れない、とも思った。いずれにせよ、一刻も早く香港に引帰さなければならない。

彼は扉をどんどん叩いて初子を起した。白い寝間着姿で、裸足を爪先立てながら扉を開けた彼女は三吉が入ろうとするのを制して

「だめよ、だめよ」と言った。

「馬鹿野郎！」と三吉は怒鳴った。「僕は三時の始発ですぐ香港に引返すからね、君は気の毒だが、ひとりで行ってくれ」。

「どうしたの、何が起こったの？」

「僕は広東の支局長に手紙を書くよ。君はそれを持って行くといいや。それに船の方には原水牛老人もいるし……それからこの宿の方は僕が払っとくから、君は荷物の積込みかなんかだけ払えばいいよ」

三吉は驚く初子をそのままに、自分の室に入ってまずたてつづけにコップに何杯も水を飲んでから、紹介状や依頼状を書いた。それを初子に渡して、細々と広東へ行く道の注意を与えた。そして、深夜の三時、澳門を出帆する香港行きのフェリーに飛び乗った。

香港に着いたとき、三吉はボーイから激しく小突き廻されねば目を醒さないほど深く眠り込んでいた。しかし、聞きなれた香港埠頭の叫喚を耳にすると、はっと現実を思い起して、急に、追いかけられるような苛々した気持になった。

彼は船着場からすぐ近くの松方が宿っているグロスター・ホテルに駆けつけた。

松方はもう起きていた。

「汪かね、曽かね?」。三吉はいきなりきいた。

「曽仲鳴だよ」

「そうか、やっぱりそうか!」。三吉はがっかりしたように深い溜息と共に呟いた。彼がハノイを発って来る前、曽仲鳴に最後に会ったとき、先夜カムチェンで偶然邂逅したときのことが話に出て、三吉は、近頃、重慶派のテロ団みたいな連中がだい分入り込んでいる様子だから、少し用心した方がよくはないかと言ったのであったが、曽仲鳴は自信ありげに事もなく笑って、あの連中は自分たちの行動を監視に来ているのであって、直接手出しをするようなことは絶対にしないから大丈夫だ、と言ったものだったが、それからまだ、僅かに十四日余りしか経っていなかった。

松方の部屋でイギリス風の朝食をとっている間も三吉は始終苛々していた。松方は、毎日新聞の森本特派員が大体のことは打電して来てくれているから、東京への電報は一応カヴァー出来ていると説明した。そして、「橋本というのは誰だ」と訊ねた。橋本も森本とは別に三吉あてに、いろいろのことを電報で知らせて来てくれていたのであった。

三吉は商売気をはなれた森本の友情と、商売でもないのにいろいろ配慮してくれた橋本の好意とに心から感激した。三吉の留守中に起きたこの事件を森本が得たりとばかり特種にしてもそれは当然のことであり、三吉としては別段文句のあるところではなかった。しかし森本は自社への打電とともに三吉のためにも何本もの電報を香港の支局まで打電してくれたのである。

三吉は早速、森本と橋本に感謝の電報を打って、すぐ帰るつもりだが、ともかく、今後も何かあったらよろしく頼むと言ってやった。

生憎と、飛行機も船もどれも満員で三吉は四月まで待たねばならなかった。どう手を尽してみても仏印へ飛んで帰る手段はない。

じりじりした日が続いた。

そこに東京へ行っていた東勝洋行の主人で高橋と名乗る、実は現役の陸軍中佐一田次郎がひょっこり帰って来た。彼は三吉を自宅に呼んで、高宗武も彼と一緒に東京から帰って来たこと、今度の曽仲鳴暗殺は汪精衛と間違ってやったものではなしに、暗殺団ははじめから曽仲鳴を狙ってやったものらしいということはほぼ確実な証拠があるが、しかし汪精衛の身辺も決して安心はならぬから、急ぎどこか他へ移すことの方がよいかどうか、一日も早くハノイに帰って充分汪側とも連絡の上、門松（高山のこと）とも相談して、至急意見を言ってよこして欲しいことなどを話した。

何事が起っても泰然として眉一つ動かさず、始終楽しそうににこにこしているこの大場鎮攻略〈注—上海派遣軍は一九三七年十月、上海近郊の要衝大場鎮に進撃し、占領した〉の猛部隊長は、このときも、誰の目にもそうした武人の仮の姿とは見えず、はじめっからの貿易商かと思われるような穏かな笑顔で、ごくつまらぬ世間話でもしているような調子で話した。

「こっちでな、手に入れた暗殺名簿があるのよ」という高橋の言葉には、どこのものとも知れぬ一種独特の訛りがあって、それが彼の話ぶりを一層あいたいたるものにした。

「それにはな、汪精衛の名はなかよ。一番トップに曽仲鳴の名があるけえに、きゃつらがはじめっから曽仲鳴を狙うたことは、はっきりしとる。あんたらも用心せんと、あぶなかぞ」

高橋は半分冗談のようにそう言って、快く笑った。

「今度は高宗武には会わんがええ、あの先生も大分神経質になっとるようだから」とも言った。

三月二十六日の朝になって、その日の正午に出帆するハイフォン行フランス籍貨客船の一等旅券を、お正のところの支那人使用人がどこかの支那人からいくらかのプレミアム付きで手に入れて来たので、三吉は何も彼もトランクの中に押しまるめてぶち込むようにして、その船に飛び乗った。

40 陳昌祖

三吉が船のタラップを駆け上って、大股にキャビンに入って行ったとき、二人部屋のその船室には、既にひとりの中年の男が、丸窓よりの寝台を占領して、ワイシャツだけになって長々と寝そべり、何かの本を読んでいた。

縁なし眼鏡をかけたその男はやや神経質らしい顔をあげて、三吉をじっと見ている。三吉はわずかに目礼しただけで、トランクをベッドの下に押込み、暑いので上衣を脱いで、早速洗面器で顔を洗いにかかった。

相客はどうも支那人臭いが、この際のことだ、僅か二晩の旅だから仕方がない辛抱するさ、それに室は思ったより広々としていて明るいし、サロンもあるようだからただ寝ている間だけのことだ、と思いながら三吉が汗に濡れた頚筋や二の腕などを冷水で拭いている間に、先客は何と思ったか、起き上って上衣をつけ、靴を穿いて室を出て行った。そしてすぐ近くの廊下で、大声にボーイを呼ぶ彼の声が聞えた。駆けて来た安南人ボーイを彼は流暢な、殆んど完全に近いフランス語でいきなり叱りつけた。

「日本人との同室は困るとあんなに言っておいたのに、今入って来たのは日本人じゃないか。早速室をとりかえて呉れ！　今すぐ……」

それっきり彼の声も姿も三吉の前から消えてしまった。やがてボーイが彼の荷物をとりに来て運んで行った。あとには、肥った安南人の商人が移って来て、部屋に落着くが否や、年来の旧知にでも話しかけるように、べらべらと喋りはじめた。彼はキタ将軍を知っているとて、日本のその将軍と彼とが如何に親しいかを実証する話をいろいろとしたが、生憎と三吉がその将軍のことを少しも知らないので、甚しく失望した様子であった。

三吉を忌避した男はハイフォンまでの二晩三日の間、食堂にも、サロンにも、甲板にも、どこにも姿を見せぬはおろか、声すら聞かせなかった。

ハノイに帰って来ると三吉は、服も着がえずにまずコロン街の汪の隠れ家に電話をかけた。だが、電話にでて来た対手はフランス語も英語も、日本語も全然判らず、三吉の危げな支那語も全く通じなかった。三吉はコロン街に出かけてみた。武装警官が五人ばかり、二人のフランス人警官に指揮されて家の付近に立っていた。隠れ家の窓という窓は全部鎧戸が固く閉められている。前にはなかった有刺鉄条網がコンクリート塀の上に張り繞らされて、以前には単純な木の扉だった表門には急造ながら頑丈な目の細い竹矢来が組まれていた。

曽仲鳴はこの家で殺されたのである。二十一日の午前二時頃、五名の暗殺団が、一名は街路上で、他の一名は中庭でいずれも見張りに立ち、残りの三名がモーゼルの連発短銃を携えて屋内に乗り込み、阻止しようとした護衛の若者二人の脚部を傷け、二階にあった曽仲鳴夫妻の寝室の扉をモーゼル銃の台座で叩き割って、その割れ目から盲撃ちに撃ち込み、起き上ろうとした曽仲鳴を殺し、夫人の胸部と腰部に重傷を負わせたのであった。このとき、汪精衛は三階にいたが、兇漢どもは曽夫妻を殪すと、そのまま自動車で逃亡したのだという。そのうち三名は二十一日中にハイフォンへの逃走途上を仏印官憲の手に逮捕されたが、他の二人は行方不明であった。

三吉は竹矢来まで結った門の方へ近づいて行くと、フランス人警官のひとりが、「エーイ」と声かけて、三吉に止れの合図をした。かねて予期していたので、三吉は自分の方からずかずかと警官のところに歩みよって、訊かれる前に名を名乗り、来訪の目的を告げた。警官は何にも言わずにただうなずいただけであった。

ハノイの汪兆銘の隠れ家（『同盟グラフ』昭和１６年２月号）

ベルをいくら押しても誰も出て来なかった。気配では全くの空家かとも思われたが、かくも物々しく警官が警戒している以上、汪は依然ここに居るのかも知れないとも思われた。十分ほども押し続けにベルを鳴らしていると、矢来戸に切ってある物見の穴からぬーっとした典型的な支那人の顔が外を覗いた。三吉は試みに覚束ない支那語で言ってみた。

「我是同盟通信社的太田記者、我願意会見汪先生、先生在家不在家」（僕は同盟通信記者の太田というもんですが、汪先生にお目にかかりたいと思う。先生は御在宅でしょうか）

対手は三吉の言う意味が判ったとみえて、にやりと笑うと、一言「不在《ブ●ツアイ》」と不愛想に言って、首を振った。そして三吉が名刺に走り書きする間黙って見ていたが、それをうけとると、物見をばたりと閉めて行ってしまった。

三吉はその足ですぐ、高山のところに行ったり、橋本や、森本を訪れたりして、夜も大分遅くなってから家に帰って来た。書記のヴィエンがまだ帰らずに彼を待っていた。そして事件に関係のある新聞の切抜きを彼に示しつつ、熱心に、自分で調べたことを説明した。そこには彼が安南語の新聞社から買っておいた犯人の写真もあった。手錠をかけられてどこかのおそろしく明るい壁の前にたたされている三人の犯人はいずれもまだ若く、朗かに笑っていた。悧口そうな表情さえしていた。

ヴィエンが帰って暫くすると、突然電話のベルが鳴った。対手は驚くほど流暢なフランス語で、自分は今度曽仲鳴氏の代りをつとめることになった人間だが、明朝十時にメトロポールの室でお目にかかりたい、と言った。

三吉はその時間にホテルに行った。そして何気なく部屋の中に二、三歩入って行ったとき、三吉もそれから既に立ち上って彼を待っていた対手の男も、思わず大声で、「おー お！」と驚きの叫びをあげた。双方から走り寄って、互の手をしっかと握り、まず、何にも言わずにひとしきり笑い合った。

「あなたが太田三吉氏でしたか、いや、船中では全く失礼致しました」と対手の男はやがて笑うのを止めて言った。

「しかし、事情は御諒解下さるでしょう」。

ちょっと見には神経質な日本人、とでもいいたいような感じのこの男は三十五、六か、中肉中背で、曽仲鳴よりは小心だが遥かに誠実らしい印象を与えた。

汪夫人陳璧君の縁者〈注─陳璧君の弟〉で、陳昌祖と言い、前は昆明のある官職に在ったが、汪氏の主張に同じて香港に脱出していたところを、今回の事件で呼ばれて、汪先生の側近に働くこととなったのだ、と彼は自己紹介をした。

「急なこととて、どうしても船も飛行機も席がとれませんでねえ……」と彼もこれには困ったらしく言った。

「いや僕もそうなんです。僕などはあの朝になって漸く支那人のを無理に譲ってもらったのでした」

「君もでしたか。僕もそうなんですよ、船会社のクラークに頼んで他人のを買い戻して貰ったのでした」

「あのまま一緒だったらよかったんでしたがねえ。ずーっと室に引込んでらしたんですね」

「ええ、一度も外には出ませんでした」

陳昌祖は、汪先生は目下タム・ダオに行っているがコロン街の家の改築ができあがればまた下山して来るだろうと言った。そしてハノイ以外のところへの移転の必要については、充分協議した上で直接香港の方へ連絡しようと答えた。

三吉は花環を持って、郊外の市立安置所に仮埋葬してある曽仲鳴の霊前に詣った。大きな花環がいくつも飾ってあった。汪兆銘と署名した花環が真中に置いてある。「一個の例をあぐ」と題して汪精衛が痛烈な暴露的論文を香港の南華日報紙上に発表したのはこの日であった。そこには蒋介石自身が過去において如何に日本との和平を希望し、そのために如何に真剣な努力をしたかを実証する例があげられていた。そして、今日に到って漸く説を翻えし、剰え主張に対するに暴力をもってこたえるに到った蒋介石に、汪精衛はこの日はじめてはっきりと絶縁を宣言したのであった。

次の日三吉は果物篭を持って、ラネッサン陸軍病院に曽仲鳴夫人を見舞った。夫人は或は助からないかも知れないといわれていたので、見舞っても面接はできないであろうと思っていたのだが、三吉が刺を通じるとすぐ一人の色白な支那人青年が出て来て、彼を病室に招じ入れた。

細面な弱々しい顔がベッドの中から懶《ものう》げに此方を見ていた。蒼白い手が掛布の上に投げ出されていた。

曽夫人は聞えるか聞えないかの声で

「有難うございます《メルシー・ボークー》」とフランス語で言った。三吉は黙礼しただけで、黙ってすぐ曽の室を出た。

それから一週間ほどして、重慶の大公報が「汪精衛＝平沼首相密約」と称するものを暴露したセンセーショナルな記事を掲げた。それは先頃の高宗武第二回東京訪問によって、汪精衛と平沼首相との間に成立した和平条件の内容なるものを悉皆暴露したもので、汪はかくの如き和平商人であり売国奴だと結論していたが、その調子から見て、これが汪の「一個の例をあぐ」に応えてなされた暴露戦術応戦の第一弾であるらしいことはほぼ明らかであった。

陳昌祖は首を振って、苦笑しながら三吉に言った。

「困ったことです。こんなことは僕は嫌です。互に対手の過去を暴き合うのでは、われわれが志している日・華の全面的和平の実現などはとうてい望むべくもありません」

三吉もそれはそうだと思った。彼は蒋介石や重慶政府のその後の動きから見て、汪派の運動が仮にある程度まで成功したとしても、それは処詮全面和平にまで発展する可能性のないものではあるまいかと考えるようになっていたし、この点では橋本が最初から持していた態度にやや近付いていたが、汪・蒋両者間のこうした応酬を見るに到って、ますますその感を深めざるを得なかった。

汪のコロン街の家は着々工事をすすめて、各部屋の外部の窓には一々全部に厳重な鉄の鎧戸を取りつけたし、コンクリート塀の上には本格的な有刺鉄条網が植えられ、門の扉も大きな鉄格子のものと取りかえられた。

付近にはいつも仏人警官が指揮する武装警官が三、四人配置されていた。

41　中山先生

三吉は彼の家の周囲の監視網が最近急に厳重になったのに気付いた。前から陣取っていた女の露店一服屋は依然として三吉の家から二、三百メートルのところに莫蓙を敷いた店を拡げて、太い竹煙草で通りがかりの苦力や洋俥夫を対手に安煙草の一服売りを、商売があってもなくても、――大概の場合商売はなかったが――ひどい雨の日以外は休まず出張っていたし、これも既に久しい以前から根を生やしていた屋台の麺屋も一服屋とは反対の側の、同じく二、三百メートル離れたグラン・ラックの湖畔の草原で、相変らず根気よく麺をゆでる釜の湯気を立てていた。彼らはもし本気で商売するつもりなら、こんな閑静な場所を選ばずに、むしろ支那人街や安南人街の人通りの多いところに行くべきであったろう。

しかも彼らの仲間はこの四、五日来、更に新しく一人の露店床屋を加えた。床几一個にバリカンと剃刀だけという手軽な彼の店は、三吉の家から橋本の家へ行く曲り角のところに据えられていて、自ら床屋の看板よろしく、頭をくりくりに剃りたてた大入道の床屋で所在なげに終日客のいない床几に自分で腰かけていた。そのいかつい人相からいって、これはもしかすると安南人ではなしに支那人かも知れないと思われた。また麺屋の前の、三吉が高山の家に行くときにいつも通って行く道の曲り角にある小さな自転車修理屋にも少々異変が認められた。この店には前から三吉につけられている安南人の尾行者どもが朝となく夜となく、自転車を用意していつでも飛び出せるように待機しているための格好な溜り場になっていたのだが、そこにもどうも支那人としか思えない屈強な青年の新顔が用もなげに二、三人ずつごろついていた。

三吉に対する監視が必ずしもシュルテだけとは限らないことは当然考えられることであった。

陳昌祖の話から推察しても、現在ハノイ・ハイフォンを中心にこの辺り一帯に入り込んでいる支那人の組織体は三吉たちの想像を越えて、遥かに強力なものであったらしく、例えば曽仲鳴を暗殺した一味の如きは、一部は雲南から、他は広西から、そして指導者たちは香港経由で上海から、堂々と正規の旅券を持って入り込んだものであった。そして彼らは三月上旬以来ハノイとハイフォンの支那人宿に分宿して、すっかり地理を調べ、手筈を整えて仕事にかかったのだが、凶行に使用したモーゼル連発銃は全部細かく分解して、各自のズボンの膝の辺りに設けられた隠しポケットに入れて運びこまれたものだという。逮捕された犯人たちを取調べた仏印側の官憲もその用意の周到さには全く一驚を喫したのだと、陳昌祖は語っていた。

してみると、これらの支那人組織が独自で三吉に対しても監視の手をのべていないとは断言できなかった。

橋本や高山たちの方には別段の異変はないようであった。

「まあいいや、俺の方はどんなにつけられたって大したことにあならないんだから……だがこれからは出入にはずっと用心深くする必要があるね」と三吉は二人にも話した。

そのころ、日本はまたも仏印を刺激するような新しい一つの行動をとった。それは遥か南海の中央部に散在する新南群島の領有宣言という、飛躍的な南進の一ステップであった。* 粗末な地図には全然記載していないほど微少なこれらの孤島群——それは殆んど無人島に近い単なる岩礁の集りに近かったが、それが軍事的に、また経済的に果してどれだけの積極的価値を有するものであったかは別として、仏印の神経を刺激したことは大きかった。もし日本がここに有力な軍事基地でも整備すれば、曩《さき》には海南島で北への通路を、そしていままた新南群島で東及び南の連絡路をがっしりと抑え、日本の真意図が必ずしもそこにあったか否かはともかく、仏印側からこれを見れば、それは明らかに仏印をあらゆる外部との連絡から遮断せんとする行動であると見ることは、決して思いすぎとは言われなかったであろう。

＊　日本は新南群島（南沙諸島）を台湾総督府の管轄に置くことを一九三九年三月三十日付で公示するとともに、三十一日、在京フランス大使に通告した。

仏印の新聞は一斉に筆を揃えて、この孤島群の帰属権が本来ならば当然フランスにあることを書きたてた。曽つて、二、三十年も昔に一度は三色旗を翻したこともあるのだとその頃の史実と称するものを書き立てた。そして日本を強奪者であり泥棒だと呼ばった。だがそれも処詮は実力なきものの脅迫感から来る徒らなる遠吠えとしか響かなかった。

三吉が最近ではいつもそこで落ち合うことにしていたバー・ペロケに入ったときは時間は既に十一時をすぎていたが、バーの中にはもう二、三組しか客はなく先に来て待っていた高山はひとりのフランス人と同席して、ただへらへらと笑っていた。ここでの落合いは必ず陳昌祖との連絡事項に関することだったので、これまで他人をまじえたこと

はなかったのに、今夜のフランス人はいったい何者だろうと訝りながら、三吉が近づいて行くと、高山は
「おい、助けてくれ、弱っているんだ」といきなり悲鳴をあげた。

フランス人は既にひどく酔っている様子だった。彼は三吉を見ると、坐ったまま彼の方に手をのばして
「やあ、暫く」と言った。「僕を憶えているでしょう、よく競馬場で会いましたね」。

そう言えば確かに見覚えがあった。体格のいかにも堂々とした、拳闘家のように鼻の曲って潰れた、余り人柄のよくない四十男である。高山はこの男に絡みつかれて先刻から困りぬいているのだと早口に説明した。男は激しく手を振って
「駄目だ、駄目だ、駄目だ、お互友達同志の間で日本語で話しては駄目だ」と言う。

「僕たちは日本人なんでね」と三吉は笑ってはいたが内心早くもむかついて来るのを抑えて言った。「それに僕の友人はフランス語が余り得意じゃないのだ」。

「いいや、どうして、どうして、彼は立派にフランス語を話すよ。ただ、話したがらないだけだ。僕が何を言っても、彼はただ笑うだけで、答えないのだ」

「それは話せないからさ、笑っているのは君に失礼をすまいという心からからだ」

「そう。日本人はなかなか礼儀正しい。それは僕も知っている。だが日本という国は決して礼儀正しい国ではないね。近頃のやりかたはどうです、え君？」

三吉は黙って、ただ笑っているほかはなかった。対手は勝手にコニャックをとって飲み、そして勝手に喋った。高山を捉えて
「ね君、お互に軍人は率直に話そうじゃないか」と言い出した。「僕も以前には重砲兵にいてね、いまでは退役だが大尉ですよ。僕は軍隊生活の率直簡明が好きです、それを思うといまでも当時が懐しい。どうですか、君の所感は？」

「僕は軍人じゃない」と高山はひどく狼狽して吃りながら答えた。「僕は鉱山技師ですよ」。

「いや、それはそうでしょう。だがどちらだっていいじゃないですか。とにかく、君には軍人的感情というものが解って貰えることを、僕は知っている。それは、すぐ判るのだ。どうです、日本は印度支那を掠奪しに来るか来ないか、え？どうです、どう考えます？」

三吉は高山に、「いいから先に帰ってしまえ」と言った。

「あとは僕がやっておく、そして明朝でもそちらで来てく

れればいい、たいして急ぐこともないから」。

フランス人は、「おい、おい」と出て行く高山を半分腰を浮かしてのび上るようにして呼んだ。しかし、高山はもはや答えずにそのまま行ってしまった。フランス人は怒って、「糞っ《メルド》！」と最下級の罵り言葉を発した。

「あの男は失礼な奴だ、君の友達は礼儀を知らぬよ」

「しかし、君よりはまだましだよ」。三吉は高山が行ってしまうともう構わぬ気になって、先刻から納りかねていた肚の虫を少しは爆発させてもよかろうと思っていた。対手の出かたによっては一喧嘩やらかしても面白いだろう。

だが対手は格別対手にはならなかった。もはや高山のことはけろりと忘れたように、いまはただ三吉に対して、執拗に一緒に飲むことを強いるだけであった。

バーの中は彼らのほかには人もなく、到って閑散としていた。フランス人は別段絡んだことを言うでもなく、ときどき呂律の崩れる不確かな舌で三吉も知っているフランス本国のことを、無邪気にだらだらと自慢らしく喋るのであった。そして、どうでも三吉を彼の自動車で送って行くと言って肯かなかった。立ち上るとふらふらしている。三吉は生命が惜しいと言って辞退したが、彼は運転は確かなものだと主張した。だが、三吉はバーから彼の家まで僅か五分たらずの間に何度も思わずヒヤリと身を竦めた。自動車は広い道を一杯になって、右へ左へ、街路樹なんかはねとばしてしまうような勢いで、深夜の人通りのない街を走った。そして遂に一台の空の洋俥をあっという間にはね飛ばしたが、そのまま行ってしまった。洋俥は壊れたらしかった。しかし人はどうなったか判らなかった。

「おい。此処だ、此処だ、此処だ」と背中をどやしつけんばかりにして怒鳴らなかったならば或は三吉の家の前をも全速で走りぬけていたかも知れなかった。車は鉄を削りとるような甲高い軋み音を発して、殆んど逆立ちせんばかりに急停車した。

「ああ、畜生、全くひやひやしたよ」

「あっははは！」

その車は三吉の顔に臭いガソリンの放屁をぱーっと一吹き吹きかけると、今度は極めて確実に、少しもよろよろせず一直線に走り去って行った。三吉は今更忌々しくて、舌打をしながらその姿を見送った。

その夜三吉が高山に話そうと思っていたことは、前日東京から来た電報によって高山が三吉たちに説明した汪精衛の移転計画について、汪側としては意見はまだ何にも極っていないらしいというだけのことであった。別段そう急ぐことでもない。三吉はそのまま家に入った。

高山の説明では、日本側は近々汪精衛を上海か、台北か、青島か、ともかくどこかも少し安全なところに移すことに決した模様で、そのため近く東京から二人の人物が特使として連絡にやって来るというのであった。しかし陳昌祖はまだ何も聞いていないらしい様子であった。

三吉たちは特使たちが来たらこの客人をどこに泊めるのが一番いいかについていろいろと相談した。事の性質上ホテルは都合が悪かった。で結局印度支那産業坂本支配人の社宅がよかろうということにきめて、その準備をすすめることにした。

バー・ペロケでの不快な小事件があってから四日目の夕方、橋本が怒ったような顔をして、「向うにも莫迦な奴がいるよ」と言いながら三吉の部屋に入って来た。総領事館の橋丸書記生がつい先刻橋本のところにやって来て、こんなものが総領事館宛に届いたが、総領事館には全然心当りがない、多分こちらの関係ではないかと思って持参した、とて一通の封書を持って来たというのである。手紙には達者な日本字で
「お客人二人見える筈、もうお着きになりましたか、御返事は同封の封筒でお願いします」

と書いてあって、署名はただ「中山」とのみあった。同封の封筒には三吉がいつも曽や陳と会っていたメトロポール・ホテルの三三四号室 Madame Ming と宛名が書いてある。

「変だねえ」と三吉も首をかしげた。

「調べてみなけりゃあ。うっかり返事は書けないよ」。橋本がそう言っているところへ、いつものように森本が退屈そうな顔をして、ぬうっと入って来たので、二人は急に話を切った。

何となく気まずい沈黙が二、三分続いた。

「何か話中だったのかい？　何なら席を外そうか」と森本は立ったまま言った。

「すまんけど、ちょっと十分ばかり……」

森本が階段を下りて行く足音を聞きながら三吉は、この好人物の友を時としては何となく避けるようにしなければならない近頃の立場に苦痛に近いものを感じていた。

「どうするね？」と橋本は早速続けた。

「怪しいよ」。三吉は手紙を橋本に返した。「第一、ほんとに汪側からの手紙なら総領事館に届けるのが変だ、当然僕のところに来なけりゃあならない。第二に手紙を書いて寄越すのが変だ、そんなことをしなくても直接口頭で連絡す

る方が確かだからね。第三に日本語だ、汪さん以外に目下ハノイには日本語の多少でも判る人はいない筈だし、汪さんが自分でそんな手紙を書くことはまずないと見てよい。第四に中山とは一体何者か、ということだね。第五にミン夫人とはそも何者か、ついぞいままでそんな名を聞いたことがない。それは、疑い出せば随分疑える手紙だよ」。

「俺もそう思う。持って来たのは何だか変によぼよぼな支那人だったそうだ」

返事は当分留保することにして、まず三吉が調べて見ようというので、橋本は高山と連絡のためすぐ帰って行った。入れ違いに上って来た森本は暫く黙っていたが、ぽつりと、どこか夕飯を食いに行こう、と言った。だが三吉は早速陳昌祖に連絡したいと思っていたので曖昧な返事をした。二人は暫くの間気まずく黙っていた。

「汪はどこかに移るのか?」と森本が唐突に、しかし静かな声で聞いた。

「いや、そんなことはないと思う」。三吉は明かに狼狽していた。そして自分の不器用さに腹を立てた。腹を立てて彼は急に喋り出した。移転するようなことはないだろうと思われる理由について、議論してでもいるような調子で説き立てた。そしてますます不快になって行くのであった。

森本は黙って聞いていた。

三吉が喋り終ると、森本は弱々しく笑って

「俺は近頃全く退屈しちゃったよ、君は何だか忙しそうだし……」と言った。「ひとりでカムチェンに行っても一向面白くなし……」。

「近頃、夜は何をしてるんだい」

「仕方がないから毎晩麻雀だよ」

「どうかね、成績は?」。三吉はほっと救われたような気になった。

「ここんところ行かれてるよ。お米も、太田さんな近頃ちっとも見えません、おおかたカムチェンのいい人んとこにばっかり入りびたっちょんなっしょ、と言って嘆いてたぜ」

「莫迦言ってるよ。とんと行かずだよ」

それから森本はつい二、三日前の夜、珍しく前後不覚に泥酔して、ふと目を醒ましてみたら、どうしたわけか、ひとりのうす汚い安南人の娘が彼のベッドの中に寝ていたのでひどく驚いたことだの、あとで気がづくと金を少々盗まれていた――尤も呉れてやったのかも知れないとも言っていたが――ことだのを機嫌よく話して、「何かかったら教えて呉れよな、頼むぞ」と言って帰って行った。

42　夜の太湖

どうしたわけか、このときに限って陳昌祖との連絡がまる二日の間何としてもとれなかった。この間に、手紙の来た次の日の朝、今度は電話で鈴木総領事のところに連絡して来たが、話がてんでとんちんかんなので、対手は、それではまた、と言って電話を断ってしまったというようなこともあった。そのときも流暢な日本語であったという。

「君らが何かごそごそやっているのと間違えているんだね」と鈴木は別に気にとめる様子もなく笑っていた。

三吉が陳に漸く会えたのは三日目の朝であった。陳は少し用事があってハイフォンに行っていたのだと言った。そして例の手紙については、あれは汪側からのものに相違なく、あれを総領事館に届けさせたのは自分だと言った。三吉が今回に限って何故そんなことをしたのかと詰りぎみに、総領事館は初めからこの問題には全然関係していないことを説明すると、陳は

「そんな詳しいことは知らなかったし、ただ上の方から、これを総領事館に届けるようにと命令されたので、そうしたまでです」と言った。そして三吉が言う日本側の疑惑——殊に四月六日の重慶大公報の暴露記事事件以後は、汪派の中にさえ油断ならない内通者がいるのではないかという疑惑については、陳昌祖もまた、「御尤です《ヴ●ザグエ●レーゾン》」と言うのであった。

「僕らとしては客人たちに万一のことでもあっては大変だと考えるので、大事の上にも大事をとっているわけだけど中山と言うのはいったい誰なんです？」

「いずれお判りになりますが、最近香港から見えた人です」

「その人は日本語が達者なんですか」

「ええ、非常にお出来になるそうです」

「高宗武さんじゃないでしょうね」

「いいえ」

そして結局陳昌祖は、自分としては中山なる人物は充分信頼するに足ると思うが、なお日本側で不安だというのならば、改めて汪先生の保障を頂いて来てもいいと言った。

三吉は誤解のないようにと、もう一度繰り返して、何故彼らがこうまで用心深いのかについて説明した。

「決して不必要に神経過敏なわけではないと思うんですけど」と言うと、陳昌祖も繰り返して、「御尤です」と答えた。

陳昌祖と三吉とはその日の午後再び会った。そしてその日の夜の会見を打合せた。

太湖《グラン●ラック》の中道の並木はもうすっかり若葉を揃えて昼間見ると快い並木の隧道をなしていたが、夜は、ところどころに吊るされている吊街燈の光がそのあたりだけを朧ろに闇から浮き出さしているにすぎない。湖面にも一條の光すらなく、すべては闇の底に呑まれていた。ただ遥か湖の彼方にとぽんとぽんと飛び飛びに民家の灯が小さく瞬いているだけであった。

高山と三吉とはこの中道を先刻から、疎な散歩者――それも多くは恋を囁く若い男女のそぞろ歩きにまじって、行ったり来たりしていた。高山は気忙しく吊街燈の下で何度も時計を見たり、立ち止って振り返ったりしてひどく昂奮していた。そしてその言葉つきまでいつもよりずっと高圧的な調子を帯びて来ていた。

「おい、君はこのことを森本などにも喋りはすまいな」と言った。「絶対に喋っちゃこまるぞ」。

「言わんよ、言わんけど、彼だって新聞記者だ、多少は気付いていているよ」

「気付いていいるったって、お前、それじゃ困るじゃないか」

「困るったって、それこそ困るよ。始終一緒にいるんだもん、誰だって何かあるなぐらいは気付くさね」

「困ったね、何とかならんか」

「いまさら、君はもう俺のところに来てくれるなとも言えまいじゃないか。それにあの男は絶対大丈夫だよ」

「それは、その点は俺も信用しているんだがね。しかし、彼も新聞記者だからね……」

「そんなこと言や、俺だってそうだ」と三吉は苦笑した。「森本は気付いていながら、そのことについては一言も質ねたりしないよ。それだけに、俺としちゃ、全く心苦しいさ。何だか妙に除け者にしているようでね」

「東京に電報を打って呼び戻さすか」と高山は独り言のように言った。三吉は黙っていた。

「あ奴は珍しくいい人間だからなあ」と高山は更にひとりごちた。

並んで歩いて行く二人の背後からパーッと強い光が浴せかけられて、あたりは忽ち昼間のようになった。振向いて見ると、中道の端れの方から並木道一杯になって、目眩むばかりにヘッドライトがぐんぐん近付いて来る。三吉たちは道の端の方に並んで避けた。ヘッドライトは三吉たちのすぐ傍に来てすっと消えた。そして中から陳昌祖が半身乗り出して

「早く乗ってください」と叫んだ。

そこには陳昌祖のほかに、灰色の背広を着ていた肥った

男が乗っていた。ルーム・ランプを消した車内では、時々吊街燈の下を通るときだけしか対手の様子は判らなかったが、ちらちらと瞬間的に見た感じではまだ四十を幾つも超えてはいまいと思われる、額の広い、頬骨の高い、大柄な男のようであった。

陳昌祖がまず三吉を紹介した。対手は

「おお、太田さんですか、香港で高宗武さんからお話は聞いています」と日本人と殆んど変らない日本語で言った。

「私は中山と言っていますが本名は周隆庠です*」

＊　周は九州帝大卒。帰国後、外交部情報司日本科長。汪兆銘の外交部長時代、汪の日本語通訳を務める。汪兆銘政権では、外交部亜州司長、外交部次長、行政院秘書長。戦後、漢奸として無期懲役を言い渡された。一九六九年、上海で病死。

三吉は周と陳とに高山を紹介した。高山は汪派の人と会見するのはこれが最初だったのでひどく固くなっていた。車内の人々はそれっきり黙ってしまった。

自動車は中道を出外れて、ヨット・クラブのところから太湖の堤防に上り、真暗な中を、広い土堤道をどんどんつっ走った。間もなく、いま通って来たばかりの中道が遥か後方にぽーっと浮いて見えはじめ、その背後にハノイの市街の灯が美しく連なりはじめたころ、三吉は運転手にストップと言った。自動車は太湖を半周していた。左側は丈高い草の一面に茂った急な斜面がすぐ湖面に続いていたが、右側は傾斜のやや緩かな広い草原になっていて、二、三百メートル先に箱型の自動車が一台乗りすててあった。自動車はその草原に半身乗り入れて停り、ヘッド・ライトを消した。辺りは急に真暗になってしまった。

車から出るとき、彼らは足許に余程用心しなければならなかった。それでも周隆庠はちいさな凹みに落ちたか草に足をひっかけたかして、よろめいたらしく小さな叫び声をあげた。陳昌祖が支那語で何か言った。

「どうです、屈強の媾曳場所でしょう。よくフランス人などが来ている。ここなら誰も怪しむものはない」

「太田さんは大変なところを知っていますね」と周が笑って言った。「よく来るのですか、ここへ？」。

「時々ね。但し単純なドライヴですよ」

「どうですかね……それはそうと、皆さん、今夜はひとつ、全くの無礼講でお話しを致しましょう」

三吉は、いくらうまくても矢張り外国人の日本語だなと、周の「無礼講でお話」という表現に思わずほほ笑んだ。

四人は真暗な中で叢に立ったままで話した。互に対手の表情は勿論、姿さえ判らない。だが声の調子で、一番多く喋った高山が如何に始終緊張した顔付をしていたか、また時々相槌を打ったり短い質問を発したりしている周隆庠が相変らずにこついているらしいことなどが判った。陳昌祖と三吉とは始終何にも言わなかった。そして高山が今度来る二人の客人についてその人物を説明し、此方側の準備の大体を告げて、今後の連絡は一切間違いなく三吉宛にしてくれるように話し、凡その主な話を終ったとき、三吉と陳とは他の二人をそこに残して、やや離れたところに歩を移した。別段話とてはなかった。だが三吉はただ何となくいつまでもこんな風に話していたいような気がしていた。陳昌祖はひとり離れて自動車によりかかって立っていたらしい運転手を傍に呼んで、陳国倚といって自分の甥だ、と紹介した。今夜は重大な会合の日だから特に彼に運転させて来たのだとも言った。この若者は闇夜にもそれと判るがっしりした逞しい身体つきをしていた。彼は自分は英語しか話せないと言ったが、その英語でも余り話そうとはしなかった。

周と高山とはまだ何事か頻りに話していた。勿論もう重要な話はない筈だったから、それが何かの、余り重要でない、雑談に近い話であることは、高山がときどき笑っているのでもそれと知れた。

「だい分弾んでいるようだが、そろそろどうですかな」。三吉が声をかけると、すぐ周の声が笑いながら答えた。

「どうも、始めて恋人に会ったもんだから、別れが辛くてね」

「婧曳はすばしこいのがいいんですよ。それにあなたの恋人は昼間見ると色が黒くて、汚いですよ」

高山が突拍子もない声をあげて笑った。周は、「いやお互様です」と言いながら自動車の方へ歩いて来た。

43　客待ち

客人たちが来てみなければ、実際にはどうなるものか判らなかったが、高山たちはともかく一応は現地案なるものを参考までにつくっておこうというので、高山を中心に、橋本、坂本それに三吉の四人が寄って、客人たちと汪精衛の会見の場合、汪精衛を仏印から脱出させる場合の二つの場合について、それぞれ幾つかの案を研究した。

門のところから入口の階段まで、玉砂利の道に沿ってずーっとバナナの木やパパイヤの木などが植え込んである坂本の社宅は、総督府に近く、植物園のすぐ横手の閑静なところにあったが、外観よりは内部の方が贅沢にできていて、とりわけ彼らがいま集っている表に面した中二階の応接室はそう広くはなかったが上等の家具を入れて、居心地よく整えられていた。

三吉は既に些か会議に倦んでいた。何でもさっさと極めたがる三吉の気象とは逆に、高山は何事にもあれ同じことを必ず二、三度繰り返して論じる上に、あらゆる仮定を立てて、一々それに対する対策を考えておかねば気が済まないという方であった。三吉は欠伸とともに、「参謀本部は細いね」と呟いて莨を灰皿の中につき立てた。

「こういうことはきみたちが遠足の相談をするような手軽なわけには行かないよ。緻密な上にも綿密に考えておかないと、失敗してからではもう駄目だ」

「それはそうだ」と坂本もやや疲れたという顔色で言った。「それはまさにそうだが……どうかな高山さん、夕食でも食べてからにしようじゃないか」。

彼らは朝の十時からもう引つづき七、八時間も、細々したことを論じて、同じところを行きつ戻りつしていたのである。犬好きの橋本はもうずっと前から会議には加わらずに、専ら坂本の愛犬狆と戯れていた。

「夕食もいいが、一杯飲むと太田などはてんで尻が落着かなくなるからね」

「もういいよ、あんたのねばりには負けたよ。何でもあんたがせいと言うことをするから、きょうはこれで飯ということにしようや」

坂本も賛成、賛成と言って、夕食の用意を言いつけに立って行ってしまった。

高山は仕様ことなしに、何やら一杯書きつけたノートを閉じて、会議を終る様子を見せたが、それでもなお未練らしく、

「要するにだな」となおも言った。「どの案を実行するにしてもだ、重慶側は勿論、フランス側にも、それから一般の在留邦人にも一切絶対的に気取られることないように、すべてを運ぶということが、この際最も大切なことなんだよ」。

三吉はヴェランダの方へ立って行って、大きく外気を呼吸しながら、後向きのまま言った。

「初めっから皆、もう八時間以上も僕たちはその意見に賛成しつづけて来たんだよ」

陽はぐんと西に傾いていまは名残の夕映だけが亭々と聳える木々の梢を染めていた。吹き込む風は流石に涼しく、

吊旋風器の生ぬるい風にばかり当っていた三吉の熱した頭をすっかり清々しく冷した。

食事の間は女の話が弾んだ。高山はコーラムがどうも自分に惚れているらしいと頻りに悦に入っていた。そして三吉に向って、妹のコーナムはまるで小便臭くて仕様がないじゃないかと揶揄った。橋本は渡辺初子の噂をして、あの女が嫁女でございと言って畏っているところを是非見たいもんだ、と急に上機嫌になって笑った。坂本は五十八番の女将で安南人の社会ではちょっとは知られた唄い手だという大年増をカムチェン一だと言ってほめた。

それから、日本軍がどしどしやってくれるのは有難いが、どうも最近のようだと、仏印の空気が一層先鋭になるばかりで、彼らとしては実にやりにくい、という話になった。その頃日本軍の飛行機は多分海南島の基地からと思われる大編隊を飛ばして、連続的に昆明や蒙自などの滇越鉄道の要衝を叩き、柳州や南寧など広西ルートの中心地をやっつけていたが、その度に仏印の諸新聞はヒステリックな非難の声をあげて、被爆都市はいずれも歴として支那の都であったにも拘らず、これは明らかに日本軍が仏印ルートの叩き潰しを策しているのだと主張し、もし日本機が一機でも仏印上空を飛ぶようなことがあったら、即座に撃墜してしまわねばならぬといきまいた。そんな矢先、昆明からハノイに向って飛びつつあった欧亜《ユーラジア》航空公司の旅客機が雲南と仏印の国境近くで突如日本軍飛行機の追跡をうけて、仏印領内にほんの僅か入った辺鄙な場所に不時着した事件が起きたりして、仏印の昂ぶった神経をますますかきたてた。

すると今度は、重慶駐在のイギリス大使クラーク・カーが香港から重慶への帰途、態々船でハイフォンに上り、ハノイを通過して行った、ということが報道されて、クラーク・カー大使は仏印総督ブレヴィエと何事か重大な会談を行ったものだとの噂が街に拡がったりした。シンガポールで馬来の英軍当局と仏印の仏軍、それに泰の軍部首脳も集って三国軍事会談が近く行われるだろうというような報道も伝えられた。

「とにかく、明日は皆、一つよろしく頼むよ」と高山は汪精衛をハイフォンから出航させる場合、タム・ダオからハイフォンまで彼らの手で密送する案の予行を次の日実地にやってみることにきめて、その日の会議はこれで終りだと言うように、そう言って立ち上った。そして、久しぶりにカムチェンに行こうという三吉の誘いを、「まあきょうは止そう」と断って、橋本と一緒に帰って行った。

三吉は坂本と碁を打ちながら酒を飲んだ。酒が廻るにつれて碁は乱れ、双方ともでたらめな失着を繰り返しては大声で笑った。

「こりあ、だめだ」と三吉は盤面をごちゃごちゃにかきまぜて言った。「行こう、あんたのハノイ勝太郎を口説こうや」。

　五十八番の女将はちょっと出て来ただけですぐ引込んで行った。いくら奨められてもしれしれ笑っているだけで歌を唄おうとはしなかった。二人はそこを出てコーラム姉妹の家に行った。コーラムはしきりに「支配人《ムッシュー・ル・ディレクトール》さん、支配人《ムッシュー・ル・ディレクトール》さん」と言って、坂本にとりついていた。三吉にとっては結局それが気詰りでなくてよかった。この女が最近高山との間に特別な関係をつけたらしいことも三吉はうすうす知っていたが、パトロンの転任によっていまは定った収入の道を失った彼女としてはそういう風にすることが、これまでの、安南人としてはむしろ贅沢すぎるその生活を、今後も引続き支えて行く上から当然必要なことであったろう。

　コーナムはこの夜もいたってあどけなかった。梳きっぱなしにして、根元だけを紐で結えたみごとなその黒髪は立っていても膝のあたりまで垂れていた。彼女は三吉の両手をとってソファーから引き立てたり、次々にたてつづけに踊ったり、「あんた《トア》、姉さん《マ・スール》、愛するない《パ・エーメ》ね、結婚ない《パ・マリエ》よ」と言ったり、「あたし《モア》、あんた《トア》、とっても《ボークー》愛する《エーメ》」と媚びたり、三吉の膝にかけたり、それはちょうど雌の仔猫が雄犬にじゃれるような無邪気さであった。三吉は娘に対しているときだけはこうした種類の賤業婦と一緒にいるのだという意識をいつのまにか忘れて、彼女と同じ高さに自分も立っていた。

　言葉も余り判らず、従って思想も殆んど通わぬのに、こうした気持の通いがあるのは何故だろう、などと、彼女の年にしては少しみごとに発達しすぎた乳房の膨らみや、ぷりぷりした腕・腰などの若々しい線を惚れ惚れと眺めながら三吉は考えてみる。結局それは矢張り単なる欲情の仕業で、すくなくとも三吉の場合は、あったのかも知れない。だが何となくそれだけではないようにも思われた。もしそれだけのことだとしたら、三吉にはこの感情を満足させる機会も手段もあった筈だ。ともかく三吉には、この娘の清純さを尊重したいという気持が微かながら動いていて、それがこの娘の肉体的な魅力に惹かれている三吉の感能を制御していた。

　次の日高山たち四人は坂本の乗用車でタム・ダオの昇り

口を起点に、かんかん照りつける炎天の下を、時計で正確に時間を計りながら、前日極めたとおりの計画に従って、ハイフォンまでの全コース二百キロ余りを走ってみた。タム・ダオの山を下りて来る汪の自動車を待ちうける地点、汪を此方側の自動車に移乗させる手順、客人や高山たちを乗せた別の自動車の待機位置などにも暗夜でもちゃんと判るような目標《めじるし》を定めたりした。ハイフォンでは印度支那産業専用の船着場にモーター・ボートを用意しておく位置も定めた。そして、暑さに疲れきった彼らは、その夜ドーソン岬の海浜ホテルに車をつけて、シャワーで埃と汗を流し、芝生の庭園で涼しい海風にほっと生気を取り戻しながら、そこで食事をした。この二月頃から急に始められた砲台工事がすぐ近くで行われていたので、工事場を眼下に見下す位置にあったこのホテル自慢の眺望絶佳な高台食堂は最近では閉されていたが、芝生食堂にいても、遥かにハイフォン港の灯の連りを望んでいい眺めを楽しむことはできた。夜になるとそのまま明るいスタンドに変る大きなビーチ・パラソルの飾り総《ふさ》が風にはためいた。そして幾組かの男女が芝生の中央にあるタイル張りの丸い舞踏場で四方から交錯する強い照明をくぐりつつ、騒々しい楽隊の音に合せて踊っていた。

「支那人の客が随分増えたね」

「半分は支那人だよ」

三吉はやや離れた卓子に、彼を取調べたハノイ軍事裁判所のクロックヴィル少佐が美しいフランス女を伴って、背広姿でやって来ているのを認めて、自分の席から軽く会釈した。目の大きな美しい女も彼の方を見ていた。クロックヴィル少佐はその美しい同伴者に何か説明しているふうであったが、やがて立って来て、三吉の同席者たちに軽く、失礼、と会釈してから、三吉に、妻が知己になりたいと申しているから、差支えなかったら暫時同席して貰えないか、と言った。

クロックヴィル少佐は親友同志がするときのように、三吉の腕をとって自分たちの席に案内して、立ち上って待っていた夫人に彼を改めて紹介した。

「僕《モン》の親愛《・シェール》なる被告《・アキュゼ》、太田君《ムッシュー・オオタ》だよ」と彼はふざけて言った。

夫人は握手してから、更に日本人同志がするように小腰を折って、日本語で

「はじめまして、どうぞよろしく」と言って快活に笑った。そして今度は早口のフランス語で、「ね、妾は愛嬌者でしょう？　お驚きになって？　妾は日本にもいたことがあるんですのよ」と言いながら、三吉を彼女と夫との間に坐らせた。

「これの父が数年間日本で学校の先生をしていたのだそうでしてね」とクロックヴィル少佐が説明した。「僕も是非一度日本に行ってみたいと思いながら、上海にさえ行く機会がないのですよ、残念ながら……」。

京都も知っている、奈良にも行ったことがある、だが福岡という街が自分は大変好きだ、というようなことを、パリっ子らしくRの音を快く咽喉にひびかせながら早口にしきりと話す夫人の、それだけは全然別の生物のように印象的に動く真赤な唇を見ているうちに、三吉は久しぶりでフランス語の真の美しさに恍惚となっていた。そして久しぶりに真のフランス美人を見たと思った。しかもそれは生粋のパリジェンヌに近い洗練された美人であった。それだけに彼女は実によく喋った。赤い、若々しい舌の先が白い歯と赤い唇との間からエロチックに時々チラチラと見えた。

支那人と日本人との区別がはっきりしないという夫をクロックヴィル夫人は軽蔑してみせた。

「あら！　一目で判りますのよ。それはベルギー人とフランス人を見分けるよりはずっと楽ですわ。イギリス人とフランス人ぐらいも、或はもっと違うかも知れませんわよ」

「じゃ、あそこで踊っている連中は、あれは支那人なんだろう、どこが違う？」

「感じですわよ、感じで判るのですわ、日本人は何となくキリリとしたところがあるのですわ」

それから、日本人はダンスをするかどうかという話になり、夫は日本人がダンスを余り好まないという結論を下すことを望んだ。それは支那人と違って日本人は日本固有のものを特別に愛し尊重することを知っているからだ、というのである。

「あなたの議論は、御自分では支那も日本もまるっきり知らないで、勝手に想像なすってるんだから、いい加減ですよ。ご自分がダンスができないものだから、世界中に一人でも余計ダンス嫌いをお造りになりたいんですわ」。夫人に伴って夫も機嫌よく笑った。そして夫人が三吉に一音楽踊ってくれと言って三吉をつれて立って行くと、その後から

「彼は日本人じゃないよ。お前が日本人である程度に彼はフランス人なんだよ」と言った。

クロックヴィル夫人の身体はしなやかで、いい香をさせていた。踊りながら三吉は何度となく軽い身慄いを感じて、知らず知らず彼女の髪毛に頬をよせていた。

Oh! Jàitrouvé un Japonais elpantant! Qu 'ert-cequ' il ert excelleut danceur(素敵な日本人だわ、大した踊り手よ)

席に帰りながら夫人は夫にそう言った。

三吉は先刻から一つの軽い疑惑を心に抱いていた。

いったいこの夫婦は何のつもりでこんなに三吉を歓待するのか。

夫人が曽つて日本にいたことがあること、夫が五ヶ月ほど前に三吉を取調べたことがあること、それだけの因縁では全面的に対日感情が悪化している今日、こうした公衆の面前で、いかにも親しそうに三吉をもてなす理由にはならない。単なる気紛れの好奇心か。或はそうかも知れない。殊に若く綺麗な女というものは、己の綺麗さを充分に意識しているが故にとかく気紛れを起すものであり、他人の思惑などは余り気にしないことが多いものである。

しかしこの疑問はやがて解けた。

クロックヴィル少佐はコニャックとコニャックのあい間に、急に声をひそめて
「実はね《ディッ●モア》」と卓子の上に乗り出すようにして言った。「これは家内があるところから聞いて来たことですがね、日本の総領事館では館員の家族を全部日本に送還することになったというのはほんとうですか」。

三吉は驚いた。それは寝耳に水の話であった。

「嘘でしょう、そんなこと全然知りませんよ」

三吉の否定がこれ以上言葉を費して説明する必要のないほどはっきりしたものであることは、その調子ですぐ対手にも判ったようであった。

「そうだろう、そうだと僕も思っていたのですがね」とクロックヴィル少佐はすぐ応じた。

「僕は総領事館の連中とは勿論親しくしているんだが、ついぞそんな話、聞きませんよ。近頃は随分いろんなデマが街に流布されているから、これもその一つではないでしょうか」

「そうでしょうね、そうでしょう、多分、確かにそういうことでしょう」と少佐はこういう噂を軽々にとりあげた自分の粗忽さを取り返そうとでもするように、立て続けに同意した。そして近頃街で行われている様々な流説をしきりに罵って、

「ばかなことです、実にばかげきったことです。日本は日本、フランスはフランスではありませんか。日本がその必要に基いてすることを、吾々が一々彼此と言う必要はない。印度支那は平穏なんだし、フランスのプレスティジュはちゃんと守られているのだから、われわれはただこの平穏を守り、それを娯しんでいればよいのであって、余計なことに口出をして不必要に他国を刺激するなどということ

は、実にばかげきったことです」と急に力を入れて論じはじめた。

帰りの自動車の中でも総領事館家族に総引揚げについては誰も何にも知らなかった。高山たちも三吉と同じくそれは近頃流行の噂の一つにすぎないだろうと言った。

しかし、それは事実だったのである。

一番気の弱い浦部が、別段詰めよられたわけでもないのに、三吉のさりげない質問に対して、てもなく事実を肯定してしまった。どうも空気が険悪だし、大したことにはなるまいとは思うものの、この際家族は返してしまった方がよかろうということになって、差し当り、浦部と橋丸の二人がその妻子を、今度のバンコックの航路の大阪商船の定期船で、ハイフォンから内地に帰すことにしているのだという。しかし、このことが外にもれると、またしてもデマの種になるというので、ごく内々に事を運んでいたのだが、いったいどうしてそんなところまで洩れたのだろう、と浦部はしきに頚を傾げて不思議がっていた。

「それは君、天知る地知るで、抜け道はいくらでもあろうじゃないか。安南人使用人もいれば、日本人で油断ならないのもいるし」

「そうだねえ、しかい、どうも弱ったなあ」

三吉たちは、総領事館の連中はいったい何を考えているのだろうとまたしても鈴木総領事に対する不満の声をあげた。

「仕様のない莫迦だね、あの酔払いは！」と橋本はこめかみを怒張させて罵った。

44　別離の泥酔

中山から手紙が来て、

「矢野氏来られる筈、もう着かれたでしょうか。ご連絡願います」と言って来たので、三吉ははじめて、「ははあ、あの男も此方の関係だったのか」と思い当るのだった。猪首で赭ら顔の矢野征記と称する男が二日前突然飛行機でやって来た。領事として当分こちらにいる予定だと言って、メトロポールに一晩泊っただけで次の日には総領事の官邸に引移ったっきり、人前には殆んど姿を現わさなかった。東京から直接やって来たのだというので、いろいろと話を聞きたいと思って、三吉は早速彼を訪れてみたが、ホテルではほんのちょっと挨拶しただけで、ひどく疲れているからと態よく追い返され、次の日は要談中だと言って、総領事館の一室に閉じ籠ってしまい、その次の日も「すまんがまたの機会にしてくれませんか」とまたも一室に閉じ籠ってしまった。そして真赤な顔をしてしきりに扇をつかっていた。

何だか知らぬが妙に勿態ぶった好かない野郎だ、と三吉は軽い反感を覚えながら帰って来たところであった。

道理でいやに人を警戒すると思った、と三吉は苦笑して、何と返事したものかと相談するために高山に電話してみたが、彼は外出していて不在であった。そんなら直接矢野に当ってやれ、そして自分が何者であるかもこの際のみこましておいた方が好都合であろう、三吉はそう思って再び総領事館に引返したが、矢野は既に官邸の方へ引あげたあとであった。官邸のボーイに、急用だから是非矢野領事に会い度いのだが、と取次がせると、暫くしてから、既に一杯飲んでいたらしい高山が赤い顔をして出て来た。

「何だい、急用というのは」

「あんたはここにいたのか、どこに行ったか判らんというもんだから、それじゃ矢野氏に直接相談しようと思ったんだが……」

三吉は中山からの手紙を高山に見せた。

「そうだな……実はいま二人でいろいろと相談しているところなんだが、どうするか、客人たちの到着前に一度矢野君と僕とで、中山に会うかどうか……ちょっと待ってくれ、相談して来るから」

高山は階段を二段づつ股いで二階に上って行った。応接室の前の廊下に置きぽりにされた三吉はちょっとの間自分も二階に上って行こうかとも考えたが、すぐ、ふんと冷笑すると、くるりと踵を返して玄関のポーチの下に出た。そこには赤い花が一面に咲き乱れていて、毒々しい羽色の九官鳥が一羽金籠に入れて吊るされていた。その小賢しい小鳥はしきりに喋り立てた。

「おかえり、おかえり、おかえり」、そして妙に咽にかかった含み声で、「自動車、ボーイ、自動車」と気取って叫んだ。止り木の上で足踏みをするように互違いに肢をもちあげて身体を揺っている。一台の洋俥が門の前に止って、スカートの短い白い服を着た総領事夫人がひらりと下りた。そして蔓のからまった門の鉄扉を開けて、さくさくと気持よく玉砂利を踏みながら入って来た。ぱっと明るく笑う。

「おーや、どうぞお入り下さいましよ。宅もいますでしょう？」

「いいんですよ、きょうは使い走りだから」

「だってえ、こんなところに立ってらしちゃあ……」

「奥さんは内地へはお帰りにならないんですか」

「何故ですの？」

「皆逃げて帰るっていうじゃありませんか」

「ああ、あれは違いますのよ、お子さん方のおありの方たちだけですわ」

「そう。それ聞いて安心しましたよ。奥さんも帰ってしまわれるんじゃ、ちと淋しいがと思ってたところでした」

「あんなお上手ばかり。そのくせちっとも遊びに来ては下さらないでいて！　いけませんよ、少しお慎しみになりませんと」

「何をです？」

「いいえ、いけませんことよ。宅もそう申しておりましたわ」。そして総領事夫人は巧まざる媚を含めた大きな目で睨んだ。

高山が出て来て、入口の階段の上に立ちはだかったまま、「おい、太田君」と呼んだ。しかし三吉はもう先刻ほどには怒りっぽくなくなっていた。高山から厳重に封をした角封筒をうけとりながら彼は笑って
「矢野っていう官僚にね、太田さんは郵便屋で、決して怪しい者じゃないって、よく言い聞かしといてくれよ」と言った。「それからあんた、森本の送別会には屹度来るね」と念を押した。


森本は本社から香港へ帰れと突然言って来たので、明日ハノイを発って明後日の定期船に乗ることになっていた。三吉はメトロポールの陳昌祖に返事の手紙を渡してから、まっすぐに今夜の会場になっているスプランディド・ホテルへ行った。橋本も坂本も総領事館の浦部や橋丸ももう来ていた。森本はいつものように穏かな笑顔で誰にでも同じように静かなうけ答えをしながら盃をあげていた。

案の定高山はなかなか現れなかった。橋本と三吉は交る交るに、「怪しからん」としきりに憤慨したが、森本はその度に、「いいよ、屹度忙しいんだよ」と二人を宥めた。そして、森本と三吉とは何度ということなしに双方で、おい随分世話になったな、と言い合った。

三吉は気持が妙にひねくれて行くのを感じていた。それはやたらと感傷的なものの方へ傾いて行くかと思うとふとしたきっかけで今度は苛々した怒りに似たものへと変って行ったりした。いい加減にしておかないと、今夜の酒は少し荒れるかも知れない、と三吉は自分に何度も言いきかせていたが、ややいい気持になったらしい森本が彼の肩を擁して、「おい、随分世話になったなあ」と言って盃をあげる度に、彼も勢いよく盃をあげて、「お前の友情は忘れないよ」と答えて、その言葉と一緒に盃の酒を呑みほすので

あった。

高山が、「いやどうも、どうも」と小腰を屈めながら入って来たときは、もう卓子の上には一枚の皿もなく、ただ酒壜とコップとが乱れて置いてあるだけであった。三吉は余程酔っていた。近づいてきたボーイに高山がもう食事は済んだからと言うのを引とるようにして、三吉は高山に喰ってかかった。

「おい、今日の送別会は本当は君が主催者であっていい筈だぜ。それにどうした。いったいあの矢野というみるかにおっちょこちょいな木ッ葉官吏とは今夜でなくっちゃ一緒に飯を食う機会はなかったのかね」

「なに?」とみるみる不快な顔になって、ぐっと三吉の方を睨んだ高山に、三吉はふふんと鼻で笑い返した。

「いいよ、いいよ、そんなこと、何だい」。森本は三吉の肩を抱いて無理矢理に三吉の口に自分の盃を押しつけた。

次の日の朝、三吉は痛い頭でいろんなことを思い出した。五十八番に行って、それから確かに泣いたようであった。みっともないほど何度も何度も繰り返して、「森本よ、俺あお前に全く済まんと思っているぞ」と言い続けていたようであった。そして結局森本に送られて家に帰って来たようであった。或は彼が森本を送って行った──どうもそのようであった。或は彼が森本を送って行ったのかな……ともかく、最後は二人きりになって、盛に飲み、それから二人で相擁して踊り廻り……記憶はとぎれとぎれであったが、従って前後ははっきりしなかったが、引とめる妓をつき放して、そのときどうも妓の一人が仰向けに引くり返ったようでもあった──シャンパンを一本宛持って、外に出た。

三吉ははね起きて、いつもよりずっと長くシャワーを浴びた。その音をききつけて上って来たボーイのグェンは、バスタオルを取ってわたしながら、片言のフランス語で
「旦那様《ムシュー》、昨夜《イエル●ソアル》、大変《ボークー》、酔払い《イヴル》、私《モア》、大変驚きました《ボークー●エトンネ》」

と言って笑った。

「も一人の旦那様《オートル●ムシュー》　寝てる《ドルメ》　下で《アン●バ》」

「何?　下で寝てる?」

「ええ《ウィ》そうです、旦那様《ムシュー》。森本旦那も酔払い《ムシュー●モリモト●オーシー●イヴル》。二人で《ツー●レ●ドゥ》歌唄った《シャンテ》」。そして彼はげらげらと笑う。

森本は階下の応接でソファーを二つ寄せた上にいい気持さうに眠りこけていた。食堂の棚の上には空になったシャンパーニュの壜が二本並べてあった。昨夜はここに帰って来て、二人で壜から喇叭のみしながら歌ったことを思い出した。そして隣家のフランス人が塀越しに怒鳴ったことも思い出した。

森本はその日の午後、自動車でハイフォンに発って行った。

45　病める客人

山下汽船の北光丸という六千トンばかりの貨物船が台湾拓殖の傭船になって、鉄鉱積取りのためハイフォンに入って来た。四月十六日の午後もだいぶ晩くなってからのことである。

その前日は突如として物凄い大嵐が終日暴れ荒んだので三吉たちは海上はどんなものかと心配した。朝から坂本の社宅に行っていた三吉は、九時ごろから俄かに吹きはじめた突風性の強風に乗って、木の葉を叩き落すほど激しく降りつけて来た豪雨にとじこめられて、ずーっと夜までそこにいたが、間もなく風雨は間断なくつん裂くような雷鳴まで混えて屋根ぐらい吹きはがしてしまいそうに強まって行った。すぐ近くで何度も木の枝の折れる音がした。午後になるとそれはますます強くなって、ハノイをすっかり無人の街にしてしまった。翌くる日三吉が見廻ったところでは、こんな巨木が……と驚くような大きな木が根っこぐるみ諸処方々に吹き倒されていて、街上には無数に折れ飛んだ大きな枝が散乱し、舗道は全面的に木枯のあとのような木の葉の山に蔽われていた。電燈は消え、電話も不通になった。気温はぐっと下って寒いくらいであった。この地方としては実に何十年来の珍らしい大暴風雨であるといわれた。

しかし、次の日はけろりと拭ったような朗かな好天気であった。澄みきった太陽の光がさんさんとして、廃墟のようなハノイの市街を照らしていた。そして船はほぼ予定どおりに入港したのである。高山と坂本がハイフォンに出かけて行った。

坂本の自動車が客人たちを運んで帰って来たのはその次の日の午前十一時頃であった。橋本と二人で坂本社宅の応接室に早くから待っていた三吉は自動車の音がしたのでヴェランダに出て見た。車が止ると運転手の脇から坂本が最っ先に飛び降りて素早く扉を開けた。ヘルメットに白服の高山に続いて、いずれも同じような熱帯向けのいでたちをした人物が三人降りたった。

おや、三人なのかな。客人は二人とのみ思っていた三吉がちょっと訝りながら見ているうちに、三人目の頑丈そうに肥った人物は二人目の背の高い痩せた人物に肩をかすようにして階段を上って来た。二人目の人物は慇懃に上体を心もち前に傾けている高山の前を通って弱々しく扉口に進み、続いて最初の中肉中背の人物が高山と並んで階段を上り、最後に坂本が上って来た。これらの様子で三吉には二人目の弱々しげな人物が日本糖業聯盟書記長川村貞雄こと実は参謀本部課長影佐禎昭大佐*であり、最初の人物が同じく聯盟書記伊沢検一こと実は代議士犬養健**であることが判った。しかし三人目の人物が誰だかは判らない。

＊　参謀本部支那課長などをへて、昭和十二年十一月、参謀本部謀略課長。昭和十四年、梅機関を設け、汪兆銘工作を展開。汪兆銘政権が成立すると、軍事顧問に就任。

＊＊　犬養毅首相の三男。戦後は法相。

橋本と三吉とは部屋の隅に宁立して無言のうちに入来者たちを迎えた。橋本は目を光らして対手を睨みながらキッと上体を折って軍隊式の敬礼をした。

「ああ、暑かったなあ、疲れたぞ」。太い下り眉毛の端が高僧のそれによく見るようにちびた筆の先然と長く垂れた川村貞雄は、蒼白な痩せた頬に人懐こそうな笑みを浮べて言って、どっかとソファーに腰を下ろし、橋本と三吉を見て軽く会釈したが、別段声はかけなかった。卵形の優しい輪郭を持った貴族的な顔の伊沢検一は膝を開いて深々とソファーに掛け、手に持ったヘルメットで顔を仰ぎながら、室内の調度を見廻して、「いい家だ、快適な住いだ」と言っていた。まん丸い血色のいい顔をした三人目の客は川村の椅子の傍に立っていた。

「おい、坂本君、何か冷いものを」と高山がやや上気した口調で言った。

「ええ、只いますぐ」

「いや、結構ですよ、それよか、少しどこかで休まして貰おうか。水ばかり飲んで、食わず食わずだから、でんで肚に力がない。はっは」

「そう。少し休んだ方がよいだろう」と伊沢も言った。

「じゃどうぞこちらへ」。坂本はいそいそとして川村と、それに付添う三人目の客とを案内して二階に上って行った。

「暑いでしょう?」と高山はひとり残った伊沢に話しかけた。「何分これですからね」。

「いや、僕はそれほどにも思いませんが、川村君には徹《た》えるでしょう。船の中で参るんじゃないかと随分心配したんですが、案外元気なんでしてね、一念は恐ろしいもんですよ」

「全くですな、一念ですな」

それからちょっとの間みんなは処在なげに黙っていた。

しかし高山は橋本や三吉たちを紹介しようともしなけれ

ば、掛けろと声をかけもしなかった。彼ら二人の存在は全く無視されているかのようであった。

「ちょっと失敬します。どんな風か見て来ましょう」。高山がそう言って出て行くと、橋本はむっとしたように黙って扉口の方へ歩いて行った。

「小父さん、帰るのかい」

「ああ。別に用もなさそうだから」。橋本は振向きもせずにそう答えて、やがて玉砂利を踏んで門から出て行った。

「暑いですな」と伊沢が気のない声で言った。三吉は彼からやや離れたとこに掛けて、突然言い出した。

「お忘れでしょうが、もう十四、五年前、あなたがまだ東中野に住んでおられたころ、私は二、三度お宅をお訪ねしたことがありました」

「そうでしたかね、忘れてしまってますが、失礼ですがどなたでしたか知ら」

「同盟の太田と申します」

「ああ、太田君。松本君からお話は伺っていました。今度はいろいろ御苦労でしたね」。伊沢は急に打ち溶けた笑顔になった。「いつから此方に来てたんです?」。

「昨年の八月からです」

「いろんなことで虐められたらしいですね」

「それほどでもありません」

「いや、ほんとに御苦労でした」

それから三吉は、伊沢の犬養健がまだ小説家だった頃、彼の作品に感心して、その頃自分でも小説家になりたいと考えていた文学少年らしい憧れから、伊沢が学習院時代に教わったことのある野口幽香*という独身の老婆からの紹介状を持って、彼の家を訪れたときの話をした。

＊　華族女学校（のちの女子学習院）教授。日本最初の貧民のための保育所二葉幼稚園を創設。大屋の母親はそこで働いた。

伊沢はひとのよい苦笑をして
「そうそう、そう言えば思い出しますよ、君は何だかルバーシカのようなものを着ていましたね」などと、少しずつ想い出しては話した。
「おい、橋本は?」と高山が入って来ていきなり言った。
「用はなさそうだからと言って帰って行ったよ」。三吉はややつっぱねるように冷胆に答えた。高山は別段そのことに関心がある様子でもなく、また室を出て行ったが、すぐ引返して来て、入口に立ったまま
「太田、君な、総領事官邸に行ってな、客人は無事見え

ましたからと、矢野君にそう言って来てくれ」と言った。

「電話でいいだろう」。三吉は立とうともせずに答えた。

「態々行くほどのこともない」。

「いいや、盗聴されると困るよ。君、行って来てくれ」

「頼むのかね」と三吉は依然坐ったまま、態と低い落着いた声で言った。高山はちらと三吉を見たが、三吉が皮肉なしらしら笑いを浮べているのを見ると、きくりと頚を動かした。

「頼んでいるのだよ」

「そうか、それじゃ仕方がない、行って来よう」

三吉が使いから帰って来ると、すぐ後を追うようにして、ずんぐりと肥って背の低い矢野が猪首を振りながら、せかせかと入って来た。応接室には三吉のほかには誰もいなかった。

「う？　どこだ?」

「二階、二階」。三吉は足をなげ出して長々と寝椅子の上に寝そべったまま答えた。さっきから何度も階段を上ったり下りたりしていた坂本が漸くほっとしたような顔をして入って来た。

「叶わんよ、ゆうべから彦さん（高山の綽名）がすっかり昂奮しちゃっていて、細々しいことばかり煩く言うから」

「ふん」と三吉は鼻を鳴らして、「どうかね、だいぶん腹が減ったが、俺もここで御陪食の栄を賜うものか、それとも『下がりおろう』か、俺はどちらでも構わんが、ひとつ彦九郎に聞いて来てくれんかね」。

「一緒に食べたらいいじゃないか、なにもそんなに怒らなくたって」

「怒るほどのこともないが、奴さんちと逆上気味だからね。小父さんは怒って帰ってしまったよ」

「困るなあ、この際」

坂本は川村がひどい病気を押して東京を発って来たこと、三人目の客は大鈴博士と言って、軍医学校の教授であること、北光丸には武装憲兵が一個分隊ばかり乗り込んでいること、上陸させるのに一苦労したことなどを話した。

高山がけたたましく階段を駆け降りて来た。

「太田君、じゃ君すまんが、向うに連絡して来てくれんか、この手紙を持って行ってね、陳の手から直接汪さんに渡すように。それから、今日は重要な連絡が頻々とあるからね、ひとつ万事ぬかりなく頼むよ。いいかね、間違いのないように」

三吉はにやりと笑って手紙をうけとるとさっさと出て行った。そしてその日の午後は、坂本の社宅とメトロポールとの間の往復に暮れた。三吉は手紙を持って行く、その返事を定めの時間に取りに行く。返事を持って帰って来ると二階の川村の部屋で矢野に高山も加わってそれを中心に何ごとかひとしきり密談がある。その間三吉は応接室で坂本と碁を打っている。すると返事が出来て高山が持って下りて来る。三吉がまた出かける。

三吉が三度目のお使いから帰って来たとき、川村は坂本のものらしいつんつるてんの浴衣に細紐を一本しめただけの姿で中二階の応接室に下りて来ていた。一番上の肋骨が左右ともひどく飛び出していて、首のつけ根に深い穴ができていた。やや元気を恢復したらしく、彼は始終にこにこしながら、出張先の鉱山からいま帰って来たばかりの山根老人を対手に、仏印の鉱山の話を面白がって聞いていた。

三吉が入って行くと、彼は早速

「いや、暑い中を、毎々御苦労でしたな。何と言われたかな君は？」とその高僧面で笑いかけた。

「まだ申上げませんでしたか」と高山が傍から恐縮して言った。「同盟の記者で太田という男であります」。

「そうですか。太田君。今回は全く御苦労さんです。諸君のお蔭で、わたしもお役が果せそうです。ひとつ、よろしく、頼みますよ」

伊沢が笑いながら、三吉との古い因縁を話した。川村は興がって言った。

「昔のへっぽこ文士が親父の光りで陣笠に転業して、砂糖屋に化けて、その弟子の文学少年が新聞屋になっていて、そして師弟の対面か。これは面白いな。伊沢君、小説になるじゃないか。ひとつ書かんか」

そのうちに食事の用意ができた。川村も特別に柔かいものを拵えさせておいたからと坂本にすすめられて、「どうかな」と大鈴軍医を省みたが、「めしあがられて結構でしょう」と言われると、「それならおつき合いに坐るだけ坐るか」と席についた。平常は坂本と山根と二人だけの食卓に八人分の席が設けられていたので、やや窮屈ではあったが、卓子の上には花も飾ってあった。

「おや、もうひとりの、あの白髪の紳士は？」といまごろになって川村が橋本のことに気付いて言った。すると高山がすぐ引とって

「ああ、あれはよろしいんです」と答えた。

「どんな人かな、お近づきになっていた方がよくはないかな？」

「いや。台湾軍の方から来ていた男で、目下は私の下で働いている男でありますから……」

「そうかな」

橋本の話はそれきりになった。卓子の上に並べられた白や赤のブドー酒をみて、川村はしきりに残念がった。

「お帰りに二、三打積みましょう」と山根が約束した。「コニャックやシャンパンも揃えますよ」。

「諸君はお羨しい次第だな。かかる美酒を毎日ふんだんに飲めるのだから」

食事が済んで、応接室に移ってからも酒の話は続いた。珈琲に添えてありとあらゆる酒がそこに並べられた。

「おいおい、そう並べるなよ」と高山が言った。「罪だよ」。「いや、全く罪だな。どうだな大鈴君、少しならよかろうが」「だめだよ、和尚」と伊沢が躊躇している大鈴軍医に代って答えた。「この際だ、自重して貰わんと、あとで悪くなったのでは事だからね」。

「あんなことを言って、自分ばかりぐいぐい飲んでみせるのは、伊沢、悪いぞ。どうだな、大鈴博士、え？」

「一杯ぐらいなら、差支えないでありましょう」。大鈴軍医は途端ににこりと相恰を崩した川村の顔を見て自分も悦しそうに笑った。「大変お元気になられましたから、結構であります」。

「やっとお許しがでたぞ。いや、夕方から急に自分でも不思議なほど元気が出てなあ。これもみな、諸君のお蔭です」

「早い話が敵陣に斬り込んだようなものですからね」と山根が口をそえた。

「や、しみじみ有難いなあ。うまいねえ」。川村は壜を手にとって見て、「ほほう、クールボアジェ……というのですか」とレッテルを読んだ。

「コニャックの中でも一番上等なのであります。マルテルやヘネッシーなどより遥かに上等品とされています」。高山は自分も一杯ぐっと乾しながら説明した。

「おや誰かな」と坂本が急に立って、ヴェランダとの堺に垂れてあったレースのとばりを少しおしあけて外を見た。「おやおや、これはいけねえぞ。下村の爺さんがやって来た」。

「なに？」と高山と三吉とが一緒に発って行った。門燈のあたりだけが明るくくっきりと木の葉越しに見える中を杖をついた下村老人が右脚を引ずるようにしていまし門を入って来る。

「いけない！」と高山が叫んだ。「ここの日本人の中には油断のならぬのが多いのです。さあ、皆さん、二階に行って下さい。皆、コップを持って！」。

「どうしたんだね」と川村は些かきょとんとしていたが、

「だめだ、だめだ、早くしなくちゃ」と矢野にせきたてられて、高山を先頭に川村、伊沢、大鈴、矢野などはいずれもどやどやと階段を上って行った。

　下村老人が扉のベルを押したときは応接室は既にがらんとしていて、主人二人のほかは三吉だけが残っていた。酒の壜だけがやたらとそこにつっ立っている。

「いけねえ、珈琲のコップが残っていやがる」。坂本は両手で掻浚うようにそこら中のコップを引つかんでくっくっ笑いながら食堂へ消えて行った。

　下村老人は悠然として入って来た。

「ようー、滅多に来たことのない人が、今晩はどうしたことかね、珍らしいじゃないか」。山根老人は早くもからかうような口調で碁の先生を迎えた。「ちょうどいいから、碁でも一番教わろうかな」。

「碁もじゃが……」と下村老人は辺りを子細らしく見廻して（と三吉の目には映った）、「えらい仰山酒が出ているな。ほほう、新聞屋の若僧がいたか、どこに行っても遠慮なしにひとのうちの酒をみな呑んでしまう男だからな」。

「爺んとこの蝿酒だけは苦手だよ」と三吉は哄笑した。

「此奴が、此奴が。まだあんなことを吐かしおる。あれは偶然入っていたのんじゃ」

「いんにゃ、呑ませるが惜しいので、態と入れたに違いない。そのくらいにしなけりあ、爺のような金持ちにはなれんとさ」

「何とでも吐かせ」と下村老人は右脚を投げ出してソファーに腰を下ろした。

「一昨日の嵐でどうしたかと思ってね。さすがにこの家はしっかりしてるわい、びくともしちゃいない」

「やあ、いらっしゃい」。坂本が何やらげらげら笑いながら出て来た。

　三吉は腕時計を見て、時間だったので黙ってぬけ出した。そしてホテルの部屋で陳昌祖と会って、これからはホテルでばかり会うのは少しまずいからと街頭連絡についての打合せなどをして、二時間ばかりして帰って来たときには下村老人は既にいなかったが、その代りに、目のぎょろりと大きい、色のひどく蒼白な、鼻の尖って高い、一見肺病患者かと思われるような痩せた神経質そうな青年が、誰もいない応接室で、ひとり処在なげに坐っていた。彼は三吉を見るとすぐ顔を外向けた。

46　コロン街へ

まだ明け切れぬ南国の朝は路傍の草も並木の木の葉もじっとりと露を含んで涼しく快かった。早いのでけさはいつもの尾行者も街角の監視者もまだ「出勤」していないようであった。三吉のところのコックもボーイもまだ起き出てはいない。三吉はそっと表門を出ると、のびのびとした気持で歩いて行った。太湖の岸近くの水面《みずも》を埋めて浮いている浮草があちらこちらでぴくりぴくりと動いていた。小魚か蛙かが水の中で根をつついてでもいるのであろう。

間もなく世の中がすーっと明るくなって、太湖の湖面が向うの端から急速に輝きはじめた。すると薄い霧が近くの湖面を低く這っているのが乳白色にはっきりと見えはじめて、浮草の平たい葉っぱの上に幾つも幾つも露の玉が光り出した。三吉は思わず足をとめて、暫くの間それに見惚れていた。

通行人と言っては市場に行くらしい野菜を担いだ近郊の百姓女が一人二人づつときどき通って行くだけであった。渋染めの汚い木綿の上衣の裾を下腹の前で結び合せて、担い篭を天秤で担った彼女らは天秤をしならせつつ、跣足でひたひたとアスファルトの舗道を軽く叩きながら黙々として通りすぎた。

三吉が約束の時間に約束の植物園脇の散歩道まで歩いて来た頃には辺りはすっかり黄金色に輝きわたっていて、植物園の中からは何やらの鳥がしきりに朝の歌を唄う声が爽やかに聞えて来た。彼は三、四度その道を行ったり来たりした。やがて一台の自動車が街の方から走って来て静かに三吉の数歩手前で止った。三吉はつかつかとその方に歩み寄って、中の人物に、「やあ、お早う」と言って、そのまま乗り込んだ。自動車は彼らを乗せて、更に田舎道の方へ、競馬場に通ずるドライヴ・ウェーを走って行った。

「朝は実に気持がいいですね」と白服を着た周隆庠が快活に言った。「だが太田さんには辛いでしょう」。

「いや、必要とあらば案外平気ですよ。いつもはそんなに早く起きても仕方がないから寝ているだけで……」

陳昌祖が白の角封筒を三吉に渡した。それは昨夜の手紙に対する汪側からの返事であった。三吉がその手紙を内ポケットに入れるのを待って、周は

「あなた方の提案ね、太湖のこの前の夜のところで車中会談しようというのも、汪先生に坂本宅までお出で願うというのも、当方としては困ると思うのです。それから、タム・ダオでという案も、準備に二日はかかるし、事は急を

要しますからね、わたしどもとしては是非そちらから、コロン街に来て頂きたいと思うんです。詳しくは手紙に書いてありますが、十時にホテルで御返事を頂きたいのですが、できますか」と言った。

「多分できましょう。ともかく、十時にホテルで待っていて下さい」

それから周隆庠は客人たちの様子を訊ねたり、汪精衛が非常に元気づいて、一刻も早く客人たちと会いたがっていることを話したり、サイゴンの重慶総領事をしていた方博士が汪派の運動に投ずるために職を辞して、二、三日前ハノイへやって来たことなどを話した。

「へえ、あのサイゴン総領事がね？」と三吉は驚きをもって言った。「あの人はなかなかのやりてで、サイゴン・ショロン地区の華僑を指揮して猛烈な排日工作をやっていましたが、日本人は皆恐れをなしていましたよ、日本のぼんくら外交官なんかとうてい足許にも及ばない辣腕家だ」。

「まだまだ、ほかにもわれわれの運動に共鳴する人は多いのですよ」

自動車が競馬場の外周を一巡りして、総督府の正門前にさしかかったとき、三吉は自動車を降りた。坂本の家はそこから歩いても五分ばかりの近か間にあったので、早くも暑くなっている太陽を避けて並木の木陰伝いに三吉は歩いて行った。

ヴェランダに伊沢が立っていた。

「早いねえ」と彼は上から声をかけた。三吉は上って行って彼に手紙を渡し、周の言葉を取りついでから、坂本が一緒に朝飯を食おうというのを断って、一旦家に帰って来た。

そこには青山のお米が来ていた。彼女は何やら風呂敷に包んだものを提げて、入口でボーイと安南語で話していたが、グェンが、「旦那様が帰って来た」と言って駆けて来る後から彼女もやって来て、

「朝帰りですとな！」と言った。「ひとが折角食べさせようと思って朝早ようから、からげて来て見りあ、もうおりなさっせんと。ボーイは昨晩な家で寝なした言うとですばって、何のことやら判りますもんね」。

「散歩だよ、散歩して来たよ」

「あほらしか、何の散歩でっしょうか。思い出したごと、こげんに朝早うから出歩く人がどこにありますか」

梳をつけてもない彼女の髪はぱさぱさに乱れて見るからに不潔そうであった。不恰好なあっぽっぽの下からは黒い曲った足が骨太くによきっと出ていて、親趾ばかり無気味なほど大きいその素足にはちびた草履をつっかけていた。

「何を持って来てくれたかね」

「いいもんですたい。早う御飯ばあがりまっせ。けさはパンは止めにして」

三吉が水浴をして出て来ると、いつも朝食は居間で取ることにしているのに、けさはお米が指図して、食堂に用意がしてあった。

「へえ」と三吉は目を瞠ってそこに立った。

「どうですな、お好きでっしょうが」

お米はスープ皿に山と盛った素麺、おしたじ、それに別の皿にはおはぎを盛って、そこに並べていた。

「済まないねえ」

「ちっとは有難がって貰わにゃ、あいまっせんたい。乾素麺と小豆をちいとばかり手にいれましたけね、橋本さんとこちらとにほんのお裾別けですばい」

お米は卓子の向う側にかけて、三吉が食べるのを満足そうに見ていたがボーイがいなくなると、急に小さな声で言った。

「ほんにあなたは呑気なけ、あたしゃ、気が気でないとですばい」

「何がだよ？」

「何がって、ああた、わたしどもにはようは判りまっせんばって、何でもシュルテで大層あなたに目をつけて、二、三日うちに追放にしようとしとるというやござっせんね」

「誰がそんなこと言ったね？」

「皆言うとります。ゆんべも若い者のうちい寄りまして、塩見さんのことやら何やらで総領事があなたをひどく恨んで、それからシュルテが何とかで支那人のことでああたを調べるとか言ってずったいうげな話をしておりましたい。ああた、何にも御存知ありまっせんと？」

「知らんよ。おおかたプレジャン辺りのいい加減なでたらめを聞きかじって、小田の麻雀連中がそんな噂でもしてるんじゃないか」

「そんなら、よござんすけど、あしあ、ほんに心配な！」

「お米さんが心配することぁ、ないじゃないか」

「ないこたぁ、ありまっせんたい。橋本さんにせよ、あなたにせよ、あたしあ、ひいきじゃもん」

三吉の笑いにつりこまれてお米も笑った。そして三吉が食べ終るのを待って、器を持って帰って行った。

してみると、とそのあとで安吉は考えた。もしかすると彼らは早くも何事かを感づいてぐらいいるかも知れない。

しかしそれにしては少し早すぎるようでもあるが……

出しなに、三吉は殊更念入りに家の周囲の情況を観察してみた。別段の異常は認められない。尾行者はいつものように角の自転車屋で自転車のハンドルを握って待機していたし、女の一服屋も麺屋の屋台も、それから露店床屋も相変らずうすのろ間な顔をして、いつもの位置に出張っていた。

ヴィエンにも、お前のシュルテの親友が近頃何か言ってはいなかったかと訊ねてみたが、彼は単純にいいえと答えただけであった。ボーイのグェンにも最近では何一つとして疑うべき点を見出さなかった。昔は知らず、近頃のグェンは実に忠実なハウス・キーパーになっているように三吉には思えた。

坂本のところには高山も来ていた。だが、ここでは少し異変があった。前には立っていなかった見張りが道の両端に立ちはじめたらしいことを、けさになって坂本が発見したのである。

三吉は返事を持って、十時きっかりにホテルに行った。返事には汪側の申出を全面的に承諾したから、具体的方法は三吉と相談してくれと書いてあった。

周と陳と三吉はその場で具体的方法をきめた。客人たちがコロン街の家に行くのは、昼食後の午睡でハノイ中が一番閑散となる一時半から二時の間がよかろうという三吉の説に他の二人はすぐ賛成した。それから、乗り込みの方法は、競馬場脇の草原にまず日本側の連中が行って待っているから、間髪を容れず汪側の自動車がやって来て、彼らを収容していくのがよかろうという提案にも、周と陳とは異議なかった。

時間は午後一時四十五分。場所は競馬場正門から約三百メートル先へ行ったところにある自動車置場の広い草原、汪側の使用自動車は「T・五七六四号」の標識あるもの。陳国倚が運転して、周隆庠が同乗して迎えに来る。

これだけ決めると、周と陳と三吉とは互の時計を合せて、それから周の自動車で実地検分のため、落合う場所に行ってみたりした。

坂本の家には橋本も呼び出されてやって来ていた。高山は妙に昂奮して、しきりに室を出たり入ったり、立ちどまってちょっと何かを考えてみたり、すぐ歩き出して、くるりと踵を返したり、少しも落着かなかった。三吉は昨夜の肺病患者のような青年のことが気になっていたので、訊ねてみたが、高山は知っているのか知らないのか、「ああ、あれか」と言っただけで、そのまま、また忙しそうに二階に上って行ってしまった。

昼食には最後に皆でシャンパーニュの乾盃をした。それから二台の自動車に分乗して出かけた。大鈴軍医は心配そうにしていたが、川村が案外元気で、「大丈夫、大丈夫」というので結局残ることになった。そして皆は、できるだけ観光客を装うがよかろうという高山の意見に従って、てんでに写真器などを持った。

太陽は皆の真上に止っていた。草まで眩しく輝いていた。草いきれがむーんと暑かった。そよとの微風すらない。八人はぞろぞろ車から下りて立ってすこしずつ辺りを歩いてみた。高山と三吉とは間断なく腕時計を見ては市街地の方を振り返った。

三吉たちの自動車は一時四十五分カッキリに着いていた。一、二分後には——どんなに遅れても三分とは経たぬ間に、「T五七六四」号の自動車が来なければならない筈であった。一時五十分！

「おい」と高山が日頃から黒い顔を土色にして言った。

「どうしたんだろう？　来ないじゃないか」。

「そんな筈はないのだが……」。三吉も咽喉がくっつくような渇きを覚えていた。

「場所を間違えたのじゃないかな」

「まさか！」

「とも角、行ってみよう」

高山と三吉とは競馬場の囲いに沿って、ほとんど駆けるような急ぎ足で三、四百メートル先まで行ってみた。一本の木すら植っていない舗道はただ徒らに灼けているばかりで、人影一つなかった。三吉のシャツは忽ち汗でぐっしょりに濡れてしまった。

「いないねえ！」

「もう少し行ってみよう」

「行ったって同じだよ。道はこのとおり平坦だし、見透しじゃないか」。三吉は暑さと不安とのため早鐘のようになる心臓の動悸を濡れて肌にはりついたシャツの下にじかに感じながら、「引返そう」といまはそれのことをだけにたった一つの希望を繋いで言った。一時五十五分！

二人はどちらからともなしに駆け出していた。そして、二人が競馬場のコンクリート塀のところまで帰ってきたとき、前方から猛烈な勢いで一台の自動車が走って来て、あっという間にすれ違って駆け抜けて行った。そのほんの一瞬間に、三吉はその自動車の中に伊沢の顔をちらりと見た。彼は何かを叫んでいたようであった。ほかに誰が乗っていたかは判らない。三吉はくるりと振向いて、急速に小さくなって行くその自動車の後姿を見た。後部の番号板には「漢三九〇」としてあった。

「おい、違うよ!」と三吉は高山に叫んだ。

「何?違う?」

「違う! 約束の自動車じゃないんだ。漢口のナンバーが打ってあった。そんな自動車が汪のところにあったかどうか、俺は知らん」

二人の頭には期せずして最悪の不吉な考えが同時に閃いた。

「走れ! 追跡だ!」

草いきれの中には残された三人が立っていたが、血相を変えて駆け戻って来た二人を見ると、橋本がいきなり、

「やられたか!」と叫んだ。

「皆乗れ! 追跡だ!」

高山と三吉とは坂本と一緒に手近な幌型の車に転げ込むようにして乗った。そして車は全速で走り出した。三吉と高山が様子を見に行って暫くすると、件の車がやって来て、ひとりの男が半開きの扉から頚だけ出して何か言うと川村、伊沢、矢野も三人が乗り込んで、そのまま走り出してしまったのだと坂本は説明した。

「ほんのちょっとの間で、その男がどんな男だったか、何語で何といったのか、てんでわからなかった」と坂本は言った〈注—犬養健『揚子江は今も流れている』によると、その男とは周隆庠である〉。

平坦な舗装路の遥か端れに件の車は小さく見えていた。なかなか追いつけない。三吉は中の仕切り越しに半身を運転手の方に乗り出して
「走れ、走れ、もっと走れ! あれに追つけば二十ピアストルやるぞ!」とひっきりなしに運転手を激励した。すると、急に対手の車がぐんぐん大きくなって来た。大きな水牛が二頭、放し飼いにされたまま、草にも食い飽きたのか道路の上をのそりのそりと此方に尻を向けて歩いていたのだった。三吉たちの車は忽ちのうちに彼我の距離を二百メートルぐらいにつめた。

「よし、よーし。すこし緩めろ!……」。三吉は仕切を跨いで運転手の傍に席を移した。そして二十ピアストル札を一枚抜き出して運転手の膝の上に投げてやってから、次の命令を発した。「あの車を間隔五十メートルで追へ。そして、俺が抜けと言ったらフル・スピードで左側から追い抜くんだ。いいか」。

三吉は更に後の席を振り返って、高山と坂本とに言った。

「もしあの車がコロン街に入らずに、どこか違うところへ行くようだったら、此方の車を先に出して、横っ面から叩きつけるからね、あんたたちは、この車が先へ出はじめ

たら、足を仕切りにつっぱって、腰と背骨をシートにしっかりつけて、衝突しても怪我せんようにして、車が停ったらすぐ飛び出すんだ」

「よし、やれ！」と高山が後から叱咤した。

漸く水牛をすり抜けた「漢三九〇」の自動車は再び離れ矢のような速さで疾駆しはじめて、忽ちハノイの市内に入り、人通りの殆んどない真昼の並木大道を一直線に走りぬけて行く。コロンへの曲り角がすぐ前に見えはじめた。三吉は運転手に身体をすりよせて、いつでも咄嗟にハンドルを奪えるように身構えした。きゅるきゅるきゅると激しい軋音を立てて、「漢三九〇」がコロン街へ曲り込み、忽ち速力を落して、やがて汪邸の矢来門の中に静かに吸い込まれて行ったとき、三吉はぐったりして、運転手席にどっかと背中を投げ出してしまった。

47　から騒ぎ

三吉は坂本の家の応接室のソファーの上に仰向けに寝そべって、電話がかかって来るのをいまかいまかと待っていた。

坂本と高山とは、すぐ近くの小さな立飲み屋の二階をきょうのお午ごろからどうも支那人テロ団の一味らしいのが借りうけて、アジトを拵えたようだと言って、様子を見に出かけて行った。どこからかまたふらりと現れた例の肺病みたいな青年が、「僕も来る道この付近で、二、三人の怪しい支那人青年が自転者に乗ってうろついているのを見た」と全く無表情な声で言った。

三吉と二人きりになってからも、不思議な青年は別段何にも言わずに、ぼんやり肘掛椅子にはまり込んでいたが、眠っているのでもなかった。三吉も何にも言わなかった。

会談が済んだら周隆庠の方から坂本の家に電話をかけて来ることになっていた。そして向うが植物園の散歩道まで自動車で客人たちを送ってくれれば、此方もそこまで自動車で迎えに行く、という手筈になっていたのである。

もう四時であった。

「大分時間がかかりますなあ」と件の青年が初めて三吉に、しかし依然として半ばひとりごとのように話しかけた。

「二時間！　そうですねえ、二時間話せば充分だと思うけど、通訳つきだからなあ」

二人の話はそれだけであった。

五時！

高山と坂本が帰って来て、確かに彼奴らはあすこに巣を

「おー、一向迎えに来てくれんもんじゃから困ったよ」と川村は笑っていた。
「太田君、こりあ、君の手落ちじゃ」と矢野ががさつな物言いで、口もとを横にひろげながら言った。「みろよ、おっさんは、こんなに弱っちまったがな。危くくたばらあせんかと思ったぜ。迎えにあ来ず、方向は判らんし」。
あとは誰が何を問い、何を誰が答えたか判らなかった。要するに、応接室の中は人で一杯――という感じであった。それから、会談は五時少し前に済んだというのである。それから、向うの自動車で植物園脇まで送られて来て、矢野の表現によれば
「そこでぽーいとすっぽり出されたないいけど、いつまで待っても、迎えの自動車は来んじゃないか。そのうちに、和尚のおっさんはもう一歩も動けんというて草の上に坐り込んでしまうし、大の男が三人で迷児の迷児やーいだ。弱ってしまったがな。いったい、どうしたんや、これは」というのである。*

＊ 犬養健『揚子江は今も流れている』では、その時の状況は異なる。車に乗っていた影佐（川村）が気分が悪くなり、影佐と犬養（伊沢）は車を降りて休んでいた。矢野が大鈴軍医を呼びに行くと、大鈴と門松（高山）が駆けつけた、

構えた、と話した。「用心しなくちゃいけないぞ」。

「どうだろう」と三吉は提案した。「ここの裏の垣根に穴をあけて松本書記生の家の庭から総領事館に出て、そこからも出入できるようにしたら」。

「此方の垣は生垣だからいいけど、向う側はコンクリートだから駄目だよ」と坂本が注意した。

「それにしても、遅いですなあ」と青年が二度目に言った。五時半であった。

六時になると皆の不安は目に見えて増大した。高山は此方から電話をかけてみたらどうだと言ったが、三吉はまあ、も少し待ってみようと言った。六時半になると、これはただごとでないぞ、という気が皆の胸を去来しはじめた。遂に、思いきって電話をかけてみようか、と三吉は立ち上った。そこへ、表門からどやどやと三人が入ってきた。彼らは三人とも洋俥に乗っている。

そこにいた限りの人間が一斉に飛び出して玉砂利の上を走った。

「ど、どうしました、いったい？　心配しましたよ」。一番先に走った蒼白い青年が、両方から伊沢と矢野に腕を支えられるようにして入ってきた川村に抱きつかんばかりにして言った。

となっている。

「向うからは何の電話もないもんで」と高山が言った。「此方は此方でまた、大変気を揉んでいたところでありました」。

「なーんだい、そんなことか。奴さんらも少し気が上ずっていたんだな」と矢野が笑った。「構わねえ、広くもねえ街中だから、洋俥に乗って、ぐるぐる廻っていれば、いつかはこけえ出るだろうってんで、乗ったはいいが、さて、番地は知らず、地理も判らず、フランス語も知っちゃいねえからね。日本語だ、全部。それでも伊沢君は偉いよ、まるで伝書鳩だね。あっちだ、此方だと言っている間に、ここへ出ちまった。一念は怖ろしいもんだ」。

大鈴軍医は川村をつれてすぐ二階に上って行った。伊沢と矢野とが水浴をすませて下りて来るまで、応接室の人々は今度こそは完全にほっとした気持で皆いつもよりずっと饒舌になっていた。川村は静養の必要があるというのでおりては来ない。

「おっさん、きょうは実に奮闘したからな。見ていて、気の毒なくらい、苦しそうだったよ」と矢野は、川村が汪精衛と相擁して泣いたことだの、傍にいた伊沢や矢野も思わず泣いたことなどを話したが、会談の内容は話しもしなければまた誰も聞きもしなかった。

「お蔭さんで、大変な成功でした。全く、厚くお礼申します」と伊沢が改まって言った。「ええ、これでもう、改めて会見する必要はありません」。

高山は競馬場からの追跡の一件を話した。皆は声を合せて笑った。

「とんだ活劇じゃないか」と矢野がとりわけ喜んだ。「ええ土産話だよそれは」。

以上は昭和十三年四月十八日のことであった。

その夜はずっと家にいた。先方からいつ電話で連絡して来るか判らないからであった。夕方から曇りはじめて、微風一つない夜はひどく蒸した。居間の吊旋風器をゆるく廻して、その下で猿股一つの裸姿で本を読んでいると、橋本がやって来た。別段用とてはなさそうであったが、要するに高山の態度は些か不愉快だというのであった。

「多少気負い立ってるというまでのことさ」と三吉は慰め顔に言った。「一生懸命なんだよ」。

橋本は、「影佐にしたって陸士は俺よりもたしか二期ぐらい下の筈だ」というようなことや、「汪精衛をああやって懸命に引出してみたところで、処詮たいしたことにはなりっこない」という彼の持論などを繰り返してから、驚くような大きな欠伸を連発して帰って行った。三吉には橋本にはありありと判っているらしい支那の複雑な内部事情のことはあまりよく判らない。だが、橋本の議論にも聞き逃せないものがあるような気がした。

　きょうのコロン街の会談でどんな話が成立したかは判らなかったが、

「汪が出たって、それだけで全面和平が簡単に出来るわけのものではないし、せいぜいのところが、現在の北京と南京の両政権のほかに、も一つ政権ができる、という程度しか期待できない。それに目下北支でやっているらしい呉佩孚*担ぎ出しが表面化すれば四つ巴で、却って収拾がつかなくなるのは見えている。やっている連中は懸命だろうが、大局から見れば、どうかと思われる点が多いのだ」——という橋本の意見は妙に三吉の頭に引っかかった。

＊　北洋軍閥直隷派の総帥。国民党の北伐に敗れて引退。日本は親日政権の指導者として擁立しようとしたが、呉は応じなかった。

　次の日の朝も矢張り暗いうちに家を出て、三吉は今度はグラン・ラックの中道をぶらりぶらりと歩いた。どこかすぐ近くの水の中で、牛の唸り声のような無気味な声をたてて蛙が啼いていた。空はいまにも降り出しそうに厚い雲が低く垂れこめていて、いつまで経っても朝にならなかった。百メートル離れると物の形がうす暗さの中にぼやけ込んで見えた。

　ぶらりぶらりと歩いて行く三吉の背後から、何やらガバガバと騒々しい音を立てて来るものがいた。振り返って、すかし見るようにしながら、暫く見ていると、それはけさの連絡には別段来る筈にもなっていなかった高山がゴム引きの厚ぼいレインコートを着て急ぎ足にやって来る音だと判った。

「まだ来ないか」と彼は遠くから声をかけた。

「何だね、変なもの着こんで」

「雨が降りそうだよ」

「街頭連絡にそんな派手な姿で乗り込まれちゃ困るね」

　高山が漸く三吉のところまで来たとき、陳昌祖の自動車がやって来た。手紙だけだというので、午後の連絡は植物園脇ということにして、二人はすぐ車を下りた。朝も、午後も、夜も、その日の連絡はすべて汪ら一派の仏印脱出についての細い打合せであった。汪側では折角仏印当局が熱心に応援庇護してくれているのだから、上海に着くまでは、できるだけその好意を利用した方が好都合である、というのであり、彼らが一ヶ月二万ピアストルで傭船したファン・ホーフェン・フォーレンという七百五十トンばかりの、前大戦の戦利品というのだから相当の老朽船ではあったが、手頃な船が既にサイゴンを出航してハイフォンに向いつつあるから、これで上海までいくことにきめた、というのであった。北光丸にはこの船の見え隠れに、それとなく護衛しつつ同行してほしい、というのが汪側の希望であった。川村らも万事同意である。あとは日取りとか、時間とか、落合う場所とか、両船間の無電連絡用の秘密な符牒だとか、そうした細々したことをきめさえすればよかった。

その次の日、三吉は午後から生憎と電信局に呼び出されて、既にすっかり忘れてしまっていた例の追徴金問題について最後の交渉をしなければならなかったので、連絡は朝のうちだけにして、午後の方は高山に引継いでおいて、電信局にでかけた。そして、すっかり話をつけて、既往は問わずという先方の決定に満足しながら、夕方家に帰って来て見ると、机の上に高山の字で、「至急坂本へ来れ、大至急」と置手紙がしてあった。

坂本の家では入口からしてはやくも何となく只ならぬ気配が感じられた。

「おい、大変だ。社長（汪のこと）が今夜すぐどこか安全なところに移りたいと言って来たんだ」と高山は応接室の真中に立ちはだかったまま言った。「それですぐ、北光丸に乗せることにして、坂本がいまハイフォンの方の手配に自動車で行ったんだが、君は……」。

高山は二階から呼ばれて、「ハッ」と言って駈け上って行った。そこには橋本と例の肺病青年とがいた。三吉は彼が伊藤という姓だということだけを知っていた〈注―満鉄嘱託の伊藤芳男〉。

伊藤は静かな微笑を浮かべて、高山のあとを説明するように言い継いだ。

「今日は往生しましたよ。向うから至急に連絡したいと言って来たので、私と高山さんとで出かけたんですが、家のすぐ前から自転車に乗ったのが三人つけて来て、どうしたってまけないんです。あっち行き、此方へ曲りで、散々苦心したあげく、植物園の中に逃げ込んで木と木の間をめちゃくちゃに走りぬけて、棚を飛び越したりなんか……」。そして青年はさもおかしそうに、しかしどこか虚ろにひびく声でからからと笑った。とび出た咽喉仏がいそがしく上下に動くのが傷ましいようですらあった。「漸く連絡の場所に駆けつけると、今度は社長が是が非でも今晩のうちにどこか安全なところに移りたいってんでしょう。

狼狽てたですね。何でも、コロン街の家の隣りに、もう一軒同じような家があるそうですね。そこの三階を、けさになって、欧亜航空公司の名で借りたものがいたんだそうです。調べてみると、それがどうも例の曽仲鳴をやった連中の一味らしいというんですね。見下しだから、爆弾でも投げ込まれちゃ、それっきりだっていうんで、急な騒ぎになったわけですよ。物騒ですな、あはははは」。

話し終って、声をあげて笑う青年の声には、外見に似合わぬ太々しい響きがあった。

皆は食事をしながら、汪を北光丸に運びこむ最もいい方法について相談した。矢張り高山たちがかねて、タム・ダオから運び出す場合の方法として考えていたものが一番よかろうということになった。真夜中でもドーメル鉄橋の監視哨の目は光っている。しかも今度こそ、少くとも北光丸が領海を離れてしまうまでは、絶対に仏印側にも知られてはならない仕事であった。仏印警察の目をくらますに最も確実な方法は日本総領事の乗用車を使用することだ。ハノイのどこか目立たぬ一隅で（グラン・ラック湖畔がいいと思われた）汪らの一行を総領事の乗用車に乗り移らせて、そのままハイフォンに向えばいい。此方の客人たちもその前後を一路ハイフォンへ。出航手続きは明朝中に済ませて、明日の満潮時には外海へ出られるだろう。

矢野が出かけて行って、総領事ぐるみ彼の乗用車を持って来た。鈴木総領事はてれたようにへらへら笑いながら応接室に入って来て、

「なんだか知らねえけど、変なことになりやがったな、え、おい」と誰にともなく言った。「二日ばかり罐詰だとさ。まあいいや。じっとして酒でも飲んでりあいいんだろ」。

「あなたには適役ですな」と山根老人が慰め顔に冗談を言った。

高山はそこにいる人の配役を一々きめて行ったが、それは人によっては二度も三度も変更されて遂には判らなくなった者も出て来た。高山自身も時々うわの空なところがあると見えて、つい今しがた自分の言ったことを完全に忘れていたりした。三吉も自分はいったいハイフォンに行って、総領事の自動車の運転手を石山ホテルからドーソンの海浜ホテルなどを乗り廻すことによって一種の軟禁状態にしておく役なのか、それともハノイに残って汪派の残留組との連絡に当る役なのか、判らなくなってしまった。高山は橋本に対してもハイフォンに行って、三井の馬渡出張所長だとか、佐伯などを従えてドーソンへドライヴさせよと命じていた。どちらが本当なのだと確かめると高山は

「ちょっと待て……」と言って、何かしきりに別のことを考えているふうであった。

総領事の自動車に同乗して汪精衛を案内して行くのは、山根なのか高山自身なのか、それとも二人一緒なのかもよく判らなかった。

そのうちに約束の連絡時間が来て、今度は高山がひとりでそそくさと、裏口から出て行った。

川村も伊沢もすっかり旅支度になって下りて来た。矢野がひとりで一座を明るくしていた。彼は川村を捉えて
「和尚、儂は一足遅れて飛行機か船かで行くからな。或は着くのは先になるかも知れんて。願わくば船の中でくたばったりなんかせんでくれろよ」などと言った。

「もう大丈夫だ、ここでいい酒ばかり御馳走になったもので、すっかり元気になったよ」と川村は答えて、山根に、「えらい御厄介をかけましたなあ」と挨拶した。

一時間ばかりすると高山が帰って来た。そしていきなり「やめだ、やめだ」と言った。「取り止めだ」。

「なあんだ、いったいどうしたのだ」

「フランスの警察が例の借家人を追い払ったのだそうだ、そして、汪の安全については絶対的に責任を持つと言っているのだそうだ。だから最初の予定どおりに事を運びたいと言うわけだ」

「汪さんも少し狼狽気味だね」と矢野がひとりごとのように言った。

「しかしまあ、何事もないがええ」と川村は穏かに言って二階に上って行った。

山根はハイフォンの坂本に電話をかけた。鈴木は、「何でえ、つまらねえ」というようなことを呟きながら酒を飲んでいた。橋本はさっさと帰ってしまった。伊藤もいつの間にか消えた。高山は忙しそうに二階へ行った。

こうして皆は極度の緊張から解き放たれて思い思いの弛緩の姿に還って行った。

三吉は伊沢や矢野に仏印生活のことをあれこれと漫然話していた。そしてここの応接室に灯が消えたのはもう十二時を廻っていた。

高山と洋俥を並べて帰って来た三吉は、曲り角で、「じゃお休み」と言って自分の家に通じる路へ二、三歩辷り込むと同時に、おや、と思った。まだ立っているのかな?

いつもならばもういなくなっている筈の監視人たちが、平常の一服屋や床屋の連中ではなかったが、彼らに代って屈強な青年が二、三人、人家の軒下や、壁の曲り角などに何気ない風を装って立っていた。更に三吉は自家の門前ま

で来たとき、一層不審の目を光らした。あれは何だ？

いつもは屋台の麺屋が店を出している位置に、幌を外してオープンにした自動車が一台停っていて、中の運転台に一人、外の路上に二人、怪訝な人物どもが、一様に三吉の方を見ていた。

三吉は洋俥から降りると、門内には入らずに、そのままとっとと自動車の方へ早足に進んで行った。しかし、半分とは行かないうちに、路上の二人が飛び乗るのを待って自動車はすーっと走り去ってしまった。自動車の去った方向は高山の家の方向である。

三吉は急に不安になった。塩見事件や曽仲鳴事件のことが生々しく思い出された。まさか殺しに来ようとは思わなかったが、殺さずに拉致することはまさにあり得ることだと思われた。重慶側にしても昨日今日は必至の焦燥をおぼえているに違いないのだ。してみれば、高山か三吉かを拉致して、その口から汪側や日本側の計画を割らせるという手段を取ることは当然考えてみねばならないことであった。三吉はついいましがたまでそんなことは考えてもみなかったが、怪しい幌型自動車を見た瞬間、はっとここに気付いた。

彼は先刻自動車が停っていた位置まで行ってみた。そして恰も探偵のようにライターを点けてあたりの草原を仔細に点検してみたりした。明らかに彼らのものと思われる新しい莨の吸殻が十以上も投げ散らされていて、そのうちの二つはまだ消えずに僅かに煙を立てていた。拾いあげて見ると、そのうちの一つには「前門」と銘打ってあったし、他の一つはイギリスたばこのキャプスタンであった。紛れもなく車上の青年たちは支那人でなければならなかった。

三吉はちょっと考えていたが、急ぎ足に高山の家の方へ歩いて行った。

高山の家の表門はもう閉じていたが、二階の高山の部屋にはまだぼんやりと灯がついていた。「おい！」と二、三度呼ぶと、高山が窓から首を出した。

「急用だ、ちょっと開けてくれ」

「どうしたんだ？」と言いながら、高山はパジャマのまま自分で降りて来て扉をあけた。

「あんたんとこは、別に異ったことなかったかね？」

「なにもないな。何かあったのか？」

三吉は怪自動車の一件と自分の想像とを話した。

「ともかく、思いすごしかも知れないが、用心した方がいいよ、今晩はこれからカムチェンに行って、夜明しで騒ごうよ」

「ちょっと待て。そう言えばこの付近にも今夜はいやに妙な奴がうろついていたような気がする」。高山は手早く服を着けながらそう言った。「おっと、財布はどこへやったかな」。

「どうだろう、小父さんは大丈夫かな」

「橋本はいいだろう。とにかく、ひとりでいるのは危険だな」

高山と三吉とはその夜、六十三番に行き、五十八番に移り、最後にもう可成り酔ってから、高山がどうでもそうしようと言って肯かないので、遂にコーラム姉妹の家を、既にぐっすり眠り込んでいるところを叩きおこして、そこに泊った。高山はコーラムの室に行って寝、三吉はコーナムのベッドに寝た。

コーラムは躁ぎながら高山を自分の室に連れて行ったが、コーナムは不平そうにしきりと両手の甲で眼をこすりながら、「眠い《ソンメイユ》、眠い《ソンメイユ》」と呟いて、寝台に入るとすぐ、他愛もなく眠りこけてしまった。三吉は暗闇の中に、コーナムの健かで罪のない軽やかな寝息を聞きながら、凝然と仰向いて目を開いていた。少しも眠くなかった。

コーナムがわれから進んで三吉のあどけない情婦になったのは次の日の明けがたであった。

48 脱出前夜

三吉は強い悔恨の情に苛まれていた。

彼にとってはコーナムを得たことは、喜びよりもむしろ悲しみであった。或は、二、三の友人たちが主張するように、「無邪気そうにしているけれどもなあにあの娘だって、決して生娘じゃないさ」と言うのが真実かも知れなかった。彼女らの社会ではむしろそれが当然であったろう。しかし、そうした現実上の真実はこの際三吉の感情生活にとっては大して価値を持たなかった。実際がどうあろうとも、そして三吉自身ときどきそれを不思議に思わぬでもなかったが、三吉との内面交渉においては、コーナムはあくまで純潔であり無垢だったのである。これはむしろ感じの問題であった。彼女と向い合っていると、三吉はそう感じ、そう信じて、別段それに矛盾を覚えなかった。

三吉はひとが面白半分に多少誇張して言うほどには自分を野放図な放蕩者とは思っていなかった。形の上では彼にも世評を否めないだけの弱味は充分あった。しかし、最近では彼の放蕩には一つの掟ができていた。二度ならず、三度ならず、四たびまでも苦く、辛く、やるせない失敗の経験を重ねて以後は、三吉は結実の見通しのない真情《まごころ》を恐れ、避けるように、いつとはなしになっていた。それを恐れていた。それを求め、それを尊重していながら、それを慕い、少し意地の悪い解剖を敢てするならば、三吉の場合は毅然たる道徳上の確信からそうしているのではなしに、終りを全うすることのできないにきまっているにも拘らずひとの、或は己の真情に戯れて、そこから当然起って来る葛藤の患わしさには彼の弱い性格はもはや堪えられないのだという臆病な自覚からそれは来ていたとも言えたであろう。妻を持ち、子供を得てから、三吉のこうした、人に知られぬ秘密な傾向はますます強くなっていた。東京にいたときでも、天津や北京でも、一方では評判になるほどの激しい遊びを続けていながら、他方では常に真実なるものに警戒して危く深入りから逃げ出していたというのも、原因はこんなところにあったのである。

三吉はマリー・ローズを恐れはしなかった。彼女との場合は些少の金銭がすべてを解決してくれるであろうと信じていた。彼女にも三吉自身にも心の傷などは何一つ残らないであろう。だが、コーナムは勿論金銭も拒みはしなかったであろうが、それ以上の何かを求めて来そうな気がしていた。そしてそれが与えられないとき、彼女の心は必ずやいくらかでも傷つくであろうと思われた。それが恐かったし嫌だったのである。

にも拘らず、三吉はいま、ついに情欲の誘惑に屈してしまった。

三吉にはそれが忌々しかった。この娘と知り合って以来、彼は常に純美なる一種イディリークな初々しい感情と、どす黒くて根強い情欲の逆巻きとの混じ合ったものをこの娘に対して感じて来ていた。そしてそれはそのままに終らすべきものと三吉はとうに自覚していたのであった。しかも、かくも簡単に敗れてしまおうとは！　だが、実はそれが三吉のほんとうの姿であったとも言える。

山根に案内されて、川村、伊沢、大鈴の三人が自動車でハイフォンに向って発って行くのを入口の階段の一番下の段に立って黙然と見送ったのち、再び応接室に帰って、そこのソファーに深々と腰を落して、ぼんやりしていると、高山がにこつきながら入って来て

「どうした？　えらくしょんぼりしているじゃないか。太陽が黄色く見える口じゃないのか」とからかい半分に言った。三吉は答えるのすら厭な気がして、黙って立ち上がると家へ帰って来た。そして、水浴をしながら、ふと見る自分の身体の一部を、そこがコーナムの純情にふれたと

いう一事だけで、何となくいとしいような気になったりした。

電話がかかって来て、思いがけず伊藤が、メトロポールで一緒に昼飯を食わないかと誘った。

「ほかにも誰か一緒ですか?」と三吉は訊ねた。そして、「別に考えていないが」と対手が答えるのを聞いて、彼はふとこの青年となら一緒に食事をしてもいいという気になった。

伊藤はメトロポールに泊っていた。三吉は少し早目に出かけて、伊藤の室に行く前に、三三四号の室をノックしてみた。そこには周と陳とのほかに、色の白い、六尺近いと思われる肥大漢がいた。つり上った目をしていたが、その目がばかに大きく、子供のように頰の血色がいいのが強く印象的であった。陳昌祖は「ちょうどいいときに来た」と言って、三吉をこの大きな四十男に引き合せた。この男が前サイゴン総領事の方博士だったのである。汪らが行ってしまったあとも、ここに残っていることになっているから、もし必要の場合はこの方博士と連絡するようにと周隆庠が言った。方博士の手は身体相応にひどく大きな手であった。彼はその手で三吉の小さな手を力一杯握って振った。

三吉は客人たちがけさハイフォンに向ったことや、午後には乗船してしまうこと、船との連絡には坂本支配人が当ることなどを説明した。周は競馬場の手違いが、出かける間際になって急に自動車の故障で、已むなく別の車を用意したりしたため起きたのだということを笑いながら話して、三吉がもう少しで此方の車をぶつけるところだったことを話すと、

「いやー、危いところで命を拾ったわけですな」とわけもなく面白がり、「汪先生に早速お話ししましょう、屹度笑われますよ」と喜んで他の二人にも支那語で説明してやった。陳はいつものように控えめに笑っただけであったが、方博士はその大きな腹を抑えてとめどもなく笑った。

伊藤は既にロビーで待っていた。彼はぽつりぽつりと、飛び飛びにしか喋らなかった。だが食事の間を通じて、三吉は彼が満鉄社員か何かであるらしいこと、影佐大佐に日頃から全身的に私淑している様子であること、今度も上海にいるところを影佐からの電報で急にやって来ることになったことなどを知った。三吉の社の松本とも余程深い交友関係にあるらしい口ぶりであった。

「香港で、どうでも切符が手に入らんもんだから、密航を企てましてね、ラオスという船の船艙にもぐり込みましたよ」と彼は非常に愉快そうに、つき出た咽喉仏を上下させながら笑った。「聞いてはいたけど、フランス人なんて

賄賂だけで実に簡単ですね。上陸のときも夜になって船長が態々一緒に下船してくれたりして、何でもありませんでした」。

彼は二十四日の飛行機で香港へ発つと言っていた。三吉はホテルからの帰りにグラン・マガザン百貨店に寄って、香油だの、香水だの、口紅だの、そうしたものがセットになっている美麗な化粧箱を買ってコーナムに届けさせた。そして当分、彼の心の動揺が静まるまで彼女の前には現れまいと決心した。

その夜、三吉は何度も家の周りを注意深く観察してみたが、別段異状らしいものは認められなかった。それでも彼は用心のため、闖入者に対して投げつけるつもりで消火筒を三本、それにどうしてもいけなければそれで抵抗するか或は自決するかというつもりで短刀を一口、床頭台の上に載せて寝床に入ったが、頭を枕につけるが否や深々と眠りの底に陥ってしまった。そして次の朝、ちゃんと台の上に揃って載っているこれらの品々を見ると、われながら苦笑したのであった。

その日の夕方には、薄暮すれすれに時刻にハノイ大学の赤煉瓦の正門を高山と三吉とは並んで散歩していた。人通りはまだ多かった。自動車も次々に走りすぎた。尾行者たちは遠くに自転車を止めて、そこの並木に太い幹によりかかって彼らの方を眺めていた。

一台の自動車が背後からやって来て、軽く警笛を鳴らすと、ついとすぐ先の角を曲った。三吉たちが急ぎ足にその角を曲ると、自動車はそこに扉を開いて待っていた。そして二人が乗り込むや否や全速に走り出した。

これまでになく部厚い封筒をうけとり、大体のことを口頭で説明されると、高山と三吉とはプチ・ラックの湖上酒場のすぐ前で自動車から下りた。酒場の湖上に張り出した露台は食前酒を飲みに来たフランス人たちで混雑していた。

「街頭連絡もなかなかうまくなったね」と高山が満悦して言った。「連中は苦もなくまかれちまうじゃないか」。

「前に少しはやったことがあるからね」

「赤か？」

「桃色ぐらいだったな」

「そんなところだろうと思っていたよ」

まもなく高山は熱心に手紙を読みはじめた。運ばれたカツレスのコップは手もつけられずに彼の前に置いてある。読み終ると一枚一枚三吉の方に渡してよこした。三吉は氷の入ったペルノーの大きなコップを片手に、ちびちび飲みながらゆっくり読んで行った。そこには汪ら一行の乗船ファン・フォーフェン・フォーレン号の行動予定が極めて詳細に書いてあって、ペン書きの乗船地略図まで添えてあった。そのほかに北光丸との無電連絡用の秘密符牒もあらゆる場合を予想して細々と定めてあった。中には「行動怪し、厳重警戒頼む」というのや「至急貴船に移乗したし、すぐ手配あれ」などという、最悪の場合を予想した符牒もいくつかあった。

「おい、まだ仕事はうんとあるんだ、あんまり飲むなよ」

二杯目を飲み終って、三杯目のペルノーを注文した三吉に高山は不満らしく注意した。

「大丈夫だよ」

三吉は曽つてパリで、まだ食前酒を飲みならったばかりの頃、水を入れるといままでの黄色の澄明な液体がぱあーっと乳白色に濁って、杏仁の強烈な香りのするこの酒を、日本人はあまり好まないのだが、彼はどういうものか最初から好きになって、たてつづけに四、五杯も飲んで、それだけでへべれけになり、飯を食うどころか、並木も広告塔も、割栗石の舗道でさえが曲ったり、だぶったり、くねったりして妙に動きはじめて、家までかえりつくのにひどく骨を折ったことなどを思い出していた。そしてペルノーに比べるとまるで何かの果汁のようにアルコール分の弱いカシスをさえ、半分も飲まずに立ち上った高山の、度をすぎたくそ真面目さが、彼には早くも少々滑稽に感じられはじめていた。高山は外に出ると、「遂條検討の必要があるから夕飯を終ったら橋本をつれて俺の家へ来てくれ」と言い捨てて自分の家の方へ曲って行った。

三吉は橋本の家に行って、そこで夕飯を食った。

「おいおい、早くもいい機嫌じゃないか」

「機嫌は悪いよ」と三吉は橋本が二日に一本宛と分量をきめて愛用しているポマール・ブドー酒の赤を一度に空にして、更にとっておきのシャトー・スクまで出させながら、ぷんぷんして言った。「ちょっと肌が違うね。俺ぁ面倒臭くなって来た」。

「いま頃そんなことを言い出しちゃ駄目だぞ。もう一息だ。出て行っちまえば、あとはどうでもいいんだから。小父さんを見ろ、小父さんを」

「うん、小父さんは流石に偉いところがある」

「まあいいや。何でも俺のところにある酒は皆出してやるから、それでも飲んで、機嫌を直せ」

そして橋本は、別段俺は行く必要はない、帰って寝るんだという三吉を、引ぱるようにして高山の家に出かけて行った。

いつの間にどこから集めたか、高山の私室には派手な色模様のクッションや、安物の布人形や、人絹の安南婦人服や、安南娘が冠る近頃流行の飾総つきの三角笠など、雑多なものが台の上、壁、柱などに処せましと置いてあった。床頭台のスタンドにはパリの淫売宿のそれのように桃色の笠がかけてある。

「仕様のない奴だな。あれほど飲むなと言っといたのに」と高山は明らかに不快な色を眉根に現して言った。「俺のベッドの上で暫く寝てろ」。

「ああ、そうさして貰うよ」。三吉はそこにごろりと横になって、潮の関係があるから出航時間を先方だけで勝手に定めても困るとか、先方の速力を正確にせねば時間が計れないとか、そのような細々したことを論じ合っている二人の声をうつらうつらと聞いているうちに、いつの間にか眠ってしまっていた。

ふと眼を醒ましてみると、うす暗い桃色の光が室内を照らしていた。そして高山は二つ寄せ合したソファーの上に、クッションを枕にして、両手を行儀よく胸のあたりで軽く組み合わせて、すやすやと眠っていた。橋本と高山とが協議していた丸卓子の上にはマルテルの罎とコップが二つ、そのままにしてあった。

三吉の靴は脱がされて、ベッドの下に揃えてあった。午前二時である。

三吉はそっと起き上って、靴を手に持って、爪先立つようにして階段を下りて行った。

次の日の朝、矢野は東京から来た暗合電報を持って、高山はゆうべの手紙を持って、相前後してハイフォンに出かけて行った。

きょう一日は何にもすることはない。

三吉は風のよく吹き通すベッドの上にごろごろしながら、遽しかったこの数日のことをぼんやり考えていた。それから、去年の十二月末、汪精衛がハノイに潜入して以来の全く落着きのない毎日のことをいろいろ思い出していた。

この間、三吉は二日に一本ずつぐらいの割りで依然新聞用の電報を打ってはいた。しかし日本国民が最も大きな関心を持っているであろうと思われる汪精衛の行動に関しては、一月の十日に打電した曽仲鳴との会見記以外には何にも電報を打っていなかった。この件に関する限り彼は完全に新聞記者であることを止めていたのである。

何でもが、このとおり、今日の日本では最も重大なこと、国民が一番知りたがっていることはすべて国民の耳目から厳重に遮られているのである、と三吉は北支にいたときの経験からもこのことを痛感した。北京では、次の軍事行動は軍事上の機密として已むを得ないとしても、運河計画にしても、綿花の増産計画や、石炭の増掘、小型溶鉱炉の新設、鉄道新線の建設計画など、経済方面の開発新計画などに到るまで、全面的に報道が禁止されていた。そして多くの記者たちは知っていても打電しないことで国策に協力する所以であるかのように、何らの疑問もなしに簡直に信じ込み、次には段々と、知ろうとさえしなくなって行ったのである。

こういうことを漫然と考えてはいても、だからどうだという結論は三吉にもやはりなかった。そういうのが現代の日本なのだという諦めに似た認識を持つとともに、その底にほんのちょっぴり、何となく割り切れない、不満に似た感じの滓を残していただけである。それも多くの場合、こう考える自分がむしろいまだに、職業意識の低さから物を観る習慣から脱しきっていないからであろう、という考えによってすりかえられていた。

49　カトバの島より

高山がハイフォンから持って帰った最後的な返事を齎《もたら》して、三吉は朝のうちにメトロポール・ホテルを訪ねた。周隆庠と陳昌祖とは彼の手を固く握って、是非また上海で会おうと言った。彼らの顔は安堵と希望とに輝いていた。三吉も心から一行の無事を祈った。

方博士は自分も一行を見送って乗船の現場まで行くが、明日の午後六時までには帰って来るから、そのとき、またここでお目にかかって様子をお話ししよう、と言った。

なにもかも、用意はすっかり出来たのである。あとはただその時間が来るのを待っていればいいばかりになっていた。

四月二十四日、月曜日。曇り、後小雨。

夕方坂本と山根とが帰って来て、鉱石は一塊も積まずに出港するというので、港務当局との間にちょっとしたいざこざはあったが、配船の都合だから仕方がないということで押しきって、北光丸はともかくも予定どおりの時間に出航したと報告した。この船は一足先海に出て、あとから来る汪の船をトンキン湾上遥か南方のナイチンゲール島付近で待ちうけていることになっていたのである。

夜十時ごろからしとしとと絹糸のように軽い雨が音もなく降り出した。

三吉はひとり家にいて、行儀悪くベッドに引くり返ったまま、綴りのでたらめなフランス語の手紙を読んでいた。

それは使いの者によって届けられたらしく、三吉が外から帰って来てみると、机の上にタバコの缶をおもしにして置いてあった。発音通りに綴ってあるので、読めるには読めたが、文法上の綴り字法から言うと全くでたらめなもので、無学なフランス女の手紙というところであった。直訳すると次のような文句である。

親愛なる友、太田さん、フランス語の書けない妹に代り、彼女の真心をここに披露することは妾の喜びであります。

彼女は真実あなたを愛しています。いまも彼女は妾の傍にいて、目に涙を浮べて、あなたへの愛の告白をしています。

妾は彼女が可哀そうなのです。あなたは彼女を愛しているでしょうか。

彼女はあなたからの贈物を大変喜んでいます。だが、彼女が真実欲しているものは、高価な贈物ではなしに、あなたがいつも傍にいて下さることだということだということを、お忘れにならないで下さい。

おお、親愛なる友、太田さん、もしあなたがこの手紙を御覧になり次第、すぐわたしどもの貧しい家に来て下さるならば、私の妹は感謝をこめて更に千万遍のメルシーを、あなたにいうでしょう。

彼女は自分が……

三吉は時計を見た。十一時四十分である。あと五分したら、しとどそぼ降るこの雨の中を何台かの自動車を連ねた汪らの一行が、前後をハノイ警視庁の警官隊に衛られて、波瀾多かしこの街に、多分永久の別れを告げて、粛々としてドーメル橋を渡って行くであろう。そして何十本かのヘッド・ライトの林は濡れて光る舗装道路の上に銀糸のような両足を照らし出しながら、東へ、東へ、アロン湾内のホンゲイに近く、カトバの島に向って進んで行くであろう。

三吉の目にはその状景がこうしていてもはっきり見えた。ルーム・ランプを消して、シャドウを下ろした暗い車中に浮ぶいつかの顔、写真以外には一度も見たことのない汪精衛や陳璧君夫人*や周仏海**、それにいま百年の知己の如く親しくなった周隆庠や陳昌祖など、彼らの見た顔見ぬ顔の一つ一つの表情が、三吉にはまざまざと見えるようであった。

＊　南洋華僑の娘。ペナン島を訪問した汪兆銘と知り合い、中国革命同盟会のメンバーになる。結婚後、汪とともにフランスに留学。一九四六年、漢奸として無期懲役の判決を受ける。一九五九年、獄死。

＊＊　京都帝大経済学部卒。留日代表として中国共産党創立大会に出席。同党を離脱し、中国国民党に入る。一九三八

年に宣伝部長。汪兆銘の和平運動に参加。汪政権では行政院副院長、財政部長などを歴任。戦後、漢奸として死刑を言い渡されるが、その後、無期懲役に減刑される。一九四八年、獄死。

わが親愛なる友、太田さん、と手紙はなおも続いていた。是非ともすぐに来て下さい。でなければ、あなたの可憐なコーナムは、可哀そうに、あなたへの愛の痛み《シャグラン・ダムール》で病気になってしまうでしょう。

妾はあなたが真実な青年であることを知っています。そして、私の妹があなたを初めての恋人として選んだことを彼女のために祝福します。彼女を不幸にしないで下さい。

コーナムの胸は……

三吉はその手紙を床頭台の上に抛り出した。そして仰向けに寝たまま腕を組んで、ゆるやかに廻る吊旋風器の大きな翅を意味もなくじっと見ていた。

でたらめな綴りではあったが、話させれば発音も言葉の配列も完全に正しく喋るコーラムの文章であるだけに、それは些か文章範典の匂いはしても、上手に書けていた。

しかし、それがどこまでコーナム自身の気持を反映しているものであるかは判ったものではない。恋の戯れを一種の商売道具として来たコーラムが、これまでにも例の転任して行った老大官にも何度か書いたであろうし、そのあとにも先にも何十本か何百本か、いろんな男に書いたであろう「女郎の恋文」のそれはそのうちの一本でしか多分ないであろう。

微かな風を起しながら、ゆっくりゆっくりと、いまにも止るのではないかと思われるほど懶げに廻っている吊旋風器の大翅をじっとみているうちに、三吉はふっと「ドン・キホーテとサンチョ」という言葉を思い出した。

コーナムの純潔？　三吉の純情？　そんなものがいったい現実にあるのだろうか。かりにあったとしても、それは真物なのだろうか。かりに真物だったとしてもそれは果して尊重に値するものであろうか。

俺はひとりで勝手に一つの夢——コーナムの純潔とそれを尊ぼうとする俺の純情というそうした夢を——恰もドン・キホーテが風車を見て一つの夢を、彼がまさに日頃欲して渇まなかったとおりの夢を——描いたと同じように、俺もまたいまここにこうして描き出しているのではあるまいか。

三吉はふと思いついた自分のこうした想像の裏書きに都合のよさそうな事実の幾つかを思い出そうとしてみた。

俺に身を委したときのコーナムの態度はどうであった

か？　それは果して娼婦のそれではなかったろうか。そのあとで彼女はどんな態度をとったか？　そこには果して処女を失える乙女の愁恥がにじみ出ていたかどうか。

だいいち、と三吉は苦笑しながら思った。言葉も何にも通じない二人が、じっと向い合って、強いて恋人同志らしく坐っている風などは、パントミームにはよいかも知れないが、それは断じて生活ではあり得ない。コーナムにしても、それは同じことではあるまいか。

下らぬことだ！　と三吉は急に心を逞しくして考えた。こんなことは一切下らぬことだ。

そして三吉の心の中には、いま彼がこうしてこんなうじうじしたことに思い耽っているその同じ瞬間に、同じハノイの地で行われつつある歴史的ともいうべき一つの大きな事件の中で、己はこれでもひと知れず一役勤めた人間である、という考えが突如として重々しくせり上って来ていたのである。

女郎の恋文などで思い罹っていることはない！　と三吉は勇ましく思い定めた。

次の日、三吉は午後六時を待ちかねて、ホテルに方博士を訪ねた。方博士は、自分は出帆まで待っていずに早く帰って来たが、多分予定とおりに運んだと思うと言った。警官隊に衛られて夜明け前に向うへ着くと、かねて用意のモーター船で一同はカトバ島の島蔭に碇泊していた船に向い、自分はその足で引返して来たという話であった。

三吉たちは高山、橋本、坂本、山根の五人で洋俥を連ねてまっすぐに五十八番に乗り込んだ。高山は傲然と阿片台の上に胡坐をかいて据り込み、「今夜はこの家にありったけの酒は俺が買いしめた、皆飲め、どれでも好きな女を抱いて寝ろ」と怒鳴っていた。坂本は女将を連れて来て、いくらか話せる安南語で、「今晩は特別の祝事があって、この家を買いできるから、表を閉めてしまって、いるだけの妓をあるだけの酒を全部ここに揃えろ」と言った。女将は笑っていたが、手つけに二百ピアストルうけとると、狼狽して言われるとおりにした。

妓たちは嬌声をあげて逃げ廻ったり、マンゴスティンをぶっつけ合ったり、妓同志で抱き合って踊ったり、日頃は滅多に飲まぬ酒をがぶがぶ飲んだりした。痔が悪いというのでいつも横坐りになっている山根老人も今宵は禿げ上った頭の上まで赤くしてでたらめに踊っていたが、誰かに眼鏡を踏み割られて、仏印にはいい眼鏡屋がないので困ると何度も繰返してこぼしていた。

橋本は室の入口に立って、ほかのものが聞いていようがいまいがお構いなく、声が嗄れるまで何度でも繰り返して「露営の夢」を歌いつづけた。高山は騒ぎのあい間あい間に、「おい、皆聞けや」と言って、自分ひとりいい気持さうに口をおちょぼ口につぼめて、目をつむり、首を微かにふりながら、飽きずに「京の三条の橋の上、落つる涙を振り払い」と「高山彦九郎」を歌ったが誰も聞いてはいなかった。

三吉は妓たちとの踊りにも飽きると、逆にした上衣を前から着て、下唇と鼻の穴との間に三本の紙巻莨で牙様のものをこしらえ、髪毛をざんばらに額に垂らして、ゴリラ踊りだと言って室中をはね廻り、悲鳴をあげて逃げ歩く妓たちを執拗に追いかけた。

坂本はシャンパーニュの壜を持って、誰彼の見さかいなく、「おい飲め、飲まんかこら！」と怒鳴りながら壜ごとラッパのみをさせて歩き、自分もしきりにラッパのみをしていたが、遂に後さまにぶったおれて人々を驚かした。彼は倒れた拍子に、室の隅にあった直径二尺ばかりの部厚な植木鉢に後頭部を叩きつけたようであった。人々は驚いて駆けより、気を失ったようになっている坂本を担ぎあげた。どこからも血は出ていなかった。瘤すら出来てはいなかった。しかも棕梠竹を植えたその植木鉢はみごとに真二つに割れて、ぱくりと床の上に転げていた。それがみんなを一層陽気にした。

「驚いた石頭だね、いや、こりあまさしく正宗頭じゃわい。据物斬りの名頭だやわい」

顔色蒼白となって緊く唇を結んでいる坂本を阿片台の上に投げ出したまま、頭を冷したり胸をひろげてやったりすることは女将とボーイにまかせてしまって、男女の群はまたてんでな狂躁の中に没入して行った。

何がどうなったのか、てんで判らないまんま、次の日の朝、三吉はコーナムのベッドの中で眼を覚した。彼はしわくちゃに疲れはてた洋服を着たままであった。もう日は余程高いらしく、室内は明るかったが、家の中はまだしーんと静まり返っていた。コーナムは応接室の長椅子の上で、こんこんと眠っていた。そこの卓の上にはいろいろな酒壜や、コップが十個近くも並んでいて、壁には高山の上衣とネクタイとがしどけなくぶら下げてあった。

応接室との境の閾《いき》の上にしばらく立っていた三吉は、自分の瞳孔が緩んで開いてしまったような、何を見ようにも、何を考えようにも、一切に焦点の合わないぼやけを感じた。両手の先がしびれたようになって、頸はいやにしゃちこばっていた。舌はねばって縫いつけられたような感じであった。口の中が焼けていた。じっと立っていると、ともすれば前につんのめりそうな不安さを覚えて、耳の中はじんじんと沢山の秋虫でも入れたように複雑な音をたてて鳴いていた。

靴はなく、靴下も穿いていなかった。ネクタイはコーナムの鏡台の前に畳んでのせてあった。

そうだ、たばこを吸いたいものだ、と漸く思いついて辺りを見廻した。だがライターもケースも三吉のズボンの中には入っておらず、札入れもなかった。

そうだ、水が一杯飲みたいな、と三吉はじっと目を据えて室内を見廻した。水は床頭台の上にカラフに入れてコップを添えておいてあった。その水は三吉の胃の中にはいってもまだ冷く感じられた。

ふと気付くと腕時計もなかった。

ふふん、いいざまだ。三吉は自嘲しながら右手で頚筋をもんでから後頭部をとんとんと軽く叩いてみた。それからまた水を飲んだ。

靴は寝台の下に揃えてあった。その中には片方宛靴下も入れてあった。床頭台の上に何かの小さな器が置いてあって、その中にたばこの吸殻が二本押しつぶして立ててあった。三吉は床頭台の小さな抽出しを引き出してみた。そこにはライター、ケース、腕時計、札入れなどが全部きちんと入れてあった。

三吉はたばこをくゆらしながら、ベッドの縁にかけて、ぼんやりと室内を眺めた。壁には相変らず沢山のプロマイドが勝手な方を向いて貼り散してあった。三吉が贈った人形が小さな箪笥の上に据えてあって、その前に彼女自身の気取った大きな半身像の写真が額に入れて立ててある。それは髪毛のあたりを強い光線でぼかしてあったので実物より遥かに年たけて、それだけに成熟した美しさを見せていた。三吉は跣足のまま歩いて行って、その額の中の、祈るように上向きになっている彼女のちょうど視線の真向きに当る上の隅に、ぽつりとはめ込まれている小さな黒いもの——多分彼女の恋人か何かの写真と思われるもの——をみた。それは三吉の首から上だけの写真であった。

三吉は彼女に写真を与えた覚えはなかった。しかもその写真は切りぬいたものである。三吉はあわてて札入れをとり出して中をあらためた。そこには彼が常に入れておいた写真が果せるかな彼の首だけ失って、妻と、妻に抱かれた当歳の長女と、三吉のなくなった首の真下に真面目くさって坐っている三歳の長男と三人だけを残して入れてあった。それは昨年の夏、彼が二週間ばかり東京に帰った折に撮したものであった。

三吉は急いで靴を穿くと、そっと室を出てまだ眠っている阿媽を起して戸をあけさせ、かっと照っている太陽の光に軽い眩暈を感じながらふらふらふらと歩いて行った。

50 脱出の後

三吉は朝から午後にかけて眠りつづけた。重い、うなされるような眠りであった。時々、眼をさましたがすぐまた眠った。

坂本から急用ができたから印度支那産業の事務所まですぐ来て貰いたいと電話がかかって来たのは午後四時ごろであった。

いつもより永い時間水浴をして、身体のほとぼりをすっかり洗い流すと、さすがに気持もしゃんと引き立って来た。何だか厭わしく、何だか歎かわしいような気がしていたのが拭ったように晴れた。三吉は颯爽とした気持で洋俥を走らせて印度支那産業に行った。

広間でフランス人や安南人の間に立ちまじって忙しそうに働いている何人かの日本人青年たちに一々会釈しながら、広い階段を二階に上り、支配人室に入って行くと、そこには既に高山も橋本も来ていた。山根老人も身体を斜めにして横坐りに掛けていた。何事か重大な事件が持ち上ったということは、一斉に三吉に注がれた皆の目ですぐ判った。

「おい、大変なことになったらしいぞ」と高山がそれが恰も三吉の怠慢からでもあるやかのように言った。坂本が一通の電報を三吉の前につき出した。ローマ字で

「一等米積み出したか、調べて至急返事乞う。川村」＊

＊　大屋の日記をもとにした昭和十五年十二月七日付東京日日新聞の森本太真夫記者による記事では、「荷物積出したか。本船宛至急返」となっている。

とあった。三吉は皆を見た。誰も咄嗟には何とも言わなかった。皆が三吉が何か言うのを待っているという風であった。

「すぐ行って方博士と連絡してみよう」

「そうしてくれ、すぐ、一刻も早く」。高山の日頃から黒い唇は土気色になっていた。

三吉は坂本の自動車をホテルへ走らせる途中でも、しきりに不吉なことを考えた。

矢張りやられたのかも知れん。最後の土壇場になって、まんまとフランス側にしてやられたのかも知れん。或は今

ごろは船ぐるみ、汪の一行はどこかに監禁されているのかも知れん！

巨大な身体のせいか、いつも悠然としているように思われた方博士もみるみる顔色を変えた。

「計画どおりだと」と三吉は補足的に説明した。「昨日の午後二時から五時の間にはどうしても落合っていなければならない筈です。それに始終無電で連絡をしている筈だし、一昼夜を経過してもまだ連絡がつかないということは、これは明らかにただごとじゃない」。

「どうしたというんだろう、いったい。私にも全く判らない！」。方博士は立ち上ったが、またすぐ坐った。

「護衛して行った警察のものに、むだかも知れないが一応会ってみてくれませんか」

「ええそうしましょう。すぐ行ってみましょう」

「但し、言うまでもないことですが、日本船との連絡がとれなかったから心配しているなどということを少しでも対手に気取られないように、何とか……あなたのところに連絡の電報がある筈だったのが、その後何とも言って来ないが……とか何とか言って……」

「判りました、承知しました。すぐ行ってみます。二時間したら、も一度来てみて下さい」

方博士はすぐ出て行った。三吉はまた印度支那産業に帰ってきた。みんな、ときどき思い出したように、何どでも同じようなことを言葉短かに繰り返して言うばかりであった。「どうしたんだろう」とか、「やられたんだろうか」だとか、「どうもフランス側に頼るのは危ないと思ったんだが」だとか、「あれほど詳細打合せたんだから万が一にも行き違いになるわけはないんだが」だとか、「困ったことになった。北光丸では余程心配しているだろうなあ」だとか、「此方では何とも手の下しようもないものね」だとか……等々。

三吉は約束通り二時間経ってから行ってみたが、方博士はまだ帰っていなかった。

しきりに飲んだり食ったりしている三吉をじっと見ていた高山は
「胃が変じゃないかね」と言った。

「矢張り若さだね」と山根も言った。

「育ち盛りだからな」と三吉が応じても、今宵は誰も声を出して、笑うものはいなかった。いつもなら、昨夜のどんちゃん騒ぎの話が当然一くさりも二くさりも出るところであったが、

「頭は大丈夫かな」と三吉が坂本にからかいかけても、

誰もあとを続けるでもなく、ただ坂本が照れ臭さそうに、後頭部を一撫でしただけであった。

「みんなはあれからいったいどうしたんだろう」

しかし、依然として誰も答えなかった。

そして高山は珈琲がすむかすまぬかに早くも、「も一度行ってみて呉れ」と三吉をせきたてるのであった。

三吉が方博士に会って帰って来たのはもう十時すぎであった。フランス警官隊を指揮して行ったアストリュックという男の話によると、汪の乗船は出帆間際になって食糧の積込みが不充分だというので、ホンゲイに人を派して買い足したりしたので、出帆が約五時間遅れて、二十五日の正午頃になって漸く出て行ったのだ、ということであった。方博士はそれですっかり安心して、いまは別段何も心配していない様子であった。

「しかし、もし出帆が一時間でも誤差を生じれば直ちにその旨連絡することに打合せてあったんだからね」と高山は飽くまで心配そうに言った。

「フランス側の言うことは全然信用ならんよ」。橋本は彼が昂奮したときによくするように、上体をぴんとのばして、断定的な口調で言った。

坂本はすぐ北光丸へ返事の電報を打ちに走った。その間に高山や橋本は、東京に打電して航空隊か艦隊かいずれかの出動を求めて捜査した方が賢明かどうかについて、意見を交換していた。

「もし、まっすぐに北海あたりに連れこまれたものとすればもう遅いね」と三吉は言った。「それに北海まで行かなくてもモンカイかどこか、もっと近くでもいいし」。

「多少の武装はしてたんだろう」と山根がきいた。

「そんなものなあ、せいぜい自殺用にしか役に立たないよ」と三吉。

「彼奴らは絶対に自殺なんそしやしない」と橋本は断定した。

群盲撫象の冗な評議に疲れた皆が、それぞれ不安な思いを抱いて各自家へ帰ったのはもう十二時をすぎてからであった。

それからの四日間は彼らにとっては実に重苦しい不安の日の連続であった。方博士と何度会ってもあれ以上は何の手懸りも得られなかった。フランス側で汪を何とかしたというような気配は些かも感じられない、という彼の観察も、ああそうですか、といって聞くほかはなかった。

日曜日には誘い合わせて久しぶりで、競馬に行ってみた。相変らず多くの人出が炎天の下でどよめき、日頃は小さくなっている安南人たちも、この囲いの中では、それぞれの財力に応じて大胆に、熱狂的に、フランス人の存在などは全く無視して、眼を血走らせていたし、驢馬よりも小さなポニーの出走馬は相変らず時々後に走ったり、急に草を食いたがって立ち止ったりして、観衆の度胆を冷し、真黒な顔に目ばかりぱちくりさせた可憐な騎手たちの中には落馬して泣き出すものもいたが、三吉たちの仲間は、なかでも高山は、いっこうに興じる風がなかった。高山はまだレースが半分も終わらないうちに、橋本を促して帰ってみたが、どこからも何の電報も来てはいなかった。

天長節の拝賀式で暫くぶりに多くの邦人たちが総領事の官邸に集ったときも、いつもなら、式のあとさきの雑談や立食には必ずこれらの集いの中心になる「あの人たち」のグループは、或者は黙りこくっていたり、ある者は仕方なく白々しい笑顔をつくっていたりしていた。

ちょうどこうした頃のある一日、鈴木総領事から三吉に、いますぐやって来て貰いたいと電話がかかって来た。

行ってみると、総領事の室には既に高山がいて、大きな事務机を隔てて何やら雑談していた。鈴木は上機嫌のようであった。

「早速だがね、太田君、僕は今度広西工作をやることにしたのでね、君にも手伝って貰いたいと思ってるんだ」

余り話が唐突なので、三吉は答えようがなくて、まじまじと鈴木の顔を見ていた。強度の近視眼鏡の奥に糸のような目が笑っている。

「いやかね？　え？　どうだい！」

「ちょっと待って下さいよ。広西工作って、いったい何をやろうってんですか」

「いまも高山君に話してたとこだがね、広西をひとつ重慶から分裂させて、反旗を翻えさせようってんだよ。どうだろう、いいだろう」

「さてね、大仕事だな」

鈴木の話は曖昧模糊としていて、三吉にはよく呑み込めなかった。とにかく何でも構わないから、広西の有力者に働きかけて、彼ら反重慶陣営に固めねばならない、というのである。これは南支日本軍の広西作戦開始に先立って行われなければならないし、もしこれが成功すれば、或は広西作戦は不要になるかも知れない、そして仏印の敵性も労せずして改めさせることができるであろう、というのであった。

それはそうかも知れない。だが、誰を対手に、どんな方法で彼のいわゆる工作なるものを行おうとするのか、それについては鈴木は何にも説明しなかった。

「これは極秘だからね、ただ君たち二人にだけ特に協力して貰おうと思うから話したんだが……」

「僕は根が新聞記者なんで、そんな工作ごとは柄にないよ」

「そんなこと言ったて」と鈴木は駄々っ子のような調子で言った。「君は汪工作じゃしきりに面白がって飛び廻ってたじゃないか。一かどの陰謀屋だよ」。

「ありぁ、使い走りで、工作でも何でもありあしない」

「ともかく、たのむぜ、え？　おい？」

三吉は曖昧に言葉を濁して、先刻からひとことも言わないで坐っていた高山とつれ立って総領事の室を出た。

「何かね、いったい、ありぁ？」

「知らないね」と高山は不機嫌に、噛んで吐き出すように言った。

「軍の方と連絡があっての話でもなさそうだな」

「知らんよ。俺もいま電話で急に呼びつけられて、初めて聞いた話なんだから」

「途方もねえことを思いつくもんだなあ」

「おおかた夢でも見たんだろう。ほうっておけや」

「勿論！　それよりほかに仕方がないやね」

こうして四日が経過した。

そして五月一日の夕方になって、東京から
「四月二十八日香港付近で連絡とれた、安心せよ」

という川村からの電報が漸く転電されて来た。その夜皆は太湖湖畔のカバレー・サン・スーシーに集って、湖水の上に張り出した露台の上で、今度は静かに、晩飯を一緒に食べた。

北光丸と汪の船とがまる三日もの間、どうして連絡できなかったのか？

このことについて三吉がその詳細を明らかにすることが出来たのは、そして彼らがちょうど総領事官邸で天長節の遥拝式をしていたその同じ時刻に、広東省の碣石湾では北光丸と汪の乗船との、まことに劇的な出会いが行われていたのだというような詳しい話を聞いたのは、彼が一年半の欧州大戦従軍から再び日本に帰って来て後のことである。

51　不仁関

高山も、橋本も、佐伯も、彼らは急遽相次いで仏印を去って行った。

高山は「安心せよ」の電報をうけとるとすぐ、次の便船で引あげる、と突如として皆に宣告した。そして三吉に、「取急ぎ汪のハノイ潜入から脱出に至るまでの詳細な現地報告を書いてくれ」と頼んだ。三吉は自分のメモをたよりに、まる一日半で原稿用紙に約六十枚ほどの報告書を書きあげた。高山はそれを持って、五月四日にハノイを発って行った。家だの、自動車だのの後始末はすっかり坂本に頼んで、自分はトランクを数個持って行っただけであった。一般の在留邦人は高山がハノイを引揚げて行ったことは、ずっと後になるまで知らないでいたほど、それは急な、そして秘かな出発であったが、三吉たちは彼をハイフォンまで送って行って、四日の夜はドーソンの例の海浜ホテルで送別の宴を張った。

次の日の正午、香港行きの定期船がいよいよ纜《ともづな》を解くというとき、高山は低いデッキに立って、いつまでもいつまでも手をふり、いまにも泣き出しそうな顔をしていた。三吉も瞼の裏が何ということもなしにじーんと熱くなって来るのを感じていた。

その次には佐伯が発って行った。月二回ハイフォンに寄港する大阪商船のバンコック航路の客船が五月九日に、佐伯とともに、三吉から弟の療養費を托送された山根老人や、浦部の家族、橋丸の家族など総領事館の女・子供をごっそり運んで出て行った。佐伯はなぜだか悄然として

「太田さん、僕は全く失敗でした」と何度も同じことを繰り返して言った。

「そんなこたあないよ、あんたはあんたで、ここにいて、随分いい仕事をしたんだから」と三吉はどうしてもそう言わざるを得ないほど、佐伯は淋しそうであった。

「ありがとう、太田さん。僕あ悦しいです。あなたのことは一生忘れません」

三吉は佐伯の大きな手がいつまでも彼の手を握って離さないので、掌にねっとりと汗と脂が溜って気持が悪くて仕方がなかったが、その手を無理に引くこともできないでいた。甲板のあちらでも此方でも何度も同じ挨拶が仰々しく交されて、女たちの甲高い笑い声、喜んで駆け廻る子供たちの叫び声と靴音などに混って、客間の方で盃をあげつつ何事か談笑する男たちの声が騒々しく聞こえていた。

「さ、佐伯君、あっちい行って、酒でも飲もうや」

「ありがとう。太田さん、あなた、頑張って下さいよ」

佐伯は急にその大きな手の甲で両の眼をこすった。最初の出会いの感激にも拘らず日頃少しも親しくしなかったこの男、むしろ内心では軽い軽蔑と嫌悪とを抱いて、何となく避けるような冷たさでしか接しなかった三吉は、この男のこうした突然の感傷に面食って、どうしていいか、些か

度を失ってしまった。佐伯は皆の中に混るとすぐ例の大声をあげて、馬の嘶きに似た莫迦笑いをしきりに連発していた。

その日の帰りに、三吉は総領事夫妻に誘われて、三人でドーソンの海浜ホテルに行ってそこで夕食をし、総領事夫人とダンスをした。鈴木は盛んに、「これはいいとこだな」と言って珍しく景色をほめた。

「何故もっと早く連れて来て呉れなかったんだい太田君」

「僕とあんたとは余り仲がよくないからね」

「そんなこたぁないよ、俺の方じゃ何とも思っちゃいないんだぜ」

「そりあそうだろうよ」と三吉は笑った。「僕の方じゃあんたが何とか思うようなこたぁ一つもしちゃいないんだもん」

「それじゃ、俺の方でしたというのか」

「もう、およしなさいよ」と夫人が美しい眉を心持ちひそめて言った。

「まいいさ、橋本君も近く帰っちまうというし、君も淋しくなるんだから、これからは俺のところに飲みに来いよ」

「ほんとに、いらして下さいましよ、ね」と夫人も言った。

鈴木は自分でも夫人と二、三回踊ったりして上機嫌であった。夜遅くなって三人は一つ自動車でハノイに帰って来たが、鈴木も一言も言い出さないし、三吉の方でも広西工作のことは訊ねてもみなかった。

橋本は同じ月の十五日の香港行き定期船で発って行った。

「太田さんも、とうとうお一人になっちまいましたね。まるで潮が退いたようで、淋しいですなあ」

石山ホテルの主人はそこら中にたばこの灰を撒き散しながら、三吉と碁盤を挟んでいる間にも何度となく同じことを言った。三吉は取ろう取ろうとかかる対手の焦り気味な布石の方々にいくつも絶好の「切り」のあるのをそれとなく読みながら、ふっと、いまさっき段々小さくなって行ったばかりの橋本の白髪の姿を——甲板に直立して、おかしいほど固くなりながら例の怒ったような目でじっと見送り人たちの方を凝視しつつ遠ざかって行った彼の姿を、時々思い浮べていた。

「駄目だよ、親父さん、あんたあ、これで定先だよ」

「いいえ、そんなこたあ、ありませんよ。負けは今度で三回です」

「あんたぁ、自分の負けは片端から忘れちまうんだから得な性分だよ」

「冗談でしょう。この前は私の勝だったんですからね」

「まいいや、あんたと打ってたんじゃ、いつまで経ったって、かど番ってもなぁ、来ないや」

「怒ったんですか、怒ったんなら、よござんすよ。私が定先でよござんすよ」

「まいいよ、親父さん、怒るなよ」

「私は怒っちゃいません。怒ってるな、あなたで」

「僕は怒ってないよ」

「じゃ一つ、互先で、もう一番行きましょう」

三吉は苦笑して、黒を握った。

ハノイに帰って来てからも、三吉は全く淋しくてやりきれない気がした。一度に何も彼も済んでしまったのである。殊に橋本の家が人気もなく、門を閉めたままになっているのを見るとつくづく寂寥を感じた。

これから後、どうにか彼の話し相手になりそうなのは坂本だけではないか。鈴木総領事とでは三吉は長い時間話しているなどということはできなかった。そのほかには総領事館の連中、下村老人、小田老人、青山のお米……

三吉はああ、ああ、と思う。本でも読んで暮らすほかはないではないか。

されば言って、カムチェンに行く度数は前に比べると却って減った。何となくつまらないのである。言葉の通じない妓どもを相手に毎日同じような阿呆騒ぎも悉く興のつきた思いであった。

コーラム・コーナム姉妹のところにも時稀にしか行かなかった。高山がコーラムとどんな別れをして行ったかは三吉は知らなかったが、コーラムは平気な顔をしていて、高山のことはついぞ一言も話し出さなかった。

コーナムの片言の囁きも処詮は浅い泉のようなものであった。そこに湛えられている清新さにも限りがあったし、その水の美味さもそうがぶがぶ飲めるものではない。ときたまに、少し宛飲んでこそまた美味くも感じられるというものであったろう。少しながい時間彼女と二人きりで向い合っていると、三吉はすぐに退屈して来た。何彼につけ、彼女の好むアメリカ映画の影響がその仕草の上に出て来るのも、最初の二、三度こそ面白くも眺められたが、結局、三吉にはいとど興冷めな思いにすぎなかった。

こうして五日経ち、一週間がすぎた。

ある日の夕方、総領事館のスォン・ヴァン老人——三吉に汪精衛の隠れ家に関する最初の情報を呉れたあの老人が、ひょっこりやって来た。彼は洗い晒されてはいるが糊のきいた黒い安南服をきょうもきちんと着ていた。

ひとりの支那人が是非三吉に会いたいがっているが、

会ってやってくれるか、と言うのである。しきりに揉み手をしているばかりで、対手がどんな支那人か、またどんな用件なのかは容易に言おうとしなかった。

「どうして、特に僕にと名指しで会い度いというのでしょう？」

「さあ、どうしてですか。……どうでしょう、ひとつ是非とも会ってやってくれませんか」

「そう……」。三吉は暫く考えていたが、「じゃとも角会いましょう」と答えた。そして指定どおりその夜の十時きっかりに、ハノイ中央駅前のホテル・テルミニュスを訪ねて行った。室番号は判っていたので、三吉は真すぐに上って行った。

メトロポールやスプランディッドに比べるとこのホテルは廊下も狭く、絨緞なども敷いてなかった。

部屋をノックしたが誰も答えない。暫く待ってみて、前よりやや激しくノックした。すると、ずっと廊下の端れの方から二人の支那人青年が出て来た。彼らは三吉の前で一揖すると、黙って扉をあけて、三吉を室の中に導き入れた。うす暗い、妙に細長い室であった。敷物も敷いてなければ、椅子も極めて粗末なのが二脚あるだけであった。漆の剥げ落ちた四角な小机には端の方に莨の焼あとが五つ六つあった。安手の鉄製寝台には寝台覆すらなく、小汚い夜具がひき出しになっていた。すべてが何となく不潔で貧しく、いかにも場末の安宿という感じであった。

二人の青年のうち、ひとりは室を出て行き、他のひとりは室の入口に立っていた。

三吉は突然非常な不安に襲われた。心臓が激しく、止め度もなく鳴りはじめた。軽率なことをしてしまった！　という気持ちが三吉の咽喉をしめつけた。入口に立っている青年は俯向いたきり顔をあげようともしない。先刻から一言も口をきかない。

三吉はこれから彼が会おうとしている男がどんな男かも知らなければ、その名すら聞いてはいなかった。三吉は立って何げなく窓の方へ行ってみた。窓はそう高くはなかった。斜向うに滇越鉄道本社の赤煉瓦の建物が見えていた。表通りにはまだ人通りが相当あって、道の向い側には何かの屋台が三、四軒店を出していた。三階だが、そう高くはない。飛べば怪我はするだろうが、死ぬようなことはあるまい。

振り向いた三吉の視線は先刻から彼を凝視していたらしい扉口の青年の目とぱったり会った。対手はひどく狼狽したように、急いで再び床に眼を落した様子が三吉を何となく少し安心させた。

三吉は窓を背にして椅子にかけた。やや暫くして、廊下に靴音が響き、背の高い、恰幅のいい、肥った五十がらみの男が急ぎ足に入って来て、そそくさと三吉の方に進み出た。入口の青年は入れ違いに姿を消していた。

対手は三吉から二、三歩のところで立ち止って、かなりひどいフランス語で言った。

「お待せして大変失礼しました。あなたはたしかに太田先生ですね」

「そうですが……」と三吉は対手が手を差しのべないので、彼もただ立ち上っただけで、ためらいがちに答えた。しかし、対手は自分の名は名乗らず、その大きな手を掌を上にして差しのべ、「あさ、どうぞお掛け下さい」と言って椅子をすすめた。

「実は私は……」と対手ははみ出しそうになりながら椅子に掛けるとすぐ要談に入る様子であった。「広西のある将軍の使いのものですが、あなたに是非聞いて頂きたい用件がありまして……」

「あなたはいったいどなたです？　何と仰言る方です？」

対手は遮られて暫く沈黙した。

三吉は対手を直視して、その人物を観察していた。いまでは彼もすっかり落着いていることができた。眉毛の太い、その先がだらりと垂れた、そして眼球が飛び出してしまいそうに出眼の、朝鮮人みたいにあばたの多い顔をしたこの巨大漢は決して悪者ではなさそうであった。

「甚だ失礼ではありますが、目下のところ、なお少々憚りますので……」と対手はその巨大な身体にも似合わず、いかにも鞠射如《きつきゆうじよ》として言うのであった。

三吉は忙しく考えていた。強硬にその非礼を詰って脅しつけてやったがよいか、それとも知らぬ顔をして対手の言うことを聞いたがよいか。三吉には咄嗟に後の方を選んだ。

対手のいうところは——聞けば三吉は軍部の中心人物とも連絡があるとのことだが、もしここに一人の有力な将軍がいて、彼が反蒋和平の旗を翻えすとすれば、日本側からはどの程度の援助を得ることができるものか、それを確めて頂くことができるであろうか、と言うのであった。

聞いてゆくにつれて三吉は妙な顔つきをして苦笑を深めた。三吉が軍の中央部と連絡があるなどとは嘘であったが、彼らはいったい何者からそんなことを聞いたのであろうか。それにこの話は話全体が一つの仮定の上に立っていて、てんで問題になるものではない。そんな杜撰なことでは仮に三吉が軍中央部に取次ぐ手段を持っているものとしても、うかとは取次げもすまい。総領事がいつか言っていた広西工作とやらと、これは何らかの関連があるものだろうか。

対手は笑止なほど、三吉のことばに始終おどおどと、気忙しく合点々々をして、何事かを取急ぎ答えようとしては、その度に三吉の言葉がまだ続いているのに気付いて、言葉を呑み込むように黙るのだった。

「いや、その、そんなわけではありません」と三吉の言葉が終るか終らないかに、まず取急ぎ否定の言葉を発した。それから扇をパラリと開いて、すぐまた閉じて、言葉を継いだ。「勿論、できるだけ大きく援助はして頂きたいのですが、決して仰言るような商取引きのつもりではありません。将軍は衷心から、汪先生の和平救国の説に賛同しておられるのでありまして、もし日本軍がそれを要求するならば、多くの人間を極秘裏に重慶に派して、蒋介石を暗殺することも、将軍にはできるのです。そんなわけで……」

「日本軍は一蒋介石の個人的暗殺などということにはてんから興味がないことは僕が即座にお答えしても決して誤りではありませんよ」

「ああ、そうですか。それでは、その方は別としまして、将軍は広西に兵を挙げて、武力をもって、汪先生の御主張に協力し、また広東にある日本軍に相呼応することもできます」

いまでは三吉の方が優者の地位に立っていた。彼は微笑を浮べつつ、悠々と対手を眺め、そして、自分でも充分それを意識してできるだけ落着いた声で話した。

「それは、将軍である以上、そのくらいのことはできましょうが、いったいあなたの将軍は現在どのくらいの兵力を持っていられるのですか」

対手はちょっと沈黙したが、「現在ではまず一万五千です。しかし、すぐ三万には増加できます」と言った。

「それで、あなたの方の、ぎりぎり最低のところこれだけはぜひ欲しいという要求の内容を伺いましょう」

「そうです……将軍の兵は現在のところ、一万五千はありますが、そのうち武装しているものは五千にすぎません。また、蹶起と同時に兵力の増強を図るとして、約二万五千分の小銃、それに弾薬を充分……これだけはとりあえず、是非戴きたい。それから、差し当たりの軍費として三十万円ばかり……」

「軍費が三十万円……ですか?」。三吉のひとりごとに、対手は、それでは多すぎるというのだろうか、それとも少なきにすぎたのかな? と三吉の顔からそれを読みとろうとでもするように、じっと此方を見た。

「それだけですか？」

「まず、差し当っては……」

「そう。そして、その将軍というには、どういう方です。現在どこにいるのですか」

「お取次ぎ頂けるのですか、どうでしょう？」

対手は飛び出た眼球をじっと据えて三吉を見た。その眼球はうす暗い電光の下で異様に強く光るかのように思われた。

「僕は、あなたが仰言るようには、別段日本軍部と直接の連絡は持っていません。しかし勿論、あなたの方のお話し次第では、それを取次ぐ手段は持っています。だが、その為めには、その将軍の名前、根拠地、それからあなた自身がどういう人であるか、それが判らなければ仕方がない」

「何日ぐらいで、御返事が頂けるでしょうか？」

「そう……」。三吉の胸中には自ら香港まで出かけて行って、石野武官なり、東勝洋行の高橋さんなりに話してみてもよいという考えが浮んでいた。「そうですね、まず確実なところ二十日……でしょう」。

「二十日ですか？　随分時間がかかるのですね」

「それは当然でしょう。日本側だって、あなたの申出を充分検討してみる必要がありますからね」

対手は、そういうことなら、自分の一存でも行かないから、明日ハイフォンまで行って、相談した上でお答えするというようなことを曖昧な態度で言った。

「結構です。それから、御返事は証拠物件という意味で、一応手紙で頂きたい。その上でまたご相談致しましょう」

そして三吉は、最後に、彼とスォン・ヴァン老人とはいったいどんな関係にあるのだ、と訊ねたが、対手は古い友人であることと言ったのみで深く語ろうとはしなかった。

その翌々日の夕刻、スォン・ヴァン老人が三吉のところに、返事の手紙を持ってやって来た。その手紙には件の将軍というのは不仁関という人で（その名はそこだけ漢字で書いてあった）、根拠地は広西省西北地区であることが書いてあったが、ホテルの人物については何事も書いてはいなかった。

「あの人物とあなたとはどんな関係なんですか？」と三吉はスォン・ヴァン老人に訊ねた。老人は些か当惑したように暫く黙っていた。

「私は、この話は何だか少し筋が違うような気がするのだが……」

「実は私も余りよくは知らないのです」と老人は重い口を開いた。「あの男とは数年来の知己なんですが、彼は支那人と安南人との混血児で、ハイフォンで商売を営んでいるのです……」
老人は膝に置いた自分の手の左右の親指で指角力をとるようなことをしながら、ときどき目をあげて三吉をちらちらと見た。彼の言うところによると、日頃余り親しくもしていなかったこの男が、数日前突然彼を訪ねて来て、自分は広西のある老将軍と極めて親しくしているのだが、その将軍は汪派の運動に組して日本軍に内応する意志を持っている。ついては日本側と連絡をつけたいと考えているわけだが、どういう方法をとったらいいか、幸い彼は日本総領事館に勤めていることでもあり、何とか斡旋の労をとっては貰えぬか、と申出たのであるという。そこでスォン・ヴァン老人は直ちに三吉のことを考えついたわけであった。しかし、老人自身は問題の将軍が何者であるかは、全然知っていない様子であった。老人は三吉の考えはどうだろう、と訊ねた。

「さあね、これが唐生智*とか白崇禧とか、或はまた張発奎**とか、そういった大物ならばともかく、名もなき老将軍というだけでは、どうですかね。いまの日本軍の実力をもってすれば、敢て彼らの内応などは全く必要としないのじゃないかとも考えられますが」

「それは全くそうでしょうね……」

＊　一九三七年十二月の南京防衛戦の総指揮官。中華人民共和国の成立以降も大陸に残った。

＊＊　中国軍の指揮官として各地を転戦。

老人はそれっきり黙り込んでしまった。そして、暫くもじもじしていたが、非常に言い出し難そうに、殆んど呟くような声で切り出した。

「それで、どうでしょう。彼が言うのに、いろいろと運動費もかかったので、もしお願い出来れば、差し当り五千ピアストル、或は三千でもよいのだが、頂けまいか、と申すのですが」

三吉は急に明るくなったような気がして、老人の顔を真すぐに見た。老人ははたと目を伏せた。なぁんだ、そんなことだったのか、と三吉は急にばかばかしくなって、笑い出した。

「それは話が変じゃないですか。運動費がかかったと言っても、それはこちらから頼んだわけのものではなし、先方の勝手でやった仕事で、逆に五千もって来て、何分よろしくというのなら、支那や仏印では毎々行われる筋のとおった話なんだが……」

「それは全くそのとおりで……」

「どうも最初から妙な話だと思いましたよ。この手紙は持って帰って下さい」

老人は黒い顔を赤くして、深く首垂れていた。三吉は札入れから五十ピアストル出して老人の前に置いた。

「これは、前からあなたにはいろいろとお世話になっていましたから、何かお礼をしたいと思っていたのですが……」

老人は飛び上がる程驚いて、蛙か蛇でも押しのけるように、あとしざりしながら紙幣を押しやり、何か口の中で早口に口籠りながら、そのまま、逃げるように帰って行った。紙幣は手紙と一緒に床の上に落ちて散ばった。

三吉は老人に対してひどく悪いことをしたような気がして、強い後悔に胸をかまれた。

次の日三吉は総領事に何気なく、広西の不仁関という老将軍を知っているか、と訊ねたが、鈴木はてんで何の興味も感じない様子であった。いつものように自分の机にかがみ込んでいたスォン・ヴァン老人は三吉が広間を通りぬけるときには、必ず顔をあげて笑みかけるのであったが、きょうは全然気付かぬ風を装って目さえあげなかった。

52 東京へ

コーナムはしきりと一緒に行きたがったが、安南人にとって外国行きの旅券を得ることは——殊に歌妓などにとってはなおさらそうであった——特殊の人間を除けば、殆んど不可能に近いことを、彼女らでも充分弁えていたから、そうした希望がただ言ってみるだけの夢にすぎないことは、そういう当のコーナム自身が誰よりも一番よく知っていた。

三吉は相手にもしなかった。

彼は第一、急激に襲って来たこの寂寥に堪えられなかった。第二にその後どんなことになっているのかも知りたかった。また第三には、処詮問題にはならないとしても、不仁関の件は石野武官あたりまで一応話すだけは話しておけば、現に香港に人が来て、ずっと久しい以前から内々で続けられていたらしい広西工作の一つの参考ぐらいにはなるかも知れないとも思われた。

東京の許可の電報はすぐ来た。三吉はまた、三週間ばかり留守を頼むよ、とヴィエンやグェンに言い残して、コーナムを伴って自動車で出かけた。ハノイから外は殆んど出たことがないらしくコーナムはひどく躁いで、まるで

十二、三の少女のようであった。彼らはその夜はドーソンの海浜ホテルに泊まった。ホテルに着くと、自動車の中の躁ぎかたとは打って変って、コーナムはひどく物怖じしたように、始終おどおどと辺りを見廻していた。食堂では何が食べたいのかも何度きいても自分では言わなかった。

三吉は忽ち彼女が荷厄介になって来て、妙な気紛れから彼女の乞いを容れたことをいまは後悔していた。ダンスも嫌だという。そして、何でも彼でも部屋に帰ろうとせくのであった。三吉は仕方なく部屋に帰って、明け放った窓から永い間海を見ていた。海は彼女にも珍しいらしく、三吉が窓際を離れてからも、いつまでもそこに立っていた。ハイフォンの街の灯は遥か左手に細長い帯となっていたが、正面の闇渺々たる海面にも夜釣の漁船らしい小さな灯が点々と散らばっていた。

コーナムは窓べりから依然離れようとはせず、そこに立ったまま振り向いて、明るい顔で大きくほほ笑んだ。

「モア・トレ・コンタン」(あたし、とっても、幸福だわ)。彼女にしては珍しく長かったいままでの沈黙の、それが感想であるらしかった。

「何故、ダンスしないのかね」

彼女は冠を振って、ただ、「いいえ《ノン》」と言った。そしてまた三吉に背を向けて、海に見入った。

三吉は両手を頭の下に組み敷いて、ベッドの上に仰向けになった。三寸ばかりのやもりが三匹、白い天井にへばりついて、大きな目をぎょろつかせながら、しきりに羽虫を狙っていた。彼らはいずれも咽のあたりをときどきぐっと膨らまして、ぱくりと口を開ける。そして、ちょろちょろと素ばしこく走ったり、いきなり二、三尺も飛んだりする。そのうちの二匹が突然噛み合ってぱたりと床に落ちた。そして、暫くして彼らが再び壁を這い上って、三吉の視角内に入って来たときは、この二匹はつるんでいた。

三吉はコーナムの美事な髪毛に包まれた小さな頭の中をいまこの瞬間に去来しているかも知れない考えを、何の根拠もなしに漠然と想像してみた。彼女はアメリカ映画に出て来る若い恋人同志のヒロインに自分をなぞらえているのかも知れない。と同時に、恋人からドーソンのフランス人のホテルに連れて行って貰ったということを(それは彼女らにとっては稀有の機会であった)、カムチェンの社会に誇らかに言いふらし得る自分に対して、現実的な満足を覚えているのかも知れない。そしてまた、この広い海を越えて、自由に遠い外国へ往来できる人間に対して、軽い羨望を感じているかも知れない。だが、彼女らは植民地住民の今日を悲しいと思うほどには、ここ以外の世界を知らないので、その羨望は色のない夢みたいに淡いものでしかないだろう。

「コーナム」と三吉は呼んだ。

彼女は振り向いて。大きな光る目でじっと三吉を見ていたが、微笑とともに歩いて来て、仰向けになっている三吉の上に顔を差し出しながら
「妾《モア》、あなた《トア》、大変《エーメ・》、愛する《ボークー》!」と叫んだ。

次の朝、晩めの朝食をすますと、前夜から待たしておいた自動車でホテルを発って、三吉は石山ホテルの前で降り、コーナムはそのままその自動車でハノイに返した。

「おや、早かったですな、わたしはまた、どうせ出帆すれすれだろうと思っていました」

石山ホテルの主人は新聞から顔をあげて、三吉の手から鞄をうけとりながら言った。

「乗船前に一番打とうか」

「大丈夫ですか」と主人はくすりと笑う。

「何がさ。三番は打てるよ」

「いえ、時間はいいですが、だいじょうぶですか、ゆうべ眠ってないから負けたんだ、なんてのは困りますぜ」

「近頃はひとりではつまらないから、お慎しめでね、至って方正だ」

「どうですか、そうでもないでしょう」

「よけいなことを言うもんじゃないよ」と奥から女主人が大きな声で言った。「お若いんですもの、ちょっとはねえ……」。

「隠しても、ちゃんと、判ってますぜ。ゆうべは、別嬪さんをつれて、ドーソン泊りでしょう? どうです、驚きましたか?」

三吉はぎくりとしたが、すぐ苦笑して、

「おいおい、シュルテ以上だな」

「でしょう?」

主人は、「でしょう?」は後向きのまま言って、何事か用を思い出したらしく、急ぎ足に出て行った。簡単服の下から灸のあとらしいものの沢山ある醜い素足をにょきりと出した女主人が珈琲とコニャックの壜を添えて持って来た。

「いまさっき、ポリスが来ましてね、あなたがドーソンにおいでだと話していたんですよ」

三吉はへーと思いながら酒を入れた珈琲を啜った。

始終動いている香港はこの二ヶ月の間にまたも激しく変っていた。三吉の社の支局では支局長が変って、松方三

郎の代りに、旧くからの支那通で有名な、そして支那通であるということのほかには世にも珍しい好人物であることを除けば、殆んどこれという特色のない中村農夫〈注—日中戦争勃発当時、南京支局長〉が着任していた。

宴会の席上で、或る高級軍人は彼に向って、「あんたのような貴重な支那通には今後益々国家のために大いに働いて貰わねばならん」と言ったあとで、あわてて、「但し私の言う国家というのは日本のことであって、支那のことではないよ」と念を押した、という小話が誠しやかに伝えられていた。彼は殆んど身体一つの無一物に近い遽しさで行われた曽つての南京引揚げのとき、誰が何と言っても肯かず、これだけはと言ってとうとう日本まで連れて帰った一羽の九官鳥を、香港にもまた連れて来て、宿舎のヴェランダに飼っていた。南京引揚げのとき、この九官鳥は初めは同車連中一同の非難の的であったが、南京から青島まで、走ったり停ったり十日に近い盲旅行の、窓という窓は閉ざされて釘づけにされたままの無聊さに、後には車内中の人気者となった、という小話も当時有名な逸話であった。

東勝洋行の高橋さんは店はあったが、香港にはいなかった。変わらないのは青風楼のお正だけで、この家にいた芸者たちも大半は広東の本店の妓と入れ替ってしまって、三吉が知っている妓はひとりもいなかった。

森本は仏印で買ったベレー帽を広い凸額にのっけて歩いていたが、横田は上海勤務になって行ったとのことであった。

石野武官は三吉の話を聞いても一向何の興味も感じないらしく、そのことには一言も答えずに、ただ、今夜料亭千歳で一緒に飯を食おうと言っただけであった。

三吉は田尻総領事に会った時も、話の序に不仁関のことを話した。

「不仁関?」と田尻はその名前に心当りがあるらしく、背後の書類棚をいじり廻していたが、やがて、一葉の支那語新聞をとり出して三吉に渡した。

「これだろう?」

それは香港で発行されている大公報の三月初旬のものであった。三吉は支那語の読解力はまずない方であったが、それでもどうにか走り読みしたところでは、それは大公報の特派記者が広西奥地の公路網踏査に行ったとき、某地で会見した不仁関老将軍の談話記事で、そこでは不仁関は自己の兵力現有五万、ほかに在郷兵力五万を有すると言い、抗日戦上、広西が如何に重要な役割りを演ずるかを説いて、自分は現在独自の立場から徹底抗戦救国のために尽力しているが、勿論公路網の建設にも大いに協力するつもりだと、というようなことや、また公路の守備には自己の兵力を全面的に提供してもよいというようなことを話していた。

「これも金なら、君の方の話も金さ。兵力は労働者で将軍は社長というような、こんな手合いが支那には多いよ」。田尻はそう言って笑った。

三吉が香港について五日目に、東京から至急一旦上京せよ、と言って来た。彼は二日後に出帆するアメリカ船プレジデント・クーリッヂに乗船した。外務政務次官の清水留三郎という代議士も二人の随員を伴って上海まで同船していた。何者だか三吉にはよく判らなかったが乾精末と名乗る背の低い、蝶ネクタイをつけた、白髪頭の博士も乗っていた。彼はアメリカの大学を出て、目下上海で重要な仕事をしているのだと言った。彼らは三吉を捉えていろいろと仏印の事情を聞いたりした。

三吉は豪華なアメリカ船の中で、思う存分眠った。殆んど食って眠って、神戸につくまでの間に、本などは一頁も読まず、ただもう眠ってばかりいた。そして、神戸に入港する直前になって、上海入港のときにはそんなこともなかったにも拘わらず、各船室に「この港には小泥棒が多いから」という注意書きの紙片が配られたことのほかは、すべてが快適で、殊に上海には香港から移って来た松方がいて、現在汪の隠れ家になっている虹口郊外模範村の重光堂のあたりや、目下改築中で近く汪が引移る予定になっている仏租界延長路にある広壮な邸宅などを、僅かの碇泊時間を利用して案内してくれたりした。汪が目下日本訪問中だということも、ここで松方から聞いたのであった。

前年七月に国を出た三吉にはちょうど十ヶ月ぶりの帰国であった。

しかし、懐しさよりもまずせせこましさが気になった。香港や上海のせせこましさはむしろ繁栄から来る（或は一部のものによる大多数者の搾取による）喧騒さであり、利を追って狂い渦巻く阿鼻叫喚の血腥い犇《ひし》めきであった。しかし、神戸や東京のそれには何となくうすら寒いような荒んだ気分が底を流れているように思われた。或はそのせせこましさは次第に空っぽになって行きつつあるのではないかというような感じがした。

53　東京の初夏

東京の初夏は蒸れていた。暑い仏印から帰って来て、なお一層の暑さを感じた。第一に若葉がむんむん強烈な匂を発してむれていた。あの燃え立つような黄金色の緑は人々の気持を狂わせる。こうした木々の激しい息吹きは南方ではどこにも感じられなかった。そこではむしろ、木木は年中緑であることに疲れているかの如くであった。それから東京では人々は好奇心で豹狼の如くに飢えていた。誰でもちょっとの間を盗んではほんの切れ切れな話を、それも極めて無責任に聞きたがるのであった。あらゆる人が三吉を同じような、その場限りの思いつきな質問で悩ました。「あちらは、どうだい？」というような大上段の質問にぶつかると初めは面食っていた三吉も、のちにはむっとして、「暑いよ」と答えることを覚えた。そして人々はそれ以上は追求しなかった。方々で、一席拝聴と講演の口が次々にかかって来た。三吉は多くの名士の顔をそこに発見した。宗村老人なども或る講演会には顔を出していたし、矢田老人もある会食に出て来ていた。そして、こうした場所では、多くの人々は時々居眠りをしたり、ふっと目を開いてみて講演がまだ済んでいないのに安心するとまた改めて眠り込んだりした。講演がすんで有志だけの自由な談話会になると、そこに居残った特別に熱心な「有志」たちは皆申合せたように、先刻三吉が喋ったことと全く同じな答弁を要求して、さもあたらしいことでも質問するように仔細らしく問いかけるのであった。三吉はこうした東京をつくづく暑いと思った。

三吉の社では岩永社長は心臓を悪くして軽井沢の別荘に行っていたが、ときどき帰京して来た。彼は社のすぐ近くの行きつけの料理屋で三吉と昼めしを食べたが、ただ、「御苦労だったな」と一こと言っただけで、あとは陪食の幹部たちとしきりに社の仕事について話していた。そして、ふと思い出したように

「おい太田、きさま、何とか言う後家さんはどうした」

と無遠慮な大声で問いかけたが、それなりで、あとはもう三吉の弁明などはてんで聞いていなかった。

そうかと思うと、三吉が前に属していた部の部長だった岡村二一は三吉の同僚たち二、三十人と一緒に三吉を囲んで飯を食う会を催して、その席上で、「俺も一生に一度は君のような大仕事をしてみたいよ」と言って三吉を照れさせたりした。同僚たちは皆思い思いに立って三吉を劬う言葉を二、三分宛吐いた。

どうしてこんなに気忙しく、せせこましく、次々に何か尤もらしいことが用意されているのであろうか、と三吉はときどき不思議な気がした。自分はいわゆる南洋呆けという奴がしたのであろうか？

社内では、政治部や東亜部あたりの幹部たちが目下滞京中の汪精衛のことについて何か始終こそこそと話していた。そして何や彼や三吉に訊ねるのであったが、三吉は何にも知らなかった。すると彼らは三吉が知っていて言わないものと早呑み込みして、尤もだというようにそれ以上は追求しなかった。

三吉は郊外の自分の家、ほんの小さな、いわゆる文化住宅を、それはそれなりに、裏にすぐ小川を控えてその向こうの水田に蛙が鳴き、そのすぐ表向うが小高い松林の丘になっていて、川下に三丁ばかり行ったところには水車小屋がいまでもゆっくりと間のびのした音を立てているその家を愛した〈注―大屋の家は世田谷区成城町一〇七にあった〉。にきそこには妻が男の子と女の子を守って住んでいた。にきびのために顔が石ころのようになった女中がいた。そしてげっそり頬のこけた、みるからに痩せこけて弱々しそうな中の弟が終日殆んど物も言わず笑いもせずに、ぶらぶらしていた。彼は病院から出てここで予後を養っていたのであったが、「お帰り」と言っただけで、三吉の顔を見ても、別段自ら進んで語ろうとはしなかった。三吉の方でも話すことは何にもなかったので、彼らの交りはときどき碁を打つぐらいのものであった。四谷の方に別に住んでいた母は二日おきぐらいにやって来ては一晩宛泊って行ったが、来るとから帰るまで家中のものに引きりなしに叱言を言っていた。彼女は黙って坐っているときでも何となく気忙しく苛立しいものをその身体から発散しているような人であった。三吉が何かで反対意見でも唱えると、彼女はすぐ「年の功」だとか「お父さんが亡くなられてからは」だとか「粒々辛苦」だとか「爪に火をともす」だとかいうような、三吉がここ十数年来朝に夕に常に聞かされとおして来た言葉を連射砲のように連発していきりたち、はては自ら昂奮に堪えられなくなって泣き出したりするのであった。

妻は三吉が帰って来たその日からもう、「またお行きになるのかと思うと」とそのことばかり言って陰気な顔をしていた。それはたんに三吉を恋しがるというのではなしに、「身分違い」だとか「仕込みの必要」だとか「お里がお里だから」とかいうような、彼女にとっては致命的に傷いことを平気ですっと口にする三吉の母に対する腹の底からの情けなさをその中に含めた言葉であった。

子供たちは照れていて、何となく三吉を憚る様子であった。容易には傍に寄ろうとしなかったし、来てもすぐまた母親の方へ逃げて行った。

昭和 14 年 6 月　一時帰国の際、長瀞にて

三吉はこうした家庭の有様を別にひどく淋しいとも思わなかったが、末の弟がいてくれたらなあ、とふと目下中支にいるというその弟のことを懐しく思い出したりした。

前の家には依然憲容の一家が乱雑な姿で住んでいた。一番上の姉は終日絵具か、でなければ台所道具と一緒に暮していた。彼女の絵は相当のものであったが、その道楽である料理はもっと確かであった。夕方になるとよく彼女は料理の皿を持ってやって来た。末弟の許婚である憲瑠は家にいるときは大抵三吉の家の方にいた。そして三吉の細君のことを既にお姉様と呼んでいた。彼女は依然女子医専に通っていたが一方ではこの四月から私立の音楽学校にも行っていた。しかもどちらにもあまりつめて行っているようでもなく、よく学校を休んで三吉の家で子供たちと遊んでいた。

「どうしたんだ学校は？」と三吉が叱るように言うと、

「いいのよ」と答えるだけであった。

その妹の憲貴は恋人が二人あって、どちらがほんとうに好きなのだか判らないのだと言って、「私ほんとに悩んでいるのよ」といとも楽しそうにしていた。そして毎日どこかに出かけて行った。

この家の狐にように目のつり上ったもう三十二、三かとおもわれる女中——彼女自身は私は女中ではなくして家政婦なのだと言っていたが——は三吉の家の台所に始終やって来ては、三吉の妻に対してもひどく狎々しく「あんたぁ」とか「そうなのよ」とか言うような言葉使いで、憲の一家は気狂い揃いだというような話をよくしていた。三吉は妻を、「お前がきりっとしていないから、あんな女に友達扱いされるのだ」と言って叱ったが、妻は「あの人は三度目からは誰にでもあんな口調で話すのだ」と言いわけした。

憲容が突然京都から帰って来て、三日の間、両家の間を引繰り返すほど遽しく行ったり来たりした。がらりと窓をあけて、道路越しに向うの家から口に手喇叭をあてて怒鳴るかと思うと、表の戸を閉めもせずに玄関から三跨ぎか四跨ぎで茶の間に入って来て、そこで機嫌よく遊んでいる子供たちをいきなり抱きあげて泣かしたり、またあわてて畳の上に投げ出したりした。そして、仏印への帰りには是非京都に一晩泊れと何度も念を押してから帰って行った。

三吉は赤坂溜池の前田病院に何度も松本重治を見舞った。彼は別人のように痩せてしまって、声にも力がなかった。昨年九月の末、汪との交渉が漸く軌道に乗りかかった頃、彼はひどい腸チフスにかかって、生命も危いと言われていたのを、奇蹟的にとりとめたが、その予後がまだ完全に恢復しきらないうちに、今度は盲腸の手術をしたのであった。病院には目と口の人並み外れて大きな松本夫人がつききりで看病に当っていた。

「人が来ればいくらでも喋るのですから、絶対に十分ということにして下さいましな」

夫のことを親しい人の前では平気で「重ちゃん」と呼ぶこの夫人は三吉にも厳重に十分を要求したが、松本は

「太田君は僕の最も信頼する同志だよ、今度も実に大きな仕事をしてくれたんだぜ、そんなことを言うなよ、君」

としきりに妻に向って抗議した。そして、痩せて枯竹のようになった両の手を大儀そうに掛布の上に投げ出して、いろんなことを話した。汪はいま滝野川の古河別邸〈注―現・北区西ヶ原の旧古河庭園にある洋館〉にいることや、高宗武だけが除け者にされて浅草の某邸に「隔離」されていることや、高宗武が二、三度この病院に訪ねて来て、同志たちの不当な扱いを「泣いた」ことや、汪は今度の東京訪問ですっかり肚を決めたらしいことなど、彼はここにこうして寝ていても、可成り詳しくいろんなことを知っていた。

橋本にも会った。橋本は本名の木村得一に還って築地のアパートにいた。何にもせずにごろついているのだ、と言っていたが、毎夜付近のカフェーを飲み歩いているようであった。ふた間続きではあったがひどく狭い上に、西陽をうけて午後からはとても室内にじっとしてはいられないというのが、夜出歩く口実であった。何度目かに彼の室を訪れたとき、三吉はそこで真物の橋本三郎に会った。油けの

ない長い髪毛を真中から別けるともなく別けた、でっぷり肥って、ひどく無口な、握り太の籐のステッキを室内でも離さずついている五十年輩の男であった。壮士か院外団〈注

来日した汪兆銘（右）と会談する古野伊之助　昭和17年12月（新聞通信調査会提供）

—議員でない党員たちが議会外で組織した政治団体〉という感じであったが、何をしている人間だかは三吉は聞かなかった。三人で飲み歩く段になると、彼は至るところの酒場に顔がきいているらしく、ステッキをちょっとあげて「おい、つけといてくれ」と言ってはまた次々と飲んで行った。

橋本の口ぶりでは、彼と高山（いまでは参謀本部第二部第八課課員門松正一少佐とその正体を現していた）との関係は、二人が東京に帰って以来頓に悪いらしく、橋本は、「彼奴は、彼奴が」と言って激しい口気で話した。

その高山とは、高山が三吉の社に向うからやって来たときまず会った。高山は参謀肩章を吊した見るからに暑そうな軍服を着て、顔に一面汗をにじませていた。そして、言葉も「貴公」などというのに改めていた。彼は、「お客さんの世話でとても忙しい」と言っていたが、それでも二度ほど神楽坂の料亭で三吉と飲んだ。

「どうだ、貴公、日本の女子は綺麗だろうが」。背広に着がえて現れた門松少佐はずらりと並んだ芸妓たちのあでやかな姿を大満悦で見廻した。

「言葉が通じるだけでも有難いよ」

「さあ、女たち」と門松は言った。「この男はいままである外国に行って重要な仕事をしていたのだ。誰か、われこ

そと思う女子は名乗り出て、もう沢山というほどサーヴィスしてやらんかい」。

「ハーイ」と声々に白い手をあげて、女たちは笑い崩れた。そこには商業的に洗練されきった艶かしさが、簾れで仕切った部屋のうちを支配していた。しかも、安南芸者に比べて何倍か何千倍か上質の、精製品であるこれらに性的商品は、安南芸者に比べると数等簡単且つ安直に、その場で至ってたやすく取引きされるのであった。

門松や三吉が安南芸者や香港芸者の話をすると、彼女らはこれら異国の同業たちの生態に異常な興味を示した。そして、安南芸者はその下穿きを安南結びと称する一種独特の結び方でしめていて、如何に苦心して解こうとしても、解き方を知らぬ者には、それは処詮鋏できる以外に解きようのないものだ、という話をすると、彼女らは、もし知っているのなら是非その結び方を教えろと、一斉にせがむのであった。

「そりあ教えてもいいけど、解き方を忘れちまって、それ旦那だ、情夫だ、おしっこだ、うんちだったって、解けなくて大騒ぎなんてのは珍すぎて困るだろう」

「あたしや。始終鋏を持ってるようにするわよ」

「じゃ、ひとりずつ、別宅で教えてやる」

「よーし、じゃ籤を抽こうや」

そんなことを言って蒸し暑い夜の更け冷えるまでばか騒ぎをしていたりした。

門松は外務省を首になった宗村老総領事が最近では銀座のカフェー・サロン・ハルの年増女給と同棲しているという消息を伝えた。

「あれは老いてますます盛んだね」とその発展ぶりを面白そうに話した。

「フランスには行かないのかね、奥さんとは別れるつもりだろうか」

「何でもその女に子を孕ませたとか言う話だがね……」

そして門松は木村には困ったもので、彼としては随分何彼と斡旋してやっているのだが何も彼も不平ばかりで持て余しているよ、というような話をしていた。

そのうちに汪精衛も東京での日程を済ませて、芝浦から乗船すると、北支に向って発って行った。それと前後して、三吉は上海に転任ということになり、その後任としては目下上海にいる東大仏文出の前田雄二*という、三吉より一年後輩の男を香港支局勤務にして、ときどき仏印に出張させる、ということに決定した。ハノイの支局は開設十ヶ月にして閉鎖することになった。

＊　日本電報通信社（電通）入社。同盟通信社会部。マレー作戦従軍。ハノイ支局長。戦後、日本プレスセンター専務取締役。

54　奇縁

上海には少なくとも四、五年いて貰うことになるだろう、との話に、三吉は妻子を呼ぶことにして、妻にもそのつもりで準備しておくように言い置いて東京を発った。上海から後任の男をつれて、いま一度仏印に行き、すっかり残務を整理した上で上海に落着くのだから、多分それは七月末になるだろうと思われた。

三吉は約束どおり京都に下車した。和服の着流し姿で駅まで迎えに来ていいた憲容は彼を早速淀川べりの古めかしい立派なお茶屋に伴れて行った。「どうせ、あなたは遊ぶのだろうからそれくらいならホテルなどはよして、はじめから僕の知った家に泊りなさい」と言うのであった。湯から出て来ると、川に面した座敷には既に五人ばかり妓が来ていた。おしゃくは三人とも椽ばたに集って、何やら京言葉でぺちゃくちゃ喋っていた。

三吉はそこに立って、浴衣の胸を拡げて熱した身体を涼しい川風に晒した。毛穴の一つ一つに風の快さがしみて行くようであった。

二人の姐さん芸者のうち、すらりと背の高い方は、三吉も内心これはと驚くほどの美人であった。少し色は黒かったが、それもさして気になるほどの黒さではなかった。しかし、それは美しいというだけのことで、こうしたずばぬけた美人によくありがちの、人間としての面白さはむしろもう一人の、平凡な妓の方にあった。従って三吉はどうしても平凡な妓の方とよけい話をすることになった。憲容は最初からごろりと肘つきで横になって、余り飲まずに、愈々緒についた内蒙古の牧場計画のことや、京都大学の史学教室の誰彼の研究のことや、彼も属している東京の文学青年サークルのことや、雑多な話を次々に話した。

「おや、にいさん太田はんといやはるの？」

美しい妓が突然訊ねた。

「そうだよ、どうして？」

「ううー。どうしてでもあらしめへんけど」

「さっきから、しーちゃん、岡惚やわ」と平凡な妓が言った。

おしゃくたちはどういう話からか、京都画壇人の酒癖の品定めを始めていた。次々に大家たちの名があげられて、片端からやっつけられて行った。そのうちの一人が、顔までいかにも嫌らしそうに引歪めて、「一番嫌らしいのは橋本関雪だ」と言うと、他の妓たちも、われ勝ちにと様々な罵り声をあげてこれに和した。乱暴で、執拗で、ほんまにいけすかない狒々爺だというのであった。

おしゃくたちは間もなく相次いで帰って行った。急に淋しくなり、それに座もあまり面白くなかったので、三吉は妓たちを帰してもう寝ようかと思いながら小用を足していた。そこへ憲容が来て並んだ。そして、「どうする」と言うのである。

「一現でそんなことできるのかい?」

「難しいことを言ったのは昔のことですよ。いまでは他に約束さえなければ、大かたOKでしょうよ。あの美しい方の妓ね、あれが、二時間ばかりほかへ行って来るけど、是非待っててくれと言うんですがね」

「妓の方から押し売りかね。驚いたね」

結局、何ということはなしに、ずるずるとそういうことになった。美しい妓は十二時すぎてからまた現れた。その妓は、見ていれば見ているほど美しい妓であった。殊に横顔が美しかった。妓の方でもそれを知っているのであろう、始終俯向き加減に斜め横を向いていた。

枕もと三尺ばかりを辛うじて照らしている小さな置電燈の光の中でこの美しい妓は再び突如として変なことを言い出した。

「にいさん、シンガポールにいやはったこと、ありっしめへんか?」

「あるよ。何故だい?」

「やっぱりやわ!」と仰山に驚いてみせた。

彼女はシンガポール中央路のある邦人商店の娘だというのである。そしてシンガポール郊外のタンジョン・カトンにあった邦人経営の大きな料亭常盤花壇におしゃくとして出ていた。それが六年前のことである。京都には三年前から出ている、という経緯であった。

彼女はその頃三吉とも何度も踊ったことがあったと主張した。三吉も彼女そのものには記憶はなかったが、芸者やおしゃくとは随分踊ったこともあったので、或はそんなこともあったろうと思った。

美しい妓はそれからそれへとシンガポールの話を喋りつづけて、殆んど明けがた近くまで眠らなかった。しかも三吉は殆んど眠らないまま、間もなく起きねばならなかった。その朝は憲容と南禅寺境内の豆腐茶屋で朝飯を食う約束になっていた。

憲容は三吉の顔を見てしきりに笑った。閑寂な木立ちの奥のあづまや造りの茶屋の座敷で食う豆腐料理に一粒一粒磨いたような純白なコメの飯の味は睡眠不足の三吉の舌にもさすがに美味かった。

「いいでしょう、豆腐は栄養価が高いから」

三吉は苦笑で紛らして、何とも言わなかった。憲容とは駅の前で別れて、三吉はひとり神戸行き急行電車のホームの方へ架橋を渡って行った。そして、そこでまた思いがけずシンガポール時代の、しかも最も親しかった知人のひとりに会った。それは同仁病院院長の川口博士夫人であった。ほんのちょっと間の立話しだけで別れたが、三吉は、相次ぐ奇遇に些か不思議な気がした。

郵船の欧州航路靖国丸の周囲は人の波が犇《ひし》めき渡っていた。三吉にとってはこの巨船は実に懐しい、そして想い出多い船であった。三吉が三年半の欧州流浪ですってんてんになって、ロンドンから転げ込んだのはこの船の三等室であった。そこでは雑多な人間が混み合っていて、地中海から印度洋にかけての三十日近い船旅の間に、各自の雑多な経験と性格とを遠慮もなく晒け出し合った。恋もあれば喧嘩もあった。そして三吉はあるちょっとした事件からシンガポールで下船して、今度こそいよいよ帰国すべく、半年後に乗り込んだのがまたもや靖国丸であった。等級も同じ三等、船室も同じ場所、船員の多くは顔見知りであった。この航海では香港と上海の僅か三日間の航海中に、広東から来て香港で乗り込んだという熱心なクリスチャンの一婦人と三吉との間に、三吉自身もどうしてそんなことになったのかよくは呑み込めないほど急速度な恋愛事件――むしろそれは婦人の方の一方的なものではあったが――が発生して、やがて上海に着く直前には、三等中が汎く知りきってしまうほどのスカンダルにまで発展した。そしてこの事件は船が神戸に入港するとともに、神戸水上署による三吉の拘引によって、実にあっけなく解決してしまったものであった。靖国丸とは三吉にとって、実にそんな因縁を持った船であった。

入口の客間に細長い机を並べて、数名の警官が一々乗船者を船客名簿と照らして厳重に調べていた。これは日本だけに見る風景である。三吉が彼らの前に進み出ると、そのうちのひとりが、ちらと彼を見て、実に横柄な口調で

「太田三吉、これだな」と隣のひとりに何か言って、「君が太田三吉か？　あとでちょっと用があるから、あちらの腰掛で待っていろ」。

それは恰も罪人に対するような言いかたであった。

「何の用かね？」と三吉はむっとして訊き返した。警官は「何を？」と言うように彼を睨んだが、

「俺は知らんよ、上司からの命令だ、待たせておけと言われたから、そう言っているまでだ」と答えた。

三吉は仕方なしに壁際の腰かけに掛けて待った。次々に人々は警官の前に立って、叱られたり、お辞儀をしたりしていた。そのうちに少将の肩章をつけてひとりの軍人が入って来た。すると警官たちは一斉に立って、はっと敬礼をした。

三吉は眠くて仕方がなかった。早く室に入ってぐっすり眠りたいと思った。出帆までにあと一時間しかない。

彼は前に立つ船客も漸く疎らになって、やや怠屈そうにしていた横柄な警官の前に行って、

「待ってろって、いつまで待つのかね」と言った。「俺はまだ船室にも行っていないんだが……」

「さあ、もう見える時分だとおもうが」

「俺の室は一一八番だ、室に行って待っているから。いいかね」

警官はいいとも悪いとも言わなかった。三吉はさっさと船室の方へ行った。

そこには三吉より三つ四つ年上かと思われる同室者がひとり、二十三、四の美しい娘とその母親かと思われる上品な母親とに見送られて、しきりに自分の持物の整理をしていた。三吉は彼に挨拶した。相手は自分は外務省の東光武三というものであると名乗って、三吉の名は聞いている、と言った。

そこへ、ドアをノックして、非常に丈の高い、まだ三十前と思われる初々しく頬の赤い美男の青年が入って来た。

「太田三吉さんと仰言る方は……」

「僕ですが？」

「僕は……」とその青年は名刺を出した。それには神戸水上署勤務、特別高等係主任……と記してあった。「お名前は常々松隈君（三吉の社の神戸支局の編輯長であった）から聞いていました」と青年は言った。

「君ですか、僕に用があるからと待っていろと言ったのは？」

「は？　ええ、僕ですが……」

「帰り給え！」。三吉の声は東光や美しい令嬢やその老夫人が思わずぎょっとして彼らの方を振り向いたほど大きかった。三吉は怒りのために立っている自分の膝頭ががくがく細く慄えるのを感じた。

「帰り給え！　無礼な。人を恰も罪人か何かのように

……」

「いえ、その」と青年は狼狽して言った。「別段そんな……」。

「別段そんなったって君、用があるから待っていろ、上司の命令だから俺は知らん、とあの警官は言ったよ。僕は一時間以上君を待っていたよ。拘引するなら、名刺なぞ出す必要はあるまい。名刺を出す以上君は僕を訪問してきたんだろう。どっちだ、拘引か、訪問か」

「勿論、訪問です。ぼくは、その、別段、待たしておけなどとは……」

「言わんことがあるものか。それが君たちの常習態度だよ。帰り給え。松隈君が僕のことを君に何と話したか知らんが、僕は松隈君とは何の関係もないよ」

「実はあなたが汪精衛の一件で大いに活躍されたと伺いましたので、そのお話しを是非伺いたいと思いまして……」

「余計なお世話だよ。僕が活躍しようが、しまいが、何にも君と関係のないことじゃないか」

「いえ、それが、その、上司へ報告を出しますので」

「上司って、どんな上司へ、どんな報告を出すつもりか知らないけれど、それこそ全く余計なことだよ。汪に関することは汪自身よりも日本政府の方がもっとよく知っているよ。また僕がどんなことをしたかは、僕自身がもう参謀本部へ直接報告したよ。君の手を患わすまでもない」

「はあ」

「第一、自分の方からの用件で人に面会を求めるのに、待っていろとか、待たせておけとか、仮に一歩を譲って、言葉だけは待って貰ってくれ、と言ったにもせよだ、人を待たせておいて会うというのは、君たち警官だけに許された特別の無礼行為だとでも思っているのかね。しかもだ、もし軍服でも着てようものなら、赤ん坊みたいな少尉はおろか、伍長に向かってすら君たちは碌々口もよう利かんのじゃないか。帰り給え」

青年は悄然として答えた。

「失礼しました」

銅鑼が鳴って。船が徐々に動き出してからも、三吉はまだぷんぷん怒っていた。しかし間もなく三吉の心の一隅には何となくあの初々しい青年に対して、済ないことをしたような気持が動きはじめていた。或は青年は軽く、「太田三吉というものが来たら僕がちょっと用があるから」と言ったのかも知れない。それを下僚があんな風にしてしまったのかも知れない。あの恐縮のしかたから見れば、多分それが真相であろう。

しかし、奴らの高圧的な非礼さは機会あるごとに叩いておかねばならない。と三吉は思った。

55　四十日ぶり

船があす門司に入港するという夜から、三吉は局部に異常な疼痛を覚えはじめた。彼は苦々しく舌打ちした。

この不潔な病気には六年ほど前にも、一度かかったことがあった。そのときの、天地が真暗になったようなあの憂鬱と、自分の身体を削りとって捨ててしまいたいようなやるせない不潔感とこそなかったが、今度は忌々しさが先に立った。あんな美しい顔をして、しかも二人の奇遇を恰も兄妹の邂逅かのように喜んだくせに、素知らぬ顔をしているとは……三吉は京都の美妓を心から忌々しく思うとともに、われと己の不しだらさに苦笑した。

そして船医にかかるのは憚られたので、門司に上陸するとすぐ医者に行って、更に薬店から〇〇〇〇という新薬を買って来て用いた。その新しい売薬は奇蹟のようにきいた。一時は急性と思われた病気も、上海に着く前には嘘のように快癒しかけていた。三吉は同室の若い外務省官吏と朝から晩まで客室《サロン》で碁を打った。彼と東光とは全く互角で、何十番打っても黒を握った方が必ず勝ちであった。南洋方面を一巡するというこの有能な若手官吏が、それから六年後に、場所も同じ東支那海で、大東亜戦争悲劇の一頁である阿波丸事件*の犠牲者として、海底の藻屑と消える運命にあろうとは……

＊　昭和二十年四月一日、航海の安全が保証された「緑十字船」阿波丸は、台湾沖で米潜水艦から発射された魚雷が命中して沈没、乗組員一人が助かっただけで、乗員乗客二千二百以上がなくなった。

上海から彼の後任の前田雄二が乗って来たが、彼は二等に乗っていたので、ときたま遊びに来るだけであった。*

＊　前田雄二の『戦争の流れの中に』によると、前田が上海を出発したのは七月一日で、乗船したのはカナダの客船「エンプレス・オブ・カナダ」となっている。

東勝洋行の高橋さんも三吉には未知の支那人紳士を同伴して乗って来た。そして、三吉がどうしても酒を飲まぬので、早くもそれと知って、

「若いものはどうもならんなぁ。何でも構わんのだから」

と笑っていた。

この船には欧州直航の人も一等だけで二十人近く乗船しているようだった。欧州の天地は、前年のミュンヘン会談が齎らした小康状態も、ドイツ軍によるチェコスロヴァキアの蹂躙に次いで、今度はダンチヒ問題を繞る危機が日一日と高まって、まさに一触即発の険悪な状態にあった。

いまごろ欧州にいたら、と三吉は考えた。新聞記者としてはさぞかし面白く、仕事の仕甲斐もあることだろう。三吉は現在欧州にいる同僚の誰彼のことを漫然と考えてみた。なかにはあんな人間を、と思われるような、見識のあるなしや有能無能は暫く別として、てんで語学のできない、明かに社内の政治的闇取引きによる人事とおりしか考えようのない特派員も何人かいた。その人間の力量の差が毎日毎日明白な文字となって紙面に現れて来るこの社会にあってすら、こうした歪められた人事が平然と行われている日本の今日であった。まして、永い目で見ていても容易に結果の判定はつかず、殊にその結果については大部分が国民の耳目から完全に隠されている外交の分野において、殆んど全面的に情実人事や独善人事が行われていたとしても、それは別段不思議なことではなかった。

プロムナード・デッキを嬉々として必ず二人連なり歩くうら若い女性がいた。二人とも二十四、五歳であろう。彼女らはよく海水着同然の全身裸体に近い姿で歩き廻ったり、はね廻ったりしていた。彼女らがもしその夫らと一緒に三吉たちのすぐ近くに食卓を割り当てられていなかったらならば、三吉はこの二人をきっとまだ独身の娘たちだと考えたに相違ない。それほど彼女らは躁いていた。

ひとりは背のすらりとしたむしろ痩せ型の美人であった。その丸顔はやや平ぺたい感じであったが、歯並の綺麗な西洋くさい表情をしていた。他のひとりは醜いほどではなかったがそれでも腕や太腿などははちきれそうに丸々と肥っていた。色が白く、やや受け唇のあどけない顔をしていた。二人は裸に近い姿で駆け足みたいにやたらと歩き廻るかと思うと、軽快なアフタ・ヌーンを着て、デッキ・ゴルフやピンポンに打ち興じていた。一刻と雖もじっとしていることがないように思われた。

「外交官の女房どもかね?」

「そうじゃないようだな、亭主は二人とも僕の知らない人だ」

「えらい、はねっ返りあがるね」

「病気の毒だろう」と東光はそれが癖の声のない笑いを笑った。

三吉は二人の中でも殊に肥った方の婦人に何となく心惹かれるものを覚えて、ともすれば彼女の姿をそれとなく目で追っていた。彼女は清新なもの、自分で意識しない善良さ、暖い情緒、そんなものを持っていそうに思われた。それはもうひとりの女の、明らかに自分の姿の美しさを必要以上に意識したモダーンな美しさと対照される無邪気さの美を持っていた。痩せ型の女の美は男に制服欲を起させる性質のものであったに対して、肥った方のそれは男をしてその前に跪まずかせる性質のものであった。三吉はそのとき、そう思った。しかも、奇縁というのか、それから四ヶ月の後に、欧州戦争勃発によって欧州に急行した三吉は、思いもかけぬところでこの婦人と再会して、その前に自ら跪くようなことになるのであった。(そのことは第三部「欧州戦争」の主要な題材の一つとなるであろう)

香港という街は何度来ても、来る度びにますます懐し味のます港である。それはこの街が、上海などの平坦さと違って、高みのある島全体に形よく拡がって展開しているからだと思われた。

船はこの港に朝早く入った。出帆の予定は夕刻だというので、三吉はシンガポールまで行く東光を伴れて上って、青風楼で昼食を食い。一日中、二人で碁を打ったが、黒番が必ず勝つという船中からの鉄則は結局ここでも破れずに、東光の乗船時刻までには勝負はつかなかった。

「へえ、あんたでも碁を打つの」とお正は驚いていた。そして彼女は三吉の上海転任を出世だと言って簡単に喜んだ。

お正は三吉の後任者を、「何だか赤ん坊みたいで頼りない人ね」と言ったが、前田という男は一種変った独特の風格を持った面白い男であった。身体はがっしりしていたけれども背は低い方、若いくせに顔が広く抜け上っているかと思うと目と唇とは始終ににこ笑っていて、殊にその唇は女のように真赤であった。めったに怒るということをしない。そしてときたま怒ることがあってもその目だけは相変らずいつものように笑っていた。難しい話はいっさいしなかった。彼は口を開けば常に女の話ばかりした。だから人によっては彼のことを、政治にも経済にも全く興味のない、ただ好色一点張りのやくざな人間のように言うものもいたが、そして事実そう見られても仕方がないところもあったが、彼は彼なりに物を観、物を考えているということは彼の書くものには現れていた。ただそれを普通一般の新聞記者たちのように、仰々しく口にしない、というだけのことである。

香港でも彼は着くとすぐ一つの珍談を残した。

三吉の社の支局の若いもの七、八人が集って青風楼で飲んだ夜のことである。三吉が面白半分にこの時もまた呼んだ例の陳璧君と名乗る思いきり醜い顔をした嚮導社の支那娘、この娘をどうしたものか前田がひどく気に入ってしまって、げらげら笑いながら子供同志のように他愛もないことをして暫く彼女とふざけ合っていた前田が、三吉に事の可能性の有無をきくので、三吉は、「お前の悪食もここまで徹底しているとは思わなかったよ」と笑いながら、彼に策を授けて、彼が泊っていた三階の東京ホテルの室へ、彼だけ先に引あげさせた。そしてあとからその室へ陳璧君にウィスキー・ソーダを持たしてやったのであったが、五分もたたないうちに、三階のその室からたまぎるような女の悲鳴とともに、大乱闘でもやっているかと思われる物凄い物音が聞えて来た。三吉は駆け上ってみた。扉口から半身廊下に乗り出して、何事か大声に叫びながら、逃れようと四つ這いになってもがく娘を、前田は室内に引もどそうと、その足を捉えてうんうん引ぱっていた。他の同僚たちも続いて駆け上って来た。娘は喚きながら逃れ去った。前田はゆで蛸のように真赤になって、さもがっかりと、「だめだったよう」と言った。皆は腹をかかえて抱き転げた。

その前田が仏印への道々、つれづれなる冗談の折に、何度も繰り返して三吉に言ったことは、上海に転任しても、あそこの庶務にいる青木という娘にだけは絶対に手を出して呉れるな、ということであった。その娘は狄思威路にある合宿に住んでいるらしかったが彼によると非常な美人だということであった。

「君の美人はあてにならんよ、女でさえあれば何でも美人なんだから……首無し美人の轢死体式なんだからな」

「いや、全くのところ、美人だよ」と彼はいろいろとその娘のことを話した。いよいよ上海を発つという日の前夜には二人きりでダンスに行った、というのである。

「で婚約でもしたのか」

「いいや」

「じゃ接吻ぐらいしたかい?」

「いいや、ただ何でもないんだよ。だけど、君が手が早くて、危いからなぁ」と前田はさも慨嘆に堪えないというように溜息さえついた。

「君は全く危いからなぁ」

三吉は苦笑した。冗談でなしに、本気でこうしたことを言う前田には、三吉などの全く知らない特別な面があるのだろうと思われた。

ハノイに着いてからも、スプランディドに泊っていた前田は、三吉と一緒に必要な人々に会いに行ったり、要所要所を見に行ったりして、引継ぎをうけることよりもむしろ、本屋に行ってポルノグラフィックな本や雑誌を漁ったり、ホテルのボーイの斡旋で捉ったと称する仏・安混血娘の醜い職業売女を部屋に引き入れて遊んでいたりする方に、より多くの興味と熱とを示すのであった。それでも毎日お午前には一応三吉の家に顔を見せていた彼が、あるとき二日も続けて現れないので、どうしたかと行ってみると、彼はベッドに寝ていて、傍に彼のいわゆる混血美人が恰も細君然と控えていて、彼の頭を濡れ手拭でしきりに冷していた。

「どうしたんだ、ひどく熱があるのか?」。三吉は心配してきいた。

「いいや、熱なんてないんだよ。ただ、きのうバスの中で滑って、湯槽の縁で頭を打ったんだよ。そしてこの女に瘤のところを冷してくれと頼んだら、きょうになってもまだ冷してやろうというから、冷させてるんだよ」

前田というのはそういう男であった。

56 さらば仏印!

三吉が仏印を去って行くことを一番淋しがったのは助手のヴィエンであった。彼は黙って泣いていた。三吉はこの純良な安南人青年に涙が職を失うことの悲しみなどから来るものではないことをよく知っていた。人間は、殊に植民地の民などというものは、そう簡単なことで黙って泣いたりなどしないものである。三吉も瞼の裏が熱くなって危く涙がこぼれそうであった。ヴィエンの涙は三吉にとっては何よりも美しい想い出となるであろう。

三吉はごそごそと洋服箪笥の中をかき廻して、洋服を一着と、ワイシャツや、ネクタイなどを一揃い、ヴィエンの前に並べた。彼と助手とはおおかた同じサイズであった。袖口がすり切れて、肘にも膝にも幾つか継が当り、布地全体がべろべろに弱っている鼠色の古洋服を、来る日も来る日も着ていたヴィエンの姿は三吉の網膜に強く焼きついている。それから、封筒に入れた金をその上に置いて、三吉は淋しく笑って言った。

「できればもっと何とかしてあげたいんだけど……それから、君は始終軽い咳をしているけれど、気をつけないといけないよ。顔色もわるいようだしね」

「ヴィ・ムシュー」。ヴィエンは顔をあげなかった。まるで叱られたあとのように、彼はいつまでもそこに立ったまま、じっとしていた。そして贈物にも封筒にも容易に手をつけようとはしなかった。あすからはもう来なくてもよいと言いわたされても、三吉が発って行くその日まで、彼は朝や夕か、ときには日に二度も三度も、必ず三吉のところに顔を出した。

ボーイのグェンも悄然としていた。コックはもともと掏模か山賊にでもありそうなぎょろりとした眼つきをしているだけで何の表情もない男だったので、このときもどう思っているかは判らなかった。彼らもそれぞれ封筒のほかに、ボーイには彼が日頃乗り廻していた自転車を、コックは料理道具一式を贈られた。しかし、ボーイはその場ですぐ、彼ら二人をどこか適当な日本人の家に推薦してはくれないかという相談を持ちかけた。さし当りそうした心当りもなかったので、三吉はそれは断った。そして、彼らに「労働手帳《カルネ・ド・トラヴァイユ》」にボーイの分には、この者は忠実にして周到、勤務状態極く良、と書き、コックの分には、この者はフランス・安南何れの料理をもよくし甚だ余の舌を楽します、誠実にして勤務状態極く良、と書いて、右、自一九三八年八月至一九三九年六月この者の顧傭者たりし日本人　太田三吉これを証す、処定の形式に従って署名しながら三吉は冗談半分に、ボーイに向って

「日本人のところでは皆お前をシュルテの手先だと言って恐がっているから、推薦しても雇うものはない」と言った。

ボーイは苦笑していただけで、何にも言わなかった。

しきりに淋しがる坂本の心境には三吉は彼自身の経験からしても深く同情できた。だが坂本という男は鈴木総領事やその他の館員たちとも遊んで遊べない人ではなかった。

その他、青山のお米、下村、小田の両老人などとも別れともなればやっぱり一応の感慨はどちらの側にもあった。総領事館の山田老人も、「わしもそろそろ神輿をあげるかな」とひとりごとのように言った。

これらの別れのうち、三吉が一番心重りを感じたのはいうまでもなくコーナムとのそれであった。解け口のない感情の縺れに対しては病的な恐れを抱いているくせに、いつも自ら求めてそうした難しさの中に陥って行くことの多かった三吉は今度もまた、言い出すまでには自分ひとりでしきりにそれを苦に病んでいたのであった。しかし、愈々言い出してみると、事はいとも簡単に片付いてしまった。コーナムが案外平気で

「あんた《トア》、とても《トレ》、意地悪《メシャン》！」と言っただけで、別段そ

れ以上気にする様子もなく、三吉がひとりくよくよ考えていたような愁歎場もなしに済んだことは、物足りなく思うよりもむしろほっとした気持を三吉に与えた。

三吉が差し出した封筒は、中を検めてみようとするでもなく、手もふれずにいつまでもそこに置かれていたが、コーラムがそれを取りあげようとしたとき、コーナムは突如として、今までに三吉が一度も見たことのない非常に意地悪な表情を、ほんの一瞬間ではあったが眼もとに浮べて、素早く自分の手にとりあげると、安南服の胸のところから中にいれてしまった。三吉は彼女の乞うままに食器類を全部一まとめにして彼女のところに届けてやった。そして残りの家具は全部道具屋に売り払ってしまった。

こうして、三吉の約十ヶ月間の仏印生活は完全に清算されたのである。

だが、仏印を去り行く三吉には、前田雄二のほかに思いがけなく妙なつれが、もひとりあった。それは閨秀画家として、また女流詩人として日本ではいくらか知られていた長谷川春子という老嬢であった。

日・仏印芸術親善のため外務省文化事業部から派遣されたと称して、突然ハノイに現れたこの女はそこに約二週間ほど滞在した。

胴の長いのがおそろしく目立つ女であった。それが由比正雪のように頚を蔽う切下げ髪を暑苦しそうにざんばらにしていた。どう見てもどこかの裏長屋の女房の着るものとしか思えないような不格好な洋服を着て、鍋蓋然たる経木の帽子をちょこんと頭に載せて、どこへでも現れた。すべての人が当然彼女には親切であるべきだ、という不動の確信をもっているもののように、彼女の態度は見えた。

目がすが目で、前歯がねじれて互に絡みあったその顔は実際以上に長い感じを与えていた。よく喋るが、声は始終浮ついていて、聞く者の心に妙な苛立しさを起させた。三吉はふっと、この女は少し気が変なのではあるまいか、と思うこともあった。

「太田君は」と彼女は男のことを君づけで呼んだ。「男前だが女には惚れられないよ。そこへ行くと前田君は親切だ。姿なら前田君の方に惚れるよ」などと言って前田の赤い顔を一層赤くさしたりした。「それに、前田君はこれで案外うぶなところがあるよ。太田君は駄目。彼の神経は放蕩でもう磨り切れている」。

二週間の滞在中、彼女が果して何をしたかは恐らく誰も知らないであろう。彼女は例の建築技師ラコロンジュのところを訪問したようであった。だが、彼女のフランス語の力ではいったいどんな話ができたのか疑わしかった。彼女自身は相当に話せるつもりでいるようであったが、それは明らかに問題にはならなかった。そのほかには「芸術親善」のため、どこで何をしたのであろう。ハノイは既に夏期休暇のシーズンに入っていた。総督府では総督以下高級官吏は全部ダラットの夏休臨時首府に移っていた。フランス人で少し金や地位のある連中も多くはタム・ダオその他の避暑地に移っていた。

三吉はこんな莫迦げたことに金を出す日本の役所仕事のなげやりさ加減、そのなげやりさを利用して小さな私意をちょこまかと充す日本人の矮小さ加減、そんなものをつくづく厭わしく思った。

エクセントリックで騒々しいこの醜い女史は酒を呑むと酒呑童子のように一種独特の真赤な顔色になった。そしてダンスに連れて行けのカムチェンに案内せよと言った。

「恥っさらしだから余りうろつくのは止しなさい」と三吉はむきつけに嫌な顔をしたが、前田はへらへら笑いながら

「仕様がないなあ――」と言いつつも、とにかく彼女につき合った。

この女史が彼らと一緒に帰ると言い出したのである。

ハノイからは坂本ひとりであったが、ハイフォンの日本人は多数で見送ってくれた。

そして、後になって「芸術親善ハノイ行」というような文章をどこかの雑誌に発表した長谷川春子*の表現によれば「奔馬のように気侭で癇癪持ちのこの男（太田三吉）は出て行く船の甲板から、段々遠ざかる仏印の土に向って、糞お喰いやがれ、もう二度と来るこっちゃーねえぞ、と憎々しげに罵声をあびせた」のだそうである。

＊　長谷川春子は一九四一年に『仏印紀行　南の処女地』を出版している。

第二部脱稿　一九四六、四、二四

第三部「欧州戦争」

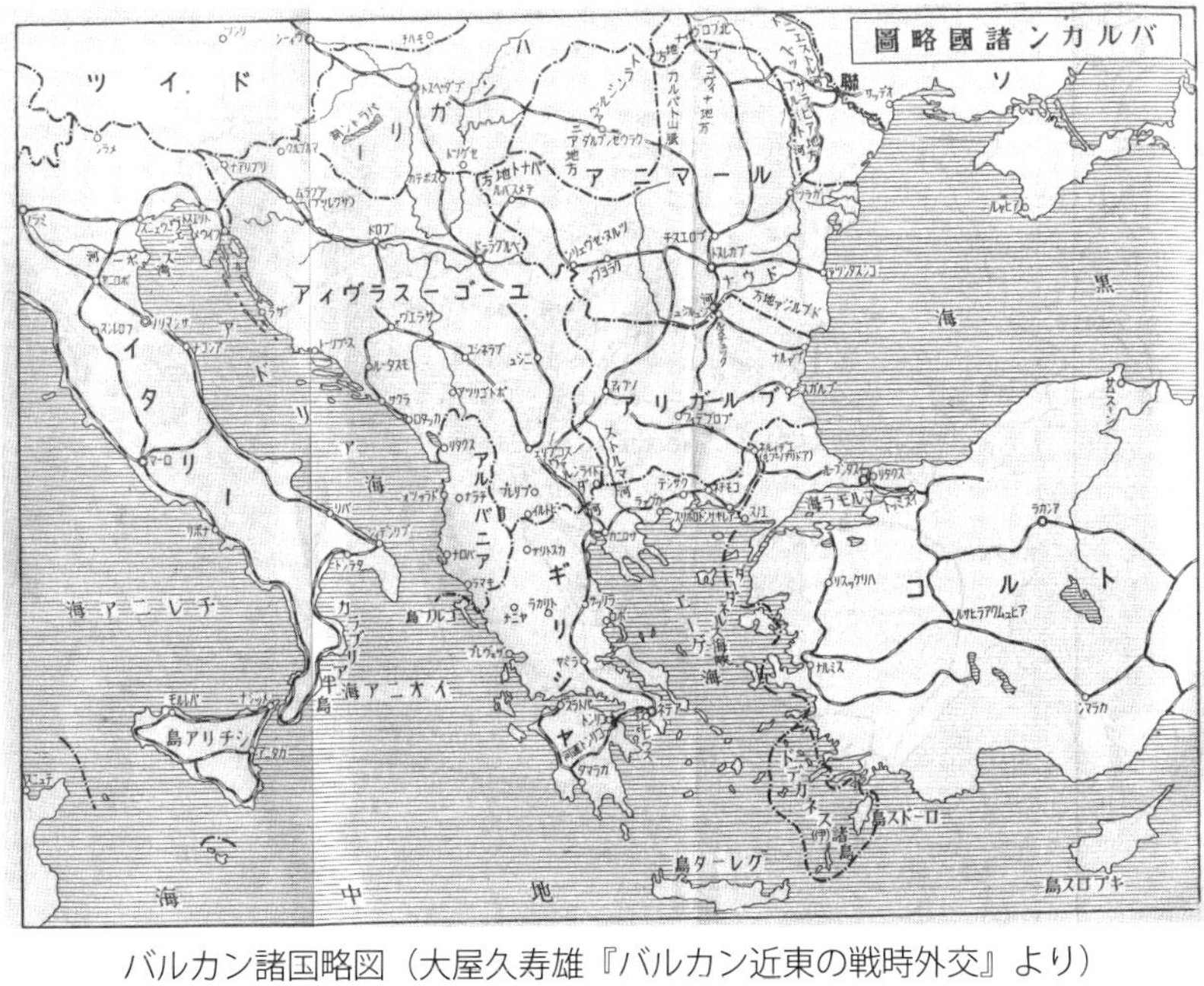

バルカン諸国略図（大屋久寿雄『バルカン近東の戦時外交』より）

欧羅巴へ

1　上海の共同宿舎

上海市の日本人住宅地区虹口側《ホンキューサイド》にある狄思威路〈注―現・溧陽路〉蘭心里の、比較的閑静な社宅街に、三吉はあたらしく一戸建の家をあてがわれて、そこにやがて迎うべき家族と一緒に住む準備をあれこれと整えていた。まず大工を入れて、多少の手入れをする必要があった。電話はついた。家具は共同租界の一つの通り全部が右も左もそんなものばかり売っているところに行って、家具を見ることの好きな支社長の松方三郎自身、あれこれと指図しながら、根気よく、一つ一つ買い整えて行った。気短な三吉はいい加減なところで何も彼も一時に買ってしまいたがるので、いつも松方に叱られた。支那人の店では決してその場で決めてはならないのだと彼は言った。そして根気よく何度にでも足を運んでは同じことを交渉しているうちに、物によってはびっくりするような値段にまけさせることもできた。

「此方はどうせ散歩の序なんだから、何度来たって構やしないさ」と松方は面白そうに言う。だが三吉は暑い日中を騒々しいこれらの街をごみごみした店から店へ、恰も花を漁り歩く山蜂のように、入ったり出たりしながら歩いて行くことには余り趣味を感じなかった。それでも三吉の新居は漸を追って、どうにか形をなして行った。その間彼はそこから四、五軒隔てた共同宿舎の一室に泊っていた。

これだな、と三吉は彼の後任としてここからハノイ特派員に転出して行った前田雄二が何度も繰り返して「決して手出しをしてくれるなよ」と彼に馬鹿念を押した青木という娘の姿を目の辺り見て苦笑した。あいつ、相変らずな奴だ！

その娘は共同宿舎にいた。やや下ぶくれのちょっと可愛いい顔をしていたが、どこと言ってそれ以上特別にいいところもない、それでいてつんとすました、いわばつまらない自惚れ娘にすぎなかった。そして合宿の台所を預っている婆さんがあらゆる憎悪と反感とをこめて早速告げ口をしに来たのを聞くまでもなく、一週間もたたないうちに、三吉には彼女に社外の人間でどこかに情人があるらしいくらいのことはすぐ見えた。

合宿には多くの人間が、男も女も、上は四十七、八の編輯部長田村源治〈注―電通出身。戦後、共同通信常務理事〉から下は庶務にいる十九か二十の松山嬢に至るまで、雑多に住んでいて、前線から来るもの出て行くものなど、一日として人の出入りのない日はなく、常に騒々しく、とりとめがなく、始終何者かに土足で家の中を歩き廻られているような感じで、誰も彼も落着きのない生活をしていた。本を読むものはひとりもいなかった。家にいる者はどこかの部屋に集って麻雀か、花札か、トランプかで多くの場合賭博ばかりしていた。そうでなければ酒を喰ってだらしなく眠っていた。外に出て行くものは活動写真か、ダンスホールか、バーか、でなければ小料理屋などに行って、夜遅くなってからどやどやと帰って来た。

それは三吉には永くは堪えられそうもないあまりにも雑な生活であった。同じ合宿生活でも北京時代のそれに比ぶれば遥かに悪かった。北京では中庭があって、美しい花も咲いていた。大きな木もあった。その中庭を繞って平屋建の長屋があり、ひとりが一部屋ずつ、小さくて狭くはあったが自分の世界を持っていた。しかし、上海では、全く同じ形をした三階建の棟続きの家がずらりと二十軒ほども連っているのを、最初の八軒を中の仕切りを打ち抜いて、恰も蜜蜂の巣のような寄宿舎型に改造してあった。木もなければ、草花もない。前にも裏にも同じような棟続きの長屋が建ち並んでいた。

家族持ちは残り十二軒を単独或は二家族共同で使用していた。何の趣味もない家の構造ではあったが、ここならまだ何とか辛抱ができなくもない。

家の中に寝台が入り、机が入り、食堂と応接間の形もほぼ出来上ると、三吉は台所などの出来上るのを待ちきれなくて、大急ぎで自分の家の方へ移って行った。合宿のコックをしている支那人の若い女房を阿媽に雇入れた。彼女は幼少のときから日本人の家に雇われて子守などしていたので日本語は可成りよく出来た。

こうして三吉は、四、五年はいる筈の上海における自分の生活を徐々に準備を進める一方、東京の妻に、九月中旬にはこちらに着けるようにそのつもりで出発の用意をしろと電報を打った。

2　ユダヤ難民

支社の事務所は虹口の中心繁華街北四川路の中央部にあった。もとはホテルであったらしい七階建のコンクリートのビルディングを、四階から上の全部を占領していた。

それでも総勢二百人以上の日・華人が立ち働くのには決して広すぎはしなかった。

　六階の編輯室から見渡すと、黄浦江も、揚子江も、あたり一帯の戦火に荒れはてた荒涼たる平地も、炎天の下で渦巻き返っている大上海の街々も一目で見えた。そこには激しかった戦闘の惨な残滓物が火華を散す生活の激闘と入れ混って、グロテスクな姿をいまでも至るところに晒していた。陸軍や海軍の報道部も支社からすぐ五、六分のところにあった。ホテルも幾つか立ち並んでいたし、映画館やダンスホールもすぐ近くであった。日本人経営の大きな料理屋の立ち並んでいるところも遠くはなかった。カフェ・バー・小料理屋に至ってはこのビルディングを取りまいてその根もとでひしめき合っていた。

　すぐ斜向うの建物にはカフェーとダンスホールとがあって、そこで働いている日本娘たちがこの建物の三階に多勢合宿していたが、暑いので開け放しにしてある窓越しに捨て転がされた鮪同様の姿で眠っている彼女たちのしどけない生態が、編輯室からは見透しであった。

　ここでもまた、日本人たちの多くは、こうした消費機関の寄生虫として、互に共食いすることばかりに血眼になっているかのようであった。

　三吉は社外にも何人かの知人を持っていた。華中鉄道の副総裁になって来ていた田誠*はその豪華なアパートに彼を招じて、上海港の煌々たる夜景を見下しながらウィスキーを御馳走した。その秘書をしている秋田正男は曽つて三吉の同僚であった。日本が支那から何ということはなしにずるずるにまきあげた諸々の鉄道はそれを全部一纏めに、日・華合弁華中鉄道株式会社ということにして、支那人に割りあてられていた総裁の椅子は空席のまま、前の鉄道省観光局長田誠が副総裁でこれを運営していた。総裁に限らず、局長も課長も、正位は多く支那人ということにしてあったが、空席が多く、実権は完全に、次長である日本人の手に握られていた。曽つて三吉の上級者であった井本威夫なども部長なしの宣伝部次長ということで勝手に金を使っていた。

＊　ジャーナリスト、参議院議員を務めた田英夫は次男。

　左翼評論家の石浜知行*はいい年をして一兵卒で召集をうけたが、漸く軍報道部勤務にして貰って、ときどき背広を着ては酔っ払っていた。三吉の社の姉妹社である満洲国通信社の重役であった宮脇長春はこれも予備役招集で陸軍中佐の服を着て、自分よりは十も年若な、そして一週間に一度ずつは必ず自分の写真が土地の日本語新聞に掲載されないと御機嫌の悪い馬淵逸雄中佐の下で、上海報道部の次長を勤めていた。

＊　九州帝大教授。三・一五事件で辞職。のち読売新聞論説委員。戦後、九州大に復帰。

そのほか新亜細亜ホテルなどにはいったいどこで何をしているのかてんで見当もつかないような連中が始終ごろごろしていた。

曽つて、まだ維新政府ができない前の頃、日本側との協力を拒んだ支那人が大量に虐殺されたといわれる新亜ホテル〈注―現・新亜大酒店〉の、血に染んだこれらの室々はいまでは華中鉄道の臨時事務所になっていたが、俺もそのうち五、六人はこの手にかけたよと称する男と、三吉はその手を見ながら麻雀を打ったこともあった。

東京でも二、三度会ったことのある長谷川某という男が、あるアパートに事務所を構えて、そこで「大々的に」ユダヤ人問題の研究をしていた。その頃上海には、ドイツのナチによって故国を追われ、フランスからもイギリスからも、アメリカからでさえ口先だけの同情で態よく入国を拒まれて、パレスチナにも入れない亡国のユダヤ人が既に五万人近くも「日本軍の好意」によって流れ込んで来ていた。着のみ着のままで追い出されて来た彼らは、シンガポールの国際ユダヤ人救済協会支部から渡された一人当り十磅〈注―ポンド〉宛の救済金を殆んど唯一の財産にして、上海に辿りついたのである。彼らは「日本軍の配慮」によってまず楊樹浦のユダヤ人収容所に落着いた。それから徐々に、若い娘は毎夜街に出て五円でも三円でも構わない、手当り次第に身体を売ってせっせと金を蓄えた。いつの間にか彼らは焼け崩れた戦火のあとの廃墟にいざり出て来て、そこにいろいろな妙な店を出しはじめた。ユダヤ的建設は既に駸駸乎《しんしんこ》として開始されていたのである。

これをどうするか、それが長谷川の研究題目として軍が与えた課題であった。

世界中どこにも行き場のないこれら憐れなユダヤ難民をほんのちょっぴり、せいぜい五、六万人収容することによって――

世界の賞讃と尊敬とを集め、米・英等の有力ユダヤ人の同情を日本に向けさせ、上海財界の大建者サッスーンを味方につけ……

などというのが、日本軍部の当初の考え方であった。

しかし、サッスーンはアメリカに行って、日本のことを大泥棒だの、帝国主義的侵略主義の権化だのと思いきった悪口を叩いて廻った。米・英の援蒋行為は少しも緩和されはしなかった。しかもユダヤ人は既に五万近くも入りこんでいて、みるみるうちに彼ら独特の生活力をそこら中に展開しはじめていた。それはもはや刈りつくすことのできない雑草の根であった。

このユダヤ人をどうするか？

三吉はこれ以上もはや絶対にユダヤ人の入国を許してはならないと主張した。入国しているユダヤ人には営業の制限を加えよ、とも言った。三吉が仏印を引あげて来るとき、香港から上海まで乗った郵船諏訪丸にも何百人かのユダヤ人が乗っていたが、彼らが乗っている限り船の中は実に荒涼たる有様を呈していた。図書室の本棚には錠が下ろされ、封筒も便箋も筆墨も全部しまい込まれてしまった。彼らが乗っている三等の食堂では厳重な見張りをつけておいても日々何十個かの食器が紛失した。これは困った人間――ユダヤ人の極めて小さな一面にすぎない。

けちな謀略心を起して、こんなバチルス〈注―細菌のこと〉共を呼び入れては絶対に不可だ、と三吉は主張した。長谷川たちも大局的な政略とは別個に、現に見るユダヤ人の生態には全く恐れをなさざるを得ない様子であった。

上海とは、いったい何をするところであろうか？

3　梅花堂

三吉の社からほんの二、三分のところの、表て通りから少し引込んだ袋小路の奥に「梅花堂」と看板をかかげた大きな家があった。その二階の一番奥まった室に背広姿の川村貞雄こと影佐禎昭少将（彼は八月に進級した）がいた。仏印に来たときよりもずっと元気になって、和尚と綽名のある柔和な顔に始終笑みをうかべてひっきりなしに人と会っていた。彼の室に続く大きな控の間にはいつも二、三人の、様々な顔や服装の人々が日本人も支那人も、黙々と椅子にかけて順番を待っていた。反対側にある広い室にはゆったりとした調度が入れてあって、伊沢検一こと代議士犬養健や、外務省の矢野征記や、満鉄の石義顕や、そうした汪工作の主流に働いた人々が始終集って雑談をしていた。そして彼らは突然思い思いに遽しくどこかへ出て行ったりした。

階下の大広間には多勢の人々が机を並べて何かしら忙しそうに仕事をしていた。どの顔を見ても、背広を着たり、開襟シャツを着たりはしていたが、その目、その物腰、そのざんぎり頭など、一目ですぐに彼らが軍籍にある人々だということは判った。

彼らはもはや、いかなる面でも三吉の存在を必要としなかった。しかし、彼らはまた、近づいて来る三吉を拒もうともしなかった。行けば三吉は快く迎えられ、三吉が全然知らない階下の広間の人々からも一応の敬意をもって扱われた。貿易商社梅花堂主人は忙しかったがその大番頭格の岡田少佐〈注―岡田芳政〉は常に三吉を歓待する細々した注意を忘れなかった。飯どきになれば社員食堂で皆と一緒に飯を食うことをすすめたし、二階が忙しくて三吉の対手になれないときは自分がつとめて話対手になった。そして聞かれれば大抵のことは話した。要するに彼は三吉を「うちの者」扱いすることに細心であった。彼はまた、そのすぐ近くの兵站旅館東亜洋行に泊っている晴気少佐*だの、塚本憲兵少佐〈注―塚本誠〉だの、自分の同僚を三吉に紹介した。
＊ 晴気慶胤。陸軍の中国専門家。終戦時、参謀本部支那課長。
「この人はうちの人だよ、そらハノイの太田君さ」と彼は三吉を紹介するときには必ずそう言った。

影佐はときどき彼を料亭に呼んで一緒に飲んだ。ブロード・ウェー・マンションに泊っていた犬養は彼と松方とを招んで三人で一緒に朝飯を食う会を毎週月曜日に催した。そして、高宗武が最近ますます汪らと離れてしまって、ひとり仏租界に住み、汪らとは殆んど往来すらせずに、最近結婚した若い美しい夫人とぼんやり暮しているが、困ったものだと話して、或は脱落するかも知れんなあ、などと歎いたりした。

しかし、彼らは別段三吉を必要としなかったのである。三吉と彼らとの関係は半分は昔の誼み、半分は秘密機関対新聞記者という、変な、難しい関係になっていた。

ある日、塚本憲兵少佐が三吉たちの編輯室にやって来て、汪精衛が明日会いたいと言っているから。そのときは自分が同行すると言った。

それは三吉にとって、永い待望の機会であった筈だが、何故だかそう聞いても少しも心の弾みを覚えなかった。むしろ、ハノイで、はじめて曽仲鳴に会ったときの方が、もっと激しい感激と期待とに心臓のときめきを感じたものである。このとき、三吉にとっては、汪精衛はもはや新鮮味を失っていた。この偉大なる人物はいまでは完全にある何者かに取りまかれて、その取りまき連の描くとおりの姿に自分を合せているのではないか。いわば、いじり廻されたカスでしかない、という気がした。とは言え、現実にその人を見、その人の声を聞くことに、満更興味を覚えぬわけでもなかった。

4　汪精衛と面会

　共同租界の雑踏を過ぎ、フランス租界を走りぬけて、自動車はエキステンションの静安寺路から愚園路にかかった。辺りが急に閑寂になった。

　自動車の停ったところは長くて高い煉塀に囲繞《いにょう》された大きな邸宅の前であった。その高く厳重な塀の上には処々に小型の塁のような、或は見張り所のようなものが築いてあって、多分機関銃でも据えてあるのだろうと思われた。塀の根元には五間隔《お》きぐらいに武装した人間が立っていた。その中のあるものは背広姿のいかにも暑そうに肥満した塚本少佐を見て倭《しず》かに目で敬礼した。

「ああやって、一人おきに、わしの部下が支那人とまぜて立たしてあるんですよ」と塚本は三吉に説明した。

　鉄門の覗き戸が開いて二つの眼が光ったと思うと、間もなく重い鉄門がぎいと半開きになった。右側には詰所があって、四、五人の武装した若者がいた。門から玄関までの間、ずっとアンペラの日覆いが庭を蔽ってあって、あたりはうすぐらい感じであった。玄関でもまた覗き戸から鋭い目が覗かねば扉はあかなかった。そこには二人の若者が立っていた。塚本は三吉を残してすいと傍らの一室に消えた。

　三吉が案内されたのはそう広くもない部屋であったが、ま新らしい贅沢な調度を揃えた応接室であった。一隅には緋威の鎧が一領、具足箱の上に飾ってあった。

「いや……、いらっしゃい、お待ちしていましたよ」

　待つ間もなく周隆庠が入口から早くも右手を彼の方につき出しながら急ぎ足で入って来た。彼は崩れるような笑顔をしていた。二人は長く強い握手を交した。

「陳さんはどうしています？」

「勿論いますよ、元気です。きょうは少し処用でお目にかかりませんが……」

　そこに汪精衛が入って来た。白いリンネルの服を着た彼の姿は室内に何かしらすっとしたものを一緒に運んで来たような気が三吉にはした。はじめて見る汪の顔は服の色よりもまだ白く見えた。差し出された手は白く柔かであった。何だかおどおどしているようにすら見えるほど、汪精衛の態度は「偉大」ではなかった。日本語で「はい、はい」と答えたり「おお、そう」と少し目を大きくしたり、唇を心もちすぼめて顎をつき出し、大きく頷いたり、対手は何と言っているのか早く通訳するようにと周隆庠を促すように見たり、支那語で「シー」「シー」としきりに同感したりして彼は話した。やがて茶が運ばれて、サンドイッチや菓子や果物などが小卓子の上に並べられた。汪は周が三吉にその言葉を通訳している間に三吉の皿へいろんなものをとり別けてくれたりした。

　なんにも纏った話や、意味のある話は出なかった。もっと早くお招きしたいと思ったが、目下準備中の国民党大会やその他のことで忙しかったので遅れたのだという申訳や、ハノイ時代のいろいろな思い出を汪は話した。三吉は彼が今後四、五年は上海か南京かにいるつもりだと話した。そして、最後に汪は紺の包みに包んだ一冊の書帖を三吉に呉れた。それには

　山深不可極　磐石憩中程　壑聚千花影
　泉流万千声　静恬魚得所　戒慎鹿微行
　未覚氷輪上　群峰背漸明

と書いてあって、

「己卯六月書於東京　太田先生正　汪兆銘」

と署名してあった。

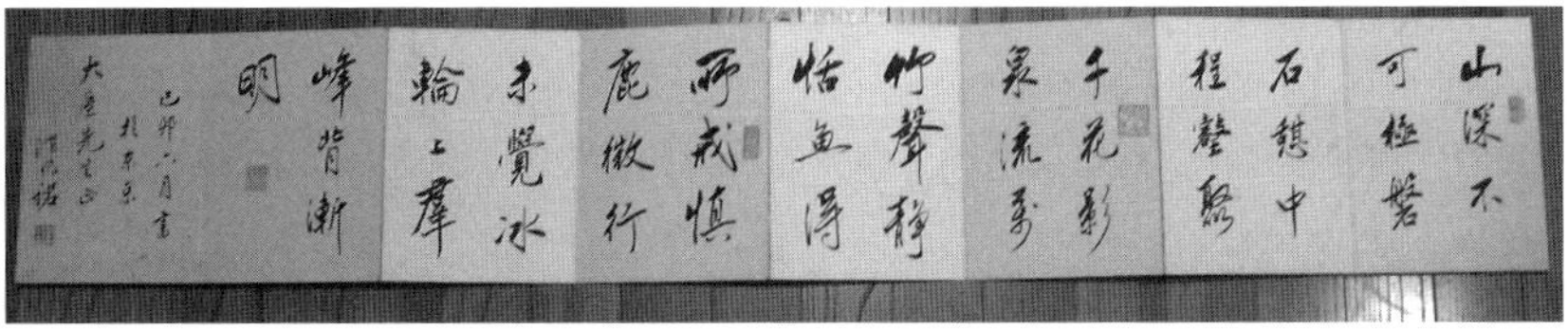

汪兆銘が大屋に贈った書帖

　それと一緒に「太田先生恵存、己卯六月摂於東京、汪兆銘」と署名した写真一葉を呉れた。それは深い木立を背景にして前列に左から周仏海、高宗武、周隆庠がしゃがんで並び、その背後に立って左から董道寧*、犬養健、汪自身、梅思平**、そして右端の二人は三吉の知らぬ人であった。

＊　京都帝大卒。帰国後、外交部亜州日本科長。

＊＊　国民党「CC団」の実力者。汪兆銘グループの代表として、日本側の和平運動の責任者と交渉を重ねる。汪政権の工商部長、内政部長などを歴任。

「滝野川ですね？」

「そうです、安川さんの別荘です」

〈注―東京・北区の古河家邸宅〉

「右端にいる美しい洋装の美人は誰です？」

前列左から周仏海、高宗武、周隆庠。後列左から董道寧、犬養健、汪兆銘、梅思平

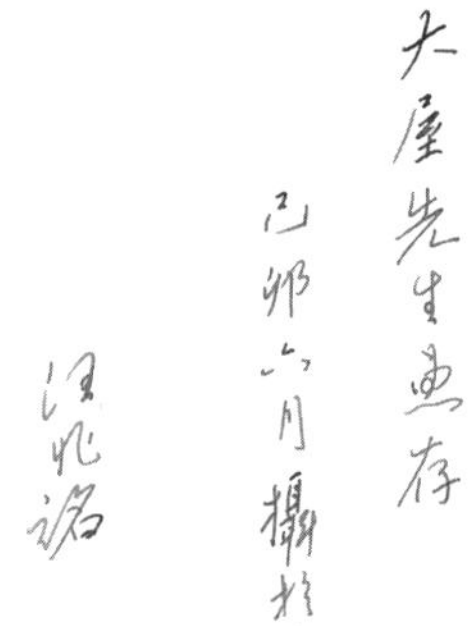

裏に汪兆銘の署名

「ああ、それですか」と周は笑って、「この人美人ですかね、それは梅さんの秘書ですよ」と答えた。周がこの美人と結婚したのはずっとその後のことである。

5 阿媽

三吉たちは多くの場合自動車で、恥しいほど大きな社旗を押したてて走り廻ったから、それほど面倒でもなかったが、一般の通行人は支那人は勿論のこと、日本人でも、至るところの辻々に、内地の交番よりもっと頻々と配置されていた陸軍・海軍双方の哨兵の前では、笑っていたものは笑いを止め、話していたものは口を噤み、啣えていた煙草は掌に隠すようにして、尤もらしく「御苦労様です」とか「通ります」とか、或は黙っているなら深々と頭を下げて通って行かねばならなかった。自動車で走りぬける三吉たちでも、車内から一応頭を下げるとか帽子をとるとかした方が安全であった。さもないと、ときどき、「コラーッ、トマレー」と大喝を食って、判りきったことをくどくどと訊かれたうえ、恰も重慶派のスパイかテロ団の手先をでも見るような目でじろじろ見廻され、これがため五分か十分の手間をとられることは珍しくなかった。

なかでも虹口側と共同租界を隔てる蘇州河の上にかかっている万国橋《ガーデンブリッヂ》やその他二、三本の橋の上に立っている歩哨は殊に厳格を極めた。鉄条網が人や車の通る狭い通路の幅をきめていた。人でも車でも一つずつしか通れなかった。怪しいと思えば歩哨は即座に検問し、人前でも平気でその場に撲り倒したりした。

「ヨーシッ！　トオレー」と大声で叱呼されるとみなみなほっとして周章ててその場を去って行った。危げな日本語で「お早く」とか「次は」とか「オーライ」とか言う支那娘の女車掌を乗せた虹口側の公衆バスは隋所で臨検の停車を命ぜられることがあった。

「日本人か?」

「ハッ！」

「ヨーシ！」

そして支那人は全部公民証を出さねばならなかった。それのないものはその場から拘引されて行く。北京から処用でやって来た三吉の社のある男は共同租界で飲みすぎて、ガーデンブリッヂを渡るとき、鼻歌まじりで敬礼を忘れたために、顔面を青く膨れ上らして、びっこを引き引き漸くのことで合宿まで帰って来たが、そのまま三日ほど寝込んだりした事件もあった。

三吉なども殆んど毎夜のように、酔っては咖え煙草がなにかで、洋車を駆って帰ることが多かったので、この点は特別に気をつけていなければならなかった。

「仏印にいたときより、よっぽど戦々慄々だよ」と言って、松方に、「ばーかだねえ」と笑われたりした。

料理屋も、バーも、ダンスホールも、小料理屋も、夜の世界はどこもここも溢れるような盛況であった。毎夜のように、どこかで必ず喧嘩があり、軍人の抜刀騒ぎなども決して珍しくなかった。憲兵はいるのかいないのか、抜刀した軍人が検挙された例は、三吉はたった一度しか見たことがなかった。それは真昼間、どこで酔ったか青くなるほど食い酔った一人の下士官が長い白刃を水車のようにふり廻しながら、北四川路の裏通りをひょろめきひょろめき通るのを、前後から手押荷車を並べて挟み撃ちにした、ちょっと面白い大捕物であった。

浴衣がけに素足に下駄という姿で男たちは飲み歩き、女たちは映画や食物屋をうろつき歩いた。ダンスホールにも浴衣の着流し姿の男が沢山来ていた。

「東京・銀座、バー何々支店」「大阪・道頓堀カフェー何々支店」などという看板をかかげたのもあって、東京組では女給たちまで、「なにってやがんでえ、おたんこなすめえ」というようなことを言って客たちにちっぷを出させ、大阪組では、「しょむない、あほいわんといて、あてよう言わんがな」と叫んで客からどんどん金をまきあげた。

三吉はそんなところにはもう飽きていた。どうせ何彼と金をまきあげられるのなら、ともかく一間に落着いて、望みとならば三味の一音も聞かせようかという家の方がまだましであった。それで彼は毎夜のように東梧という家に行き、丸子という妓と遊んだ。丸子は混血児ではないかと思われるほど日本人離れのした顔をしていた。そしてただわけもなく騒ぐのが好きであった。従って彼女と一緒にやって来るお招伴たちはみんな陽気な妓たちであった。

三吉はこれらの妓たちのどれとも特別な関係にはならなかった。また阿媽の驚くべき申出をも苦笑しながら却けた。

彼の阿媽はまだ二十二、三かと思われた。色は相当黒かったが目のぱっちりとした、この階級の女にしては利発とも言える、どちらかと言えば可愛いい顔だちの女だった。コックとは結婚してまだ半年か一年にしかならず、子供はなかった。彼女の仕事と言えば、朝やって来て電熱器で湯を沸し、三吉が自分でこしらえる朝食の準備——と言ってもコーヒーやパンや、バターや、半熟の卵を卓の上に出しておくことのほかは、掃除と洗濯だけで、夜は五時か六時には帰ってもよいのだったが、彼女は三吉が家にいる間は帰ろうとしなかった。そして、三吉がたまたま本でも読もうとすると、いつの間にか入って来て、狎々しく三吉の椅子の背に手をかけ、彼の肩にふれんばかりにして、

「旦那さん、用はないか」と訊くのだった。

「別にないな、もう帰れよ」

「そうか、お茶は要らないか」

三吉は彼女の狎々しさも、その敬語ぬきの日本語と同じに、彼女の無教養から来るものとのみ思っていたが、ある日、阿媽が、しばらくもじもじしていたのち

「旦那さん、あんた、あたし、好きでないのか？　要らないのか？」と言い出したとき、初めてこれは変だと思ったのだった。阿媽は黒い顔を赤くしていた。

「何故だい？」

「旦那さん、あたしを可愛がらないのか？」

阿媽はますます赤くなって俯向きながら、しかし言語明晰にそう言った。

三吉は狼狽したが、そこには何かの誤解があることを直覚した。そして、いろいろ問いただしてみた。

事は極めて簡単であった。子供のときから日本人の家以外には奉公したことのない彼女は、日本人の家庭に奉公するということは即ちそこの主人なり誰なりに自由にされることを意味しているものとのみ思い込んでいたのである。従って、今度三吉から話があったときも、既に結婚していたので困ったとは思ったが、夫とも相談のうえ、ともかく食事のほかに月二十五円の月給はいまの二人としては冗に出来ない金なので、夫も承知の上で彼女は「日本人の旦那さんに奉公」に出たのであった。

三吉は莫迦莫迦しくなって、それは彼女の思い違いであることを諄々に説いてやった。阿媽は照れくさそうな、あどけない顔をして、へらへら笑いながら聞いていいたが
「それであれかい、お前の亭主はお前が俺と寝てもいいと言ったのかい」と笑う三吉に
「最初の日に心配してきいたから、仕方がないじゃないかと言ったら、それから、黙ってしまった」と答えた。

「じゃ、お前の亭主はもうお前と俺と変な関係になったと思っているのだな」

「そうだろう」

「困るじゃないか、お前、そんなありもしないこと信じさせては俺が迷惑するよ。亭主にきょう帰ったら早速ほんとうのことを話しておかなくちゃ」

「もう、駄目だよ」と阿媽は平気であった。

「駄目だたって、俺が迷惑するよ」

「そうかね？」

三吉は怒って阿媽を追い返すと、合宿の口喧ましい世話焼き婆さんを呼んで、一什始終を話し、そして彼女から阿媽の亭主に真相を話してくれるように頼んだ。

婆さんは歯のない口を手の甲で抑えて、思う存分笑ってから、

「太田さんも案外気が小さいねえ」と言った。

6　欧州急派の電報

支社の庶務主任の白坂という男がここの社員全部から手ひどい排斥の的にされていたのには、現在彼のやり口がいいとか悪いとかよりも、事変当初に遡って、彼が当時預けられていた莫大な社の事変費を自由に操作融通して、不正

な巨利をひとりじめにした、という疑いがその主な原因になっていた。記者や、無電技師や、写真班や、連絡員などはいずれも、俺たちが生命を的に砲煙の下をかいくぐっているとき、奴は社から支給される俺たちの食費や、衣服費の上まえをはね、手当の支給を遅らせてそれを闇の金融に流用し、そして現在の料亭松ヶ枝を買収したのだ、と主張していた。事実、小さな店ではあったが料亭松ヶ枝の女将は白坂の妾同然で、白坂は殆んど毎日社からの帰り、蘭心里の社宅の妻子の前に姿を現すまえに、必ずここの奥の間で一杯やって行くのであった。社員たちはこの店は白坂が買って女将にやらしているのだと言っていた。

この問題のほかにも、その頃の上海支社は急速に膨張したせいもあって、難問が山積していたので、支社長の松方はかたがた一度東京に帰って本社と充分相談して来る必要を痛感していた。松方は出発の前の日、三吉を共同租界の競馬場前にあるパークホテルに晩飯食いに誘って、いろいろ社の話をした。そして、三吉に、編輯部長になる気はないか、と言った。

「俺は実際のところ、上海にはもう俺のいる余地がないのじゃないか、と思いはじめているんだよ、三郎さん」

「何故だい?」

「こう、ニュース統制がひどくちゃ、何にも書けない。極論に言やあ、嚏《くしゃみ》一つするにも軍の検閲済みの判が要るじゃないか。それから、梅花堂の件にしたって、もう事件は俺などの手の届かない、ずっと先の方にあるんだ。これから後は書かれた筋書どおりに芝居が運ばれて、そのときそのときに発表がある。発表以外はうんもすんもいけない、ということになっている、ね、そうだろう」

「それだからなおのこと、君などが、あちらこちらつつき廻さなきあならんじゃないか」

「それは理屈であって、実際には個人の力なんか大したことたあないよ」

それから二人はヨーロッパでもいよいよ戦争は不可避だろう、というような話をした。

「ひとつ、欧州にでも行って、他人の喧嘩だ、思いきり勝手な電報でも打ってみたいね、利口面して、工作遊びなどしてるなあ、むかないよ」

「他人の喧嘩だからって、思ってるとおりのことは打てないよ」

「それでもここや日本よりはまだましだろう」

「じゃ、行くか」

「行ってもいいね」

松方は暫く考えていたが、ふと真面目な顔をして言った。

「もし東京でそんな話でも出たら、君、ほんとに行くかい？」

三吉も真面目に、「ああ、行くよ」と答えた。

そして、欧州に戦乱が勃発してからちょうど二週間目に、三吉は東京から欧州急派の電報をうけとった。

おひるすぎついたその電報には、次々の日の朝六時に上海を出る郵船サンフランシスコ航路の鎌倉丸に既に本社で船室を予約したから必ずそれで発って、アメリカ経由欧州へ向かう出発日時から経路まで指定してあった。

それは足許から鳥の立つようなあわただしさであった。

三吉はすぐ東京の妻にあてて、ヨーロッパに行くから渡航準備は中止せよと電報を発するとともに、梅花堂を通じて、汪精衛に別離のための面会したいがと申入れた。

汪精衛は次の日の午後三時に、前回と同じようにして、三吉を引見した。そして
「中国国内のことも日・華の関係も、すべて激動変転する世界の情勢から切り離し、或はこれを無視しては行うことができないのだから、欧州に行ったらせいぜい情勢の真相を探究して、正しい情勢をできるだけ多く東洋に提供するように努力して貰いたい」というようなことを諄々と話した。

話が余り急なので別段の餞別も用意できなかったが、と立派な箱に入った翡翠のカフス・ボタンを呉れた。

塚本憲兵は影佐少将からだと言って、随分持ち重りのする銀のシガレット・ケースを持って来てくれた。銀地に同じ銀の厚い浮彫りで支那の帆船をかっくりと打ち出したそのケースには内側に影佐禎昭の名が刻んであった。

三吉は漸く整いかかっていた家具調度は全部そのままにして、大きな荷物はあとで送って貰うように依頼したなりで、欧州まで辿りつくに是非必要な最小限の荷物だけを持って、朝の光がまだ全面的には行きわたっていない頃早くも船に乗り込んだ。

埠頭には早朝だというのにやはり二、三百人の人波がぞよめいていた。送迎人用の上屋は二階建になっていて、二階は軍人とか銀行会社の有力な人々とか、新聞社などのような特別な人々のためにあてられ、一般の人々は一階にしか入れなかったが、二階で見送っている塚本や岡田たち軍人とその他の同僚たちとに向って、三吉が甲板から手をあげると、その真下に来ていた丸子やその同輩の妓たちも二階の連中と一緒に手をあげて答えた。丸子がふったハンケチに三吉が答えると、二階の連中も帽子を打ちふってこれ

に答えた。

三吉は何となく莫迦莫迦しくなって、早く船室に引込みたかったが、早朝の見送り人を捨ててそうすることもならず、このちぐはぐな挨拶のやりとりに照れながら、船がぐるりと廻転を終るまで、そこに立っていた。

7　三日間の大時化

三吉は神戸で身体一つで上陸すると、その足ですぐ東京行きの急行に乗った。

東京で旅券や旅費をうけとってから、横浜で鎌倉丸に乗りつぐつもりだったのである。しかし、東京の本社では何の準備もしてくれてはいなかった。旅券の下付も、アメリカの査証も自分で取らねばならなかったし、為替許可証のため大蔵省に行くのも、それに基づいて現金や旅行者信用状をうけとるため正金〈注―横浜正金銀行〉に行くのも、僅か二日しかない滞京中に三吉自身でしなければならなかった。

三吉は本社の庶務で癇癪玉を破裂させてみたが、誰ひとり動ずる者はいなかった。鎌倉丸でサンフランシスコまで直行するように手配したのは人事部と編輯局との仕事で、会計や庶務の知ったことではないのだったし、編輯局や人事部では旅券のことや為替許可証のことはその与り知らぬところであった。

三吉は汗みずくになって外務省や、アメリカ大使館や、大蔵省や、正金銀行の間をぐるぐる走り廻った。そして辛うじて横浜からの乗船に間に合うことができた。

三番めの子供を妊娠していた三吉の妻は、行けばいつ帰るか判らぬ三吉の船出を、寂しそうにして見送っていた。

「今度こそは上海で御一緒に暮せるとばかり、楽しみにしていましたのに……」

妻たちの荷物は既に神戸まで送り出してあったのをまたあわてて返送させたのであった。

しかし、いまの三吉には妻のそうした感傷は大した影響を持たなかった。彼は見送りの同僚たちとひどく浮々した調子で、しきりに笑ったり喋ったりしていた。そうした彼の態度が妻の心をいかに傷け、彼女にどんなに不満な思いをさせていたかは、当時彼の母と彼の妻とが人知れず辿っていた険悪な道について殆んど何も気付いていなかった三吉の、全然考えもしないことであった。

「何をめそめそ、面白くもない面をしているんだ！」と三吉は二人きりになったほんのちょっとの隙を窺って荒々しく妻を責めた。

「だってえ……私心細いわ」

「ばかだなあ。戦争に行くよりどれだけましか判らないじゃないか」

「それはそうですけど……良さん*もいなさらないことですし」

＊　大屋久寿雄の一番下の弟。母の実家の菅姓を名乗る。成城高校に進むが、左翼活動が原因で退学となる。ドイツに留学。帰国後、外務省勤務。戦後、メルボルン総領事。

「とにかく、身体に気をつけて、子供を頼むよ。四年か五年もすれば帰って来るから」

「そんなに……ですの？」

三吉は妻を案外女々しい奴だと思って不快になった。

横浜を出て三日目から海はひどく暴れ出した。山のような大波が白い泡を一杯立てながら次から次へと押し寄せて来て、船体をきりきりと押し揉むようであった。船のあちらでもこちらでも間断なくめりめりという音がしていた。最初の日はそれでもまだ食堂は開いていた。出て来る人は十人ばかりしかいなかったが船長や事務長と一緒に隅の方の卓子に一塊りになって、ときどき椅子から辷り落ちそうになるのを卓子の角につかまって支えながら食べた。船長は
「私も随分永い間船に乗っていますが、こんなひどい時化の経験はこれまで前後三回ぐらいのものですな」と言った。事務長は
「わたしは今度が初めてだ、お恥しいが少し参りそうですよ」と言っていた。

しかし次の日から食堂は閉めた。食器が卓子の上で暴れ廻って、とても収拾がつかなかった。客間の椅子やピアノや植木鉢なども全部頑丈なロープで一つ一つの壁際に縛りつけてあったが、それでもどうかすると植木鉢が辷り出して、壁にぶつかって割れたりした。

こんなに暴れても食欲を失わない人の室には、特別に深い時化用の食器に料理を盛ったのを特別の枠のついた角盆でボーイが運んで来た。蕎麦屋の出前持ちのように右手の掌に盆をのせて調子をとりながら廊下を歩いて行くボーイたちの身体は、船が傾くたびに左右の壁に頭がつきそうになるので、床と壁との間で三角形の底辺を形造った。三吉のところに食事を運んで来たボーイは、「お強いですね」と三吉の食欲の健全なことに驚いていた。

「何人くらい食っています？」

「さあ、五、六人でしょうよ。何しろ船員たちでさえ起きられないのが随分いるんですから」

狭い室の中にいると三吉もやはり少しは気分が悪くなるので、彼は努めて喫煙室などの広い場所に出て、できるだけ遠いところ――水平線の辺りを見ているようにしていたが、水平線などというものはなく、灰色の海は間断なくうねりにうねって、船が波の小山のスロープを辷り落ちて深い谷間に首をつっこんだときなどは低い雲に蔽われた陰鬱な空さえ一時は見えなくなるのだった。船内をときどき見廻りに来る船長やその他の高級船員たちは、三吉の姿を見かけると必ず傍々によって来て、何とか思い思いに讃歎の声をかけて行った。

三吉は彼がいまの社に入ったばかりの頃、海洋少年団の練習船和爾丸という五百トン足らずの汽走・帆走両用船が親善と練習をかねてバンコックの訪問の旅に上ったとき、同乗記をかくためこれに乗って行ったことを思い出した。このときも芝浦を出て間もなく、紀州の熊野灘にさしかかる少し前から猛烈な時化を食って、この小船はいまにも沈むかと思われるほど傾きに傾いた。狭い操舵室に立っていると、ときどき壁や計器類の鉄棒に身体を叩きつけられた。このまま波底に沈みこんで行くのかと思われるほど急な勢いで波の谷間に向って辷り落ちて行くこともあった。傾斜三十五度というのだから、左に傾いて次にぐーっと右に傾けば、この間七十度の傾斜を往復していたわけである。

「まだまだ、このくらいの傾斜では沈みはしません」と退役海軍大佐であった団長の原という肥った中老人は駆逐艦のような高速の小型船に乗っていると実にひどいめにあうことがあるとその実例をあげて海軍にいたときの話をいろいろした。このときも三吉は結局へばらなかった。海洋少年団選りぬきの少年たちは大部分参ってしまって、蚕棚の中でのびていたが、三吉は最後まで食っていたし、狭い船内を歩き廻っていた。

「陸においておくには実に勿体ない人だ!」

団長や船長は彼らしい言葉で三吉の元気をほめたものだった。

太平洋の大時化はまる三日続いた。三日目の夕食を運んできたボーイは、「きょうの昼は食事の出前がたった二つに減ったが、夜はあなただけになった、あなたが結局勝ち残ったわけだから屹度船長から表彰されるだろう」などと笑っていた。彼の知らざるライヴァルというのはカナダへの赴任の途上にあった富井公使だったというのである。

「お蔭で私が儲けましたよ」とボーイは笑って、実は食事が五つに減った頃から、彼ら仲間に賭が始まったのだといった。三吉は苦笑して、船員たちののんきさを羨しく思った。

8　日布時事編輯長

食卓の同席者に山本という砲兵中佐がいた。目がぎょろりとしていて、まだのびきらぬ頭髪は定九郎然とつっ立ち、顔は四角ばっていたが、物言いの穏やかな、万事に控えめな人柄で、軍人くさい傲然としたところはどこにもなかった。事変の始めからずっと山西にばかりいたと話していたが、今度はワシントンの武官輔佐官になったのだと言った。

「事変も占領地工作があんな具合では一種の泥沼ですね」

と三吉が言うのへ、彼は全面的に賛成して

「いや、全くわれわれ軍人も考えねばなりません」とも言った。そして彼は、アメリカに行ったら二世の問題をじっくり研究したみたいと思っていると言った。二世の問題が含んでいる種々な疑点、例えば仮に日・米が開戦したとして、その際二世の感情がどう動くか、彼らの現実的利害と血から来る感情とがどう対立し、どう調和するか等の点はいまから本格的に研究されねばならないのだ、というのである。彼は三吉の顔を見ればこの話を始めたが、三吉には何の議論相手になるべき何らの智識も用意もなかった。彼は毎日三等の方に出かけて行って、そこに何十人かいたハワイやカリフォルニアへ母国見物の旅から帰って行く在米一世や二世連中を捉えては、終日いろんな話をして、それをこくめいにノートにとり、そして三吉に意見を求めた。

食堂の卓子は同じではなかったが、ニューヨーク特派員になって行く読売新聞の小林という経済記者も一緒であった。彼は議論よりも碁将棋や麻雀が好きのようであったが、三吉たちともよく話した。

三吉は富井公使とデッキに椅子を並べていることが多かった。公使は欧州戦争とアメリカやカナダの関係について、三吉と何時間でも話した。

ホノルルに着くと、三吉は山本中佐と、小林記者と三人で上陸した。そこには約十五万人の日本人が、近世七十年にわたって東へ東へと流れ動いた太平洋移民の苦闘と屈辱と堅忍とに充ちた発展の歴史を秘めて、現に強大な生活力を展開していた。桟橋において既に多くの黄色い顔を見かけるであろう旅人たちは埠頭にすぐ連なるベセル街とか、ヌアヌ街とか、キング街とか、マウナケア街とか、それらの井桁状に交叉する多くの繁華街の到るところに溌溂とした日本人たちの姿を見かける。彼らは個人商店の店先にもいたが大きな百貨店のいろんな売場にもいた。元気のいい英語で喋っているという違いのほかは、彼らがその姿において、その血において、内地の男や女たちと全く同じ糸で結ばれていることは明瞭であった。だが、その感情生活においては果してどうか？　三吉の社のホノルル通信員をかねているこの地の邦字新聞日布時事の編輯長*は、彼らと肩を並べてこれらの繁華街を歩きながら、

「二通りありますね。ますます頑固に祖国愛一点張りになって行って、何でもかでも日本が一番いいのだと理屈も何もなくなってしまう連中と――それは主に第一世の連中ですが、それとは反対に、自分たちは処詮アメリカと一緒でなくては生活して行けないのだ、財産も生命もアメリカの土地にあるのだから、忠良なアメリカ市民として生きることが第一義務だと主張する連中と、それは主として二世の中でも教育を受けた連中ですが、まあ、大体この二つですな」と言った。

＊　浅海庄一。開戦後、米本土の強制収容所に入れられるが、日米交換船に乗り、シンガポールで下船。日本に向うが、阿波丸事件に遭遇する。

実際の勢力としては後者の方が現実的でもあり、従って支配的なのだと話した。

「このほかに、内地の銀行や会社などの支店員というクラスがありますが、これは浮草みたいなもので、大して影響力を持っていません。それに彼らには思想がないです」

日布時事の編輯長は吐き捨てるような軽蔑と反感をこめて、彼らは処詮「よそもの」ですよと言った。

「そうなんです。もし日・米の関係が非常に危機に立ったとき、われわれとしてはいったいどうすべきか。血に従うべきか現実の生活上の利害に順応すべきか、これがわれわれにとって一番大きな悩みなのです」

更に彼は言った。

「われわれは単に血だけでなしに、ここにこうしていても、随分多くのもの、祖国的な様々なものをいまだに捨てかねている。それは理屈や利害なんかじゃないんですね。たとえば早い話が、生活上の細々した習慣です。米だ、漬物だ、醤油だ、畳だと、そうしたものがいまだに執拗にわれわれについて廻っている。これなどは、理屈や利害の点から言ったら、ここの生活としては随分矛盾が多いのですが、それをいまだに捨てきれない。二世の問題はここらにも微妙な困難さを残しているのです。ちょうどこの船で、

二年ばかり赤坂で芸者修業をしていた娘がひとり帰って来ました。彼女はここのハイスクールまで出たのですが、三味が好き、活花や踊りが好き。自分で本格的な芸者になりたいと言い出して、とうとう日本に行ったんですが、さて帰って来て、どうしますか。教育や生活環境だけではどうとも仕難いものが、そこには依然として根強く生きているのではないでしょうか……」

9　名所めぐり

編輯長は三吉たちにオアフ島名所繞りの貸し切り自動車を斡旋しておいてから帰って行った。

木々は濃い緑を重そうに押しひろげ、芝生は綺麗に刈り込まれ、道は広々として快く、家々はゆったりと広い庭園にとりまかれていた。それは、少くとも見た限りにおいては、豊かさの表徴であった。だが、それがそのまま果して大多数の幸福の象徴と言えるかどうか……

三吉は彼がまだ宮内省詰の記者をしていたころ、ある宮内高官から聞いた日本とハワイとの秘密な交渉の話を思い出した。それは明治初年のことであった（詳細なことは忘れてしまったが）。欧州からの帰途日本に立ちよったハワイ王国の当主カメハメハ王は明治大帝と謁見の砌り、切に日・布両国の特別な親善関係を望むと申入れたのであったが、帰国後、今度は極秘裡に、日本皇室中の一男子を迎えてその王女の夫となし、王位をこれに譲りたいとの申入れを正式にして来たのであるという。明治天皇は結局これを拒絶された。それは日・米関係の尊きを慮るの見地からなされたことであったが、ハワイ王が日本皇室との縁組みを考えたのも、畢竟その国の独立を安全にしたいとの考えからであったことは明らかである。

乞食の自由と奴隷の富裕、これは今後も永く世界を悩ます重大な問題の一つとして残るのではあるまいか。

オアフ島の裏側にある有名な海中珊瑚礁公園カネオへに着くまでの間、彼らはこんな話に熱中していた。

一弗出すと、船底が厚い硝子張りになった遊覧船に乗せて約一時間ばかり、浅い珊瑚礁の上を散歩させてくれる。海底は明るかったり暗かったり、地上よりもむしろ陰影が多くて激しいように思われた。それは一種の移動水族館である。美しいのや醜いのや大小様々な魚が或は群をなして、または一、二尾離れ離れになって灰白色の珊瑚礁の間を出たり入ったり無数に泳ぎ廻っていた。中には気味の悪い海蛇もいて、礁の穴から穴へとその長いにょろにょろの身体をのたくらせていたりした。

三吉は珍しく子供たちのことを思い出していた。こんなところに伴れて来てやったらさぞかし彼らは満足するであろう。

自動車は広大な甘藷畑やパインアップルの畑などをつっきって走った。付近には一軒の家もない畑中の道傍で掘立小屋を出してバナナを売っていたので、立ち寄って見ると、そこには日本人の老爺と老婆とがいて、覚束ない日本語を操っていた。

ワイキキ水族館の珍魚だとか、ハワイ大学の校庭にある西アフリカ特産のソーセージ・ツリー（大きな一もとの木からその枝一面に長さ一、二尺もあろうと思われる形状全くソーセージに似た果実が五、六尺の蔓でだらりと、無数に垂れ下っていた）だとか、ダイヤモンド・ヘッドの波乗りだとか、そうした誰でもが珍らしがるものよりは、三吉はむしろ、ワイキキ公園の中に壮麗な水柱を吹きあげている大正天皇御大典記念の噴水塔や、今上天皇の御即位記念に建てられた日本人養老院の純日本式平屋建や（そして記念事業が他のものではなしに、養老院であったというところに特別の意味を読もうとしたりして）またモアナルア公園の中心を占める辺りにある反橋に五重塔の純日本式庭園造りなどの方により多くの興味を覚えるのであった。

血とか理屈とか利害とか、そういったものを超えたあるもの——という日布時事編輯長の言葉が三吉の頭を去来していた。

彼らはホノルル市の北側にあるポンチボールという死火山にも登ってみた。それは大して高い山ではなかったが、そこからは遥か西の方に、ちょうどコブラ首のところにある鱗模様に似た形の真珠湾がきらきらと輝いて眺められた。

10　妻の同級生

夜になれば例の有名なカナカ娘のフラ・ダンスを見せるという家で、純粋にハワイ式の料理をと注文して、何だか異様なトロロ汁様のものを食わされたのに辟易しながらも、とにかく昼食をすますと、三吉はつれの二人とは夜またここで会う約束でひとり郊外の住宅区域に、妻からの贈物を持ってその知人を訪れて行った。それは余り立派やからぬバンガロー式の家であった。

三吉は訪ねて行きながら、なるべくは対手が不在であってくれることを心中秘かに願っていた。彼は妻の同級生であるその婦人にはあまり会い度くなかったのである。彼と彼女との間には、別段強いて避けなければならぬほどの因縁や深い関係があったわけではなかった。だが、無意味に多弁なこの女に会うことは何となく三吉にとって重荷であった。それに、彼女がたとえ幸福になっていたにせよ、反対に不幸な気持でいたにせよ、三吉はそのいずれに対しても、強いて何らかの意志表示をせねばならぬような機会を自ら造ることに心が進まなかった。

不在と聞いて三吉はホッとした。そして名刺に走り書きで、突然の来訪を告げて、妻からの贈物をそこに置いたまた自動車を返した。あの幅の広い、肉感的な顔はきっといまでも幅が広いのであろう。人の言うことは半分も聞かずに、終始自分の喋りたいことだけを騒々しく喋りまくるあの性格はいまでも決して変ってはいないであろう。

「だって、対手は何にも知りあしないんですもの。妾さえ何にも言わなければ、太平無事ですわ。何にもなかったのと全然同じよ」

そう言って、何一つ不安も抱かず、疑念も挟まずに、自分の言葉を信じきっていた彼女の、不道徳とか悖徳とかいったようなことよりはむしろそうした方面の観念において、完全に何ものかを欠いている、それがために本人自身は却って無邪気でもあり朗かですらあるように見えたその様子を、三吉はまざまざと思い出すのであった。

彼女はまだ在学中に、母国見学に来たハワイ生まれの二世と正式に婚約したのであったが、三吉が彼女と知り合ったのは、それからもう四、五年経ってからのことであった。そのころ彼女は三吉の妻などと同じ研究所に通って洋式舞踊を研究していた。公演にも四、五回は出演していた。

三吉がいよいよ結婚する決心をして、彼の妻をその舞踊研究所から退かせるとともに、妻が前からの関係で、語学研究の助手といった名目で週二、三回宛通っていたイギリス人の語学将校のところにも出入りをよさせることにしたとき、千実という名の妻のこの友達はそのあとに是非自分を推薦してくれと頼んだ。その年の秋にはいよいよハワイに行くことになっているから、それまでの間いくらかでも英会話の実地を練習しておきたい、と言うのが彼女の理由であった。三吉はその理由を別段疑いはしなかった。ただ、彼女の軽々しい性格を知っており、しかもその彼女は三吉の妻たるべき女とこの語学将校との間に現に進行しつつあった事件についても充分知っている筈であることを思うとき、三吉には何となく妙な気がせざるを得なかった。

マッキンタイヤーと言ったその語学将校は善良ないい青年であった。アイルランド系イギリス人によくある少し中高にすぎる細い顔をした、背のやたらと高い、どちらかと言えば醜男《ぶおとこ》に属する方であったが、子供のように無邪気なところがあって、親切な男であった。三吉も彼とはかなり親しくなっていた。会えば陽気に騒ぎ廻って、よく一緒に銀座などを飲んで歩いたりした。

こうした彼とマックとの関係が、他の一面においては、実はかなり尖鋭化したライヴァルの状態におかれていたのであることを、三吉がはっきりと知ったのはずっと後になってからであったが、卑俗な言葉で言えば、知らぬは三吉ばかりなり、で、当のマックも、また千実も、彼らは早くからこのことを知っていたのであった。しかも千実はこの間、ある時期には相当露骨な態度で三吉に近づいて来たりした。あとになって思えば、この頃の千実の言動の中には明らかに三吉の立場を諷《ふう》して、この際むしろ自分との遊戯に乗り換えろといわんばかりの様子もあったが、当時の三吉にはそれが悟れなくて、ただひたむきにこの女を蔑み嫌う気持を深めただけであった。

三吉はまた、その頃の妻の気持に不純なものがあったとは思っていない。彼女が、江戸川アパートのマックの室における、或はその他二人だけの食事や映画や散歩などにおける彼女とマックとの交際の姿について、ずっと後になるまで三吉には何も言わなかったのは、彼女の心がいまだ決しかねたからであったし、そのことについては三吉が別段何にも訊かなかったからであった――と三吉はいまでも思っている。そして、いよいよ二人が婚約したのちになってはじめて彼女が話したごとく、彼女は一度の接吻すらマックには許したことがない、ということもまずその言葉どおりに信じていいものと思っていた。

三吉と彼女との関係が急にはっきりしはじめるとともに、マックの彼女に対する態度も急激に積極化して、時としては室の扉に鍵をかけたうえで、何時間もの間、彼女の前に跪いたり、或ときは泣いたり、或ときは殆んど暴力に近い狂態さえも示したりしたこともあったそうだ。それでも彼女は三吉から要求されるまでは、マックの室に通うのを止めはしなかった。

彼女が三吉との結婚をはっきり宣言すると、マックは気狂いのようになって、彼女を翻意させようと試みた。それから彼女の家に自ら出かけてその母に正式に結婚を申入れた。また三吉を訪ねて来て、彼女を自分に譲れという強談判を試みるなどの非常識さえ敢てした。

そのようなマックのもとへ、そのような事情をすべて知っていながら、しかも自ら進んで是非とも行きたいという千実の心の底には、乙女心の単なる感傷とか同情とかいう気持以外の、妙に常軌を逸した何ものかが潜んでいるように、三吉の目には映じたのである。

三吉たちの結婚後も、千実は度々遊びに来た。そして、何だか泣いたりしているようなこともあった。三吉はそれが何事に関しているのか、別段訊ねてもみなかったが、妻の問わず語りで、それがどうしてもマックの愛を得られない千実の愁歎場だということを知って、内心驚いていた。

「マックさん、いよいよ近く帰国するんですって」とある日妻が話した。そして、「千実さん、きょう来ましてね、大変幸福そうでしたわ」。

「へえ、とうとうエンゲージでもしたのかい」

「そうじゃないんですけど、目的を達したんですって」

「ばかな！　何が目的だい！」

妻は千実の告白を詳細に取次いだ。

「女って、そんなことまで平気で話すのかねえ」

「千実さんって、そんな人なんですよ。特別ですわ」

「そんなものといつまでも親友づき合いしている君なんかも余程物好きだよ」

妻の話では、マックは千実に対して飽くまで彼女を愛することはできないと言いつづけたのだという。そして、今度は千実が泣いて頼む役であった。マックは最後まで、あらゆる侮蔑的な言葉を遠慮会釈なしに彼女の上に投げかけながらも、結局は、千実の泣訴を容れたのであった。そして千実は「目的」を達して、「泣けて泣けて仕方がないほど幸福だったんですって」というのである。

「これがほんとの愛というのでしょうか——って言ってましたわ」

「色情狂の狂乱さ！」。三吉は吐き出すように言ったが、こうした言葉だけではなお割りきれない不思議なものが千実の心理の中には隠されているような気がしていた。

11　邦字新聞記者

「フラ踊りなんて、実につまらないものだね」

三吉は三十分もしないうちにすっかり飽きてしまって、「もう帰ろう」と言った。「こんなインチキなものよりは仏印のカンボヂァ踊りやタイの踊りなんかの方が、世間には知られていないけど、よっぽど芸術的ですよ」

他の二人は、「折角なんだからも少し見て行こう」と言う。

一弗の入場料を払って、観客は茅か何かの丈高い草で編んだ草塀の通路を通って庭の奥の方に通る。そこはやや広い砂敷きの庭になっていて、観客はそこに立っていたり、傍らの粗末な木の椅子に腰かけたりして見ていた。せいぜい二十人ぐらいしか観に来ていない。あくまで野趣を尊ぶつもりからか、舞台などはなくて、砂の庭の真中でカナカ娘の踊る場所になっていた。頭に花の環を冠った乳房まる出しの土人の娘たちが五、六人、腰から下に浦島太郎のような腰蓑をつけて、跣足で出て来る。皆肥っている。身体中の肉をだぶつかせながら単調な、のたりのたりした踊りをおどる。庭の隅に椰子やバナナの木の小さな植込みがあって、岩などが据えてある。赤と青の弱い照明の中を何やらの哀調嫋々たる唄を歌いながらこれらの娘が出て来て、その木の間をいやいやながらというようにゆるく縫って歩いたり、岩の上に変に気取ったポーズをして立ってみたりする。

「田舎廻りの安レヴューよりまだ悪いね」と三吉は悉く興趣を失った。「これじゃ本場がまるで場末だ。見物が多くなるにつれて、却って堕落しちまったんだね、きっと」

「あんたのように、そう厳しく言ったのでは面白いものは余りなくなる」と山本中佐は苦笑しながら三吉のあとから出て来た。

三人はそこから日本人住宅街の方をぶらぶら歩いてみた。そこは何となくせせこましく、他と比較して貧しげですらあった。

彼らは夜遅くなって船に帰って来た。次の日の朝三吉が眼を覚したときには船は既に渺々たる大海を、旭にきらきら美しく光り輝く澄明な海面《うなづら》を蹴りつつ、静かに進んでいた。

そして、更に何日かの平穏な航海が続いたのち、ある日の朝早く、海面に低く棚引いた朝霞がまだ消えきらない中から、白っぽいサンフランシスコの市街がこんもりと小高く、行くてに当って盛り上ってきたとき、三吉は何故だかふっと、この町が支那広西省の北海《パーコイ》という港町に似ていると思った。一つは太平洋の全沿岸を通じて、上海だとか神戸、横浜だとか、そのほかにも幾つかある大きな国際港市の中でも最も大きな近代港市であり、他は南支那海の端れのトンキン湾に臨んだ、けちな田舎町——単なる漁港みたいなものにすぎなかったにも拘らず、サンフランシスコと北海とは三吉の第一印象の中ではひどく似通ったものとなっていた。二つとも、海際からにょきにょきと聳え立った白っぽい建物の部厚く小高い堆積であった点が、大小の相違こそあれ、こうした同じ印象を与えたのであろう。

船が巨大な岸壁に繋がれ終ったとき、一番先に飛び込んで来たのは、この町——十何万人かに達する在米邦人の大部分が住むカリフォルニア州の最大都市であるこの町で発行されているいくつかの邦字新聞の記者たちであった。彼らはいずれも若くて元気のよい二世たちである。思い思いに目ぼしい人を捉えては、貪るように故国の——太平洋の彼方の端に横たわる祖先の国日本の様子を、いろいろ根掘り葉掘り聞いていた。その中に、しきりと三吉の名を呼びながら探し廻っている一組があった。その記者と写真班員とは漸く三吉を探しあてると、ぐんぐん、できるだけ他の同僚たちの目の届かないところまで三吉を引ぱって行った。何を聞こうとするのか知らないが、ともかく他の同僚たちを避けようとする彼らの職業上の特種《とくだね》意識は、自分自身にも覚えのあることだけに三吉を微笑させた。「新世界朝日」の記者だと称するその青年はいきなり

「あなたは汪精衛工作に深く関係しておられたそうですが、その真相を詳しくお話し願えませんか」と言った。

三吉は驚いて、「誰からそんなことを聞きました?

と反問した。

その社の主筆である海老名一雄から聞いたのだという。船客名簿の中に彼の名前を発見した主筆は早速彼を呼んで、太田三吉という男は汪精衛問題の真相を知っている筈だから、人のいないところに引ぱって行って、詳しく話を聞いて来いと命じたのだという。

三吉は海老名が再びサンフランシスコに帰っていると聞いて、ひどく懐しく思った。香港の共同宿舎の食堂で、殆んど何にも喋らずに、三時間でも四時間でも、ひとりでくびりくびりとウィスキーを飲んでいた静かな彼の姿を思い出すのであった。晩酌に毎晩ウィスキーを一本づつ空にする、というほど強い酒呑みであったこの男は、既に頭に霜をおく年輩であったが、素面のときも、ウィスキーを一本空けてからも、彼自身から素面だか呑んでいるのだかを聞かない限り、どちらかだか傍目には全然判らない——それほどまでに少しも乱れない酒呑みであった。何しに香港に来たのかは誰も知らなかったが、来たときは三吉の社の嘱託ということでやって来て、共同宿舎に泊っていた。同志社大学の創始者であった海老名弾正〈注—創始者ではなく同志社大学総長〉の長男に生まれたこの男は自ら不肖の子と言っていた。殆んどその半生をアメリカ西海岸で送って、そこの邦人間では相当有名な人物であったらしかったが、口数少なく、議論をしないこの男の、ただ茫漠とした表情だけを見ていたのでは偉いのか、それとも既に酒精中毒にかかって多少呆けて来ているのか、ちょっと見当のつきか

ねるところもあった。年に似ず真赤で、いつも濡れたような色をしているその唇を、かすかに開いて、絶えざる笑みを浮べている男であった。

「まだ現在では総てが秘密なのでして」と三吉は若い記者に言った。「それに私なんかほんの少しの間、外側から簡単なことをお手伝いしただけなんですから、真相というほどのものを知ってもいません」。

それでもと言って、いろいろ問いかける記者に三吉は喋れるだけのことは喋った。そして国内の問題や東亜全体の情勢についても、三吉は三吉なりの考えを話した。

「ここの日本人たちはやっぱり祖国のことを一番心配しております」と記者は言った。

「そうでしょうとも」と三吉はうなずいた。そして、時間があったら是非お目にかかりたいと、海老名に言伝えた。

12　皆藤と友松

胸つくような急坂のやたらと多いサンフランシスコの街中《まちなか》を、自動車や電車があとからあとからと丘を越えては消えて行き、突然丘の上に現れては急速度で斜面を辿り落ちて来た。

支局長の皆藤幸蔵*も支局員の友松敏夫**も三吉には親しい同僚であった。彼らは崩れるような笑顔で三吉を迎えた。

＊　電通出身。開戦時、ロンドン特派員。マニラ支社長、サイゴン支社長。戦後は時事通信に入る。翻訳家。

＊＊　満州国通信社出身。同盟天津支局員。戦後、新聞ダイジェスト社長。

しかし、友松はやっぱり相変わらずどこか淋しそうな顔をしていた。多年の恋人であり、許婚者であった二世の娘と結婚するために、無理に乞うてここの支局詰にして貰った彼は着任してから既に、七、八ヶ月、いまが最も幸福なときでなければならない筈なのに、彼は依然として淋しそうに話し、悲しそうに笑った。その静かな、それとない淋しみが天津や北京時代の彼を多くの娘たちの入り乱れた恋情の対象としたのだったかも知れない。殆んどあらゆる種類の女がこの男に思いを寄せた。そしてそれらに対して、この男は礼儀正しく親切ではあったが、一度もそれ以上の気持を示したことはなかったようだった。男たちの間では嫉妬半分に、あれは冷血動物だから女に惚れられるのだ、と言うのが定説のようになっていた。

金門湾《ゴールデン・ゲート・ベイ》の長い橋を渡って、折柄開催中の国際博覧会を見物しながら、肩を並べて行く友松に三吉は「どうだい、大いに幸福なんだろう?」と訊いた。

「ああ、幸福だよ」

「だめだや、こやつは」と皆藤が言った。「べったりくっついちゃっててね、から意気地がないよ。あんなことをしていては蜜《ホネイ》はすぐなくなってしまう。新婚生活は適度にくっつき適度に離れてなくっちゃ」。

「そりあ、君のようなエロスとは少しわけが違うよ」

皆藤は三吉の言葉でさも快げに大声を立てて笑った。見るからに精力そのもののような脂ぎった顔と、多少猪首のがっしりした身体つきをして、自分でも俺は性欲と食欲以外には大して興味のない人間なのだ、と言明している皆藤と、顔は細面《ほそおもて》の優型、身体も撓《しな》るようにほっそりとした友松とは、太陽の陽性と月の陰性との、まさしくそういったような取り合わせであった。三吉は一目で、彼らが互に、皆藤は友松の何となく煮えきらない性格を、また友松は皆藤の知性の乏しさを、それぞれ心では軽く蔑みあっているということを看てとることができた。

三吉は昔から博覧会などというものがどちらかと言えば嫌いであった。そこではなるほどいろんなことが便利に知れるようにはなっていた。けれどもそこに展覧されている知識は甚だしく皮相な、紋切型のものでしかなく、味わいというようなものが殆んど没却されていた。それはもともと、博覧会自身が本来商品や産業や国情などの大づかみな広告をその主たる狙いとしたものであるのだから、已むを得ぬ当然のことであったかも知れないが、それにしても、も少し何とか工夫のありようなもの、と博覧会を見るたびに、これは三吉が常に思うことであった。厖大な規模で、何千万弗かの巨費を投じて開催されたこの万国博でもそれは同じであった。ことに日本館の、相も変らぬ「絹」であり「お茶」であり「富士山」であり「桜」であり「きもの」であるこの智慧のなさは、それが日本の現実の姿である限り仕方ないようなものの、全くうんざりさせられるものであった。

皆藤や友松が日本館の係りの日本人たちと何やら談笑している間、三吉は怒ったような顔をして、向う側のメキシコ館に出入りする人々の波をぼんやり眺めていた。先日、大辻司郎という悪くふざけたおどけで飯を食っている男が、この博覧会を舞台にして、宣伝映画をとって行ったのだという。見なくても三吉にはその莫迦莫迦しい、品のない、しかも智慧とても碌にないふざけた様子が目に浮ぶようであった。外国に来たせいか、三吉はそうしたこと

——すなわち日本の恥を平気で人前に晒すようなことに、妙に神経質になっていた。

ここの博覧会では、ミス何とかという金髪の蝋人形のような素晴らしい美人が、目の粗い絹のレースの幕一重を距てた明るい舞台で造りものではないかと思われるほど見事に大きい乳房を両手で支えた姿のまま、肩から胸、腕、腰と漸次その真白な肉体を強い光の下に露わにして行き、最後に一糸纏わぬ全裸の姿となったその瞬間にパッと電気が消えるという仕組みに、僅か五分間に二十五仙《セント》をまきあげたり、また十何人かの、亜麻色、栗色、黒色などいろとりどりの頭髪をした妙齢の娘ばかりが、それぞれシュミーズ一枚で裸馬に跨り、広い馬場の中を自由に乗り廻しながら、ときどき入場者の目の前で、パッと電光石火の早業で何も穿いていない脚を頭の上まで蹴りあげて見せるが、観客は驚いて思わず瞬きする間に、結局何にも見はしなかった、というような莫迦莫迦しい芸当のために五十仙也を支払わせられたり——そのような、日本では想像も許されないほど放胆な余興の掛小屋もいくつかあった。

夜になると、友松がさっさと家へ帰ってしまったので、皆藤は憤慨しながら、三吉を日本人料理屋街のすき焼屋に案内した。

「怒ることはないよ、あんな人間なんだから。僕は北支以来彼の性格はよく知ってるんだよ」と三吉は皆藤を宥めた。「悪意というのじゃなくて、知らないのだよ」。

皆藤は間もなく酔って、可愛いい給仕女を執拗に口説きはじめた。三吉も酔って、ホテルに帰って寝た。

13 幼友達

活字の大きな、紙面の妙に白っぽい、いかにも田舎田舎した感じのものではあったが、ともかく一応新聞の態をなしたものが二つ三つ発行されていた。三吉が朝食を終ったばかりのところに、早くも、そのうちの一つの社に属する記者が、そこの編輯長からの手紙を持って会いに来た。自分たちの新聞にも是非何か特別に寄稿してほしいというのがその用件であった。三吉はこの記者がそこにおいて行ったその朝の諸新聞の中から「新世界朝日」をとりあげてみた。そこには一面全部を費やすほどの分量で、三吉の話が彼の写真とともに掲載されていたが、だんだん読んで行くと、汪精衛の和平運動に関する部分は明らかに海老名老人自身の知識で書かれたものと推察されるところが多かった。

三吉は苦笑して、午後からでも海老名老に会いにいったら、ひとつ抗議してやろうと思った。客が相次いで来た。未知の人々ばかりであった。三吉は奇異の感に打たれた。これらの訪客たちはいずれも別段の用件を持った人々ではなかった。ただ、けさの新聞を見て、漫然と訪れて来たり、五、六分か長くても十五分以内で満足して帰って行く人々であった。それはいちがいに暇人とばかり簡単に片付けてしまうこともできないもののようであった。永く海外にある人々の特別な気持がそこには動いているように思われた。

何番目だったか、十何番だったか、もうお午近い時刻であった——三吉はそのとき少々焦れ出していた。これでは午前中まる潰れではないか、きょうの夜にはここを出発するというのに！——今度こそは出掛けようと思っている矢先に、またも訪客があった。しかもそれは異様な一群であった。最初に扉口から姿を現したのは五尺そこそこの小男であった。丸顔に眼がきょとんと印象的な光りかたをしていた。三十歳前後であったろう。それがにこにこ笑いながら、しかし、いくらかおずおずと入って来た。その後から、その妻と思われる若い女が、夫より遥かに背も高く、がっしりと肥ってもいるその逞しい身体を、これも妙に固くしながら眼を伏せて入って来た。そのすぐ後ろに三吉の驚きが待っていた。ぞろぞろと玩具の兵隊然たる子供が六人、大きいのから順に並んで入って来た。そして最後の一番小さい、まだよちよち歩きしかできないと思われる女の子は黒服に黒帽子の、五十五、六かと思われる祖母らしい老女に手を引かれていた。

三吉は唖然として立っていた。

「僕、近藤肇《はじめ》です。憶えておいででしょうか」と小男は言った。

三吉は、「おお」と言った。そして互に強く手を握り合った。それは思いがけない邂逅、二十二、三年ぶりの再会であった。

家族たちの紹介が済んでも、椅子が足りないので皆は腰かけることもできなかった。子供たちはおとなしくしていた。

「そういえば、やっぱり面影が残っていますね」

「あなたは立派になられたなあ」

三吉は幼友達の視線をまともにうけて、少してれながら、頭の中では遽しく二十年前の記憶を手操っていた。この小男は二十年前にも級中でも一番小さな子供であった。だが、成績は三吉に次いで二番であった。三吉が級長で彼が副級長という組合せが一年か二年か続いたことがあった。ところが、ある年、受持ちの教師が新しく転任して来たばかりの若い女訓導に代ると、その二学期にはこの順位が逆になった。すっかり記憶の中から消え去っていたそのときの忌々しさがいま微笑ましく思い出されて来る。その女教師は背の高い、どこか男のようなところのある人で、三吉が成長したのち、会議で上京して来た彼女は彼の家に泊ったこともあったが、決して美しい人ではなかったけれども、彼女が転任して来たとき、三吉はまともには彼女の顔を見ることができなかったほど、美しい人だと思ったものだった。若葉の燃えるような大きな欅の木の下で、台の上に立って、校長の紹介に続いて、美しい張りのある声で挨拶をした彼女の、やや高めに締められた濃い水色の袴の下から出ている二本の足の、白足袋との切れめ二、三寸に見えるその白い皮膚を、三吉は幼い悩ましさでじっと見ていたことを、よく覚えている。やや長めの顔、それから頚から襟筋、そして後向きになって黒板に何か書くとき、その短かめの袖からこぼれ出る腕――みんな驚くほど白かった。三吉は休み時間の運動場でも、式のときの講堂でも、どこにいても人ごみの中では必ずまず第一番に彼女の姿を探すようになっていた。彼女が若い男と連れ立って校門を出て行く姿に淡い不快さを覚えた記憶もある。

山間の純農村であった三吉の故郷にはさなぶり祭という乱暴なお祭りがあった。それは全村の田植が済んだころのある日を選んで、村中が一日の無礼講に興ずる習慣で、この日は屋外にある者には、誰彼を構わず、男であろうが女であろうが、村長だろうが和尚だろうが、見かけ次第思う存分水をかけて「祝福」しなければならないのである。若い男女を中心に、ときには村老たちまでシャツ一枚で飛び出して、子供たちは各自手製の水鉄砲を、大人たちは手に手に馬穴を携え、或は群をなし、或は単独で、待伏せていたり、奇襲したり、あらゆる方法をもちいてできるだけ多勢のひとに水をかけた。ときには部落と部落の対抗水合戦が河原の遭遇戦や、部落前面の攻防戦となって行われることもあったが、またときとしては部落内で男女の紅白対抗戦と変じることもあった。ルールなんか何にもなかった。そして人々は家ごとに手料理をしこたま拵えて、灌水の危険線を無事突破し、或は襲撃されてずぶ濡れになりなどしつつ訪れて来た人々と、酒を酌み交して歓をつくした。

その年のさなぶり祭りで三吉は熱心に新米の若い受持ち女教師を狙った。そして遂に学校の裏手の田圃道に追いつめて、先生に向って「何故そんな意地悪をするのですか」と絶叫する彼女に思う存分水を浴せて、彼女をとうとう短い稲苗のそよぐ田圃の中に落ち込ませた。彼女は、「意地悪な子！　覚えてらっしゃい、お父様に申しあげるから！」と言って泣き出した。三吉は「わあい」と凱歌を奏して走り去って行った。

こうしたことが、かぎりない懐しさとともに思い出される。俺はひどくませていたのだなあ、といま更苦笑もされるのである。

三吉が級長も副級長も外され、通知簿の修身に初めて「乙」――それは三吉にとって、いままで曽つてその存在をすら意識したことのない無縁の文字であった――をつけられたころ、いま三吉の前にいるこの男は、級長の名誉を三吉より遥かに成績の悪い他の子に譲って、突如として遠い「アメリカというところ」へ、迎えに来たその実母とかに連れられて、渡って行ったのであった。

小男は五分おきぐらいに、さも感に堪えたように、「あなたは偉くなりましたなあ」と何度も繰り返してあきずに言った。彼は母が産婆を営んでいるオークランドで小商売をしている様子であった。

「あんたは子供のときから、ようできたもんなぁ、あたしどもは勉強せにあいけなかったけんど、あんたぁ、ちっとも勉強しよらさったば、ようできたもんなぁ」。話しているうちに対手の言葉は段々に彼らの故郷の方言に近いものへと崩れて行った。

しかし、三吉は、自分は一体何ごとにも人よりは冷胆なのだろうか、と考えていた。いまここにこうしているても、対手の歓喜に比べて、彼はむしろずんずん時間を食われることをかなり迷惑にすら思っているではないか。

「パパのお友達にはこんな偉い人もいるということを憶えさせておきたいと思ってなあ、子供を皆つれて来ました」そういう言葉自体もひどく擽《くすぐ》ったく、ぴったり来なかったが、それよりも、こうした不当に誇張された価値評価の中にある泥くささに同感できないということだけでも、三吉には既に彼らとのこれ以上の同席はできるなら避けたいものになって来ていた。しかも是非とも昼食を一緒に、という再三の言葉を断わりかねて、三吉は結局彼の方でこの一家を支那飯に招待することにしたのであった。

支那飯屋がずらりと並んでいるのは丘の山腹を横に這ったせせこましい街であった。自分だけが何となくひとり除け者になっているような、妙にそぐわない気持の二時間近くをそこにすごして、三吉がこの家族たちから解放されたのはもう午後三時近くであった。余り上等でない幌型の自動車に全家族を詰めこんで帰って行った近藤の満足そうな別れ際の笑顔を思うにつけ、時間が経つに従って段々冷胆に、口数も減って来て、お義理に近くなっていた自分のことを、彼に対して何となくすまなく三吉は思わざるを得なかった。しかし、二世の問題とか。在加州邦人の将来の問題とか、そんなことについては何を訊ねても返事らしい返事は得られず、ともすれば話は二十年の昔に逆転して、逆転しさえすればやたらと活気づき、話柄は次第に枝葉を生じて止るところを知らぬというような、そうした対手の、三吉が求めるものとは全く反対の在り方に、三吉が段々興冷めを催して来たとしても、それはまた仕方のないことであった。

三吉が二世の問題を話しかけると、近藤は急に勢づいて「それでな、ひとつあんたにいまからお願いしておきたいと思うのだけど、もし私の子供が日本に留学するようになったら、是非あんたの家に置いて、監督して貰いたいのだが」と言った。

また加州在住邦人の将来の問題については、

「母も段々年をとって来て、そういつまでも産婆をしているわけにも行かないし、さりとてこれだけ多勢の子供をかかえて、いまやっているような雑貨の小売では何ともならぬし、私も何とか考えねばならんと思うとるたい」と答えた。

三吉はほかにも二、三人、こちらから訪問してみようかと思っていた心当りの在留邦人もいたが、いまは既にそうする気がなくなっていた。自動車を雇って支局に来てみると、皆藤はいなくて、友松がひとり、東京からのローマ字放送をうけて、それをこくめいに日本語で謄写版用の蝋原紙に切っていた。

「毎日そんなことをしているのかい？」

「ああ、ほかにやる人がいないからね」

「誰か別に雇ってやらせればいいのに」

友松は何とも答えずに、依然としてこつこつと書き続けた。*

＊『通信社史』によると、同支局では同盟放送ニュースを「新世界朝日」、「日米」の両新聞に供給するほか、ミミオグラフで刷って銀行・会社へ配達していた。

14　エア・ガール

超大型の大陸横断旅客機は忽ちサーチライトの光范から脱け出して、暗黒の空をぐんぐん昇って行った。すぐ足許に雑然と交錯する無数の光の條が展がって、暫くは自動車も人もはっきり手にとるように見えていたが、間もなくそれも見えなくなると、下界は黒一色の渺々たる暗幕につつまれて、ときどき左や右にとぽりとぽりと光の塊が見えたり、消えたりするだけであった。

軽快な鼠色の上下を着て、カレッヂ・キャップに似た同じ色の帽子を冠った美しいエア・ガールが二人いて、座席の前の方から順次、乗客たちのベッドを拵えてはじめた。それはちょうど日本の二等寝台のシステムによく似ており、上下二段になっていて、上段は壁の一部に折り畳んであり、下段は座席を横に倒して拵えるようにしてあった。やや窮屈ではあったが、それでも寝るには充分であった。

給油のため、真夜中すぎにサルト・レーキ・シティーに着陸したときは三吉は全然知らずに眠っていた。そして、彼が次の朝目を覚ましたときは、飛行機は重畳たる山の上を飛んでいた。

昨夜乗り込んでいた娘たちとは違う娘が、快活に、「お早う」と言いながら新聞を配って来た。そして、三吉が洗面している間に素早くベッドを片付けて、座席をきちんと拵えておいてくれた。

それから前の座席の背部に折り込んである小さな卓子を引き出して、その上に珈琲や、オートミルや、ハムエッグや、グレープ・フルーツなどの朝食を次々に運んで来て並べた。娘たちのうち、ひとりは余り人目を惹く方ではなかったが、ひとりは燃えたつような金髪をキャップの下から豊かにはみ出させた大柄の美しい娘で、殊にその青い目は始終人に笑いかけていた。

三吉の座席は左列の最後部であった。座席は十四であったが乗客は十三人で、三吉の右側が一つ空いていたので、その娘は少し離れた乗員用の席からそこに移って来て、三吉が英語にたどたどしいと知ると、つとめて平易な、子供にでも話すときのようにゆっくりとした口調でいろいろなことを話しかけた。彼女はまず、「お前も朝日新聞か」と訊いた。ちょうど一週間ほど前、二人の朝日新聞記者がやっぱりこの飛行機でニューヨークに飛んで行った、というのである。

三吉が英語よりフランス語の方をよく話すと判ると、彼女は自分もハイスクールでフランス語を学び、また自分の兄の妻はフランス系カナダ人で、兄の妻とはよくフランス語で話したと言って、しきりにフランス語で喋ったが、それは甚しいアクセントのある、アメリカ式の乱暴なフランス語で、半分以上は判らなかった。

三吉が聞き返すたびに、彼女は白く美しい歯並びを赤い唇からのぞかせて、快く笑った。彼女のフランス語が持つ陽気な滑稽味を筆で表わすことは処詮不可能であるが、強いてこれを日本語で書いてみるならば、

「わたしのうー、フランス語はあー、あなたに、なかなか、わかりましえんねえ、そうですか？」というような調子である。

　彼女はエキストラ・サーヴィスだと言って、三吉と彼女自身と二人分のカップにしきりと珈琲を注いだ。それから、前部の乗務員室からひとりの若い美青年をつれて来て、三吉に紹介した。彼はつい先頃までクリッパーの乗員としてマニラ＝香港のラインを乗っていたのだと話した。すると、五つ六つ先の座席にいた五十近い肥った男が立って来て、珈琲を処望したのち、自分はジャワにいる和蘭人だが退役海軍将校だと自己紹介して、三吉と同じ程度にブロークンな英語で、むきつけな日支事変論をはじめた。三吉のすぐ前にいた痩せた老婦人がときどきじろりと眼鏡越しに、三吉らのグループを流し目で見ていた。

　再び娘と二人だけになったとき、三吉は先刻の美青年は彼女の恋人かときいた。彼女は美しく唇を綻ばして、「まだです《ナッチエット》」とさも幸福そうにからからと大声で笑った。そして、「近く《ショートリ》、多分ね《パーハプス●イエス》」とつけたしした。それをまた、フランス語で言いなおして、「パ・ザンコール、メ、プロシェーヌマン、プ・テートル、ウィ」と言った。

　エア・ガールの平均勤続期間は六ヶ月だと彼女は説明する。大抵は乗員同志か、または乗客との空中スピード恋愛の結果、次々に下界に天降って行くのだと言う。

　朝の十時頃、飛行機がシカゴに着陸すると、彼女はいつの間にかすっかり服装をかえて、ますます美しい娘になって、皆に手を振りながら、小さなスーツケース一つを提げて、先刻の青年に腕をかしつつ街の方に出て行った。そして代りにまた新しい娘が二人乗りこんで来て、新聞を配ったり、茶と菓子を配ったり、昼食を運んだりして、甲斐々々しく、乗客の世話をしつづけた。

　ニューヨークへは午後五時頃ついた。

　上り屋の柵のところに、ここの支局長の萩原忠三*が、眉間の開いた、落っこちてしまいそうなうすい下り眉に、いきなり何か皮肉を言い出しそうなむず痒い微笑を浮べて、小さな目を眼鏡の奥に光らせつつ、待っているしょんぼりとした小さな姿が見えた。三吉はずかずか歩み寄って、先方が何も言わないうちに、

「なんだ、お婆ちゃん（彼の綽名）はまだ内股で歩いているんだな」と言った。彼のひどい蟹股は靴の先が内側に

八の字を描くほどであった。

＊　電通出身。開戦時、同盟外信部長。戦後、共同編集局主幹。

「きょうは余程はじめから救急車で迎えに来ようと思ったんだが、それほど酔っぱらっていてもいないようだな」

萩原は団子っ鼻をこすりあげて、鼻につまった声で言った。二人は格別握手もせずに、そのまま自動車に乗って、世界一繁華な街の方へ走らせて行った。

15　静かな編輯室

そこには何一つ三吉を驚かすようなものはなかった。この街が大きいと言っても、それは三吉の感覚が直接これを感得し得るものでないないことは、東京や上海やパリや、ロンドンの場合と少しも変わらなかったから、むしろ統計による数字か何かに翻訳してみないとニューヨークが持つほんとうの大きさは理解できなかった。繁華と言ってもそれはパリや上海の繁華さと見た目、聞いた耳にはいくらも違いはなかった。これもむしろ数字を眺めた方が驚くのに便利であったかも知れない。

エムパイア・ステート・ビルディングをはじめ林立する大廈高楼も三吉には初めて見るような気はしなかった。高さもたった一つが聳えていてこそ、はじめて驚異的な高さに感じられるのであって、こう何にも彼もが競い合って雲間に屹立しているのでは、一向に驚きを感じられない。それは恰も重畳たる高峯の大連山の中にあって、エヴェレスト山を望むときの失望に似たものなのであろう。

「お前みたいな張り合いのないお客さんはないよ」と萩原は言った。「とにかく、面白くても面白くなくても、一度は見ておくものさ」。

萩原がエムパイア・ステート・ビルの頂上まで三吉を引ぱりあげるには、何度もこうした押問答を繰り返すことが必要であった。途中でエレヴェーターを二、三度乗り継いで、漸く頂上のバルコニーに出たとき、一望のうちに下界を見晴らすそこのバーでビールを飲みながら、三吉はしきりにアメリカ通信界におけるAPシステムとUPシステムの相違とか、その優劣などについて萩原に問いかけた。

「天に昇って来たら下界のことを話すもんじゃないよ。煩い子だね、この子は。少しは景色でも眺めて、ビールに陶然となれよ」

「俺は地獄にしか興味のない男だよ」

「ほんとうだ。お前のようなものぐさなお客さんは俺は初めてだ」。そしてふっと気を変えたように、「だがな、その方が結局有難いよ。案内しようと言っても、そっちで嫌だというんだから」

しかし、結局ここでもまた、サンフランシスコの向うを張って折柄開催中であった万国博覧会には支局員に皆して連れて行かれた。三吉にとって、それはたまらなく大儀で退屈な一日であった。シルク娘とか称する和服姿の若い女の子の間の抜けた挙措を心恥しく思ったぐらいのもので、小便がしたいのにどうしても便所が見つからなくて、「アメリカ人は小便はひらないのかね一体」と忌々しさの余り叫んだこと以外、三吉はこの博覧会場のことを、あとではてんで記憶していないほどであった。

三吉の興味は実はもっと手近なところにあった。三吉の社の支局はロックフェーラー広場の角にある広壮なAPビルディングの中にあったが、そこに行く度に、AP通信社の案外ひっそり閑とした編輯室が三吉には深い感慨を与えていたのである。編輯者は恰も普通の会社員の事務員のように、各自めいめいの机を持って、ゆったりとそれにかけ、次々に流れて来る紙テープを黙って読んでいる。そしてチョンチョンと鋏でそれを切り、隣にいるタイピストに渡す。この場合、忙しく動いているのは編輯者の目と鋏を持ったその手とだけである。誰一人大声で怒鳴るものもいなければ、むだ話一つしている者もいない。音と言えば、室中に整然と並べられたチッカー受信器とタイプライターの弾くような律動音だけである。シカゴとか、サンフランシスコとか、パリとか、東京とか、その他世界中のあらゆる大都市の名を記したこれらの自動受信器は、間歇的に休んだり動いたりして、次々に紙テープを送り出して来る。軽快な服装をした女が敏捷に歩き廻って、これらの受信テープを順序よく編輯者の机の上に運んで来た。

広い室の他の一隅では、しきりに人が出入りしている。そこは取材記者たちの席のあるところで、タイプライターがずらりと何十台となく並べてある。入って来た男がそのうちの一台の前に坐ると忽ち激しい弾力音が起って、何枚かの原稿がみるみるうちに叩きあげられる。そしてその男はまたすっと居なくなってしまうのである。

三吉は自分の社の東京本社の有様を想い起してみた。何万か何十万かの蜂の巣を一つところに掻き集めたような、何とも形容のしようもない「わあーん、わあーん」と言うあの騒音。通路もないぐらい室一杯に机を並べて、それに何人もの人間がだにのようにとりつき、室の中じゅうが人間のいきれで窒息しそうになっているあの広大な編輯室。

そこには引き裂かれた紙屑と、削り散され投げ捨てられた鉛筆と、引き散らされた新聞紙と、そんなものがあたり一面に汚ならしく散乱している。何百本かの電話器には殆んど間断なしに誰かがしがみついていて、怒鳴ったり、喚いたり、笑ったり、黙って速記していたり、癇癪を起して受話器をがちゃりとかけたりしている。人々が大きな音を立てて室の中を駆けて歩く。しかも、室のどこを見廻してもチッカー一台据えていない編輯室。

まるで通信社のようじゃない、と三吉は心の中で思いながら、「通信社のようである」自分の社の有様を心から淋しく思った。

これは単に、「漢字混じり仮名書き文」である日本語というものの特異な性質から来ているとばかりは言えないものではないか、と三吉は考えるのである。無論、日本語のそうした特異性も日本の通信事業が今なお手工業の域を脱し得ないでいることの大きな原因の一つではあろう。だが、機械力と科学力の応用において、彼我の間にかくまで大きな懸隔があることの中には、そこに、もっと大きな原因がある。それは第一に日本人の非能率な労働態度であり、第二に事業に対する彼らの近視眼的な採算本位の消極的態度であり、第三には日本の新聞通信事業がその大部分は資本的にいまだ家内手工業乃至は同族手工業の域をいくらも脱してはいないことなどではないか、と三吉は考える。ローマ字乃至は仮名文字で仕事をしようと思えば、それは必ずしも不可能でないことは、現に有線と無線とによる放送は全部そうしていることをもっても判るのだから、あとはただ機械設備の問題、即ち金の問題に帰着するのだ。それも無理にもやろうとすればできたであろうが「そんなことは割が合わなかった」のである。

三吉はＡＰ通信社の静かな編輯室に入って行く度に、自社のあの名状し難く騒々しい編輯室を情けなく思うのだった。

16　萩原忠三

三吉の興味はまだほかにもあった。それは萩原という一人の日本人を通じてみるニューヨークの姿であった。というよりはむしろ、萩原忠三と称する一人の日本人が如何によくニューヨークの生活に順応しつつあるか、ということを見ることが三吉には面白かった。

彼はロックフェーラー・プラーツアから徒歩で二十分ばかりのところにあるレキシントン・ホテルに既に三年ばか

り住んでいたが、彼はこの三年間、降ろうが照ろうが、殆んど一日の休みもなしに、ホテルと事務所との間を必ず二往復ずつ、時計の振子のような几帳面さで行ったり来たりして暮らして来た。時差の関係で彼は一日を二度に区切って睡眠をとるように自分の執務時間を定めた。まず朝の四時頃事務所に行って午前十一時頃まで執務し、昼食後一眠りして、夕方から夜十時頃までまた事務所に行き、帰って来て朝四時まで眠る。この間、余程の用事でもないことには、彼は殆んど誰にも会いに行かないのだということは、他の支局員の話を聞くまでもなく、三吉を案内して総領事館や、商務官事務所や、その他の有力邦人たちのところを訪れたときの、萩原と対手との間に交わされる言葉を聞いていればすぐに判った。さりとてアメリカ人と深く交わっている気ぶりはなお一層なかった。

また三吉の社の社員で、その後IPR（太平洋問題調査会）の日本代表部員として長くこの街に住んでいる安保長春*は

「ああ、萩原君は君、あれはレキシントンとロックフェラーとの間の道しか凡そ知っちゃいないよ」と真向から皮肉をあびせて笑った。

＊ 同盟通信英文記者。戦後、時事通信取締役。

「そんな奴にアメリカ事情か何か打ってこられたのでは叶わないね。

なあに、大事ないよ、打ちゃせんし、打てやせんのだから。ただ、APの電報を取次ぎあとは新聞論調をそっくりそのまま送るってえルーティンがあるばかりさ。無害無益な存在だよ。他の支局員もそう言っていた」

その萩原は実に忙しく一日を送っていたが、三吉の滞在中に一度だけ、彼を食事に誘ったことがあった。どんどん歩いて行く。

「ここだよ」と彼が先に立って入った家は、オートマチックの軽便食堂であった。普通は二十五仙か五十仙入れれば、自動販売器から盛り合せの皿がちーんと飛び出して来る仕かけであったが、ほかに、高い椅子を置いたアラ・カルトの販売台があって、萩原は三吉をそこに掛けさせた。そして、二人分で二弗払っている萩原を三吉は些か呆然としてみていた。勿論、充分満腹ではあった。しかし、食うということは単なる満腹だけの問題ではあるまいじゃないか、と三吉は思った。

萩原は社の手当ての僅少なこと、彼らの生活が如何に困難なものであるかということ、せめて借金だけはしないで帰りたいと思っていることなどを時々、思い出したように

話した。

「君、生理的問題の処理の方はどうだね？」

ある日萩原が突然、まじめくさってそう言い出したとき、三吉は思わず吹き出した。

「君でもそんなことに気がつくのかね」

「これでもね、なかなか隅に置けないのさ」。「尤も」と彼はおきまりの駄句をあとにつけるのを忘れなかった。「真中におけば邪魔になるがね」。

「君自身、ときどき清掃工事をやるのかい」

「そんなことは聞かんでもよろし。必要ありや、なしや」

「お婆ちゃんが淫ちゃんを嗜まうとは思わざったね。是非お供したいもんだな」

萩原忠三　（共同通信社提供）

「断っておくが、僕は聖人君子じゃから、行かんよ、君ひとりで行くのじゃよ。お膳立まではと当方でする」

「そう言わんで、一緒に行こうよ」

萩原はもう答えようとはしなかった。そしてチョッキのポケットから小型手帳を出して、電話の受話器を外すと、猫なで声で言った。

「はろう、はろう、ジンミー・スピーキング、イエース、ジンミー、ジーンーミーイー！・スピーキング！」

三吉は傍で思わず腹を抱えて笑った。送話器に噛りついて、左右の眉が二寸互に飛び散っていようという下り眉の小男が、秘密の淫売屋の女将を呼び出して、ジミーと名乗りかけている面は、立っていられないほど可笑しかった。

「OKだ、さあ、行ったり、行ったり」

三吉は性悪く、萩原の同行を強要した。萩原は仕方なしに一緒にやって来た。そして、少し怒ったように
「一儀に及ぶか及ばないかは、ジミー個人の自由だよ。とに角、ここまでは君に対する僕の礼儀だが、その先は、僕の自由だ」とそう言って。さっさと帰って行ってしまった。

女将はおそろしく肥った黒人の女であった。彼女は赤と緑のけばけばしい服でその真黒で巨大な身体を包み、よたよたと歩いた。そして三吉がビールを飲みながら退屈している間、彼女は白い歯を剥いて笑ってみせ、それからその

象のように黒く大きな指でピアノを叩いて聞かせた。

　そこに女が入って来た。弱々しそうな、どこやらフランスの女のようなところのある、少しもアメリカ的でない、痩せ型の若い娘であった。彼女はカナダ系の市民で、ある店の売娘をしていると話した。こめかみにも、腕にも、乳房にも、太腿にも、青い静脈が白い膚をすけて美しく浮いていた。近く恋人と結婚するつもりだから、接吻だけは勘弁してくれと言った。その気持は三吉にはよく判った。貞操そのものよりもむしろ接吻を大事に思うという神経質らしいこの娘の、理屈からでなしにむしろ生理的理由に基くそうした気持は傷々しくすらあった。

17　加藤万寿男

　支那飯を食う筈で招待したのが、そこまで行かぬうちに、食前酒を飲んでいる間に皆酔ってしまって、どこをどう飲み廻ったのか、最後はみんな三吉のホテルに来て、室の絨緞の上に大あぐらで、ウィスキーのがぶのみをやり、結局三吉はワシントン行きの汽車を乗り外してしまった。朝眼を覚ましてみると、三吉のベッドの中には他に二人の同僚が伏し倒れていて、床の上にも二人が大の字になって眠っていた。

　三吉は立ち上って、がんがん耳鳴りのする頭を右手で思いきり続けざまに撲ってみた。

　それから萩原がやって来て……

　三吉はワシントン行きのプルマン・カー〈注―寝台車〉の中で、まだ完全にはさめきっていない宿酔の頭をソファーの背にもたせかけつつ、杜切れ杜切れにそのときのことを思い出していた。

「ああいう醜態な騒ぎをやってくれては、僕の面目が丸つぶれではないか、けさも支配人から厳重な抗議を喰って弱り抜いたよ」

　そういう萩原の言葉を尤だと思う一方では、エレヴェーターの中などで、ホテルの女中が入って来ても、ちゃんと作法どおりに帽子を脱いで畏ってみせるこの小男の、いわゆる面目なるものが三吉には何だか滑稽で仕方がなかった。レディー・ファーストも結構だが、行きすぎるとちょっと真似られない、と三吉は思った。

「君が言うほどでもないさ、ボーイもメードも面白がって入って来て、俺のウィスキーを大分がぶがぶ飲んで行ったんだぜ。一緒に唄って踊ってさ」

「とにかく、きょうは是非汽車に乗ってくれよ。でないと加藤君＊にも悪いから」

＊　加藤万寿男。東京外国語学校とシカゴ大学を卒業。国際通信に入社。新聞聯合上海支局。同盟ワシントン支局長。戦後、共同常務理事。

「乗るよ。乗るけど、昨夜は面白かったなあ。今度帰ってきたら、お婆ちゃんにも是非一夕つき合って貰うよ」

「僕は御免だよ。僕は不良少年は好きじゃないんだから」

そして、萩原は三吉をプルマン・カーの中に押し込んで帰って行ったのだった。

余程手古摺ってやがらあ、と三吉はひとりにんまり笑った。

ワシントンの駅には支局長の加藤万寿男が来ていた。ほかに黄色い顔の男がいなかったので漸くそれと判ったが、そうでなければ完全に見違っただろうと思われるほど、彼は痩せてしまっていた。まだ一度も上ったことのないスキーを担いで、生れて初めてスキー宿というものに泊り込み、そのスキーを一番に及ぶ前に一昼夜ぶっ通しで同行の同僚とまずスキーの方法論を闘わし、結局上れるようにならないまま休日がきれて帰って来た、という逸話を言い噺された頃の、元気そうに肥満した顔つきはどこへか行ってしまっていた。三吉はのっけに

「病気なんですか」ときかざるを得なかった。

「いいえ、頗る元気なのよ、元気は元気だけれどもさ、何だって、たった一人でしょう」とスキー場の逸話を連想させる雄弁さで、早くも綿々として話しはじめた。「たった一人でとにかく、これだけの、世界中から集ってる優秀な記者たちを相手に競争でしょう、たまったもんじゃないのよ、そりあ、神経衰弱にもなってよ、ねえ、そうでしょう」。

相変わらず、女のように大きな尻を心持ち後に引いて、ステッキを振りながら、この先輩は駅から彼の下宿までの約三十分間を、三吉と肩を並べて歩きながら、引っきりなしに欧州情勢とアメリカの立場、それについて三吉が今後どんな角度から世界の事態を眺めねばならぬか、などを

加藤万寿男　1937年10月　ワシントンにて

諄々として話し続けた。

ちょっとした公園のようなところに、木立に囲まれた英国風のどっしりした建物があって、加藤はそこの一室に住んでいた。贅沢ではなかったが、コンフォタブルに出来たその

原稿は、ここから二百字詰め原稿用紙通し番号201から300が散逸している。大屋の別の遺稿「戦争と共に」によると、大屋はワシントンでルーズベルト大統領やハル国務長官との記者会見に出席、議会も傍聴した。米国に滞在すること三週間、ニューヨークからイタリア船サツルニアに乗った。アゾレス群島のポンタ・デルガダ、リスボン、ジブラルタル、ナポリを経由してローマに着いた。ローマからパリへ行く予定であったが、東京からの命令で急にバルカン地方へ乗り込むことになった。大屋はイタリアのアラ・リットリアの飛行機で、軍港ブリンディジ経由、イタリアが半年前併合したばかりのアルバニアの首都チラナへ飛んだ。それから山岳地帯の上を飛んでギリシアのサロニカに出て陸路をアテネに下った。ドイツのルフトハンザの旅客機に乗り継いでブルガリアの首都ソフィアに出た。そこからさらにユーゴスラビアのベオグラードに行った。『戦争巡歴』では、大屋はベオグラードからハンガリーの首都ブダペストへ向かう機上の人になっている。

バルカン諸国一巡

〔冒頭欠落〕

にすぎない場合が多い。歴史とは何か？　それは大抵の場合、人間が好都合なある時間を限って、無限からそこだけを切り離して固定させた「お話し」にすぎないとも言える。どちらもいわばこだわりなのだ。

第三者から見れば、いかにも枝葉末節に過ぎないこれらのこだわりが、当人たちにとってはこの上なく重大なものとなるであろう。そして、戦争は毎日毎時、刻々と近づいて来るのである。この国の人々も、戦争の危険に対しては心の底が凍ってしまうほど恐れていた。ドイツに農産物を送ると、ドイツからはその清算払いの代償として、高級なカメラだの、ラジオだの、眼鏡だの、畜音器だの、この国

の貧しい農民には用もなければ、欲しくても買えもしないような高価なものばかり、金高だけきちんと揃えて送ってくるのだという。それらがベルグラードの市場にやたらと氾濫していた。それでも、この国の人々は戦争が怖いの一心で、じっと辛抱をしているのであった。それでいながら、戦争を避けるために真に必要な手段――隣国との円満な関係の樹立には殆んど何らの努力も払おうとはしていないかのようであった。ここになると、彼らの肚の中で暴れ廻っているのは猜疑と憎悪のどす黒い焔ばかりであった。

三吉はダニューブ〈注―ドナウ〉の流れを横切って、ブダペストへの平和な航路を飛びながら、坦々と展けたのどかな農村の風景を足下に見つつ、何故に、この人たちはかくもお互いに憎しみ合わねばならないのかを、訝らずにはいられなかった。

憎悪は人間の先天的本能なのであろうか。

少なくとも国際関係においては、それは愛に先行するもののように思われた。

6　失地恢復

三吉はブダペストの町の重厚な華麗さに思わず目をみはった。ダニューブの流れを挟んで、右側の小高い丘陵地帯はブダ地区と言って、官庁、高級住宅街が整然と展けており、その中央に堂々たる中世紀ゴシック風の五宮が、流れに臨んで青銅色に輝いていた。左岸のペスト地区には豪華なホテルが河岸に櫛比《しっぴ》し、繁華な商店街がこれに連って四方にのび、その中央に辺りを圧して議会の巨大な建物が据っていた。ダニューブ河には四六時中絶えず汽船が上下している。この河に架かった何本もの鉄橋上には自動車や人の往来が後から後から続いた。

ダニューブ河の中流に、流れを二つに分けて縦長く横わっているマルギツイゲット島は天然の大公園であるとともに、豪奢なホテルやレストランの並んだ享楽場でもあった。そして町中至るところに豊富な温泉が湧出して、公共用の温泉プールもいくつかあった。東南欧の小パリと言われるだけのものは充分あるばかりか、場所によってはパリよりも遥かに纏まりのいい美観を呈してさえいた。

アテネの狭隘さ、ソフィアの貧しさ、ベルグラードの没趣味さに比べて、ブダペストの何と豊かに、荘重で、華麗なことよ。しかもこの国がバルカン諸国の中でも一番貧しい国だとは誰一人信ずるものもいまいではないか。

だが、その華やかさ、豊かさも、一枚裏を返せば、ここにもまた同じ憎悪の都でしかないことがすぐに判った。議事堂の前の広場には一本の国旗掲揚塔があって、そこには雨の日も風の日も、一年中必ず吊旗が悄然とたれている。その前にはちょうど日本の砂絵に似て、三色の小砂で、前大戦前の大ハンガリア王国と今日の「虐殺せられつつある」小ハンガリア国とが染め分けの地図になっていて、広場の中央に大きく描かれていた。* そしてこの吊旗は昔どおりの大ハンガリア国が実現するまでは、決して取り外されることはないであろう、ということであった。この半旗と砂絵の地図とは写真版の額や金属の浮彫りになって、ブダペストの街の到るところに、客間でも、待合室でも、書斎でも、執務室でも、どんなところにでも掛けてあった。

＊ 第一次世界大戦の敗戦国となったハンガリーは、トランシルバニア（現・ルーマニア領）や南部スロバキアなど国土の大半を失った

人は何故……と三吉はここでもまた他の場所における と同じ質問を、しかも一層切実な気持で、心のうちに繰り返さざるを得なかった。この美しい首都に満足していることはできないのであろうか？ この首都には全国人口の約六分一が集っていると言われ、そのうち三分一はユダヤ人だともいう。だが、そのことと、いまこの国が焦りに焦りもがきにもがいている失地恢復の問題とは、必ずしも不可分の関係にあるとは思われなかった。ハンガリア農村の貧しさに比べて首都ブダペストの比類なき壮麗さが持つ不均衡の悩みは、そんなことよりもむしろ、例えば姓の最後がyかlで終っているのは貴族の出身で、貴族の出身であるが故にいまだに何事にも一種の特権を享受していられる、といったようなこの国の社会が現在なお清算しきれずに引ずって歩いている封建的なものの強い名残りなどの中にあるのではないか、と三吉は考えた。例えば、外務省を訪れるとする。玄関に自動車を乗りつけると、そこでまず諸君は髭いかめしい守衛がつとはせよって来て、いかなる大官を迎えんとするのかと訝らずにはいられない程の恭々しさで、自動車の扉を開けてくれるのに面食わされるであろう。その守衛は決してそこで諸君を見捨ててはしまいはしない。必ずエレヴェーターのところまで送って来てくれる。エレヴェーターの出口のところにも、おなじように大時代な、恭々しい守衛がいて、諸君の欲する扉のところまで、慇懃を極めた物腰で案内してくれるであろう。そして更に、部屋の中にも同じような人間が諸君を待ちうけているものと思わなければならない。僅かなものだが、これらの人々

にはそれぞれ相応のチップを与える必要のあること無論である。

三吉はその物々しさにすっかり驚ろかされてしまった。しかも、彼を迎えた外務省宣伝部長の態度は、ここに来るまでの仰々しい感じとは全く正反対に、ひどく、無雑作で、しかも親しみ深く、その室内にいた数人の女性は、若く美しくて、陽気で、極めて開放的ですらあった。ダニューブの流れを眼下に見下して、ペスト地区の繁栄さを対岸に眺め、至って閑静な丘の中腹にあるこの役所の、幾つも並んだ大きな窓からは室一杯に麗かな晩秋の陽の光が流れ込んでいる。ゆったりとした肘掛椅子にかけた三吉は、供された珈琲をすすりながら、「虐殺されかかっているハンガリア」についての熱情的な説明を、この若い役人の口から諄々と説かれるのである。

「われわれ小国人の苦悩には、あなたがた大国の人々には充分に理解して頂けないものが沢山あるのです」と彼は言う。或はそうかも知れない。だが、心の中では蛇蝎の如く忌み嫌い且つ恐れながらしかも、外見上は殆んどその属国に近いほどドイツに接近する一方、他方ではイタリアの意を迎えて、これをむしろドイツの牽制に用いようとしているこの国の政策は、その理由が何であれ、三吉には危惧と軽蔑の念なしには同感することのできないものであった。

三吉が招待しようと言ったのを、強いて自分の招待に置きかえた宣伝部長のエムベールは、その夜、中の島のレストランに、彼の室にいた華かな女秘書たちをも伴ってやって来たが、その席上で三吉は彼に、

「あなたがたは、失地を恢復して、それでいったい何をしようと仰言るのですか？　永久の争奪戦であり、解けることなき憎悪の積みあげっこじゃありませんか」と率直に言った。

「そうかも知れません」と小肥に肥った色白のこの男は答えた。「そうかも知れませんが、これはわれわれの全国民的要望なのです」。

「果たしてそうでしょうか？　お百姓の一人一人も、今日の社会状態の改善に先立って、まず失地を恢復してくれと望んでいるのでしょうか」

「そうです。そうなのです。その目的達成のためになら、われわれは皆、生命も財産もいらないのです」

三吉は言葉というものの空しさをこのときほど強く感じたことはなかった。喋っている本人は自分の言葉に引ずられて、その強烈な響きに或は陶然となっているのかも知れない。だが、ブダペストの街に見る市民生活の一切のもの

は、エムベール部長が強調するような悲壮さとは何の関係もないもののように、三吉には思われた。夜の街の、パリのそれにも比肩すべきあの絢爛たる享楽と消費の姿はどうだ。ダニューブの河岸に沿って、ずらりと軒を並べた重厚な大建築物の、その中で人々が己の欲するままに得ることのできるあらゆる贅沢、——料理、享楽、ダンス、肉欲、美服——いったいそのどれがまず「失地恢復を第一に！」と叫んでいるというのだろう？

「暴支膺懲のためには一切の艱苦を忍べ！」とあらゆる機会に大声叱呼し続ける軍人や官吏などが、夜ともなればわれ勝ちにと先を争ってまず料理屋や待合の門に殺到して、昼間の大言壮語を忘れ去って更に省みないのと、さまで違いはないのではないか。

失地恢復全国協会という半官半民の組織を訪れたときも、そこの会長タシュナディは三吉に向ってトランシルヴァニアを恢復するためには六百万全国民の血もまた決して惜まれないであろうと昂奮の余り卓を叩いて怒号した。

すべての人々は、大なり小なり、みんな少し宛気が狂っているのに違いない、と三吉は考えた。

この国にはまた、矢十字党と称する一種のナチス党があって、その党員たちはいずれも黒シャツを着、揃って物々しい顎鬚を生やし、どうしてこうまで、と感歎せざると得ないほど、下司でいかつい顔をしていた。その本部を訪れたとき、三吉はこれは無頼漢の巣だと思わず扉口に立ち止ったほどである。黒シャツや、顎髭や、下司な物腰で国民の幸福と安寧とを闘いとることはできなかろうではないか。

三吉とぴたり胸を合せて踊りながら、宣伝部長の美しい秘書は

「もう政治の話は止めにして、あすの夜は二人でオペラを見に行きましょう」と流暢なフランス語で言った。

三吉もその方が遥かに利口だと思った。

7　酒匂秀一大使

三吉が泊っていたゼラール・ホテルはブダペスト市の直営で、ダニューブ河のすぐ河縁に七層建のその堂々と重々しい姿をどっしりと据えていたが、三吉はそこで思いがけない人々と繞りあった。

それはポーランドの壊滅後、身体ひとつで生命からがらこの国を脱出して来た酒匂秀一大使をはじめ、大使館員の一行と、朝日新聞のワルシャワ特派員であった河野賢二*た

ちとであった。彼らはホテルの部屋を幾つも占拠していた。身体ひとつと口では言うものの、随分沢山の荷物を持ち出せたものだ、と各部屋部屋に堆高く積みあげてあるトランクの山を見ながら、三吉は思った。秀麗な顔をした小柄な酒匂大使は毎日朝から部屋の中でくびりくびりとコニャックを愛用していた。

＊ 河野健治と思われる。開戦時、ワシントン特派員。

「あんなに脆いたぁ、思わなかったね。お蔭で危く生命を落すところであったよ」と大使は何度も繰り返して、彼がいかにして、ルーマニアに逃げ込んだかを笑いながら話した。それから、「小国なんてものは、処詮君、平常どんな大言壮語していても、いざとなりあ全く他愛もないもんだ。演説だけ聞いて、感心していたんでは、とんと間違ってしまうよ」と言って、自嘲するようにしきりに笑った。

河野は三吉の思いがけない出現を非常に喜んで、もっと詳しい話をした。そして、三吉の社のワルシャワ特派員であった森元治郎〈注—戦後、参議院議員〉が現在ブカレストに残っていることについて、彼がポーランド脱走のドサクサにも拘らず、女のことで色々面倒を起して、結局酒匂大使などとも甚だ気まずいことになっているのだというその経緯も詳しく話した。

「森君もあれでなかなか純情家じゃからなあ」と河野は充分皮肉を利かせた口調で言った。

そのほか、参事官であった蜂谷輝雄はその鬼瓦のようにごつく、眼玉ばかりやたらと大きな顔を、退屈そうによくあちらこちらの部屋に見せていた。また一等書記官であった井上益太郎は始終下を向いて、ひとりでくすくす笑うばかりで、誰ともはかばかしい話はしなかった。ほかに書記生や雇が五、六人いた。これらの人々はホテルから徒歩でも十五分ばかりで行ける小高い丘の上にある日本公使館に毎日でかけては、そこの人々の、別段何にもしている風ではなかったが、それでも尤らしく机に坐ってだけはいる事務室を、騒々しく歩き廻ったり、買物や見物に彼らを引ぱり出したりしていた。そして公使の井上孝治郎も書記官の出納某も一向親切でないと、何かにつけて蔭口ばかり叩いていた。

そのうちに酒匂大使は出発の準備ができたので、自分だけひとり先に、書記生をひとりつれて、ナポリから乗船して帰朝するために夜のブダペスト駅から発って行ったが、ひとりでは危くてステップにも立っていられないほど酔っていて、子供のようにかわいく手を振り振り闇の中に消えて行った。

久しぶりに同業者に巡り会ったので、三吉は自由なる言葉で勝手な議論の吐けるのが何とも愉快であった。河野も陸軍の軍人とばかり遊んでいた東京時代とはだいぶん違って来ているようであった。

「少しは野蛮でなくなったね、どうかな、相変らずコップを食っちまうかな?」。酔って気に食わぬことがあると、ガリガリッと硝子のコップを噛み割る奇癖を持っているこの柔剣道ともに三段という猛烈な男に、三吉は昔から好感を覚えていた。

「近頃、久しく食わんな」と河野は笑った。「ずっと前、ロンドンで、ある兵隊野郎が横風なことをぬかして癪に障ったから、ちょっとやってみせたら、驚いて黙っちまったな。面白かったよ」。

三吉の旅は先を急いでいた。いかに気に入ったからと言って、この町でいつまでも遊んでいるわけには行かなかった。近くローマに落着くつもりだという河野と再会を約して、三吉は飛行機でルーマニアの首都ブカレストへ飛んだ。

飛行機は三千メートル近くの高度で悠々と雲の上を辷っている。溶け込みたくなるように澄明な青い色と、銀色に輝く乳白色と、世界はこのただ二色に染め分けられて、どこまでもそのまま続いていた。雲の上に、その表面の凸凹に従って、近くなったり遠くなったり、急に黒々と濃くなったり消えてしまいそうにぼやけたりしながら、ぽんと一つ、飛行機の影がどこまでも辷り続けていた。

ハンガリア・ルーマニア宿怨の地トランシルヴァニアの上空も飛んだ筈であったし、峨々たるカルパト山脈の支脈も超えた筈であったが、地上のことは一切判らず、三吉は何時間もの間、ひたすら天上の人となりきっていた。そして、突如として客席が暗くなり、ぐんぐん海の底にでも引き込まれるように、行けども行けども尽きることのない厚い雲の層を斜につき破って降下して行き、このまま地中にのめり込んでしまうつもりだろうかと、多少不安な気持さえして来たとき、ぽかりと眼前に展けた下界は白皚々、飛行機の腹すれすれに吹っ飛ぶ林の木々は霏々たる雪にしっとりと白綿の衣を纏いつつあった。

飛行場はすぐ目の前にあった。

8　森元治郎

会えると思っていた森は飛行場には来ていなかった。

王宮のすぐ前の広場の一角を占めているホテル・アテネ・パラスに着いてからも、心待ちにしたが、森は来なかった。次の日は拭ったように麗かに晴れ上って、濡れていた街路も見る見る白く乾いて行った。

何だか、ちぐはぐな、とりとめのない街である。街の西端れに近い大通りには、パリの凱旋門を似せた門がコンクリートの安っぽさと、年代のつかない生々しい粗雑さとで立っていた。大通りそのものもシャンゼリーゼを真似たつもりか、急にそこだけ広い並木になっていた。この町には河がない。河のない町は風情において致命的に欠けるものがある。しめくくりがつかないのだ。

すべてが安での感じの町であった。

森元治郎　（共同通信社提供）

情報局の入口には、小牛ほどもある大きな赤犬が出入りの人々をひとりひとり点検するような眼つきで寝そべっていた。明るい大きな硝子窓を背にして、大きな事務机に坐った四十年輩の、まだ色香の艶々しく残っている美しい女官吏は、局長の手がすくまでの間、三吉の対手をして、癖のない流暢なフランス語で人を外らさぬ巧みな会話をすすめて行った。赤く塗った唇の間からちらちら見える白い歯並びの奥に、小気味よく動く小さな舌が甘ったれた表情をこの女に与えていた。

マダム・ルペスコと称する、カロル国王の有名な愛妾もおおかたこんな感じの女なのであろうか、などと考えたりして、三吉は暫し対手に話術の快さに魅せられていた。

宿に帰ってみたが、森からはまだ何の音沙汰もなかった。電報が未着だったわけでもあるまい。とすれば河野が教えてくれたアドレスが違っていたのかも知れない。

森が三吉のところに現われたのは、そのまた次の日の朝、三吉が公使館に行って森の宿所と電話を確かめて来て、これから訪ねて行ってみようか、と思っていた矢先であった。ワルシャワ生活一年半の森は東京にいたときとは別人のように隆とした青年になっていた。白いマフラーを黒ビロード襟の外套からのぞかせ、白皮の手袋をはめていた。

「電報着かなかったかね？」

「いそがしかったもんだから、失敬したよ」

三吉はそれ以上追求しなかった。二人は一緒に食事をした。森は三吉が注文した蛙のフライを最初は気味悪がって食べなかったが、パリの一流レストランでは競ってスペシアリテの中にこの献立を加えるのだと聞くと、恐る恐る口に入れてみたりした。

森は酒匂大使や河野などとはまた違った道筋のポーランド脱出の話をした。そして彼の恋人を同伴して脱出するために、どんなに騎士的な冒険をしなければならなかったかを話した。前者の話がほんとうなのか、森の話が真実なのか、三吉には別段興味のある話でもなかったので、ただ黙って聞いていた。それよりもポーランドのベック外相が目下ルーマニア政府の手で抑留されている、ということにひどく興味を覚えた。

では、ルーマニアはもはや英・仏陣営の国ではなくなったのであろうか。

この国もギリシアやユーゴと同じに、この年の四月に英・仏からの一方的安全保障をうけた国である。そして、これまでのところではバルカン諸国中でも最も鮮明に英・仏色を示している国だとされていた。従って、ポーランドの外相が逃げ込んで来たならば、抑留どころか、大いに歓待して然るべきであった。

「何が何だ判りあしないよ、こんな小国のやることはいんちきだらけでね……」

森はつい先頃発生した政府顛覆の暗殺陰謀事件の話もした。鉄衛団という親独系の有力な地下団体があって、これが近頃とみに暴れ出しているのだと言う。

「ロシアも恐いし、独・伊も恐いし、英・仏とは腐れ縁があるし、ブルガリアとハンガリアからは始終狙われているし、この国も八方塞がりで、ポーランドによく似ているよ」

森はそんな風に言った。

それから彼は森林公園のすぐ近くの、彼の下宿に三吉を伴れて行った。

そこには例の女がいた。瘦せて、狐のように蕀々《とげ》しい顔立ちをした、陰気な娘のように三吉には見えた。彼女はいやいやながらというふうに細い手を差しのべただけで、それを握り返そうともしなかった。亜麻色の髪毛は乱れて頚にまつわり、午後も既に傾いているというのにパジャマの上に室内ガウンを羽織っていた。病身なのか、だらしがないのか。フランス語は可成り上手に話した。

森は三吉を置き放しにして、彼女と暫く別室に退いていたが、やがて出て来るとすぐ、どこかへ電話をかけて、へたな英語で

「何か変わった頃はないか？　政府の動きはどうだ？

鉄衛団の蠢動もその後発展は示していないか」というようなことを、仔細らしく訊ねていた。

「そう、ありがとう。じゃまた夜」

受話器をかけると、森は何故だか三吉を見てその平べたい真黒な顔でにっこり笑った。三吉は苦笑した。いつまで経って、芝居気のある勿体ぶりをやめない男だ。

9 黒海を南下

黒海に臨んだコンスタンツァの港から、エジプトのアレキサンドリアに通う豪華なルーマニア客船、トランシルヴァニア号で黒海を南下して、三吉はトルコへ向かった。

次の日の朝、三吉が自分の部屋で、ボーイが運んで来た食前の珈琲を飲んでいる頃、船はちょうどボスフォール〈注―ボスフォラス〉海峡の入口にさしかかった。

船の行くてに向って、右が欧州大陸、左は既にアジア大陸、幅にしてわずか七、八百メートルもあろうか。狭いところは三、四百メートルしかないこの細長い水路一條を距てて欧・亜の両大陸が向い合っていた。禿げちょろけた、起伏のゆるやかな丘陵が暫く続いた。木もなければ、民家もない。

しかし、この荒涼たる景色は間もなく変化に富んだ人懐っこい風景に変って行った。遠近《をちこち》に、剣のように光る回教寺院の尖塔《ミナレ》が朝の太陽をうけてまぶしく輝くところには、その下に必ず大小の部落があり、木立があった。そして人がいて、牛や羊もいた。水際にも民家が連って並ぶようになった。民家の多くは二階の方が一階よりも一周り大きく張り出した、トルコ独特の木造家屋で、屋根には紅葉した蔓などをからませている家が多かった。ところどころに、壊れ朽ちた土だか煉瓦だかの城壁の残骸みたいなものにもぼうぼうと草が蒸し生えて、打ちすてられてあった。

この海峡が、これに続くダーダネル海峡とともに、何百年来、ロシアとトルコの果しなき紛争と戦いの原因をなして来た宿命の水路なのである。現に今度の戦争が勃発してからも、ロシアとトルコとの間には、この水路の利用問題を続って、何らかの秘密な交渉が続けられていたのだという。

船が停った。岸の民家の密集した間から、真赤な地に半月と星とを白く染めぬいた旗をはためかせた一隻のモーター・ボートが波を蹴って近づいて来た。背の高い、眉と髭の揃って濃い、目の鋭い男たちが五、六人タラップを上って来る。水色がかった灰色の服を着て赤いテープを巻いた帽子を冠り、腰にピストルを帯びたトルコ官憲は、食堂に陣取って、むっつりと、不機嫌そうに旅客一人一人呼んで、旅券に添えられた入国申告書とともに厳重な首実験をした。それは三吉がいままで経験したいずれの国の入国よりも遥かに厳重を極めたものであった。

一廻り、大きく舳を廻すと、丘の瘤の蔭から突如として堂々たる大都市が目も眩むばかりの輝かしい絢爛さで現れて来た。

三吉は思わず大きく息をして、その景観に見惚れた。これがイスタンブールである。*

＊ 大屋の『トルコ政治風土記』（一九四二年）によると、大屋はバルカン各国には四、五日ずつ滞在し、イスタンブールに到着したのは十一月十日朝。

それは白かった。それは金色でもあった。それは重厚であった。水際からずっと丘の高みにかけて、丘陵の全面を蔽ってなお足りずに、海峡の右側から左側にかけて、遥かに拡がった美しい街であった。赤い色もあった。そして船の正面には滑かな水天一色のマルマラ海が展けて、その入口を守るかに、三、四の浮島がぽかりと青くたたずんでいた。何杯かの船が淡い煙を引きながら、来るのか進むのか停っているのか、その水天《すいてん》髣髴《ほうふつ》の間に浮んでいた。沢山の船が丘を埋めた建物の裾のところに蝟集していた。

五本だか七本だか、巨大な槍のようにきらめく尖塔をめぐらした回教大寺院の大ドームが青錆びたまま、それはそれなりにくすんだ光を宙天に放って、どっしりと丘の真中に、こみ合った屋根々々を圧して据っていた。

しかし、街の中の感じは、こうした外観の絢爛さとは全く反対に、狭くて、ごみごみしく、古めかしい上に騒々しかった。自動車はときどき、後ざまに辷り落ちはしまいかと危まれるほど急な坂を、ガソリンの青煙とともに、猛烈な爆烈音を立てて登らねばならなかった。臼ほどもあろうかと思われる大きな足をした逞しい馬はでこぼこの割栗石の上に耳も聾せんばかりの音を立てつつ車を挽いて通る。左右の軒にぶつかりそうになりながら通りの真中を電車が通ると人々はあわてて逃げ惑った。そして歩道の上で人を追いぬこうとする人は必ず車道にこぼれ落ちねばならなかった。

10 トルコの真の恐怖

三吉が泊ったパルク・ホテルはボスフォール海峡に面し

て、切り立った崖の上に立っていた。正面から見ると三階建のこのホテルは地下にも更に三階の客室があって、地下の三階は崖を削ってそこに嵌め込んであったので、客室は至って明るかった。殊に最下層の階には客室の前面に、余り広くはなかったが花壇があって、バルコニーからすぐそこに出られるようになっていた。三吉はこの最下層の階にサロンつきの部屋をとった。

外から見れば白亜の堂々としたこの建物も内部の室はどちらかと言えば甚しく安でなものであった。しかし、バルコニーに出て、一眸のうちにボスフォール海峡と、マルマラ海と、対岸のアジア大陸とを見はるかすことのできる景観の美は部屋の調度の安っぽさを補って余りあるものであった。三吉が立っているすぐ目の下には、恰も土塀に生えた茸のように、崖にへばりついて、だんだら下りに、民家の屋根がずっと水際まで連っていた。

花壇には何やら赤味をおびた金色に光るけばけばしい花がいまを盛りと咲き乱れていた。

露台用の青ペンキを塗った椅子にかけて、ものぐさそうに両足を机の上に投げ出し、ぼんやりと辺りの景色を眺めながら、三吉は武富大使〈注─武富敏彦〉から聞いた話を反芻していた。

日本大使館は、ホテルのすぐ隣りに連なる広大なドイツ総領事館のコンクリート建から三軒距てて、同じく海峡に臨んだ側にある木造三階建の古めかしい家であった。いつもは番人の書記生がいるだけで、大使たちはアンカラの方に住んでいたが、夏のシーズンにはアンカラ外交団が全部イスタンブールに避暑して来るほか、そうでなくても、大使はときどきこの旧首都に来る必要があったので、ここの大使館もいつもきちんと整えられていた。

三吉が着いたときも武富大使は家族と一緒に数日来ここに来ていたのであった。

上向きに眼尻の切れ上がった、大きな目をした、どこかに蒙古人を思わせるいかつい顔をしたこの大使は、しかし、三吉がこれまでに接したどの外交官よりも叮嚀で、気さくで、話ずきのようであった。彼は自分が知っているだけのことを恰も口述でもするときのように、流暢に、そして楽しそうに三吉に話した。

トルコははじめソヴィエトとの間に何事か秘密な交渉を進めていたのだという。大使の想像ではそれは多分友好中立条約か、不可侵条約かであったろうとのことだった。多分相互援助条約までは行っていなかったようだ、と大使は言う。

一方、トルコと英・仏との間には、これと併行して、相互援助条約の話が進められていたが、ソ連との話も順調に行って、九月の終りには外相サラジョグルー氏が自ら調印のためモスクワに乗り込んだ。しかし話は土壇場で不調に終った。それは、海峡管理の問題について、ソ連が新たに何らかの条件を持ち出したためらしいと大使は言う。そして結局トルコはソ連との関係調整の方は諦めて、英・仏との間に相互援助条約を結ぶこととなったのである。

英・仏の肚がどこにあったにもせよ、トルコの真の恐怖がドイツではなしにむしろソ連にあることは、大使の説明を待つまでもなく三吉にもおよそ呑み込めた。また、トルコがイタリアに対して如何に強い嫌悪と猜疑の念を抱いているかは、この国に来てみてはじめてはっきりと知ることができた。

五本の指を拡げたように、丘と谷とが交互に入り組んでいるこの街では、谷を隔ててつい目と鼻の間に見えるところに行くにも、ひどく大廻りをして行かねばならぬことがある。陸軍武官と海軍武官が隣り同志のような近さで住んでいるマチカの通りに行くのもやはりそうであった。海岸通りから行っても、五本の指の一本で背を伝って行っても、ぐるりと廻って行かねばならぬ彼らの住いは三吉の宿から見ると、谷の真正面に近々と見えていた。

すべてが嫌になってしまったというように、何でも投げやりな調子で物を言う海軍武官の石川信大佐は、「トルコなんかは五等国ですよ、問題にも何にもなりはしない」と言うだけで、海峡問題などにしても、三吉が何を訊ねてもまともな返事はしようともしなかった。その代り、自宅に人を招いて、日本から従者代りにつれて来た甥に当る通俣という青年が手料理した日本食と洋食の合の子で、一緒に飲んだり食ったりすることには相当熱心であった。そして彼の機嫌のいいときはトルコの地位が三等国か四等国まで上昇したが、不機嫌なときは十等国や十五等国にまで転落するのであった。

「きょうは何等国かな」というと、石川大佐は自分でも苦笑して、「きょうはまあ、七、八等国というところかな」と答えた。

おっとせいのように肥大していて、ラトビアやポーランドにもいたことのある陸軍武官の立石宝亮中佐はロシア語が得意であった。彼はここでも白系露人の運転手兼従者を使い、女中もまたそうであった。そして彼は熱心に何事かを研究していた。議論も好きであった。

大使の説を彼は、「あれはまた聞きだよ」と頭から問題にしていなかった。「あの人は作文は上手なようだが、勉強はしちゃいない」。

そしてこの陸軍武官はトルコ軍の質と装備について詳しい研究を三吉に説明した。また英・仏との援助条約締結に際して、英・仏側からトルコに約束された秘密の代償——武器の供与や領土の割譲などについても、彼は相当詳しい情報を持っているようであった。

11　トルコの新聞社

こうした、駆け足のバルカン諸国一巡は終った。三吉は今後、事件のままに諸国を自由にうろついて、いわば遊軍的な仕事をするローミング・コレスポンデントになるわけである。この役割りは大いに三吉の気に入ったが、考えてみれば、この仕事はまた三吉には些か荷の勝ったものにも思われた。

駆け足で廻っただけでも、東南欧諸国の事情が糸の如くに乱れ錯綜していることははっきり判った。その中から一つの筋道を引き出して、正しくその糸を手繰って行くことは決して容易なことではない。

ソ連とフィンランドとが遂に武力衝突を始めた事件にしても、これを地球の北の果てのこととして、対岸の火災視していることは、ほんとうは許されないことなのである。なぜなら、ソ連の国境はトルコとも、ルーマニアとも、ハンガリアとも直接、接していたほか、黒海を距ててではあったが、ブルガリアとも密接な関係に立っていたからであり、トルコに対してはかねて、カルス・アルダハン地方の返還と海峡管理問題の解決とを迫っていたし、ルーマニアに対してソ連がベッサラビアの失地恢復を要求しつつあったことは、既に数年来、東南欧政局の癌にすらなっていったのであるから、これらの諸懸案がいついかなる機会に突如として表面化しないとは何人にも保障のできないところであった。*

＊　ベッサラビアは第一次世界大戦まではロシア領に属していた。ベルサイユ会議で、ベッサラビアはトランシルバニア、ドブルジャ（黒海に面し、現在は北部がルーマニア領、南部がブルガリア領）とともにルーマニアのものとなった。一九三九年八月にドイツとソ連の間で結ばれた不可侵条約の秘密議定書では、ベッサラビアをソ連の勢力範囲とすることが定められた。ベルサイユ体制によって、ルーマニアは一躍バルカン第一の雄となったが、第二次世界大戦の勃発以来、北、西、南の三面で失地回復を叫ぶ仇敵に囲まれ

ていた。北はベッサラビア（現・モルドバ共和国、ウクライナ領）を要求するソ連、西にはトランシルバニア返還を迫るハンガリー、南にはドブロジャを求めるブルガリアがいた。

アンカラに帰る武富大使と一緒に、夫人や令嬢などと同乗して、半分造りかけて止めにしたような、建物もまだ立ち揃わぬ一本道以外には汚ならしい土造りの民家の集団だけしかない、索漠としたこの新しい首都を訪れて、型の如く外務省や宣伝局の役人たちに会って来た三吉は、再びイスタンブールに帰って来ると、さて、本拠をどこに置いたものかと考えた。住むにはブダペストがいい。問題はブカレストに多そうだが、ここには森がいる。結局イスタンブールにいて、ここから随時各国の出かけて行くのが一番よさそうに思われた。立石武官も是非そうしろと勧めた。

そのうちに友達ができ、情婦ができて、ぐずぐずと結局そういうことになってしまった。立石武官が主張するように、東南欧に対するソヴェトの動きを観測するには、ここが一番いいところであることも呑み込めて来た。

三吉が最初に親しくなったのは、ドガン・ナディというトルコの青年であった。彼の父ユニュス・ナディはケマル・アタチュルク〈注―共和国初代大統領〉の老友で、前大戦の直後、トルコが英・仏・希・伊の連合軍に占領されたとき、捉われて流刑に処せられていたが、ケマルの独立革命成功とともに政界に返り咲いて、いまでも国会の幹部のひとりであるとともに、イスタンブールで「ジュムリエット」（共和国）というトルコ一の発行部数を有する新聞を経営していた。

老いたる牡牛という感じのする大きな男であった。豪奢な書斎で、彼は傲然と葉巻をくわえたまま三吉を迎えた。顎の下に、もひとつ別の顎があるかと思われるほど、大きな皮のたるみがだぶついている。目はどこを見ているか判らない。殆んど口をきかない。ただ、ふむ、とか、うむ、とか、対手の話のあいだあいだに大儀そうな返事をするだけであった。この男が、数年前、あらゆる高官や議会人の反対を強引に押きって、アタチュルクと二人だけで、トランク一つを提げて、自ら軍隊の先頭に立ち、ハタイ地方*奪還のため、フランスと一戦せんと暗夜ひそかに自動車をとばして出かけて行ったほどの情熱漢であったろうとは、見ただけでは容易に信ずることはできなかった。このときは、狼狽して追って来た人々のため、ケマルも彼も二人とも、無理無理引き戻されたのであるという。

＊　トルコ南部、シリアとの国境地帯。第一次大戦後フランスの委任統治下に置かれたが、一九三九年のフランスによる国民投票でトルコへの割譲が決まった。

息子のドガンは父の卓子の前にある酒壜からしきりに酒を注ぎ、三吉にもすすめ、自分も飲んで、殆んどひとりで喋った。彼は父を愛し、父を自慢に思い、父を尊敬していたが、その反面、彼は父を「古い」と言って多少軽蔑していた。

「僕の父はいまでもトルコは何でも独力でやれるのだと信じきっている。莫迦な老人だ」と彼は言っていた。

外観だけから言えば、父ユニュスの特徴を承け継いでいるのは兄のナディール・ナディであった。彼は既に結婚していて、子供もひとりあったし、ドイツで学校を終って、現在では父に代って新聞の経営に当っていた。それだけに彼は落着いていて、この点、スイスで教育をうけ、まだ独身で、ジュムリエットのフランス語版「ラ・レピュブリック」の編輯長とは言うものの、編輯室にいるよりも街中を面白おかしく飛び廻る方をどちらかと言えばより多く好む陽気な性格の弟ドガンとは対蹠的な存在であった。しかし、性格の烈しさから言えば、思想の流れは異っていたけれども、ユニュスの熱血的な血は弟のドガンの方により多く流れていた。

痩せ型で、三吉よりは二つ三つ若いと思われるのに頭髪には早くも目立つほどの白髪がまじり、大きな口を開いて、美しい歯並びを仰向けに快く大笑いするドガンの様子は、熱すれば直ちにつっ走る大胆さと無鉄砲に充ちていた。彼の下す些か独断的な国際情勢に対する判断にも、直感が持つ鋭さが閃いていた。

彼の編輯室を屢々訪れ、彼と殆んど毎日のように一緒に食ったり、飲んだりしているうちに、三吉はこの国際都市に蝟集するあらゆる国々の特派員や通信員たちと次々に知己になったのであった。

12　踊り子アニータ

十二月の終り頃、強い北風が黒海の方から吹きつけて来て、ボスフォール海峡やイスタンブールの丘々を霏々たる牡丹雪で押し包んでいたある日、ローマから嬉野がやって来た。彼はナポリから乗船して、ずっと海路で、直接ここにやって来たのだと言った。

「驚いたよ、あんたがあんまり早くバルカン通になっちまったんでね……」

三吉はこの男が皮肉を言わないことは永い交際で知ってはいたが、何となくてれて、苦笑した。ローマの下條*のところで、三吉が東京への打電や直送の郵送原稿とは別に、参考のため、ローマやベルリンやパリや、ロンドンにも送っていた情勢報告書の写しを、彼は見せて貰ったのだという。

＊　下條雄三。電通上海支局長、同盟通信上海支社次長を経てローマ支局長。

「面白そうなんで、来て見たくなっててね、そこへ、チューリッヒにいるうちの社の喜多村君というのがやって来たから、少し代って貰って出かけて来たのさ」

彼は、小国というものは多くは自分で描いた幻影に怯えて段々戦争に近付いて行くものらしいが、その幻影は彼らにとっては避けることのできないくらい歴史と現実の混合物から発生するもののようだ、という三吉の議論を、面白がって聞いた。だが、それこそ幻影ではなくて、むしろそれが現実そのものなのだ、と彼は主張した。そして、数日ののち、彼は飄然とブルガリアへ向かって発って行った。

その頃三吉はひとりのルーマニア娘と親しくしていた。その娘はイスタンブールの最も繁華なペラ通りにあるトルコ劇場に、アトラクションに出ていた。

電車が通ると、何も彼も押しのけられるほど狭苦しいこの繁華街は、両側に立ち並ぶ五階建、六階建の古めかしい高層建築物の間に、息づまるような深い谷間を形造っていた。早朝から真夜中まで、人の波は絶えなかった。殊に夕食時から夜の九時十時にかけては通りは人と電車と自動車に埋ってしまって、すべてのものが、少しずつ、徐行するほかはなかった。アニータの出演しているトルコ劇場はこの通りにあった。古代トルコの野蛮でしかもけばけばしい服装をした楽人たちがずらりと舞台の正面に並んで、現代トルコでは第一人者といわれる何とか言う難しい名の、美しい顔をしているわりには、身体が図抜けて大きなせいか、いかつい感じのする有名な女歌手が、これもけばけばしい古代トルコ婦人の服装で現れて、哀調腸を抉るような美声でトルコ歌を唄い且つ舞ったそのあとで、アニータは他の十何人かの異国娘——各国からの渡り芸人たち——と組んで、真白な羽根のような服装で、しなやかな脚を太腿から全部丸出しにはねちらしながらバレーに似た踊りをいくつか踊った。

観客たちは舞台の正面土間にある広い板の間——ここは舞台がはねたのち、直ちに変じて踊り場となるためにリザーヴしてあった――だけを除いて、その周囲にぎっしりと各自の座席を占め、てんでに、この国独特の強烈な酒ラクーや、トルコ珈琲や、その他の飲食物を注文して、これを飲んだり食ったりしながら、雑然と舞台を見ていた。

三吉を最初にここに連れて来たのはドガンであった。彼と三吉とは一段高くなった特別席に、緑絹の笠のついた小さなスタンドのある卓子を据えて、酒を呑みながら舞台を見たり、雑談をしたりしていた。ドガンは、舞台の歌姫に聞き惚れて、陶然となりを静めている室一杯の聴衆を嘲って

「あいつらは、私は愛する、私は愛するという全く無意味な言葉を百遍千遍繰り返すほかに何のニュアンスもないあの歌を、何度でも飽きずに聞いている、土百姓たちばかりだ」と吐き出すように言った。三吉はトルコ語が判らないからどうにか辛抱できるのだというのがドガンの主張であった。「メロディだって、近代社会への飛躍ができるような代物ではない、トルコ人がああした文句やメロディに溺れている限りは、この国には飛躍はないのだ」と彼は性急に結論したがった。しかし、三吉には珍しいせいか、それほど腹立しくも思われなかった。

劇場がはねると、多くの人々はそのまま帰って行った。そしてこの混雑が間もなく静まると、中央の板張りの一角に五、六人の楽士が陣取って、そのままそこがダンス場になった。ややまばらになった客席から、男女がばらばらと立って踊った。街の女も何人か来ていた。先刻舞台で踊った女たちも服を着がえて、客席の一隅に坐っていた。

三吉がアニータを踊り対手に自分の席に呼んだとき、ドガンは苦笑して、「あの女はあれたちの中でも踊りは一番下手くそだ」と言った。

「君は芸術の美よりも現実の美を愛する卑俗な男ぞ！」

ドガンはそう言って、大きな口を開いて傍若無人に笑った。

「当面の僕には芸術上の美はさして用がない」。三吉はアニータを擁して、板の間の方に降りて行きながらドガンにせりふを投げ返した。アニータはドガンと三吉との言葉のやりとりの真の意味は判らなかったらしかったが、何となく自尊心を傷つけられたらしく、むっとして、嫌々踊っていた。

「君が目下最も必要としているものは」とドガンは三吉が帰って来ると、アニータの存在などは眼中にないというように言った。「この女の、あのぶざまなあげかたをした、白くてすらりとした脚なんだろう?」。

アニータはついと立って、どこかに行ってしまったきり、

その夜は遂に彼らの席には戻って来なかった。

13　アニータの告白

黒っぽい服を着た大男の巡査が街の到るところに立っていた。この国で自慢できるもののひとつはその完備した警察組織だと、これはケマルの施政十何年間かにわたる間断なき封建派の陰謀との闘いが置いて行った土産のひとつだそうであるが、トルコ人は誇らしげにそう言うのであった。

この土地にやって来てまだ二ヶ月にしかならないアニータも、まだ一月にも達しない三吉も、こうした巡査の氾濫するこの街で、いったいどうしたらいいのか、とんと事情の通じていなかった。一流のホテル——と言っても三つしかなかったが——そこでは帳場が厳格でありすぎた。二流以下のホテルには三吉は不潔でとても行けなかった。

何日か劇場に通っている間に、アニータの方でもそうなってもいいという気持を露骨に示すところまで来ていながら、彼らの間はなお数日の間、そうした事情からそのままになっていた。そして、ある夜、アニータが自分の下宿に来るようにと言い出したときも、そこには彼女の母が同居しているということのほかに、どうせひどい家にいるのだからという予感が、三吉を躊躇させた。

アニータ母子の借りている家は果して坂の中途のじめじめした小路の奥にある、傾きかけた木造家屋の三階にあった。広くもない室の中央に大きなストーブが燃えていて、室の中はむっとする湿気と、異様な、何も彼も一緒につきまぜたような、化粧とも衣服とも或は古い家具のものともつかぬ変な臭いに満ちていた。

どう見ても女中としか見えぬ、いかにも百姓女然とした小女がそこにぽつんと坐っていた。それがアニータの母親であった。彼女は入って来た三吉の方をチラチラと怯えたような目で横に見ながら、小声で娘と何やら話していたが、やをら大儀そうに立って室から出て行った。

アニータは自分の外套を脱いで、三吉の外套と一緒に壁に吊るしてから、無智な女の大仰さで、三吉に抱きついて、長い接吻をした。

「お母さんはどうしんだ?」ときいても、彼女はその度に白々と笑って、ただ、「いいの」というだけであった。母親はその夜、遂に帰っては来なかった。

その後三吉は一日か二日おきに、主として午後、アニータの出勤前にこの室を訪れて、二、三時間をすごすようになった。フランス語を一語も解さないアニータの母親はその度に娘からいくばくかの小遣を貰って、娘のお下がりらしい毛のぬけた毛皮の襟巻をして、寒々と背中を丸めながら外出して行った。

「おっかさんは映画が好きだから、一日中でも倦きずに見てるのでしょう」とアニータはそう気の毒がるような風でもなかった。

そうかと思うと、彼女はよく眼に涙をためて気の毒な母親のことを話した。アニータのフランス語は辛うじて意志を通じ得る程度のものだったので、少しこみ入った複雑な事情や感情は言い現せなかったが、それでも三吉に援けられながら折にふれて彼女が話したところを綜合すると、彼女の父と兄とは何かの騒動のと暴徒の側にいたのか、その反対党に属していたのか、ともかく何度か繰り返されたブカレストの市街戦で二人とも殺されてしまったものらしい。そして、病弱な母と当時まだ十六にしかならなかった彼女とが、殆んど一文の蓄えもない有様がそこに取り残されたのだという。

母は度々女中に出てみたが、病弱なため、どこでも長続きせずに、結局アニータが夜の享楽場に出て母娘二人の糊口を支えねばならないことになった、それがいまから二年前、アニータが十七歳の春であった。

間もなくアニータの母は大病をした。金が要る。アニータは問わず語りにその時の話をしてさめざめと泣くのであった。そして

「許してね」と突然身も心もあらぬげに彼の胸に顔を埋めて、三吉を狼狽させた。

「だって、どんなにしたって、お給金だけではお母さんの入院費は出せないんですもの、妾、はじめは必ず返すつもりで借りたんですけど、三度目のとき、そのお爺さんは、僕だって無尽蔵に金を持っているわけではないのだから、と言ったんです。妾、悲しかったけど、仕方ないと思ったわ」

三吉はひどくちぐはぐな気持で彼女の涙の告白、強いられも求められもせぬ告白を聞いていた。三吉は別段彼女が純潔な乙女だろうとも予期していなかったし、そうであることを望んでもいなかった。従って、そうでなかったからと言って、許したり、許さなかったり、彼女との関係をこれ以上の何ものかにせりあげて行く気は毛頭なかった。

「だけど、そのときが、ただいっぺんだけよ。これは母と神とにかけて誓うわ。その後は、妾、あんたを愛するまで、誓って純粋だったし、私の生涯で、もし男を愛したことがあるとすれば、それはあんたが、ほんとうに最初なの」

アニータがそれを強調すればするほど、三吉は困惑した。

事実が果して彼女の言うとおりであったろうと、なかったろうと、三吉にはどうでもよかった。或は事実かも知れない。彼女の何とも貧しい日常の生活を見れば多分そうだろうとも思われる。彼女がもしその気になれば、も少しはましまし生活もできたであろう。

だが、彼女がそのことを、そんなにまで強調し、それを三吉に信じこませなければならない理由は、少くとも三吉の気持に関する限り全然なかった。もし何らかの理由がそこにあったとしれば、それは全く一方的に、彼女の心境の中にのみそんなものがあったのであろう。そしてそれは三吉にとってはむしろ甚しく迷惑な、厄介なことであった。

彼女は一度として金を要求したことはなかった。しかし、三吉が与えるものは、受けとるのか、受けとらないのか、いつまでも彼女の小机の上に投げ出してあったが、いつの間にかどこかに納められていた。

14　第二回目のバルカン巡りへ

勝手に自分だけで先走りしているといったような、三吉の気持とは全然ちぐはぐなアニータの様子が、三吉には少々煩く感じられはじめた。彼女は殆んど毎日のように三吉の宿舎に電話をかけて来た。そして、朝であろうが午後であろうが、三吉が電話口に出さえすればすぐに不平をならしはじめた。一刻も自分のところへ早くやって来て欲しいと、いつまでも同じことを、へたなフランス語で繰り返す。三吉にも彼女との情事のほかに、しなければならない仕事があり、行かなければならないところがあり、会っておきたい人があり、その他様々な用事があるというようなことは、処詮彼女の耳に入りそうもなかった。自分は淋しいのだ、切ないのだ、会いたいのだ、というような、彼女だけの都合の速射砲が果しなく電話の中で鳴りつづけた。

会っていても、少くとも三吉には、その時間の大部分が極めて退屈なものであった。ときとしては、彼女が示す大袈裟な愛の仕草がむしろ厭わしいとすら思われることも度重なりはじめていた。三吉は彼女が単にフランス語をうまく話せないというだけでなしに、片言のフランス語ですら充分には駆使できないほど、実はデリカシーのたりない心の持主なのだということを発見するのに、そう多くの時間は必要としなかった。心と共に脳味噌もいくらか不足しているようにも思われた。

仏印のハノイにいたとき、彼の地で相知ったかの安南娘のコーナムですら、フランス語はアニータよりももっともっとできなかったが、その不自由なフランス語で三吉の心に充分ふれて来たではなかったか。

自分——というものよりほかのものは考えてみることもできない心、その生硬な心は三吉を息づまらせ、煩がらせた。

要するにアニータは三吉にとって、処詮生理的要求を満足させるための、単なる肉体的対象以外のものではあり得ない。にも拘らず、対手がそれ以上であることを要求し、或はそうであるかの如く勝手にきめているとき、三吉の心は何の未練もなしにその対象からさっさと去って行くのであった。

この女の場合、三吉はのちには怒りに近いものすら感じるようになった。三吉によれば、一組の男女が恋或はそれに近い気持を持ち合うようになるには、そこに何らかの共通なもの、少くともお互の心が互に通い合うための何らかの通路がなければならないのであった。アニータと三吉との間にはそんなものは一つもない、と三吉は考えていた。にも拘らず、アニータはそれが恰も彼女の当然の権利ででもあるかのように、三吉が毎日何時間かを彼女のうす汚い下宿の一室で、退屈しきって過すことを肯じないといっては歎き、彼がときどきペラ通りにずらりと並んだカバレーに行って、そこの女たちと楽しく踊ったと言っては泣きするのであった。

いったい何の権利があって？

そんな理屈を言っても、この女には通じないのだ。

三吉は近くいま一度、今度は少しゆっくりと、第二回目のバルカン巡りを開始しようと思っていたところなので、この女から去るという意味も含めて、急にその準備を急ぎはじめた。

その頃、バルカンの政界で漠然といわれていたトルコを中心とする東南欧諸国と、西アジア諸国の二個の中立ブロック結成の噂さがそろそろ本格的な外交上の動きになって現れる気配も見えて来つつあった。一方ではトルコにイラク、イランの西亜二国を加えたいわゆるサアダバッド条約*の再確認が云々されはじめると同時に、他方では二月の初めからベルグラードで開かれる予定になっていたトルコ、ギリシア、ルーマニア、ユーゴスラヴィアのバルカン協商四ヶ国外相会議に、この協商がその結成当時の直接な団結対象として、従来とかく敵国視して来たハンガリアとブルガリアの両国をも是非とも招待してはどうか、という提案を、トルコが極秘裡にしているというのはどうも事実のようであった。トルコはこうして、バルカン協商の性格を一変させて、東南欧六ヶ国の中立維持のためのブロックを結成し、これをもって、ソヴェト、ドイツ、イタリアからの危険に備える一方、西アジアでも自己の安全度を高めるための小国団結を実現しようとして、しきりに暗躍しているようであった。

＊ 一九三七年七月八日、トルコ、イラン、イラク、アフガニスタンの四ヶ国がテヘランで調印した、相互不可侵、内政不干渉条約。

トルコのこうした動きを外部から見るのもまた必要であろう。

雪のはげしく降り積んだ日、三吉はパリ行きの国際列車でイスタンブールを出発した。

だが、アニータとの縁はこれで断たれてしまうというわけには行かなかった。彼女は三吉が立ち廻る先々の公使館気付で必ず、長々しくそしてばかばかしい手紙を何本も、一本の返事とて得られないにも拘らず、懲りずに書いてよこした。

15 特派員と地元記者

ソフィアのホテルには、いわば日本人が氾濫している感じであった。ブダペストにいたポーランドの参事官蜂谷輝雄が今度新設されたブルガリアの初代公使に任命されて、館員たちをつれて（彼らは多くポーランド亡命組であった）ここに来ていた。適当な公使館が見つかるまで、事務所も、公使以下館員たちの住いも、みなこのホテルの中に置かれていた。

せむしの醜い三十女と、受け唇で甘ったるい物言いをする眼玉の大きな四十男とが雇入れられて、毎日通勤していた。

町ではこれらの新来の日本人に、どうやら好感を抱いているように見えた。次々に多くの市民が蜂谷公使を訪ねて来た。

三井のイスタンブール支店長もやって来て、白熊のようにもっさりとした大男のクルサノフという、土地の大商人で三井の代理店をやっている男と、春になって雪が溶けたらさっそく日本商品展を開こうという計画について毎日相談していた。始終莨を横にくわえて、煙そうに片目をつむり、煙の棚引く方に心持ち首をかしげたこの小男の支店長は、大男のクルサノフを顎であしらうような一見傲岸な態度で、へたな英語をゆっくり操って話し、とうに四十の坂は越えていても、いまだになかなかコケティシュな美しいクルサノフ夫人にも無遠慮な狎々しさで接していたが、妙に彼らからは愛され親しまれていた。

四囲を小高い丘で取り囲まれた、やや広めな擂鉢《すりばち》の底に似た盆地にあるこの町は冬とともにますます静かであった。全く風のない日が続いた。雪の日は大きな牡丹雪が、晴れた日は雪に反射してダイヤモンドのように輝く太陽の光が、天から地に向って真すぐに、そしてゆっくりと降り注いで来た。曇った日は家々の煙突から立ち昇る煙がある高さまで一直線に上って行き、そこで、雲と平行に厚い煙の層となって静かに棚引き浮んだ。

地上では人々は粗い毛皮の雪靴を穿いて、音もなく行き交った。あとからあとから降り積んで除ききれない雪は路上に厚い氷の層となって残った。そしてこの町を銀色の衣で包んでしまった。

夕方になると、ホテルの一階にある大きなカフェーに各国の特派員たちが参々伍々集って来て、思い思いに自然のグループを形造り、この国特有の杏ブランデー「スリヴォヴィッツア」をちびちび飲みながら、一、二時間とりとめもないお喋りをして帰って行く習慣であった。英・仏やアメリカ系の記者と独・伊系の記者とは、何とはなしに別々のグループをつくって、やや離れた席に陣取った。中立系の記者たちは日によって、或はそのときのはずみで、この二つのグループのどちらかに加わることもあったし、彼らだけで別のグループをつくっていることもあった。ソ連の記者は滅多に現れなかったが、やって来ても彼らだけ、常に離れて別の卓にいき、黙って一、二杯の酒を傾けると、間もなく帰って行った。

三吉はこれらのグループの間を自由に歩き回った。

土地の新聞記者たちは滅多にこのホテルのこうした会合には現れなかったけれども、彼らは彼らでまた別に、中央電信局の裏側にある下町のあるカフェーに毎日夕方の一、二時間を、真赤に燃えるストーヴを囲んで過すのであった。三吉はそこにもよく出かけて行った。そして、外国人記者の仲間で、ここの会合に現れるのはまず三吉ひとりであったらしく、行けば必ず歓声と共に迎えられて、スリヴォヴィッツアの献酬が忙しく、三吉はたいてい酔った。ここのカフェーでは、ホテルのそれと違って、机は白木の粗末なものであったし、椅子には皮など張ってはなかった。外人記者団がたまに議論することはあっても、主として平々凡々とおとなしく喋るのに反して、ここでは皆大声に喚き立てたり、笑ったり、叫んだりした。

三吉はソ連とブルガリアとの新しい関係について異常

な関心を覚えた。新年になる早々、ソ連とブルガリアとの間には新しい通商協定が成立して、これまでは殆んど零に近かった両国間の交易が（地理の上から言っても、両国間の歴史的な親近さから言っても、そうしたことは甚しく不自然なことには思われたのであるが）一挙に一年四十億レヴァの清算制度による物資交換へと発展させられることになった。これは従来、その外国貿易の七割以上をドイツのみに依存していたこの国の全貿易額の三割五分を占める巨額な交易協定であった。

当然といえば当然であったし、これによってむしろ、従来の不自然を訂正したのでとも言えたが、しかしそこにはもっと別な、微妙な国際的動きの胎動を見なければならないようであった。

ラヴレンチェフというソ連の新任公使は純粋たる労働者出身だということであったが、まだ四十前の男であった。そして、この通商協定は彼の第一の仕事であった。第二の仕事はこの町にメーンストリートの、トーマス・クバク国際旅行社の隣りに、ソ連文化の家を開設して、そこでソ連の新聞や雑誌や新刊書など、従来はこの国への輸入が禁じられていたこれらの宣伝文書をそこで展示し、販売できるようにしたことであった。彼はまた近くベルグラードを訪問するだろうとも言われていた。ソヴェト連邦が成立して二十数年間、いまだに国交すら再開していないなど、歴史的にソヴェト嫌いなユーゴスラヴィア政府（というよりはむしろその王朝）のもとに、ソヴェトを追われた白系ロシア政客の最大の避難場所と知れたこの首都を、ラヴレンチェフの方から進んで訪れる——ということは、決して看過することのできない、意味の深い小事件だと思われた。

16　森の「重大事件」

ホテルには食堂が幾つもあった。そして、それぞれ趣向が変っていた。

二階には王宮の中庭を見下せる地位にある小じんまりした静かな小食堂のほかに、夜だけ開いているバルコニー式の、階下にあるダンス場を見下ろし、二つの大きな階段でそこに降りて行くようになっているけばけばしい食堂もあった。一階に、例のカフェーに隣って宴会用の豪華な食堂があった。地階には一見ビヤホール式の、広い、そして騒々しい、椅子の代りにビールの樽などを並べた一品料理場があって、その奥の一角を仕切った小さな部屋は、内部をコッテージ風に飾って、洒落た小食堂になっていた。

三吉は、朝はひとりで、二階の小食堂で雪に埋れた王宮の中庭を眺めながら食べるのを好んだが、昼と夜とは主としてこのコッテージ風の一角を好んだ。公使も三井の倉田もよくここに来て一緒の卓子を囲んだ。

この国では案外うまい、ミュンヘン風ビールを飲ませた。それに黒海でとれる何とやらいう魚の内臓を塩とオリーヴ油とで漬け込んだ、ちょっと日本の塩辛に似たガルシュや、また日本の白菜漬にそっくりなキスロゼリーなどという、ビールの肴には全く恰好の食物もあった。彼らはこれらの思いがけない故国情緒を思わせる品々を前にして、ソ連とブルガリアについて語り合った。地球の北の端れではフィンランドと闘いながら、南に向ってはこうして平和的な手段で漸次その勢力圏を拡大しようとかかっているソ連の動きは、ドイツとの間に不可侵条件のあるなしに拘らず、細心の注意を払う必要があろうというものである。

ソ連との間にベッサラビア問題という難問を控えているルーマニアにはどんな動きがあるものか、一度行ってみようかな、と思っていた矢先に、ある夜、ブカレストの森から長距離電話がかかって来た。ただでさえかすれ気味の彼の声は長距離国際電話の中では一層聞きとり難かったが、要するに、電話では言えないが、彼の一身上の問題について、重大な事件が起きたから、至急やって来て欲しいというようなことであった。

平常はダニューブ河の横断を渡船で連絡するようになっていたソフィア＝ブカレスト間の幹線は、ダニューブの氷結で連絡が杜絶していた。無事なのはベルグラード＝ブダペストを廻って行く道であったが、そうすると最少限三昼夜はかかった。

国際旅行社でも鉄道でも、あまり確実ではないと言ったが、三吉は結局ダニューブの河口に近いところを迂回して、何度も乗り換えながら行く支線から支線への道を選んだ。そしてときには膝まで来る雪を踏んで徒歩連絡したりしながら、寝台車も食堂車もない不便な旅を一昼夜半の間続けたのち、くたくたに疲れ果てて、真夜中のブカレストに辿りついた。

三吉はそこでまた読売の嬉野に巡りあったが、嬉野は三吉がついて三日目にブダペストへ向かって発って行った。そして発ち際に、

「森君という人はあれは気をつけてやったがいいね」と何だかわけの判らない、ひとり呑み込みなことをぽつりと言い置いて行った。

森の重大事件というのは、彼が現在間借りしている家の

主人と、室代のことから口論している間に、彼がふっと、「ルーマニアの大臣などは一万レイもやればどれでも買収できる」と言ったとか、言わないとかいうので、退役陸軍大佐と称するその男は、これを国家に対する重大なる侮辱だとして、仰々しい愛国心を揮い起こして、文書をもって宣伝省に訴え出た、という事件であった。それだけならば大したこともなかったが、宣伝省からこの事件に対して移牒をうけた代理公使の町田襄治は、自ら宣伝大臣と面会して。そのような不届なことを放言した森に対して、ルーマニア当局がこれを追放処分に付しても、自分においては全く異存はない、と恰もそうしてくれといわんばかりのことを進言して来た、というので、事は大きくなってしまったのであった。

段々聞いているうちに、この事件には更に複雑な裏面があることが判った。それは要するに町田代理公使と森との平常からの感情的対立があり、森はこの感情上の対立において陸軍武官の北野という中佐と組んでいるようであった。

森や北野のいうところでは、町田がルーマニア当局に対して森の追放を使嗾するような進言をしたことはともかくとして、町田という男は実に非常識な半気狂いみたいな男で、最近どこから拾って来たか、誰にもえたいの知れないひとりのルーマニア人を雇い込み、この男を公使館の中に住み込ませて、これにあらゆる鍵を預けているのみならず、館内の人事についても彼に言うがままに、最近まで忠実に数年間勤続して、誰にも評判のいいユダヤ系のひとりのルーマニア人書記に辞職を強要しており、タイピストなども何の理由もなしに入れ替えたりしている。しかのみならず、ゴシンコと称するこの人相の悪い男はルーマニア秘密警察の廻し者らしく、彼は公使館の重要文書をこっそり複写して、これを当局に提出していたらしく、彼の署名のあるそのコピーの一枚が偶然なことから北野中佐の手に入ったので、面を犯して忠告したにも拘らず、町田はその後、却ってその後北野中佐を忌避してこれと面会したがらない有様である——というのであった。彼らの話がある程度まで根拠のあるらしいことは、比較的局外にあって、何とか円く収めようとしていた海軍武官の後藤中佐もこれを認めていたし、公使館の日本人館員も、また馘首で脅されている当の書記も認めていた。

しかし、森の評判も決して香しくはなかった。森は軽い神経衰弱の気味で、やたら昂奮して、ときにはピストルを上衣のポケットに忍ばせていたりした。

17　日本公使館の乱脈

三吉のみるところでは、事件は事件として、森は一種の被害妄想状態に陥っているようであった。

あらゆる男が彼の恋人――ポーランドから万難を排して砲火と生命の危険との中を相携えて連れ出して来た例の狐に似た娘をつけ狙っているかのように話す森の話を聞いていると、三吉は思わず苦笑せずにはいられなかった。なかでも、三吉の全然知らない二人の男に対しては森は、「今度来やがったらぶっ殺してやるのだ」とピストルを押えてしきりにいきまく有様であった。彼は三吉の前では、この恋人が如何に彼を愛しているかをできるだけ誇張して示そうとしていたが、その実、彼女の愛には大した自信も持てず、絶えず真黒な嫉妬の情にさいなまれているらしいことは、彼の言葉や態度のはしばしに、いたましい程露骨に現れていた。

「そんじょそこらの日本人が誰でも持っているような、ど淫売の恋人とは少し訳が違うからね」と森は二言めには必ずそう言った。

ワルシャワの海軍武官室に勤務していたこの娘は医科大学を卒業した立派な医学士であったが、森と知り合うに至って、その婚約者を捨てて、彼との将来を契ったのだという。

「俺はもう日本には帰らないよ。こ奴と、どこかで一生をすごすんだ。此奴は現在でもここの病院に勤めて、充分収入を得ているくらいだから、二人の生活は何とでもなる。日本にいる嬶！　あ奴はすべたで、土百姓で、あんな者は勿論離縁さ、餓鬼なんかにも、何の未練もない！」*

＊　森元治郎の『ある終戦工作』によると、森がワルシャワに向け日本を出発したのは、一九三七年十二月で当時三十歳。その年の春再婚したばかりで、妻を日本に残しての赴任だった。

こんな風に言う森に、三吉は心から軽蔑を感じた。そして、自分の恋人が三吉をほめたとか、ほめなかったとか、会えばそんな話ばかりする森の顔を、軽蔑に充ちた眼でじっと見やらざるを得なかった。

三吉の目から見れば、森が言うほどには教養のある女とも見えなかった彼の恋人が、三吉を賞めようがくさそうが、それは三吉にとってはどうでもよいことでしかなかった。会う度に事々しく報告されても、笑うだけの興味すらそれについては覚えることができなかった。それよりも、森の事件を契機に表面化した日本公使館内のこのこんぐらかった乱脈をいったい、どうおさめたらいいのか、それが三吉にとっての一番大きな関心事であった。果して自分の手にあうかどうか。

数少ない在留日本人の意見は一応全部聞いておく必要があった。

三吉はホテルの室から三井の出張所長のところに電話をかけて、初対面だが、少し聞きたいことがあるからと会見を申入れておいて、近代式なスマートな建物の五階に住んでいる彼のアパートを訪れた。

「おや！」と三吉は扉口で、いまし扉を開けに出て来て、彼と面と向って立っている若い日本婦人を前に、軽い驚きの叫びをあげた。

「まあ！」と対手もその下ぶくれの顔と大きな目とに一杯の驚きをたたえて叫んだ。

「たしか、あの……」

「ええ、覚えていますわ、靖国丸でしたわ」

「そうでしたね。これは奇遇です！」

「こんなところで……驚きましたわ」

細面の、始終眉根に八の字皺をよせて、奥歯を強く噛み合せているらしく頬とこめかみとをぴくぴく動かしている、極度に神経質らしい主人の顔にも確かに見覚えがあった。

三吉は急に心が明るくなったように思った。別段どうという気持もなかったが、前年の夏、彼が最後に仏印へ行くとき、神戸から香港までの船中で、朝夕見かけた快活なあの日本婦人の、娘だか若妻だか、ちょっと見当のつかない程溌溂とした姿は、残るともなく彼の記憶の中に明るい跡形を印していたものと見ゆる。それがいま、急に活々と甦って来て、彼の前に、ほんのりとした頬紅と形よく引いた口唇とのあでやかさで、ぱっと花咲いたのである。

小倉は森と町田との話になると、初対面であることも忘れて、ときどき傍の和子夫人から、「あなた！」と鋭く窘《たしな》められながら、それでも益々熱っぽく、昂奮した口調で二人を罵りはじめた。和子夫人も控え目な言葉ではあったが、おかしそうに含み笑いをしながら、森と恋人のことを

「それはお大変なんですよ。ときどき、宅でもお招きしたんですけど、御一緒でないと、決していらっしゃいませんでしたわ。そしていらしても、あんなにまで大切にできるものですかしらね、宅など、少し真似してくれればいいと思うほど、お魚をむしってやったり……」

「ばかを言え！　あんな阿呆な真似ができるか」と主人は怒鳴った。

「それは、あなたには処詮おできになりっこありませんわ……」

森の恋人は和子夫人にも余りいい印象を与えていないらしく、「女医さんだと仰言っているけれど、何だか看護婦さんみたいですわね」などとも言っていた。

「どうせそんなところだろう、怪しいもんさ」と主人は眉根の皺をちかちかさせながら吐き出すように言った。

18　町田襄治一等書記官

三吉が最初に公使館に行ったとき、案内もなしに公使室に入ろうとする彼の前に、次室に控えていた人相の悪い男が、いきなりつと立ち塞って、横柄な、頭から威嚇するような調子のフランス語で
「君は誰ですか?」と言った。「何の用でここへ入るのです?」。

三吉はこの男だな、と思ったので、ぐっと彼を睨んで、暫く黙っていた。眉毛の濃い、頬の削げた、目の険しい男であった。

「俺を知らないのか君は？　新米だな！」

三吉はわざと低い静かな声で言った。三吉のフランス語の方が対手のフランス語より遥かに本場の調子を帯びていたことが、対手をぎくりとさせたらしかった。小国の連中には言葉の優劣が彼我の関係にそのまま大きく影響することは間々あった。

「どなたか存じませんが、無断で閣下の部屋へ通られることはお断り致します」

「閣下？　閣下たぁ、誰だ？　町田君がいつ閣下になったかね?」

「閣下は閣下です」

「ばかな！　あれは一等書記官だ、閣下じゃないよ。それはそうと、君は何国人だ?」

「ルーマニア人です」

「そうか。そして君はここで何をしているんだ?」

「私は閣下の秘書です」

「気をつけ給え、町田君はまだ閣下じゃない」とちょっと大きな声で叱っておいて、「君はルーマニア人で、町田君の秘書――そうだね?」。

「そうです」

「いいかい、よく覚えておき給え。僕は日本人で、どこ

でもフリー・パスの国家通信社の特派員だ。大使だろうが、公使だろうが、皆僕の友人だ。礼を失しないように、そこを退き給え」

対手は少し身を退いた。三吉はそれを横目に見て
「将来もあることだから、繰り返して言っておくが、君はルーマニア人で町田君個人の単なる私的使用人にすぎないんだよ。日本国家が君を任命したものではない。僕は日本人で、国家代表通信社の特派員だよ。失礼のないようにし給え」

青ぶくれのした、見るからに不健康な顔を神経質にぶるぶる慄わせながら、町田は既に机の前に立ち上っていた。

「何ですか、あの者は、失敬極まる奴じゃありませんか！」と三吉は大きな声で言った。町田は答えなかった。それから三吉は約二時間ばかり、できるだけ静かに話した。それでも町田は始終怒ったように殆んど口をきかなかった。ときたま口を開けば
「君は何の権利があってこの問題に容喙するのです」というようなことを言って、突っかかって来た。

「権利もあれば義務もありますよ、しかし、そんなことは別として、どうです、あなたの骨折りでひとつ、事件を丸く収めてやってはくれませんか。森の失言は私が責任をもって謝らせますが……」

話はいつかのように埒があかなかった。ソフィアの街と違って、雪がふればすぐ汚くぬかるんでひどく歩き難いところを、三吉は何度も公使館まで足を運ばなければならなかった。

ゴシンコは二度目からは三吉の出入に干渉するようなことはしなかったが、嫌な、敵意に充ちた目で三吉を見迎え見送りした。

ある日、町田は突然、話の途中で三吉に
「君はピストルの射撃を練習したことがありますか」と前後の話とは何の関係もないことを問いかけた。

「別にありませんね」

「そう。僕はずっとやっていますが、なかなかうまいとほめられますよ」

町田はそう言いながら、机の抽出しから一挺の小型拳銃をとり出して、それを右手の手でいじりはじめた。三吉はにやにや笑ってみていた。

「まず、近頃では百発百中ですね」。そして大きな声で、「ゴシンコ！　ゴシンコ！」と呼んだ。急いで入って来たゴシンコに
「どうだ、僕の射撃は、最近ずっと当っているね」

「はい、閣下……」

「閣下じゃないよ！」と三吉は怒鳴りつけた。

「はい」とゴシンコは言いなおした。「ずっと最高点でいらっしゃいます」。

「どうです、太田君」と町田はその冬瓜のような青ぶくれの顔でにやりと笑った。「うそじゃないでしょう？」。

この話をすると北野中佐は、「今度会ったらぶんなぐってやる」と言うし、森は、「なあに奴の腕なんか知れたものだ」と嘯いた。小倉はますます頻繁にこめかみをぴくつかせながら、「どこまで莫迦だか判らない」と言った。

しかし、結局、形の上では町田が斡旋したことにして、公使館に森と、森の家の持主である身体の大きなその老大佐とを呼んで、森はその言行に不注意な点があったことを遺憾とし、老大佐は言語の不充分さから来る誤解に基いて早計に提訴したのは自分の不注意であったという意味のことを、それぞれ文書にして交換することで、一応問題は落着した。そして、森は先方の申出の半値の室代値上を応諾する代り、老大佐は自ら宣伝省に行って、提訴を取り下げて来ることも約された。

問題を落着すると、森は不快だからと言って、すぐその翌日から三吉と同じアムバサドール・ホテルに恋人と一緒に引移って来た。

19　二組の男女

ある朝、三吉がまだ寝ているところへ、ブダペストの蜂谷公使から長距離電話がかかって来た。ちょうど、この頃ブダペストでは欧州在住の全大公使会議が開かれていたので、最初三吉はその方へ行く予定もしていたのだったが、森の事件で遅れたので、どうしようかと思っていたところであった。

蜂谷公使は、是非来るようにとすすめた。「読売の嬉野も朝日の河野もいて、君に来るようにと言っているが」とも言った。

三吉は行けたら行くと答えて電話を切ったが、その足ですぐ航空会社に電話をかけてみると、朝十時に出る飛行機に空席があるとの返事であったので、トランク一つ持っただけで、飛行場にかけつけて、その日の午後三時には大公使たちが宿っていたダニューブ河岸のホテル・デュナパロッタに姿を現して、皆をびっくりさせた。

「流石に、商売柄とは言え、素早いねえ」と彼らは口々にほめた。そこには北欧や、イギリス、スペイン、ポルトガルなどの交通不便な国々を除く全欧州から大公使自身か、或はそれに代る人々が集って来ていた。三吉たちはこれらの人々から熱心に欧州政局に関する情報を聞き、それを互に検討し合った。それから、三吉はブカレストにおける小事件を報告した。

「僕は」と三吉は最後に言った。「この事件については能う限り第三者的な、客観的立場に立って話したつもりです。だから、是非の判断はお委せしますが、これから益々重要になって行くブカレストがあんな状態じゃ、全く困ると思うんですが、どうでしょう?」。

即座にどうかという意見はでなかったが、トルコの武富大使がどうせ帰国の順路でもあったので、序にブカレストに立ち寄って、実相を見て行ってはどうかということになった。そして三吉は武富大使と一緒に汽車で再びブカレストに帰って来た。

何故再びブカレストに帰って来たのだろうか。三吉は自分の心の奥に巣食うごく小さな秘密を自分でははっきり知っていた。近く開かれるバルカン協商の会議に対するルーマニアの態度を追求することや、ソ連とルーマニアの表面に表れない微妙な関係を知りたいということもあったが、それとともに、

「きょうもいらして下さいません。例によって何にもないんですけど」という小倉夫人の朗らかな声を電話の中で聞きたかったからである。そして、たったいま、あわててコンパクトで叩いたらしく、ときどき顎の辺りだの、鼻の横だのに不器用なおしろいのむらをつくって、それに気づかずに陽気に扉を開けに来る彼女の姿を見ることは三吉の秘かな幸福であった。

三吉は、あるときは小倉夫妻と、また他のときは森たち二人と、料理店で食事をしたり、カバレーに踊りに行ったりした。そして、この二組の男女の極端な対象を興味深く横から眺めることがあった。

小倉は神経質であるとともに傲慢で横暴でもあった。彼はよく和子夫人にバカと怒鳴った。ゴルフにも一緒に行くし、自動車の運転も習わせるし、競馬にも伴れて行くくせに、そして内心ではこの朗かで健康な妻を愛していながら、表面は至って冷胆で、ときとしては全くの他人よりももっと冷やかに取り扱い、完全に彼女の存在を無視しているかのようにふるまうこともあった。しかし和子夫人は別段それを気にかけるふうもなかった。常に朗かに笑っていた。小倉があまりひどくけんつくを喰わすときなど、ほんのちょっとふくれることもあったが、すぐまた笑っていた。

三吉が串談《じょうだん》に小倉のことを発電所などと綽名してからかうと、和子夫人は小倉の肩を持って、三吉のそうした批評を不当であることを言って責めたりした。

森の場合は逆であった。傲慢に様子ぶることでは昔から決して人後に落ちなかったこの男が、その恋人の前に出ると、可愛そうなほど気をつかうのであった。彼は恋人の外套を脱がせてやったし、着せてやった。そのハンド・バックを持ってやったし、階段では必ず軽く抱えるようにした。まず椅子を引いて彼女をかけさせてからでないと自分は坐らなかった。それは中世の騎士道や、外交官の正式エチケットに書いてあるとおりの作法に適っていた。それでいて彼の恋人は常に悲しそうに不機嫌であった。なにか始終文句や不平を言って、森を落着かせなかった。メニューを見ても結局何にも食べたくないというように、やがてそれを森の前に投げ出すのであった。森は長い時間かかって、つんとしている恋人に一々意見を聞いた上で幾つかの皿を注文したが、恋人はそれを食うこともあれば、食わないこともあった。

「君のことを随分傲慢な、失敬な男だと言っているよ」

と森はその恋人の批評を三吉にとりつぐこともあった。またあるときは
「何気なくやっていても、流石はパリにいたことがあって、どこかシックなところがあると言っていたよ」と取次こともあった。

三吉は笑って聞いていたが、田舎娘が何を言うかという気が内心を去らなかった。そして、事毎に作法に適っているとかいないとか言い立てる森にも軽い蔑みを覚えていた。何かと言うと燕尾を着て、白手袋で歩き廻ったときの話をしたがる森を、百姓だなあ、と思わざるを得なかった。彼はいったい幸福なのであろうか。

20　夜の女ポーレット

森と北野中佐とが並んで掛け、三吉と森の恋人とが膝を並べていた。カルパト山脈の中にある行楽地シナイヤ行きの贅沢な列車の中は、白瞠々たる外部の寒々とした景色とは別世界のように、上衣まで脱いでしまいたいほどスチームがきいて硝子窓は灰色に曇っていた。

森の恋人は黙って小説本に読み耽っている。三吉はうつらうつらとしていた。

「エーイッ!」という裂帛の気合いにはっとして目を開いた三吉のまっ正面に、北野中佐が恰も大剣を持った心で

両手を頭上高く大上段に振りかぶっていた。眼はきっと吊り上り、口もとを引きしめて、首を細く慄わしていた。

「こ、こういう風に、じっと対手の目を見つめてね、さあ――っと……」

北野中佐はまたも大声を発して、その場にすっと立ち上がり、「エイ、エイ、エイッ！」と二、三歩、狭い車中で足を踏み出し、頭上の両手を一歩ごとに激しく振り下した。

「も、もういいよ、判ったよ。判ったって」

森は車内の目が一斉に彼らの上に集中したのに顔を赭くして、北野の上衣を引ぱりながら苦笑した。森の恋人は小声で

「あの人気狂いだわ！」と言って、思わず三吉の腕をとっていた。そして、何のためか三吉の手をそっと握りしめた。

北野は森に引据えられて自分の席に掛けてからも、なお昂奮に声を慄わし、唇に白い泡をためて剣道の精髄というようなことを甲高い声で喋りつづけた。彼は、「毛唐には判らないよ」としきりに言っていた。

三吉はできるだけひとり離れて、背もたれに頭を投げかけて、再び眼を瞑った。昨夜遅くまでカバレーで遊んでいた疲れが彼を快く仮睡の中につれ込んで行く。腕組をした胸にかかる両手の重みが、何だかそこにいまでも和子夫人の重味を感じているような甘さを甦られるのであった。踊りはあまり上手でない肥り気味の彼女は急速調のルンバやビギンを踊ったり、スケータス・ワルツになると、軽い息切れを感じて小さな口を心持ち開きかげんにして踊った。その息は清澄で芳香を発するように三吉には感じられた。

シナイヤの駅は深い雪に蔽われていた。ホテルのルーレットの賭博場も白々と静止していた。たた煙だけが家の中にこもっている人いきれを払い去るかのように黒くむくむくと家々の煙突から噴き出ていた。

賭博場の煌々たるシャンデリアの下は人で埋まっていた。長方形の広い室に十台近いルーレットの賭博台がずらりと並んでいて、どの台にも着飾った男女が蝟集していた。ルーレットはカランカランと涼しい音を立てて、ひっきりなしに廻っている。一つの台でその音がはたりと止むと、ざらざらとセルロイドの札を集めたり分けたりする音がしばらく続いた。その間々に「アア！」とか「おお！」とか短い言葉が投げられて、吐息やざわめきが人いき切れの中でたばこの煙とともに揺れたゆたうた。タキシードを着た立派なボーイたちが忙しそうに勘定場と客たちとの間を走り歩いた。

森と森の恋人とは仲よく並んで、頭と頭とをくっつけ合

うようにして、熱心に勝負していた。森の前にはみるみる勝札の山が築かれて行った。

三吉は何度も何度も大きな札を札入れから引き出して、それをボーイの手に渡さなければならなかった。傍にいて、やきやきと、今度は8だの、いや32だの、そうじゃない‼だのと、何の根拠もなくただ苛々して叫んだり、三吉をつついたり、舌打ちしたりする北野が三吉の神経をささくれだたせてしまっていた。北野の敗けは三吉の敗けよりももっとひどかった。

三吉は北野を避けて次々に台を変えて行った。するとまたいつの間にか北野が傍に来ていた。北野はよく三吉に今度は何だと思うと問いかけた。三吉が自分の思っている数字を言うと、彼は常に断乎としていやそうじゃない、と怒ったように否定した。そして悉く敗け込んでいた。

「今晩は」という声に三吉が振り向くと、そこにはひとつの金髪の顔が艶かに笑って立っていた。

「随分暫くね」と彼女は蓮っぱに言った。大柄な身体を真黒なイヴニングに包んで、肉付のよい白い肩を丸々と露わし、胸には真赤と真白の造花の大輪のバラを飾っていた。

「大分いけませんね」。彼女は三吉の手もとを見て白い歯をみせながら片目を細めた。

北野は勝負を止めて彼女を無遠慮にじろじろ見ていたが、ぷいと他の台に移って行った。

三吉はフランス生れのルーマニア人だと称するこの女をつれて、バーに行った。ポーレットはずっとここに来て稼いでいるのだと言った。

高い椅子にかけて、白い肘を台にかけ、肥った脚を黒絹のイヴニングの下で組み合せて、一こと話しては笑い、笑う度に真赤な唇をきゅっと右に引曲め、笑ってはぐっと強い酒を呷おる彼女のデガダンな様子を眺めながら、三吉はこの女は果していくつだろうかと考えていた。

三吉が最初ブカレストに着いたとき、彼はホテルのバーでこの女とこうして飲んだことがあった。そのときこの女は
「私はそこらの普通の女とは違うのだから、五千レイ下さい。もし高いと思うなら、お止しんなればいい」と言って、矢張りきょうのようにからからと笑った。そして、伴れて行かれた彼女の家というには家具も調度もかなり立派なアパートであった。それはパリのシャンゼリーゼ辺りで自家用車を運転しながら出没していた女たちに比べても遜色のない堂々とした営業ぶりであった。そこで彼女の姉だといって紹介された女は、彼女と違って黒髪の、もう顔に

もかなり皺のよった、余り美しくない女であった。

21　森の恋人

「妾が何も彼もまきあげたと、そう思って怒っているのですよ」

笑う度にポーレットの白いのどが気忙しく膨らんだ。

彼女は驚くべき率直さで、北野の友人の某という日本人がいかに狂気の如く、何も彼も彼女のためにはたきあげてしまったのかを話した。呉れるといったから貰ったまでで、まきあげたのではないというのである。彼は最後に、結婚してくれと言ったが、自分はこれが商売だから、親切にするのはどんなにでも親切にするけれど、それは愛とは関係のないことだと言って断ったのだと、こともなげに話した。

「妾も昨日はひどく敗け込んで、きょうはもう室代を払う金もないんですの」

ホテルでは彼女らに対しては毎日前払いを要求するのだと言った。一日一日前払いしないと泊めてはくれないのだという。

三吉は、もし彼女が勝てば勿論それだけは彼女のものとなり、敗けてしまえば今夜の室代だけを改めて払ってやる、ということで彼女に金を渡した。

ポーレットは不思議なほど勝ち続けた。そして依然沈む一方の三吉に、「私におんぶなさい」としきりにすすめた。三吉もおしまいには我を折って彼女の張るところに張った。そして夜中をすぎ、夜食を食べて、勝負が最高潮に達した午前三時頃にはこれまでの敗けを半分以上に取り戻していた。

北野の姿も森たち二人の姿ももはや賭博場にはなかった。三吉も些か疲れて、眠くなっていた。セルロイドの札を現金に換えてみると、ポーレットは元金の二十倍近く勝っていた。三吉の敗けも大した金額ではなくなっていた。

寝台に上にどんと引くり返って、ぐったりしている三吉に、ポーレットはコニャックを注いで飲ませた。そして、彼がやった金を五倍にして返すと言った。三吉は苦笑して

「その金で室代を二週間ばかり先払いしておけばいい」

と言った。

次の日、三吉は森たち二人と馬橇を駆って更に山の方に登ってみた。上るにつれて、三抱えも四抱えもあるかと思われる杉に似た大木の鬱蒼たる大森林が険しい山腹を蔽った中に馬橇は上り込んで行った。二頭の小馬は真白な鼻嵐を吹き立てながら、左右に調子よく頚をふってどこまでも

走って行った。首につけた鈴が単調に鳴る。

お午ごろ彼らがホテルに帰って来て、冷えきった清明な空気の中の半日の散歩で、空鳴りしそうに空腹をおぼえながら食堂に出てみると、広い食堂の席で、北野がポーレットと同じ卓について食事をしていた。

その日の夜、再びブカレストに帰って来た三吉は、宿で蜂谷公使からの早々に帰れという電報をうけとった。彼もまた、これ以上ルーマニアに止っていても仕方がないと思っていた。ベルグラードのバルカン協商外相会議も近日中にはじまろうとしている。一旦ソフィアに帰った方がよさそうに思えた。

小倉夫妻はしきりにとめたが、森はただ、「ああそう」と言っただけであった。三吉は森とあとのことを打合せてその次の次に日出発することにきめた。

出発の前日の夜、既に三吉が眠っていたところを何者かが乱暴に扉をノックし続けた。三吉は急いでガウンを引かけて扉の掛金をあけた。そして、そこに髪振り乱して、これも寝間着にガウンを引っかけたままの姿で立っている森の恋人の姿を見て驚いた。

彼女は三吉を押しのけるようにして、室内に転げ込むと、三吉がいま抜け出したばかりのベッドにつっぷして泣き出した。

「森が妾をぶったんです、森は野蛮人です。妾にあなたのところへ行って寝ろといいますから、どうぞここで寝さして下さい！」

三吉は二階から六階まで、階段を大股にかけ上って、森の室の扉を拳固で叩いた。

「どうしたんだ、いったい、迷惑じゃないか夜、夜中！」

森は夜具の上で玩んでいたトランプの札を投げ出して、絨緞の上に立った。

「下らないことをくだくだ言いやがるから、ひとつぶん殴ったんだよ」

「ぶん殴るなぁ、君の勝手だが、俺は迷惑だよ。どうしたんだ？」

「殴ったのは、はじめてだよ」

「そんなことはどうでもいいよ。何だって俺のところへ行って寝ろなんて、失敬なことを言うんだ」

「ネクタイの趣味が君の方が上だとか、エチケットが本物だとか、僕のことを百姓だとか煩く言うから、そんなに太田が気に入ったのなら、遠慮は要らないから、さっさと向うに行って寝たらいいだろうと言ったまでだよ」

「俺はこれ以上の迷惑は御免だよ。喧嘩をするなら人の迷惑にならないようにやってくれよ」

森がつれに来ると、女は案外すなおに帰って行った。

次の日は重い雪が小止みもなく降っていた。朝の汽車で発つので、すっかり仕度をして三吉が森の室に行ってみると、二人はまだ床の中にいた。三吉は室の外から、さようならを言わなければならなかった。森だけが起きて来て、「これは僕の彼女から君への贈物だそうだから」と言って聖母像の浮彫り額を渡し
「じゃ、左様なら」と言って、扉を閉めた。

駅には小倉夫妻が見送りに来ていた。そして小倉は汽車が発車する直前まで森を罵りつづけていた。三吉も決して快くは思っていなかったが、ただ苦笑していただけであった。

三吉は小倉夫人の手をとって、その甲に心から口づけをした。小倉はにやにやしながらそれをじっと見ていたが、

「近いうちにまた来るだろう？　是非来給えよ。きっとだぜ」と言った。*

* 『トルコ・政治風土記』によると、大屋がブカレストを出発したのは二月初めである。

22　氷結したダニューブ河を渡河

氷結したダニューブ河を渡って行く方法があるものかないものか、誰もはっきりしたことを知っているものはいなかった。*だが、ともかくやってみよう、いけなければ引返して他の道に更えてもよい、というのが三吉の考えであった。もしこれができれば、来たときの一日半の代りに十五、六時間でソフィアに帰れるかも知れないのである。

* ブルガリアとルーマニアを結ぶ鉄道橋がここのダニューブ河にかかったのは戦後である。

汽車は約三時間でルーマニア側の渡し口ジュルジュの港に着いた。ここでも街全体が深々と雪に埋れていて、降りしきる雪片は至るところで中空に灰色の大きな渦をまいていた。駅長も渡る方法があるとは言明しなかった。「まあ、港に行って税関長に相談してみたらよいだろう」と言うばかりである。

一升樽ほどもある大きな脚にずばぬけて大きな藁靴をしばりつけた馬が橇を引いて駅の玄関に廻されて来た。三吉は二重三重の毛布で腰から下をつつんでその中に乗った。

駅から港までは、道だか野だか判らない、ただかすかに橇のあとがあるのでそれと見分けられる雪の中を約一時間も走らねばならなかった。その途中では三ヶ所ばかり、銃剣を横ざまに小脇に抱えた雪まみれの哨兵が数人ずついて、橇の中を覗き込んだ。

小さな入江になった港の中では、これがかの有名なプロエスチの油田から引かれたパイプ・ラインの終点で、ルーマニア石油積出の主要港であろうかと疑われるほど、何も彼もが索漠と雪と氷の中に死滅していて、動いているものは何一つ目にとまらなかった。百隻近い小舟が冷凍の魚のように行儀よく並んで氷の中にいて込められ、雪を冠って居竦んでいた。渺々たる大河は一面大きな瘤々だらけの氷の帯と化して、白くうねりながら横わっていた。河岸の上に、一軒だけ飛び離れて、吹き曝しの風を真ともにうけながら、税関の大きな建物が立っていた。ここでも動いているものは片端から引ちぎられ、次々に吹っ飛んで消えて行ってしまう煙突の黒煙だけである。

室の中ではストーヴが真赤に焼けていて、とても傍に坐ってはいられなかった。税関長は

「さてね、どうですかな。一つ話してみましょう」と言ったが、急には動く様子も見えなかった。強いて渡るには、多勢の漁師を雇ってこれに氷の上を小舟を曳かせるのだという。

「ときどき氷が割れたり、割け目に雪が薄くのっていたりするので、可成り危険ですからね、相当高価につきますよ」

三吉は携えて気たフランス製のコニャックを出して、税関長にも飲ませた。それから森の恋人から贈られてもて余していた浮彫りの額を税関長の席の後の壁に飾るためにやった。

「行くそうです。三千レイ欲しいと言っていますが」

「結構です。すぐ出して欲しいですね」

税関長の室の窓硝子越しに、対岸のブルガリア領がそれでも三キロメートルばかりの河幅を距てて、はっきりと見えていた。そこでも動いているものはやっぱり屋根々々の煙だけで、ちょうど真正面に見えるルスチュック〈注─現・ルセ〉の駅の中には黒々と一本の列車が横たわっていて、機関車はゆっくり煙を吐いていた。その列車があと三時間すればソフィアに向って発って行く列車に違いないと思った。

「税関長、急がして下さい。あの汽車に遅れては何にもなりませんから」

「心得ています、いますぐです」。税関長はそういう間も

忙しく、しきりにコニャックを飲んでいた。

外で急に騒々しい人々の叫び声がしはじめた。二十人ばかりの屈強な男たちが一隻の小舟を担いで土堤を氷の河の方へ降りて行く。

そしらぬ顔で三吉の手から一枚の紙幣をうけとってそれをズボンのポケットに入れた税関長は、ひとりの男を呼んで三吉の荷物を持たすと、自分も雪の中を河岸まで送って来て、帽子を振った。

三吉は小舟の真中に毛布をくるまって坐った。十人ばかりの男がてんでに肩から綱をかけて小舟を曳き、五人ばかりの男は後ろから押した。三吉の前にひとりの老人が乗って、これが絶えず大声で何か命令した。突風性の吹雪がときどき横なぐりに強く吹きつけて来る。

小舟は間断なく右に傾いたり左に揺れたり、持ち上ったり、どしんと落ちたりして、三吉を危うく外に抛り出しそうになった。そして氷の山と山との間をうねりくねりながら縫って進んだ。氷の塊りが他の塊りにくっついたり重なりあったりして瘤々の連続を形造り、その間にできた狭い溝が小舟の通路になるのであった。

男たちは次々に厚い毛皮の上衣を脱いでそれを舟の中に抛り込んだ。彼らの背中はじっとり汗ばんでいた。

対岸の駅が次第にはっきり見えて来る。ホームに二、三人の人影さえ見えはじめた。

小舟はちょうど、河の真中あたりにいた。

老人が何か叫ぶと進行がはたと止った。そして老人は三吉の前に小腰をかがめて蹲み、何事かを言いはじめた。三吉はフランス語で話すようにと言った。老人は暫く躊躇していたが、やがてひとりの若者を差しまねいて、それに何事かを言った。若者は老人に代って、ひどく判り難い片言のフランス語で、「約束は三千レイだが、酒代としてあと二千レイ、合計五千レイこの場で欲しい」と言い出した。

三吉は苦心して点火したたばこをふーっと深く吐き出し、その煙とともに、ゆっくりと判りのいいように、一語一語きりはなして
「ルーマニア側にこのまま引返せ」と言った。

若者は驚いたようにじっと三吉を見ていたが、三吉が対手にならず、横を向いてたばこを吹かしているので、何事かを皆に大声で言った。いっせいに八方から声が起ったが、三吉はまさか手荒なこともすまい、と思って、できるだけ内心の不安を押し隠すように、わざとその方は見ないでいた。

老人が何か言うと若者がそれを取次いだ。

「では四千レイではどうだろうか?」

三吉は依然として外方を向いたまま、前よりも一層ゆっくりと言った。

「三千レイか、でなければルーマニア側に引返せ。酒代というものは、仕事がすんでから此方からお礼に出すものなのだ。ルーマニアでは酒代をゆするのが習慣か知らぬが、日本では少くともそうだ。どちらでも、君たちのよいように。——判ったかね、僕のいうことが?」

若者は頷いて、老人に長々しく何事かを喋った。そして、ひとしきり皆ががやがや言っていたが、間もなく、また皆綱を肩にかけて、小舟は前どおり前方を向いて動き出した。

小舟がルスチュックの岸近くに達すると、土手の上に二十人近くの人間がばらばらと飛び出して来た。その中の四、五人は氷の上まで駆け降りて来て、ヤポンスキー、ヤポンスキーと言いながら、三吉の鞄を奪いとるようにして運び去った。三吉は老人を呼んで、約束の三千レイを渡し、ほっほっと頭や頚から夥しい湯気を立てている逞しい男たちひとりひとりの手に、五十レイずつ、そして、老人と件の若者の手に百レイずつ渡した。それから、若者に、「これが日本では酒代というのだと皆に言え」と命じた。若者が何やら言うと、男たちは一斉に同じことを言って、声高く笑った。若者は、「みんな、有難うございました、御無事で御旅行なさるように、と言っています」と言った。そして小舟は再び氷の山の間を見えつ隠れつ段々小さくなって行った。

ブルガリア側のルスチュックの駅では、ストーヴのきいた室で駅長が自ら珈琲を入れてくれた。三吉は皆の珈琲にコニャックを注いでやった。

「もしブルガリア側から向うに渡るのなら、酒代も含めて六百レヴァで充分だ、ルーマニア人は山賊みたいな奴らだから、法外な値段を言う」と駅長はしきりにルーマニア人を罵った。駅長のいうところが真実とするならば、値段は半分以下で済むということになる。だが、三吉はあまり信を措かずに、ただ聞いていた。

23 蜂谷輝雄公使

蜂谷公使は矢継ぎ早に様々な計画を樹てていた。彼はまず三吉を斡旋役にして、外人記者団とブルガリア人記者団とをホテルに招いて盛大なティ・パーティを開いた。

新聞はこのことを大きく書いた。

次には最大級の映画館を一日借り切って、各方面の名士を日本紹介の映画会に招待した。着飾った男女が雪に凍りついた道を踏んで溢れるほどつめかけて来た。同じ日、同じく本国紹介の映画会を催したハンガリア公使館の方には、気の毒なほど客足がうすかったという話であった。何本かの日本映画のうち、来観者が最も多く拍手を送ったのは「四季の学校」と題する文化映画で、それは都会や農村の小学校の学習状景を四季に従って美しく編輯したものであった。

公使は毎日機嫌がよかった。そして毎日礼服を着てどこかに出かけて行った。彼は三吉にイスタンブールを引きあげて、ここに本拠を置くようにしないかと何度も言った。ブルガリア人の使用人たちは、蜂谷公使の評判は他の如何なる国の大公使をも凌いで、すばらしい人気だと、世辞ぬきに本気で言っていた。日本人の館員たちも喜んで彼をほめた。

だが、三吉はこうした評判を些か割引きして考えていた。目下のところ、此方から与えるだけだから評判がよいのは当然のことだ、ほんとうの評判は彼が何かを取ろうとするときにはじめて極るだろう――そういうのが三吉の考え方であった。

「そりあそうだが」と公使館開設のためにトルコから臨時に派遣されていた書記生の今井留吉は反対した。「中にはその与えることさえ碌々しないで、当然の評判すら得られない、しみったれの、握りやが沢山いるんだからね、大部分がそうだよ。それに比べりゃ、やっぱり大したものさ」。

今井が直接には誰のことを指してそう言っているのかは三吉にも判っていた。

「そんなのと比較すれば勿論そうさ」

「そんなのって言うけれど、全部とは言わないまでも、わが帝国の大使だ、公使だと称する人類は、まず悉くといっていいほど、私財蓄積のみに汲々としているのだからね」

「それもまず君のお説のとおりだね」

「だから、ここの鬼瓦などは、まずいい方だと言うのさ」

「反対じゃない」と三吉は言った。「しかし、少し図に乗りすぎて、与えるだけが能かの如く思いかかっているところがあるから、少し水をかけておかなくちゃ」。

三吉は桜の苗木五千本送れと電報を打ったり、宣伝用の書画骨董を本国から取りよせようと計画したりする蜂谷公使のやり口に、少し性急すぎるものを感じて、それが好意の度を越えてむしろ媚態にとられる惧れのあることを、公使自身にも話したこともあった。

こうした華々しいデビューが真の意味での固い外交基盤

形成の上から言って果して好ましいものであるかどうか。これは三吉自身にもまだ結論のでていない課題であった。それだけに、彼はよくこの問題で公使などとも議論した。公使は虚心坦懐に三吉の意見を聞いた。そして、ときとしては三吉らと一緒に街のキャバレーなどにもこっそり現れて、気のおけないひとときを過すこともあった。

彼はまた、自分が招ばれていなければ、毎夜必ず誰かを招ぶというほど、交際に努力していた。そして、若い娘などの来る宴会には、自分はあまりダンスが得意でないからというので、必ず三吉を招ぶようにしていた。

蜂谷がワルシャワ時代親しくしていたブルガリアのポーランド公使ルデノフという男が非職になって遊んでいたが、その娘の、一部の人々からはソフィア一の美人だといわれていた黒髪青眼の娘は、多くの場合三吉の受け持ちになっていた。自分でも、必要以上に己が美しさを自覚していたこの娘の、滅多なことでは笑っては美人の沽券にかかわるとでも思っているのか、権高につんとして、踊ってくれと言うから踊ってやるので自分は別段お前などとは踊りたくもないのだ、といわんばかりの気のない態度は、初めのうち著しく三吉の自尊心を傷けた。蜂谷がルデノフ嬢が来るから君も是非、という度に、三吉はいろいろとごねて素直には出席を肯じなかった。しかし、ある夜、彼女をひとつ距てて隣に坐っていた三等書記官の泉という、白系ロシア人を妻にした、みごとに光る禿頭を滑稽にふりたてる好人物の老人が、彼女の胸ごしに日本語で話しかけて来たので、ややしばらく彼と話していた三吉に、このつんとした娘が

「太田さん、妾には日本語はひとことも判りません」と静かに言ったとき、三吉は恐縮すると同時に何となくにやりとせざるを得なかった。外交というものは、なかなか妙なものである。

三吉にはやっぱり新聞記者仲間の方が向いていた。街のキャバレーで誰に遠慮もいらない阿呆をつくした翌日でも、トルコ外相サラジョグルーがここを通過してベルグラードの会議に行くので、首相兼外相のキョセイワノフが駅頭にこれを迎えて、国境まで特別列車で送って行くといえば、朝がどんなに早かろうと、国際記者団はわれがちにと駆けつけて、バルカン中立ブロック結成に関するトルコの努力成るか成らぬかを、血眼で追い廻す。しかもその間にも、痩せぎすのサラジョグルー外相と並んだ若くて美しい夫人の、夫の二倍はぴんとかかりそうな肥った身体について、無遠慮に賞讃することを忘れないそののんきさ。三

吉は自分には処詮外交官はつとまらないと思った。

24 ドガンとナディール

ベルグラードの街は何度やって来ても、やっぱり無味乾燥で三吉には処詮すきになれないところである。会議の空気がどうやら協調的に、最後の結論には達しないまでも、何とかハンガリア、ブルガリアの両国に対しても従来よりはぐっと和協的にやってみよう、というところに落着くのを見きわめると、三吉はすぐさまこの街を出発して、そのままイスタンブールに帰って来た。

この街も冬は索漠としていた。寒い北風に乗って氷雨や雪などが毎日のように降りつけて来て、狭い道はぬかるみ、回教寺院の尖塔も輝くことを忘れて、錆びた槍のようにどんよりと灰色の空の下にただ立っているだけであった。

傘のきらいな三吉は帽子のつばを右手で抑えて、前のめりに傾きながら、雨や風や雪の中をでて歩いた。

丘と丘との間に深く切れ込んだ美しい入江に架かった長い鉄橋を渡って、対岸の岡の上にある旧市街地区には、坂の中途にずらりと新聞社や通信社が並んでいた。彼らのうち、二、三のものはバルカン政局に関する三吉の見聞記を掲載した。がらんとした編輯室で相変らず大きな声をあげて笑ったり雑談したりしていたドガンは三吉が行くと必ず、「おー、彼来る！」と叫んで大手を拡げて立ち上ったり、卓子を叩いて笑ったりした。

「ボーイ、珈琲！」と言ったあとで必ず、「そして、コニャックを二つ！」と叫んで、嬉しそうに声を立てて笑う。「君が来なけりぁ、コニャックが飲めないのさ。そら見給え、彼はあんな恐い顔をして睨んでいるぜ」。

兄のナディールは丸い顔を仕方なしに苦々しく綻ばせて、室の隅の大きな机ごしに三吉に会釈した。ナディールは最近親独的な論文を書いた件で、新聞を三日間の停刊に処せられたので、余計不機嫌になっているのだ、とドガンは嬉しそうに言った。

「恐るべきナチの第五列さ、彼は！」とドガンはひとりで躁ぎ廻る。「しかし、見てい給え。彼はきっと明日か明後日にはイタリアと日本の悪口を書くよ。それは僕がうけ合う。そして埋合せをつけようと考えているのに相違ないよ」。

ナディールはこの手のつけようもない弟には物を言うだけ阿呆だ、とでも思っているのか、依然として苦々しげに笑っているのみで、一言も答えなかった。

その頃ドガンはアメリカの若い婦人記者で、イギリス新聞デーリー・エキスプレスの常駐員をしているハチソンというまだ女学生みたいな娘と恋をしていた。それで少しも編輯室に落着いていないことが兄を苦らせている一つの原因でもあった。

官営通信社アナドルーの支社では鶴のように痩せて神経質な支社長が、何でも彼でも英・仏が勝つにきまっていると主張して、ほかの議論は一切受けつけないことにしていた。その下では編輯長のオーストリア人が、自分は国籍はオーストリアだから従ってアンシュルス〈注—一九三八年のドイツによる、オーストリア併合〉以後はドイツ人になったわけだから、いまでもヒトラーの命令一本で対英・仏戦の一兵士とならなければならないのだが、もう二十年近くトルコに住んでいて、妻も子供もトルコ人なんだから、自分としてはどちらが勝ってもいい、ただ、トルコが戦争にまき込まれさえしなければそれで満足なのだ、とそのことばかり繰り返して言っていた。

ヴァンという新聞の主筆はアメリカ帰りの若い男で、コールマン髭〈注—米国の映画俳優ロナルド・コールマンの口髭。口の上にだけ短く生やした髭〉を生やしていた。この国の青年には珍しく、アメリカ帰りだから当然であったとは言え、フランス語よりも英語を好んで話した。そして、トルコはアメリカと結ばなければならないと主張していた。

朝の十一時前後になると、ペラ通りのカフェ・ハタイに参々伍々、この街にいる外国特派員たちが各自のねぐらや仕事場から這い出して、集って来た。ここでは、ソフィアと違ってドイツ人記者も英・仏人記者も、イタリアもソ連もその他の国々の記者も、みんな一緒くたに、一つか二つの卓子をとりまいて坐り、てんでに飲みものを注文して、雑談したり、議論したり、ときには議論が昂じて口論になったあげく、一方が怒って出て行ったり、仲裁のため他のものが後を追って行ったり、しかしとにかく呉越同舟で仲よく、だが自分の仕事のことについては何一つ話さずに、やっていた。

頬骨が高くて小さな尖り鼻の下に薄くて大きな唇が物々しく赤い、いわば醜い方に属するハチソン嬢も殆んど毎日ここに来た。そしてときにはドガンが迎えに来て、二人して腕を組みながらどこかへ行ってしまうこともあった。

ソ連のタスの特派員は三人が三人とも何のためにやって来るのか、黙って来て、黙って坐り、黙って帰って行ったが、それでも毎日来ていた。

ここから、世界中に向って、多くの謎々のようなイスタンブール電報なるものは打っ飛ばされていた。

25　イスタンブールの日本大使館

冬の間は殆んど使用されることのないがらんと人気のない大使館の建物には、二人の仕丁と一緒に、鈴木という、どこか二、三本釘のぬけたところのある、白ぶくれにむくんだ身体つきをした、もう四十近い書記生が番人として起居していた。

一階の一番奥、物置小屋の隣にある彼の室には鉄製の粗末なベッドのほかには、壊れかけた椅子が三、四脚と、本でもネクタイでも、靴下でも、落花生でも、酒壜でも、石鹸箱でも何でも置いてある大きな机が一つあった。床のそこここに何個かのトランクが転してあって、そこからはよごれた浴衣がはみ出していたり、彼が何年かかかって蒐集したという種々雑多ながらくた器具類が飛び出していたりした。

壁には一幅の安っぽい観音像が下げてあった。その前に、湯殿の足ふきのようなカーペットが敷いてある。彼は朝夕二回、その上に坐って長い時間観音経を読みあげることを、どんな日でかかさなかった。彼が読経しているときは、玄関にいる使丁が頚を振ってそれと知らせるので、来訪者は待っているか、そのまま帰るかするのであった。

ねばっこい、妙に語尾を引ずった話しかたで、だらりと緩んだ唇の端からいまにも涎が胸に垂れそうになるのを、ときどき大きな音を立てて啜りあげながら、鈴木は

「俺をここまで育ててくれたのは全く母の恩だからな」

と言った。

彼は日本にいる老母と、妻と、三人の子供のために、こうして毎日欠かさずお経を読むのであった。それからときどき思い出したように、大使のりんしょくを罵り、陸軍武官を傲慢な判らずやだと評した。そして、海軍武官のところにだけはとき折出かけて行って、

「ソ連の情報を説明して来た」

というのであるが、そのソ連情報なるものを彼が如何にして入手したかは誰も知らなかった。彼はこうして全く仙人のように暮し、そして金をためた。三吉の顔をみさえすれば金を貸そうか、と言ってすぐ自分の懐ろに手をやった。

「俺は誰にでもは貸さない。だけど、あんたになら貸すよ。返すのは日本に帰ってからでもいい」と彼は言った。

三吉がいまは不要だ、と言うと、

「遠慮することはないよ、俺は困っていないからね」と

言うのであった。

陸軍武官は相変らず肥っていて、議論が好きで、毎日何事か電報を打ち、夜になると、虎のように大きな口を開いて轟然たる大欠伸を連発しながら、広沢虎蔵の森の石松のレコードを飽きずに聞いては、

「莫迦は死ななきあ、なおらない、か、いいことを言うねえ」と快さそうに笑っていた。彼のところには、子供の頃、大谷光瑞*の日本少年による紡績工業移植計画に従ってこの国に渡って来て、事業失敗後もあらゆる辛酸をなめつつ踏み止った三人組のうちのひとりだという伊藤青年がいた。小柄なこの青年は料理も自動車の運転も暗合の組立から解読まで、何でもできた。ときには怠屈した立石中佐の対手をして、何やら滔々と論じたてることもあったが、きまって最後には、わざとおどけたようなきょとんとした目をして、

「何を言うてたのか、判らんようになってしもうた。武官どの、もう勘弁して貰いまっさ」と大阪弁で言って、破れた罐のように騒々しく笑うのであった。

1940年1月1日　イスタンブールの海軍武官室にて

＊ 浄土真宗本願寺派本願寺（西）二十二世門主。一九〇二年から一九一三年にかけて中央アジア探検隊を派遣。

海軍武官室では、よく皆揃って街に映画を見に行くようであった。また、家にいるときは武官といずれもその縁者だという二人の青年と、ユダヤ娘のタイピストの四人で静かにトランプなどして遊んでいた。それが石川大佐の趣味であった。

顔一面ににきびのあとのある、そしてまだあとからあとからと絶えずにきびが吹きでている道俣青年は、いつもきちんとした身なりをしていたが、陸軍武官室における伊藤青年と同じような重宝な存在であった。も一人の山田青年ははじめ自費でパリに遊学していたのを、石川武官が引きとったとかで、異常に長い顔をいつも胃腸病患者のように蒼ざめさせて、のそりと、何をしているのか、ただごろご

ろしていた。彼はユダヤ娘のタイピストに恋をしていることに「自分で仮定して」、毎日「恋愛心理学に関する日記」をつけていた。

この日彼女は余に向いて右手を差し出す、余はこれを握らんとすれば、忽ち赤面して手を引く。余甚だ悩み、夕に至って漸くその心事を解すること、次の如し……

などと長々しく書きつけていた。

そのほか、三井の支店長のところにいた若い貿易見習生は淋病にかかったのを人知れず一気に癒そうと考えて、ズルフォン剤を過度に服用したため、全身に異様な浮腫を生じてお怪けのような形相になり、目下入院して治療していたが、頭は皮を剥いた芋のようにつるつるに禿げてしまった。

語学留学生の篠村は下宿に引込んだきり、穴熊のように閉じ籠って殆んど顔を見せなかったが、伊藤や道俣のいうところによると、彼にはトルコ人の恋人がいるということであった。

このころ、地球の他の面では、アメリカの国務次官のウェルズが何事か重大な使命を携えて、欧州に乗り込んだり、フィンランドを攻めあぐねていたソ連が結局うやむやのうちに虻蜂とらずの講和条約を結んだりしていた。

ソ連は自国軍隊の質に大きな欠陥を発見してので、これから大急ぎで赤軍の再編成をやるだろうという説と、フィンランドとあんな形で和を結んだのは、かねて腹案中の南進政策を急ぎはじめたからだ、という説とが対立して行われていた。

イスタンブールでは立石中佐は前者の説で三吉は後者の説であった。

パリから再びバルカンへ

1 ローマの日本人新聞記者たち

朝日新聞のロンドン支局から中村正吾*というスマートな青年がバルカンに特派されて来た。前には上海にいて、仲間の間では少しは名を知られた記者である。

＊　一九四四年に朝日を退社、国務相となった緒方竹虎の秘書官。のち再入社し、常務、大阪本社代表。

三吉とは初対面であったが、すぐ貴様・俺の間柄になった。三吉は彼がロンドンに帰るとき、一度ロンドンまで行って来る気で、一緒にイスタンブールを出発した。

雪の多いバルカン地方に既に春の息吹は顕著に訪れていて、至るところに若葉が燃えていた。

ソフィアの公使館はホテルを引払って、郊外に近いボリス天然公園脇の木に囲まれた瀟洒な三階建の家に移っていた。事務所はその三階にあって、二階と一階とは蜂谷公使の住いになっていたが、地下には公使の趣味から、恰も東京の鮨屋にでも行ったように、白木の大きな料理台を据えて、いきな立食設備ができていた。料理人も豊富な材料と一緒に日本から到着していて、「え、らっしゃい」と景気のいい掛声で「客」を迎えた。夫婦連れであったが細君の方が五つ六つ年上らしく、男は美男であったが女は醜かった。

館員たちもそれぞれどこかに巣を構えていた。いつも気軽に何かと三吉の世話をしてくれる道正《どうしょう》という書記生は（彼は四十すぎて漸く通訳官に任官した）音楽学校の学生だと称する、しかし三吉には一目で単なる淫売少女にすぎないと判った――盆のように丸い顔の娘と同棲し、毎日激しい喧嘩をしていた。ポーランド時代から何をしているのかただ漠然と嘱託になっていた、前身は僧侶だという林田は依然として曖昧な微笑を浮べて、神経痛の薬を幾とおりもあれこれと服用していた。五尺あるかなしの小柄な身体をぐっと反らして何事にも必ず口出しをする次山青年は近頃ではどこかで恋に悩んでいるとかで、だいぶん口数が減ったとのことであった。

そして館員たちは

鬼瓦も恋をするんだからな……と蜂谷公使がある出戻り娘のところに毎日遊びに行くことについて様々な噂をしていた。

ベルグラードには公使館はなかったが、ブダペストの井上公使が兼任になっていたので、ときどきやって来ていた。ちょうどホテル・マゼスチックで三吉たちと落ち合った。井上公使は、近くここにも常駐の書記官を任命することになっていると話した。

中村はローマで落ち合う約束で、ここからブダペストへ別れて行った。それは彼が最初にブダペストへ行ったとき、汽車の中で知り合いになったハンガリア娘にもう一目会うためであった。対手は良家の娘らしく、特別の関係はなかったが、二人ともかなりロマンチックな愛情を感じあっているらしかった。

「大抵の女は誠実な男には参ってしまうものだとさ」

「冷かすなよ。これでも初心なところがあるんだから」

中村は照れた笑いを残して、三吉とは反対の方向へ汽車で走り去って行った。

ローマでは日本人新聞記者の間が二つにも三つにも割れていた。その一番激しいのは朝日新聞の前田義徳*と三吉の社の下條雄三のいがみ合いで、日頃は無口で温順しいが、一旦酒が入ると別人のように狂暴になる前田は、下條に対して、「汝は語学もできなければ人に会うでもなく、ただ新聞と机の上の作文だけでいい加減な仕事をしているくせにいやに尊大で知ったかぶりをする奴だ」といってひどくこれを憎んでいた。それが正月の酒で爆発して、前田は下條の顔を眼鏡の上からぶん殴ってかなりの負傷をさせたのだという。これに毎日新聞の小野七郎が絡んで、彼は気分の上からも商売仇という点からも前田を排して下條と組んでいた。小野と前田はいずれもローマ在勤既に十年近く、語学の点でも甲乙のないところであったが、それだけに競争者意識もまた強かった。

＊ ローマ大学に留学。一九三六年、朝日新聞ローマ支局に入る。一九五〇年、NHKに入り、一九六四年、NHK会長。

これを軽蔑して傍から白い眼で見ていたのは読売の嬉野と、バルカンからローマに移って来た朝日の河野とであった。しかし河野と嬉野とは全く没交渉で、それに河野は河野で、折柄ロンドンへの赴任の途上、ローマに滞在していた同じ社の磯部佑次〈注—磯部祐治〉を、「あのけだものめが」と言って蛇蝎よりももっと激しく憎み嫌っていた。

2 チアノ伯

三吉の社のローマ支局はイタリアの国営通信社ステファニ本社の中の一室を借りて仕事をしていたが、このイタリア通信社も三吉の社の東京本社に比べると、まるで無住の家かと思われるほど、いつもひっそり閑としていた。人の出入りも余りない。どこで誰がどんな仕事をしているのか、頭取と支配人はひとりひとり大きな立派な室に収まっていたが、記者らしいものはどこにいるのか余り目にふれなかった。

その代り政府が経営する新聞記者会館は立派なものであった。一階はぶちぬきに広い室である。その片隅にはバーがあり、ロビー兼図書室兼ときとしてはダンス場にもなることがあった。黒人のバーテンはいつも白い歯をむいて機嫌よくシェーカーを振っていた。二階から上は各国の特派員が安い室代で借りることのできる専用事務室になっていた。宣伝省の発表文書も、ステファニ通信社のニューズも刻々ここに配達されて来る。欲すればじっとしていても、ここにいるだけで一応の仕事はできるようになっていた。

　三吉は毎日、気紛れにあちらこちらの名所旧蹟を見て歩いたり、大使館や武官室に駄べりに行ったり、新聞記者会館に来てごろついていたり、支局で現地雇いのイタリア人支局員フランキーネに日本の将棋を教えて三日目にはさし敗かされたり、処々方々のうまいものを食い歩いたりした。日本の大使館では河原という一等書記官と三原という三等書記官とが同じ室に机を並べていながら、毎日猛烈な喧嘩をしていた。この室にはほかにも二人の書記官がいたが喧嘩がはじまると二人とも愈々深く自分の書類の上にかがみこんで、一ことも口をきかないようにしていた。別の室にいる天羽大使*や、坂本参事官はこの激しい啀みあいを知っているのかいないのか、彼らもこれには全然口を出さないようであった。そして大使は殆んど毎日のように、郊外のゴルフ場にやって来た。

昭和 15 年 3 月　ローマにて

＊　天羽英二。外務省情報部長、外務次官、情報局総裁を歴任。

　そこには外相のチアノ伯などもよく昼食の時間に来ていた。広々とした芝生の丘のうねりを見晴らして、バルコニー式の食堂がある。これに続く本屋の方には談話室もバーもあった。昼食後の休みが殆んど午後一杯、早くても午後四時、甚だしいのになると午後六時ぐらいまでも続くこの国の慣習は、戦争にこそまだ入っていないが、刻々それに向って歩き、現に非交戦状態というきわめて緊張した事態の中にあってすらなお、依然として平気で守られていた。政府の高官たちは多くは婦人を同伴して、ここに車を乗りつけて来た。日当りのいいバルコニーはこれらの人々で華かに充される。

　チアノ伯*は洒落な青年であった。彼は大抵秘書一人をつれて単独でやって来る。誰の顔もみずに、人々の間をずーっと通って行く彼の様子には、この国の事実上の主権者であるムソリーニの女婿であり、外務大臣であるというその地位と、顔といい姿と言い服装といい、いずれも一流の整いを持っている己の外貌とに対するはっきりした自信が現れていた。

＊ チアノは、ベニート・ムソリーニの長女エッダ・ムソリーニの夫、一九四三年七月のファシスト党大評議会でムソリーニ不信任派の急先鋒に立ったため、銃殺刑に処せられる。

彼が入って来ると、人待ち顔に先刻からひとりあちらこちらの卓子についていた美しい娘が三人か四人、必ず彼の方を物乞うような瞳でじっと見るのである。彼女らはいずれもチアノ伯の情人だという話であった。その日の昼餐の卓にどの娘が招ばれるかは、チアノ伯のその日の機嫌で定るのであろう。チラと目が会えば、その娘はすっと立ってチアノ伯の卓子に席を移し、いままでの、美しいなかにもいくらか憂いを含んだ表情は急に太陽の輝きと変って、青く大きな目も、赤く弾力的な唇も、急に活々と動き出し、髪毛までが金色の光をますかと思われるのであった。日によってはチアノ伯の眸は全然どの娘の視線にもふれないことがあった。そんな日は、チアノ伯はその快活で朗かな笑顔を立派な紳士や、淑女などの卓子に据えて、急に陰影をましたいくつかの美しい顔が彼の背後にいることなどはてんで考えてもみないかの如くに談笑するのであった。

天羽大使はときどきチアノ伯と一緒にコースを歩く。そんな日、あとで大使は必ず

チアノ君がね、こういった、ああ言った、という話をいかにも嬉しそうにするのであった。

「君たちまだ聞いていない？　なんだね、記者諸君も余程のんびりしているじゃないか。きょうチアノ君は……」

三吉たちは天羽大使のことを大使といわずに彼の昔の肩書とおり、「情報部長」と呼んでいた。

チアノ伯がこうして「仕事」をしているとき、ムソリーニの娘であるチアノ夫人は、街の噂によると、公々然とある歌劇役者との恋に耽っていたのだという。ローマの到るところで人々は火遊びに狂う夫人の姿を見かけることができるという話であった。

夜の世界も盛大であった。三吉は夜毎方々のカバレーを踊り歩いた。そしてどこででも女はきわめて易々として肉の取引きに応じ、自らもそれを享楽するかの如くであった。

ブダペストから中村が追いついて来ると、三吉は河野と三人でポンペイの廃墟を訪れ、昨日今日流れ出したばかり

のように生々しく、鋸の歯のように鋭い刺を持った溶岩を踏んでヴェスーヴィオの噴火口にも登ってみた。この登山で三吉は靴を一足完全にだめにしてしまった。その夜、ナポリの酒場で、河野は彼がかつてローマで知っていたある美しい女に偶然出会って、そのままどこかへ行ってしまった。

翌朝彼が説明するところによると、この女は画家のなり損ねで、曽つて彼はローマ郊外の地中海に面したオスティア海岸でこの女に初めて会って以来、どうでも好きになり、爾来機会あるごとに口説くのだが、何彼と贈物をまきあげられるばかりで一向に埒はあかないのだとのことであった。

「昨夜はどうだったね？」ときくと、河野は白々と笑いながら、その逞しい頚を激しく左右に振った。

3　朝日の磯部記者

お前が一緒ではいやだ、というわけにもいかないので、結局三吉と中村とは磯部と同行することになった。

磯部を三吉は北京時代から知っていた。その頃、北京の三吉の支社に通じる東堂子胡同の入口に近く、レイという小さな酒場があって、三吉たちも通りがかりにちょいちょい立ち寄っていたが、そこに磯部もよく自動車でやって来た。

「朝日の支局次長さんですとさ。えらいんですぞ。諸君のようにただの平記者ではありませんぞ」

自分でも少しは美人だと自信しているここの女主人のレイ子は磯部のことをこんな風にふざけて言った。

「それでマダムも彼を大切にするわけか」

「そうです。だから御覧なさい。彼は毎日額だの、花瓶だの、壁掛だの、いろんなものを持って来ます。諸君のように手ぶらで来て、掛けで飲んで、悪口だけたたいて帰るのとは違いますぞ」

「それはあんたが瘻付きだってことを彼はまだ知らないからさ。大瘤・小瘤と御叮嚀にも二つもくっついていると知れば、持って来たものも皆持って帰るだろう」

「言ってみようか？」

「言って御覧よ。きっと持って帰るから」

「そんな感じの人だわね」

マダム・レイと磯部の間がその後何らかの発展を示したかどうかは三吉は知らない。三吉はその後間もなく仏印へ転任して行ったのであった。

三吉と中村とは同じ車室であったが、磯部はひとり離れた室にいた。ブダペストでの果さぬ恋について中村はいろいろなことを話した。そして、フランスとの国境を越えぬうちに彼らはベッドに入った。

夜中に近く、何者かが車室の扉をノックした。そこにはピジャマの上にガウンを羽織った磯部が立っていた。フランスに入国するには様々な書類に必要な事項を書き込まねばならなかったのだが、三吉たちは宵のうちに書き込んで車掌に渡しておいたのに、磯部はまだ書いていないのだという。いま官憲が来たけれど、何を書くのか判らなくて困りきっているから何とか助けてくれ、という。

「英語とフランス語の両方で印刷してあるから、君にも判る筈じゃないか」

食堂でしたたか飲んだブドー酒の勢いをかりていい気持で眠っていた三吉は、起された忌々しさから意地悪く動こうとはしなかった。

「それが君、時間がないので、全く困ったんだよ」

「ここは国境か?」

「そう。いま政治警察と税関がやって来るんだ」

「政治警察が来ようが税関が来ようが、俺たちは起されんでもすむように、ちゃんとボーイに手配をすませていたのに、仕様のない野暮天の赤毛布野郎だな君は。碌におつき合いもしらないくせに困れば遠慮なく人を起しやがって!」

「頼む。頼む」

何と思ったのか、磯部はいきなり廊下にぺたんと坐って、両手を合せて三吉を拝んだ。

「よせよ、みっともない!」と中村が怒って怒鳴った。

三吉は仕方なしに出かけて行って、磯部の書類に必要なことを書きこんだ。

その磯部は汽車がパリのリオン駅に着くと、迎えに来ていた朝日の支局長渡辺紳一郎*と一緒に三吉と中村には挨拶もしたかしないかの遽しさで、さっさとどこかへ行ってしまった。そしてそれっきり彼らの前には姿を現さなかったが、あとで聞くと、彼は毎日百貨店や蚤の市などをへめぐって、買物ばかりして歩いているとのことであった。

＊　ＮＨＫテレビのクイズ番組「私の秘密」のレギュラー回答者として出演、博学ぶりを披露した。

「ローマでも百貨店ばかり歩いていやがったが、いったい何をそんなに買って歩くものがあるのかね」

「先方じゃ、太田の奴はカバレーばかり飲んで歩いてやがるが、何でそんなに冗金を使うことがあるんだろうと言っていらぁね」
「同じ買物でも物と酒じゃ向うの方が利口かな」
中村と三吉とはそんなことを言って笑った。

4　七年ぶりのパリ

三吉にとっては七年ぶりのパリであった。圧倒的に厳しかった母の膝下を離れて――それだけでも三吉にはどれだけ悦しかったか判らないのだが――どんなに歪んだ形にもせよ、ともかく人生というものにじかにふれることのできたのは、この街のど真中においてであったように、三吉には思われる。依然送金による生活ではあったが、母から送って来るものは貧書生としても処詮充分でない金額であった。一方には天井の知れぬ贅沢の誘惑が到るところにあるとともに、その傍らにはどんなどん底生活でも営むことのできるパリである。三吉は僅かな金のやり繰りということを覚えた。一夜は豪華なレストランに遊び、月のうち一週間は自室でパンとバターにソーセージぐらいの手料理だけですごすなどということもここで経験したことである。東京にいたときは、よってたかって他人どもが（その中には母も入っている）三吉の意志や感情とは全く別個に解決してしまった恋愛の縺れも、ここでは彼ひとりの手で何とかしなければならなかった。

三吉は、七年前にはその前を一個無縁の大建築物としてただ眺めて通りすぎたにすぎないグラン・トテルに、いまではサロン付の豪華な室を占領して、街角のビストロ（立ち飲み屋）の代りに、欲するならばこのホテルのバーで欲するだけの酒を飲むこともできる。

だが三吉はどこに行っても何となく落着かない面映ゆさを心の一隅に感じていた。パリという街は、今日の三吉が立っているようなところからでなしに、七年前、月の半分は殆んど一文なしの貧書生として暮らしていたあの場所から、じっくりと眺め、人知れず忍び入るべき街であったのかも知れない。

街の姿はどこと言って殆んど変っていなかった。強いて探せば、街のいたるところにある像や石碑やその他の歴史的或は文化的記念物が土嚢で厳重に包まれていたことと、レストランもシネマも、カバレーも軍服を着た人々でその大半が占領されていたことと、夜になれば、要処々々の青電灯だけを残して、街中がすっぽりと黒い袋を冠せられることぐらいが変わっている点であった。人々は相変らずカフェーのテラスで冗漫と珈琲をすすり、公園は悠長な散歩人で充ちており、グラン・ブールバールには人の波が絶えずさしたり退いたりしていた。

しかも三吉にとっては、このパリはもはや昔のパリ、三吉の頭や心の中に残っていたパリではなかった。

この街には何人かの既知の人々がまだ住んでいた。将来はきっと左翼文壇のすぐれた明星になるだろうと思われたアンリ・プーライユ〈注―フランスの無政府主義の作家〉は依然たる貧困の中に家族たちを残したまま、いま西部戦線に出動しているとのことであった。三吉が住んでいた家の差配人は病気で寝ていて、毎朝彼の室に牛乳を届けて来たその息子は出征していた。最後まで波瀾の多かった恋愛の終幕を型どおりマルセイユでの涙の別れと、これにすぐ続く病気――そして死とによって清算した三吉の曽ての情人ドニーズの、パリでは一時一緒に生活したこともあった妹のテレーズはノルマンディーの田舎で既に三人の子の母になっていた。

自分には一週間にひとりずつ身分のある女の恋人ができるとむきになって主張して、皆から半太郎という綽名をつけられていた小柄の画書生岡本太郎は金のあるにまかせていまだに絵具と金と若さの浪費生活を続けていた。そしてそのもぐらもちのように小さな眼を気忙しくまたたかせながら、三吉に向かって何度となく、「君も偉くなったもんだなあ」と繰り返して歓声を送った。三吉はその言葉の裏に、昔は君は始終五法の金にも困っていたもんだがなぁ、という響きを感じとって、いまこの男と向かい合って掛けているバーの豪勢さを改めて見廻すのであった。和製コールマンと綽名されていた貧乏画家の鶴見は、曽てフェリレタというスペイン美女が金持ちの中野秀人〈注―詩人、画家、評論家。中野正剛の弟〉と結婚した際ピストル騒ぎまで起した頃の華かだった色男ぶりはげっそり削けた頬の肉とともにどこかに置き忘れてしまって、いまでは日本大使館の一室で、何をしているのか絵筆をペンに持ちかえて辛うじてその日を送っている様子であった。そして、恰も同僚の室にでも通るような狎々しさで大使の室に通り、白髪の美老年沢田大使と談笑しながら連れ立って廊下を歩き、大使の自動車に同乗してどこかに出て行く三吉の姿を、自分の席からじっと睨みつけるようにみていた。

5　井上勇

マジノ線のこちら側の生活は土嚢と軍服姿の氾濫と夜のブラックアウトさえなければ、どこに戦争があるのかちょっと判らないほど平穏で豊かで朗かであった。

人々は空襲についてはいろいろと考えているようであったが、マジノ線が破れるか破れないかという問題については、もう考えることにも議論することにも全く飽き飽きしているかのようであった。

広い窓をどれもこれも青い塗料で塗りこめてしまった事務室の中で、外は晴天なのか曇天なのかそれとも降っているのか、ともかく室の中では、人も紙も机も皆ひと色に青い光りに染まりながら、三吉の社の同僚たちは刻々チッカーで送って来るアバス通信社のニュースに黙々として読み入っている。三吉が事新らしく持ち出したマジノ線の安全度に関する質問に、答えないわけにも行くまいといわんばかりの、甚しく熱のない態度で

「破れるという人もいるし、破れないという人もいるよ」

と答えた。

そして彼らは殆んど一時間か二時間おきに、隣りの小カフェーに出かけて行って、ビールかブドー酒を一杯ずつ飲んで来るのであった。

三吉の社の支局には支局長の入江啓四郎*のほかに、前の支局長の井上勇**もまだ帰国しないで留まっていた。夫人を一緒に連れて来て、自分の家と支局とセーヌ河の岸にある本屋と、この三点を結ぶ道しか殆んど歩くことのない変わりものの入江とは対照的に、井上は婦人流行帽製造工のフランス婦人と同棲して、緒の切れた凧同然どこでもふらふら飛んで歩き飲んでいた。

＊　同盟ジュネーブ、パリの各支局長、外信部長。戦後、時事通信社の時事研究所長。愛知大、成蹊大、早大、創価大の教授。国際政治学者・入江昭は息子。

＊＊　東京外国語学校卒業。北米朝日新聞などをへて、同盟通信入社。パリ支局長、昭南支局長、欧米部長。戦後、時事通信取締役。翻訳家。

大きな薄暗い建物の中の地図のほかは何の装飾もないがらんとした室に、大きな机を据えて、小柄な身体をちょこなんと椅子に乗せていた元駐日大使ピラ氏は、対極東宣伝の衝に当っていたが、井上はこの人の前に出ても大きな声で雑談するばかりで、いっこうに仕事の話らしい話はしなかった。アバス通信の本社でも彼は部屋から部屋へ、ノックもせずに勝手に出たり入ったりしたが、ここもイタリアのステファニ通信社と同じように、ひっそりした感じの中で、彼の笑い声のみが大きく響き渡るのであった。前に東京にいたアルソーという軍人上がりの記者は極東部長に

なっていた。この男は三吉がまだ月給四十五円の頃、二百円で彼を助手に雇おうとした男である。彼は三吉が仏印から打電した電報のことをまだ覚えていて、

「君の電報は悪意に充ちていた」などと言って、神経質に頭や顔をぼりぼり掻いた。

井上は日本人倶楽部の総会にも三吉を引ぱって行った。そこには藤田嗣治や早川雪洲〈注―俳優〉なども来ていた。井上はこれらの人々ともわいわい言って笑ったり話したりした。そして早川のことを、「あの男は田中路子〈注―声楽家、女優〉から何も彼もまきあげて、目下それで食っているのだよ」と対手に聞こえはしないかと思われるような大きな声で三吉に説明した。

三吉は井上の家にも招かれて行った。彼が同棲しているフランス婦人は白豚という感じのする、どうみても美人とか上品とかいう型とは縁のない、肥った、それでいてひどく神経質らしい大年増であった。彼女は三吉との三ことか四こと目に

「妾は井上がつれて来る日本人の大部分を嫌います。彼らは多く野蛮人です。人を見るとすぐ、この女は淫売ではないだろうか、という目色を露骨に見せるのです。日本人と同棲している女は例外なしに淫売でなければならないと彼らは思っているかのようです。但し、たった二人の例外がありました。ひとりはいまジュネーヴにいる本田良介*さん、あの方はいい青年です。妾は彼を愛するようになるかも知れないと井上に言っているのです。彼は親切で、愛が何であるかを知っている男です。もう一人は……」

＊　戦後、共同通信外信部長。レッドパージで解雇される。ジャパン・プレス・サービス代表取締役、日本ジャーナリスト会議副議長。

もう一人の男を三吉は知らなかった。しかし本田というのは三吉と同年輩の、目が大きくて色の白い、女の子のように静かな青年でパリ支局に勤務していたが、その後ジュネーヴの特派員になって行った男であった。

6　夜のパリ

夜のパリも昼のパリと同じように、軍服が氾濫しているということのほかには、制限時間の十一時までは、昔のパリと何ら変ったところはなかった。

前大戦の経験は兵士を「動かざる前線」に余り長い間引き続き罐詰めに繋ぎとめておいてはいけない、というこ

とをフランス人に教えたらしかった。それは人口の自然増に悪影響を及ぼすだけでなしに、前線と後方とを全く隔絶した二つの別世界に分けてしまう結果、後方の妻たちは恋の火遊びで社会の秩序を乱し、それが前線の夫たちを不安にするばかりでなく、怠屈さは塹壕の男たちを急速に左翼思想の病気に伝染させるという新事実が発見されたのである。男たちは三ヶ月に二週間宛、汽車で十時間もあれば帰って来れる後方に放ちやって、そこで思い思いに。妻や許婚者や恋人たちの不満を満足させたり、彼ら自身の怠屈を忘れさせたり、または奢侈と飽満の再経験によって、即ち娑婆の風に当りなおすことによって危険な思想への感染を予防したりすることが大切だと考えられたのである。

軍服の男たちはそういう理由で街に氾濫した。家族も親戚も知人も友人も、そして未知の人々も、彼らをとりまき、彼らを歓迎し、彼らにあらゆる我ままを許した。塹壕の虫は塹壕の虫であることだけで充分国民の英雄であったのである。

午後十一時になるとすべての人々が酒と踊りと女とから追い払われて、室内も室外も同じ色に返って行った。しかし、三吉はモンマルトルやモンパルナスやサンドニーやカルチェラタンなどの、三吉が昔から知っていたこれらの隅々に、叩けば開かれる音のない扉がいくつでもあることを知るにはそう困難は感じなかった。午後十一時以前に比べてそこに欠けていたものは音楽だけである。酒もあれば、女もあった。自分で何かのメロディーを歌って踊る分には陽気さが足りない憾みはあっても、踊るに不自由はなかった。

三吉はある朝、モンマルトルのごちゃごちゃした屋並みの一室で、引き眉も濃い口紅もはげてしまった、大柄なブロンド娘の床の中に、パスポートも金入れも何にもないすってんてんの自分を見出したことがあった。ズボンのポケットに五十法札がたった一枚入っているきりである。

女はしどけない様子をして眠りこけている。昨夜はどの家からどの家へどう歩いたか、痺れた頭は何の脈絡もなく、とぎれとぎれにしか憶えていない。

昔のモンマルトル——アパッシュ〈注—パリのならず者〉の活舞台であったカルコ〈注—フランスの詩人、小説家〉好みのあの悪のカルチェとどこが異っているのか……

三吉は弱りながらも苦笑しつつ、グラン・トテルの自分の室に帰って来た。すると、机の上に「用心のため余が預って帰ってきた。井上」と書いて、パスポートと札入れとが重ねて置いてあった。

中村が誘いに来て、渡辺の家に晩餐に呼ばれて行ったとき、表でのつき合いでは豪放でかなり無軌道だとばかり思っていたこの男の内側の生活がその外見とは如何に異ったものであるかを一目見て三吉は意外の感に打たれた。三吉に比べれば七、八年、或は十年以上先輩であるこの男は東京にいた頃から、何か事件があって現場で出会うと、三吉に対してよく「おい駆け出し、君行って少し調べて来い」などと言った。そして自分は悠然と構えていて、人が走り廻って調べて来たことを平気で本社に電話したりしていた。黒坊に近い真黒な顔にその頃から人を食った気障な口髭を生やして、いつも外国たばこをふかしていた。

その彼がここではいかにも小じんまりと暮している。趣味だとあって、船に関するあらゆる玩具や装飾品を集めていた。ほかに、いろんな地図をも蒐集していた。しかも、その蒐集品がもし売ればいくらぐらいにはなるという話を彼は熱心にした。

日本婦人の中でもむしろ小柄な方に属する彼の細君は身体に合せて顔も小さかったが、その小さい顔は彫刻人形のように整っていた。そしてそれが却って淋しい蔭をつくっていた。

食事が終ると渡辺は、「ちょっと用があるから、君たちは家内をつれてカジノ・ド・パリにでも行ってくれ」と言い置いて、どこかへ出て行ってしまった。そのあとで、三吉たちは猛烈な勢いで夫の悪口を言いはじめた夫人の一言一言ヒステリカルになって行く言葉に何と答えていいか判らなくなって、弱り切ってしまった。夫人はいま自分が来ている服が既に甚しく流行遅れなのに

「渡辺はほんとうに恐ろしいような守銭奴なんですよ」

と言う。

三吉は中村の耳にそっと、「渡辺には恋人でもあるのかね」と囁いたが、中村は知らぬと答えた。

舞台は相変らず絢爛として、光と肉の香にむれ輝いていたし、客席には香水と腋香の匂いが重く漂っていた。余り面白いとは思わず、半ば怠屈して見ていた三吉は隣席の渡辺夫人の手が強く彼の手を握り締めたとき、冷水を真向から浴せかけられたように身体のうちが冷くなるような気がした。

7　微妙な独伊関係

イギリス行きの査証は容易に埒があきそうにもない。三吉は結局ドーヴァ海峡を渡らないまま、再びローマに帰っ

て来た。

そこには帰朝命令を受けた森が、近くナポリから乗船する予定で、ブカレストから出て来ていた。勿論彼の恋人も一緒であった〈注―『ある終戦工作』によると、森が帰国命令を受けたのは一九四〇年二月三十日〉。森は恋人が自殺しはしまいかということを頻りに心配していた。かと思うと宿屋で彼女を殴りつけたとかで、どえらい騒ぎをおこしたりしていた。

三吉はできるだけ彼ら二人の葛藤には近づかないように心掛けていた。森は大使館に行ってまで、恋人自殺の危惧を話したと見えて初めは森に相当好感をよせていた天羽大使も
「あの男は君、あれは馬鹿だね。第一みっともないではないか」と言って眉をひそめていた。

森は結局恋人の将来を彼と同郷出身のスイス公使栗原正に頼むのだと言って、恋人同伴でスイスへ発って行った。*
＊『ある終戦工作』によると、森は五月二日、パリ経由でスイスに向かった。なぜスイスに向かったのかは書いていない。森は五月三十一日、伏見丸でナポリ港を出帆、帰国の途についた。
三吉はこの街でひとりの興味あるハンガリア人と知己になった。それは河野の紹介になるものであったが、ハンガリア失地恢復聯盟という愛国団体のローマ駐在員で、タマシュと名乗っていた。

質素で余り広くない室の中に一杯になっている感じの、並はずれた大男で、人と話すときはいつでも上から覗き込むような恰好をしていた。最初に会ったのは夜であったが、彼の握手は飛び上るほど痛かった。

鬼のように大きくて鋭い目を対手の上にじっと見据えて、眉の根に太い八字皺をよせながら、一語一語を対手の額に押しつけるような調子で話すのであった。

遅くとも年内にはイタリアも結局参戦することになろう、とする意見ではタマシュと三吉とは全く一致した。そこで、彼らハンガリア人にとっては、かねての宿望であった失地恢復の好機が訪れるわけで、そのためには、彼らの国は全面的に独・伊の両国と協力するのであるが、しかし、とタマシュは言う。

「ドイツに対する場合と、イタリアに対する場合と、同じ協力と言ってもそこにかなり重要なニュアンス上の相違があるのです。われわれの立場をよりよく理解して貰うためにはあなたがたに、是非ともこのニュアンス上の相違を

判って貰わなければならない」

タマシュは明瞭な言葉では言わなかったが、要するにハンガリアとしてはドイツを恐れ、イタリアにより多く親しんでいる、という意味を匂わせていた。

このことは三吉がかねて秘かに感じていた独・伊関係の微妙な内面とも関連のあることであった。独・伊の提携と言うも、その裏面は、殊にバルカン地方に対するその勢力圏伸張の欲望を繞って、相当複雑且つ深刻な矛盾を孕んでいることを、各国を経巡っている間に、三吉は強く感じていた。また、国と国との公式な関係は別として、ドイツ人とイタリア人は一般的に言って、決して相互に好き合い尊敬し合ってはいなかった。というよりもむしろ、彼らは多くの場合、互いに軽蔑し合い、嫌い合っていた。

ハンガリア人も勿論このことを知っていた筈であり、そこにハンガリア独自の対独・伊政策が生れて来るのであろう。

タマシュは近くブダペストに行く三吉のために何通かの紹介状を書いて与えた。

三吉は漠然とではあったが、イタリアの参戦は相当逼迫していると感じていた。それは表面に現れた政治や軍事の諸情勢がそう思わせるばかりではなしに、イタリア国民

——と言っても三吉たちが普通に接触し得る何でもない、そして多くは何にも知らぬ人々の気合いが何となくそうしたものを伝えていた。タキシーの運転手だの、ホテルやレストランのボーイだの、店番の男や女だの、そうした人々の気分が、最近特に目立って、こうしていても仕方がない、どうせやらねばならぬ戦争なら、一思いにやっつけたらい、というようなところへさしかかっていた。この意味ではムソリーニ政府の気長な輿論工作は急速にその効果を顕わして来ていると思われた。

現実の問題としても、イタリア国民の多くが最近相次いでどんどん軍務に動員されていた。三吉があるカバレーで知り合ったエルマという女の家に行ってみて、三吉は彼女のいるアパートが大部分は出征軍人の妻や子で充たされていることを知って驚いたのであった。エルマ自身も、三吉は現実に彼女の家に足を踏み入れるまでは知らなかったのだが、実は二人の子の母であり、夫は目下出征中であった。

二人ともかなり酔って、踊り場での陽気な浮ついた気持をそのままタキシーの中から彼女のアパートまで持ち越して、意味もなくけらけら騒々しく笑いながら、そのまま寝てしまった次の日の朝、三吉はエルマが娘ではなくて人の子の母であり、出征軍人の妻であることを初めて知って実

に嫌な気がした。彼女の二人の子は、これも出征軍人の妻であるという彼女の姉が世話をしていた。そしてエルマは生活のためにカバレーで踊っていたのである。

朝になると、エルマも余り愉快ではなそうな顔をして、昨夜ほどには喋りも笑いもしなかった。姉と何か何度も途切れ途切れに口論でもしているらしい様子であった。気詰りなので、もう帰ろうかと思っていた三吉を、無理に食堂に連れて行って、二人だけで朝食をとったときも、エルマは、隣の室でまだ何やら口論の余うんをもらしていた姉と、扉ごしに時々激しい言葉のやりとりをしていた。三吉は心から気の毒に思って言った。

「僕は全然知らなかったもんだから……」

エルマは強いて造り笑いをして、「妾たちだって食べて行かなくちゃならないんですもの」と答えた。そして、このアパートの大部分が彼女ら姉妹と似たような境遇の人々で充たされていることを話した。

8　日本語学生ソーシャ

三吉はヴェネチアのホテル・ダニエルリで三日間、ゆっくり寝て暮した。曽ってドイツのフォン・リッペントロップとイタリアのチアノ伯の両外相が初めて会して、歴史的な独・伊結びつきの第一の契を立てたというこのホテルは木造ではあったが古めかしくじっくりと落着いた感じであった。すぐ目の下を行き交うゴンドラやモーター・ボートや、やや大きな定期乗合船などを漫然と見送り見迎えつ、三吉はイタリアとフランスでうけた雑然たる印象を、ゆっくりと整理した。

イタリアはソ連を非常に気にしている。フィンランドとの戦争をうやむやのうちに終ったソ連の次の動きに異常な神経を尖らせている。イタリアは多分近いうちに参戦するであろう。

フランスは驚くべきのんきさを示している。彼らはマジノ線なるものをしか、絶対的な防衛力と信じきっているのであろうか。マジノ線はどんなことがあっても、現在迄の破壊力では破ることは不可能なものなのであろうか。それに、フランス人はイタリア人の動きをさまで気にしているようにも見えないが、彼らの間には何ぞ、三吉やその他の世界の知らない密約でもあるのであろうか。

ヴェネチア湾の入口に横わる平ぺたい島リドーでは毎夜華やかなシャンデリアの下で、大勢の男女が酒とたばこのむせ返る雰囲気に酔いながらルーレットの玉の行方に全精神を打ち込んで、血眼の勝負を争っていた。世界に著名なこの水の都の中心にある壮麗なサン・マルコ寺には無数の鳩が舞い来り舞い去って、遠くから見ていると、美しい氷菓子にたかる蠅の群れのように、むしろ煩い風景を描き出していた。そのすぐ隣りのカンパニーレの鐘楼は百メートルに一メートル足らぬ高さで聳え、その上にある鐘つき場では、二人の黒坊人形が各々一本宛の槌を担いで、時間が来るとゆっくりその槌を揮って大きな鐘を気取って叩いていた。その昔、この橋を渡る囚人は二度と再び生きてこの世の美しさを見ることはできなかったというので溜息の橋(ポンテ・ディ・ソスピーリ)と名づけられた石の反橋の両側は、今日では繁華なカフェーと店やの並んだ通りになっていた。

三吉はこの街から汽車でブダペストへ向かった。

三吉はその汽車に中で一人のハンガリア娘と知己になった。汽車があと三時間でブダペストに着く頃、スーツケース一つの身軽さで車室に入って来た背の高い、質素な身なりの、亜麻色の髪をしたその若い娘は三吉の前の席に掛けて、長いすらりとした脚を組んで、ぼんやりしていた。三吉は白粉けも少く口紅もつけていない娘の、生地のままな顔をちらちらと観察し終ると、ローマの支局から持って来た内地の新聞や雑誌に再び読み入った。娘がぶしつけに乗り出して来て、新聞を覗き込む。三吉はちょっと眉をひそめて目をあげた。その目が対手の、笑みを含んだ大きな青い目とぶつかったとき、若い娘のやや薄めで一の字の両端に点を打ったようにきゅっとくくれた唇から、思いがけない日本語が飛び出して、三吉をひどく狼狽させた。対手は甘ったれたように、赤い清潔な舌の先を粒の揃った白い歯並びの間からちらちら覗かせて、快よげに笑った。

三吉はいままでに何人か、日本語を話す外国女性には会っている。彼女らにはだいたい二とおりあって、一つは春をひさぐ女たち——日本人の旅人と何度か接しているうちに、自然に覚えこんだ簡単で下品な日本語を、「あのねもしもし」とか、「いっしょにホテルにゆきますか」だとか、そんな調子で話しかける女たちであって、これは別に驚くにも当らない。三吉はこうした女たちに巡り会うとむしろ著しく不快なものを感じて、答える代りに眉をひそめるのを常とした。もう一つは日本にいたことのある女性たちで、外交官の家族だとか、教師や商人の家族だとか、宗教の関係者だとかが多かった。彼女らはいずれもかなりよく日本語を話すのだが、滅多に話さなかったし、まして見ず知らずの対手に、人中で、唐突として話しかけるなどということはまずなかった。

三吉がいま席に対して掛けている若い娘はそのいずれにも属さない、新らしい型の日本語を話す外国女性であった。

三吉は彼女によってはじめてブダペストの大学に日本語の特別講座があって、男女十数人の学生が受講しているということを知った。講師は曽つて日本に長く済んだ退役の外交官であるとのことであった。

ソーシャ・ポーリと名乗るこの若い女学生の日本語はまだたどたどしく、少し複雑なことになるとすぐ混乱を来して、フランス語の助けをかりなければならなかったが、彼女は三吉の手から借りうけた新聞を拾い読みしようと懸命に試みていた。

この特別講座に出席している男女学生の多くはいずれ東洋——殊に日本に行ってみたいという希望を持っている人々のようであった。そして彼らもまた、日本という国を彼らの勝手に、美しく強く逞しい特殊な国柄のように描きあげて考えている一連の人々の群に属しているものの如くに思われた。

ソーシャは近く三吉のホテルを訪れることを約束して何度も手を握り交してから、颯爽と髪をなびかせながら駅の前の通りを人ごみの中に歩き去った。

9 失地恢復協会のエンマ

燃えるような青葉がダニューブ河の右岸と左岸とからブダペスト全市を蔽い包んでいた。ブダペストの街は青葉の森の中でむせかえっている感じであった。

その中で三吉は実に忙しかった。

仕事のことでも日に何人かの人に会わなければならなかった。また仕事以外のことでもやっぱりそうであった。

外務省の宣伝部長エムベールは三吉のために自動車を一台貸してくれた。

三吉のところには次々にいろんなひとから電話がかかって来たり、使者が来たりした。失地恢復協会の会長であるタシュナディ、そこの常任幹事であるジュノー、議会の下院議長ライツァ、有名な外交評論家でありこの国第一の大新聞ペスター・ロイドの主筆ファル博士、外務省のポール、エムベール、首相秘書官長センティヴァニー、ハンガリア放送協会長コスマ、全国将校会議所会頭アンタール等々……

これらの人々から電話がかかって来たり、招待状を持って使者が来たりする度に、三吉が泊っていたホテル・ウンガリアの彼に対する態度はますます鄭重を加えて行った。

河岸の散歩並木にそよぐ木の葉の頭ごしに、足下にはダニューブ河の満々たる流れを見下ろし、流れを挟んで遥か対岸のブダの丘腹には青銅葺きの巨大な屋根を五月の陽光に燦然と輝かしつつ横わっている旧王宮を眺める大きな二間続きの部屋の中で、三吉はまた毎日何人かの客に接した。例のソーシャもその中にいた。

彼女はほかにも四、五人の学生を伴れて来た。どういうわけか彼女の学友は、女はいずれも立派な身なりをして、顔立ちも上品であったが、男の学生は申し合せたように古びて疲れた服を着ていた。その中でも一番ひどい、むしろ不潔に近い服装をして、頭髪も汚ならしくぼうぼうにのびはびこらしたままにしていた男学生が日本語は一番うまいようであった。彼は簡単なことなら日本語で議論もできた。

彼らは喋ったり、三吉が持って来ていた日本語の新聞や雑誌を見たりして、この部屋に何時間かをすごすこともあった。

三吉はソーシャに、「ときにはあなたひとりだけで来て呉れることを望むのだが」と言った。するとソーシャは無邪気に笑いながら
「だって、ひとりではお部屋に伺えませんわ」と答えた。

ソーシャと三吉は二人だけのときはダニューブ河の河中にあるマルギツィゲーットの島の中を新緑の小径に沿って歩いたり、そこのレストランで食事をしたりした。彼女はある夜、三吉を両親の家に食事に招いた。かなり裕福な商人であった彼女の父は無口ではあったが始終にこついている肥った男であった。それとは反対に間断なく喋り、そしてフランス語を自由に喋り得ることに至って満足を覚えているらしい母親は、娘が日本に行くようなことがあれば自分も是非一緒に行くつもりだ、と言っていた。そして彼らは一家をあげて激しくドイツを嫌い、憎み、そして恐れていた。

父親は、「ドイツはやがてハンガリアを併合してわが国の繁栄を根こそぎ奪ってしまうでしょう」と珍らしく激した口調で言った。

ソーシャは夜九時になると、どこにいても必ず家へ帰って行った。三吉はその門口まで送って行ったが、別れるとき、少し淋しい物足らなさを感じるようになっている自分に、軽く、「おや！」と思うことがあった。尤も、三吉にはこの数日の間に、ほかにも二、三人の女友達はできていた。

驚くような大男のタシュナディ氏と壁一杯もあるかと思われる例の失地恢復地図を掛けた協会長の室で会見したと

き、ドイツ語しか話せないタシュナディ会長の通訳に出て来たエンマという娘もその後度々会っているうちに、一緒に食事をしたり、踊りに行ったりするようになっていた。やや顔の平べたい、そして三吉よりいくらか背の高いこの娘は少々腋香の匂がしたが、健康で快活な、何事にもこだわりのない人柄であった。タシュナディが三吉のところに届けてよこすいろいろな参考書類などを持って平気で三吉の部屋に入って来て、三十分も一時間も油を売って行くこともあった。まさか行くとは言うまいと思ってカバレー・モン・ルージュに誘ってみると、二つ返事で喜んで跟いて来た。夜もいくら遅くなっても家では何とも言わないらしかった。

そして彼女が勤めている失地恢復協会のことについては、事もなげに、「失地恢復がわが国の対外政策の一枚看板ですもの、よくても悪くても、できてもできなくても、やっているよりほかにないのですわ」と言っていた。

エンマはブダの丘の中腹にある純ハンガリア風の料理店に三吉をつれて行った。いくつもの小さな部屋に仕切られている粗末な内部の様子は、この料理店のある地域のごちゃごちゃした汚ならしく貧しげな雰囲気とともに、何となく支那の田舎町の料理店を思わせるものがあった。そこで出された料理はダニューブ河でとれるという鯉の、恐ろしい程大きな鱗をそのまま、まるごと南蛮唐辛子で煮込んだルラシュレーというのや、同じくダニューブでとれる河鮫をゼリーにしたのなど、だいたいはホテルや、ペストの高級料理店で食わせるものとほぼ同じであったが、ただどことなく野趣があるというだけがみそのようであった。

彼女はまた、ツィガーヌ（一種の流浪民）音楽を売物にしている下町の大きなカフェーに三吉をつれて行ったりした。騒々しい中に一種の何とも言えぬ哀調を含めた、コーカシアン音楽に似たこのツィガーヌ音楽は人々の心を掻き立てたり掻きむしったりした。

その夜エンマは自分の方から三吉に接吻した。そして、彼女はそのあとで二人がどこに行かなければならないかをも知っていたし、その家がどこにあるかも心得ていた。

10 ドイツへの恐怖

中世紀風の堂々と厳めしい調度に囲まれた天井の高い大きな部屋の中で、三吉は下院議長のライツア氏に会った。この室に伴われて来るまでの奥深い、のしかかるような建物の感じと、三吉の前を歩いて行く守衛服の男の慇懃に訓練された物腰とからうけていた感じが、純白の頭髪をオールバックにした赭顔のこの人物からうけた第一印象に実にぴったりしていた。彼は傲然と見下すように三吉を見た。そして、恰も怒っているような声で三吉の問いに答えた。

「何故？　何故というのですか？　何故是非とも失地恢復をしなければならないのか、と君は問うのですか？……それは必要だからです。至上命令だからです」

「ドイツは恐れているかって？　ドイツ？　ドイツはわれわれの運命そのものです。恐れるも愛するもない。経済的にも、政治的にも、軍事的にも、文化的にも、われわれの運命はドイツと不可分だ。だが、われわれは独立国家です。ドイツに向っては正当にわれわれの生存権を主張している」

「イタリア？　この国はわれわれの無二の友です。他に言うことはない」

三吉が恭しく守衛に送られて、重い鉄の扉の外側で彼の手にいくばくかの小銭を握らせて帰って来たとき、ライツア氏の秘書から早くも電話がかかって来て、「もしただいまの会見を打電するのであったら、少し待って貰いたい、明日中に文書にして正しい見解をお伝えするから」と申出た。そしてその文書は翌日の夕方、外務省のエムベール氏の方から、三吉とは顔見知りの女秘書の手で届けられて来た。そして、ドイツともイタリアともハンガリアは極めて友好的な関係にあるが、ハンガリアはあくまで独自の立場からヴェルサイユ体制の不条理修正に向って努力するものである、ということが平凡な文字で綴ってあった。

どこの誰に会ってみても、彼らは申し合わせたように同じ言葉を吐く。顔が違い、声が違い、節回しが違うだけで、言われていることはいずれも同じであった。

ホテル・ウンガリアの三軒隣りに、カフェー・ウンガリアというのがあって、毎日昼食後の二時頃から四時頃にかけて、ちょうどお昼のティ・コンサートのある時間、各国の特派員たちがここに参々伍々集って来る習慣がこの町でもできていた。しかし、この町では枢軸系の記者と反枢軸系の記者とでは厳然と二派に別れていて、席も広い部屋の両方の隅にひどく離れて定めてあって、互に行き来するようなことはなかった。

しかし、三吉は平気で、その日その日の気分の向くまま、そのどちらにでも坐り込んだ。坐り心地のいいのは、英・仏・米などの記者たちのいる方で、ここでは始終陽気な笑い声が聞こえていた。

要するに、ハンガリア人はドイツを余り好きではない

――というのは少し遠慮した言いかたで、三吉の個人的印象では、むしろハンガリアはドイツを非常に恐れ嫌ってい る、と結論せざるを得なかった。このことは、はじめ三吉には少し意外な気がしたが、少し、よく考えてみると、却って、当然なことのように思われて来るのであった。強大な隣国は弱小な隣国から常に恐れられ、そして嫌われるものなのである。しかし、ハンガリアは諦めている。ドイツよりももっと恐く、もっと嫌いなソ連の存在がハンガリアの諦観を決定的なものとする。ハンガリアはドイツと一つでなければならないのだ。そのためには、このことを国民に否応なしに承服させるためには、失地恢復政策こそ最大にして唯一の効果的な手段だと考えられた。

だが、ドイツへの恐怖はこの国民を馳って、遮二無二イタリアとの性急な親善関係の確立に赴かせていた。イタリアを利用してドイツを牽制しようとするのがこの国の外交が持つ最も大きな秘密の鍵である。

バルカンに対する野心において、ドイツとイタリアとが必ずしも両立しない、むしろ相克の間柄にあることを、この小国は充分承知していたのである。イタリアもまたハンガリアをドイツの東南進途上に横わる一つの堰となし得れば、それは望むところであったろう。

こうした微妙な関係はカフェー・ウンガリアの集りで枢軸側記者席の何となくよそよそしい、どちらかと言えば互に警戒し合い疎みあうような冷たい空気にも滲み出ていたが、またハンガリアのナチと言われた国粋政党「矢十字党」に対する政府の弾圧態度にも看取された。

三吉は矢十字党の本部を訪れて、そこの室内に充満している粗野で無智な空気とともに、始終真黒な煙をあげて燃え燻っているかに見える対政府憎悪感の熾烈さにも一驚を喫した。

黒シャツを着て赤ネクタイをしめている馬子や船頭の集団としか思われないこれらの人々は、口を開けばただ政府を呪い、罵り、憎むだけであった。彼らは長々しく彼らが蒙った弾圧の歴史を喋り立てる。しかし、三吉がハンガリアの農村と都市との対立関係をどう解決するつもりか、と聞き、ユダヤ系市民の手中に完全に把握され終っているこの国の経済をどうして一般市民の手に戻すつもりかと訊ね、独・伊のバルカンに対する暗黙な進出競争の中間に立ってこれをどう裁くつもりかと質問すると、彼らはいずれも黙して答えようとはしないのであった。

通訳に当ってくれたエンマは帰りの自動車の中で、「あの連中は何にも知りあしないのです。黒シャツと赤ネクタイだけで事態の進行には充分だと考えているのだから」と嘲って言った。しかし、三吉がこの党の幹部たち十人ばかりをホテルの食堂に招いたときには、酒の酔いにつれて、彼らは彼ら同志の間で、三吉には全然判らぬ何かの大議論を勝手放題に吠え立てていた。

11　独軍、全面行動開始

英軍がノルウェーを撤退し、イギリスではチェンバーレンが辞職して前大戦の古強者チャーチルが挙国内閣を組織し、フランスではレイノーの内閣が大改造を行ってシリアにいたこれも前大戦の輝ける老将軍ウェイガンが本国に帰ってガムラン総司令官と交替し、独軍が突如としてリュクサンブール侯国〈注ールクセンブルク〉からベルギー、オランダにかけての全正面に行動を起して一挙にオランダを降伏せしめ、マジノ線がセダンの一点で突破され、ブリュッセルが陥落し、ペタン老元帥がレイノー内閣の副総理となる——などという相次ぐ大事件が五月初旬から中旬にかけての僅か十日間に息もつかせず、めまぐるしく展開して、いままで無気味なほど静謐を保っていた西欧州の相貌を根本的に変えてしまった。

ダニューブ河の河岸に、河風にそよぐ並木の下で赤白のだんびら模様の日覆いをすらりと連ねたパリ式のテラスでは、人々は思い思いに昂奮して、西部戦線の話ばかりしていた。

三吉がこの町について間もない頃、一応敬意を表しておいた駐在武官の西という若い少佐も、最初言葉の行き違いから少し気まずいことになったのが却って幸して、いまでは毎日三吉のところに遊びに来て、少年のような熱情を持って西部戦線の話をして行った。

だが、三吉は何故ということはなしに、西部戦線には問題はない、ときめていた。ドイツは勝つであろう。フランスは必ず敗ける。問題は勝敗がいずれの側にあるか、ということではなしに、ドイツの勝利とフランスの敗北という、三吉には直感的に既定の事実とされたこの結末を續って、その次には果して何が起きるか、ということであらねばならぬ、と考えた。アメリカは参戦するか？　イタリアの参戦はいつか？　ソ連は動くか動かぬか。バルカンの形勢はどう変わるか。トルコの立場はどうなるのか。

三吉はじっとしていられない焦燥にかられ出した。ひとりで、一時に、どこにもかしこにもいたいような焦りと不安とを感じるのである。

しかも現実には何をしているか？

彼はエンマに上海で求めたかなり質のいいひすいのカフスボタン〈注―汪兆銘からもらったものか〉をやった。エンマは簡単に、「ありがとう」と言ってそれをうけとった。

彼はソーシャがある日、あとにも先にもたった一度、ひとりで彼の室にやって来て、いつになく沈んだ調子で、「あなたは既に結婚しているか」と問うたことについて、この数日来、ひとりで勝手な憶測をめぐらしては思い悩んでいた。三吉は正直に彼には既に三人の子供があると話した。

「まあ！」と目を玉のように丸く瞠り、「信じられませんわ！」と呟いたソーシャの心の中にそのとき何が往来したか。三吉はそんなことに引かかつて愚図々々している自分をばかな奴だ、と思った。

早く行け！　と三吉の心は命令している。

ルーマニアではタタレスク内閣が総辞職したと思ったら、即日同じ人物が再び内閣を組織したりしていた。トルコでは参謀総長と参謀次長とが相次いでシリアを訪問した。

いったい何が起っているのであろうか。

ブルガリアも、ギリシアも、ユーゴスラヴィアも一言も音を立てない。

いったい何を考えているのであろうか。

三吉はソーシャに電話をかけて

「明日ブカレストへ発つつもりだが、いつまた帰って来るか判らないから、今夜、是非とも会いたい」と言った。ソーシャは自分の家へ来てくれと頑固に主張した。

その夜、ソーシャの父親も母親も、若い二人が二人だけで話す必要のあることを感じていて、食事が済むとすぐ、客間を出て行った。

しかし、その実ソーシャと三吉とは何にも話すことはなかった。二人は実に真の悪い手持無沙汰な時間を持て余していた。

三吉がポケットに入れていた仏印カンボヂァ産のルビーに似た紅い宝石でつくったブローチの小箱を、記念のために、と言って渡すと、ソーシャはその蓋を開いて、十分ばかりもじーっと見ていたが、ふっとあげた目には大きな涙が一粒ずつ危く溢れ落ちそうになって、睫毛の間にたまっていた。

それでも彼女はにっこり笑った。そして幼ない日本語で言った。

「ワタシニハ　ワカリマセン。アイシテイルカ、アイシテイナイノカ。アナタオ」

それから再びにこりと笑ったとき、ぱらりと涙が落ちた。

そのあとにはもう涙は湧かなかった。ソーシャは優しく、突然姉のようなゆとりを持って、三吉の顔を両手に挟んで眺めた。短い、余り熱情的でない接吻をソーシャは三吉の唇の上に一度だけ捺した。

彼女は門口まで送って来て、小さな声で

「サヨーナラ」と言った。

三吉は翌日エンマひとりに見送られて、朝の汽車でブカレストへ発って行った。

12　再びブカレスト

ブダペストと異って何の趣きもなく、ただ平ぺたいばかりのブカレストの町も、さすがに新緑の候ともなれば、些か装いをかえて、活々と新鮮であった。曽つて冬の間は軽い軽蔑の心しか起させなかったコンクリートの凱旋門から凱旋道路にかけての、パリのシャンゼリーゼまがいのたたずまいも、こうして燃え立つ若葉をつけて見ると、満更でもなかった。

「どこに飛んで行ってたの、随分暫くぶりじゃないか」

小倉はひょっこり現われた三吉を喜んで迎えた。相変らず溌溂と肥っていて、無邪気で明朗な小倉夫人は、三吉が贈ったパリ製の香水の小瓶を何度も何度も嗅いでいた。

公使館には三吉あての手紙が七、八通も保管してあった。それは全部アニータからのもので、そのうち二通はイスタンブールの消印、三通はアテネの消印、他はカイロの消印になっていた。これで、彼女がどんな足どりで享楽場から享楽場を流れて行ったか——他の流浪の女たちの殆んど全部が辿る廻游ルートと全く同じ道筋を踏んで行きつつあることを知ることができた。彼女はそこから多分ベイルート、バグダッド迄行くであろう。そして、そこからアンカラに帰るか、或はテヘランまで足をのばすか、いつもあの病弱で無智な母親を背負って、彼女は流れて行ったのであろう。三吉は微かに惻隠の情を覚えるでもなかったが、長々しいわりには何事も書いてない、間違いだらけのたどたどしいその手紙をひとつも完全には読まないまま、同封してあった気取った写真なども一緒に、結局紙屑篭の中に捨ててしまって、間もなく忘れ去った。

公使館には眼の小さい、細長い顔の、いつも力なげな空腹じみた声を出す宮崎勝太郎が新しい公使として着任していたが、彼はいるのかいないか判らず、水ぶくれの冬瓜に似た蒼い顔をした町田が相変らず、我物顔に振舞っていた。

武官は陸軍も海軍も入れ変っていた。陸軍の方は時々突拍子もなく大声を発して人を驚かす奇癖のあった北野の代りに、おそろしく鼻の孔の大きなロシア通の藤塚大佐というのが既に着任していて、毎日釣竿を担いで、郊外のバニアサ飛行場に近い小川に鮒を釣りにせっせと通っていた。海軍の方は物静かな後藤中佐が去って、そのあとには後藤とはまた違った意味でおとなしく、いつも何事かひとりで内しょ笑いをしているようなところのある鈴木という中佐が来ていた。

そして、ここの日本人社会にとっては西部戦線の成行きよりも、ソ連とルーマニアとの関係よりも、もっと切実な問題——公使館内のごたごたという不快な事件が、この春以来引き続きくすぶりつづけていた。藤塚大佐と小倉とは何が何でも町田一等書記官を追い出してしまわねばいかん、という意見であった。しかるに、鈴木中佐は

「まあ、皆仲よくやりましょうや」とにやにや笑っていた。

そして、ある日、海軍武官室の芝生の、二本の杏の木の下で、全日本人を招いて懇親の宴遊会を催したりした。その席上で小倉は公使館内の町田派とみられる唯一の日本人である鴻巣書記生を面罵したりして、甚だしく一同の興をそいだ。小倉夫人は泣きそうになって夫の腕を引いていたが、小倉はこめかみに太い青筋を怒張させて、頬の、ちょうど奥歯の上にあたるあたりに瘤のような筋肉をぐりぐりと上下させていた。

その頃、モスクワから二人の日本人がブカレストにやって来た。ひとりは海軍武官室のクーリエで、ただ酒を飲むばかりで何事も知ってはいなかったが、いまひとりはモスクワの大使館の一等書記官で太田三郎*といい、肥満した、しかもひどく神経質な、それでいて綽名を「太田しゃべ郎」といわれるくらいに、何事についても必ず一応の意見を堂々と吐く少壮外交官であった。彼はどこまでが事実でどこからが彼の個人的見解であるか一向に分明しないほどの雄弁さで、ロシアの苦境とロシアの行動線とロシアの抱負とロシアの宿命と、そしてロシアの……等々について喋りまくり、三吉を煙にまいた。

＊　英国、豪州、ソ連などに在勤。終戦時は調査局第三課長兼情報局情報官。戦後、横須賀市長。再び外務省に復帰し、ビルマなどの大使を歴任。

最後に彼は、「あなたの電報は非常に参考になりますよ。ええ、非常に参考になります。モスクワでも大いにアプリシェートしていますよ。大いにやって下さい。では、僕は忙しいからきょうはこれで」とぴしゃりときまりをつけて

どこかへ遽しく出て行ってしまった。

これらの客人たちが相次いでモスクワに帰って行ったあと、公使館の庶務をやっていた温厚な高尾書記生は、声のないにやにや笑いを笑いながら、彼らがやって来るとブカレストの物価が約一割がた騰貴する、と串戯まがいに、モスクワの連中が時稀やって来るクーリエに頼んで如何に莫大な買物をするかを、それらの買物の仲介斡旋をした彼自身の手控えの手帳を示しながら話した。

13　観測電報

ブカレストの町でも元首の大きな肖像を飾っておくことが流行していた。トルコではアタチュルクとイスメット・イノニュの初代・二代老大統領の肖像が、ギリシアではゲオルギオス二世の像が、ブルガリアではボリス三世のそれが、ユーゴではまだ十六歳の少年であるピーター一世の瑞々しい美少年ぶりが、ハンガリアでは例の失地恢復地図とともにホルティ摂政の重々しい渋面が、町の至るところで見られるように、ブカレストの町では真紅のもみ裏をつけたブルー・マリーンの大マントを肩から伊達に羽織った美男のカロル二世とその皇太子の像がレストランにもホテルのロビーにも、どこにでも飾ってあった。

そのカロル国王は最近では狂気のようになって、ルーマニアは独力ででも、あらゆる国土を、それを狙うものがたとえ小国であろうが巨大な大国であろうが、ルーマニア人の血の最後の一滴までも流しつくして、これを守り抜くのだ、と機会ある毎に繰り返して叫んでいた。その叫びは西部戦線で他愛もなくドイツ軍の鉄蹄のもとに敗けちらし逃げ潰れてばかりいる英・仏連合軍の無力さに対する絶望的な八つ当りとも聞えたが、また、冷静にこれを解剖すると、刻々迫りつつある北からの脅威に対する助けを求める声ともとれた。

ルーマニア従前の英・仏依存政策は急転回する、と三吉は打電した。ベッサラビアに対するソ連の脅威が現実の重みを加えれば加えるほど、ルーマニアの英・仏色は急速に激減して、驚くべき迅速さで独・伊色へと塗りかえられて行くであろう、と三吉は打電した。

三吉のこうした観測に一番先に異議を唱えたのはルーマニアの宣伝省であった。例の恐ろしいほどの大きな白犬がいつも入口に寝そべっている宣伝省では、三吉が打電許可の検閲をうけに行く度に美しい婦人書記官が何彼と言葉優しく三吉の説の然らざる所以を説明した。

「あなたの言われるところは」と三吉も強硬に応酬した。「それはルーマニア政府の公式見解であって、私の個人的な研究や観測とは関係のないことです。私はルーマニア政府の公式説明以外のことは一字も打電しないというようなことのために、態々東京から派遣されているわけではありません。そんなものなら私が打電しなくても、あなたの政府の宣伝機関であるラドール通信社から自動的に東京へ取次いで貰っているわけです。従って、私のこうした自主的観測の打電がいけないと言われるのなら、私はこの電報をハンガリアかブルガリアに持って行って打電するまでです。そして、ブカレストからは何故打電できなかったかについてもついでに詳しく打電するまでです」

しかし、三吉をもっと困惑させたのは、肝心の東京が三吉の電報を余り信用していないらしいということであった。東京の本社からは、「論文は不要だから事実だけを打電せよ」とか、「個人的見解で事態を歪曲したり先走ったりすることに警戒せよ」というような、甚だ水を掛ける電報が届いた。

三吉は勝手にしろとも思った。そして、「もし俺を信用しないなら召喚しろ、明日にでもすぐ出発して帰朝する、いったい東京では何に基いて情勢判断をしているのか、何が個人的判断であり事実の歪曲だというのか、論文は事実に基く観測の綜合結論である、一々細々した事実を打電しきれるものではない、阿呆なことを言うなら、そして自社で出した特派員の現地判断を信用しないのなら、全欧州から特派員の総引あげでも命じてはどうか」と東京に打電した。そしてそれっきり、当分の間電報を打つのは手控えにした。

だが、毎日見たり聞いたりする事象は悉く自分の結論に対する三吉の自信を強めてくれるものばかりであった。

ルーマニアのカロル王が国境まで出向いてユーゴのポール摂政と会見したかと思うと、ルーマニアの諸新聞はある日一斉に、ルーマニア人がイタリア人と同じラテン民族の、しかも最も純粋なラテン民族の一員であったことを思い出したりした。グラヂゥス博士というのを中心にドイツの経済使節団がやって来て、しばらくブカレストにいたと思うと、この国の石油の流れが、これまではダニューブを下って黒海から地中海に出ていた分まで今度は逆にダニューブ河を遡って行きはじめた。この河を上下する河舟の旗のうち赤地に黒い逆卍の印が目立ってふえて来た。毎夜ホテル・アムバサドールかアテネ・パラスかのバーに集って駄弁を弄する習になっていた国際記者団の仲間も大体において、ルーマニアの対英・仏感情冷却を認めていた。

ある日、外務省が主催で全外人記者団を招いて盛大なコクテルパーティを催し、その席上で、またも独力防衛の宣伝がなされたが、出席した外人記者の誰一人として、この国にそれだけの実力とそれだけの信念があろうなどと信じるものはいなかった。彼らは勝手にサンドウィッチをつまみ、コクテールを飲んで、外務省や宣伝省の高官たちが手分けして、記者団を泳ぎ廻り、説き廻ったことはその場で忘れ去って帰って行ったのであった。

14 アバス通信社記者

フランスのアバス通信社のブカレスト支局にカスターネと名乗る青年記者がいた。頭髪も黒。太い眉毛も黒、瞳も黒、ちょっと見ると日本人かと思われる容貌であったが、よく見るとスペイン人に近いところもあった。彼は帽子を蒙らず、滅多に笑わなかった。始終肩を怒らして、足音荒く歩いていた。

三吉はこの男と急速に親密になった。そして二人の意見は政局上の判断についても一致することが多かった。最近ルーマニアのファシスト団体である鉄衛団の一派が急速に勢力を回復しつつある事実を二人は重要視したし、従来の親英・仏政策の責任者たる外相ガフェンコがモスクワに大使として転出し、むしろ経済学者として有名なジグルツーがその後任に据ついたことの隠れた意味についても二人の意見は一致していた。カスターネは支局長のル・ジューヴとは全く違った政局観を持っていて、そのため始終激しい議論を続けていた。

彼はフランスは敗けると信じていた。それは当然だと言っていた。ドイツのこの真剣な努力に比べ、マジノ線の背後で永年惰眠を恣《ほしいまま》にしていたフランスが一敗地に塗れるのはむしろ当然すぎることだ、というのである。そして、「そんな莫迦なことが……」と根拠もなしに楽観説を唱えて晏如としている支局長のル・ジューヴを言葉激しく罵倒するのであった。

バニアサの競馬場にはいつ行ってみても、派手な軍服を着た高級将校たちが美々しく着飾った女たちの腕をとって充満していた。カバレーやダンスホールやレストランのような夜の世界にも軍服のまま女づれでやって来ている者の数は決して少くなかった。

「フランスとルーマニア!」

「凱旋門からカバレーまでそっくりパリの真似ではない

か！」と三吉が言うと、カスターネも吐き出すように
「この国はいまに潰れる！」と言下に言った。

三吉はこの男と二人で、一週間の予定でベルグラードからソフィアを廻って、ブカレストへ、全コースを飛行機で飛んだ。

ユーゴではイタリアの参戦はもはや必至と考えられていた。そして、この国の行くべき道もいまではローマ・ベルリンへの枢軸街道以外にはないのではないか、というようなことが既に街でも言われかかっていた。

ブルガリアでは思いなしか急にドイツ語が前よりも盛んに話されているような感じをうけた。

ソフィアまで来たとき、三吉は余程、そこからアテネに飛んで、アテネから船でイスタンブールに入ろうかと考えたのであったが、結局カスターネと一緒にまたブカレストに帰って来た。

本来は嫌いなこの町、そして大体事情も見尽したこの町に、三吉は何故再び帰って来たのか。

三吉は帰って来るとすぐ、アテナ街一番地の五階に馳せ上って、そこの釦を押し、開いた扉の内側で、そこにぱっと明るく咲いた白い芍薬のようにほんのりと淡紅色の紅を散らした小倉夫人の
「あーら、いらっしゃい」という声を聞いた。それから宿に帰って、三吉はわれと己の愚かしさを忌々しく自嘲するのであった。

恋というでもなく、愛というでもない。また仮にそうであっても、そうであらしてはならないことを三吉は百も二百も承知している筈だ。にも拘わらず、当然とるべきコースを枉げて、たった一つのこの笑顔と一声のこの言葉とのために、再び大して用もないこの町に帰って来るお前はそれでも堂々たる新聞記者か？

そう厳しく言うな、という声が三吉の心のどこかでしていた。この男はその点充分心得ている筈だ、淋しくもあろうし、少しは大目に見てもやれ！

小倉夫妻は殆んど毎夜のように、二人づれで、三吉の方で誘わなければ先方が態々バーまで探しに来て、時には高尾書記生の夫妻も一緒に、ダンスホールやカバレーに出かけて行った。

小倉は妻と踊るのを嫌って、ミヤというちょっと日本人のような顔をした女を好んで対手に選んだ。三吉は三度のうち二度は必ず小倉夫人と踊った。そして皆が平和で幸福で睦いかった。小倉がときどきひどく剣突な声で夫人を叱ることさえ止めれば、この小さな集いはもっともっと愉快

であったろうと思われた。

15　フランスの降伏

朝日の河野がローマからやって来たその日〈注―六月十日〉、イタリアが遂にドイツの側に立って参戦したというビッグ・ニュースがブカレストの全市に大きな衝撃を与えた。

「フランスはもうだめだ！」と誰もが考えた。独軍はパリの門前に犇々《ひしひし》と攻め寄せていた。

「ああ！　あり得ないことだ、そんなことはあり得ないことだ！」

パリ・ソアルの記者で日頃は一番陽気に喋るコルマンという肥っちょの男は、ウィスキーソーダのコップを片手に、そう叫んで、やがて声を放って泣き出した。

河野も三吉もぶ然としてただ眺めているばかりであった。日頃は誰が何を誰に話しているのか判らないほど騒々しいアテネ・パラスのバーも、独軍パリ突入の報伝わるこの夜ばかりはしーんとして人なきがごとくであった。

「結局、仕方ないさ！」と小声に言うものがいた。すると、コルマンはその声の方に向かって飛びかかろんばかりの権幕で怒鳴った。

「何だと！　悪魔野郎！」。そして彼は手にしていたコップを激しく床に叩きつけた。「ああ、信じられない、僕はどうしたって信じられない。有り得ないことだ！」。

カスターネが、怒ったように

「もういい。此方へ来給え。帰ろう」とぐいぐい彼を外に連れ出して行った。

皆はいつまでも黙っていた。一人去り、二人去り、忽ちバーはからになった。

三吉たちはアムバサドールの方へ行ってみた。そこではドイツ人の記者とイタリア人の記者たちが飲んでいた。しかし、彼らは決して席を同じうすることはなかった。

この夜もひとり離れて飲んでいたDNBのスティーデルは三吉が河野を紹介すると

「ローマから来た？　いつ発ちました？」と不機嫌な声で訊ねて、「イタリアは卑怯で狡猾だとは思いませんか」とむきつけな質問で河野を驚かした。

ドイツ人の記者たちもイタリア人の記者たちも別段とりたてて嬉しそうな表情はしていなかった。

その後は、アテネ・パラスのバーでも、アムバサドールのバーでも、夕方の記者たちの集りは殆んど解消されたにも均しかった。誰も出ては来ない。アバスの支局に行ってみても扉には鍵がかかったままになっていた。

もし、ソ連がこの機会に何らかの動きを示すとしたなら、それはルーマニアのベッサラビア地方に対してであろうか、それともトルコのカルス・アルダハン地方〈注—トルコ北東部のグルジア、アルメニア国境地域。旧ロシア領〉に対してであろうか。

三吉はまる三ヶ月ぶりで一旦イスタンブールに帰ってみることにした。河野も同行しようというので、二人はブカレストから一気に飛行機でトルコに飛んだ。

そこには既に夏が来ていた。海峡と海と丘陵とは林立する回教寺院の尖塔と共に一入《ひとしお》輝きをましていた。

腸をこっそり掻きむしるような哀調をおびたトルコ音楽が街のあなたこなたで奏でられて、アカシアの大木の下には露店の珈琲店が粗末な木の卓子と木の椅子とを据えていた。トルコ人たちは一杯のトルコ珈琲を前にして、余り口数をきかず、そこに凝然と掛けていた。その前を沢山の乞食の群れ——とも思われるぼろぼろの服を纏って、手に手に、大きな木箱を縄でゆわえたのや、細い木で編んだバスケットや、袋や、その他雑多な荷物を提げた男の群れがぞろぞろ通って行った。煤けたうす汚い顔に目ばかりぎょろぎょろ光っていた。隊伍も秩序もなく、ただぞろぞろと歩いて行く。そんな風景が毎日毎日続いた。これは田舎から運ばれて来る入隊者であった。

ガラタ・サラエの波止場からは毎日のように、いまはすっかり仕上って、土色の軍服に身を固めた兵士たちを満載して、どこかに運んで行く船が次々と出て行った。

ドガンは恋人の婦人記者ハチソン嬢が盲腸の手術から恢復して退院して来たので、なお一層陽気になって、毎日酒を飲んでいた。そして、この街に既に十七、八年も住んでいるというイタリアのステファニ通信記者ガスペローニを捉えて
「どうだ老人、イタリアはこの次には、ソ連がトルコに攻め込むのを待って、ドデカネーゼから攻め上って来るつもりだろう」

と対手が嫌がれば嫌がるほど面白がって、挨拶代りに必ずこの文句を繰り返すことに非常な興味を示していた。

ここでも日本の海軍武官の更迭が行われていた。新に来た松原という中佐は何となく小悧巧な、軽々しい感じのする男で、前の十等国先生こと石川大佐の無関心無熱意とは逆に、何事にも自分は絶大な興味と関心とを持っていることを示さずにはいられないといった風の人物であった。松

原は三吉を捉えてまず前任者の批判をやった後、陸軍武官をいたく悪しざまに評した。

立石陸軍武官は三吉の留守中にシリア、パレスチナ、エジプト方面を一巡して、つい二、三日前帰って来たばかりのところであった。ウェーガン将軍〈注―フランスの将軍〉に会ったときの話もしていた。アラビアやエジプトの情勢についても多くの新知識を持って帰っていた。

フランスがあまりにもあっけなく降伏したので、残る最重大問題はトルコを繞る国際情勢の展開だ、と立石大佐は夜の更けるも忘れて、地図を前に論じ続けて止むところを知らなかった。

16　トルコ外相との会見

河野と三吉とは見た目からして既にひどく旧式なトルコ国内航空路の複葉旅客機に乗ってアンカラへ飛んだ。

そして外務大臣のサラジョグルー氏に会見を申入れた。大臣は即日彼らを引見したが、細面の、優しい目をしたこの中老人は、大きな机を隔てて、三吉たちの言うことを慎重に聞いているばかりで、自分の方からは意見らしい言葉は殆んど何一つ吐かなかった。

一つ一つに微細な七色の虹を映したような細い美しい泡のたったトルコ式珈琲が運ばれて来た。巻紙に「ＤＣ」――つまり外交団専用というマークの入った上等のトルコ・シガレットが三吉たちにすすめられる。

サラジョグルー外相は三吉たちの質問に自分が答えなければならない番になると、優しい目を一層優しく細めて、暫く微笑んでいてから、ふっと話題を転じるように、逆に、バルカン諸国の実情などに関する三吉たちの見聞や考えを問いかけるのであった。

三吉は心の中で老獪なものだな、と些かむっとしながらも感歎していた。この目は誰にでも出来る目ではない。

最後にサラジョグルーは小さな手帖をとりだして、三吉たちの質問の要点を、すらすらとそれに書きとめた。見ていると、彼はアラビア文字による旧いトルコ綴りで書いている。

このことは三吉をひどく驚かした。ケマル・アタチュルクの革命共和制が確立されて、アラビア文字が廃され、ローマ綴りが採用されて既に十余年になる。サラジョグルーなどはケマルの最も忠実な協力者として、率先新トルコ文字の普及に挺身した筈の人であった。

じっとその手許を見つめていた三吉を見あげて、例の微笑を見せると、外相は鉛筆を措いて、静かな声で、自分のノートを即座にフランス語にして読みあげた。

「いずれも、微妙な、そしてむずかしい質問ばかりですね。ソ連がトルコ以外のバルカンの一国に対して要求を出したら、トルコはどんな態度をとるか、などというのは一つの仮定に基いた質問だし、フランスが完敗し、イギリスが本国に追い込められた今は、英・仏・土の三国間にある相互援助条約は修正をうけるかうけないか、うけるとすればどんな形をとるか、というのも、まだ事態が混沌としているわけだからなかなか難しい。サアダバッド条約の加盟諸国との間に何か新しい交渉を行う意志があるかどうか……なかなか鋭い質問ですね」

結局回答は誤解を避けるため数日中に文書でする、という約束で三吉たちは引あげた。その回答が来るのを待つ間に、彼らは今度新に設けられた情報局を訪れて、ルーマニア駐在の一等書記官から一躍総裁に抜擢された、まだ若いサルペールに会ったり、官営通信社アナドルー社の社長で、外務次官の実兄に当るメネメンジョグルー老人に会ったり、政府の機関紙ウルスを訪れたりした。

サルペールは元気のいい、大きな男であった。人に不快な感じを与えない程度に、大胆率直な物言いをする手際も心得ていた。彼は河野と三吉を自宅に食事に招いてこの点を認識して、一国の利害に悪い影響を与えるような誤解や曲解を敢てしないように注意してくれることが必要であるということを強調した。そして、トルコは自国の利益と相反するような行動をとる外国人記者を歓迎したり、彼らに国内に留っていて貰ったりしようとは考えていない、というような強い言葉も使った。

トルコの立場は益々微妙だから、外国の特派員にも充分
美しい彼の夫人はピアノを弾き、可愛いい十二、三の娘は三吉たちのために珈琲占いというのをしてくれた。

メネメンジョグルー老人は白髪赭顔の猪首をビール樽のように肥った胴体に据えて、ソ連はトルコに対して何ら悪意のある行動にはでないであろうし、トルコとソ連との関係は今後も引続き極めて平穏且つ友好的であるだろうということを懸命になって説明した。そして彼は、最後にはイギリスがドイツに勝つであろうと言い、これは私の信念だ、とつけ加えた。

三日目にサラジョグルー外相から返事が大使館宛に届けられて来た。それは外務省の格式ばった立派な用紙に、タイプライターで
「刻下の重大且つ微妙な国際情勢に鑑み、貴下の御質問

1940 年２月１日、ソフィア駅（ブルガリア）。トルコ外相サラジョグルー会見の際、右はイタリー「ステファニー」特派員フランキネ君、とある

にはいずれも回答致しかねることを衷心残念に思う」

と約五行ばかりで書いたものであった。サラジョグルーの署名が紙に下半分に大きくのさばっているのが、何だか莫迦々々しいことに思われた。

ネルミン

1　出会い

イスタンブールのカバレー、トルコアズでは一時芋の仔を洗うようであった盛りの時間もすぎて、客たち相次いで帰って行き、急に淋しくがらんとしはじめていた。ドガンたちも帰って行った。先刻まで酔っ払って歌っていたクリスチャン・サイエンス・モニターのレイコックもUPのシャーブルもいつのまにか帰って行った。三吉は五、六人呼んであった踊り子たちを皆追っ払って、そろそろ帰る仕度をしていた。今夜は河野が気難しくて、どの女も皆気に食わないというのである。

「あすこにいるの、あれはどうな？　あんな女がいるのは気付かなかったな」

河野が顎で示す方を見ると、黒い服を着て髪の漆黒な、目の大きい、全体として鋭角的な感じのする彫りの深い顔をした若い娘が、何事かに怒ってでもいるかのように、むっとした横顔を見せて坐っていた。

「俺も初めて見るね。最近来た女かな」

「あれならいいがな」

「さあ、どうだか、二、三度でも前に呼んであれば何とか話がつくと思うけど、初めてではいくら太田さんの顔でも、ちと難しいかも知れん。ボーイを呼んであたってみようか」

三吉と河野がそんな話をしている矢先、その娘を繞って一つの小さな騒動が起きた。ひとりの若者が何やら罵りながらその娘の手をとって乱暴に椅子から引起そうとしている。他の女たちが三、四人急いで立って、二人の周りを取り囲み、何事か口々に喚いた。

黒い服の娘は男にとられた手を激しく振り離して、権高くその面上に言葉を投げつけると、いまし五、六組の男女が踊っている広間をつつーと早足に横切ってカウンターの台の方へ歩いて行った。男も追るように後を追って行った。

三吉はボーイを呼んで、どうしたのだ、と訊ねた。ボーイはさも軽蔑したような口調で、あの男は大学の学生だが、この三、四日毎夜あの黒衣の娘に通って執拗に踊っていたが、何分学生のこととて、コンソマション（バーで消費する金のことで踊り子たちはその分金を受けることになっている）が少く、この男とばかり踊っていたのでは、彼女の収入が皆無なので、それで今夜は娘がなかなか踊ろうといわないらしく、学生が怒っているのだ、と説明した。

「恋人同志というわけじゃないのか？」

「さあ、違うでしょう。あの娘はこの店に来てまだ一週間にしかならないのだから、前のことは判りませんけど」

「前はどこにいたのかね」

「イズミールから来たとか聞いてますが」

「ここへ呼ぼうか」

「そう申しましょうか？」

三吉は頷いた。黒衣の娘は再び前の席に戻っていた。ボーイが彼女の方に行って何か言うと、黒衣の娘はその大きな黒い目をあげて、じっと三吉たちの方を睨むように見ていたが、矢張り何とも言わずに、ただ黙って頭を左右に振っただけであった。ボーイは帰って来て
「今夜はどなたの席にも呼ばれたくない。踊りも踊らないのだ、と言っていますが……」

「恋人への義理立てかな」

「我儘な女で……」

しかし、間もなく先刻と同じような場面が再び展開された。今度は男がとうとう娘の手をとって踊り場へ引き出した。すると娘はいきなり男の横面を音高くはり飛ばした。男は娘を殴り返した上にその胸をついた。娘はよろよろと客席の卓子に倒れかかった。

三吉は自分でもどうしてそうしたのか判らなかったが、気づいたときは男の前に立っていた。そして、その手をしっかり握って言った。

「止さないか、みっともない！」

ボーイたちが二、三人飛んで来て男を抑えた。三吉と男との間は用心棒もかねているいずれも逞しいボーイたちによって隔てられていた。男は何事かを罵りわめきながら、そのまま連れ出されてしまった。

「素早かったな。も少ししたら俺が出てやろうと思とったが……」

柔道も剣道も三段を持っていた河野は両肘を椅子の肘掛けに張って、中腰になって笑っていた。

黒衣の娘は静かに自席に帰っていた。何事もなかったかのような、冷い横顔をつんと立てて、正面を見ていた。

「面白い女だな。明晩来たら、一番先に呼ぼうや」

三吉はうなずいて、娘の方を見ていた。じっと見ていると、初めはそれほどにも思わなかったが、どことなく美しいところのある娘であった。娘が突然顔を廻らした。そしてその視線が三吉の視線とぱったり会った。ギリシア彫刻のように端麗で冷たかった顔の線が急に崩れて、赤い唇が大きく綻びた。真白な歯並びの中で金歯が一枚光っていた。娘は三吉の方に頭だけで軽く一礼したが、すぐまた前のように冷い横顔に変った。

「断わられるかも知れんけど、踊りを申込んで見るからな」

三吉はすぐ立って行って、黒衣の娘の前に一揖して立った。娘は黙って右手に白い絹のハンカチを持ったまま三吉と向い合いに立ち上った。二人は何にも言わずに一曲を踊り終って、すぐ次の曲を引き続き踊った。

「フランス語を話しますか」

「ええ」

それからまた暫くして
「なかなか勇敢ですね」

「妾は強制されることには辛抱できないのです」

娘はやや嗄れ気味の声で言ったが、三吉はそのフランス語の余りにも純フランス式なのに驚いた。

「フランスにでもいたのですか」

「フランスで育ったのです」

「パリで？」

「ええ、パリのバスチーユの付近で」

「じゃ、十一区か十二区ですね」

おや、と娘は黒い瞳をあげて三吉の顔を見た。「あなたもパリにいらしたのですか」。

「学生のとき」

「私は十七歳迄」

娘は三吉の招きに応じて素直に彼らの席に来た。しかし、五分も経たない間に、ボーイが来て何か囁いた。娘の顔に一瞬さっと恐怖の色が浮んだ。

「警察でちょっと来いというのですって」

ボーイたちが件の学生を警官に渡したのでその取調べのためと言うのらしかった。

娘はなかなか帰って来なかった。午前二時をすぎて、店には一人の客も居なくなり、広いホールは全部電燈を消した。

河野は帰って行ったが、三吉はひとり残ってカウンター台のところで、楽士やボーイたちにも酒を振舞いながら、娘の帰りを待っていた。事件が紛糾するようだったら、自分も証人になってもいい、と思いながら。

2　トルコの警察

娘が帰って来たのはもう午前三時に近かった。彼女はそこに三吉の姿を見かけて驚いたようであったが、一旦控室に入って、ハンドバッグなど身の廻りのものをとって来てから、三吉の隣の高い丸椅子に掛けた。

「何故、お帰りにならなかったんですの」と恰も咎めだてするように冷かにきく。

「君の身柄を案じていたのですよ。もし面倒にでもなれば、僕自身で警察に行ってあげようと思って」

「そう、有難う」

「で、どうでした？」

娘はさも忌々しげに唇を歪めた。

「警察なんて、皆、とんでもない豚ですわ。男の方は一時頃帰しちまってたくせに、妾には泊って行けって言うんです……そんな莫迦な！　悪いのは向うだって、妾散々怒鳴ってやった。何をするつもりか、判ったものじゃない」

彼女を連れてそこを出ると、三吉は夜どおしやっている食物屋に入って行った。そこにはまだ多勢の男や女——多くはカバレーから流れて来た連中がいて騒々しく食ったり飲んだり騒いでいた。娘と同じ店で働いている女たちも何人かいたし、他の酒場やカバレーで三吉とは既に顔馴染みの女たちも多くいた。彼女らはみんな、早くも今夜の出来ごとを聞き知っていたらしく、次々に立って来て娘に何か話しかけた。なかには娘と三吉とを見較べて意味ありげに笑うものもいた。

手洗いに立った三吉が壁の鏡の前で髪を梳っていると、その夜彼らの席に招ばれていた女のうちのひとりで、三吉が最初にこの町に現れて以来ずっと知り合いの、そして三吉と既に幾度か一緒の夜を過したこともあるヴェネットの顔が鏡の中で笑いながら近づいて来た。

「約束ができたんでしょう?」

三吉も鏡の中で、女の嘲笑するような目を見返した。

「あの娘とかい?　いいえ」

「こんやの事件、ほんとうの原因はあんたにあること、知ってて?」

「知らない。そんなことないだろう。僕の知ったことじゃない」

「それが、そうじゃないの」

三吉はヴェネットと直接に向い合いに立った。ギリシア生れのこの金髪娘は顔は美しかったが、笑うと歯がみそっ歯であった。それに三吉のポケットから目立たぬ程度に札を引抜いたことも何度かあることを三吉は知っていた。

「きょう、あんた達が入って来たとき、妾はネルミンの隣にいたのよ。おや!　というでしょう。知っているの?ときいたら、いいえ知らない、と言うの。そのうちに、あんたが真先に妾のところに来て踊ったでしょう。そのとき、気付かなかったかしら。ネルミンは自分に申込まれるのだとばかり思ったらしく、半分立ちかけていたのよ。それっきり、あの人は誰とも踊らなくなったの」

「気付かなかったね。第一、あの娘が君の隣にいたことすら僕は気付かなかったもの」

「それが原因よ」

「察するに、ひどく我儘な、或はひどく自惚れのつよい娘なんだね。前はどこにいたのかね」

「誰もしらないわ。とに角、イスタンブールでは初めてでしょう」

媚びるような目で三吉にすりよって来たヴェネットの頬を指先でぐいと押しのけると、三吉はネルミンがひとりでぼんやり待っている席へ帰って来た。

三吉は外に出ると、そこに蝟集していたタキシーのうち一番新しそうな一台を捕えて、次の日の正午まで二十リラで交渉した。それからネルミンを押しやるように中に乗せて、エニキヨイ・パラス、と運転手に命じた。

娘は自動車の隅にじっとうずくまっていた。自動車はまもなく街を出外れて、ところどころに大きな木が二、三本宛つっ立っているほかには何にもない丸い丘を、いくつも越えたり廻ったりして走りつづけた。そして間もなく海岸に出て、丘の裾沿いに海べりを縫いながら、幾つかの小部落を走りぬけて、やがて、海の上に張り出して建てられた大きな建物の前に停った。横の潜り戸が開くまでには十五分ぐらいかかった。頭の禿げた親爺がピジャマ姿のまま眠そうな眼で首を出し、三吉を認めると、黙って中に招じ入れた。

この国のポリスはなかなか煩かった。

3　ボスフォール海峡

すぐ眼の下を半透明なくらげがふわりふわりと次々に流れて行く。白い鴎がぎゃーぎゃー騒ぎながら高く低く翻っていた。大船が通って行ったあとには、対岸の丘の中腹から突然回教寺院の尖塔が光り出して、その下を小舟が喘ぎながら進むと進まぬとも分たずたゆたっていた。

このホテルはいつでもがらんとして殆んど人気はなかった。イスタンブールから黒海の方へ向って、その距離の半分近い道のりを、自動車で来るか、不便な定期の通い船で来るかするほかに、電車の便も汽車の便もない。も少しして、七月に入ると、避暑客がどっと入って来るのだが、それにはまだ十日ばかり早かった。

しかし、陽気は既に夏であった。

張り出しのバルコニーを蔽った赤白だんだらの日覆いが海風に強くはた鳴っていた。どこからか、何かの花の香が強く香って来る。

三吉は籐の肘掛椅子に深くかけて、両足をも一つの椅子に投げあげ、半分仰臥した姿で、ネルミンの動かぬ表情を見ていた。

彼女は彫像のような冷い顔をして、昨夜の禿頭爺が運んで来たハムエッグや、ボイルド・エッグや、紅茶や、トーストや、メロンをそれぞれ食べられるように按配していた。

短いモノシラブルで「塩?」とか「砂糖は沢山? 少し?」とか「白チーズ?」とか、三吉の嗜好を問う度に、その大きな黒い眼が真正面から三吉を見て、彫像はほんのちらと線を崩したが、三吉が「ああ」とか「いや」とか答えると、その瞬間、またもとの冷かさに還っていた。

イラクの外相と法相が相携えてトルコを訪問するという。これは必ずサアダバッド条約の強化と関係のある動きでなければならない。

二十年間国交断絶のままにすごして来たソ連とユーゴとが相互の間に愈々外交使臣を任命した。ソ連の南進政策はいまや胎動期を脱して漸く表面化しつつある。独・伊とソ連の関係はどう動いて行くであろうか。

三吉はそんなことを考えながら、ぼんやりと朝のボスフォール海峡を見ていた。

ネルミンがつと立って来て、三吉を抱き起した。そして素早く軽い接吻をした。そんなときの彼女の顔はびっくりするほど変った。

「さあ、沢山おあがんなさい」

濃いエンヂ色の大輪のダリアがぐっと花弁を張って咲き出た――とそういう印象をその一瞬間には与えるような笑顔であった。

三吉はどんなときにも、前の夜どんなに暴飲していても朝だけは必ず逞しい食欲を示した。紅茶は何杯もお代りをした。皿は次々に平げられて行く。ネルミンは黙々として紅茶を入れ、三吉の前の皿が全部からになると、自分の前の皿を次々に送ってよこした。

「君は？」

「沢山」

三吉は黙って食った。ネルミンはそれを静かに眺めていた。

遠くから賑かな音楽が聞えて来はじめた。軽快なリズムは時々急に近くなったり、遠くなったりした。間もなく岬を廻って真白な大きな船が姿を現し、陽気な音楽とともにぐんぐん近づいて来て、また急速度に遠ざかって行った。船腹には大きく赤地に鎌と槌のマークが描いてあった。船尾にも同じ旗がはためいていた。

それは十日に一度、この海峡を通過するオデッサ・イスタンブール間のソ連定期船で、真白なこの船は出入の度にこうして、甲板にとりつけた拡声器から、アメリカの酒場にでも聞かれそうな、飛びきり陽気なジャズ音楽を海峡一杯にばらまきつつ辷って行くのであった。

「なかなか考えたもんだって！」

「何が？」。ネルミンは三吉の唐突な言葉にぱっと大きな黒眼をあげた。

「あの船さ！」

「……？」

「あの船の音楽さ！」

ネルミンは判らないまま、それ以上問い返す代りに、またエンヂのダリアのような笑いを笑った。

4　ソ連南に動く

三吉の周囲は大きな外の輪も、小さな内の輪も、めまぐるしく廻転を続けた。

トルコの首相サイダムが、トルコは常に中正の道を歩み、寸尺と雖も国土を守るためには全国力の消耗も辞さない、という非常に昂奮した声明を発したので、三吉は矢継早に、ソ連南に動かんとす、という電報を打った。それから二、三日するとソ連がルーマニアからベッサラビアと北ブコヴィナをあっさり、あっという間にまきあげてしまった。*一方、トルコの南側ではシリアが武器を捨てて、独・伊の軍門に降った。トルコは南北からじりじりと締めあげられて行く形である。

＊　一九四〇年六月二十六日、ソ連はベッサラビアと北部ブコヴィナ（現・ウクライナ領）の無条件返還と割譲を要求した。ルーマニアはソ連の要求を入れ、ソ連はベッサラビアと北部ブコヴィナをあっという間に占領してしまった。

ドガンは夕方からよく三吉を訪ねて来て、ホテルの、海峡に面したヴェランダで氷を入れた乳白色のラクー酒を呷りながら、どうしたら日本に行けるかという計画を真剣に樹てていた。すると大抵ハチソン嬢がそこにやって来て、三吉やドガンの話していることの中から自分の気に入った部分だけを引き出して、電報を組み立て、それをロンドンの本社に打電するのであった。

三吉はある日ドガンに、婦人記者は男に惚れたが最後もう駄目だ、という話をした。

男に惚れない間は、婦人の特権で、われわれには許されないようなところでも随分平気で出入できるので、一見極めて利用度が高いようだが、一旦男に惚れたとなると、あらゆる特権を放棄して、その男のあとばかりついて歩いて、その男の言葉をまる写した、無批判な電報を拵えるから、甚だ危険な代物となる。というのが三吉の意見であった。

ドガンは大いに喜んで、大きな口を上向きにあけて、盛んに笑った。

「デーリー・エキスプレスも大変なものに月給を払っているわけだね」

三吉の言葉をドガンはそのままハチソンに伝えたと見えて、その次会ったとき、彼女は三吉に手を差しのべようともしなかった。それを見て、ドガンがまた喜んだ。

「恋する婦人記者は駄目でねえ！」とドガンはハチソン嬢がほとんど泣き出しそうに涙ぐんでいるのも構わず、三吉の肩を叩いて笑った。

陸軍武官と新米の海軍武官とは喧嘩をしていた。三吉が斡旋して、三人で一週に二、三回ずつ情勢討議の研究会を開こうと提議しても、この二人は同じ卓子に坐ることを肯じようとはしなかった。

河野は些か退屈して、毎日ボスフォール海峡に釣りをしに行こうと誘ったので、この方もつき合わなければならなかった。自動車で三十分程走って、オルタ・キョイというところから手漕ぎの舟を出して、長い糸に二十本近い偽似針をつけたのを流していると、一度に五尾でも十尾でも、まるでバカみたいに小鯖だの小鰺だのがそれにぶら下って上って来た。二時間もそうしていると忽ち篭一杯になる。岸に上るとそこには逸早く税吏が待ちうけていて即座に幾干かの金を税金だと称して徴収したが、別段領収証を呉れるわけでもなかった。三吉たちは毎日の漁獲物を、はじめのうちは陸海軍の武官室や三井の倉田支店長の家族の家に配って歩いていたが、三度四度と重なると、貰う方も迷惑らしく、処分に困ってしまった。


ネルミンは徐々に愛だの恋だのという、三吉が一番忌み惧れている言葉を使いはじめていた。三吉は一回一回応分の金を彼女のハンドバッグの中に入れてやっていたし、彼女も別段それを返してくるでもなかったから、情剛く言えば彼と彼女との間は純然たる商取引きの、しかも即金払いの関係でしかない筈であったが、彼女は必ずしもそんな風には考えていない様子であった。

あるときは記者たちと一緒に、また他のときは陸軍武官室や海軍武官室などの若者たちと一緒に、殆んど毎夜のようにカバレーに出かけて行く――そうしなければ何となく気の落着かない三吉の方にも、強いて言えば取引き以外の何ものかがこのとき既に芽ざしていたのかも知れない。

初めの頃の、彫像に似た、多少ミステリアスな女の表情も、すぐと、何でもないただのきまりわるさにすぎなかったのだということが三吉には判って来た。それは我の強さから来る順応性の不足がさせた表情の硬直にすぎなかったのだ。

ネルミンは已に夜の仕事があることは知っていたが、三吉に昼の仕事のあることは考えてみようとも、理解しようともしなかった。この点ではあの愚かしいアニータと何ら選ぶところはなかった。昼間まるまる時間が余って困っている彼女のために、三吉は毎日でも映画に同伴したり、海峡を渡ってマルマラ海の海岸に遊びに汽車で一時間ばかり行ったモダの海辺の美しい海上公園にお伴したりすべきであると考えている風であった。

夏になると各国の外交団はいずれもアンカラを引き払ってイスタンブールに移ってくるのであったが、その先発として早々に出向いて来た大使一家の招待で、マルマラ海の中に浮ぶプリンキポ島に遠足に行った三吉が、大使の令嬢とロバを並べて撮映した写真を見て、罵り立て、はては泣いたりする権利が自分にはあるのだというように彼女は考えていた。

5 寂寞感

段々、日を遂って、一日は日一日と急速に強まり露骨になって来る女のこうした「自我」の要求と三吉の日常生活とは処詮両立するものではなかった。

「いつでもあなたは仕事、仕事って言う。仕事さえしていれば、妾などには用はないみたいだけど、そうでもないんでしょうが……」

三吉はネルミンがそう言う度に苦笑しているほかはなかった。徒らに黒くて大きいばかりのこの二つの眼は何か判りそうでいて実は何にも判りはしないのでと三吉はきめていた。

「そう」と三吉は自分でも考えることがあった。仕事だけでは生きて行けないことは事実である。暇になると、考えるとはなしに妻のことを考え、子供のことを考える。彼はよく遊びもしたが、また彼くらいよく妻子に手紙を書き、妻子からの便りを待っている男も少かったろう。三吉は至るところで多くの婦人に軽い恋着を感じた。ブカレストの小倉夫人の場合はその度が少し濃すぎたが、たとえばイスタンブールにいる倉田夫人でも、アンカラにいる清水書記生の夫人でも、ブカレストの高尾書記生夫人でも、また武富大使の令嬢でも、それは恋というものでもなければ淫ら心というでもない。ただ何となない懐しさであり、会っていれば心和むというだけのことにすぎなかった。要するに三吉は家族と別れ住んで既に四年〈注―実際には三年〉。しみじみと淋しい気持ちになることがあったのだ。その淋しさを意識せずにすませ得るために――意識しだせば多くはそのまま神経衰弱になるのであったが――これらの婦人たちとの接触が知らず知らず三吉を惹きつけるものらしかった。

ネルミンは我儘であったが、その我儘が容れられている間は、三吉が無意識のうちに求めていたこうした気持の上の物足りなさを充すに充分な優しさと思いやりとを惜みなく示すのであった。彼女は三吉が言ったことはどんなことでも悉く覚えていた。そして、その次からは三吉の先へ先へと廻って、茶もいれたし、珈琲もたてたし、果物も選んだし、按摩もした。そして不思議にそれが一度として三吉の思うところと違わなかった。間もなく三吉は彼女と一緒にいる限り殆んど口をきく必要がなくなってしまった。「うん」とか「いいや」とか以外には別して口をきく必要のない生活ぐらい三吉にとって貴く思われるものはなかった。その貴い物をネルミンは容易に与えることができたのである。

だが、この平和な静穏さも、一度事態が彼女の我と衝突したが最後一度に打ちこわされて、入ることも出ることもできない、岩にはさまれたような状態に急変した。彼女は動こうとも考えようとも答えようとも聞こうともしないかの如くであった。

6 ユダヤ人の取引

三吉は相当金につまっていた。三吉の生活の表面だけをみている人々には、三吉の社では余程手当を呉れるものと考えていたようであったが、三吉の手当は河野などに比べればその三分一にも足らぬ額でしかなかった。

またある人々は三吉が立石大佐か或は他の大使か公使から相当の金を貰っているかのように考えていたようであったが、そして事実少々なら使ってもよいという話もあったが、三吉は誰からも一文も貰ったことはなかった。殊に熱心に心配してくれた立石大佐が、実は彼自身、その生活費をつめてまで、カイロやアレキサンドリアや、バグダードや、ベイルートなどにそれぞれ人知れぬ連絡者を養成していることを知っていた三吉としては、一文でもこの人の金を使うことはできなかった。

だとすれば三吉の浪費はいったいどうして許されるのであろうか。

その頃バルカン諸国では例外なしに動産・不動産の国外移動を厳重に制限していたが、国際情勢の緊迫に伴って、主としてユダヤ人を中心とする一部の人々はあらゆる方法をもって自己の財産をニューヨークかジュネーヴへ移すことに狂奔していた。どこの国どの街に行っても、目星しい外国人のところには、いつの間にかこれらユダヤ人の手がのびて来る。深夜ひそかに訪れて来たこれらのユダヤ人は驚歎すべき大胆さをもって、ひとりの保証人も一個の抵当物もなしに、ただ己の眼力と直感のみをもって、公定相場の三倍から五倍の高値で、即座に米弗の買入れを行うのであった。つまり、例えば、三吉がニューヨークに持っている米弗預金を対手のユダヤ人が指定する銀行の一定口座に移すというただの口約束だけで、何千弗、何万弗の取引きを契約し、即座に闇値の三分二の紙幣をその国の通貨で渡すのであった。残りの三分一は払込み完了の通知があってから呉れるのを通例としたが、ときとしては即座に全額を置いて行くこともあった。勿論かかる行為は非合法であった。それだけに詐欺を企てればそれはいとも容易なことでもあった。にも拘わらず、ユダヤ人は平気で多額の取引きをした。

三吉はいわゆるユダヤ人なるもののかかる半面を実際に見て、ひどく驚いたものであった。ユダヤ人がかかる方法で国外に運び出した金額は恐らく何億何十億という高に上っていたかも知れないのである。

三吉はユダヤ人のお蔭で千弗を常に三千弗にして使うことができた。ニューヨークで彼の費用の監理をしていた支局長の萩原は三吉が金を費いすぎるといって始終本社に警告を発していたらしかったが、こうしたやり繰りをしていてもなお、三吉はいつも金につまっていたのである。

ネルミンは三吉の浪費を己が事のように嫌った。

「あんたは莫迦のお人好だから、払うのはいつもあんただ」

そして彼女が三吉のホテルすぐ近くの、丘の反対側に面して、緩い斜面を隔てて金角湾に臨んだ見晴しのよい高みに建った新しい建物に五間続きの小じんまりしたアパートを見つけて来たのも、ほかにいろんな思惑はあったとしても、つまるところ、三吉に余り金を費わせまいとする心やりからでもあった。

エニキョイ・パラスまで行けば、自動車代や宿代を入れるとどうしても一回に五十リラばかりかかった。五十リラあればこのアパートの一月分が払える。彼女が前にいた薄暗い二間続きのアパートには余り行きたがらぬ三吉の気分を彼女は敏感に感じていた。

このアパートに入れれば、三吉もここに引移って来るだろう。食事も彼女が造ってやれるし、洗濯も簡単なものはしてやれる。そうすれば三吉の経済はいま少し楽になるであろう。

そう考えていたネルミンは、新しくて明るくて見晴しがよくて、家具も整い、バス・ルームまである静かなこのアパートができても、なお依然として高い室代を払ってホテルのサロン付の特別室を引払おうとしない三吉の気持が判らなかった。

「あんたが払っているホテル代だけあれば、二人してここに住んで食って、なおお釣りが来るじゃありませんか」

彼女は紙片に細々と書いた明細書を三吉の前につきつけて、じれったそうに叫んだ。

「僕に必要なものは君であると共に、ひとりだけの休息の時間でもあるんだよ」

「ここにいたって、誰もあんたの休息の邪魔はしませんよ」

「それでも僕は絶えず君の虜になっていなければならない」

「いいえ、私の王様でいたって構わないわ」

「王様であろうが従僕であろうが、君と一緒にいる限り、僕は事実上君の奴隷だよ。君のその黒い目の監視なしには、くしゃみ一つできはしない」

「大袈裟な！」

「大袈裟なことがあるものか。君はそれを愛だという。だが僕はそれを奴隷だと考えるんだ。君は自分が愛したいと思う方法以外に恋人を愛する別な方法があろうなどとは考えてみたことすらない女なんだ。僕は君と一緒に一日中いるなんてことはとてもできないよ」

「じゃどうすればいいの」。ネルミンの黒い目には早くもすーっと涙が浮んだ。

「僕のしたいようにさせてくれることさ。僕には君との情事のほかにも、僕の時間の大部分をそれに割かなければならない仕事があるんだから」

「では妾は可哀そうな女奴隷のようにここにいて、あんたが気紛れを起してやって来たときだけしかあんた愛してはいけないということなの」

「君にも矢張り君の世界があるだろう。僕は君が今の仕事を止めて、僕ひとりのためにここに閉じ籠っていなければならないとは言ったことも考えたこともない」

「だって、ここに一緒に住むことがどうしてそんなにあなたの自由を障げるのか、妾には何としても判らないわ。現にあんたが近くにいるのに、妾は何だってあんたと別々の屋根の下で、まるで愛してなんかいない人のように、別れ別れに夜を過ごさなければならないんでしょう。考えられないわ」

三吉は面倒になって、最後の言葉をついに口にした。それは無残にも彼女の心臓を掻き破って、その顔をひどく醜いものにした。

「だって、僕の友達と会うのにここに来いとは言えないじゃないか！」

ネルミンは大きな眼を開いたまま、音もなくぽたりぽたりと重い涙を流していた。

「判ったわ！」

そして静かに机の上に顔をふせて、肩をふるわせて泣いた。

7　嫉妬

河野が去ったあと、朝日の甲斐〈注―甲斐静馬のことと思われる〉だの、毎日の楠山だの、読売の喜多村だのが相次いで、ベルリンや、ローマや、チューリッヒなどからバルカン方面へ廻って来た。三吉はこれらの同業者たちの世話でも忙しかった。

また昭和通商の嵯島という青年重役もテヘラン、バグダードを経て、西亜や東南欧諸国への武器売込みの可能性の有無を調べるためにやって来た。三吉は立石武官と共にこの青年重役をマルマラ海のフロリア海水浴場に案内したりして、西アジア方面の話を熱心に聞いた。

武富大使はイスタンブールの各新聞首脳者を招いてコクテルパーティをやるというので、三吉はドガンを相談対手にその準備もしなければならなかった。硬骨情報部長として知られた河相達夫が公使の資格で欧州政情視察に廻って来たので、彼のお伴をして昼のトルコ夜のイスタンブールなどを見せて歩くことも必要であった。

午前中はホテルで新聞や通信社の速報を読んで、必要なことをメモに記入したりしたのち、カフェ・ハタイの外人記者の集りに顔を出す。それから金角湾を渡ってスタンブル区の新聞社や通信社や情報局の分室を訪れる。昼めしは多く仕事の仲間と市中のレストランで一緒に食べる。午後は大使館や陸海武官室を廻る。その間に雑用もたす。夕方は大抵ドガンとどこかで落ち合って酒を飲みながらばか話をする。夕食は約束のあることが多い。

こう、一日のプログラムを書き並べて来ると、事実ネルミンと一緒にいる時間は殆んどなかった。ネルミンのプログラムによると
新聞も通信もこのアパートに届けさせて、金角湾に面した一番明るくて一番大きな部屋を閉め切って――鍵をかけておいても勿論いいわ――そこで朝の仕事をする。ネルミンは時々珈琲を入れて持って行ってやった序に、ほんのちょっと、小鳥のような接吻をするほかは、決して三吉を煩わすようなことはないであろう。それから三吉はカフェ・

ハタイに出かけて行き、彼女は昼の用意にかかる。昼は二人で彼女の手料理を食べる。午後は原則として三吉の自由だが、ときには彼女につき合うこともある。それからまた一緒に夕食を食べて、彼女は職場へ出かけて行く。

「じゃ、僕はそのあとどうなるんだい？」

「あんたは……少しだけお友達と遊んで、それからおとなしく寝て待ってらっしゃい」

「莫迦な。男妾《ジゴロー》じゃあるまいし。女が勝手にほかの男と酒を飲んだり抱き合ってふざけたりしている間、俺はこんなけちなアパートでじっとおとなしくしているなんて！」

「じゃ、妾仕事を止すわ」

「それは大変結構だ」

「その代り、夜はずっとここにいて下さいよ」

「そんなことはできないよ」

女の黒い眼にはまたもすーっと涙が浮んで来た。それを見ると三吉は必ず二つ三つ瞬して、急に渋いような、酸ぱいような顔をする。

「いったい」と三吉は怒鳴るような調子で言った。「どうしてそういつも一緒にいなければならないんだよ」。

「だって、そうしていたいんだもの」

「君はそうしていたい、僕はそうしていたくない。どっちもどっちだ。そもそも、お互にもっと自由でいることはできないもんだろうかね」

「愛していれば、愛する者に自由なんてないものよ」

「そんな愛なんか、犬に食われてしまうといいんだ。いったい君は僕を愛して、それでどうするつもりなんだよ」

「妾にも判らないんだわ」

「仕方のない奴だ！」

三吉がホテルで眠る夜は、必ず午前二時すぎに彼女から電話がかかって来た。そして、彼女の声は嫉妬と猜疑の悪意に充ちていた。「何時にホテルに帰ったか」ときく。嘘は吐けなかった。嘘をついても殆んど一時間おきに電話をかけて確かめているらしく、すぐばれた。二時にもまだ帰っていないときは、それから二十分か三十分おきにかかって来た。そして、執拗な行動調査が始まるのであった。

ルーマニアが国際連盟を脱退した。ルーマニアの首相と外相がドイツとイタリアとを訪問した。ブルガリアの首相と外相がドイツを訪問した。ドイツとイタリアの外相がミュンヘンで会っているところへ、ハンガリアの外相が呼びよせられた。

こうした情勢を前にして三吉はネルミンとの「愛欲鼬《いたち》ごっこ」に少し疲れてもいたし、ルーマニア方面の情勢が気になって来た。

「二週間だけなら私は必ずおとなしくしているけれど、それ以上一日でも遅れたら、もう妾はあんたの専有物じゃありませんよ！」

三吉は心のうちで、これもまた愚かしき女かな、と苦笑しつつ、立石大佐、嵯島敬策と三人で、イスタンブールを発って行った。

8　氾濫するドイツ人

一年のうち三分の一を雪の下で過すソフィアの町には五月になると突然春がやって来る。この町を囲む連山の一つが麓からてっぺんまで全山薔薇の花に包まれて、その馥郁《ふくいく》たる香りがこの町を蔽い、更に遥かパリまで届いた――つまりパリの香水商たちが競ってバラのエキスを買いつけに来るので有名であった。そして六月になると一足飛びに夏がやって来て、七月にはボリス公国の森林に囲まれた巨大なプールに裸ん坊が溢れるほど押しよせ、ソフィア水として名高い鉱泉の水を人々は腹がだぶだぶになるほど飲んだ。

見たところソフィアの生活は、砂糖と紅茶が少々不足しはじめているらしいことのほか至って平穏であった。だが、なお仔細に見るとこの町には急激にドイツ人が増えていた。ホテルでもえごっぽいドイツ語の響が耳ざわりになるほど氾濫しはじめていた。この国の王妃がイタリアの王女であることが改めて思い出されはじめていた。新聞はそれらのことをこと新しげに折にふれては書くようになっていた。

外務省ではセラフィーモフが揉手をしながらドブルジャ地方の重要性やトラキア*地方の歴史的帰属の問題について誰彼の差別なしに、改めて説明したがっていた。首相や外相が何しにドイツを訪れたかは誰も説明しなかったが、誰にも判っていることのように信じられていた。

午前三時まで許されていたカバレーの営業時間が二時間短縮されたことが何か非常に重大な意味のあることのように街では言われていた。

＊　バルカン半島東部の歴史的地域名。現在は、ブルガリア、ギリシャ、トルコの三ヶ国に分断されている。

街を歩いていた三吉を突然捉えて軒下へ押しつける男がいたので怒って問い訊すと、防空演習だと言った。なるほど通行人はばらばらと秩序もなく皆思い思いの軒下に入って、莫迦莫迦しそうにぼんやり表を見ていた。

ブカレストにもドイツ人が氾濫していた。殊に「ツーリスト」と称する何をする人々だか判らない連中が群をなして毎日毎日流れ込んで来て、ホテルを占領してしまいそうであった。戦争のために女まで全部動員され尽している筈のドイツでは、欲すれば何万人かの逞しき若者をこうしてぶらぶら旅行に出してやるだけの余裕もまた持っているのであろうか。

カスターネは灯の消えたような事務所で何するでもなくぼんやりラヂオを聞いていた。支局長のル・ジューヴはずっと出て来ないのだという。

「いったいどこに電報を打てばいいのか、誰が電報代を払い、誰が僕たちの月給を呉れるのか、皆目判らないんだからな」

カスターネは黒い眉をあげて笑った。ボルドーからヴィシーへ逃げ廻ったあげく、前大戦にはドイツに降伏の調印をさせたそのコンピエーニュの森のその記念すべき同じ列車の中で、今度は逆にドイツへの降伏を調印した母国フランスの悲哀をこの男はいましみじみと味っているところであった。

ド・ゴールという若い将軍がロンドンにフランス解放委員会というのを拵えた。この新しい抗戦団体は潰れたアヴァス通信社の亡骸をそのままそっくり拾って、自分の宣伝機関にしようとしていた。これに要する資金はイギリスから出ているらしい。

「どうも、ル・ジューヴは入ったらしいよ。だが僕は入らない。僕はフランスは敗けたと思っている。祖国が敗けたのに、僕たちだけ、外国から金を貰って依然贅沢な生活をしているべきではないと思うから。僕は断った」

三吉はますますカスターネが好きになった。

「それで、どうするかね」

「何でもいいから仕事をしようと思って、いま考えているところだよ」

「もしよかったら」と三吉は、大したこともできないが、ブカレストに引続きいるならば三吉の協力者になって貰ってもよいことを話した。

「ありがとう」。カスターネはそう言っただけで、うけるともうけないとも言わなかった。

9　和子夫人

電話がかかって来て是非昼飯を食べに来いという。小倉は商用でベルリンに出かけて行ったので、その留守中はアテナ街には行くまいと三吉が決心したのはつい一昨日のことであった。しかし三吉は出かけて行った。出かける前に二度も三度も姿見の中でネクタイや飾りハンカチの具合を見たりした。それからアテナ街につくと対手の化粧の具合や服装をそれとなく、しかし注意深く観察した。

彼はこの前この町に来たとき、小倉の出入の服屋に洋服をつくらせたが、そのとき彼が選んだ夏地が素敵に気に入ったと言って、自分も夫にねだって同じ地で造らせたスーツを、きょうは着ていた。靴もそうであった。散歩のついでに三吉が赤白まだらの夏靴を買った店で、彼女もおなじような婦人靴を買った。きょうはそれを穿いている。

「あのね、ボリスクってひどいわね」と甘ったれように、暫くの間ひとりで含み笑いしている。

ひたいが剃ったようにきれいな湾曲を描いて禿げ上っている小倉の事務所の老番頭の、生っ白い女みたいに優しい顔をちらと思い浮べながら、三吉は、「何ですか」と先を促した。

「だって、ひどいんですもの、ボリスクったらね、ひどいことを言うのよ」

「何って?」

「旦那様が御出張だから、恋人と自由に会えて奥様はお楽しみですね、だって!」

「恋人ってのは、ぼくですか?」

「そうでしょう」

三吉はじっと和子の目の中を見たが、そこには澄みきった朗かな色のほかは何の影も宿ってはいなさそうであった。三吉は曖昧な笑みを洩したただけで、何と話を継いでいいか、自分でも言葉の選択に決心がつかなかった。匆々にして帰って行く三吉に

「男の方って、やっぱり男がいないとつまらないものらしいのね」と芍薬のように笑って言う。三吉はのどまで出かかった俗な言葉をぐっと飲み込んで、心に一抹の淋しさを抱きながら帰って来るのであった。

「弁当も拵えてあるのだからドライヴに行きましょうよ、そのくらいの暇はあるでしょう」としきりに電話でせっつく。ホテルの玄関で待っているとやがて緑色のスポーツ・カーがぴたりと停った。中から二つの女の顔がぱっと笑った。一つは丸くてふくよかな例の芍薬の顔、も一つは眼と眼との間がひどく離れている平ぺたい高尾夫人の顔。

「御主人は?」ときくと、高尾夫人は

「あの人は穴熊のようにごそごそしているから留守番に置いて来ましたの」と答えた。三吉を真中にして、女たち

二人は三吉の胸ごしに絶えず何事かを喋りつづけている。自動車は風をまき起しながら北へ北へと時速百五十キロの超スピードで、森を飛ばし、林を切って、坦々たるドライヴ・ウェーをつっ走った。

三吉はこうしているのが苦しかった。始終緊張していなければならない。はっと思って自制する。うっかりしていると、夢遊病者のように、自分でも気づかないうちに右隣りの丸い肩を抱いてしまいそうでもあったし、彼の手のすぐそばに置いてあるふっくらとした柔い手を握りしめそうでもあった。彼は絶えず危険を感じていた。心臓を握りしめられているような切なさがぐきん、ぐきんと骨身に徹える。対手は何にも知らないのか、嬉々として無邪気であり、快活であった。

左隣の女がときどき態と三吉を肩で右隣の女に押しつけるのではないかと思われることがあった。自動車が急カーブを切るとき、きゆるきゆるきゆると鳴る車の軋みとともに、三吉の身体は右隣の部厚な柔い肉体に残酷なほど強く押しつけられて、三吉は香水の匂いで窒息しそうになった。その匂いは三吉には嗅いではならない禁断の芳香であった。

三百五十キロ走って、自動車は水郷公園スナゴーグのコテージの前にぴたりと停った。丈余の葦がさやさやと、見渡す限り風に靡いて、緑色の大波小波をたてている。流れはこの葦の間を縫って広くなったり狭くなったりして迷路のようにのび拡がっていた。モーター・ボートは小さなうねりを次々に後に送りながら、水路から水路へとさまよった。立ち上って前を見ていた和子は倒れそうになる度に何度も三吉につかまって笑った。

コテージの傍らの、大木が五、六本大きな傘を拡げたその蔭で、ごわごわした木綿の泥っぽい服を着た若い男と女の群が、木靴をはねあげながら手風琴に合せてぐるぐる廻る踊りを踊っていた。

コテージの中は汗がそのまま凍りつくかと思われるほど涼しかった。自然木の椅子に自然木の卓子。卓子の上には真新しい白布が拡げてある。飲物と料理が来るまでの間、三吉はぼんやりと両手を卓子の上に置いて、木蔭の踊りをみていた。

「まあ、男のくせに、小ちゃい手！」

いま更のように驚いて、和子は三吉の手をとった。

「妾の指輪だってこれなら楽にささってよ」

指輪は薬指にも中指にも大きすぎて、人差指にちょうどよかった。和子はころころとさもおかしそうに笑った。

「和子さん！　あんまりよ」

高尾夫人は飛び離れた小さな目で、きっと小倉夫人を睨めて、下唇をきつく噛みながら、くくくと笑った。

10　高尾夫人

すべては高尾夫人の指金ではないかと、三吉には思われた。

彼女のことを「あの女」という言葉でしか呼ばない小倉は最初から高尾夫人に対してあまり好感を持ってはいなかったから、彼に言うことをそのままには信用しないまでも、高尾夫人の言葉や態度のはしはしには確かに「怪しからんよ」というようなところが三吉にも感じられた。

和子が恥らいと臆病さとから仕かねたり言いかねたりしていることを、ひよいとしたきっかけをつくってやって、すらすらと何気なくやってのけさせるように仕向ける、というようなところが常に見えていた。そしてそこには一方がまだ女学生臭いいたずらな気分を多分に残しているように見えるとき、他方には既に成熟した女の、悪くふざけた秘かな娯しみに興いているというようなところがありありと現れているように思われた。

性来の神経質に加えて過度の飲酒からと思われる――或は彼も言わず三吉も知らない他の秘密な原因がほかにもあったかも知れないが――一種の性的不能症に近い状態に陥っていた小倉は、その悩みをときどき三吉にも話していたが、彼はその度に「あの女」を「怪しからぬ」と言って罵った。

「女なんてやつは二人によると碌な話はしちゃいないものと見ゆるね」

小倉は、高尾夫人が、自分たちは子供が二人もある現在でも週に二回は規則的な交わりをしているのに、小倉夫妻の間には月に一回もそのことがないのは不自然も甚しい、というような話をして小倉夫人に悪く智慧をつけるのだと憤慨していた。

小倉が、傍から見れば別段それほど怒ったり叱ったり、怒鳴らなければならないことはなさそうに見えるにも拘らず、夫人に対してときとしてはその場に居たたまれないほど邪険に当ることのあるのには、他人に判らないこうした細々しい原因の重なりがあったのかも知れない。

「妾、日記を三つづつ、つけてますのよ」と和子が言う。「一つは小倉の仕事関係のこと。あの人忘れっぽいから、何でも妾が書いといてやらないと、めちゃめちゃですの。もう一つは家庭のこと。何でも書いてありますわ。あなたがいついらして、小倉と二人で酔っ払って、家中のウィスキーのストックがなくなった、てことでも、何でも書いてありますの。もう一つは……誰にも見せない、妾一人の日記。あなたのことも『奈良漬さん』って綽名で書いてありますわよ」。

和子は何故そんなことを言うのだろう。三吉は仕方なしに

「奈良漬さんは僕じゃなくて、むしろ小倉君の方でしょう」などと答える。

「あの人はアルコールそのものですわ」

三吉は段々この人との交わりが苦痛になって来た。もうあの家には行くまいと思う。努めて外を歩き廻り、競馬に行ったり、カバレーに行ったりする。だが、電話がかかって来ると何の抵抗もせずにまたすぐ出掛けて行くのであった。

「見舞いにも来ては下さらないんですもの、妾随分不人情だと思うわ」と電話の中で彼女は恨んだ。

「知らなかったんですよ、熱は高いのですか」

「大したこともないけど、退屈しちゃって、妾、死んでしまいそう」

「脅しちゃいけません。退屈だけじゃ人間は死にあしませんよ」

「妾は死んでよ」

三吉は笑った。電話の声もいたずらっぽくくっくっくっと笑った。

そして三吉は心も空に飛んで行った。

女中が無表情な顔で、「どうぞ此方へ」と二、三度言ってもなお入りかねていた三吉は、

「どうなさったの。お入りになって。そんな扉ごしなんかじゃ、いやだわ」という和子の甘ったれた声に、漸く意を決して、彼女の寝室に入って行った。

大きなダブル・ベッドに薄い桃色の絹布をかけて、水色のピジャマ姿の娘——彼女は髪をおさげに束ねていた——が嬉しそうに仰向けに笑っていた。枕もとの小さな台にはボンボンだのチョコレートだの菓子だのが乱雑に置いてあった。

「そこにお掛けになって」

和子は三吉に小さな丸椅子を指定して、それから、「おあがりになる?」と言ってボンボンを一つ、自分も口に入れたのち、他の一つを彼の方に差し出した。三吉は自分の顔が硬ばった笑いで引きつるのを意識しながら、頭を左右にふった。

「そうね、あなたはボンボンじゃなくて、ウィスキーでしたわね。でもきょうは駄目よ、あたし、病気なんだから」

この場合、黙っていることは、三吉にとっては一種の拷問であり、恐ろしい冒険であった。さりとて、口を開けばすべてが砂を口の中に押しこまれるような味気なさであり、空々しさであった。

俯向いて、あの白くふくよかな手をとり、じっとしていれば、おしまいには行きつくところへ行ってしまうだろう。何のために！

11　ニューヨーク・タイムズ記者

ベルリンから三吉の社の安達鶴太郎*が、ベレー帽など冠ってひょっこりやって来た。「やあ」と言ったっきり、ホテルに荷物を抛り込むとそのまま、三日ばかり、どこかへ行ってしまったか行方が知れなかった。

＊　東京帝大卒、ベルリン大学留学。同盟に入社し、初代ベルリン支局長、海外局企画部長。戦後、時事通信取締役。

相変らずな奴だ！

三吉は彼が来たら手分けをしてしまおうと思っていた仕事の手順がこれですっかり狂ってしまったので、自分ひとりでダニューブ河の中流にあるツルヌ・セヴェリンに出かけて行った。* 眩しく輝く大河の流れにめり込むようになだれ込んだ丘の斜面を、白や赤や灰色の古めかしい家が重々しく彩っていた。古風な城も二つほどあって、その朽ちかかった物見櫓のところでダニューブの流れは大きくくねっていた。

＊　同地では、トランシルバニアに関するルーマニアとハンガリーの交渉が八月十六日から始まった。ハンガリーはトランシルバニアの約三分二に相当する地帯の返還を要求した。

各国の記者たちはホテルの庭のブドー棚の下に木の卓子と椅子を持ち出して、飲んだり食ったり喋ったりしていた。モスクワに十何年もいたという、三吉ですら会わない前からその名を知っていたニューヨーク・タイムズのウォルター・デュランティは六十近い老記者と見えたが、真赤に酒やけのした小さな顔を絶えず慄わしながら、片ときもウィスキーのコップを手から離さなかった。

「ベッサラビアの次はトランシルヴァニアとドブルジャ、その次はブカレスト！　これはルーマニアの宿命のルートだ！」

デュランティは握りの銀の彫刻が模様も定かならぬほど磨滅したステッキで小石を叩いて何度もこの言葉を繰返していた。ここでも、一番よく喋るのはアメリカの記者で、始終どこにいるのか判らぬ程一口も口をきかないのはソ連の記者であった。ドイツの記者とイタリアの記者はお互に余り近くにはいなかった。

朽ちかけた物見櫓の下を廻って、ぎらぎら輝く水の上を一隻の大型河蒸汽がゆるやかに下って来た。ホテルのヴァルコニーから見ていると、木の桟橋にずらりと儀仗音楽隊が並んで河に向ってどんどんどんと太鼓を叩いたり腕一杯にトランペットの管を伸縮させたりしていた。

横付けになった船に人々は蟻のように上ったり下ったりした。

ハンガリア側の全権一行は胸を反らして無蓋自動車の上からこの旧い都市——昔はハンガリア領であったと彼らが主張するこの物静かな水辺の古都を睨みつけて通って行った。

ステンドグラスの高い天井窓から流れ込むおごそかな光りをうけて、外から入って来ると暫くたたずまねばならぬほど急に暗い古城の大広間には肩から緑と黄と赤の綬をかけたルーマニア側の代表が待っていた。

ハンガリアの代表は威張って大きな紙片をルーマニアの代表につきつけた。

こうして、ハンガリアがあれほど大袈裟な地図まで造って十何年間か叫びつづけ、ルーマニアがこれまた血のような叫びとともに死守を言明し続けて来たトランシルヴァニアの失地問題は、わずか半日であっけなく解決してしまった。

三吉はばかばかしさを隠して、この状景をいかにも意味ありげに打電した。ルーマニアは近く独・伊系の国となるであろう、というのは三吉とともにデュランティの意見でもあった。

三吉はルーマニアの代表とブルガリアの代表とが既に三日前から、この方は何やらひそひそと、根気よく話しつづけているクラヨヴァにも行ってみた。だが、どの国の新聞記者も、もはや何の興味もこの会談に対しては持っていなかった。会談が何日かかろうが、決裂する惧れは絶対にならなかった。結論は最初から出ていたし、知られてもいたのである。[*]

＊ ルーマニアはドイツとイタリアに仲裁を依頼、ウィーンでの協議の結果、八月三十日、トランシルバニア北部が再

びハンガリーに帰属することに決まった。ルーマニアは九月七日、南ドブロジャを要求するブルガリアの要求を受け入れた。多くの領土を割譲したことから国民の憤激を浴びたルーマニア国王カロル2世は退位し、国外に亡命せざるを得なかった。十月にはドイツ軍がルーマニアに進駐した。

ドイツの空軍はポーツマス軍港の大空襲を合図に、イギリス本土に対して全面的な猛空襲を開始していた。

そしてブカレストの街にはますますドイツ人ツーリストたちが氾濫して行った。

12　アニータの出現

鈴懸の葉鳴りさわやかな下に白砂が快く敷きつめてあって、青いペンキ塗りの鉄製卓子と椅子とが何百となく並べてあり、中央の大プールには絶えず水しぶきと叫声とがあがっていた。色とりどりな水着の人々が卓子にかけて食ったり飲んだり、喋ったりしている。夜になると、この中央公園の一隅に狂躁な音楽が聞えはじめて、昼間の無作法な裸ん坊たちは夜会服の気取った人々と全部入れ替ってしまうのであった。

映画のセット用に建てた家のように、半分だけに屋根があって、他の半分はそのまま露天に連るように設計されたこのカバレーは、白系ロシア人レスチェンコが経営している夏だけの享楽場であった。街中《まちなか》にあったカバレー・レスチェンコはきょうから此方に引越して、楽士も踊り子もアトラクションも装いを新に、数も増えて華々しく開場した。三吉たちは招待客として、胸に大きな赤い花をつけて坐っていた。

支那人の曲芸ダンサーが出て来て、毬や剣や、風船や棒や、その他いろんなものを使いながら実に上手に踊った。なかなか美青年であった。

「こんなところにまで出稼いでいるのかねえ、大したもんだな」。三吉が感に堪えて言うと

「うん、大したもんだ!」と安達が突然素頓狂な声で、ひどく力み返って言った。そして芸を終って引込もうとする支那人に向って安達は猛烈な拍手を送った。皆の拍手が止んでからも安達の拍手はなお十五、六も鳴りつづけた。室中が一斉に此方を見た。安達は何故だかひどく愉快そうに、仰向いてからからと笑った。

小倉夫人が心持ち眉をよせるのに気付いた三吉は彼女の方にかがみかかって、

「奴は少し酔っているんですよ」と言った。

安達は小倉と高尾を捉えて支那人の生活力を論じようとしていた。

三吉は和子の手を握って立ち上った。そして彼女を抱いて一歩踏み出したとき、思わずぎょっとして立ち止った。彼のすぐ鼻の先を後ずざりに、大きな白髪の老人に抱かれて、すっすっと絹ずれの音とともに辷って行った女の目が、真丸い盆のような大きさになって三吉に喰いついていた。真赤に紅を引いた唇がいまにも何事かを叫び出しそうであった。しかしすぐ何人かの背が彼女の目を隠した。

三吉の膝は細く慄えていた。音楽が聞えなくなっている。三吉は何度も、「ごめんなさい」ときまり悪げに和子に詫びなければならなかった。

「どうなすったの？」

「好きな人と踊っていると、どうもどぎまぎしてね……」

「おぼえてらっしゃい、人をからかったりして」

「ほんとですよ」

しかし三吉は始終きょろきょろと、怯えたように辺りを見廻さねばならなかった。

席に帰ってからも彼は怖る怖る室内を見廻した。黒いイヴニングを着て、真白な肩から背中までまる出しに、燃えるようなブロンド——それは人工的に染めたブロンドであった——に白と赤の大きな造花をつけた彼女は室の一番奥に、件の白髪の老人と向い合って、横顔をこちらに向けて坐っていた。何か言って、にっと笑っている。

三吉は不吉な予感に心を冷くしていた。何かある。今夜はきっと何かある。

「少し頭が痛い」と言ってみてもそれはむだであった。安達は頭から事もなげに
「ええーん、そんなこと何でもない、飲め、飲め」と自分のウィスキーのコップまで彼の前に押しやった。

小倉は、「また何かむほんを考えているな、怪しからんぞ」とこめかみをぴくぴくさせるだけでとりあわなかった。誰も同情もしなければ、帰ろうとも言い出さない。

三吉はそっと抜けて帰ろうと思った。卑怯なようだが、そうする以外にスキャンダルを避ける方法はなさそうに思われた。

手洗いに行くようなふりをして何気なく立って行った。しかし廊下に出た瞬間、三吉はひやりと背後にある気配を感じて、そして観念してしまった。

「オータ！」という声が木刃の一撃のように後からさっと斬りつけた。三吉はゆっくり振り向いた。アニータは駆

け寄って来て、ほかに二、三人歩いている人がいるのも構わず、三吉に抱きつき、狂ったように接吻して、泣き出した。

「静かにおしよ、さ、静かに！」

「何だって、知らん顔をして、帰ってしまおうとするの！」

「帰りあしないよ、手洗いだ」

「嘘！　帰ろうとしたことは判っています。ああ、あたし、どんなに……」

三吉は顔をしかめた。女は泣く。三吉のタキシードの胸には女の白粧が涙で溶けて、黒襦子の布地に灰色のうすいしみをつくった。

三吉はハンカチで白分の唇を拭いた。ハンカチは真赤に汚れた。

「アニータ、あとで。あとで。決して逃げたりはしない。必ず……」

三吉とアニータとは別れ別れに、男と女の化粧室に入って行った。

「太田君はこんばんどうも変だよ。ひどくそわそわしている。何か計画しているんだろう。話せよ。僕らも参加しようじゃないか」

「およしなしよ、意地悪ねえ」と小倉夫人は夫を叱った。

「お約束ができたのよ、きっと」。

「男の方って、ほんとに信用ならないものね」と高尾夫人が言った。「宅だって、一歩外に出ればきっと、こうですわ」。

「そんなことはないよ」。高尾は近眼鏡の奥でにやにや笑っていた。

三吉はおよそのことを白状した。そしてスキャンダルにならないように、今夜は少し失礼するよと皆に予め諒解を求めた。

「どれだい、あれ？　あの、黒い服の？　赤と白の花をつけている？」。小倉は身体をのり出して、その前を絶間なく辷りすぎる男女の間からかいま見るために、頭を左右に動かしながらアニータの方を見た。「いいじゃないか、君あれは素敵な上玉だよ」。

「いやですよ。そんな風の物言いなすっちゃ」。小倉夫人は不快そうに眉をしかめた。「下品な方ねえ」。

「お前は何にも知らないんだよ、黙っていろ！」

13　愛と憎悪

アニータの母親も依然一緒にいた。そしてここでも彼女らはやっぱり一間きりの貧しい生活をしていた。言葉の出来ない母親は三吉を見ると淋げに笑って、組みあわせた両手を揉むようにただ上下に上げ下げするだけであった。

アニータは泣いてばかりいた。休むべき長椅子とてもない彼女らの部屋では、ベッドが唯一の多少とも楽な掛けるものであったが、アニータは三吉をその上にかけさせて、三吉の太腿に顔を埋めて泣いていた。

「あんたは、もう妾なんか愛してはいないです。妾は知っている」

三吉はそうだともそうでないとも言わなかった。そんなことを今更話題にしようとも思わなかった。その代り、愛とはいったい、いかなる男女の間に成立し得るものだろうか、というようなことを考えていた。何かしら共鳴するものがなければそれは成り立たないであろう。だとすると、この女は俺のどこにどんな共鳴点を見出しているのであろうか。だいいち、この女のいう愛とは果して愛なのであろうか、それとも……

三吉はむげにもしかねて、二、三度アニータを食事にもつれて行った。

二人だけでこうして向い会っていると、いかにも気詰りでならない。何とかして早くひとりになりたいと思う。アニータは始終悲しげな目を三吉から離さなかった。絶えず訴えるような声で話しかけた。それが更に一層三吉の心をこの女から離れさせてしまうのであった。

何故俺はこうまでこの女を嫌うのだろう、ときには自問してみることもあった。

ただ見た目はアニータはむしろ美人であった。上背もあり、姿もよく、色はぬけるほど白かった。肉付きは三吉の好みどおりに豊かで緊っていた。額がやや狭く顎が少しつまっていたが目は大きく、睫毛は永かった。

ただ肉欲の対象としてだけ考えるならば、三吉が生理的な要求を充すために行きあたりばったりの行いをしている多くの女たちに比べて遥かに三吉の好みに合っている。

愚かしい女だ、と三吉はよくこの女のことを考えるのであったが、その愚かしさも平凡な女が誰でも持っている愚かしさで、特にこの女だけが病的に愚かしいわけでもなかった。むしろ三吉と会っている間のおどおどしたアニータの様子には、何とかして己の愚かしさを少しでも少くしたいとするいじらしささえ見とられた。

それだのに、何故この女をかくまで嫌うのか。三吉にはそれがはっきり判っていた。この女の示すひたむきな独占の要求、それが三吉には堪えられなかったのだ。アニータはそれを愛という。三吉はその愛を憎悪した。故に、アニータが自分の愛の強さを誇張して歎けば歎くほど、三吉はこの女から逃げようとすることとなるのであった。

醜くても、冷かでも、三吉はむしろ行きずりの街の女の方を好んだ。例えばポーレットのきちんと金で計った親切の方が有難かった。

三吉は電話がかかって来ても、手紙が来ても、もうアニータにはこれっきり会うまいと決心した。アニータは狂ったようになって、自分でやって来たり、人をよこしたりした。

彼女の親友だと称する声の嗄れた、しかしフランス語はかなりうまい女が押しかけて来て、会わないという三吉を何時間も帳場の前に待ち伏せしていて、まるで喧嘩ごしで引ぱり出そうとしたこともあった。

「金が欲しいのじゃない」という。

「それはあなたが御親切な方で、お金の点でもいつも充分気を配って下さっていることには彼女も感謝しているのです。しかし、考えてやって下さい。可哀そうに。娘の心はお金じゃ、ありません」

「……」

「心です。愛です。真実です」。女はどんと卓子を叩いた。

それでも三吉が何にも言わないので一層声をはげまして、彼らがいるところがホテルのロビーであることすら忘れたかのように大声で叫んだ。「恋は女の全部です」。

「僕は彼女を愛しても、恋してもいない」

「そうでしょう。そうでなくちゃ、こんなひどいことはできませんよ。だけど、彼女はあなたを愛しています。恋しています。今に死んでしまいます」

「死んだらいいでしょう!」

「おお!」。女は大きな口をあいて、思わず右手を頬にあて、極端な恐怖の表情をして、大きく見開いた目で三吉を見つめた。「あなたは…… あなたは……」。

「それだけですか? じゃ、アニータに、くれぐれも健康でいるようにと、そう仰言って下さい」

14 伊藤述史

モスクワにいたトルコの大使がアンカラに飛んで帰った。するとすぐ、あちらこちらでソ連がトルコにダルダネルス海峡の管理権のことで秘密の要求を提出した、という噂が飛び始めた。タス通信社は正式にこれを否定したが、何かあるに違いない。

三吉は急いでトルコに帰ることにした。安達はブタペストに行くという。ハンガリアとルーマニアを安達に頼んで、自分は今度こそ少し落着いて、トルコを中心にブルガリアやギリシアを研究してみようと、三吉はこの旨東京に言ってやった。

　この電報と入れ違いに東京から、「君の行為は多少奔放すぎる嫌いがある、できるだけ出先官憲と協力することが望ましい、今後は旅行に先立ち予め本社の許可を求められたい。経費もいま少し節約できぬか」という意味の電報が来た。

　三吉は苦笑して、その電報をもんで捨てた。

　出先官憲云々が何を意味しているか、三吉にはすぐ頷けた。数日前、無任所公使として伊藤述史*が情勢視察に来たことがある。この退役外交官とは三吉は東京でも二、三度会っていたし、殊に三吉が汪精衛の和平運動に些か関係していた頃、その当時自ら外務大臣の顧問格をもって任じていたこの老大官は、仏印からちょっとの間東京に帰って来ていた三吉をある待合に招いて、種々な話を聞いたりしたことがあった。非常な酒飲みで、むしろ中毒に近く、始終首と手先が細くふるえていて、言うことにも殆んど脈絡がなかった。汪派のことを訊ねているかと思うと、安南娘のことを訊ね、すぐそのあとでアメリカの話をしたりした。こんな男でも何か重要な仕事ができるのか、と疑いながらも三吉は、その頃、多分隠れた偉さを持っているのであろうと、軽く考えていたのであった。

　伊藤公使はブカレストの駅に降り立ったときからして既に立っていられない程酔っていた。この方は一滴も酒を飲まぬ代りに、間断なく「私は」「私は」と自分の話よりほかはできないみたいに自分のことを話しつづけ、「私と伊藤公使と二人揃って歩けば二人で九ヶ国語話せる勘定だから、アフリカの奥地以外なら世界中どこに行ってもまず言葉に不自由はしませんよ」と誰にでも繰り返して吹聴していた秘書官の小川昇に支えられて降りて来ると、伊藤は口から一杯に泡を吹きとばしながら、出迎えに来ていた遥か後輩の宮崎公使を頭から叱り飛ばして、いきなり、「お前みたいなものは駄目だ！」と言った。

　その夜、三吉はカスターネとカバレーで飲んでいた。二階には小倉夫妻が商売関係のルーマニア人二、三人を招いて来ていた。

　そこへ、十人ばかりの日本人が、高尾書記生に案内されて、伊藤、小川、それに宮崎公使や町田までぞろぞろと連

＊昭和十五年八月、内閣情報部長。同年十二月、情報局設立とともに総裁に就任。

なって入って来て、三吉たちの斜め向うにずらりと席を構えた。

彼らは何かの公式集会にでも招かれたときのように、静粛に構えている。笑うものも、話すものもいない。酒は運ばれたが、女はひとりも呼ばれなかった。

「まるでお通夜のようだ！」

宮崎公使のしょぼしょぼした目や、町田の青くむくんだ顔や、小川のつんと外方を向いた黒くて長い顔をみて、三吉は阿呆な連中だと内心笑った。

三吉たちの席には呼ばない女まで、馴染みの狎々しさで押しかけて来ていた。

「おい、太田君、わしは、そちらへ行くよ」

伊藤がすっくと立って、しかし、ふらふらと泳ぐが如く床を渡って来た。

「やっぱり女子がいんことには、とんと面白うないでな」

小川が立って来て小腰をかがめた。

「閣下、あちらへお帰りを願います。新聞記者の席などへ来られては……」

「何だと」と三吉は言下に言った。「何が新聞記者の席などの席だ！」。

「まあええ、わしはお前が好きじゃ……」

伊藤はいきなり三吉に抱きついて大きな舌を出して三吉の顔をべろべろと舐めはじめた。女たちは驚いて声を立てた。苦笑していたカスターネはどこかへ行ってしまった。

三吉は「きたねえ！」と言いながら伊藤をつき放した。伊藤はよろめいて後ろへ倒れた。一旦退っていた小川の黒い顔と町田の青い顔とが駆けて来て、伊藤を抱き起した。

「君、乱暴は止し給え！」

「どっちが乱暴したんだ。こんな酔っ払いは天下の恥晒しだ。さっさと担いで帰ってしまえ」

「君は何という名だ！」

「もう止せ止せ！」。いつの間にか小倉夫妻が来て心配気に後に立っていた。

「俺のことは町田君が一番よく知っているよ。そして、お前は何て名だ！」

「失敬な！　僕は大使館一等書記官の小川昇というものだ」

「御大層な。一等書記官ぐらいにへいこらしていて新聞記者がつとまるかい。お前なんざ、小川昇じゃなくて泥川下《どぶかわくだる》だろう」

高尾書記生の話によると、小川と町田とはその翌日、本省に長文の電報を打って、三吉の即時召喚方を三吉の本社に要求するよう、申請したとのことであった。

15　送別会

「もう俺は当分ここには来ないよ」と言った三吉の言葉が小倉夫人に一抹の淋しさを与えたことは三吉も気付いていた。

「どうしてですの?」

「ここは安達に譲ったんですよ。ひとりで六ヶ国の掛持ちはとてもできない。どこもいい加減になってしまう」

「だって、時々はいらしてもいいじゃありませんか」

三吉はくすりと笑って、「いろいろ恐い人が沢山いますからね」。小倉夫人もぼんやり笑った。「いいわ、それなら妾の方から出かけて行くから」。

小倉も機嫌よく笑って言った。「おいおい、国際ランデヴーなんて金のかかる真似は止めてくれ」。

「いいじゃありませんか、ねえ、お兄様に会いにいくんですもの」

三吉は渋い顔をして黙っていた。

小倉夫妻は三吉の送別会だと言って、バニアサの飛行場からまだ少し行った辺鄙なところにある妙なカバレーに車を走らせた。そこはパリのサン・ミッシェルあたりにあるアパッシュ・カバレーを真似たちゃちな造りの家で、妙に悪趣味なグロテスクを衒っていた。室は狭くて、天井が低くて、むし蒸かった。時々電気を消したりする。

「ほんとに、もうおいでんならないの?」。小倉夫人はまだ拘泥っていて、踊りながら、顔を引き離すようにして三吉の目を見ながら訊ねた。

「ええ、もう来ないつもりです」

「だって、安達さんとの打合せもおありでしょう?」

「安達の方でやって来るでしょう。あれはまだあっちの方を見てないんだから」

「つまんないなあ」。小倉夫人は甘ったれた女学生のように呟いた。それから、急に思い直した如く、また訊いた。

「だって、別段、何にもそう、もう来ない、なんてきめなくたってよいんでしょう?」

「そりあ、いいんです。だけど、もう来ない」

「どうして?」

この問答には結末がなかった。三吉が、彼の心の中でさえどこかに隠れ込もう隠れこもうとしていた微かなものを思いきって掴みだし、それを彼女の目の前に出してみせない限り、鯰問答に終わらざるを得ない。

三吉は始終緊張していた。うっかりしているとひょいとしたはずみにその微かな物の影を、言葉にしてか、行動のはしにか、つい見せてしまいそうな自分を惧れていた。

無益なことだし、無意味なことだ、という三吉の信念に変りはなかった。彼には日本にいる三人の子を考えてはみなくても忘れることはできなかったし、トラブルを起してまで己一身の直情に従うだけの勇気に欠けていることは、彼自身一番よく知っていた。また、そんなところにほんとの幸福はないものだ、ほんとの安心立命はそんな本能的な行為の中にはないものだ、と三吉は人にも言い自分でも信じていた。その信念に従うことは苦しいことでなくもなかったが、一時の満足から来る陶酔に続く大きな、そして永続的な苦悩の血腥い生々しさに比べたら、それは遥かに微かでまたロマンチックでさえあった。それにだいいち自分一人のひと知れぬ息苦しさだけで済むことなのだ。

さよなら、と心の中で言った。こんなことは、例えて言えば行きずりに嗅いだバラの芳香にすぎないものだ。いい香りだし、一時は酔うこともあろう。また、ずっと後になっても時々は思い出しもしよう。だが、それ以上であらねばならぬ理由は少しもない。鉄柵を踏み越えて、その芳香の一本を手を血だらけにしてまで是非とも折り取って、己の花瓶に活けねばならぬこともない。そんなことはみんな、ばかげた気狂い沙汰だ。

三吉の手が急に重くなって、はっと思ったときは、小倉夫人は崩折れるようにへたへたと床の上に膝を折っていた。

「ど、どうした!」と小倉が怒鳴った。

皆驚いて来てすぐ長椅子の上に担ぎあげた。胸をゆるめて、頭を冷した。

「暑いのに、たてつづけに踊りやがるからだよ。馬鹿が!」。小倉は罵りながらも気遣わしげに妻の顔をのぞき込んでいた。

「大丈夫、ただ少し目まいがしただけですの」

「貧血だよ。阿呆だなぁ、お前は」

三吉は夫人の頭の方に立って、ぼんやり見下していた。

16 アニータとの別れ

小倉夫人が元気になったのを見届けてから宿に帰って来ると、またもアニータからの手紙が来ていた。しかし三吉はもう封を開いてみようともしなかった。明日の朝は飛行機でおさらばだ。

ルーマニアとハンガリアの外相が相次いでベルリンに行

き、チアノとリッペントロップがザルツブルグで何か秘密の相談をしていようとも、もう俺は知らない。あとは安達がよろしくやるであろう。

トランクはもう出来ていた。ボーイを呼んで帳場に運ばせておいて、朝飯のために食堂に出ようとしている矢先に、帳場から来客だと知らせて来た。何気なく降りて行ってみるとそこにアニータの母親と例のフランス語のうまい女とが立っていた。三吉はしまったと思ったが仕方なしに渋い顔をして近づいて行った。

母親はひどくおどおどしていた。女はかなり昂奮して、きつい眼をしていた。

女はいきなり噛みつくように言った。

「何故、すぐに来ては下さらないのです！」

「どこへですか？」

「アニータのところです、アニータはもう死にかかっています！」

「どうしてですか？」

「では、あなたは手紙を読んでは下さらなかったのですか。妾が昨日ここへ持って来た手紙はあなたには届けられなかったのですか」

「確かに貰いました。しかし、読む必要はないと思ったのです」

「おお！」と彼女はまたも口を大きくあけて恐怖の表情をした。「何という……何という！　アニータは毒を嚥んだのです」。

「え?!」。三吉も些か驚いて声をのんだが、すぐ冷静になった。「毒？　バカな！」。

しかし、三吉には嘘だと言いきる自信はなかった。と同時に、仮にそれが真実であっても、前後を忘れて駆けつける程の気持もなかった。

「家にいるのですか、病院にいるのですか」

「家で寝ています」

「医者は？」

「……」。暫く黙っていた女は、急に焦々しはじめて、「とにかく、すぐ、いますぐ、来て下さい」と三吉を引ぱりもしかねまじき有様であった。

三吉は、彼らの傍らに悄然と立って始終一言も発しないでいた母親の目を直視した。母親はあわてて目を外らし、やがて下を向いてしまった。

「僕は行けません」と三吉は静かに言った。「あと二時間すれば僕は飛行機で出発するのです。いま、アニータに手紙を書きますから、ちょっと待ってて下さい」。

三吉は返事を待たずにそのまま読書室の方に歩み去った。

そして、ホテルの便箋にただ一筆
「アデュー（永久にさらば）。僕は君の健康を心の安泰を衷心から祈るよ」

と書いて、中に、札束を同封した。

母親はわなわなと慄える手でそれをうけとった。

「そういうわけですから、見舞ってもやれませんけど、ここに少しですが、お金を入れておきましたから、充分療養するように、そう言って下さい」

女は三吉の言葉どおりに通訳しているらしく、母親は何度も三吉に頭を下げた。そして二人とも間もなくホテルから出て行った。

やがて自動車でやって来た小倉夫妻と一緒に朝食をとりながら、三吉はこの話をした。

「そりあ君、金だよ。金にきまってるさ」と小倉は事もなげに即座に言った。

「それはあんまり酷な言いかただわ」

小倉は妻の方をじろりと睨んで、眉の間をちかちかとゆがめた。

「どっちだか判らない」と三吉は言った。「だが、どっちだっていいよ。もうすんだんだから。ただ判らないのは、女の執念深さだよ」。

「それは、あなた方のような、ひどい男の人には判らない方が、あたり前ですわ。……」

三吉も小倉も黙っていた。

「女なんて、まるで人間じゃないみたいに考えてるんですもの」

夫に言っているのか、三吉に意っているのか、小倉夫人はぽつんとそう言って、涙ぐんでいた。

一時間後には三吉の飛行機はダニューブ河に沿って大きな翼を悠々と南に流していた。

17　松岡旋風

トルコの武富大使も、ブルガリアの蜂谷公使も、ルーマニアの宮崎公使や町田書記官も、ハンガリアの井上公使も、イタリアの天羽大使も、新に外相になった松岡洋右のいわゆる松岡旋風によって馘首を申し渡された主要外交官四十四名のリストに載っていた。

三吉はこれらの外交官が更迭されて、その後に新進気鋭の有能な外交官が来ることには反対でないばかりか、個人個人の質を容赦なく検討するならば、一、二を除いては当然もっと早い時期に非役となって然るべき人々ばかりだと考えていた。しかし、松岡外相の芝居がかった大鉈ぶりには、東京時代三吉も些か接したことのあるその仰山な人柄も思い合されて、少なからず不愉快な気がした。

「不真面目ですね。少くとも、些か大向うを狙いすぎる」

「そんなものかね」。武富をはじめ日頃彼が軽蔑していた外交官の大部分が吹とばされたことに気をよくしていた立石大佐はやや不服そうに三吉の説を聞いた。

「入れ替えるのは全部入れ替えてもいいからも少し時期と振合いとをじっくり検討して、地味に、無理のないように入れ替えるべきですよ。あれではまるで芝居だ。国民と世界とにこれ見てくれの入れ替えみたいだ」

「まあそうかも知れんな」

「松岡と大橋〈注―大橋忠一外務次官〉のやりそうなことですよ。どっちも満洲で、兵隊の号令病に余程ひどく感染しているからね」

「ひどいことを言いやがる」

岩の上で甲羅を干しながら脂の張りきった太鼓腹を撫していた立石大佐は、三吉の言葉を最後に、どぶんと海水の中に飛び込んで、雄のおっとせいのように悠々と抜手を切って泳いで行った。

ボスフォール海峡が深く抉れたように切れ込んでいるテラピア付近の別荘地はいまが盛りである。赤いハーケンクロイツの大旗が屋根の上にはためいているドイツ大使の別荘も、三吉がいま乗っている岩の真向うにあった。別荘から地続きに大使館専用の水泳場があって、白い飛込み台が立っていた。イギリス、イタリア、アメリカその他バルカンの小国などの別荘もあった。少し離れてソ連大使の別荘もあった。だが、日本大使の別荘はなかった。フォン・パーペン大使*の白髪痩躯が黒い水泳着をまとって若い女秘書の溌溂とした水着姿と並んで現れることもあった。

＊ ドイツの軍人、政治家、外交官。一九三二年六月首相。一九三三年一月、ヒトラー内閣で副首相。オーストリア駐在大使、トルコ駐在大使。

数日前、近く帰国するロシアの大使テレンチェフがこっそりフォン・パーペンを訪問して約半日にわたって何事か密談して行った、といわれるのは、森に囲まれたこの水際の別荘においてであった。

武富大使が枢軸系諸国の大公使とその夫人たちを招待して、非公式の晩餐会を催したとき、どうしたわけか、多分夫人たちのダンスの対手の出来る者がいなかったせいであろうが、――外務省革新派の中心人物をもって自任する参事官の加藤三郎は右足が悪かった上に、かわうその如く嘯き笑うか、「そりあ聞えませぬ半七さん」と頚を伸ばして苦しそうな声をするか以外には革新派外交官のなすべきことはないとでも思っているかのようであったし、最近南阿連邦から転任して来た木下一等書記官は六尺豊の躯体を固くして、見事に禿げ上った頭を無意識になでおろし、絶えず左右に向いてへらへらと笑うこと以外に仕草を知らなかった。またダンスの出来る連中は、こうした席に列なる資格のないショキセイドモでしかなかった――というわけで、三吉はその場限りのプレス・アタッシェということにして招かれたことがあった。そのときのフォン・パーペンは殆んど喋らない、しかし始終目もとで笑っている、ちと格外れの立派な老人であった。彼の目もとを見ていると、滅多な意見を吐くのが憚られるのであった。

その後テラピアの別荘で彼の書斎で会ったときのフォン・パーペンは割に多くのことを話す老人であったが、帰りの自動車の中で、彼の言ったことをいま一度反芻してみると、結局何にも喋らなかったに均しい妙な話術の持主であったことが判った。

ドガンはこの老外交官のことを「あの白狐」と呼んでいた。

「あの白狐はいま懸命にわれわれを瞞したり脅したりしようとしている。トルコは少し宛ドイツに引ずられて行くよ。そしてあの白狐はやがてサアダバッド条約という皮を被ろうと試みるかもしれない」

18　スペイン娘

三吉とネルミンとの間はいまでは日本人仲間だけでなしに、少し大袈裟に言えばイスタンブール中が知っていた。

彼がイスタンブールにいる限り、彼はもはやこの女性以外の女とは連れ立って歩くことは不可能になって来た。誰が言いふらし、誰が宣伝したのでもなかったが、六十万からの人間の住んでいるこの町も、こうした噂にとっては実に狭い天地でしかなかった。

三吉がもし他の女と腕を組んで歩こうとすれば、当のネルミンとの不快なごたごたはともかく、三吉の耳に直接ふれるもの、ふれないものをとりまぜて、どこの社会にもいるゴシップ・マニアたちに一応の話題を提供せずには済まなくなっているようであった。

三吉がつれへの義理やそのときの気紛れで、ネルミンが働いているトルコアズ以外のキャバレーに行っていると、実に怖るべき迅速さで必ずそれがネルミンに通じられ、ネルミンから警告のメモが送られて来たり、彼女の同輩のひとりがひそかに様子を見に来ていたり、怪しと見ると、ネルミン自身が突如として現れたりした。

それはイスタンブールに留っている限り、殆んど三吉の宿命と化しているかの如くであった。

彼女は三吉がどんなに勧めても、三吉が泊っているパルク・ホテルにだけは絶対に足を踏み入れようとしなかったが、しかも、その中で起きた小事件の一つ一つについてすら、いつの間にか彼女はちゃんと知っていた。

海峡から吹いて来る涼風を室一杯にはらんで、このホテルの大食堂は毎夜多勢の男女で一杯になり、いずれもドン・ホセの服装をした楽士たちが奏でる曲に応じて、ひとりの美しいスペイン娘――彼女は人形のように美しく、従っておそろしく虚な美しさを持っていた――がカルメンの服装をして、下手な踊りをいやいや踊って、熱のない声で歌を唄い、カスタネットを鳴らしながら客席の間を、笑顔一つ見せずに、どうでもいいのだといわんばかりののらくらさで練り歩いたりしていたが、人々はこの娘の美貌の故に、へたな踊りにもまずい歌にも一斉にやんやの喝采を送った。それほどこの娘は美しかった。

ドガンはこの娘について、まだケマルが存命中、多分三年前の夏のやっぱり今頃のある夜、突然このホテルに現れたこの酒に溺れた不羈奔放な大統領は、この娘を捉えて、欧州一の美人だと言って矢庭にその唇に接吻をしたことがある、という話を、彼が実地に見たのだと言って話していた。

「しかし、僕はこんな美人は大嫌いだ。僕は矢張り……」とそう言って、態とらしくハチソンを抱きよせて、接吻しようとしたがハチソンはドガンの顔を邪険に押しのけた。

その夜、食事の時間が済んで、この広間が忽ちダンス場と化したとき、三吉が一番先に飛び出して、この白痴の美人――とドガンは言う――と踊ったことも、ネルミンは知っていた。そしてこのときはじめて彼女は三吉を平手で打った。

ネルミンの黒い大きな眼は次第次第にその輝きを豹変させるようになって行った。あるときは細い弱々しい光りを放って哀願するが如くに輝くかと思うと、忽ち変じて凶暴な憎悪を含む毒々しさに燃えた。

すぐ手を振りあげる。三吉がその手首を掴えると噛みついて来た。その頭を押しのけられると、今度は「愛して呉れ！」と言って泣いた。

ルーマニアで三吉との間に賢明な商取引関係を結んでいたポーレットがある朝、颯爽と、一見貴婦人風の綺麗な服装で三吉の前を通って行った。食堂でおそめの朝食をとっていた三吉は目をあげて彼女の後姿を追った。その視線に、彼女はちらと振り返って白い歯で答えた。帳場できくと某というイギリス人の夫人というふれ込みだと判った。ルーマニアから昨夜の船で来たのだと言う。

その次には廊下でぱったり会った。某というイギリス人はルーマニアで石油に関係していた金持の老人だが、今度彼女と正式に結婚して、二人してこれからエジプトに行って住むのだ、としていた。

湯から出たばかりの三吉が、ピジャマのまま身体のほてりを海風に吹かせていたところへ、ポーレットが突然侵入して来た。もうこれで三度来てみたのだが、いつも三吉はいなかったと、相変らず忙しいのかと笑った。

誰ひとり知合いはなし、夫は昼間は商用で歩き廻って、夜は早々に寝てしまうし、実に退屈で退屈でたまらない、という。どこか面白いところはないか、と訊く。

三吉は正直にいまの苦境を打ちあけて、街の中は困るが、オルタキョイかベベキあたりの少し郊外まで行けば、田舎くさくはなるが、海岸のことだし、気晴しにはなろう、と答えた。ポーレットは愉快そうに笑って、そのトルコアズというカバレーに是非つれて行けなどと三吉をからかった。

三吉は両三度ほど、こうして、ホテルの少し先の街角からタキシーを拾って、この女と郊外のホテルに昼飯を食いに行ったことがある。もう商取引関係ではなかった。三度のうち一度は彼女も払った。

ポーレットは一週間ほど滞在している間にこうして度々夫を裏切ったが、発つときには三吉にも何にも言わずに、夫の腕をとって、ボーイたちの居並ぶ前を貴婦人然として歩き去って行った。

ネルミンはこの事件についてもうすうす何事かを嗅ぎつけたらしく、余程経ってからであったが、しきりに三吉を責めあげた。そして、ますます執拗に三吉のホテル住いに反対した。

しかし、ホテルは三吉にとって、辛うじて残された唯一の自由なる休息所であった。

19　ネルミンの自序伝

ドガンたち二人は三吉に向って、しきりにネルミンとの交際をやめろと忠告した。三吉にも、もう沢山だ、という気持はあった。それとともに矢張り惹かれるものが残っていた。

ドガンは、あの女は君に適わしくない、と主張した。

「あの女は前に妾をしていたのだそうだ」とも言った。

「何でもポーランド大使館の老書記官の妾をしていたというよ」。

「どうせ君、妾か、商売女か、そこらで沢山だよ」

ドガンはその次には更にまた、そのも一つ前にはある代議士の妾もしていたことがある、と言いはじめた。

「そんなことは構わないよ」

ドガンは大きな口を開いて

「君は阿呆だねぇ」と笑った。

ネルミンはこれらの話を別段否定しようともしなかった。むしろ進んで、更に新しい事実すら明かにした。

十八歳のときフランスから帰国して来ると間もなく、ある代議士の妾となった。その代議士の家にはときどきケマルが晩飯を食いに来たが、彼はその代議士をアメリカに派遣する約束をした。代議士は約束どおりアメリカに渡って行った。そしてそれがその交換条件であったか否かは判らないが、ともかく、代議士の留守中に、その若い妻と、ケマルが来る度に接待に出ていた彼女自身とは幾度か自動車で、或ときは一緒に、また他のときは別々に、ケマルの閨房に暮夜ひそかに連れ込まれた。後に彼女だけは代議士の家からケマルの秘かなるハーレムに移された。そこには十五、六人の若い女がいて、ひとりの三十五、六になる女の監督のもとに暮らしていたが、ひどいアルコール中毒症であったケマルの閨房に奉仕することは、女たちにとって、実に一つの煉獄的苦役であった。ケマルが死ぬと、女たちはそれぞれいくらかの物と金とを与えられて解放された。彼女自身は両親の住むイズミールにいたが、やがて与えられたものを徒食しつくしたとき、彼女はアンカラに出て、ポーランド大使館の老書記官の妾となったのであった。老書記官は彼女を愛したが、彼女は彼を愛さなかった。しかし、彼女はそれだからと言って老書記官を裏切ろうとは考えたこともなかった。但し一度だけ、ふとしたことから可哀そうなこの老人を裏切ったことがある。老人はポーランドの壊滅後暫くして、どこかへ失踪して行った。彼女は暫くは彼が残して行ったもので暮らしていたが、結局また一文なしになって、踊り子となったのである。――というのが彼女の、どこまで信じていいか判らない自序伝であった。

しかし、彼女の全生涯を通じて、全身全霊を打ち込んで愛したのは、

「ほんとに、あんたがたったひとりよ！」

「どの女でも、皆そういったことを言うよ」

「畜生！」

「第一、僕にとっては、君が過去において何十人の男を、全身全霊をあげて熱愛していたろうとも、そんなことはどうでもいいことなんだよ。現在、こうしているとき、僕に平安な幸福を与えてくれさえするなら、その蔭で君が何をしていようと、僕はそんなことを強いてせんさくしようとは思わない」

「エゴイスト！」

「そのとおり」

「けだもの！」

「そのとおり」

「あ、あ、あ！」。ネルミンは矢庭に三吉にかぶりついて、狂ったように引かいたり、つねったりして猛り立つのであった。

三吉はもう二度とあんな女の前には出まいと固く決心する。大ていは立石大佐のところかドガンのところに行って暮している。二日経ち、三日経つ。ホテルの門の脇に待伏せていたネルミンに捉まる。

女は黒い目に一杯涙をためて嗄れた、細い声で、要すれば、そこに土下座もしかねまじい哀れさで懇願する。渋るような顔をしているが、実は三吉の心は既に彼らのアパートに先廻りして行ってしまっているのであった。

20 痴話げんか

「君に愛が必要なように、僕には自由が必要なんだよ。ね」

「ええ、判るわ」

「君が夜働くのを楽しみにしているように、僕は昼間働かなけりあならない」

「ええ、判るわ」

「君が君の友達と映画に行ったり、買物に行ったりするのを楽しむように、僕は僕の友人と喋ったり、飲んだりするのを楽しみたいんだよ」

「よく判るわ」

「だから、お互にも少し静かに愛し合うことにしようや」

「そうするわ」

三吉の膝に肘をもたせて、床の上に直に膝を折って横坐りになっているネルミンは、こうしたとき、初めてあったときのあの潤みの多い黒い目をした、優しい黒服の娘であった。

彼女は甲斐甲斐しく湯槽に湯を充し、三吉をその中に入れ、自分で洗ってやり、大きなバスタオルで彼を包み、その間に珈琲を入れ、桜実やメロンや林檎やバナナや、その他あらゆる果物を卓子の上に並べ——要するにあらゆる女奴隷的な仕草をすることを真心から幸福に思う様子であった。三吉が彼女のこうした奴隷的奉仕の柵の中で、おとなしくそれをうけている間は、二人の間の平和は乱されることなく続いた。

だが、三吉がこの柵の中から飛び出して、二日、三日と自由にはね歩くことが続くと、忽ち嵐はやって来た。

「愛なんてものが、あるものか！」と三吉も怒鳴り返す。

「それはみんな、病気だ！　お前は気狂いで、病人なんだ」。

「あんたなんか、女たらしの、大やくざだわ」

「それで結構！　俺にとっては女なんて、生きて行くために必要なんで、女のために俺が生きているんじゃない！」

「出て行け！　妾は、今夜から誰とでも、手当り次第に浮気をするから」

「勝手に、犬とでも警官とでも寝るがいいや」

こうして二人は別れる。そして、三日か四日か、とにかく、二人とも不安と焦燥とにじりじりしながら、口ほどでもなく悄然と暮している。

そしてまた、ふっと優しくなる。

最初は何かと忠告したりしていた立石大佐も、「君たちのは犬どころじゃなくて豚も食わないよ」と、もはや対手にしなくなった。

三吉は始終、もう沢山だ、もう金輪際おしまいだ、と心の中で繰り返しながら、しかし一回一回仲たがいするごとに、益々深くこの凶暴な女に結びついて行く自分を、不思議な気持で、じっと横から眺めることもあった。そして三吉は自分の智性にすらときとしては著しい疑いを持つことがあった。

不安が三吉を押し潰しそうになる。

第一の別れ

1　安達鶴太郎

カスターネが突然電報をよこして、船で帰国の途中半日ばかり立ち寄ると言って来た。ガラタの船着場で待っていると、刻みの深い輪郭のはっきりした顔が甲板に現れて、にっこり上から見下して笑った。五本の指を拡げて激しく手をふる。

二人は抱き合うようにしてイスタンブールのでこぼこ石の舗道を歩いた。海峡を渡ってアジア側のモダの海岸に行って、そこの海浜ホテルで飯を食いながら恋人同志のいように手をとり合って話をした。

「果して本国に帰れるかどうかも判らないし、帰ってみてもどんなことになるかも判らない。だけどとにかく、帰ってみるよ。ル・ジューヴはド・ゴールの側について、すっかり元気になってね、やってる。僕はどうしてもいやだ。随分すすめてくれた人もいたが、何としてもいやだ。とにかく、帰ることにきめたんだ」

カスターネは一応アテネに出て、そこで便船を得てスペインに渡るのだと言う。

「金は充分持っているかい？」

「充分とまではいかなくても、持物を全部売り払ったからね。トランクが一つ残ったきりさ」

しかし、彼は三等に乗っている模様であった。

「どこに行っても、アメリカ弗でなくちゃ、これからの旅行は駄目だから、少しだけど、持ってけよ」

「ありがとう」。カスターネは素直にそれをうけとった。

「僕たちは、またどこかで会うだろうか？」

「会わないときまったものでもなかろう」

こう答えながら、三吉は、まあ会うことはないだろうと心の中では思っていた。

「気をつけて行けよ」

銅鑼が鳴って、甲板から追い下ろされるとき、三吉は目先の霧むのを覚えた。

太陽がぎらぎら眩しく輝く朝、武富大使の一家は例の騒々しくジャズを奏しながら出て行くソ連の真白な定期船に荷物を六、七十個積み込んで、オデッサに向ってイスタンブールを発って行った。ジャズの音が段々遠ざかり、船の上で手やハンカチを打ち振っていた人々の姿がごちゃごちゃになって見別けがつかなくなると、岸壁の上に並んで神妙に別れを惜しんでいた人々もぞろぞろと街の方へ動き出した。何事か浮つ調子にしきりとけらけら笑いを連発している海軍武官の五、六歩後を行きながら、三吉は急に大使一家の悪口をあらいざらい並べ立てはじめた大使館員たちの話を苦々しい思いで聞いていた。

或る者は吝嗇家の大使が何万磅かをロンドンに預金していたことを話して、それが凍結されそうなので蒼くなっていた、とまことしやかに話した、大使が大西洋や印度洋を敬遠したのは命よりも荷物が惜しいからだ、とも言った。

また、大使夫人と令嬢とは船が出る数時間前まで街中を駆け巡って、買物に狂奔していたとも話した。

大使令嬢をシリアの領事をしている小滝彬に押しつけようとする工作が遂に失敗に帰した経緯を話すものもいた。

雨の降っていたある日の午後、ルーマニアから安達鶴太郎が何の予告もなしに突然やって来た。彼はヴァイオリンを二挺大事そうに抱えていた。そして見知らぬ朝鮮人をつれていた。

安さんというその朝鮮人はウィーンにいた音楽家で朝鮮独立派の一人だと言う。旅費一切を安達が負担しているらしいことはすぐに判った。イスタンブールでオーケストラを指揮して少しばかり金を儲けたいのだが、と三吉に相談するのであったが、三吉はトルコにはオーケストラなんかない、と冷胆に答えた。

安達は安のことを例の大袈裟な「とってーも」という言葉を使って、隠れたる世界的大天才のように言ったが、音楽上の才能は別として、人間的には極めて下卑な、全然信用ならぬ人間であるように、三吉には第一印象からして思われていたので、まるで対手にしなかった。大事そうに提げていたヴァイオリンについては安達は、これはブカレストのある道具屋で安さんが発見した大した掘出しもので「とってえーも」素晴らしい名器だそうで、ニューヨークあたりに持って行けば一挺捨値で五万弗は間違いのない代物だから、財産のつもりで一挺百弗で買ったのだと言った。そして三吉にも
「君も五、六挺買って貰えよ」とすすめた。

「そんな名器がブカレストあたりに、そんなにごろごろあるのかねえ」

「そうだとさ」

安達は何の疑惧もなく、簡単にそうだとさと言い捨てて、こだわる様子もなかったが、三吉は安というこの朝鮮人はその道具屋から少くて三十弗、多ければ四十弗は払い戻しをうけたに相違ないと考えた。

「俺は君がつれて来た朝鮮乞食を見るも嫌だから、君があれをつれて来るところには、俺は絶対につき合わないからな」

「まあ、そう言うなよ」

「君は社の金でドンキホーテの修業をしているんじゃなくて、電報打ち屋だってことを忘れてやしないかい」

「すまん、すまん」

そして安達は屈託なさそうに、大きな声でからからと打ち笑った。

安達と入れ替りに毎日の榎本〈注―榎本桃太郎と思われる〉がソフィアからやって来た。三吉はこの男とは前にパリで会ったことがある。この男は前に回教徒に化けてメッカ詣りをしたこともあるという変った経歴の若者であった。

三吉と同じホテルに泊って、しきりに豪傑笑いを連発していた革新派の加藤三郎も三井の倉田のところの送別会で倉田夫人の三味線で絞め殺されるような奇声を発したのを名残りに、武富大使のあとを追って、黒海を渡ってオデッサ経由日本へ帰って行った。

これも四十四名の松岡旋風の一人であるバグダードの隈部公使もその六尺近い大きな身体をガラタの埠頭からソ連の白い船の中に消えて行った。

ブカレストの小倉が打合せのためと称してやって来た。毎夜三吉を引ぱり出して飲んで歩き、処が変ると能力が出るから不思議だ、と言いながら、次々にカバレーの女を連れ出した。

ベルリンでは日本とドイツとイタリアとの間に同盟条約が締結された。

ドガンは面白がってDNBの肥ったフープ夫妻、ステファニの老いたるドデントーニ、それに三吉を自宅に招いて一席の日独伊同盟条約成立祝賀会を開催したがドデントーニは最後まで姿を現わさなかった。

「あのよぼよぼの熊め、余程ドイツが嫌いと見ゆる」

ドガンは老ステファニ記者のことを罵りながらフープの逞しい肩を叩いて大声で笑った。

2　女性記者エルフォール

ドガンは父親のユニュスと真正面から衝突して、その家を出てしまった。そして日本大使館の脇を、海岸の方に朽ちかけた石の階段を二、三百段も下りた、断崖にほんのちょっとひっかけたように危かしく建っている小さな家を借りて、ハチソン嬢と公然たる同居生活をはじめていた。

ユニュスは、「俺の子孫の血に外国人の血の混ることを許すことはできない」と言い張っている。

「あの莫迦親父は」とドガンは父親を罵った。「自分の血にどれほど外国の血が混じているかなんてことは、てんで考えてもみようとしない。いまのトルコ人で、純血なものはアナトリアの山奥の岩の間にでも行かなけりあ一人だって探し出せはしないのだ」。

カフェ・ハタイの集会に暫く姿を見せなかったモニター紙のレイコックがある夕方、突然三吉を訪ねて来た。髪毛を額にたらして、いかにも悄然と、憔悴した顔をしていた。

三吉は海峡に面した露台で彼と差向いに坐って、酒を供した。レイコックは膝に石肘をついて、五本の指で額を支え、物思いに沈んでいるばかりで、何にも言わない。だが結局彼は、三吉の予期どおり、金を貸せと切り出した。トルコにいられなくなったので、これからシリアに出て、カイロへ行こうと思う、というのである。何故トルコにいられないのか、アメリカの本社との関係はどうなるのか、そんなことは何にも説明しなかった。

ひどい飲んだくれで、殆んど仕事らしい仕事はしていない様子であったから、多分本社から解雇されたのであろう、と三吉は考えた。三吉は断った。レイコックは怒って、「君は友人の苦境を救うことのできる人間だと思ったが違うのか」とつめよった。

「しようと思えばできないこともない。しかし僕は君の苦境――どんな苦境だか知らないが――を救わねばならぬとも考えないし、救おうとも思わない」

「君は金持ちじゃないか!」

「金持ちじゃない。金はある。しかし、僕の金じゃない。僕の本社は貧乏な日本の会社だし、君の本社は世界一富裕なアメリカの会社じゃないか。話が逆だろう」

「アメリカが世界一富裕でも僕個人はいま十弗の金にも困っているのだ」

「そんなに困っていたら、僕のところなどに来ないで、他にも沢山いるアメリカの記者のところへ行き給え。最近モスクワからやって来たヘラルドのソマヴェル君は自家用車のほかに犬を五頭も連れて来ているし、ＵＰのヒッチコックは君の飲み友達じゃないか」

レイコックは酒のコップをコンクリートの床に叩きつけて帰って行った。

それから数日して、レイコックはほんとうにシリアへ行ってしまった。

カフェ・ハタイの顔ぶれも次々に変った。ロイター通信社は本社から赭ら顔の肥った支局長を新に送って来て陣容を強化しようとしていた。ドイツ人の記者もイタリア人の記者も増えた。これらがここだけは奇妙に皆一つの卓子に集って、別段口論もせずに、一杯の珈琲、一杯のアイスクリームなどで意味のない雑談を交すのであった。それは必要というよりもむしろ習慣で集っているという感じであった。

ある日、この集会に三吉に一つの小さな驚きを用意していた。

三吉がまだ仏印にいた頃、重慶からハノイに現れて彼とも数日間交際したことのあるフランス人の婦人記者エルフォールが、突然そこに現れたのであった。

伴れて来たのはドガンであった。ドガンが紹介しようとする前に、彼女は飛び上らんばかりに大袈裟な驚きぶりを示して、三吉に抱きついた。

「えい、えい、えい！」とドガンは舌打をして笑った。「太田という奴は、実に驚くべき生物だよ。大抵の女とは生れる前からの知り合いだ！」。

「そうなんですよ、そうなんですよ！」とエルフォールは目もとに一ぱい皺の寄った顔を大仰な驚きと喜びの表情で態とらしく塗り潰しながら、自分がいま初めて紹介されたばかりでの人間であることも忘れてかのように、狎々しく一座を見廻して、片手に依然三吉を抱きしめたまま声高く行った。「おお、あなた方は、妾のこの小さな日本人がどんなに親切で、どんなに誠実な紳士だったかは御存知ありますまい。彼はね、それはそれは愛情に充ちた男です。妾は生涯決して彼のことを忘れることはないだろうと思っていました。それが！　まあ何という神様のお恵でしょう、思いもかけず、こんなところで会おうとは！」

呆気にとられた一座は、「うあー」と言って拍手した。

「ヴラヴォー・オオタ！」

白い半前垂をかけたボーイたちもにやにや笑いながら遠くから此方を見ていたし、記者たち以外の客人らも好奇の目で一斉に三吉の方を見ていた。それでもエルフォールは構わなかった。彼女の演説はとめどもなく続いた。

彼らのハノイでの出会が如何に思い出深いものであったか、彼女のハノイ滞在が如何に楽しいものであったか、三吉の観察が如何に精密で正しいものであったか、彼女がその三吉の観察から如何に得るところがあったか、三吉が如何に約束を重んじて彼女らの写真を態々パリへ送ってよこしたか！

三吉はパリに写真を送った記憶はあったが、そのほかには、彼女と一、二度食事を一緒にしたほかはさして「親切」な記憶も「楽しかった」記憶もありはしなかった。彼はてれて白々と笑っているほかはなかった。

ドガンも、いつ終わるとも知れない彼女の饒舌に啄の入れようがなくて、困りきった様子で椅子の背を握りしめて立っていた。

3　ネルミンの凶暴

ネルミンの凶暴がまたはじまった。

彼女は三吉の後から見え隠れにカフェ・ハタイにも、スタンブール区の情報局分室にも、新聞社や通信社にも、ついて来ている様子であった。ハタイでは、知らん顔をして、ずっと離れたところに後向きに席を占めて、三吉を監視していることもあった。

エルフォールはそんなことに頓着はしなかった。三吉の腕をとり、三吉の肩に頭をもたせて、喋りまくった。三吉にはそれを阻止する根気も勇気もなかった。ドガンも、他の同業者たちも、エルフォールのことを蔭では、あの気狂い婆さん、と言っていた。そして、三吉が困らされているのを見て、甚だ興あることに思っていた。

彼女が既に老い、しかも多少奇矯な饒舌家で、その行動はかなり常軌を逸したものであり、三吉としては何らの興味も抱いていないわけではない、ということはネルミンにとって何らの保証にもならなかった。ネルミンによれば、三吉という男は、たとえ対手が老婆であろうが、気狂いじめていようが、跛であろうが、めっかちであろうが、女でさえあれば見さかいのない男でなければならなかった。

言い募る女を前に、三吉は思わず吹き出さざるを得なかった。それがまた彼女の病に障って、ネルミンは歯ぎしりをしながら右手を振り廻した。三吉はその手首を握って「僕はもうこんな愚かしい生活は沢山だ」と言う。そして事態はいつものとおり予定の筋書に従って展開する。

「君は何故そう僕らが平和であることを嫌うのだろうね」

「愛しているからよ、妾がどんなにあんたを愛しているか、それはあんたにはとうてい判りっこない」

「愛ってものは、平和とは両立しないものなのかい。愛していれば、その対手は必ず愛を裏切るものと疑わなければならないのかい」

「あんたは現にそうなんだもの。ああ、あたしはどうしてあんたのようなけだものをこんなにも深く愛するようになっちゃったんだろう」

ネルミンは始終、「わたしはあんたのシャツを洗い、洋服にアイロンをかけ、うまい料理をし、あんたを風呂に入れて、そして静かに愛していることができれば、ほかに何にも望みはしない、何にも買って要らないし、映画なんか十年だって見なくても何ともない」と言うのであった。

「だのにあんたは始終あたしから離れて行こう、離れて行こうとする。そして、自分の気の向いたときだけふらりとやって来て、勝手に、私を愛しているような真似をして、そしてまた行ってしまう。あたしはまるで可哀そうな女奴隷だわ。いつ来るか、いつ来るかと心配ばかりして、一日中、どこにも行かずにこの家の中にとじこもって、そとで何をしているか判りもしないあんたを、待っている！」

ネルミンの黒い大きな目はすーっと涙が浮ぶ。その目はひとり家にいるとき、絶えず三吉の淫らな姿を他の何者とも知れぬ白い女の肉体と一緒に、明るい空気の中ですら、描き出さずにはいられないらしかった。

精神的にも肉体的にも、もう嫌だ、もうとても辛抱できない、と三日にあげず思うのが三吉の場合、近頃ではもはや慢性症状に近づいていた。この女は偏執狂だ、この女にはひとの言うこと、ひとの考えていること、ひとの気持などと言うものは、とうてい判りっこない。そこには「我」があるのみだ。何事も「己」を中心にしてしか廻転しない。肉体的交渉においても三吉にはそれは明かに過重な負担の場合が多かった。むしろ苦痛であり、ときには醜悪な嫌悪感すら催すようなこともあった。

それをしも、彼女は愛を主張し、それに堪えようとしない三吉を愛の裏切者と呼ばなければ承知しなかった。三吉は堪りかねて、

「俺はお前のように、情事のこときり考えていない牝豚と同じカテゴリーの人間じゃないんだぞ！」と叫ぶこともあった。するとネルミンは、世界中の憎悪と反感とを一点に集めたほどにも鋭い光をその黒い瞳にこめて

「いつもポリチーク、ポリチーク。あんたのポリチークなんかでは木の葉一枚動きあしないってことが判らないの！」

と叫び返した。

どこまで行っても二人は処詮併行線上の人である。それが何とかして交わろうとするのがどだい間違っているのだ。にも拘らず、何故にこうまで相惹くのであろう。いっそ放射線ででもあればいいものを。

「もう、金輪際来ないぞ！」

「ええ、見たくもないわ。さっさと、帰ってちょうだい。おお、汚い！」

ネルミンは三吉のピジャマもワイシャツも、その他細々したものを片端から床に抛り出した。

「雑布にでもしやがれ！」

三吉はばたんと音高く扉を閉めて出て行く。

ネルミンがまたホテルの門のところに待伏せしている。

三吉もそれを期待している。そして三吉が再びこのアパートに現れたときには、ハンケチもピジャマもワイシャツもすっかり洗濯されてきちんとアイロンがかけられているのだった。

4 UP記者追放

「今度こそは絶対におしまいだ！　何だあの売女めが！」と思った勢いで三吉はアレキサンドリア行の船に乗った。

ギリシアに行くのは十ヶ月ぶりである。

アテネの街は相変らず殷賑にみえたが、紅茶は薄くて香りがなく、珈琲には甘みが足りず。牛肉も豚肉もいよいよ少くなっていた。どこの国でも近頃ひしひしと味いはじめていた戦争の影響、殊に食糧の逼迫がこの国では一きわめだって感じられはじめていた。

三吉はかねてイスタンブールで、アテネ通信社の特派員との間に交渉を進めていた件について、アテネ通信社と三吉の社との直接通信交換の協定をこの際一挙に結んでしまおうと考えて来たのであったが、この方の話は順調に運んだ。前にルーマニアのラドール通信社との間にも三吉は同じような協定を結んでいたので、東京でも異議なく今度もOKを言って来た。

イタリアとの雲行きは何と言っても険悪である。アテネの人々は自信はなさそうであった。しかし、彼らは地中海の各所を遊弋するイギリスの軍艦を恃んでいた。沿岸各地に待機するイギリスの空軍をあてにしていた。トルコとの一蓮托生の思想が盛んに唱えられていた。そしてドイツへしきりに密使が行っていた。ドイツからも頻々と人が来ているようであった。イタリアはアルバニアに大兵力を集中している。だが、戦争にはならずにすむかも知れない。しかし、ひとつ間違えば直ちに戦争だろう。

何が原因で？

これというはっきりした原因はひとつもなかった。アルバニアとギリシアの国境地帯の、三吉が飛行機で飛び越えたあの千古の大森林の中に不逞な山賊が横行していることをイタリアの新聞は書きたてていたが、まさかそれを口実にするわけにも行くまい！

にも拘らず、現実の空気は伊・希関係一触即発であった。

戦争と痴話喧嘩は似たような起こりかたをするものであるらしい——三吉は九月の月次報告の中で、そんなひとりよがりの警句じみたことを書いて、これを例によって東京とベルリンとローマとに送った。

帰って来てみると、僅か十日の間にイスタンブールでも何かと異変が起っていた。

三吉とよく一緒に飲んで、陽気に騒ぎ廻ることのすきだったUPのヒッチコックが一週間の余裕つきで国外退去を命ぜられていた。

アンカラのサルペールが電話で二度ばかり彼に対して何か電報の内容に関する注意を与えたことがあったというが、三吉が帰って来る前々の日、突如として退去命令を発して来たということであった。どうもソ連とトルコとの関係に関する電報を忌避したらしい、ということであった。ヒッチコックは散々酔っ払って、皆に列車の中に担ぎこまれた後も、殆んど裸に近い姿で寝台車の窓から半身乗り出して、ネクタイで得意のコプラ踊りをしてみせながら、何ども窓から転りそうになってはその度に押し込まれ押し込まれ、ありとあらゆる悪罵をトルコとサルペール情報局総裁の上に投げかけつつ、記者団一同のヴラヴォーに送られて、ソフィアへと去って行った。

三井の倉田が東京に帰ることになって、出発の準備をしていた。もう殆んど取引きがないのでここの支店は閉鎖して、ブカレストの小倉があとを見ることにきまったのだという。

海軍武官の松原が女秘書のユダヤ娘を乗馬、ドライヴ、映画などありとあらゆる「高級なる趣味の相手」につれ歩き、武官室にいる若者たちに対して、彼女を使用人扱いしてはいけないと要求したとかしないとかについて、不平と非難とが内外から急に表面化していた。

夏の間イスタンブールで過した大使館の人々は再びアンカラに引きあげていた。

最初のうち三吉とネルミンが喧嘩を面白がってからかっていたドガンが、近頃では殆んど毎日のようにハチソン嬢と喧嘩をして、三吉たち二人とほぼ似たようなことを繰り返しはじめていた。

5　倉田一家の引きあげ

「妾よ、お判りになって?」

三吉にはその涼しげな日本婦人の声が果して誰なのかちょっと見当がつかなかった。声はくすりと笑った。

「妾、お判りになる?」。また別な声が言う。

「和子さん?……ですか」

「ええ、そうなの。けさこちらへ来ましたのよ」

別な声——最初の声がまた代って出た。

「さすがだわね。妾の声はお判りにならなくても……」

「失礼しました。余り突然だったもんですから。高尾夫人でしょう?」

「ようやくお判りんなったわね。御一緒に、倉田さんの奥様にお別れかたがた、有名な国際ランデヴーのお伴兼お目つけ役で、来ましたのよ」

三番目にがらがらした倉田夫人の声が、これは間違いようのない特別な狎々しさで響いて来た。

「もう五度も六度もかけたのよ。いまごろかけたって、処詮ホテルにはいやしない、といくら言っても、聞き分けがないの。早く、走って、いますぐいらっしゃいよ」

三吉が入って行くと、三人の女は三人三様に花が開いたような明るい顔で笑った。主人の倉田は笑うと突然別人のように歪んでしまう顔をきょうは特別渋そうに歪めていた。

「この人のホテルの部屋はね」と倉田は三吉がいつか一度言ったことのあるその言葉が余程気に入っているとみえて、このときもまた繰り返した。「郵便受けの箱なんじゃそうだから、本人は滅多にいやしないって!」。

「どうしてですの」。高尾夫人の飛び離れた目と目の間のおしろいの白さがめだつ。

「高価なポストを据えておくもんさ。本人はどこか、そこらのいいところへ泊っているんでしょう。僕らあ、どこにいるのかききもしないが。そしてときどき新聞や電報や、手紙などをとりに、ホテルに帰るだけのようですよ」

そして彼は、それが癖の、意味もなく、へへん、と鼻で笑った。倉田夫人が三吉の表情を気にして、睨んだり、少し笑いかけたり交互に顔の筋を動かしているのも、夫には一向に通じなかった。

和子は改まって、「その節は小倉が大変お世話になりまして」と叮嚀に上体を折って言った。そして、急にいたずらっぽい目をして
「素敵にお綺麗なんですってね」

「いい加減ですよ。そんなこと!」

「お隠しんならなくてもよござんすよ。ねえ、一度是非お目にかからして」

三吉はそのときそのときの環境というもの人間の心に及ぼす影響の強さにおどろいた。和子は同じ和子でも、ブカレストにあるのとイスタンブールにあるのとでは、三吉にとってはそれは非常に異ったものになっていた。

ブカレストでは三吉はこの人の前で何故にあんなにも胸踊らし、心はずませ、そしてこだわっていたのであろうか。イスタンブールの三吉は落着いていた。どこかに冷胆な

ものすら感じていた。悪びれもせず、隠そうとも思わなかった。

どうせ女同志のことだから、ネルミンと三吉とのことも勝手な話題にのせたことであろう。それはそれでよい。言い訳する必要もなければ伴る必要もなかった。

女客二人はいずれも倉田のところに泊っていたので、三吉は小倉夫人と二人だけになる機会はなかった。また仮にあったとしても、別段話すことはなかったであろう。

ネルミンと和子は同じ異性ではあっても三吉にとっては全然別なカテゴリーに属する無縁の、比較のしようもない存在であった。

ネルミンは彼女一流の敏感さで、この淑かであどけない日本婦人に対する三吉の特別な感情を嗅ぎ分けてはいる様子であったが、不思議とこのときばかりは、いつもの気狂いじみた姿は見せず、却って一種冷かな嘲笑の口調で、いかにも自信ありげに

「可哀そうな私の三吉！　あの奥さんは決してあんたなんか愛していやしないわ」

と言って、三吉を劬わるように特別な愛撫を注ぐのであった。

二人の婦人客は四日ほどいて再び黒海の方へ帰って行った。それから四、五日して、倉田の一家は二ヶ月程前全通したばかりのバグダード鉄道経由、バスラに出て、そこから三井の貨物船に乗り込む予定で陸路東に向って発って行った。

三吉もアンカラまでこの一家と同行した。

6　英紙記者追放

情報局総裁サルペールの強硬な態度は些か不快の感をすら起させるほどであった。

トルコがいま、少しく誇張して言えば、まさに生死の関頭、明闇の岐路に立っていることはサルペールの言うとおりであったが、だからと言って、トルコにいる外人記者の全部が易々としてサルペールの思うがままの電報だけしか打ってはならないという理屈は通らない。だが、この問題はいつまで議論しても、結局水掛論に終らざるを得なかった。サルペールはおしまいには

「トルコの利益に反する場合は全部の外人記者をトルコから一人のこさず追い払うこともまた已むを得ない」とまで叫び出すのであった。三吉は、ここまで来ればまた何をか言わんやだと思った。

ハチソン嬢の身の上に、先日ヒッチコックの上に起ったのと同じケースが持ち上っていたのであった。その夜はちょうど、ドガンも彼女も三吉と一緒にパルク・ホテルの海に面したバルコニーで夕食をとっていた。ボーイがハチソンにアンカラから電話だと報せて来たので、時間も既に晩いのに何事だろうと訝りながら立って行った彼女は、やがて顔色蒼白になって、よろめくが如く帰って来ると、そのまま卓子に顔を伏せて泣き崩れてしまった。辺りの人々が驚いて凝視する。ドガンは驚愕と憤怒から狂気のようになった。即座アンカラに向って発つという。行ってサルペールと掛け合って来るという。次の次の日憔悴した顔色で帰って来た彼は忌々しげに首を振って

「親父の陰謀だ！」と怒鳴った。

ハチソンに軍事密偵の嫌疑があるというのであった。誰のために？　如何にして？　三吉もその理由を莫迦々々しさに唖然となった。三吉はこの女がドガンの恋人なるが故に実は批判を差控えていたが、内心彼女をかなり軽蔑していた。こんな批判力もなければ社会的常識にも乏しく、国際知識も言うに足りない、まだほんの一介の女学生、それも極めて智的能力の低い劣等生に近い若い女を通信員にしておくイギリスの大新聞の大胆さというか無責任というか、それにも三吉は内心ひどく驚いていたものであった。その彼女に軍事密偵など勤まろうとはとうてい考えも及ばないことである。或は冗かも知れない、多分何の役にも立つまいが、それとは別に、三吉としてもサルペールに一言云わねばいられないものを感じていた。

こうして三吉はアンカラにやって来たのであったが、果せるかな、すっかり不愉快になって帰って来た。

帰って来てみると、そこには更に別の小驚愕が待っていた。ハチソンの本社は彼女の国外退去処分を知ると即日解雇の処分に付したのだという。しかも一文の手当も呉れないのだという。何という冷酷！

ドガンは怒り且つ悲しんだ。父親がかかる卑劣な手段を講じてまで自分と彼女との間を割こうとする限りは——彼は一途にそうだと信じきっていた——自分はどんな困難があっても彼女と一緒に外国へ行ってしまうのだ、といきり立っていた。

ハチソンが泣く泣くソフィアに発ったあと、ドガンも旅券を手に入れるが否や、飄然としてトルコを去って行った。彼は以前からスイスの新聞にときどき原稿を送ってそこばくの金を得ていたが、いまは僅かなこの収入のみが彼ら唯一の頼りであった。駅頭でドガンは三吉の頚を抱いてその

粗い髭面をこすりつけた。しかし、三吉がこっそり出した封筒は、むっとしたように押し戻した。三吉も彼の気質を知っていたので、強いてとは言わなかった。当分ソフィアにいるというから、いよいよとなれば公使館に話して何とかしてやれぬこともあるまいと考えて、三等車で発って行くこの愉快な友の痛快な旅立ちをできるだけ陽気な気分で見送るように努力した。

ふと思いついて、一緒にきていたネルミンを走らせて取りよせた最上級のラクー酒（トルコ特産の酒）の壜を窓から入れてやると、ドガンは白い美しい歯をホームの明るい照明に輝かせながら

「お！　君は全く永遠の親友だよ！」と言って笑った。

「途中で飲まずに、ソフィアについてから、二人で飲むもんだぜ！」

ドガンは日頃どちらかと言えば悪い感情しか持っていなかったネルミンに対しても、この夜は親切であった。三吉を愛してやってくれと、繰り返し言っていた。

そのネルミンと三吉も、すぐそのあとで、永遠の別れがやって来たのである。

7　ヴィシーへの転進命令

ネルミンの弟なる逞しい若者が土色服の兵卒姿で、ある日突然現れた。

弟があるなどという話は全然聞いていなかった三吉はやや驚いたが、顔だちはたしかに似ていた。ネルミンに劣らず彼は上手にフランス語を話したが、内気な性質と見えて、滅多に口を開かなかった。看護兵で、最近イスタンブールの方に転属して来たのだという。

ネルミンは姉らしい愛情で、彼が来る度に何でも彼でも持たせて帰したがった。三吉のワイシャツやネクタイはハンカチや靴下や、兵卒には当分用のないようなものでも、三吉の目の前で、我物顔に弟に呉れてやった。弟は困りながらも強いられて結局持って帰った。

またネルミンは弟が来る度に、本当に戦争になるだろうか、と訊ねた。衛生兵でしかない弟には何とも答えられなかったにも拘らず、彼女は弟の言葉を信用したがっていた。

少し郊外の方にドライヴに行くと、騎兵や歩兵が短い草だけしか生えていない広漠たる丘の起伏を蔽って、猛烈な演習をしている光景が頻々と見られた。するとネルミンは

三吉の肩に頬をすりよせて、本当に戦争があるだろうか、と問うのだった。長い隊列が狭いイスタンブールの市中を行進することが多くなった。それらの隊列を見る度にネルミンはまたも同じ問いを発した。

しかし、実は、この質問こそ三吉が自ら答えるのに非常な苦心を払っていたところのものだった。三吉は立石大佐のところで毎日のように情勢の検討に時を送っていた。助手の伊藤青年が上手にこしらえる日本食を食べて、広沢虎蔵の「森の石松」のレコードを聞いて、それから「トルコは参戦するか？　対手はソ連か？　ドイツか？　イタリアか」という問題を論じた。

イタリアとギリシアの間が危い。トルコの騒然たる姿はむしろそのためのものだと思われた。トルコの新聞はしきりに、伊領ドデカネーゼの砲台は誰の顔に向けられているか、という題で論じたてていた。従来から決してよくはなかったトルコ人の対伊感情は急激に悪化して、ペラ通りのレストランの中でも一番流行っていたイタリア料理のデギユスタンシオンでは急にさびれが目立って来ていた。

そうした頃、ネルミンと三吉との別れは、たった一本の電報で、わけもなく決定されたのであった。その電報は東京から来た。

三吉は新に敗戦フランスの首府となったヴィシーの支局長を命ぜられたのであった。

三吉が、イタリア・ギリシア関係危し、戦争勃発の可能性極めて大、という電報を相次いで発したのは、必ずしも泣き狂うネルミンに動かされたからばかりではなかった。ヴィシーに送るべき人は他にも三、四人はいた。必ずしもトルコの果にいる三吉を廻さなければならないことはない。しかも、イタリアは必ず、十中九まで、雪の降り出す前に、ギリシアに向って攻め入るであろう。その時トルコを空けておいてよいのか。

「三吉、お願いだから三吉、東京に電報を打って、行かなくてもいいようにして、ね、ね、お願いだから、それができれば、どんなにでも、妾はどんなことでもする、いままで妾が悪かったんだから、これからは、もう決して我儘は言わない、あんたは全く自由に、思うとおりに仕事をしたらいいのだわ」

彼女の愛に妨げられて怠けていたための転任だとひとりで勝手に呑み込んでいたネルミンは、明け暮れ三吉に歎願した。しかし、その歎願は、最後に東京から来たひどく高圧的な、伊・希戦勃発の可能性は別として、君は直ちにヴィシーへ急行せよ、という電報によって無慈悲に打ち却けられてしまった。

「辞職するわけには行かないの？　そして、コロネル（立石大佐）に頼んで、コロネルの助手になるわけには行かないの？　コロネルはあんたを愛しているから、きっと肯いてくれるわ」

ネルミンの必至の智慧も三吉の冷い苦笑を誘うのみであった。

どうしても行く決心だと知ったとき、ネルミンは床に転げ伏して、泣き喚きつつ三吉の前に前非を悔いた。「どんなにしてでも詫びるし、生活費ぐらいなら自分が何とかしてでも稼ぐから、何とぞ行かないでくれ」と言う。

「僕は僕の将来と一人の女とを取り換にすることはできない！」

ネルミンは病気になって寝込んでしまった。何にも食わず、物も言わず、ときどき起き出して、窓辺により、キラキラと秋の日に輝く金角湾の穏かな水を眺め、すぐ下からこの湾に向ってなだれるゆるやかなスロープに点々と放たれた羊の群をぼんやりと放心したように眺めていた。

そしてある日突然、自分は看護婦になるつもりだ、と言い出した。

弟の話で、陸軍が看護婦の志望者を募っていることを聞いていたと見えて、三吉が出発したら、其の日にでも志望して、赤十字の看護婦になるつもりだと言った。

三吉はこのとき、しみじみと、自分は矢張りこの女を愛しているのだと思った。

8　ドガンの窮乏

二人の心が極ると、あとは比較的平穏な、優しい愛の日が続いた。ネルミンの黒い目は最初の頃の柔かい光りに還った。始終淋しげに微笑んでいる。
立石大佐が彼女にマダムと言って呼びかけると、ネルミンは
「マドモアゼルからマダムに昇格さして貰っても、あと一週間ですわ」と答えた。
そして彼女は従順に、三吉が行こうというところにはどこへでも一緒について来た。淑かになった彼女の様子には、どこかに事実マダムらしいところができて来た。広い露店の演奏場では物哀れなトルコ音楽を奏でていた。そこの粗末な木の椅子にかけて、三吉とネルミンとは一杯のトルコ珈琲を前に、いつまでもその楽の音に聞き入っていることもあった。立石大佐は送別のためといって二度も三度も二

人をあちこちの料理店に招いた。そんなときでも、ネルミンは黒い地味な服を着て、片時も三吉の傍から離れないように始終彼の腕に手をかけていた。

「コロネル、御免なさい、これは妾の初めての恋です」

「判った判った、よく判りましたよ、マダム」

立石大佐はそう言って、肥った腹を揺って笑ったが、その目には熱いものが光っていた。

そして、こっそり、「貴公、むごいぞ！」と彼は三吉に囁くのであった。

別れは案外平凡であった。駅には煌々と電気が光っていたが、ネルミンは他の見送り人とはひとり離れて、態と暗いところに立っていた。そして、声も立てなければ手も振らなかった。

駅のホームの光が全部一塊りになって一本の明るい線になったとき、三吉ははじめて唇を噛んで声なき嗚咽を肩で殺した。切なさが腸にしみた。ネルミンが可哀そうでならなかった。

無言の、食欲のない、心沈んだ一日の旅が果てて、夜のソフィアについたとき、三吉はそこに出迎えていたドガンたち二人に、この別れの話をせずにはいられなかった。

「おお！　何という！」

ドガンはシガレットを床に叩きつけて叫んだ。ハチソンは「可哀そうなネルミン！」と言って涙を流した。

そのドガンたち自身も決して幸福だとは思われなかった。場末の、ひどいホテルに、悪く言えば犬のねぐらのような狭い一室を借りて生活していた。窮乏が早くも目に見えていた。口論も殆んど毎日らしい様子であった。

にも拘らず、ドガンの剛情は三吉が彼を日本公使館の情報提供者として世話しようという申出を拒絶するのであった。スイス新聞への寄稿だけで充分食って行けると言い張るのである。

「毎日何をして暮らしているのかね？」

「することがないから、喧嘩しているよ」

笑い声だけは従前とおりのドガンであった。しかしＵＰのヒッチコックも二人の窮乏にはかなり気をつかっている様子で、彼もまたドガンの剛情を歎いていた。

「じゃ、君とも当分の間、アデューか」

三吉が、ハチソン嬢のハンドバッグの中にそっと一枚の封筒を入れたとも知らないで、ドガンはあくまで快活に、ソフィアの駅頭にその傍若無人な笑い声を響きわたらせていた。

「僕たち二人して、ふらりとまたヴィシーへ行くかも知れんよ。そのくらいな金は何とか稼げるだろう」

「せいぜい、君たち自身のロマンス・ダムール（恋愛小説）でも書いて、スイスの新聞に売りつけるさ」

「じゃ、あばよ！」

ドガンは別れの酒に酔って、ハチソン嬢を高々と抱きあげ、窓から首を出していた三吉に、是非接吻をしろと言ってきかなかった。

バルカンよ！　佐様なら。

もはや再び来ることは、ないのであろうか。

9　ソーシャとの再会

クロアチアの古都ザグレブの秋は色づいた並木と物寂びた青い屋根の対照に象徴されていた。アドリア海の主要港トリエステの海は荒々しく浪立ち輝いていた。ヴェニスの夜は暗闇を縫って行き交う青く弱々しい灯のゴンドラに戦争に入ったイタリアの姿を象徴していた。

日が経つに従って、ますます重く沈み行く心を強いてまぎらわそうとも思わなかったが、何となく直行したくない気持から、三吉はあちらこちらに泊りを重ねて、ローマに到着したのは十月二十八日の朝八時頃であった。

二度目からは来る度にそこに泊ることにしていた古めかしく落着いたアルベルゴ・ロマーノに荷物を投げこんで、朝食を済ますと、まだ少し時間には早いと思われたが、とにかく支局に出かけて見た。

ドアーの外まで慌しいタイプライターの音が景気よく洩れている。

そこにはイタリア人支局員のフランキーネ伯爵（イタリア人で子爵か伯爵でないものは少かった）が、巨大なでこ額に深い横皺を三、四本刻みこんで、いつもはのっけから騒々しい冗談口を叩きながら迎える筈なのに、この日は、ほんのお義理に挨拶を返しただけで、いかにも忙しそうにタイプライターと取組んでいた。

「どうした？　何かあったの？」

「フン！」とフランキーネは依然タイプライターを叩きながら、ぶっきら棒に言った。「イタリアがギリシアに宣戦布告したんでさ！」。

「冗談じゃない！　で下條は？」

「一昨日からカプリの島に魚釣りに行ってますよ」

「じゃ佐々木〈注―佐々木凛一〉は？」

「どこか女のところへでも行ったんでしょう。昨日もでては来なかった」

「仕様がないじゃないか」

三吉はフランキーネが叩いた電報原稿を走り読みした。「午前三時最後通牒、午前六時アルバニア国境から一斉進撃」。

三吉も上衣をかなぐりすてて、知っているだけの事実を綜合して二、三本の電報をこしらえたりした。

佐々木は正午近くになって、何も知らずにのっそり出て来た。

下條からは、三吉の電報に対して、いまから周章てて帰っても仕方がないから、よろしく頼むというのんきな電報が返って来た。

こうして、三吉はローマに着いたその瞬間から遽しさに追いまくられて、三、四日を忽ちのうちにすごした。

そのうちに下條も赤鼻で白ぶくれの顔をつるりとなでながらカプリから帰って来た。

当初の二、三日は猛烈な勢いでギリシア領内に進撃したイタリア軍の攻勢は間もなくはたと止った。あの大山岳地帯を進みあぐむイタリア軍の困難が三吉の目には見えるようであった。

東京からは、貴下は至急バルカンに帰られたし、と言って来た。だが、三吉の気持としてはそう素直にはいはいと言うわけには行かなかった。伊・希関係の今日あることについては三吉からは諄いほど馬鹿念を押してある。そのときの、四の五の言わずに行けと言ったら行けと言わんばかりの東京の強硬態度が思い出された。だから三吉も、冗談じゃない、今更何をぬかすか、俺はともかくヴィシーへ行くのだという気持を露骨に示した電報を打った。しかも内心では、東京が何とか自分をなだめて、いま一度バルカンに帰らなければならないような、詫びる態度に出てはくれないものかと、強く心待ちにしていたのであった。

東京とこうした電報の応酬があったその日、三吉はひとりでオペラに行った。シーズンは開いたばかりであったが、そして燈火管制のため興行は全部マチネーだけであったが、戦争はどこにあるかと思われるほど綺羅を飾った男女が国立オペラ劇場に充ちていた。

三吉はそこで全く思いも設けない人に出会った。同伴者のない休憩時間の間の悪さを喫煙室の一隅でぼんやり送っていた三吉は、突然若い女の声で、「オオタサン」と呼びかけられて、びっくりして立ち上り、ちょっとの間きょろきょろと辺り見廻した。そしてそこに薄桃色のイヴニングの裾を長く引いたソーシャの姿を発見して二度びっくりした。彼女は年輩らしい女二人と一人の若い男に伴われて来ているようであった。三吉の驚いた様子が余程おかしかったとみえて、ソーシャは腰を折って一しきり笑った。

ひとわたり紹介が済まぬかに、開演のベルが鳴りはじめた。ソーシャは伴れの人たちに何やら早口で言った。そして彼女の縁者だと言う二人の婦人と、名だけでどんな間柄だとも紹介されなかった若い男とは軽く三吉に目礼したのち、ぞろぞろと人波に押されながら室内に入って行った。

喫煙室の中は急にひっそりしてしまった。方々の灰皿の中から嫋々と煙の條が何本も揺れながら立ち上っている。

「随分暫くでしたわね」。ソーシャはフランス語で言って、三吉と殆んど鼻と鼻とがふれ合わんばかりの近さに向き合って立った。三吉は急に何となく物悲しい気持になっていた。六ヶ月前の、あの別れのときのことが思い出されたのである。

「そう。六ヶ月になる」

二人は互の目を見合っていた。三吉はすぐ目が痛くなって、瞬きをすると同時に思わず目を伏せた。

「掛けましょうか」

二人の後には豊かな長椅子が些か寒々と横わっていた。三吉とソーシャとは並んでかけた。膝と膝とがふれ合っていた。

「ずっと元気でしたか」

「ええ、有難う。相変らずでしたわ。それで、あなたは?」

「僕もまずまずね」

「そう」

二人の間には何か冷い風が吹いていた。二人だけでこうしていなければならないほどの話は何にもないような気がした。

ソーシャはくすりと笑った。

「お互に随分冷胆でしたわね。一本の手紙もやりとりしないんですもの」

三吉はソーシャの指に婚約の指輪が輝いているのをチラと見た。だが、彼はそのことにはふれなかった。

10　天羽英二大使

ローマの下町を一眸に見晴らすヴィラ・ウンベルト公園の中にあるカジナ・デレ・ローゼで次の日の昼、二人が落ち合ったときには、オペラでのときとは違って、ソーシャと三吉との間の冷い壁はひとりでに取り払われていた。秋の陽が燦々として色づいたマロニエの葉にも降っていたし、櫛比する屋根の波も明るく輝いていて、いい天気だったからでもあろう。少し遅れてやって来たソーシャは目を瞠るほど晴々と微笑んでいた。その白い歯がキラリと輝いた。

「待って？」

「いま来たばかり」

のっけの言葉にもこの日は最初から二人っきりの親密さがあった。

「ハジメテダカラ、ワタクシ、ワカリマセンデシタ」。ソーシャは再会以来はじめて日本語で言った。三吉もゆっくりと日本語で話した。

「ソノゴ　ニホンゴノベンキョウハ　ススンデイマスカ」

「アマリ　ススミマセン、ダメデス」

ソーシャはその豊かな髪毛を軽く振って笑った。彼女は三吉のマカロニの食べかたがうまいとほめた。三吉もマカロニの消費制限をうけたイタリア人に同情したり、そのほかいろんな生活物資の急速な消費制限でめっきり味気なくなったこの町の日常生活を歎いたりした。

その次の日、二人は朝から自動車をかりて、ローマの北方二時間ばかりのところにある法王の所領ガンドルフォに遊びに行った。法王の別荘はその青銅の屋根を冠った重々しく古めかしい姿を崖の下の湖水に映してしんと静まっていた。ソーシャは三吉の腕をとって歩いた。休んでいるときは三吉の肩に頚をのせるようにしていた。自動車の中では自分の手の指を三吉の指に組み合せて振っていた。

だが三吉の気持の中には割りきれないものが残っていた。三吉の方でも訊ねないし、ソーシャの方でもふれて来ない一つの話題、エンゲージリングと先夜の若い男のことを話さないままに、こうした風に段々事態を進めて行くことは、ソーシャがそれを何と思っているにしても、三吉としてはそこに大きな歯止めを感じないわけには行かなかったし、みそかごとの不愉快さを自分でも何となく意識せざるを得なかった。

東京からはとうとう謝って来た。三吉は当然予期していたことではあったが、その電報をみた瞬間激しい心のときめきを禁じ得なかった。ネルミンにあてて再び帰るという打つ電報を叩くタイプライターの上でおかしなほど指がふるえた。ネルミンがどんなショックをうけるであろうか、と思うと、その衝撃を彼自身が既に現実に感じているかの如く心が痺れる思いであった。しかも一方ではその日もまた、三吉はソーシャに会っていたのである。誰に言い訳をしようとも思わなかったが、三吉は自分自身では、そうした自分のことを、ネルミンが持っているものとソーシャが持っているものと、二つとも欲しがっているのだと解釈した。

三吉の壮行を兼ねて天羽大使はローマにいた主な日本人記者を一夕の晩餐に招いたが、三吉の社の支局長に対しては、大使は「下條君は呼ばなくてもいいだろう」と言った。二人の仲がうまく行っていないことは三吉も知っていた。しかし、それほど露骨にしなくても、と思っている矢先に、今度は何かの話のきっかけで、大使が三吉の社の特派員は皆「乞食みたいだ」と何気なく言ったのがぐっと三吉の気に障った。三吉は黙ってナプキンを外すと、すっと立って、「僕はこれで失礼します」と室を出てしまった。あとから朝日の河野と毎日の小野とが追って来た。

「あれは君に言ったのじゃない」という説明も嘘ではないと思ったし、あの言葉は、他の社に比べて三吉の社のものは手当が少いから何とかしてやらねばいかんという、どちらかと言えばひいきの引きたおしから出た同情の言葉なのだというのも、前後の経緯からみてそうだろうとは頷けたが、それにしても、あのまま笑って済ませる言葉じゃない。

すったもんだのあげく、大使夫人も出て来て平謝りに謝るので、仕方がなく再び席に戻った三吉に、天羽大使は苦笑しながら、失言だったと改めて詫びてから
「君もなかなか疳性だで」と笑った。

三吉も一応は機嫌を直したものの、このときの不快さは、翌日いよいよ汽車に乗り込んで、そこに毛皮の外套に頸まで埋もれて彼を待っていたソーシャと一緒になるまでの間、ずっと続いていた。

11

オペラで見た若い男は三吉の想像どおり、果して彼女の許婚者で公使館につとめているということであった。婚約したのは四月前というから三吉と別れて僅か二月のちのことである。

〔ここから二百字詰め原稿用紙通し番号の992から1097までが散逸している〕

第二の別れ

〔冒頭欠落〕

空っ風のびゅびゅう吹きまくる寒い日、三吉はネルミンにはソフィアまでだと嘘をついて、ベルリンに向って出発した。

4　外国記者会見

もう十年以上にもなるだろう。三週間ばかり滞在していたことのあるベルリンの街も三吉はあらかた忘れてしまっていた。しかし、清潔で、整いすぎるほど整然とした街の印象はそのときもいまも変りなかった。

大きなどっしりとした建物がきちんと並んでいる「計画された街」の姿がそこにあった。それはパリなどの、雑然とした自然発生的なものと、あとからこれに修正を加えた人工的なものとの、混然たる調和から生れる一種複雑な都市美とは全く逆に、何から何まできちんと測って造られた人工的都市美の極致という印象であった。殊にナチ・ドイツになってから、一層この感じが深められているようであった。

郊外を南北に縦走する国防第一号幹線道路を時速百二十キロの平均速度で走ってみる。自動車のハンドルは、ただ手をふれているだけで、ひとりでに曲るべきところでは曲り、直進すべきところは直進するように、道路そのものの勾配が恐るべき精密さをもって按配されているのだという。

「何でもまずこの式です。この幹線道路は西部国境から東北部国境まで、一直線にのびていって、クロスするところは、あれあのとおり」と前方に見える高架陸橋を指し示しながら、「全部あの式で陸橋になっていますから、移動部隊を乗せた輸送機動部隊は何ものにも妨げられることなしに、いつも一定の平均速度で、極端に言えば眠っていたって、ちゃんと安全に、部隊を一つの戦線から他の戦線へ、昨日此方にいたものは今日中にはあっちへ、届けることができるのです。ね、ほら、こうやって、手を放していても、ひとりでカーヴして行くでしょう」。

三吉を自分の自動車でここにつれて来た支局員の友枝〈注—友枝宗達。留学生として滞在中に、現地で同盟社員に採用された〉は態々ハンドルから手を放してみせた。自動車は自然なカーヴを描いて巧みに曲り、曲り終るとまた真すぐに走って行く。大きな杉の森がいく群もひゅーと鳴って後に飛んで行った。

「これが、いまナチが懸命になって全国的に建築を急いでいる最も合理的な労働者用の軽便住宅です。この国でも住宅難は相当深刻でしてね」

友枝の指すところには、綺麗な文化アパートがずらりと幾列にもなって並んでいた。

オリンピック会場ではその均整美を見た。ゲーリングが鎮座するという航空省の大建築は、これで如何なる大空襲にも堪え得るように設計されているのだ、と聞かされて、その整然と並んだ花崗岩の大石柱をさもありなんと思って眺めた。

だが三吉は何となくこの街が好きになれない。それは理由を言えと言われても困る程度の、漠然とした嫌いであった。

外国――殊にドイツの風下に靡いている諸国で接するドイツ人の多くは横風で、高圧的で、それでいてケチで、三吉は彼らを見たり聞いたりすることによって、すっかり一種のドイツ人嫌いになっていたが、ベルリンの街を好きになれない気持の中には、例えば或るとき国際列車の食堂で、ひとりのドイツ人がボーイを呼びつけて通貨の交換のことでしきりに交渉していたが率のことで折り合わず、結局ぷんぷん慍《いか》って何にも食わずに出て行ってしまったのを見ていて感じたときの気持に似たものがあるように思われた。

一流の大ホテルであるカイザーホーフでも湯は一日のうち朝夕一時間ずつぐらいしか出なかったし、部屋にスチームが入るのは宵から夜の十時頃までであった。珈琲、紅茶は殆んど全部代用品、砂糖にも極度の消費制限が加えられ、野菜を除くあらゆる食糧は厳重な切符制のもとにその消費を抑えられていた。旅行者は一週間ごとに旅館から所定の切符を渡される。パンを食っても菓子を食っても、魚、肉、バター、チーズ、殆んどありとあらゆるものは切符を必要とする。レストランのメニューには一皿毎に定価のほか、その皿を注文するのに所要の切符の種類と点数とが記入してあった。ボーイは客たちから前もってそれだけの切符をうけとらなければ決して皿を運んで来ない。レストランにも食糧品店にも、何でもあるにはあった。だが、それを購い得るかどうかは金を持っているかどうかの問題ではなしに、むしろ切符の問題になっていた。

ある日三吉は宣伝省の定例外人記者会見なるものに出て

みた。そしてその盛大なるにまず驚き、次にその内容の空疎なるに一層大きな驚きを感じた。広い会見室には立錐の余地もないぐらい、ぎっしりと各国の記者がつめかけていた。そして、宣伝省の役人が演説口調で喋ることを、誰も聞いてはいなかった。ここに並居る何百人かの人々は、実は、この室に入る前に、入口のところで名簿と首引きで渡される食糧切符の特別交付だけがめあてでここに来たものが多いのであった。あとはどうでもよいのである。三吉の社でも支局長以下臨時雇いの日本人も全部押しかけて来ていた。音楽家の近衛秀麿なども朝日の支局員ということで登録してあるとかで、切符貰いに来ていた。

「切符が出る日だけだよ」と支局長の江尻*は笑いながら言った。「会見は毎日あるんだけど、いつもは誰も来やしない。それが二週間に一回宛、必ずこの盛況というわけさ」。

＊　江尻進。電通出身。戦後、共同通信論説委員、日本新聞協会専務理事。

「現金なもんだね」。そう言った三吉の気持には、切符が欲しくてその日だけ押しかけて来る側の気持よりも、そうした人間の弱味を狙ったやりかたの中に、三吉の嫌いなドイツ式なるものを感じて、それに反発するものがより強く含まれていた。

5　食糧切符

食糧切符はいたるところで様々な形の問題を醸しているようであった。

外国人の新聞記者には宣伝省の人寄せ的な切符特配のほかに、ドイツ人で言えば最も割のいい重労働者並の優遇が与えられていたが、大公使館員に対しても同様の優遇がなされていた。そして外交団に対しては更にこのほかに、相当多量の特別切符が交付されていたのである。

三吉は会う人毎に、彼らが外交団がうけているこの特別な食糧切符のことについて、思い思いの不平を持っていることを知った。あれは外交団——つまり大使館員が私すべきものではなくて、在留同胞たちに必要に応じて特別交付すべき性質のものだ、と言う。大きな商社の代表者たちは、彼らが個人としてうける切符のほかは、商社としては何の特待もうけないので、大使館がその切符を廻してくれるのでない限りお客もできない、としきりにこぼすのであった。しかも大使館員はそうした性質の切符を勝手に彼らのみで分けどりして、それをカバレーの女や淫売や情婦などに惜しげもなく与えているのだ、と彼らは声を大にして非難した。

大使館の方では、あれは在留同胞救済用ではない、大使館としての宴会や交際用の特配なのだ、と主張していたが、議論はともかくとして、三吉は実際問題としては在留同胞の言い分がもっともだと思った。

友人と一緒に食事をするとき、俺が奢るということは、金を出すということよりも切符を出してやる、ということを意味していた。ひとを食事に招待して、客から切符を徴収するのでは客にとっては有難迷惑であった。しかし客の方では招ばれた帰りには必ずなにがしかの切符を置いて来るのが礼儀であった。あでやかな街の女たちは外国人と見ると媚の代価としてまず切符をねだった。

こうしてベルリンでは生活の様式がすべて食糧切符を中心とした新しい局面を展開していたのである。

燈火管制はフランスやイタリアで経験したよりも遥かに厳重であったが、夜の生活はやっぱりあった。三吉が訪れただけでも七、八軒のカバレーが営業していた。女もいる。だが、ダンスは禁制になっていた。客たちは女を自席に呼んで、音楽を聞きながら酒――と言ってもあまりいい酒はなかったが――を飲むのである。ちょうど日本のいわゆるバーかカフェーを思えばいい。そこにもほかの盛り場と同じように、赤い軍服様のものを着た即席の富籤売りたちが頻々と廻って来た。一枚五十ペニーである。当れば五マーク、十マーク、五十マーク、最高は千マークのものもあるという賞金を即座に呉れた。女たちも買いたがる。お客も酒興ついでに買う。ときたま五マークも当ればごくのお慰みというところであったが、政府直営のこの通貨吸収策は老耄者救済事業もかねて、悪い思いつきではないと思われた。のっけに五十マーク当ったのが病みつきで、三吉は廻って来れば必ず十枚宛買うことにきめていた。それを女たちに分けてやる。もし当ればそれは女たちの所得だということにすることによって、安価なこの遊びは結構座興の援けになった。

街では煙草が払底していて、なかなか手に入り難かったが、高級なレストランや酒場、喫茶店、それにこういう夜の場所に行けば比較的容易に入手できた。

しかし、こうした夜の世界も厳重に十一時きっかりで暗黒に返った。この点、ローマの夜とは些か趣きを異にしていた。ローマでは表は暗くてもその裏に酒池肉林の明るい世界が、廻り舞台のように引き続きすぐ展開したが、ベルリンではともかく一応は追い出される。そしてその店はそれっきり闇の中に吸い込まれて行くのである。その後の世界はまた別なところの、闇の底にある秘密の扉をこっそり叩かなければ展けなかった。

だがこの十一時にも例外はあった。

だんだん十一時が近付いて来る。何軒か次々に廻っているうちに、いちばん気に入って屢々来るようになったタウエンチン大通りのリオリタで、三吉がトルコから来たということを聞いて以来、急に親しみを見せはじめたひとりの娘を傍らに、彼女が曽つて同棲していたことがあるというトルコ大使館の若い館員に関する話などを別段の興もないまま、ただぼんやりと聞いている。すると突然空襲のサイレンが鳴り響く。解除されるまでは犬の子一匹路上に出ることは許されなかったので、客たちは止むなく――というような顔をして、或る者は地下の防空室に、多寡を括っているものはできるだけ室の奥の方に位置をかえてそのまま、女と酒との延長を娯しむのであった。警報は長いときは二時間も三時間も続いた。腹にこたえるような爆弾の炸裂音が響いて来ることもあったし、単に高射砲の音だけのこともあった。

6　戦争の明暗

グレタと名乗るそのドイツ娘が三吉を一軒の秘密の家につれて行ったのは、そうしたエキストラの夜のことであった。

その夜は、ちょうど十一時十分前に始まった空襲が午前二時まで続いた。そのうえ、リオリタのすぐ近くの、タウエンチン大通りの道の真中に二、三十キロの小型ではあったが爆弾が一発落ちて、横着を構えて地下室に行かないでいた三吉たちを危く椅子から床に吹き落すところであった。通りには大穴が開いて、地下鉄の線路が滅茶滅茶に破壊された。あたり二、三百メートルの家々は全部表戸を吹き飛ばされていた。

その混乱の中を、女は三吉の手を引いて、ある家の戸を叩いたのである。表は何の変てつもない一軒の堂々たる住宅であったが、中に入ると、お定まりの肥った老婆が揺れ出るように廊下一杯になって出現した。そしてシャンパーニュをぬき、彼女も飲み、最後に豪華な寝室の扉はぴたりと閉められたのである。

次の日の朝は雪が降っていた。

三吉はその後も度々この家を訪れるようになった。

しかし、そのほかにも、夜はいろんな様相をその闇の幕の中に押し包んでいた。そして変化の多いことはではベルリンはローマよりも、もしかしたらパリよりも一枚上手ではないかとすら思われるほどであった。

日本人が昔から殆んど専用店のように、その遊興の根城にしているので有名だった「トリヤ」ことヴィクトリア・カフェーも、通称「ウドンヤ」と呼ばれる本物の饂飩に近い味に料理したヌイユ〈注―フランスのパスタ〉を食わせるので有名な家も、依然景気よくやっていた。女たちもいたが、家の一隅では射的や、小型の自動ルーレット賭博も行われていた。そこの女たちはたいてい片言の日本語をいくつか話し、彼女らの家には写真や絵や人形やその他ちょっとした日本式のものを飾っていて、いくつかの有名な日本人の名を親しげに呼んだりする。

そうした女たちのうちのひとりとも三吉は一夜を明した。そして次の朝、朝食のとき、一流のホテルやレストランにも容易には見出されないような果物（それは病人、妊産婦、幼児以外には入手は殆んど不可能な筈になっていた）や、純良珈琲や、カカオや、シルケ菓子や、そうしたものが実にふんだんに彼女の食卓の上に並べられて、惜げもなくすすめられることに、食欲もために減退するかと思われるばかりの驚きを感じたりした。

彼女らは金銭も勿論拒みはしなかったが、そうした、思わざる贅沢の代償として、金銭よりももっと喜んでうけとるのは、女物の絹靴下などであった。イスタンブールにいるドイツ人の記者に入智慧されて、三吉はそんなものも少しは持って来ていたほか、チョコレートなども鞄の底につめて来ていた。チョコレートや珈琲は女たちだけでなしに男たちも勿論喜んだ。

一週間、二週間と滞在が永びくにつれて、戦争というものの明暗両面をこの国ほど截然とした形に区別してみせてくれるところはないと思われようになって来た。政治上や経済上の詳しいことは呑み込む暇もなかったが、日々己の身辺に起きては消え行く細々しいことの一つ一つにそれがはっきり感じとられるのである。戦争努力の痛ましさというものがこの国ほど、すべての上にはっきりと滲み出ているのは、フランスでも、イタリアでも、三吉のついぞ見かけなかったところである。

ショー・ウィンドウは悉く、美々しく、そして品物も豊富に飾りたてられている。道行く人々は平時と少しも変わらぬ商品の豊かさに驚かずにはいられない。しかし、一度店の中に入って、あれを呉れ、これを欲しいと言いはじめると、殆んどすべてが、ない、ない、ない、であった。ショー・ウィンドウはいまやその性格を一変していた。それはもはや売らんがための飾り棚ではなしに、政府の命令によって最後の商品をどれもこれも一個だけは必ず「非売品」としてそこに陳列しておくべき一種の博物館と化していたのである。それはまたある意味では政治的な示威の役割りをも果していた。市民たちは道行く間だけでも何となく豊かな気持になれるかも知れないではないか。

店の中にも、飾窓にあるとおりの品物がある場合もないではなかった。しかし、それはすぐ売り切れになる。万年筆でも、洋傘でも、繊維類でも、毎日その店で売ることのできる一日の分量が、お話にならぬ小刻みな量ではあったが、きちんと割りあてられていて、早い者の順で売られた。遅れて行ったものは、「明日早くおいでなさい」と慰められて帰る。それでも一番先に行けば、とも角買えるには買えるという慰めは残されていたのである。

大きなホテルや、カフェーや、レストランではオーケストラも持っていたし、ティー・ミュジックも演奏されていた。だが、そこで人々が啜る珈琲は三吉などにはちょっと口のつけられない変な味の代用珈琲であった。紅茶は多くは菩提樹の花を乾燥した菜湯ともいうべきものであった。ビールは「徒らに腹のみふくるる」水に近いものであった。コクテールと称するものは飲むよりむしろ眺めているためのものと言うべき代物であった。それでも人々は依然として多勢集って来て、強いて楽しそうにしている——と三吉には見えた。

7　妙な国

どこの床屋に行っても、皆よぼよぼの、手先が危げに、剃刀などもたれるとひやりとするほど、ぶるぶる慄えている老人ばかりが鋏を動かしていた。ホテルのボーイたちにも老人が多かった。市電や地下鉄は大部分女の手で動かされていた。役所や事務所に行ってもそこで働いて人々の半分以上は女であった。それでいて、マチネー興行だけに限られてはいたが空襲中でも開演を続けていたオペラや、劇場や、映画館などに行ってみると、どこからこれだけの若い、逞しい男たちが這い出して来たのかと思われる程大勢の男たちがそこに溢れていた。

多くは労働者たちだという。

不格好に大きな代燃機関を屋根の上や、尻の方に重そうにくっつけているタキシーが、走っているところには随分走っていたし、駐車しているところには豊富に駐車していたが、いないとなると何時間そこに立っていても、一台も見かけることはできなかった。

三吉がアンハルターの駅についたその夜、臨時に一晩泊った駅前のエキセルシオールという大きなホテルは、その経営者がビフステーキの数片を切符なしで客に融通したという――少くとも表面は――ただそれだけの理由で、何百万マークかの罰金を課された結果、破産して、つい数日前経営者が代ったばかりだという話を聞いて、統制法の峻烈さに舌をまいた三吉は、市内に何軒か堂々たる店舗を張っている支那料理屋に行ってみて、そこで供される皿の一つ一つが、ゆうに大人一人一ヶ月分に近い脂肪の切符を必要とする事実を見るにつけ、それらの贅沢そのものよりもむしろ、これらの料理を食べに来る多くの人々の切符が果してどこから出ているか、という重大な疑問が別段追求をうけることもなしに、そのまま放置されているということに深い興味を覚えたのであった。

裏と表、明と暗、それらの存在そのものが問題なのではなしに、それらの存在が合理的であるか否かだけがとりあげられる、ということに、いかにもドイツらしいやり方を三吉は感じた。

辻々の掲示板や、駅のホームなどに、よく犯罪者の密告広告が出ていた。密告したものには応分の謝礼が約束されている。

密告という行為が普遍化されることによって齎らされる国民全体のモラール上の影響よりも、密告ということが齎らす犯人検挙上の絶大な効果の方がこの国では重しとされるのであろう。

公園のベンチに「ユダヤ人禁止」の立札が立ててある。腕に黄色いめじるしを巻いたユダヤ人が誰もかけていないそれらのベンチを横目に悠々と通って行く。ときには道路工事などの強制労働に服している囚衣の俘虜たちがわずかの休憩時間をそれらのベンチにかけて休んでいることもあった。

妙な国だ、と思う。何やら、ぴったり来ないものが、そこにも、ここにも、ざらざらと肌触り悪く転っていた。

フーファイゼンというカバレーがあった。そこはパリの有名なアパッシュ・カバレーにちょっと似た空気の、態とらしく粗野な雰囲気をこしらえあげたところのある家であったが、驚いたことに、カバレーの真中に小さいながら本物の、砂馬場が設けられてあった。音楽につれて、四、五頭の馬が、或は空身で、あるいは背中に殆んどシュミーズに近い短い服を着た女を乗せて、二拍子、三拍子、四拍子を巧みに踏みわけながら、馬場に踊り出る。円を描いて調子よく走る。音楽が止むとぴたりとその場に停止する。そしてまた楽の音とともに走り出す。馬場の周囲に並べた卓子によって、酒など飲んでいる客の前で、馬上の女がひょいと片脚を宙に高く蹴あげることもあった。そうした女たちは服の下には何にも纏っていないのである。そして、彼女らは客の卓子に招かれ、あらゆる要求を持ち出されるのを待ち構えていた。

客はその馬に乗ることもできた。何マークが出せば一音楽を馬と共に踊る――ダンサーを抱く代りに、馬と、その背中に跨りつつ、ワルツを、トロットを、タンゴを踊る――という仕掛けである。

学生時代のことではあったが、馬には相当自信のあった三吉は、友人たちが止めるのを押しきって、ついにその馬と「踊って」みた。友人たちは、日本人でこの馬に乗るほどの心臓を示したのは、前に何とかいう男がひとりと、あとにもさきにも三吉で二人っきりだ、と言って、驚歎するのか、非難するのか判らない言い方で姦しくこの話をして歩いた。

実際、妙な国である。

8　ベルリンの日本人

来る日も来る日も。照っていようが降っていようが、三吉は、額の割れるような寒空の下を、小まめにあちこち歩き廻った。

ドイツの官営通信社ＤＮＢの建物の五階〈注―江尻進『ベルリン特電』では四階〉にあった三吉の社の支局にも一日に一回は顔を出したが、大使館や、武官室や、日本人会や、市内に三、四軒あった日本食堂や、あちこちのホテルに巣食っていた同業者たちや、民間の大商社の代表たちのところや、外務省でも宣伝省でも、とにかくどこにでも行った。日本に帰るとなれば、何でも構わない、詰め込むだけ詰め込んでおく必要がある、とむしろ浅間しいほど貪欲に、人の意見を聞いて歩いた。

そして、日が経つに従って、段々気付いて来たことは、この街では、ひとりの日本人に会うことと、全部の日本人に会うこととの間には、さしたる開きがない、ということであった。

皆、同じようなことを言う。皆、ひとが知っているだけのことしか知らない。皆、ドイツが欲することだけを考え、且つは言うように、ならされ切っているかに思えた。彼らはドイツに入ったきり、あまり国外旅行をしていない。それは、初めての入国にはさして困難はないが、一旦出てまた入国するとなると、なかなか面倒な手続を要するからでもあったようだが、そのために、ベルリンにいる人々は、半年、一年、二年とじっとしているうちに、知らず知らず苔を生しかかっているかのようであった。

勿論多少の例外はあった。

三吉が泊っていたカイザーホーフ・ホテルには毎日と朝日とが、支局の事務室もその中に置いて、正規の支局員は全部その中に泊っていたが、朝日には支局長の守山〈注―守山義雄〉のほか、三吉がハノイにいた頃、ふらりとやって来て「近頃新聞が喧しい重慶というのはどのあたりですかな?」などと人を食った質問をのっけに浴せたりした石山〈注―石山慶次郎〉が、相変らず悠揚迫らざる態度で、顎髭など生やし、どてらを着込んで椅子の上にあぐらをかき、日本語のすてきに上手な若いドイツ娘を秘書だと称して、傍に坐らせて、「わしはドイツ語なんかまだ一つも覚えておらん」と笑っていたが、彼は

「いまのようなことをしておれば、おしまいにはドイツはくたびれて、必ず大きな破綻を来す」と言っていた。

だが、彼の説には、その風貌から来る軽蔑感もあって、誰もまじめな注意を払うものはいなかった。

ローマにいた読売の嬉野もこの街に来ていたが、彼は流石に些か懐疑的な意見を持っていた。

しかし、三国同盟に基いて設置された三国軍事委員会に海軍代表として着任した野村直邦中将やその随員の阿部少将などの前では、こうした意見はその気色を見せるだに危険なことのようであった。三吉は同じホテルに泊っていた関係もあり、また野村中将とは、彼が上海駐在武官をしていた時代の面識もあって、ひとりで度々その部屋を訪れたが、野村中将は、ベルリンの日本人がドイツ性眠り病にかかりかかっているという三吉の説には容易に頷こうとはしなかった。

「君の個人的批判がどうあろうとも、日・独の関係はわが国是としてきまっているのだ」と彼は不機嫌に声を荒げさえした。

「しかし、日本は同盟によって、まさかドイツの属国になり下がったわけではないでしょう。同盟は同盟、批判は批判。同盟はそれが日本のためになると考えられたから結ばれたのであって、闇くもに何が何でもドイツ様々といっ

たわけでもないでしょう」

「日本は仁義の国じゃよ」と中将は大喝した。「君、少しく言葉をつつしみ給え」。

同じような意味のことは、言葉と調子こそ遥かに柔らかかったが、来栖大使*の口からも聞かれた。

＊ 来栖三郎。駐ドイツ大使として日独伊三国同盟を成立させ、アジア太平洋戦争直前には、特派大使として対米交渉を行った。

この人たちは、その公な立場上、たとえそれがプレイヴェートな話の間に出たことではあっても、或は本心のあるところを口外しかねているのかも知れない。しかし、もし、そうでないとすれば、三吉は、それは大変なことだと、ひとりひそかに考えた。

独・伊の関係にしたって、ムソリーニとヒトラーの個人的友情こそ、或は人の言うごとく、一生涯不変のものかも知れないが、少くとも国民相互の感情は処詮水と油である。むしろドイツとイギリスやフランスとの間の方が国民感情の上から言えば、イタリアのそれよりも深いかも知れない。

そんなことを、ここの人々はいったい見たり、聞いたり、感じたりしているのであろうか。この隠れた、しかも極めて重大な事実を、この人々は果して彼らの考慮の中で正当に勘定に入れているのであろうか。

9 ドイツ嫌い

魚や野菜を醤油で煮て食っているぶんには食糧切符は殆んど要らなかった。米はハンブルグの倉庫に買い溜めがまだ相当積んであったし、醤油もさし当っての消費分にはさして事かかない——という関係もあって、数軒の日本食堂はいずれもなかなか繁昌していた。

在勤半年そこそこで少将になって今度帰国することになったというルーマニアの藤塚陸軍武官もロシアの通過査証を待って、ここでぶらぶらしていた。彼は急激にドイツ化して行くルーマニアの有様を話した。三吉が定宿にしていたアンバサドールなどは恰もドイツ人専用ホテルの感があるとのことであった。いままでは圧迫のため地下に潜っていた鉄衛団の連中が急に浮び上って、天下を我物顔に横行しはじめてからは、一般に空気が極めて悪化し、藤塚武官によれば

「君がいなくなってからは、カバレーもとんと寂れてしまってね、殊に、ルーマニアが三国同盟に参加して、ドイ

ツの軍人たちが、ルーマニア軍への技術援助という名目で、どんどん入り始めて以来、けちで粗野なドイツの兵隊が泥靴で横行闊歩するので、女たちは、太田君時代がほんとに恋しいと言っているということだよ」

という話であった。この平凡な軍人は大きな鼻の穴から煙突のようにむくむくとたばこの煙を吐きながら、カロル国王のルーマニア脱出のときの、惨な様子を話した。

三吉は満鉄のパリ出張所長をしていた伊藤という色の黒い四角な顔をした乱杭歯の男にもここで屡々《しばしば》会った。彼はパリ陥落後、事務所をあげてベルリンに移転することに決心し、ドイツ当局とも完全な諒解のもとに、莫大な嵩の荷物を携えて国境を越えようとしたのであったが、そのときになって、急にドイツ当局は全部の荷物を無税で通過させるという前言を翻して、将来ドイツが日本に満鉄と同じ性格の機関の出張所を設ける際、それに所要の物品全部のフリー・パスを保証するのでなければ、という条件をつけたので、已むなく大部分の荷物を放棄せざるを得なかった、という小話を何度も繰返していた。

「ドイツ人がユダヤ人を憎む筈ですよ。彼らの間には全く、一種共通なきたないところが多分にありますからね」

伊藤のドイツ嫌いは既に感情的なものになっているように見うけられたが、しかし、彼の言うところには些か同感せられるものがないでもなかった。

「あなたがたはいいですよ、政府が懸命になって御機嫌をとりにかかるんだから」と伊藤は言う。「ところが吾々と来た日には、てんで惨めなもんでさ。ドイツにとっては差し当り何の利用価値もないんですからね。ガソリンも全然呉れない、食糧切符も一般ドイツ人並。レンテンマルク（為替換算率の有利なマルク貨）の交換割当もなく、これでは全く何も仕事はできません。ただここにいさして貰うというに過ぎない」。

ドイツ嫌いがほかにもいなくはなかった。ある者は衣糧の窮屈さがさせるドイツ人のこそ泥をひどく悪く言っていた。洗濯に出すと必ずハンケチや靴下が目だたないように一つ二つ宛へるという話をしていた。他のものはドイツ当局の通信検閲制度を極端に悪く言っていた。同盟国である日本人に宛てた書信ですら全部厳重に検閲して、その内容を一々分類記録しているとく話をしていた。

「そりあ、当然じゃないですか」と三吉は言ってみた。「ドイツとしては同盟国であるが故になお一層日本の内情をいやが上にも詳細精密に知る必要があるんでしょう」。

「それにしても」と対手はますます不機嫌である。「それにしても方法がありますよ。ドイツのやり口は何ともえげつなくて、不愉快極まる。この国民は絶対に世界の友情を得ることのできない、総すかんの国民ですよ」。

三吉は一応の反対意見は出してみたものの、彼の言うところにも多くの同感を持っていた。

ドイツ人は怕れられ、ある場合には畏敬されることはあるかも知れないが、決して愛され親しまれる国民ではない、という感じは三吉のものでもあった。

10　ベルリンのクリスマスイーヴ

物寂びた古めかしい建物が水面に倒映して、枯れた木々を淡雪がしっとりと包み、古都ポツダムは静かに眠っていた。三吉はここですごした一日を心からほっとした気持で楽しんだ。ベルリンの、始終何となく抑えつけられているような、でなかったら何者かに絶える無言の威嚇をうけているような、あの息苦しさが、ここにはなかった。そこには人間の自然なぬくもりがこもっておるように思われた。ベルリンの、のび上ろう、のび上ろうと懸命に爪先立ちしたような、不自然なところがここにはなかった。凸凹で、並びの悪い割栗石を敷きつめた古風な舗道が勝手な形に曲りくねってたりしているのさえ、三吉には嬉しく感じられた。勿論、きちんと科学的精密さで設計され、鏡の表のように滑かな近代的舗道も何本となく街を貫いていたが、街の隅々に思いがけなくこうした、自然のままの一隅が、ひょいひょいと残っているのが、救われたような気持を感じさせるのである。

朝日の石山が使っていた日本語のうまい女秘書も三吉と同じようなことを感じているようであった。

「ちょうど、一分の隙もなく合理主義の理論と行動とで鎧っている極めて理智的な美男子と対座しているような、そうした息苦しさ、素っけなさ、面白味の欠如、と言ったようなものを僕はドイツの今日から感じますね」

「ほんとうにそうですの。私どもでも、これではとても永くは堪えられないのじゃないか、という気がします」

「先日見たビスマルクという映画、あなたは御覧になったかどうですか、政府では大変力を入れて宣伝しているというあの映画などにしても、上映時間三時間という非常に長いものなのに、その三分二はビスマルクの大写しがただ吠え立てるばかりですね、映画としての印象深い場面はいまでは一つとして私の記憶に残っていない。どうもあれ式のことが多すぎるのじゃないですか」

「妾、まだ見ていません」

「見に行って御覧なさい」

「興味ないんですわ」

三吉はソヴェトの市民生活については殆んど何にも知らなかった。また聞きで断片的に想像しているだけである。しかし、三吉はときどき、その僅かな知識と現に見るドイツの市民生活とを比べてみるのであった。

殊にクリスマスイーヴから三日間を限って、久しぶりにダンスが解禁になったときの情景を見て、三吉は胸をつかれるものがあった。カバレーというカバレー、ホールというホール、ベルリンの街中はダンスに酔っていた。

どこもここも人で一杯で、文字どおり身動きすらならない有様であった。ダンス・ミュジックが始まっても、新に割り込んで行く余地は全然なかった。休止の間も、男女は相擁して、その場に立ち続けている。踊ると言っても、ただわずかに揺れながら、渾然たる一塊りの大きな人間の波になって、少しずつずれ動いて行くのにすぎない。酒を飲もうにも、席にかけようにも、だいいち通路を歩くことすら不可能に近かった。

街に出ると、暗い路上には、宛《さなが》ら看板すぎの銀座裏をでも行くときのように、酔っ払いで一杯であった。酒を一滴も飲んでいない酔っ払い、久しぶり解禁になったダンスにぐでんぐでんに酔った男女、そうした奇妙な人間の群が、明るいものと言えば、家々の地下室に設けてある公共待避所の所在を示す赤電燈だけしか見えない真暗のベルリンの街を、肩を組み、腕をとり合って、蹣跚《まんさん》として群れ流れて行く姿を見たとき、三吉は涙ぐむ思いであった。あまりにも痛ましい姿ではないか。

11　江尻進

大使館の矢口書記官が誘いに来て、「今夜は少し変ったところへ案内しよう」という。

「ありきたりのところはもう大部分検分済みでしょうから、今夜は一般には日本人も殆んど知らないところへ行こうと思ってね」

彼は自分で運転して来た自家用車を広壮な大邸宅の並んだ高級住宅街の一隅に停めた。そこから二人は徒歩でなおも二つ三つ街角を曲って行った。ちら、と懐中電灯で門の番地標を確かめて、すいと中に入る。

贅沢な絨緞をひいた、広いどっしりした階段を上って行くと、広い室の入口に、ひとりの美しい中年女が立って待っていた。

態々案内してくれた矢口には気の毒であったが、三吉にはこの家を特別に面白いと思うことはできなかった。

家具や調度は中世期の王侯の私室にでも入ったかと思われるほど立派なものであった。カイザーホーフやエスプラナードほどの一流ホテルでも暖房は一日のうち、夜間ほんの三、四時間しか入らない今日、この家はこの広大な室を、真裸でいても些も寒けを感じないほどに暖めていた。出て来る女はいずれも美人であった。出される酒はいずれも本場物であった。だが、それは要するに、何の奇もない、ただ贅沢だというだけが取柄の、そして一般ドイツ人はもとより、外国人でも普通ありふれた人々には、処詮寄りつくことのできないほど高価なものにつく、単なる春の宿にすぎないものであった。欲すれば、男女は、いずれも一糸纏わぬ真裸でダンスをすることもできた。だがそんなことは別段奇とも特ともするには当らない。売淫行為の余興にすぎないものなのだ。

このベルリンにもこんな家が何軒かあり、それが商売として相応になり立っている、というところにむしろ興味を持てば持つぐらいのものである。特権者というものは、どんな社会にあっても必ず自分たちだけの、小さな秘密のコーナーを造るものと見える。

正月をこの街で迎えて、三吉は支局長の江尻と一緒に、一月の上旬、ローマに向って発って行った。車中のつれづれに、江尻と三吉とは戦うドイツについて、いろいろなことを話したが、三吉は
「君は比較的ドイツ病の症状が軽い方だけど、それでも矢張り、も少し外からドイツを見ることが是非とも必要だよ。独・伊関係、などと一口に片付けているようだが、そのドイツとイタリアの関係も、君たちがドイツの中にいて、ドイツの都合のいい面からばかり眺めているような、そんな単純なものではない。ドイツ病の点では、朝日の守山なんか、特に重態のようだね」などと言った。

その江尻がローマにつくと、いきなりこの街の生活の豊かなのにまず驚いてしまった。イタリアは物がない、イタリア人はマカロニの消費まで極端に制限されたそうだ、等々のことばかり聞かされていた彼は実際に自分でそこの生活をしてみて
「恥しい話だが、街を歩いているとショー・ウィンドウばかりが目について、殊にレストランの前ではしきりに唾が滲み出て、困ってしまうよ」と告白するようになった。

「君がそう感じるこの程度の生活規制ですらイタリア人

にとっては大変な不平なんだぜ。何のためにこんな惨めな生活をせねばならないんだ、という秘かな忿満がどこに向けられるか、それを考えたことがあるかい。も少しここにいて見給え。ムソリーニは決してイタリア人の神様ではないし、ドイツなんか犬に食われてしまえってことが判って来るから」

12 帰国までの日々

ネルミンはもう何も彼も知っていた。

三吉も素直に、そうだ、と言った。じっと三吉の顔を覗き込んでいた彼女の大きな黒い目にぷつりと涙が湧き出て、段々大きくなり、それが睫毛の間からこぼれ落ちると、あとからあとから矢継ぎ早にあふれ出た。

三吉の首に捲いた手が力なくぐんなりしている。膝に腰かけて、三吉の髪毛に己が頬をすりよせて、じっとしていた。ときどき、彼女の頬から伝い落ちる涙が三吉の頬にひやりと冷く感じられた。

三十分もそうしていたであろうか、ネルミンは弱々しく立ち上って、室から出て行ってしまった。

三吉が最も恐れていた場面はこうして、案外あっけなくすぎた。そして、その後は二人とも殆んどこの話題にふれることはなかった。

毎日、小春日のような、澄み渡って暖い静かな日が続いた。三吉の胸にも、ときどき、思い出しようにきりきりと、切ないものが疼いた。女に別れて、生涯、二度と再び逢うことがないだろうという感傷からばかりではない。あのドーム、あの尖塔、あの海、あの丘、こうしたものに別れて行く哀感が、泣き止んでいた子供のしゃくりあげのような、間歇的に、ふとこみあげて来るのであった。

水平線に近づくに従って輝きを強めるマルマラ海の眩しさ、くすんだ色の埃っぽい回教寺院の建物、街の端れに屯して、あるかなきかの枯草をあさる羊の群、そうしたものまでが悲しまれるのである。

ネルミンはもう仕事には行かなかった。始終三吉に寄り添って、言葉少なに、どこにでもついて来た。

二人並んだ写真を写真屋で何枚も撮らせた。室内でじっとしているのが所在なく、切ないので、暖く風のない日には、どこということもなしに二人で出歩く。金角湾の鉄橋を渡って、スタンブール区の丘を半分程上った古いトルコ街の中心に、一区画全部を蔽う巨大な大屋根を張って、その下に、宛然蜜蜂の巣のように細い無数の店舗を並べたグラン・バザールの中も何度となく彷徨ってみた。隅から隅まで見て歩くと、一日はたっぷりかかる程の大市場である。そしてそこにはつまらない食物屋から一個何千何万もする宝石類を商う店に至るまで、何でもあった。雑貨屋もあれば古物商もある。書画骨董も出ていれば有名なペルシャ絨緞を山と積んだ店もあった。

三吉は金細工の店で、ネルミンのために純金の大きな腕環を誂えた。金の延地に打ち出し細工で精巧な花模様を浮かし出した中に、トルコ文字で三吉から彼女に贈る愛の言葉が彫り込んであった。ネルミンは三吉のためにと言って、純金の指輪を一つ買った。それにもトルコ文字で彼女と三吉の名がえり込んであった。その代金は全部三吉が払うのであったが、それでもネルミンはそれを自分が三吉に贈った気持であり、三吉もその心を嬉しかった。

ネルミンは家にいれば毎日編物をしていた。それは三吉のチョッキであり、足カヴァーであり、マフラーであり、手袋であり、立襟のジャケットであった。それから彼女は専門の編物屋を呼んで、三吉の分と同じ糸で、自分のために様々なものを編ませた。

三吉が少しでも風邪をひくと、冬枯れのスロープ越しに金角湾が光って見える広間の窓際に据えた床椅子の上に三吉を寝かして、ネルミンは彼の身体をすっかり毛布でくるみ、珈琲を入れて飲ませたり、果物を持って来て食わせたり、少しでも三吉が咳などすると、動いてはいけないと言って叱ったりした。

イスタンブール大学のすぐ下の、丘の中腹にある地下貯水池は十七世紀の頃の工事だと言われる古いものであったが〈注―四世紀から六世紀の東ローマ帝国の時代に造られた〉、広い地中の池は薄暗い電燈の光にぼんやり水面を照らされて、無気味に淀んでいた。ネルミンは三吉の身体にへばりつくようにして、そこの狭い木のかけ橋を渡って見て歩いた。トルコ人でありながら、それを見るのは彼女にはこれが最初であった。

また、郊外へ自動車で一時間近く走らせたところにある古い城址の、ただひとつ壊れ残った石造の塔を見に行ったときも、ネルミンは三吉の腕に縋って、塔の内部の暗さに始終慄えていた。壊れ落ちた煉瓦の城壁の内部には羊の群が放ち飼いにしてあって、木造の粗末な家に老夫妻が三、四人の汚い子供と一緒に住んでいたが、彼はときたま訪れて来る見物人の酒代で生活している様子であった。背の曲ったこの老人は一尺五寸もあるかと思われる大きな鉄製の鍵を手にとって、歪んだ石の階段を先に立ち、錆びた鉄扉をその鍵でこじあける。一足入ると、そこは外の明るさに比べて、地獄よりもなお暗い真の闇であった。広い部屋を中心に、いくつかの小部屋があって、これらはいずれも歴代スルタンたちの、専制政治が闇の政治の道具にした「入れば出口のない」恐怖の土牢であり、何年か何十年か、この暗黒の中に蠢きつつ朽ち果てて行った者の数は何者も知ることのないほど多いものだと言われた。小室の一つはこの土牢の処刑場で、そこでは毎日のように無雑作に人間の首が刎ねられたのだという。前下りに端のかけた、危げな土の階段を何十段か上ると、二階になり、二階から頂辺までの間には、幾つかの階があって、その一つ一つには腐った大蛇の胴体がいくつも重なり合って横わっているのを思わせるように、根太の大木が自然のまま、朽ち果ててさし渡してあった。昔はこれに床を張って、多くの兵士が詰め込まれていたのだという。処々に武器庫だの、部将の部屋だの、監視所だのの、やや明るい小部屋があった。頂上に出ると、突然天国に上ったように、ボスフォール海峡の明るく輝かしい風景が眼下一面に展開する。十五、六世紀の昔以来、この海峡はこうして守られて来たのである。

三吉はネルミンを抱きよせて、静かに、アジア大陸側にあるスクタリの大きな墓地の間を散歩した。

ボスフォール海峡を通う小さな定期船に乗って、ずっと遠くの、もう少しで黒海の方へ出てしまうあたり、ルーメリカヴァックの魚料理屋に行って、そこの全面硝子張りになった温室のような静かな食堂で、二人きりの食事を、言葉少なにとることもあった。

マルマラ海岸のモダやフロリアのホテルに行ったり、形よく三つ並んだ海中公園の島々をへめぐって、その中で一番大きなプリンキポの島のホテルで何日かをぼんやり過したりもした。

そんなとき、二人はときどき、突然、ひどく悲しくなるのであった。

三吉がもはや「仕事、仕事」と言わなくなり、彼女の方でも「いつもあんたの政治、政治！」と罵り返さなくてもよくなったことを心から幸福に思いながら、ネルミンは、こうして三吉を終日終夜独占していられることがまた、ひどく悲しいのであった。

「あんたは、優しくなったわねえ」と言っては、ネルミンはその黒い大きな目をじーっと濡らし、濡らしした。

二人は日数を数えるのを恐れた。

13　本田良介

　ソフィアにいた毎日の榎本桃太郎がやって来るという電報に、三吉は駅まで出迎えに行ったが、やって来た榎本はひとりではなしに、彼が以前から親しくしていたハンガリア生まれの踊り子と、牝牛のように肥ったその母親と、それから彼女たちの荷物だという大型小型のトランクを山のように携えていた。多少迷惑に思いながらも、面倒な税関に手続をしてやった三吉は
「えらい人一座じゃないか」と苦笑して言った。

「仕方がないよ、こんなことになっちまって」

三吉がこの話をするとネルミンは
「ほかの日本人は皆親切だわね」とぽつりと言った。

　窮迫のどん底にいたドガンが父親との諒解がつき、その父親の奔走で恋人に対する政府の疑惑も一応解けたことになり、ハチソン嬢は今後一切新聞社とは関係しないという約束のもとに、ソフィアから帰って来た。そして、相変らず陽気な高笑いを、帰って来たその日からイスタンブールの街のあちらこちらに響かせ始めた。そのときもネルミンは
「ハチソンさんは幸福なお人《ひと》だわ」とぽつりと言った。三吉は一切答えなかった。

　彼の後任の本田は依然として一本も電報などは打たずに、第一どこに定住しているのか三吉ですらはっきりとは知らぬ有様であったが、この男がこの地に着いて二、三日目からずっと引続き親しくしている豚のような女ですら、いまのネルミンにとっては羨望の的となるのであった。

　だが、彼女は諄くは言わなかった。諦めてはいるようであった。そして、騒々しいカバレーを避けて、この街にたった一軒しかない静かな同伴者用の小じんまりしたダンスホールに行くことを好むようになった。

　そこでは最近流行しはじめたばかりのフランス語の「小さな燕」というブルースを美しい女が唱った。

「私の小さなつばくろよ、お前は海を越えて遠くへ行く。しかし、お前にはまた帰る日がある。だが私の恋よ、おお、その恋は、もう再び帰りはしないのだ。私の恋、私のつばくろ。おお、私の破れ裂けたる心よ」というような意味の悲しい歌であった。

　ネルミンは踊りながら泣いていた。そして毎晩酔っては歩けなくなって、三吉を困らせた。三、四日行くうちに、彼女はすっかりその歌を覚えて、家の中でも始終小声で

歌った。三吉は黙ってその歌を聞いていた。

日は一日一日と過ぎて行く。三吉が心ひそかに出発の時期を定めていた日が、こうして一日一日と近づいて来る。

シリアの、イラクの、イランの、インドの――通過予定地の査証は一応全部とれた。

タイの査証は間にあわないが、現地の飛行場で臨機に取計ってくれるという約束が出来た。

「僕は二月七日に出発するよ」と三吉はある日、朝食のあとで、普通の小旅行にでも行くときのように、何気ない静かな声で、ふっと言った。

ネルミンは強い衝撃を受けたようであったが、その黒い大きな目を上げて、ほんの数秒間、三吉の顔を見ていただけで、何とも言わずに室を出て行った。三吉は彼女が何をしているか、別段知ろうともしなかった。多分泣いているのであろう。

やがて、三吉の舌にも心にも何がなし苦いものが徐々に拡がって行った。それは切なくて、とてもじっとしてはいられないものであった。さりとて、ネルミンの顔を見るのは恐ろしいことに思える。

三吉は身じまいを終ると、ネルミンの部屋の前でちょっと立ち止った。何の気配もしない。ノックだけで、扉は開かぬまま、外から
「僕は出かけるよ」と言った。

「そう」と弱々しい声がすぐ答えた。

「昼食は多分ドガンの一緒の筈だし、夜は立石大佐に招ばれているからね、君はきょう一日、ひとりだ」

「そう」と言うだけである。いつもなら、ここで一騒動起る筈なのが、きょうはそよ風のように何事もなく言葉は吹きすぎて行った。

「あとで、お昼すぎに電話をかけるよ。そして夕方迄、どこか散歩に行こう」

「ええ」と素直に答える。

三吉はちょっと室の中に入ってみようかとも思ったが、思い返して、そのまま出て行った。

14　ネルミンの服毒

ドガンは是が非でも自分は日本に行くつもりだと、熱心にその計画を話した。三吉も彼のような熱情的で有能な青年新聞記者を日本に招くことはいいことだと考えた。立石大佐も非常に乗り気になって、随分応援するから是非とも実現するようにしたらいいという。

男同志の話は三吉をしてつい最近の感傷を忘れさせる。昼食ののち、約束どおり電話をかけてみると、ネルミンはひとりでどこかへ出かけたらしく、留守であった。三吉は別段気にもとめずに、ドガンを伴って立石大佐の武官室に遊びに行き、夜まで一緒に過したのであった。立石大佐はドガンの人となりを愛した。三人は自動車を飛ばして、フロリアの海岸ホテルに魚料理を食べに行き、ラキー酒に快く酔って、夜十時頃に街に帰って来た。それから三吉とドガンとはそれぞれ恋人をつれに帰って、再び例の静かなホール「金のバラ」で落合う約束で別れた。

　しかし、三吉をアパートに待ちうけていたものは、寂しさに多少怒り気味のいつものネルミンではなしに、青いシェードを掛けて点けっぱなしになっている床頭台の豆電燈の下にはさまれていた一通の手紙であった。

　三吉の宛名の下に「Près urgent」（大至急）と書いてあるが、ネルミンの筆跡ではない。全然見覚えのない手であった。

　水色の封筒は丈夫な紙で、簡単には破れなかった。中には同じ色の一枚の紙が二つ折りにして入れてある。なぐり書きの、綴りのでたらめなフランス語で、ネルミンが服毒して目下アメリカ病院に入院しているから、すぐ来てくれ、と書いて、サーデットと署名してあった。

　三吉はじーんと身体が冷えて行くのを覚えた。立っていると、頭のすてっぺんから冷い白金の線を深く深く挿し込まれるような感じであった。急に膝ががくりとした。

　何時頃の事件だとも、どこでどうして服毒したのだとも、その後の様子がどうなのかも、この手紙が何時頃書かれたのだとも、何にも書いていない。

　もう、遅すぎるかも知れない！　と思ったとき、三吉は思わず叫び出すか、飛び上がるか、倒れてしまうか、何かしそうな気がした。しかし、実際には何もせずに、いつまでもじっとその簡単な、あやふやな手紙を見つめていた。苦しんでいるネルミンの大きな黒い目がはっきりと、水色のレター・ペーパアの上に浮んで、三吉を、いつものように、じっと見た。

　その黒い目を見ていると、三吉の心は妙に静まって来た。よしよし、というような、劬《いたわ》ってやりたい頷《うなず》きの気持がしみじみ湧いて来た。落着いて手袋をはめ、襟巻をきちんと直し、なぜだか、胸の飾りハンケチの形まで正してから、三吉はゆっくりと表に出た。そしてタキシーをアメリカ病院へ走らせた。

　病院の廊下はうす暗かった。案内に立つ看護婦は何にも

知らない様子であった。二人の足音

〔ここから二百字詰め原稿用紙通し番号1201から1303まで散逸している。大屋久寿雄の遺稿「戦争と共に」によると、大屋は一九四〇年十二月末、ベルリンで帰朝の命令に接した。翌年二月七日にイスタンブールを列車で出発、バグダッドに出て、そこからは空路をとった。大屋が一九四二年に出版した『トルコ・政治風土記』には、「トルコ駐在陸軍武官、畏友立石寶亮大佐　親愛なる知友　ドガン・ナディ・ベイ　及びネルミン・エクベールの三人に謹んで捧ぐ」と記されている〕

21　日本の匂い

〔冒頭欠落〕

三吉はこの町〈注―バンコク〉に二晩泊ったが、ここまで来ると相当濃い日本権益の匂いがしていた。町を縦横に区切る、汚い水の澱んだ掘河の縁には日本語の看板を掲げた料理屋も何軒かあった。そこでは九州訛りの泥っぽい女たちが怪げな振舞いをばらまいていた。三吉はどこにでもこんな形でまず進出して来る日本の吸盤を情けなくもまた忌々しく思うのであった。

洋々たる濁流の渦巻いているメナム河の河縁のホテルには三吉も顔見知りの福田耕という、ちょっと見はどこかチャップリンに似た感じのする小男が、秘書などをつれて、大きな部屋を二つも三つも占領して泊り込んでいた。彼は東京では代議士をしていたり、岡田海軍大将が総理になったときその秘書官をしていた男であったが、日本軍が上海を占領すると、何やら電信関係の権益を貰って、大きな事務所のその小さな身体をどっかりと据えていたのであった。

ずっと郊外に近い公使館では、松岡洋右が外相になってから公使に起用された、いわゆる「松岡公使組」の一人である元代議士二見甚郷〈注―戦後、宮崎県知事、参議院議員（自民党）〉が浴衣のまんま、素足で人に接していた。彼は訪客の前で、日本にいて夕涼でもするときと全く同じように、平気でその毛脛を組み、浴衣の腕を捲って、日本国内の国内政治ばかり論じていた。彼には日本の国内政治のこと以外は興味もなかったし、知りもしなかったし、また知ろうともしなかったようであった。

海軍武官室では多勢の若者が何やら熱心に机にかじりついて働いていた。何をしているのかは判らなかったが、せっせと何か書いていた。英国型の紳士を思わせるすらりとした好男子の高塚大佐は簀の子で日蔽いをしたヴェランダでウィスキーを供しながら、穏かに様々な話をした。そしてほんのちょっぴり二見公使に対する軽蔑と陸軍武官に対する反感とを対手に悟らせた。

陸軍武官の田村大佐はここは二度の勤めであった。三吉が仏印や香港あたりをうろうろしていた当時、国民新聞の特派員だなどと称してあの辺りを闊歩し、事情を知らない者からおそろしく威張った特派員もあったもんだなどと言われたりしていたのものこの人物である。彼は黒い丸顔の、つまめば脂肪のにじみ出そうなくらい精力的な表情を、笑うときらり目立って光る金歯で一層印象的にしていた。そして、辺り構わず、二見甚郷の莫迦だの、高塚海軍の色白腰抜けだのと大声で言った。

実に、日本の匂いである。ここでも早くも日本の、極く微細なものではあったが、雛型が出来上がりつつあった。

22　激変したハノイ

久しぶりに乗る日本の飛行機であることが何となく三吉を浮々させた。と同時にまた、憂鬱にさせる幾つかの原因もそこにはあった。

バンコック＝東京ラインは日本が持ったはじめての国際航空路である。その使用機は三吉がここまで乗って来たＫＬＭのと同じアメリカ製ダグラスＤＣ三型の大型旅客機であったが、内部はＫＬＭに比べ遥かにせせこましく窮屈に出来ていた。コースが短いからと言えばそれまでであるが、原因は必ずしもそこにばかりはなかった。汽車でも船でも、日本のは全部けちくさくせせこましい。これは日本人の性格と目先の勘定高さからも来てるのではないかとも、三吉には思われた。

距離にすればバグダードからバンコック迄の半分しかないのに、東京までの所要時間はその三分二かかる。それはまだよいとして、ここまでは僅か一磅余りの運賃で持って来ることが出来た荷物の大半をこれから先は持って行くことが出来なかった。それだけの塔載余力がないというのである。三吉は已むなく荷物を須藤〈注―須藤宣之助支局長のことと思われる〉に預けて、あとで船便にでも托送して貰うことにして、是非とも一緒に持って帰りたい僅かな品々だけを携行することにしたのであったが、それでもなお超過料金を英貨にして二十磅分ばかり払わなければならなかった。

こんな阿呆なことをしていて、これで国際航路でございますなどと、イギリスや、フランスや、オランダの諸会社とここでリンクしょうというのだから、恥しい話だと、三吉は歎いた。

それでも、機敏に走り廻る小柄な日本人乗組員の颯爽とした姿を飛行場に見たとき、そして胴体に鮮かな赤い丸を描いた飛行機に乗り込んだとき、それが悠々として熱帯の大空に舞い上ったとき、三吉は子供のような喜びを心に感じた。

おかしなものである、と思う。これまでに既に十万キロ以上の空を、何ヶ国もの違った航空会社の飛行機で翔んでいる三吉ではあったが、飛行機に乗ることによって、このときほど何となく心の底が浮々して来た記憶はいまだ曽つてなかった。

足下に、行けども尽きぬ大安南山脈のうっ蒼たる大樹林が展けている。三吉の気持は勢い感慨じみて来ざるを得なかった。思えば二年前、ここのこの土地で三吉はフランスの官憲を憚り憚り、何事にも気をつかいながら働いていたものであった。それが今は、日の丸がその上を悠々として吾物顔に飛んでいるではないか。

この感慨はまだ午後の陽足も高いハノイについたとき、一層強く激しいものとなった。

飛行機は飛べば広東まで飛べるのに、ここで一泊することになっていた。三吉は翌朝五時の出発までの十何時間かをフルにつかうべくすぐ街の中を駆け廻りはじめた。

二年前までは流石の三吉ですら多分に遠慮がちに行動せざるを得なかったフランス人絶対のこの街に、いまではどこに行っても日本人絶対の風が吹いていた。フランス人はどこへ行ったものか、隅っこに小さくなって縮こまっている、といった感じであった。

日本軍が仏印ルート監視を口実に北部仏印に進駐して来て既に半年近くになる。

市内にこそ余り見かけられなかったが、飛行場の近くには多くの日本軍兵士の姿が見られた。三吉がいた頃の日本人の姿など滅多に見られなかったホテル・メトロポールの食堂は半分ぐらいは、無作法に大声で喚き、皿の上に上半身をかがみ込ませて、音高く唇をぴちゃつかせてがさつに啖う日本人で充されていた。

三吉の社のハノイ支局は中央駅の近くの小さい池のほとりに、大きな煉瓦建を二棟も占領していた。支局には完備した無電の発・受信装置があって、支局員も二十人以上の日本人がフルに働き、そのほか多数の安南人がいた。自動車も立派なリムジーンが三台も車庫に入っていた。隔世の感である。全く隔世の感である。三吉の後任者としてハノイ特派員になっていた前田雄二はそのときサイゴン支局長になっていたが、会えずに残念だ、と社の専用電信で打電して来た。

何という変りかたであろう。

しかもこの激しい変りかたは更に激しく、そして至るところに見うけられた。

印度支那産業の支配人の坂本四郎もいた。ますます老耄れてはいたが下村老人も相変らず自分でも嘘だか真実か判らなくなってしまった大風呂敷を飽きずに繰り返して拡げていた。だが、坂本は別として、下村老人や小田ホテルの老主人などは三吉がいたときに比べると、全く別人かと思われるほど「愛国的」な人間になっていた。急に力み返って、フランス何するものぞ！　といった気概であった。小田老人の如きは「長さんが」「長さんが」と二言目には進駐軍参謀長の長大佐の名を念仏の如く唱えて、彼がときどき小田のところの日本食を食べに来ることをもって、張鼓峰事件以来蛮勇をもって聞えたこの荒武者を友人呼ばわりすることができるのを非常に得意としていた。悄然として台湾に返って行った佐伯がいまでは土屋の本名に返ってまたやって来ていた。そして、元気になって。相変らず何事か極めて重大な、そして秘密な仕事でもしていそうな、思わせぶりな口吻でしきりに何かを匂わせたがっていたが、三吉は対手にせず、「君もも少し地道に本格的な仕事を忠実にやったがいいよ」などの高飛車な返事をしたりした。

坂本は涙を浮べて喜んで、三吉から離れようとはしなかった。そして二人は夜になると、二年前のように車を連ねて、カムチェンに行った。

「変ってしまったよ」と坂本は慨嘆した。「すっかり荒らされてね、荒涼たるもんだ」。

そのことは、例の鉄道の踏切りを越えるか越えないかに三吉にも敏感に感じられた。昔の、騒々しくはあったがどことなくしっとりと落着いた雰囲気はもう感じられなくなっていた。何かこうがさつな、不潔なものばかりがまず神経に判って来た。

「日本人が多く流れ込むと、どこでも同じだよ。北京の前門街でも、日本軍が行ったと思うと忽ちのうちに荒らさてしまったものね」

「不快だから、僕らは近頃ずーっと行かないよ。日本軍が進駐して来てからは、殆んど行ったことないね」

「そうだろう。判るよ。いやだね」

「君も、きっと失望するよ」

「だけど、昔の妓たちもすこしはいるだろう」

「いるだろうが、僕はもうとんと様子を知らんよ」

二人は俥の上でそんな話を交しながら、カムチェンの明るい街に乗り入れて行った。

五十八番でも六十三番でも、昔の妓たちがまだ何人かいた。そして、ワッと言って、三吉らの周りに寄って来た。抱きつくものもいた。手を引ぱって、振り廻すものもいた。口々に何かを叫んで笑ったり、喚いたりした。三吉たちを知らない新しい妓たちは呆然とそれを見ていた。三吉は妓たちに胴あげされた。そして、昔どおりにコニャックの瓶が並び、シャンパーニュがぽんぽん抜かれた。だが、三吉の心は悲しみに沈んでいた。

昔、フランス語すら碌に喋れなかったこの妓たちが、何と皆、必ず幾つかの日本語を喋るではないか。しかも、支那でも実に嫌な経験を繰り返したあの最も下等な、恥ずべき日本語の幾つかを！

「太田さん、××するか？」などと言ってはげらげらと笑う昔馴染の妓たちを見ては、三吉の心は痛まざるを得なかった。

「おい、悲しいなあ」と酔いが廻るにつれて三吉は坂本を省みては何度となく繰り返して言った。

妓たちは日本語の歌もいくつか歌った。それからひっきりなしに、日本の卑俗で幼稚な流行歌のレコードをかけた。彼女らにすればそれは三吉を喜ばすためであったろうし、御愛嬌のつもりであったろうが、三吉は次第に不機嫌になって、のちには本気に怒り出し、日本のレコードも、日本の流行歌も、日本語の淫らな使用も、すべて厳禁してしまった。妓たちは三吉の不可解な激怒に驚いて、急に静かになり、一人減り二人減りして、のちにはほんの四、五人だけ、昔からのほんとうの馴染だけが残った。

そこで三吉は更に一層悲しい話を聞いた。スネークは、あの蛇のようにしなやかな特殊な踊りの上手であった可憐な娘は、悪い病気のためひどく身体を損ねてしまったとのことであった。ここらの妓たちはいまでは殆んど例外なしにただの売春婦になり下っていた。彼女らは日本軍人のあの長い刀が死ぬよりも恐いのだと言っていた。卓子にも椅子にも多くの刀疵が残っていた。

コーラム・コーナム姉妹の家はもうなかった。姉のコーラムについては彼女がその後どうなり果てたかを知っているものは少いようであった。少くともその夜三吉が邂逅した昔馴染の妓たちの間にははっきり知っているものはいなかった。妹のコーナム、即ち三吉の淡い恋人であったあの可憐な安南娘のその後は三吉の胸をしめつけ、痛ませた。

妓たちの片言まじりに語るところを綜合すると、コーナムはある日本人（それは新聞記者だと妓たちは言った）の子供を孕んだのであったが、その日本人はそのままどこかへ行ってしまったので、コーナムはいまではどこかの田舎に行っている、ということであるらしかった。

三吉はその夜、悲しみを抱いてひどく酔った。酔ってそのまま、固い阿片台の上にごろりと寝てしまった。そして次の日の早朝、飛行機が既にフールにエンジンをかけて、出発せんばかりになっているところに漸く駆けつけた三吉は、いまだに膝も手も、四肢がまるでばらばらにくっついているような、中風病みよりもまだ始末の悪い状態にいた。坂本もひょろひょろしていた。三吉の遅着を気づかっていた支局の人々は、やっと安心して、全く仕様がないな、と苦笑しながら、自動車から転げ落ちそうになった三吉をそのまま、肩で支えるようにして、飛行機の中に押し込んだ。

飛行機はすぐ飛び立った。

三吉は座席にかけても、まだ半分仮死の状態にあるかの如く、深く首をたれて眠っているかに見えたが、その精神は漸次朦朧の中から浮び上って来つつあった。

日本人という奴は実にひどい奴らだ。と三吉のアルコールに痺れ上った哀れな脳みそは呪文のようにその言葉を何百回も何千回も、歌うが如く繰り返していた。

23　夕暮れの羽田

海口では高木老支局長〈注―高木一実〉が白髪頭のとぼけ面をして、相変らず人を小ばかにしたようなことばかり言っていた。

その夜は台北泊り。三吉はここでバグダード以来の真夏の服装を捨てて、冬服を出して着た。思いがけず台湾拓殖の山根道一老人がこの街にいた。二人はその夜料理屋に会して飲んだ。山根老人はその恋人と称する美しい仲居を三吉に紹介した。三吉は久しぶりに日本芸者を美しく、淑でいいものだと思った。芸者たちは三吉がヨーロッパから飛行機で飛んで来たのだと聞いて、珍らしがって様々なあどけない質問を浴せかけた。

三吉はカムチェンの情けない変りかたを山根に話して歎いた。山根はまた近々のうちに仏印へ行くつもりだと話していた。

次の日は一日中、真冬の空の旅であった。

トルコを発って十四日目、バグダードを出発して僅か一週間目で三吉は早くも東京の土を踏むのである。福岡飛行場の周辺を彩る松林も懐しかった。昼食をしたためている間、食堂の給仕娘たちが互の間で「何していんしやるとな」などと一種独特の物柔かい博多訛りで話しているのも耳に快かった。

白レースの縁とりをしたように波打際のみ僅かに白く、穏かな冬の陽に蒼く凪いでいる瀬戸内の海も三吉に何事かを語りかける。

富士山は雲のため真白な頭の部分だけしか見えなかった。箱根では何故だか飛行機はずっと南の方を迂廻した。そして、冬の陽はもう沈みきり、あたりは薄暗く、人の顔さえはっきりそれとは見分けのつかぬ頃、三吉の心臓が思わずどきりと一つ激しく鼓動するのを合図に、飛行機はがっがっがっと二、三回バウンドして羽田に着陸した。

三吉は目を瞑り、大きく一つ呼吸してから飛行機を降り立った。

社の同僚が三人、それに前年の十月に中支転戦中約三年半の服役から除隊されて帰っていた末弟が出迎えに来ていた。

三吉は物足りない気持で辺りを見廻した。妻も子供たちも来てはいなかった。

「何故子供たちを連れて来なかったんだ」と三吉は末弟をいきなり叱った。末弟は如何にも済なげに恐縮して、その時間がなかったのだ、と言った。それをとりなすように、社の同僚たちも口々に、「とにかく、あれよ、あれよと思う間にぐんぐん飛んで来てしまったので、実は社のほうでもすっかり面食ったのだ、きょう弟さんに連絡したのも全く危く間に合った始末である」と説明した。

自動車で走りぬける東京の街々は相変らずごみごみし

く、せせこましかった。

社にはまだ社長も帰らずに待っていた。多くの同僚がやって来て三吉の手を握り、御苦労さんと言った。三吉の帰りは早くて半年の後だろうと思っていたと皆言った。待たしてあった自動車でそのまま家に帰った。子供たちはもう寝ていた。

三吉は三人の子の父になっていた。長男とは一年半一緒に暮したが、三吉が天津にいたときに生まれた長女は三、四度顔を見ただけであり、イスタンブールで出産の通知をうけて、陸郎と電報で命名してやった次男はまだ見たこともなかった。

母は妙に威儀を正して三吉を迎えた。小さな仏壇に亡父の写真を備えて、線香が立ててあった。

妻はいつもの癖で、田螺のようにぴたりと感情にふたをした、むしろ冷かにすら見える態度で、ひとこと「お帰りなさいまし」と言っただけで、すぐ台所の方へ立って行ってしまった。

無理をして、これだけは、ともかくここまで自ら携えて来た様々なお土産入りのトランクが、そこに淋しく転っていた。

「わあーい」と声を立てて子供たちが喜ぶ顔を見るのは次の朝までお預けである。妻は別段嬉しくもないような顔で「ありがとうございます」と言っただけであった。手にとって見ようともしない。母は、「まあまあこんなにいろんなものを買い込んで来て」と言って、すぐ、これはあの方に、これはあそこに、と三吉の土産品で日頃の義理を方々に果そうとの胸算用で忙しい様子であった。

三吉は何だかばかばかしい気がして来て、黙って酒を飲んだ。

そして、次の日からすぐ毎日出社して、一日の休暇もとらずに働きはじめた。

ヨーロッパから日本へ。わずか二週間の時間はこの大きな空間を一跨ぎにして、三吉の生活を大きく一転させたが、三吉には別段それがとりたてて言うほどの事件にも思われなかった。

ヨーロッパでは戦争の傍観者として暮して来た彼は、東京ではこの二週間を境にぐんぐん、自ら戦争の主役者としての毎日に突入して行ったのである。


（一九四六、六、二二）

（第三部完）

第四部　「太平洋戦争」

1941 年 4 月 13 日　日ソ中立条約に署名するソ連のモロトフ外相（前列中央）、同右松岡洋右外相、後列右から 2 人目はスターリン首相、モスクワ（共同通信社提供）

はしがき

まる三年と八ヶ月に亘った大東亜戦争（この呼び名は敗戦後アメリカから禁止されて、太平洋戦争という新らしい呼び名が与えられた）は日本の惨めな敗北によってその幕を閉じた。そして世の中はみるみるすさまじい勢いで変って行った。

日本人の土性っ骨はいったいどこに消え失せたのかと思われるほど、国をあげて卑屈にいやしくなり果てた。昔よりも一層、正直者がバカを見るという世の中が、軽佻浮薄な民主主義という呪文の中から生まれ出ようとしている。昨日までは八紘一宇を叫び、万邦無比の国体を謳った同じ八千万の口々が、今日からは、明けるにつけ暮れるにつけ、民主主義と文化国家のお題目を、いともやすやすと唱えはじめた。八紘一宇から民主主義への乗り換えは、一つの流行歌からいま一つの流行歌への移り変りほどにも苦にならない日本人たちであるかのように見えた。

そうした世の中の変遷の始まりの頃、三吉は二十年ぶりに再発した胸部疾患のため、半年ばかりを病床に送った。この六ヶ月は、彼にとっていままでになく真剣な闘いの毎日であった。

彼はまず「死」と闘った。三吉はこれまでめったに自分の「死」などについて考えたことはなかった。しかし、今度は何故だか、しきりに死を思った。毎日続く高熱の呻きの間に、当然病気から来る「死」について彼は考えた。今度は或いは自分は死ぬかもしれない、という考えが彼を脅かした。彼は、自分は死んでもよいという気であった。だが、四人の子供のことを考え、さらに、一緒に暮すことが長くなるにつれつくづくとその至らなさが情けなく思われるようになった妻のことを考えるにつけ、やっぱり自分は今は死ねない、と考えるのであった。何んとしても、いま少し生きていてやらなければ、子供たちが可哀そうであった。

しかも、そう思う半面、三吉は間断なく、自らの手で、自らの生命を断つことを一種の憧れをもって強く思ってみるのであった。それは敗戦から来る絶望感の一種だといえたろう。日本人の、敗戦後の浅間しさは、病む三吉にはその中を闘い通って行くだけの力もないほど惨めなものに思われた。彼は絶えず「死」の誘惑を感じた。敗戦の翌日、潔く、妻子を射殺したうえで自分は割腹して果てた親泊大佐〈注―親泊朝省。日本が降伏文書に調印した翌日の九月三日に妻と子二人とともに拳銃自決した〉の元気な快活な顔が、始終思い出された。だが三吉は、自分は死んではならない、と思った。そして、病気から来る死の圧迫と、絶望感から来る死の誘惑と、二重の闘いを闘い続けた。

その次には、それは思想の上の闘いであった。

三吉は、支那事変の頃までは戦争にたいして比較的無批判であった。むしろ心の中では打ち興じているというようなところもあったかも知れない。少くとも戦争をそれほど重大な事件だとは考えていなかった。しかし、大東亜戦争にたいしては、身慄いするほどの真剣さで、これを批判しつづけた。ヨオロッパで、大規模な国際戦争の実態をいろいろな角度から見て来た三吉の目と心とは、このとき、些か鋭い痛みを覚ずにはいられなかったのであろう。この戦争は明かに行きすぎだと思った。ことにガダルカナルの日本軍全滅ののちは、漠然とではあったが、この戦争にはどうやら勝てそうにもないと思うようになり、よしや万が一勝てても、国内革命をやらねば勝ったあとの収拾がつかないであろうと考えはじめていた。ときには、気心の判った人々にたいしてはそうしたことを口に出して言ったりもした。

それにもかかわらず三吉は、いまの日本としてはこれ以外に行くべき途がなかったのだと強く信じていた。やろうとしている事それ自身は決して悪くはない、だが、やろうとしている本心、その動機、それを指導している人々の心根などにはいかがわしい点が多い、と考えていた。

三吉は、今度の戦争そのものには内心反対していながら、戦況が落目になればなるほど全身的に働きはじめた。自分一人がどんなに働いてみたところで何ともなるものではないとは知りつつも、敗けたくもなかったし、また働かねばいられない何かが始終心の中で動いていた。身体の上では随分無理をした。思想の上でも一途に、国内的には合理的な全体主義を追求し、国際的には指導国家制による地域時事主義を掘り下げて行った。

敗戦は、しかし、何もかも一朝にして変えてしまった。世はあげて、本心からか便宜上か、滔々として民主主義に流れ、易々として平和主義への衣更をはじめた。だが三吉の場合、この転換はそうなまやさしい仕事ではなかった。三吉は人の思想で物を考えることを昔から軽蔑した。それだけは、敗けたからといって、無条件に民主主義を押戴くことはできなかった。日本のような痩せた国に、アメリカのような肥沃な国の民主主義という贅沢な草花が、そう、てもなく移植されてすくすく育ち結実するかどうか。それは余程考えてみなければ、軽々に判断の下せないことに思われた。三吉は病床にあって、朝に夕に、熱のあげ下げのあい間あい間に、このことを真剣に考え抜いた。

闘いの第三番目は、家族とのそれであった。かねて、そりの合わなかった三吉の母と妻とは、戦争の末期から段々はげしく争うようになり、三吉が倒れてしまう頃には、それは全く収拾しようもないものになっていた。主な原因は強い勝気な性格の母が、妻を愚図よ愚か者よと朝から夕に叱り罵ることにあったが、また妻の態度の中にも頑迷な田螺の依怙地さがあって、事態を一層始末の悪いものにしていた。

三吉は幼い頃から、自分の母を一度も愛した記憶がない。怖れた記憶ばかりが残っている。彼は母をいわば嫌いであった。しかし、最近ではその母を憎悪し、肉体的に嫌悪するところまで彼自身の状態が来ていた。一方、彼は妻をかつては愛していたが、いまでは愛よりもむしろ情けなさをより多く感じていた。妻の愚かさと、浅墓さと、依怙地な性質は三吉の心から彼女にたいする優しさを段々奪って行くのであった。いまは、子供にたいする義務の気持と、生活上の便宜とから一緒に住んでいる、といった気持が強かった。

母と言い、妻というも、それは三吉にとっては既に宿命であった。破壊的な方法で解決することができない限り、もつれた三人の間を何とかして建設的な方向へ解決して行かねばならないが、これもまた、まさしく一つの苦しい闘いであった。

三吉は、これほどまでに母を憎悪し、妻を情けなく思わずにはいられない自分自身を、ときとして精神にどこか大きな欠陥のある男なのではあるまいか、と疑ってみることすらあった。

これらの数々の闘いは、三吉の病が少しずつ克服されて、一日に何時間か起きていられるようになった頃、ふっと、三吉がもう二十年もあるいはそれ以上も忘れて顧みることのなかった文学への趣味を、ある日彼の心の中に思いがけなく蘇えらせた。彼は焼けずに残った書架から、トルストイ全集をとり出して片っ端から読んだ。強い感銘がその一頁一頁に味わわれた。知人の書架から日本文学全集を借りて来て読みまくった。そして押しなべて日本文人の思想の欠乏にひどく驚いた。

こうして、次々に読んでいるうちに、三吉は自分でも書こう、という気になった。過去の自分を整理し、記録しておきたい、という気持はまた、かすかながら、自分が現在落ち込んでいるこの深い穴からの抜け道をそこに秘かに期待する心であったかも知れない。

冬のある日、三吉は暖く陽のさす縁ばたで筆をとりはじめた。そして、支那事変、汪精衛事件、ヨオロッパ戦争の二部を病気の間に書きあげた。

この間に、三吉たちが新しく造った会社は危い足どりながらもとにかく、潰れもせずに育っていたが、三吉の病がどうにか克服されたことがはっきりした頃、仲間割れが来て危い瀬戸に立ったので、三吉は、あと半年は是非休めという医者の忠告を排けて、初夏の頃から会社に出はじめた。

＊ 昭和二十一年四月、時事通信で板垣武男取締役（同盟解散時、経済局長）の独断専行を追及する声が高まり、臨時株主総会で板垣が退任したことと思われる。

会社に出ながら、閑なポストについた機会に、大東亜戦争中のこともついでに書きとめておこうとしたのがこの第四部である。

三吉が自分のことを書くのに、小説の形を借り、しかも三人称で己を描いて行ったのは、できるだけ客観的に過去を見ようという気持からである。しかし、小説の形をとったことによって、個々の描写は多分に潤色されたことも拒めない。とはいえ、書きつつある瞬間にとっては、それはむしろ、より真実に近いものであった、ともいえる。

一九四六．六．二三

この「はしがき」には補足がある。

はしがきだけ書いて放ってあるうちに、それから間もなく、三吉にとって思いがけない一つの事件が起きた。

また、その事件とは別に、会社の中での三吉の仕事は次第々々に忙しくなって行って、小説の筆をとる心と身体の余裕が段々なくなってしまった。

こうした理由で、第四部の執筆は爾来約一年の間全く中絶されていた。

三吉は近頃しきりに何だかわけのわからぬ焦りを感じている。書くならいまのうちだ、というようなことも感じる。心身に暇のない点では同じだが、どうでも、大東亜戦争以後のことを、いまのうちに書いておかなければならないような気にせかれている。身体の調子が思わしくないせいもあるのか……

今後も忙しいと思われるが、ともかく、一年ぶりで筆を起すこととした。

一九四七．四．二三

第一章　南仏印進駐

1　栗林社会部長逮捕さる

イスタンブールを発ってから、殆んど空を翔けづめにして、十三日めに、三吉は東京に帰りついたのだが、帰って来てみると、あれほど毎日のように電報でやいやい言って来ていた当の社会部長栗林農夫は、留置場に入っていた。共産主義俳人グループのリーダー格だったというので、三吉がイスタンブールを出発する前後のころ、玉川警察署に検挙されたのだという。

この話を聞いたとき、三吉は全く信じられない気持であった。同僚もみんな三吉と同じ気持らしく、彼らは口々に官憲の暴圧を罵った。

「司法大臣が、同盟通信の社会部長といえば社会的にも相当な大物なんだが、大丈夫だろうね、と拘引許可を貰いに行った検事に念を押したんだそうな。勿論大丈夫です、完全に証拠は揃っています、と答えたんだっていうから、当局はもちろん還さんつもりだろう」と司法省ばかり二十年近く担当している老記者の福井賢はそう説明した。

色の黒い、右の肩がひどく下がっている、酒好きで、感情が強く、理屈をいうときには、極端に左翼がかったことをいうかと思うと、日常身近なことではむしろ封建的なところさえあるくらい身勝手で考え方の古いあの老人が、共産主義者だろうとは何人もよく信じ得ないところであった。彼が昂奮して、罵るような調子で左翼がかったことをいい始めると（彼は議論するときは必ず昂奮して対手を罵るように喋った）みんな、くすぐったそうな顔をして、いい加減にあしらうようにしていた。かんかちの封建的暴君趣味がところどころに赤の理論を張りつけて出て来たようなものだ、と三吉たちの仲間では、むしろ嗤っていたものだ。

三吉たちが前には栗林ともよく一緒に飲んだ小料理屋の福村の主人は、「そういえばよく若い女の方と一緒にみえて、何か難しい議論を始終していたようでしたよ」と検挙される前の栗林のことを話していた。

三吉は社会部次長ということになった。

栗林の前の社会部長でまだ四十になったばかりの岡村二一はいまでは編集局次長であった。岡村は三吉を呼んで、「栗林のばかが柄にもないことを喋ったりしてつまらんことになっちまったが、まあ、あとは事実上お前が社会部長だ、高雄なんか、次長とはいっても、人気もなければ頭も悪いし、若いもんはついて行かんようだから、お前ひとつ、そのつもりでやれ」といった。

彼より八つも年上でいながら、八年間その下で、忠実に社会部次長という女房役をつとめていた栗林のことを話す岡村の態度の、案外な冷さに、三吉は驚いた。三吉は若い岡村と年上の栗林の、年にこだわらぬ美しいコンビネーションは、深くて温い友情と信頼の上に固く結ばれていて渝《かわ》らないものだと、昔から勝手に思い込んでいたのであったが、事実は必ずしもそうでばかりもなかったらしいと、このときはじめて気付いたりした。

栗林農夫、昭和 33 年 6 月 20 日撮影、
昭和 36 年 5 月 25 日死去、66 歳。

ほかにも、人と人との関係に、微妙な変化が生じていた。

編集局長には、その上海時代に汪精衛工作の初めの段階で主役をつとめた松本重治がなっていて、その下に岡村と、前の政治部長の大平安孝とが次長であったが、剃刀と綽名して自他ともにその鋭さを認めていた岡村は、東北弁がいまでもなおりきっていない太っちょ大平の鈍重さなど眼中においていなかったばかりでなく、いまでは松本の高い教養に向って敢然と闘いをいどんでいた。アメリカのプリンストンから、ロンドンのケンブリッジに遊び〈注―松本が留学したのは、エール大学、ウィスコンシン大学、ジュネーブ大学、ウィーン大学である〉、近衛首相の親友でもあり、中国から日本にかけて、多くの政界人に知己を持つ松本の、五尺九寸からある堂々たる体躯と、いつも人を外さぬ微笑と、余裕のある心の動きを感じさせる静かな中音の声などにたいして、岡村は歯牙にもかけぬという態度を、事毎にわざとらしく露骨にみせていた。月謝だけ納めて、私立の中央大学卒業〈注―岡村は東洋大学専門部卒業〉の免状を貰うには貰ったが、何科を専攻したというでもなく、この間、千葉亀雄〈注―国民新聞、読売新聞などの記者を務める〉の門を叩いて万朝報で稼ぐ傍ら、誰も買ってくれない詩を沢山書いたり、当時小学校の女教師をしていたいまの夫人と熱烈な恋愛をしたりしていた岡村は、その五尺五寸、鶴のように痩せた身体と調子よく高速度に廻転する舌とに、俺は実力でここまでのして来た人間だ、門閥や金や縁故などで、別段何の苦労もせずにずるずると上って来た連中とは、少しばかり出来が違う、という鋭い気魄を充満させて、敏捷に動く。

三吉は岡村に、「あなたは松本と喧嘩しちゃいけない。何といったって松本は偉いよ、あなたは松本と組んでやらねばいけない」と素面のときにも、酒をのんでからも、よく忠告めいたことをいった。すると岡村は、機嫌のよいときには、「そうかねえ」と軽く受け流していたが、どうかすると、少し昂奮して、「なあに、いまにやっつけてみせるさ、見ていろよ」というようなことを言った。困った先生だ、なんだって人間はこう始終争っていなければならないのだろう、と三吉は苦笑する。だが、その三吉自身も、日が経つにつれて、彼の相棒である先任の社会部次長高雄辰馬との間に、無言の争いをいつの間にか始めているのであった。

松本には、目をぱちぱちさせて、朝から晩まで机にかじりついたまま、電話の交換手とボーイばかりやたらと怒鳴りつける癖のある大平安孝がくっついた。後生大事に松本のいうことを守り、いつも机にかじりついている肥ったこの男の様子は、どことなく、渋谷の駅で何年間か主人を待ち通したというので銅像にまでなった（物好きなことである）「忠犬八公」を思わせるものがあったので、三吉はある日ふと「忠僕」とよんだがこれが忽ちひろがって、彼の綽名になってしまった。

岡村には政治部長の萩野伊八〈注―大正十三年、国際通信社入社〉がくっついていた。かれには「鼻の伊八」という綽名があったが、目玉が鬼の面のようにぎょろりと大きく剥き出ていて、鼻がおどろくほど大きな穴を二つ空に向けて押しぴろげつつ中央にでんと据っており、その中から針金のような鼻毛が何本も外にのびていた。別にとびぬけて外国語ができるというでもなかったが、向う意気の滅法な強さと、人ぐりの廻り合せとからこれまでに数度海外に出ていた。最近までモスクワの特派員をしていたが、三吉より一年ほど前にヨオロッパ経由帰国して政治部長〈注―政経部長〉になっていた。ハルビンのロシア語学校〈注―日露協会学校（のちのハルビン学院）〉を出て、はじめて入社した日、ルパシカを着て出て来たので、当時の社長〈注―当時は国際通信社専務取締役〉の、いまは死んだ岩永裕吉が驚いて、ルパシカは困るから普通の背広を着て来るように、というと、ないものは着て来れません、といって、岩永から背広の新調代をせしめた、という話がほんとかうそか伝わっているという男だけに、これも実力派をもって任じていた。本社づとめは一度もしたことがなく、社歴もまだ僅かに五、六年にしかならない松本にたいする共通の反感が、岡村と萩野とを結びつけたのであった。

＊『岩永裕吉君』に萩野が記しているところによると、東支鉄道をめぐる中ソ紛争で満洲に特派されることになった萩野に対し、岩永はシャツ、上着、外套から靴まで自分のものを取り出し着せて、送り出した、とある。

同盟編編集局長に就任した松本重治　昭和15年(松本洋氏提供)

三吉の周囲には、すぐ昔の友達が集った。黒沢俊雄だの小田善一＊の、横地倫平＊＊だのが三吉と毎晩一緒に飲んだ。飲んでは同じ話をした。三吉はつとめて話題をそちらに向けまいとしたが、いつの間にか高雄辰馬のボス根性はいかん、という話に落ちるのであった。飲みすぎて、終電車で終点まで乗りすごし、多摩川の大鉄橋を蹣跚たる足どりと朦朧たる眼とで、ふらつきながら何千本かの枕木を曲芸師のように歩いて渡り、一里半ばかりのところを歩いて帰って来ることが一週間に必ず一度か二度はあったが、道々三吉は、酔っ払った頭の中に、高雄にたいする不快な気持がだんだん濃い滓になってたまるのを、ぶつくさ独りごとで吐き散しながら歩くことが多くなった。高雄が立てる企画や出す指令が、三吉の目からみれば、どろ臭かったり、ピンボケだったりすることが多かったが、対手は年上でもあれば先任者でもあったので、訂正するわけにも行かず、三吉の心には不快さが日毎にたまって行った。また、三吉は自分でそれに掛けようとは思わないまでも、空いている部長の椅子に、いつも高雄がどっかと我物顔にかけて傲然としているのを無関心でいることは難しかった。ときとしては、自分でもつまらないと思うのであったが、それでも矢張りそんな細々したことが、次第につもり積って行く。

＊　昭和十年、新聞聯合入社。戦後、共同通信から東京タイムズに移り、編集局長を経て、社長になる。
＊＊　戦後、共同通信初代社会部長。

見廻すと、社の中には、こうして、いくつもの細い流れが小うるさいせせらぎをたてて流れていた。

2　玉川警察署の特高

玉川警察署は随分辺鄙なところにあった。電車で行って、また暫くバスに乗らなければならなかった。

最初のときはひどく無愛想だった特高主任は、三吉が栗林を訪ねて行った次の日、彼を社の方に訪ねて来ていろいろ話をしたためか、二度目からはがらりと変って、三吉が行くとすぐ栗林を日当りのよい彼らの事務室に呼び出して呉れた。寒くて暗い留置場の中に比べると、日当りがよいうえに火鉢には、わりわりと火もおこっているこの室は「全くここは天国だよ」と栗林が、三吉にともなく、その室にいる数人の警官にともなく、愛想笑いをしながらいうとおり、物音一つしない平和な室であった。

三吉は意識的に、できるだけ敬意に充ちてへり下った言葉で、恰も弟子が師匠に対するときのような態度で栗林に話した。だが話の内容は、これも意識的に、できるだけ傍若無人な何の遠慮もないものにわざとした。

「あなたが思想犯なんて、十年近くもつき合っているわたしは、全くびっくりしましたよ」などと、辺りにいる警官たちにも充分聞えるような声でいうと、栗林の方で却っておどおど気をつかって、周囲を見廻したりした。だが、特高主任もほかの警官たちも、聞いているのかいないのか、背中を向けたものは背中を向けたまま、横顔を見せたものは横顔をみせたまま、空気の澱みに何の動きも起りはしなかった。そこには一種の職業的静寂といったようなものが強く感じられた。

髭をのばして、差入れのどてらを細い紐で結んだ栗林は、もう半分罪人の姿が板についていた。三吉が提げて来た土産を、卑屈に笑いながら、警官たちの方にもそっとお裾分けする栗林の姿を、三吉は憮然と見ていた。警官たちは有難うともいわない。

「これはそれ、あなたとよく行った銀座の三すじの鮨ですよ。握りたてでないから、どうだか。わさびが死んでしまったかも知れない」

「そうそう、あそこのおやじは健在かな」

「よろしく言っていましたよ」

「すまんね」

だとか――

「福村のおやじに特にそういって拵えさしたんだが、どうかな。本来なら一本添えたいところだが」

だとか、三吉は土産物を出す度に必ず、これも意識的に、栗林が「娑婆」にいたときの少しは驕った生活を言外に匂わせるような注釈をつけた。

栗林は自分で立ってお茶を汲み、警官たちの湯飲みにも一々注いで廻った。

その頃両切の「さくら」はもう街にも少くなっていたが、「さくら」以外のタバコは吸わない三吉はいつも苦心してこれを手に入れていたので、行く度に五箱、十箱と紙にくるんで持って行った。栗林は実にうまそうにそれを吸って、残りの箱は「どうぞ吸って下すって結構です」といいながら、それを警官のひとりに預けるのであった。

何時間話していようが、警官たちは別段何ともいわなかった。全く無関心かのようであった。栗林は話のあい間あい間に
「君たちがよくしてくれるし、ここでも実に便宜を図っていただくので、全くしあわせだよ」といいいいした。

「それで君はどう思うかね、イギリスは矢張りだめだろうね」。そういったことを問いかける栗林の言葉の裏は、ことさらに敬意を含めた言葉で話す三吉の心の裏と通じているように思われたので、三吉はわざと滔々と、ドイツとイタリアの関係は、表からみたようなものではなく、いろいろと危い矛盾を含んでいるから、ヨオロッパも楽観はできない、というような、独・伊にたいする無条件の信頼と放歌とが常識になっている当時としては、ことに警察の特高室でするのには、至ってふさわしくない内容のことを喋ったりした。

「余り永くなるので、では僕はこれで失敬するよ」と栗林が、皆によろしくといいながら、そこにいる警官の一人一人に叮嚀に頭を下げて、悄然と扉の向うに消えて行ってからも、三吉はまだ暫く特高室の中に残っていることがあった。そんなとき、特高主任の出口は急に雄弁になって、栗林の話のあとをうけて、いろいろと三吉に質問した。

「あなたは随分方々で演説なさるようです」などとも言った。

三吉は国際時局解説物の一種の売れっ子にいつの間にかなっていて、毎月一流の綜合雑誌に、一つか二つ執筆しない月はなかった。「公論」だの「日本評論」だの「時局雑

誌」だの「外交評論」だのが一番多かったが、「改造」や「文芸春秋」にも書いたし、同盟からは単行本で『バルカン・近東の戦時外交』を出版したほか、「世界週報」には殆んど毎号執筆していた。一流雑誌で一度も三吉の原稿を載せなかったのは「中央公論」だけであった。

講演もずい分した。外交協会では元大臣や元大使などのエキスパートを前に、当面の国際情勢を勝手な角度から解剖し、批判した。経済クラブではドイツのクリアリング・システム〈注―貿易決済の清算制度〉の強さについて、つまり品物で食い込む貿易の強味について実例をあげて強調した。参謀本部の高級将校ばかり集めた秘密の会では、独・伊の間に秘む根本的矛盾について、大胆な暴露を試みた。海軍令部の会ではダーダネルス海峡を繞る国際駆け引きを詳しく説明した。外務省の懇談会では、トルコがどんな役割をはたしているかについて蘊蓄を傾けた。各界の名士を集めた清交社の集りでは、何のメモもなしに三時間にわたって欧州の戦時外交のからくりを解剖して、日時、人名、数字をよどみなくあげ並べたことについて、毎日新聞の社長高石真五郎を驚歎させ、同盟の幹部をにやつかせた。

その他、毎週一回ぐらいの割りで、東京や地方で講演した。代々木、原宿、渋谷、玉川などの各警察署員を集めて、是非一席講演してくれ、と特高主任の出口がいい出したとき、三吉の社会的立場は右のようなものであった。

栗林は「僕のためだ、是非たのむよ」といい「僕らの仲間から、君のような男が出たことは社の名誉だからね」ともいった。三吉は栗林の懇請を容れて、漸く承諾したような恰好を装いながら、渋々うけた。そして、出口には特に「栗林さんは私の恩師なんだから、よろしく頼みますよ」と念を押した。それだけに、自動車で迎えに来さして、ずらりと並んだ各署の金筋に一斉敬礼で出迎えられて、広い武道々場で何百人の制服警官の一斉起立をうけて、堂々と二時間ばかり喋ったあと、金一封をつつまれたとき、三吉としては莞爾と笑ってこれを謝絶するのは予定の筋書きであった。特高主任の出口がどうしても受けとってくれねば困るからというので、一旦受けとって、金二十円也が包んであるのを確めたうえで、改めてそれを玉川署特高室一同に寄付したが、それから二、三日して、出口は三吉の自宅の方を訪れて、珈琲のセットを一組置いて帰って行った。

栗林はその後、取調べも順調にすすんで、ほとんど毎日、特高室の一隅で自由に読んだり書いたりすることを許されるようになっていた。

どうかして二人だけになることがあると、栗林は、三吉にも「つまらん本」はいまのうちに処分しておけ、と小声で口早に忠告した。

また、ある日、特高室の一人の警官と三吉は二人きりで五、六分いたことがあったが、その警官は三吉の方でくすぐったくなるほど、口をきわめて「栗林さんは立派な人格の方です、あんな立派な方を見たことがない」と何度も繰り返して言っていた。

「はじめは警官と留置人であっても、つきあっているうちには、人間と人間の地金がふれ合って、ひとりでに人間の格付が出来るものですね」と栗林と二人きりのとき、三吉はいった。栗林は淋しげに、しかし満足そうに、目に涙をためて頷いていた。

3　水野成夫

外務省に出ている末の弟は三吉と同じ家に住んでいたが、三吉が外国にいる間に何度となくモヒ中毒で人騒せをした次の弟も、この頃では一応健康になって、東京都の衛生局に巡回医師として勤め、僅かな月給を貰って、三吉たちが住んでいる成城の住宅から一里ばかり新宿の方によった豪徳寺に小さな家を借りて親子五人で住んでいた。何軒も同じ形のマッチ箱式な文化住宅が並んでいる中のその一軒は、いかにもお粗末な普請で、荒塗りの壁にはすでにひびが入り、畳はぼこぼこと足ざわりが悪かった。次弟はそこに閉じこもったきり、ほとんど三吉たちの家にもやって来なかった。時々行ってみると、いつもきまったように、講談本を読んでいるか、そうでないときは、一番末の子を膝に抱いてぼんやりしているかした。慢性の胃腸病と何度かのモヒ中毒症のため痩せこけて、いたずらに鼻の先ばかり尖ってみえる彼の顔だちは、この男の性格までどこか棘々しく感じさせるほどであった。その次弟は三吉や母が行っても余り多くを語らず、また余り笑わなかったが、末の弟が行くと、よく喋り、よく笑うようであった。末の弟は帰って来てよく、「あの兄さんはまだどこか頭が変だね」と悲しそうに話すのであった。その次弟は生活が余程苦しいらしく、月に二、三回はその妻がそっとやって来て、三吉の妻から僅かずつの金を借りて行くらしく、三吉の妻は何もいいはしなかったが、三吉もうすうすはそれを知っていた。

三吉はしかし、自分から進んで次弟の生活をいくらかでも援助してやろうとはしなかった。意気地なさというものが三吉には許すべからざる罪悪にすら思われた。父となり夫となっている以上、人間はへたばるところまで、自分で白分の生活は切り拓いて行くべきだと固く信じていた。だから、病気その他でどうしてもだめなとき以外は、毎月の生活で不足がちなものを、こそこそ借りに来て、借りっぱなし、という生活態度は、弟であれ他人であれ、三吉の同意を得ることはできなかった。

三吉は何にも言いはしなかったが、三吉の考えていることは自然に妻にも感じられるかして、三吉の妻はときどき三吉の頑なさを非難するように、「あなたには原稿や講演で余分な収入もおありだし、遊びやおつきあいにお使いになるお金も可成りおありのようだから」などということもあった。

三吉も自分で、おれはけちなのだろうか、と考えてみることもあった。だが、まんざらそれはそうでもなさそうであった。これまでにも弟の病気については、外国からも送金したほか、必要なもの出してやるように手紙で、妻に指図してやったこともあった。いまでも、病気だとでもいえば、相当まとまって都合してやる気持は快く持っているようであった。だが、だらだらと毎月の生活費の僅かな赤字を出してやるのは何としても嫌であった。

妻も強いてとはいわず、三吉から毎月渡されるものの中から何とかやり繰りして、次弟の妻に少しずつ渡しているようであった。それに、三吉と一緒に住んでいて、あまり諸がかりの要らない末の弟も何かしてやっているようでもあった。

妻が何かのとき、自分では随分芸者遊びをするくせに、といっているのをふと立ち聞きして、かっとなったことがあったが、三吉は黙っていた。

俺にはそれだけの稼ぎがあるからだ、というだけでは、説明しきれない、度のすぎた片意地のように思われぬでもなかった。

三吉はほとんど毎晩のように、社の誰彼をつれては、まず福むらで軽く一杯やってから、付近の行きつけのバーを二、三軒廻るか、そうでないときは、社外の知人と二、三人で、築地か葭町〈注―現・日本橋人形町〉で待合遊びをするか、たいてい終電車で、それも三回に一回は乗りすごして、登戸から成城まで二里近くの道を、多摩川の大鉄橋も、不思議と一度の怪我もなく、雨が降っていようが風が吹いていようが、河水が滔々と音たてて濁った渦をまいていようが、いつも無事に渡り終せて、帰って来るのであった。だから、帰りはたいてい午前一時すぎ。歩いて帰る日は三時をすぎることもあったが、それでも朝はきちんと九時には社に出ていた。これは社の同僚たちの驚きであった。あの男はいったい、いつ原稿を書くのだろうと噂するのであった。だが、三吉は、約束の原稿はどんなに前の晩酔っていようとも、朝の三時か四時、ときとしては二時に起きて書いていた。だから、二時間か三時間しか眠らぬことが続いた。

三吉は物心ついてこの方、夜の時間は遊ぶか飲むかする以外には使ったことがない。書いたり読んだりするのは、早朝の時間、といつの間にかそうした習慣になっていた。

妻は別段何とも言わなかった。ただ、彼が多摩川の鉄橋を歩いて渡ることだけはひどく嫌った。夜更けて、いつもの時間になると、きょうもまた、ふらふらと危い足つきで、あの長い鉄橋の枕木を、曲芸師のようにゆらりゆらりと渡っているのではあるまいか、と思うと、いても立ってもいられないから、それくらいなら、待合でもどこでも、好きなところに泊って来てくれ、というのであった。

「泊るとなれば、ひとりじゃないぜ」とわざと憎らしげな口のききかたをすると

「どうせ、泊らなくたって何をしているか判らない人ですもの、同じことよ」と妻は答えた。

それでも三吉は、朝何時になろうが、必ず帰って来た。昔と違って、自動車が全然不自由になった頃ではあり、当然間にあうと思う時間に出ても、どうかすると終電車を乗り外すこともあったが、それでも、新宿からか渋谷からか、必ず三里、四里の道を歩いて帰って来て、ときとしてはそのまま朝飯を食ってまた出かけることもあった。

「東京の中で遊ぶ限り、絶対に外泊はしない」という小戒律を自分でたてて、別段たいして立派な根拠のあるものでもないにも拘らず、彼はこの戒律を頑なに守り通そうとした。これが夫たるものの、せめてもの良心だ、などと漠然と考えていた。

三吉の待合遊びの相手の中には、参謀本部第二部の庶務係主任門松正一中佐や、日本再生紙〈注―大日本再生製紙〉の専務水野成夫*、南某**、それに仏印から帰って来てすることもなくぶらぶらしている木村得一老人などがいた。

＊　戦後、国策パルプ会長、文化放送社長、フジテレビ初代社長、産業経済新聞会長。フジサンケイグループの創設者。

＊＊　南喜一。戦後、国策パルプ会長。

門松中佐は汪精衛工作当時、仏印にいたときは高山文雄と称していた男である。どんな利害関係の結ばりがあるのか、彼は日本再生紙の水野や南といつも一緒の席で、築地や赤坂を根城に、相当広く遊んでいるようであった。門松

に誘われて、その席ではじめて水野と南に引き合されたとき、三吉はすぐ、水野が何者であるかを思い出した。三・一五事件当時の大立者といわれ、しかも日本共産党に転向派なるものを生み出したそのきっかけをつくった一高・帝大出のインテリ闘士に水野成夫というのがいた。その水野がこの水野であった。

＊　門松止一著『絞首刑』によると、戦争中、大本営参謀、和歌山歩兵連隊長、南方方面軍情報課長などをしていた門松は、昭和二十一年五月、サイゴンから日本に復員したが、戦犯容疑者として拘禁された。昭和二十二年二月、マニラ軍事法廷で絞首刑を宣告された。昭和二十三年十一月、無罪判決を受けて、巣鴨から釈放された。

しょっちゅう、こめかみをぴくつかせて、歯をぎりぎりかんでいるような感じを与えるとげとげしい、落着かない表情の男であった。痩せた身体を小きざみに揺りながら、水野の目は追われもののそれのように、いつもあちこちを飛び廻って、少しも停止しない。

三吉の出身校が成城だと知ると、彼は直ちに幾人かの成城ボーイの名をあげた。三吉のところの松本編集局長とは大学で二年後輩だといった。そして、近日中に必ず会いに行くからそう伝えてくれ、という話を五、六回繰り返して念を押した。対手の言葉を半分と聞かぬうちに、せきこんで自分の話を対手に押しつける型の人間であった。

水野の相棒の南も転向組だとのことであった。でっぷり肥った赭ら顔はてかてか脂びかりに光って、好色そうな下卑た印象を与えた。

「何か利権でもやってるのかね、あのオールド共産党くずれたちにさ。えらいちやほやするね」

三吉は最初の晩送りの自動車の中で門松にずけずけと訊ねた。門松は苦笑して、パルプが不足しているので、紙の再生工業を奨励している話をくどくどと説明したが、三吉にはそれ以上聞く必要もなければ、興味もなかった。三人でこれまでにも相当しげしげと遊んでいるらしい様子であった。

水野は初対面の日から二、三日して、三吉の社の方へ、その頃すでに街からは姿を消していたバター・ボンボンだのドロップスだのの、昔さながらの甘い菓子を、大きな罐に一杯届けてよこしたりした。そして、その後、門松から電話がかかって来る度に、行ってみるとたいてい、水野と南とが同席していた。のちには、水野から直接電話で誘いが来るようなこともあった。三吉は彼らと同じ席の遊びをあまり好きではなかったが、電話口での水野は対で話しているときよりはもっとせっかちで高圧的で執拗であった。ほとんど命令するような、あるいは威嚇するような高声で、繰り返して念を押した。渋っていると、もう自動車を廻したから、といったりする。三吉には、何が面白くて、何のために、いったいこの男たちは三吉をその遊びの席に招こうとするのか判らなかった。門松はいなくて、三吉だけのことも間々あったから、のちには、門松への義理とはまた独立した別な理由から三吉を招いているものと思われた。

築地のアパートに住んで、なすこともなく怠屈していた木村得一もよく三吉を誘い出しをかけて来た。二人は築地の待合で地味に遊んだが、毎々、仏印時代の思い出を同じような調子で飽きもせずに繰り返す木村老人との同席も三吉には余り面白くはなかった。老人はときどき、門松中佐の冷胆な仕打ちに憤懣の口調を洩らしたりしていた。そのうちに、彼はふいと台湾に行ってしまった。

こうして、多くは他人の金で、ときどきは自分の金で、しげしげと待合遊びを始めた三吉には、あちらこちらに馴染みの女ができた。彼女らは昼間の暇な時間に、髪床や、買物などのついでのとき、三吉を電話で銀座あたりに呼び出したりした。三吉はどの女からの呼び出しでも、克明に出かけて行って、つき合った。

だが、そのうちのどれとも深入りはしなかった。

東京の中では妻への不貞はしない、という思いつきに近い戒律が、何だか非常に立派な、根拠も意味もあるもののように思われて来ていた。

新顔の妓で、少し浮きっぽそうな年増じみたのなどが、妙に意味ありげにしたりすると、古いつきあいの妓は、面白がって、三吉の戒律を説明するのであった。

4　岡村二一

外務大臣の松岡洋右がドイツとイタリアを訪問するというので、そこに何か特別なことが起りそうな予測に、国の中が何となく湧いていた。そして、社の中も妙な具合に操られた形であった。というのは、首相の近衛や当の松岡外相との交わりからいっても、また学識と人物からいっても、操觚《そうこ》界から一人しか随行を許されない新聞代表としての同盟通信社特派員には、当然編集局長の松本重治が自ら行くものと百人が百人信じていたにもかかわらず、いよいよ人選がきまってみると、次長の岡村二一が行くことになったのであった。彼が、何をやらしても一応はやってのける器用な男であることは皆も認めていた。しかし、いかに器用でも、器用さだけでは語学は何ともならなかった。何によらず、外国語は一つもできないということが、段々社内的に地位が上って来るにつけて、はっきり彼の大きなマイナスの一つになって来た。また、これといって専門のない、機智と強気とだけで物事を処理して行く彼の能力には、そこに自らリミットが現れて来ていた。彼と松本との不仲の原因も本当のところは、案外こんなところに潜んでいるのかも知れない、とは三吉などがひそかに睨んでいたところであった。

松岡外相と一緒に行くのが、松本ではなしに岡村だ、ということは、そこに何かの取引きがあることを社内の人々に匂わせた。岡村は単純に喜んでしまって、いよいよ行くときまると、遽しい出発の準備に、そわそわと、五分と同じところに居つかずに、社内をあっちに行ったり、こっちに来たりして、遠足の前の日の子供みたいに、いささか上り気味で、買物には必ず三吉を引張り出した。そして下らないものをしこたま買い込んだりした。松本はにやにや笑いながら「岡村君は全く適任だよ、僕などよりは、遥かに適任だよ」と言うのだったが、それは聞く人の耳にざらざらと引っかかる不自然な響を露骨に含んでいた。

松岡洋右の長男の謙一郎〈注―東京帝大法学部卒。戦後、テレビ朝日副社長〉がその年の春、東大の仏文を出て、三吉の部に新入生で来ていたが、行くときまった日から、岡村は急にこの新入社員のことを実弟ででもあるかのように、「謙ちゃん」などと呼びはじめた。そのとき以来、漠然とではあったが、三吉の胸に岡村にたいする軽蔑の念がひそみはじめた。

岡村は途々、方々から矢継ぎ早に電報を打って来た。松本はしきりに、「名文だね、岡村君は実に名文家だね」と必要以上の執拗さでほめた。だがそれらの電報はいずれも、職業的な冷厳さで見れば、打たずもがなの余計な電報でしかなく、少し意地悪くいえば、はじめて旅に出た子供がやたらと方々から絵葉書を送って来るのに似ていた。ただそれがいささか名文調であったにすぎない。

日・独・伊三国同盟の締結当事者であり、強気一本の自主外交論のチャンピオンと考えられていた松岡が、ベルリンやローマでのお祭りごとは別として、モスクワで果してどんな表情をし、どんなせりふを吐くかは、日本のみならず、世界中がひとしく注目するところであった。それだけに、松岡が「スターリンさん」と酔うほど酒を飲んで、モロトフ外相をしてモスクワ駅頭まで見送らせたうえ、これと相擁して頬刷りしたというニュースは世界をあっといわせた〈注―スターリンも駅に現れ、プラットホームで松岡と抱き合った〉。そこで署名された日・ソ中立条約の中味がたとえたよりないものであったとしても、これは世界にとって重大な、実に重大なできごとであった。

それほど重大な意味を持つ仕事をして来たのだ、という心のたかぶりは、約一ヶ月半の旅を終えて帰って来た一行の一人一人の言動の中にもまだ、ほっほっ湯気がたつほど、残っていた。松岡外相は帰って来たその足で、一行を引つれて伊勢の大神宮に参り、そぼふる糠雨の中で、ていていたる老杉にかこまれた神前の玉砂利に平伏して、永い間何ごとかを一心に祈念したと、新聞にもそのことが大袈裟に報じられた。岡村はこのときのことを短歌に詠んで、額づく「おとど」がどうしたとかこうしたとかいったようなことを方々の雑誌に書いたりした。それがすむと松岡は郷里に帰って、老母の前にこれまた両手をついて、「孝子松岡洋右」とかねて定評のあるとおりのことをやったと、これも新聞が美文まじりで報じた。東京に帰って来たと思うと、松岡外相はいきなり日比谷の国民大会に出席して、いまの政府は皆だめで、日本はぐずぐずしていると大変なことになる、といった意味の、これまでの「大臣の演説」というきまった標準から見れば、型破りどころかまるで気でも狂ったかのような乱暴な演説を試みて、世間をあっといわせるとともに、政府の一部の人々を苦々しく憤激させた。

これと似たようなことが、三吉の身近かでも、岡村によって引き起されていた。彼はあちらこちらから引張り凧で、飛び歩き、喋りまくっていた。社内でも、以前から決して地味な方ではなかった彼の弁舌は、いよいよ生彩を加え、華々しく、そして仰々しくなって来た。岡村の話の中には、一分おきぐらいに(と感じられるほど頻繁に)「松岡さん」という言葉がとび出して来た。「松岡さんに呼ばれているから」とか「松岡さんのところに行って来る」とか「松岡さんに会ったら」とか、彼の行動はすべて「松岡さん」に結ばれているかのようであった。岡村は急に外国語を使いはじめた。ことに「ブリッツ・クリーク」という言葉を何かにつけて用いた。その頃日本でもこの言葉から訳して、すでに「電撃作戦」という新語が普通に使われていたが、岡村はブリッツ・クリークと原語を用いるのを好んだ。彼はまた「ヒトラーの手のひらは実に柔かい」という話を何度でも繰り返していた。彼が誰かに得意そうに喋っているな、と思って聞いていると、その話のどこかで、必ずこの挿話が出て来て、ヒューラー〈注―ヒトラーのこと〉や、ドウーチェ〈注―ムソリーニのこと〉と握手したときの印象を、もう何十度か何百度か繰り返しているので自ずと堂に入った巧妙さで話すのであった。

「外人記者は何百人かいるさ。だが、この二人と親しく握手した記者は、まず僕が最初だろう」と彼はいった。

三吉はいい加減に聞いていた。そして、ときどき岡村の年を考えてみた。岡村は三吉よりもたしか八つ年上の筈である。してみると今年四十一歳になっているわけだ。男一匹四十一歳の熱情？

三吉は思わず苦笑することが多かった。

こうした感じは、これまでに何度か外国に行っている、というひそかな自負を持っている三吉などの、少しは気取りもまじった不自然な白眼視かと、三吉はときには自省することもあったが、いままでに一度も外国に行ったことのない同僚たちの間にも、多かれ少かれある印象だということが、仲間たちととぐろをまいて酒など飲んでいるときに、酒杯の間に交される雑談のはしばしなどにも窺えた。

松本は相変らず岡村を褒めていた。大平は黙りこんでいた。だが、岡村はいまでは松本など眼中においていない様子で、喋りまくった。そして、萩野がこれにしきりと相槌を打った。

日本の立場は、松岡外相が言ったように、日・ソ中立条約の成立にもかかわらず、段々むずかしくなるようであった。妙に重苦しいものが国全体のうえにのしかかって来ている。仏領印度支那との経済協定ができたぐらいでは、何の明るみもましそうにもなかった。外務省に詰めている菱刈隆文は、社に帰って来ると、きまって真先に編集局長の松本と暫く密談してから、次に三吉のところにやって来て、深刻そうな顔をして、ぽつりと「松岡はやめるかも知れないよ」だとか「アメさんは難しいね」だとか「閣内がわれてるよ」だとか、そういった意味深い言葉を一言か二言だけ、いうのであった。記事は書かないが、そして書かないことがいまの場合大切なので、自分など、もう記事を書くような第三者の立場にはいないのだと思い込んでいるらしいこの男に、三吉はそれ以上のことをきこうともしなかったが、表面は外務省を中心に動いているアメリカやヴィシー政府との駆け引きが、裏では陸軍や海軍もまじえて、まんじともえに乱れてしまって、何ともならないところへ徐々に陥込んで行っていることは、ほぼ判っていた。

松本が、日本でもドイツ式のＰＫ（宣伝中隊）を組織する必要があるといい出したとき、三吉は真先にこれに賛成した。いまから準備にかかっても、決して早くはないと思われたからである。

ニューヨーク・タイムズのモスクワ特派員を十年近く勤めていて、ベッサラビア問題が紛糾したとき、三吉ともブカレストやツルヌ・セヴェリンで旧知の老記者ウォルター・デュランティが、何年ぶりかで帰国の途上、東京に四、五日滞在したので、三吉は松本や萩野などと彼を訪ねて、二、三回一緒に飲んだり食べたりしたが、彼もまた、日本の行手は結局大戦争になるのではないか、といっていた。三吉の予感もまたそれであった。

5　突然の訪問者

ヨオロッパから、続々人が帰って来た。彼の社でも、彼より先にモスクワの萩野伊八、ワルシャワの森元治郎が帰っていたが、彼と前後してベルリンの安達鶴太郎が帰って来たし、少し遅れてパリ＝ヴィシーから井上勇が、またローマから下條雄三が帰って来た。その代りに、ベルリンには池上幹徳や黒沢俊雄〈注―黒沢はベルリンには行かず、シンガポール、マニラへ派遣される〉が、ロンドンには斎藤正躬*が出かけて行くことになって、皆準備を急いでいた。

＊　斎藤はロンドンには行かず、リスボン、ベルリンを経て、昭和十七年にストックホルム支局長となる。昭和二十五年、共同通信社会部長のときレッドパージに反対して退社。昭和二十七年復社し、ワルシャワ支局長などをつとめる。

これは長くなる、と誰もが考えたので、人の入れ替えが急いで行われていたのであった。

社外でも、陸軍や海軍の武官連中、外務省の役人、その他の商社の駐在員など、三吉の知っている人々の帰朝も出発も遽しかった。

六月のある日、三吉の社に突然三人のしゃれた洋装の婦人が訪れて来た。何の気なしに応接室に入ってみて、三吉は驚いた。三人の真中に、やや黒っぽい服装で立っているのは小倉和子であった。相変らず肥っていたが、若々しく、ぱっと開いたように快活に笑っていた。その両側に、イスタンブールの倉田夫人とブカレストの高尾夫人とが立っていた。

「これは驚いた。いつ帰ってみえました？」

「バグレスコさんと御一緒でしたの」

「ああ、あのルーマニア公使の？」

「ええ、そうですの。……おいそがしそうで」

三吉は腕まくりしたままの己の姿に気づいて、苦笑した。

「あちらにいたときのようなわけには行きません」

三吉は鉛筆やカーボン紙で黒くなった右の手をみせて、

「これこのとおり」と笑った。

「これじゃ、握手するわけにも行かない」

「いいじゃないの、汚れた手だって。久しぶりですもの、また却って乙なものでしょうよ」。和子よりさらに一廻り肥って背の低い倉田夫人が、ややからかうように、あけっぱなしな調子で言った。

「そうよ。折角来たんですもの、そりあ、握手なさらなくちゃ」と高尾夫人も調子を合わせた。

二人の友達にからかわれて、和子はぽっと顔をそめた。ここに来るまでに、三人がどんな話をして来たかは、三吉にもほぼ見当がつくようだった。日本婦人の少い外国で、この三人は年頃もまず似たようなものであったし、日頃からあけすけな話をしているらしい間柄だったので、あるいは先ばしった話をして、いい加減面白がっていたのかも知れない。

三吉も磊落な態度になって
「奥さんは僕のロマンチック・ラヴァーだからな」といって笑った。

ひとり和子だけが、何となく打ちとけない他人行儀なうけ答えを崩さなかった。夫の小倉はひとり残ったこと、バグレスコがシベリア経由で赴任することになり、それに商務官のコンスタンチネスコ夫妻や、ソフィアで三井の代理店をしていたブルガリア人のクルサノフ夫妻も同行することにきまったので、急に彼女も一緒につれて帰って貰うことに決したことなどを話した。

和子は話の間にも、何度となく、「お忙しそうだから、ではこれで失礼します」と言い出した。その度に三吉はあわてて、「ブカレストで旧知の森や安達もそのうちに帰社するだろうから、是非会っていらっしゃい」と引きまとめた。他の二人の婦人たちも、「折角来たんですもの、も少し話して行きましょうよ、この人が、何で忙しいものですか。腕まくりなど人前ばかりですよ」などと、外国での親しさに還って、冗談半分に高声で笑ったりした。

三吉は三人を伴って、社のすぐ前の珈琲店に行って、和子と並んで腰かけた。黒い絹地の服を通して、和子のふくよかな体のぬくもりが、三吉の腿にもほのかに感じられた。

倉田夫人は、「その後、イスタンブールのネルミンさんからはお便りがありますか」などとずけずけ訊ねた。

三吉は、たいてい二週間に一回ぐらいの割で、部厚な恋文が航空便で来るという話をした。

「お返事、お出しになって？」

「出しますよ」

「矢張り熱烈なんでしょう？

「そう……」と三吉は苦笑した。「去るもの日々に疎しというのは、誠意の問題とはまた別の、大原則らしいですね。わざとそうしているわけじゃないけど、何だか、段々熱が冷めて来る」

「そりあ、ねえ」と高尾夫人がいった。「奥様だって、お子様だって、身近にいらっしゃることだし、当然ですわ。そうでなくっちゃ、悪いことよ」。

「向うから来る手紙も、毎回、だいたい同じことが書いてあるし、此方からいってやることも同じこと。……となるとね。それに、共通の話題もなくなって来るし、二度と再び会えるとも思えないとなると、熱は段々冷めて来る」

「男って、大ていそんなものよ」。倉田夫人は判決を下すようにいった。

三吉は近日倉田夫妻、高尾夫妻、それに和子を合せて彼らを近くの料理屋に招いて、歓迎の食事をしたいからと約束して別れた。

出井での夕食には森も安達も出て来た。皆でただとりとめのない話をして別れたが、このときも和子はしきりに帰りを急いで、三吉が呼んだタキシーで真すぐに帰って行った。

森はそのあとで、いやらしい嗄れ声で、三吉にそって囁いた。「君と小倉夫人との関係はいったいどこまで進んでいるのかね」。

三吉は憤然として、「失礼なことを訊くもんじゃないよ」と言った。「僕はともかくとして、小倉夫人にはまさに失礼だよ」。

「あ、そう」と森は平然として答えた。「どうも、失礼」。だが、そのあとすぐ続けて彼は淫らな想像の言葉を吐いて、へらへらと笑った。三吉は気取り屋のこの男のそれが地金であることは前から知っていたが、ひどくけがらわしい気がして、黙っていた。

和子は中込の小倉の父の家にいた。だが、たいていの日は帝国ホテルに来ていて、コンスタンチネスコやクルサノフたちの接待を引うけて忙しそうにしていた。

三吉も忙しかった。

玉川署にいた栗林はいよいよ拘置所送りとなったので、この方の訪問はなくなったが、独・ソ戦争が晴天の霹靂のようにして勃発すると、彼の仕事も急に遽しくなり、欧州からの引揚邦人をイランのバンダル・シャプールまで引取りに行く船に、各社の特派員が乗るというので、小田善一を乗せてやるついでに、もし万が一できたら、この男をそのまま上陸させて、トルコに送り込もうという計画をたて、とにかくパスポートを用意させ、また、つてを求めてイギリス大使館の駐在武官に頼んで、イギリス近東軍事司令官ウェーヴェル大将あての身許保証がてらの紹介状を書いて貰って、持たせてやったりした。だが、本人の小田はもとより、三吉にしても、まさかそんなことで彼の上陸が許されようなどとは全く考えていなかっただけに、船が帰って来て、十何人かの日本人記者のうち、小田だけが上陸を許されて、心細そうに後ろを振り返り振り返り、砂漠みたいな荒涼たるところへ上陸して行った、*という話を聞いたときは、下町育ちで一応ませてはいても、ひとり息子で案外気の弱いところのある彼の、戸惑いした様子が偲ばれて、三吉は笑い切れなかった。

＊　小田善一『バルカンの表情』などによると、昭和十六年九月、神戸を出航した日本郵船の日枝丸には小田を含めて三人の記者が乗った。小田は四年間、バルカン諸国をまわる。昭和二十年五月、オーストリアの山小屋で米軍に捕えられた。米国に送られ、日本には同年十二月、帰国。

また、三吉は小田や黒沢と並んで彼とともに四人組と称していた仲間のひとりである横地倫平を大阪支社の編集部長に推薦して出してやったので、この分も忙しくなったし、そのうちに、仏印との交渉がとうとうどんづまりに乗りあげて、日本としては、どうでも南部仏印に実力進駐を決行しなくてはおさまらないところへ差しかかっていたので、大本営ではかねて松本あたりが進言していたPK組織を「報道班員」という名前で試験的に採用してみようか、ということになり、それには、さし当り、三吉がNO1の候補者ということになって、彼自身も、打合せや準備で忙しくなっていた。

和子とは帝国ホテルの廊下で二、三回立ち話をする機会があっただけで、改って話す機会もなしに、三吉は、急遽飛行機で、仏印に向けて出発してしまった。

6　南部仏印へ

七月の半ごろ、松岡外相がとうとう近衛首相と衝突してしまって、第二次近衛内閣は総辞職した。そして、まもなく成立した第三次近衛内閣は松岡を却けて、代りに予備海軍中将の豊田貞次郎を外相にもって来ただけの相違で、だから、いわば松岡おっぽり出しのための政変といわばいえる形で、スタートした。

松岡が豊田新外相と事務引継ぎをした日、三吉は陸軍省報道部長馬淵逸雄と会っての帰途、外務省のアメリカ局長山本熊一と会おうと思って自動車を乗りつけたが、そのときちょうど、挨拶を終った松岡が玄関から出て来るところに出くわした。

正面玄関からだらだら下りて、陸奥宗光の銅像のあるあたりまで、両側に漫幕が張ってあって、省員が男も女も、高等官から給仕、タイピスト、雇にいたるまで、ずらりと何百人も居並んで、見送っていた。

松岡はいが栗の頭をやや俯向き加減にして、正面玄関から四、五人の高級省員に見送られて出て来た。強い夏の陽にキラリと松岡の眼鏡が光った。皆、しゅくとして居並んでいる。その中をモーニング姿の松岡は、俯向いたまま、歩んで行った。彼の自動車は坂の下に待っていた。

松岡が前を通ると、三吉が立っていた辺りに並んでいるものの中から、何人かが、抑えきれぬ嗚咽の声を立てた。急にざわめきが起って、嗚咽の声が拡がって行った。突然若い男の声が「われらの大臣閣下、バン・ザーアイ」と怒ったように叫んだ。松岡はちらとその方を見たようであったが、軽く、見えるか見えぬかに頭を下げて、変らぬ歩調で歩いて行った。

松岡が自動車に乗り込もうとしたとき、人垣が突然崩れて、崩れた人垣はそのまま退潮のように、ざざざと砂を蹴る幾百かの足音となって、自動車のほうへ流れて行った。そして怒涛のようなバンザーイがそこから湧き起った。

人も疎らになった玄関の階段の上には、そこまで見送りに出た新外相の豊田貞次郎が長身のモーニング姿で立っていた。

三吉は豊田の周囲にいる何人かの顔見知りの高官たちに軽く会釈して、中央の暗い階段を上って行った。

アメリカ局長の山本は禿げた頭を後ろからさす陽のひかりに輝かせながら、

「何といっても、松岡さんは信念の人だったよ」と繰返していった。

この日の有様は三吉の心に強い印象を残した。松岡の考えていたこと、やりかたがよかったか悪かったかは別として、松岡がその在任僅か一年たらずの間に、省内でこれだけの人望を集めた、ということは記憶しておかねばならぬことの一つであろう。外務省も主の送り迎えは、日本の歴代内閣の通例として、激しい方であった。だが、最近の例では、松岡のような形で送られて去ったものは一人もいない。タイピストや給仕の涙に価値があるかないかは、三吉の問うところではなかった。独・伊と結び、ソ連と事を構えず、仏印とは提携し、中国の南京政府をがっしり掴んでおいて、さて、しっかり肚を据えて、対米外交の一本に国運を賭しようとかかった松岡の構想が、近衛や東條の気に入ったか入らぬかは別として、外務省のタイピストや給仕に至るまで、この人の去るを涙でもって惜しんだという事実は、その涙がどの程度の理解に立っていたかをせんさくする必要もないほど、意味のあるできごとだと、三吉には思われた。

それから二日後、七月の二十一日に、三吉は報道部の中島鈆三少佐と、同盟の無電オペレーター小沢武二と三人で、東京から飛行機で出発した。

めざす基地は海南島の南部にある新設港三亜であった。炙られるような暑さの中に、あるものは立派な滑走路と、バラック式の兵舎と、ただそれだけである。あとは、見るからに熱苦しい赤土ばかり。ところどころに椰子の木がほんの少し蔭をつくっていて、あちこちのバラックに大きな日章旗や海軍の旭日旗が大仰にはためいていた。

汗でぐしょぬれになった三吉たちが案内されたのは、バラック村の一隅にある将校用の大バラックで、真中に赤土そのままの通路があって、両側にアンペラ敷きの桟敷みたいこしらえが出来ていた。そこでは大勢の将校たちが、シャツとサルマタだけになって、「おい」だの、「きさま」だのと乱暴な言葉で呼ばわりながら、ごろごろしていた。階級章がないので、年加減か頭の禿げ具合で察するほかなかったが、だいたい佐官級に、大尉か古参の中尉ぐらいも混じっているようであった。

ここでも多くは卑猥な話をしていた。広東から来たもの、香港に一晩いたもの、昨夜台北で女郎を買ったもの、支那の奥地を数日前に出て来たものなど、それぞれ話の内容で彼らがここに流れ込んで来た経路が自ずと判った。陸軍省の報道部では相当大きな顔をしていた中島少佐は、ここではとんと顔馴染みがないらしく、気の毒なほどぽつねんとしていた。従って三吉も、暑さばかりをひしひしと感じるのみで、所在なげにしているほかなかった。

ときどき、カーキー色の開襟シャツの胸に階級章をつけて、腰から下は普通の軍装の将校が出たり入ったりした。真中の通路では、開襟シャツに妙な半ずぼんをつけて下士官や兵卒が何かしら常に用を足していた。

「おい、地方人」と呼びかける男がいた。

「君たちは新聞屋かい？」

三吉は黙ってその下卑た顔の男を見ていた。

中島少佐が代って。彼らは大本営派遣の新設報道班員であることをくどくどと説明しなかったならば、気まずい沈黙が続いたであろう。

「どうだね、日・仏印交渉の雲行きは？　やっぱり、撃って上るかね」

中島少佐も、二十一日の澄田・ドクーのハノイ会談*がなかなか難しい雲行きであったところまでしか知っていなかった。「いずれにしても、撃って上るさ」と将校たちは事もなげに言って、そうした会話には別段何の興味もなさそうに、再び彼らの話題の中に帰って行った。
＊　ドクー仏印総督と仏印国境監視委員長の澄田少将の会談。日本はヴィシー政権に対して、南部仏印に日本軍を駐留させることを要求していた。七月二十三日、ドクーは日本と「共同防衛協定」を結び、南部仏印への日本軍駐留を認め、二十八日、日本軍はサイゴンに上陸した。
顔中汗にしながら、佐久間大佐と萩原大尉が入って来た。

「よう、着いたね。間に合うかどうかと心配していたが」。

広東軍の報道部長のまま、今度の南仏印進駐報道班長として従軍することになっていた佐久間とは、三吉は北京以来の知り合いであった。彼らの中で階級は一番下だったが、ともかくたった一人の「縄吊り」であった萩原は、挨拶もそこそこに、いかにも忙しそうに、また出て行った。

まだ中天にかんかんと陽は輝いていても、夕食は日本時間の午後五時ときまっていた。両側の桟敷に、兵卒たちがあっという間の機敏さで、ずらりと一列ずつ、低い足つきの膳を並べた。膳の上には、冷凍ものではあったが小鯛の塩焼きが丸ごとついていたり、罐詰ものながら肉もあれば野菜もあった。贅沢な料理が所せましと並べてあった。ビールも一人二本宛配られた。

食事が済んでも、陽はなかなか沈みそうもない。

三吉はぶらりと海岸の方へ歩いて行ってみた。

海にそって一本真すぐにのびた道の両側にやや街らしい支那人の部落があった。その街並みの十軒に一軒は看板を日本語に書きかえて、そこでは日本人がわめいていた。あっぱっぱの日本娘もいた。トラックが何台も濛々たる黄塵をまきあげて走ると、支那人の子どもがわぁといって逃げたり、また集って来たりした。

はるか沖合いに、点々と、何十ぱいかの船が黒い粒のように見えていた。そして、急造の船着場からはたえず大発

〈注―上陸用舟艇〉が沖に向って出て行ったり、帰って来たりした。

7　軍報道班員

佐久間大佐も中島少佐も、それから南部仏印進駐軍自体の報道部長として乗り込んでいた長野中佐も、三吉の言い分には少し困ったという顔をした。

「何分こんな狭い船だから、どの船室も一杯なんでね」

というばかりである。

だが、三吉は三吉で、はじめからの約束が「上長官待遇」(佐官以上)ということであったし、現に辞令にもはっきり、「但佐官待遇」と書いてあるではないか。東京を出るとき、白分ははっきり馬淵大佐にも、待遇が悪けりあ行くのはお断りだといってある。してみれば彼が乗り込むことも予定に入っていねばならぬ筈だ、是非何とでもして貰いたい、と強硬に要求して譲らなかった。お蚕棚ならまだしも、前大戦後ドイツからのぶんどり貨物船だといわれる帝亜丸というこの司令部船は、船艙から甲板にかけて、何段もの桟敷を仕きって、それにアンペラを敷いただけの上に、ごろごろと、船底には下士兵を、上部には将校を、すしづめにつめ込んで、全く日本式兵員輸送船に改装されていた。船底の方は煮られるような暑さである。甲板に近い将校用の桟敷でも、通風器の近くにいる者以外は裸でいてすら汗まみれであった。

船室の数が少いから、三吉にはキャビンは当らない。気の毒だがこの将校用の桟敷でごろ寝してくれというのである。

三吉は、「いやだ」といった。

「理屈っぽくいえば、私はお手伝いのお客さんだ。あんた方が頼んで来て貰った人間じゃないか。それに、自分たちばかり上等の室に収まって、客分のわたしをこみ部屋に入れるなどは、それで日本軍の仕きたりかも知れんが、少し失礼ではないか。そんな根性だから戦争報道がうまく行かんのだ」とも拗ねた。

小男の、軍服を着ていなければどこの百姓親爺かと思われるような長野中佐は、みるみる眉間に、なにを生意気な、という色を現わして黙ってしまったが、佐久間大佐や中島少佐は支那事変の始まり以来の旧知ではあり、かたがた三吉の閲歴も、東京本社での地位も知っていたので、何とかしようと、努力した。だが、「縄を吊って」いない彼らの発言はあまり効果がなかった。それに、この船では、彼ら自身がいわば客分であって、大本営派遣のものは、仏印進駐軍自体の組織のほかにあったから、なおのこと、発言権が弱かった。

中島少佐は、「余り困らさないでくれよ」と弱り切って彼に頼んだ。三吉も彼らの立場は判っていたのだが、何事につけても外部のものを軽く扱う軍人たちのやりかたが不快であったので、強く要求したまでであった。だから、食事だけは軍司令官の飯田祥次郎中将や参謀長の諌山少将などと同じサロンで同じものを供することにするから、ということで、寝室だけはこみ部屋ということに妥協した。

司令部船には新聞記者も幾組か乗り込んでいた。彼らは下士たちの桟敷の一隅を割り当てられて、暑さにうだりながら、終日勝負ごとをしていた。三吉の社のものも五、六人乗り込んでいた。また、三吉の同僚の中で、記者としてでなしに、兵卒や下士として乗り込んでいるものも二、三人いた。

彼らはこうした待遇には全く慣れきっていて、それが当然のことだと考えていた。三吉が将校桟敷の中でも一番涼しそうなところに陣どり、食事は三度三度サロンでする上に、十時、三時のお茶や、夜の酒なども全く司令官たち並に待遇されていることは、それは「新聞記者」としてではなしに「大本営高級嘱託」だからなのだと簡単にきめて、何の不平も感じないらしかった。

司令官の飯田中将が朝からほとんど引きりなしに酒をのんでいるのに引かえて、参謀長の諌山少将は自室で黙念と瞑想しているか、デッキで静かに本を読んでいるかすることが多かった。前にフランス駐在武官をしていたことのあるという、瀟洒な紳士型のこの武人に、三吉は最初挨拶したときから何となく文化的な親しみを覚えていた。諌山少将も三吉のヨオロッパ話や、戦争と新聞記者の話、新聞記者を大切にしなければいい味のある報道は出て来ないという説などと興味をもって聞いていた。

夜は厳重な燈火管制が行われた。ときどき飛行機の爆音だけが聞える。すーと舷側をすりぬけて行く巨大な黒い影の見えることもあった。闇の中でも軍艦や飛行機は完全な戦闘態勢で、八十隻に近いこの大輸送船団の警戒を怠らなかった。

夜が明けると、舳をあげたりさげたり、マストを右に傾けたり左にかしがせたり、従順について来る何十隻かの船の姿が、黙々と連って見えた。警戒の駆逐艦がしきりに駆けぬけたり、引返して来たりした。大きな牛の群を追う敏捷な牧犬に似ていた。

船の内部では、酒好きの飯田司令官は酒を飲み、兵たちは甲板で洗濯したり、床屋を開業したりしはじめ、参謀たちはサロンの一隅に地図を拡げて何時間も何事かを協議し、事務室では伝染病の予防注射が続けられ、電信室では受信したニュースを新聞社出身の兵たちがガリ版刷りの船内新聞にしあげ、そして、こみ部屋では、将棋と、ごろ寝と、講談本と、猥談とが、いつものようにそれぞれの場所を占める。

こうしている間に、ヴィシーでは、フランス政府はついに、直接には日本の、間接にはドイツの圧力の前に頭を下げた。仏印は、日本とフランスとの共同防衛を必要とする、ということが「明かに」されたのである。そして、いまこうして蜿蜒と連って南下している大輸送船団は、日本とフランスとの「共同の必要」にもとづいて、堂々と、正式に、仏印の港に入ることになった。だが、司令部船の中では、猜疑が支配した。日本とヴィシー政府との取極めは、それは「外交的取極め」にすぎない、と軍人たちは考える。総督以下、仏印の現地首脳部は、多く軍人出身者であり、彼らの態度が、これまでのイギリスを恃みとする強硬な反日の傾向から、そう急に一転するものとは、日本の軍人たちには、自分たち自身のやり口に照らしても、簡単には信じられなかったのである。

「敵は」抵抗するかも知れない、と彼らは考えた。とにかく、撃って上る、という態勢は、いずれの場合にも必要であり、それは、軍人としての慎重さからいっても、当然の用心である、と考えられた。

右手に仏印の赤ちゃけた地肌が見えはじめた頃から、飛行機はますます頻繁に放たれ、軍艦は一層あわただしく駈け廻った。

三吉には、まさしく見覚えのあるサン・ジャック〈注―現・ブンタウ〉岬の美しい別荘地風景を前にして、船団全部が停止すると、各船の舷側から一斉に大発が下ろされて、それがあっという間に、波を蹴立てて、陸地に向って突進して行った。何挺かずつの機関銃口を全面に向って揃えたこれらの前衛上陸隊機艇群の機敏な行動を司令部船の上甲板から眺めていた三吉は、二年前の、あのおずおずとしたドライヴのことなどを思い出して、激しい移り変りを想うのだった。日本人はみんなスパイだ、という雰囲気が一番強かったのは、海水浴場であり、避暑地であり、同時に要塞でもあったこのサン・ジャック岬や、北の方ではドーソン岬。中部仏印ではツーラン〈注―現・ダナン〉港からカムラン湾にかけての一帯だったのだ。三吉は、夜風を娯しむ単純なドライヴにも、何となく一抹の不安なしにはできなかったあの頃のことを、まだ、つい昨日のことのように憶えている。

　漫然と物想う彼の傍では、通信兵が、僚船との無線電話連絡をしていた。髭面の大の男が、裸の新聞掛けに似た妙な器械を前にして、「アア、コチラハ、クマダクマダ、ハトヨハトヨ、キコエタラ、ヘンジセヨ、ヘンジセヨ、コチラハ、クマダクマダ、ハトヨ、ハトヨ」などと、大真面目に呼ばわりつづけていた。

8　記事ならざる記事

　舳艫《じくろ》相ふくんで、大船団は粛々としてサイゴン河を押しのぼって行く。洋々濁々たるこの河の河水は低い土堤をいまにも乗り越えて、見わたす限りの水田に押し出して行くのではないかと思われるほど、ときには逆流しているかのようでさえあった。両岸に立ち並んだ大きな樹木は、大半、その幹を河水の中にひたしていた。

　ところどころ、フランスの三色旗をかかげた大小の船が、ぺったりと河岸にはりついて、新来の勢力の前に途をあけていた。どの船にも、ほとんど人影は見えなかった。煙突からわずかばかりの煙が立ちのぼっているのを見なければ、どれもこれも、廃船かと思われるほどの、ひそけさである。

　サイゴンの埠頭は目を射るばかりの白さに輝いていた。その照り返す白さの中に、さらに一段と白い塊りが、ところどころに色彩鮮かなぶちをまじえて、立ち並んでいた。何百人かの、在留邦人たちの出迎え姿である。手に手に小旗を打ち振り、何事かを、お互に囁き合いつつ、どの顔も、まぶしそうに仰ぎ見ている。

　三吉は、それらの人々の列の中に、黒いアッパッパを着たひとりの老婆を発見した。南洋各地を淫売として流れ漂い、最後にこの土地に落着いて、ほそぼそと飲食店を経営している老婆である。また、でっぷり肥って、眼光のますます鋭い松下の姿もそこにあった。見下しているうちに、次々に旧知の姿を発見する。悄れ、悲観し、切歯扼腕し、或は黙り込むなど、二年前にはそれぞれの姿で、陰陽の圧迫に堪えていたこれらの顔が、いまは一様に何事かを喚き、囁き、そして笑っていた。そこに、三吉は、司令部船で乗り込んで来たのである。

　新聞記者の一団が猿のように駈け上って来た。三吉の社のものも何人かいた。他社のもので顔見知りのものも多く

南部仏印に上陸、サイゴンまで進駐した日本軍の部隊 1941 年 8 月 6 日同盟写真特報　（共同通信社提供）

いた。

　船の中は急に騒々しく、ごった返しはじめた。どこに誰がいるのか判らない。

　三吉の社のものは、三吉が船中から打った電報は毎日、本国の新聞に大きく掲載されていることを報告した。大本営ではこれを陸軍省詰の各社の記者に口述して筆記させているとも話してくれた。

　サイゴンの街なかは、大袈裟にいえば、日本人で溢れていた。カチナ〈注―現・ドンコイ〉通りの商店では、商機にさとい印度人など、早くも片言の日本語をしゃべったりしている。サイゴン河に面して、カチナ通りの角にあるホテル・マジェスチックはさっそく兵站旅舎に指定された。カチナ通りの真中にある第一流のホテル・コンチネンタルも半分以上日本人で占められた。

　三吉たちはコンチネンタルにそれぞれ一室宛あてがわれた。だが、佐久間大佐と中島少佐とはほとんど、何もすることがない。三吉は自分の社の支局に出かけて行って一日の大半をそこでごろごろして暮した。

　上陸した日本軍はタイとの国境のカンボヂア方面と、メコン・デルタの方へそれぞれ分散進駐して行く。その閲兵式が暑い日の盛りの駅前広場で行われた。飯田中将がヘルメット姿で台の上に立っていると、その前を、大型軍用トラックに満載された兵隊たちが次々に通って行く。二台も三台も、トラックが故障を起して、皮肉にも必ず司令官の前かその近くでえんこしてしまう。その度に流れは中断され、どよみ、やがて、後のがすりぬけてまたもとの流れに還るのだが、両側に堵列してみている安南人の群の中には、妙なざわめきがその都度起る。彼らは囁き、忍び笑う。

　快速銀輪部隊というのが来る。自転車隊のことを新聞記者たちが苦心してこう名付けたものだが、「偉大な機動力を持つ……」云々などの形容詞までつくのである。

戦車も何台かまじっていた。ちっぽけな、トラックの間にはさまっていると押しつぶされはしないかと懸念されるほど心細い戦車であった。

日本から来た新聞記者や写真班やニューズ・カメラマンはしきりに飛び歩いた。三吉も役目から、堂々たる進駐軍ぶりを描き、華々しい閲兵式をこしらえあげ、仏印住民たちを讃歎させた。これらの記事は二、三時間後には、東京の陸軍省記者室で、大本営陸軍報道部特派員太田三吉発特電、という肩書つきの特別発表記事として、多勢の記者たちの前で読みあげられ、写しとられ、そのまま、大標題で、日本中の新聞に掲載されるであろう。

大屋（右）、中島鈆三少佐（左）　メコン川の渡し場にて（『仏印進駐記』より

三吉は書きながら、しきりに皮肉なものを感じていた。満州事変の頃から、そして支那事変以後はことに激しく、幾千万字か幾億字かが、こうして、日本国民に錯覚を起させ、信じこませるために、延いては遠い外国人を惑わすために、費されつづけて来たのである。新聞記者というものは、筆を持てば必ず従わねばならない一つの鉄則に縛られていた。彼らに許された報道上の活動の余地といえば、この鉄則によりよく従うために、いかなる事実を拾いあげ、それをどんなふうに潤色するか、ということだけであった。だから、記事はどれもこれも生彩を失い、記者はだれてしまい、紋切型と、荒唐無稽とが新聞紙面を支配していた。

三吉はこれを嫌い、これを軽蔑した。何とかして、自分だけはそこから脱け出ようと努めた。だが、多くの場合、それはおよそむだな努力に終わるようであった。トラックがえんこして安南人が嗤ったとは書けなかったし、飯田祥次郎中将は酒ばかり飲んでいるとも打電できなかった。快速銀輪部隊なんておかしくて、と心には感じていても黙っているほかはなかった。ただ、彼は、今度の事件の国際的意義を、単純な進駐描写記事の中にもできるだけ盛り込むことに努力した。そこにも頻りに嘘があった。

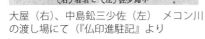

佐久間大佐と中島少佐は形式上、彼の書いたものに目を通し、サインする仕事を繰り返した。だが、彼らは一字も添削しなかった。

三吉はまた、新聞社を、フランス語のもの、安南語のもの、華文のもののすべてを、片端から訪れて歩いた。どれもこれも、いたってお粗末なものである。デペーシュだの、アンフォルマシオンだのという有力な仏語紙では、一二年前に、三吉の名をあげてスパイ扱いに散々悪口を書き並べた主筆以下のスタッフがそのまま残っていて、日本歓迎の辞を毎日大汗流して絞り出していた。三吉は、うまいことをいうものだと感心させられることが屡々であった。イギリスの援助を待っている国は必ず滅される、と彼らはいう。ポーランドがまず滅びた。フランス、ベルギー、オランダいずれもその例に漏れない、今度もシンガポールの英軍当局は必ず援助すると約束したが、われわれは口約束の援助を恃んで自ら滅ぼすの愚を繰り返してはならない、だからわれわれは、日本を歓迎せざるを得ないのだ、とかいうのである。

安南語新聞社はもっとちゃちで、六畳一間ぐらいのところに、ごちゃごちゃと何人かが屯ろしているにすぎないところが多かった。主筆といい、編輯長というも、見たところ、いずれもレストランのボーイぐらいにしか見えない青年たちである。彼らは露骨に、そして性急に、日本の援助による完全独立を語り、それが恰も明日、明後日にでもさし迫った光明であるかのごとくに勢い込んで話すのであった。どこまで真実であるかは別として、高台教〈注—カオダイ教。ベトナムの新興宗教〉の独立運動や、その他の秘密結社のことをあけすけと喋り、恰も彼ら自身、それらの運動の中の相当重要な人物であるかのごとく、三吉を印象づけようと努力していた。華字新聞社では汪精衛派のいいそうなことを、そっくりそのまま聞かされるのであった。

サイゴン商工経済会では会頭のフランス人が「われわれは商人であり、商人以外の何ものでもない」ということを力説した。個人としてはド・ゴール派もいようし、ペタン派もいよう、だが、商人としては「派」はないのだ、われわれは商売をすることによって生きて行かねばならない、だから、商売をするためにそれが必要なら、蒋介石へ売り込むし、ABCDラインにも加わるとともに、日本軍をも歓迎する、といって、彼はその肥った腹を抱えて笑った。

三吉は、これらの情報を一々刻明に書き連ね、綜合し、結論を付して、軍用秘密電報で大本営に打電した。そこにだけ、まずまず嘘のない「記事ならざる記事」があった。

フランス人と支那人とは強いて目を瞑ろうと努力してい

る、安南人は軽忽に上気している、日本にとって有利な空気は一つもない、というのが三吉の結論であった。

9　観察者と報道者

日・仏印親善ということが、日本人の間でやかましくいわれはじめていた。カチナ通りの真中にある市の公会堂で海軍の軍楽隊がぶっきら棒な演奏会をやったのもその一つであった。

ブカレストで三吉と口論したことのある領事の小川昇が、文化工作隊長格でやって来て、コンチネンタルで新聞記者たちのコクテル・パーティを開いたが、フランス人も安南人も二、三人ずつしか来なくて、日本人記者たちばかりが多勢集って、酔っぱらって騒ぎ散らしたにすぎなかった。それでも、二、三日してからフランス語の週刊新聞が漫画入りで、小川のことを甚だすぐれた文化人だと書いたので、小川は満足げに、近く東宝舞踊団をつれて来て巡演させるという計画について話したりした。

コンチネンタルには、タイ・仏印国境画定委員会の委員長矢野真公使などが泊っていたが、そこにいる美しいタイピストがどうとかしたという噂がテラース辺りに流布されていた。

高級将校たちは、しきりとレイモンドに行きたがる。そこにいる淫売たちは、多くはコルシカ生まれのフランス女であったが、将校たちはいわゆる「トウモロコシ」の中で公然と開けているのはこの家一軒であったので、文字どおり門前市をなして、順番を待っている日本軍将校が、中庭にまではみ出ていた。平服の持ち合せのない彼らは、軍服のまま、従って野暮な大だんびら片手に、反りかえって、おとなしく順を待っていた。

ここでも頑固に、日本軍は戦時標準時間生活を守りつづけていた。つまり、東京時間を作戦時間として、全作戦区域一様に守っていたのである。北満国境の守備兵も、カンボヂア国境の進駐軍も、東京時間の午後五時には一斉に夕食を食い、午後八時には寝につかなければならない。従って、仏印では、兵たちは現地時間の午後三時に夕食を食い、午後六時に就寝という珍事態を現出しなければならなかった。しかも陽は、それからなお三時間か四時間はたっぷり照り輝いていたのである。

メコン河を越えて、カンボヂアに行ってみても、日本軍の生態はサイゴンの場合とほぼ同じであった。洋々たるメコン河の渡しでは、僅か四隻のフェリーを使って、いとも原始的な軍隊輸送が終日遅々として続けられ、渡しの順を待って、堤防の辺りには蜿蜒としてトラックと兵隊に列が埃にまみれて並んでいた。

カンボヂアの首都プノンペンまで来ても、どこをどうほじくり返しても、フランス側からの協力という兆候は、どんなに注意深い目にさえ一片だって映らない。フランス軍の姿などは、金輪際目につかない。すべては日本軍単独の力で、ぎくしゃくと、不手際に行われているにすぎない。

三吉はいまさら「共同防衛」などという外交上の便宜的な言葉にこだわろうとは考えていなかったが、日本はいったい、こんな調子の悪い国産トラックと、原始的な自転車と、玩具のような戦車と、それに全仏印をあげての白眼視のうちに、メコン河のような克服し難い自然の輸送障害との上にたって、何をしようというのであろうか、とその点だけは深く考えざるを得なかった。ただ、いくらかでも恃みに思えるものは、飛行機である。日本軍は進駐以来、各所の飛行場を急速に整備している。だがそれとても……

何となく割り切れない、不安なものを、この進駐作戦全体から感じていた。攻めるにしても、守るにしても、いかにもちゃちで、首尾一貫しない感じである。仏印だけを目標とした政治的進駐ならば、あるいはこれで充分だったかも知れないが、目的がそこにないことは、部外者の三吉にもはっきり判っていただけに、観察者としての三吉は、報道者としての三吉との間に、越え難い溝を日ましに深めて行った。

コンチネンタルでもマジェスチックでも、そのほかカチナ通りの主なレストランやカフェーでは日本人の傍若無人な酔態が日ごとにはびこり、甚しくなって行って、フランス人も安南人も全く影をひそめてしまった。開襟シャツと半ズボンの姿は、日本人の体躯をいかにも貧弱に見せるとともに、左腰にぶらさげた大だんびらだけをいかにも殺伐に仰々しく見せた。それが、床を引ずり、卓子や椅子にふれて鳴る。毎日あちこちで喧嘩があった。

三吉は目をつむる。頭をふる。

ここでもまた、日本人というものの落着く先は、もう目に見えて来た。北支や、南・中支などでやって来たことを、ここでだけ、やらないだろうと、あるいはやってくれるなと、期待し希望する方が阿呆なのだと知る。

三吉の社の支局に、マドモアゼル・ゴッドローという若い仏・安混血の娘が働いていた。彼女は三吉に向いて、「日本人には、はっきり二つの種類がある。一つはあなた方のように聡明で、高い教養を持った人々、他は兵隊たちのよ

滿・支・南方特急視察

▽……同盟特異の報道任務……▽
▽……總支社局十三風景……▽

本社政經部　大屋久壽雄

我等の職域

ニユーズの標準

ビルマ獨立に際し應援のため特派されたのを機會に大急ぎで南方を小廻りに一巡した。各地支社局の元氣な友達衆と各種の問題に就いて大いに語つて甚しく愉快であつた。

南方では昭南が中心となつて南方放送をやつてゐる。社長の所謂隣組放送の第一陣である。いづれは滿華を範圍とする大陸放送も開始されるのだらうと思ふが、この隣組放送を現實にやつて見ると、ニユーズの標準、即ち何がニユーズであるか、といふことについてのわれわれの既成觀念に相當大膽な反省再批判の利刃を當てなければならないことに氣附く。

從來われわれの取材標準はともすれば東京中心になりがちであつた。打電の價値ありやなしやの判斷規準が東京に置かれた。東京が不要と思ひさうなものは「つまらない」で片附けられる傾向が多分にあつた。しかし隣組放送は東京のニユーズ價値判斷とは全く別個な標準で取材活動することをわれわれに要求する。東京ではつまらないものでも南方相互間、大陸相互間では大いにつまるものが澤山あるのだ。

このことに氣附かないで從來どほりの取材規準で動いてゐると折角始めた隣組放送が干枯らびてしまふ。われわれは同盟に職場を持つ限り矢鱈と大記者となつてしまつてはいけないのだと思ふ。東京の地方部的な任務をも最も綿密に果し得ることが同盟記者としての重要資格の一つである。

特異の報道任務

このことは別段隣組放送の場合に限つたことではない。國內にゐやうが國外にゐやうが同じことだ。何故ならば同盟は海外局といふ他の新聞社にはない特殊な組織を持つてゐて、他の國內新聞とは全く別個な報道任務の遂行に關する責務を一手に引きうけてゐるからである。

國內向けには不要だが大陸部では要る。大陸部では不要だが歐米部にはよいといふやうなニユーズはざらにある。

それを悉く拾ひあげて充分に活用するのでなかつたならば、同盟はその責務を完全に果すことはできないのである。そこにわれわれ同盟記者と他の國內新聞の記者との間に取材活動上の顯著な相違が生れて來る。

われわれの守備範圍、攻擊地域は廣いのだ。國內新聞が大體直接には一億の同胞だけを對象にしてゐるに反してわが同盟は直接にも間接にも全世界をその對象としてゐるといふ決定的な事實を忘れては、われわれはよき同盟記者たることは到底出來ないと思ふ。

越境精神に就て

も一つある。それは本社たると各總支社局たるとを問はず、現在もつとも大きな惱みの一つとなつてゐる手不足の問題に關聯してゞある。

しかし、ほんとに手不足なのであらうかと靜かに反省して見ると事實手不足なのには相違ないが、それにもまして不足なのは工夫であり、私の所謂「越境精神」であるかに感じられた。

刻下の勞力狀況に鑑みるとき、絕對數と人的質の上からの手不足を喞つて見ても、それは所詮はじまらないことなのだ。それは單に同盟だけの惱みではない。日本全國、大東亞全地域、否全世界の惱みなのである。としてみればわれわれは與へられた條件をもつて如何にして最大能力を發揮するかといふことに對してまづ心を向けなければならないのだと思ふ。

人の持場のことでも氣附いたことはどしどし手傳つてやる。といふ心構へで互に相扶け相補つて行くことが緊急の要請でなければならない。私はこれを越境精神と呼ぶのだが、各地で隨分とかゝる態度で獻身的に活動してゐる友達にも會つたけれど、まだまだ全體としては舊態依然たる「相互不可侵」的態度で每日の活動が續けられてゐる。これもまた殘念なことの一つである。

書かざる記者

更にも一つ。私は書くだけが記者の仕事だとは考へない。書こう書こうと焦れば相手は用心する。胸襟を開かなくなる。だが默つて考へてみれば、われわれぐらゐ上下に容易に接近し得、且つ何らの偏見なしに意見を述べ、これに協力し易い立場に置かれてゐるものは他に多くないのだ。そして議一度纏れば直ちに本職の報道手段を全開して大々的にこれを全世界に傳へ得る、といふさうした立場にわれわれはゐる。

このことを深く認識してゐるならば、われわれの記者としての日常活動態度もまた現在とは自ら變つて來て然るべきだと信ずる。

このことも案外忘れられてゐるのではあるまいか。記事を取ろう取ろうとすれば勢ひ對手はこちらを警戒する。それでは力の分散であり彼我の對立である。同盟としてはこれは極力避けなければならないことである。

以上前置きが長くなつたが以下各總支社局を特急で巡ることとしよう。

現地の消息

新京にて

私は今度の旅行を滿洲國から始めた。

新京の國通本社は驛前の中央通に堂々たる「國通自身の建物」を持つてゐる。淋しいといへば淋しいやうなものだが、中に入つてみると什器、調度の類は同盟同樣あるひはそれ以下だ。皆螺條のとび出たひどい椅子に頑張つて、人口の稠密度を誇つてゐる。

私が着いた頃折柄防諜演習があつて國通本社は敵間諜の跳躍に委せられ機密書類を全部持ち去られた上爆彈を仕かけられたとかで松方理事長が全員を集めて大訓示をしてゐた。お蔭で私は出入の度に守衞さんに誰何されて弱つた。

こゝも自動車が甚しく不自由でその上街がだゞつ廣いので時間定めに各官廳公衙を巡回する「定期」を出してゐる。記者の往復も原稿の集配もすべてこの定期によるを原則としてゐて特別な自動車使用はいとも嚴重に取締られてゐた。

北京にて

懷しの北京！　東堂子胡堂の總局は私がゐたころから見れば中を建て增して大いに廣くなつてゐたが、それでも人口稠密なることは御多分にもれない。佐々木總局長の病氣も案じた程でなく每日醫者に行つた途次一、二時間は社に「顔を出さずにはゐられない」らしい。あれ程嗜んだ酒をぶつりと止めて大いに肥つてゐた。「假病ぢやないかといふ不逞な奴もゐる」と恰も私の心中を見拔いたかの如く佐々木大人は憤慨して眞性の病氣であることを强調するので、私も大いに同情を表して來た次第である。

こゝも自動車不足で困つてゐたが、通稱「殿樣」こと鈴木總務部長のホガラカな統帥のもとに實に和氣靄々として、懷しの北京！であつた。（寫眞は北支總局）

天津にて

支局は舊佛租界の元天津庸報社屋に引越してゐた。從つて社屋は廣大、他の支社局に比べると些かガランとした感じである。自動車は一臺しかなく、木炭車なのでソレといつてから動き出すまでに十五分ぐらゐかゝる。天津東亞新報社長大川孝之助先生（前は本社の庶務部長ですよ）のどえらく立派なガソリン車を見て久保田支局長ならずともアアと長大息せざるを得なかつた。

南京にて

こゝは前と同じく、中央電訊社と仲睦じき同居暮し。中村支局長も依然インコを溺愛し重慶の不明を痛歎すること六年前と變りなし。若い人たちは朝から飛び廻つてゐるがこゝも自動車は「博物館用」の古物が一臺一日動いては三日入院といふ有樣。洋車に乘れば三丁走つて五圓也（但し儲備券であるがそれにしても痛い）。街はだゞつ廣いし、「足、足、足が惱みの種だよ」と平柳編輯主任の痛歎をそのまゝ取次ぐ。

上海にて

總局は最近舊共同租界の川緣に引越したが私が行つた時までは北四川路であつた。「上海にはまだ物があるよ。あるにはあるけどお買ひなさるはお前のやうな旅の方だけさ。俺たちはコーヒも安心しては飲めない」と情なくもぼやく友達衆に聞かされて私は捨てるに困る程金を持つてはゐたがハンケチ一枚も買はなかつた。自動車は二臺。ダツトサンである。それにしてもよく頑張る友達衆ではある。

中国・南方視察報告（『同盟社報』昭和18年10月号）

うに、乱暴で、野蛮な人々、その違いはあまりにもひどすぎる」というようなことをいって、ときどき議論を吹きかけて来た。三吉は、彼女のいう二つの種類は、どこの国民にもあるものだ。君の母国のフランスにもそれは歴然と存在する、ということを説明しようと試みたが、生意気なキリスト教娘に、そうした現実を言葉だけで理解させようとすることのむださをすぐに悟らなければならなかった。彼女にとって、目の前の事実は何よりも雄弁にすべてを説明する。見えないフランス本国のことなどは、どうだってよい。そして、このことはゴッドロー嬢だけに限ったことではないのであった。

10　溢れる日本人

三週間ばかり経った。もう、いい加減にして帰ろうではないか、と三吉は言い出した。佐久間大佐からこの旨東京に照会すると、大本営からは、「任務完遂を謝す、適宜引揚げてよろしい」といって来た。

「貴公のお蔭で、何にもしなかったが、俺も一応手柄をたてたことになったよ」と中島少佐は好人物らしく述懐した。

「軍では、こんなことでも、手柄になるのかねぇ」

「実績としては残るだろうね」

「まず、まず、目出度いわけか」

「そんなもんだよ」。いつもニコニコ笑っている佐久間大佐もそういって、サイゴンへの別れの盃をあげ、コンチネンタルのテラースで詩吟などを唸ったりした。

二、三ヶ月前まで、三吉の下で駆け出し記者として修業していた松岡謙一郎が、いまでは海軍少尉の制服を着て、海軍関係の報道係指導将校としてやって来ていたが、別れにやって来て、「こんな情況に発展して行くのを見るにつけ、親父が可哀そうです。親父に散々苦心させたあげく、いじめ抜いて、追い出しておきながら、親父が考えておいたとおりの線を、実に拙劣な方法で歩むんだから、心外ですよ」というようなことを、しんみりと話して行った。

三吉は、その夜遅くまで、佐久間も中島も部屋に引とったあともひとりでテラースに残って、ちびちび飲んでいた。

別段、特に感傷的になっていたわけではない。だが、てんやわんや、ただとりとめもなく乗り込んで来た、といったような感じの今度の進駐にたいする割りきれなさを、心の中に強く感じていた。そして、周囲のだれを想い描いてみても、そんな、いわば高踏的な批判めいた感想を、まじめにうけとってくれそうな話相手のなさが、彼をして、ひとりテラースに最後の夜を更かせたのかも知れない。

街のレストランと同じように、コンチネンタルのバーからも、いつの間にか上等のブドー酒や上等のコニャックは姿を消していた。なくなったのではない、しまい込んだのである。三吉は、ボーイにいって、特にクールボアジェを持って来させて飲んだ。

テラースの灯が、次々に消えて、客は彼ひとりになった。

朝早く、飛行場には二、三十人に人々が動き廻っているだけであった。掘立小屋の待合室の隅に、三吉は見覚えのある一人の若者を発見したが、しばらくの間は、それが誰

同盟ハノイ支局(『同盟社報』昭和18年10月号)

であったか思い出せなかった。戦闘帽を冠り、尉官待遇の軍属服を着ている。いかめしい軍刀を重そうに吊るしている。

その若者が、ハノイの小田ホテルの長男であったことを思い出したのは、飛行機が朝もやを別けて離陸してからややしばらく経ってからのことであった。足下には、早くも、深々とした安南山脈の密森が、朝陽に輝きながら展けていた。若い軍属は同伴者の大佐と並んで、三吉から二つ三つ先の席にかけて、何やらしきりに指さしながら説明している。

三吉がハノイにいたとき、この若者は、親父の小田ホテル主人と一緒に、ハノイ警察の手先を働いていると噂されていたものであったが、そして、親父は二言めにはこの息子が「どうも、日本語は一向出来ないくせに、フランス語はフランス人よりも出来るといわれてる有様でしてね」と、自慢にしていたものであったが、いまこうして、軍属服を着ている姿を見れば、立派な日本青年であった。

カーキー服も着ず、ダンビラも下げず、白の背広にネクタイまでしている三吉の姿に、彼は見覚えがないのであろうか。忘れ果てたのか、目まぜ一つしなかった。

飛行機はツーランに下りて給油しただけで一気にハノイに飛んだ。

陽はまだ地平線までにだいぶ分距離を残している。

三吉は佐久間と中島とをメトロポール・ホテルに残しておいて、社から廻してよこした自動車で、旧知のところを急いで一廻りした。

社の支局はハノイ駅の近くに大きな建物を二つも占領して、常勤だけでも十名以上の陣容を擁していた。

小田ホテルには軍人が溢れていた。小田の主人は三吉を見ても、別に懐しそうな顔もせずに、いくらか見下すような態度で、「今度はどこから見えましたか?」といっただけであった。

青山のお米が、大きな兵站ホテルの女主人に収まっているのが三吉を驚かした。あの無一物の、その日その日を食いつないで行くのにも骨折っているらしく見えたあの醜女のお米が、どんなトリックでこんなに「出世」したのであろうか。

クイン・コングのお米は、三吉を見ると、きゃっと奇声をあげて飛び上った。

「まあ、あたしのすーちゃんですたい、どうなさしたと、天からばし、降って来なさしたとな!」

そして、けたたましく、「ちょいと、ちょいと、珍かしか人ですたい、あけみさん、早よ出て来なさい!!」と叫んだ。

橋本のところで家政婦をしていた美しい老婦人のあけみがいそいで出て来た。彼女はいまではお米の使用人であった。

お米はビールを一抱え抱いて来た。しかし三吉はそこにも三十分ぐらいしかいなかった。

台拓の宿舎には坂本のほかに山根老人もいた。彼らはすぐ方々へ電話をかけて、「設営」にかかった。昔サン・スーシーのあった太湖のほとりに、いまでは日本人料理屋が二軒できていて、いまでは下士官兵と「地方人」用、一軒は将校専用で「芸者もいる」というのである。

「あんたが来たんでは、特別で、将校専用の方を使わせて貰わねばね。まあ、話の種だ。一席、つき合いなさい」

なるほど、芸者がいた。アンペラ敷の、日本間というのが床を一段と高くした桟敷ふうのもので、天井にも、台の上にも、旋風器を廻しながら、女たちはぼってりと日本髪を結い、大きな帯を結び、そして、三味線で何か唄ったり、舞ったりした。ほかにも三つ四つ部屋があって、どの部屋も大変な騒ぎかたである。香港、広東からここまではひと跨ぎである。大正八年以来二十年間禁止されていた日本淫売婦の南方進出も、日本軍の南進とともに堂々とその途が拓かれた。香港や広東で行われていることが、ここで行われてならない理由は一つもなかった。

山根と坂本と三吉とは、そこがすんでから昔のように揃ってカムチェンに行った。何一つ面白くない。この年の二月、ヨオロッパからの帰りに立ちよったときよりも、もっと荒んでしまって、全く場末の淫売窟と何の選ぶところもない、いやらしい雰囲気になりはてていた。盛んなものはダンス・ホールだけで、そこには日本人が溢れており、こでも喧騒・泥酔・喧嘩が幅をきかせていた。

街のレストランやカフェには、カタカナ書きのメニューが出ていた。日本軍のトラックは人でも木でも、よけないものは片端から突きとばして行きそうな勢いで街中を馳駆した。日本の兵隊がしどけなく上衣をぬいで、昼間から酔歩蹣跚として歩いて行く。

日本軍が北部仏印に進駐してから、ちょうど一年が経過していた。

11　汪精衛と再会

「特別報道班の解散式だよ」

広東に帰って来ると、誰も彼もが佐久間大佐にたいして、機械人形のように正確な敬礼をした。彼は非常な上機嫌である。そして、余り気のすすまない三吉を無理々々、例のごとき料亭につれて行ったが、旅行中は稀代の酒豪であったこの男が、この夜は、らちもなく直ちに酔ってしまって、しなびた雌鬼みたいに目ばかりぎょろりと大きい醜女の膝を枕に、眠り込んでしまった。

三吉は、上海で、そのまま飛行機で東京へ飛ぶという中島少佐と別れた。

ここも、まる二年ぶりである。別に変わったこともない。南京にやって来る。改めて国民政府の首都に返り咲いた街であるが、南京攻略戦の傷手からは、まだ恢復しきってはいない。あちらこちらに、崩れた家屋だの土塀だののあとがそのままに残っていて、草などが生い茂っている。

周隆庠が電話口に出て来て仰山な驚きの声をあげる。彼もいまでは、国民政府の外交部次長という歴とした地位についていた。

次の朝早く、周の自動車が三吉を国民飯店に迎えに来て、周家の朝飯の卓に運んで行く。立派な洋家具入りの豪壮な室である。卓子の上には銀の食器が光っている。トースト、冷肉、卵、珈琲、チーズ、果物、そしてブドー酒、すべてはフランス式の朝食であった。

周夫人に紹介される。美しい人である。三吉にも見覚えがあった。二年前、汪精衛たちが、極秘のうちに、はじめて東京を訪れたとき、一行のうちにたったひとり混っていた美しい娘、梅思平の秘書だといわれたその娘に違いなかった。

いろいろな人の話が出る。高宗武の行方は周も知らないらしかった。陶希聖*はあれから、再び重慶に帰っていた。三吉が仏印に話をする。周は舌打をしながら頭を小さく振る。影佐は少将になった。軍事最高顧問としていま南京にいた。矢野は上海で総領事をしている。犬養は国民政府経済顧問ということで、上海にいた。

＊ 社会学者・政治家。汪精衛と行動を共にしたが、一九四〇年一月、日本側の和平条件の不満を抱いた陶は高宗武とともに香港へ逃亡し、大公報紙上に和平条件を暴露した。

三吉はその日の午後、いまは国民政府主席の汪精衛に会う。何一つ変っていない。「おお！」といって感歎の声を放つところから、「さあどうぞ」と飲物や菓子をすすめるところ、政治上の質問をうけて、両手の指を組み合せながら、しばらく慎重に答えをまとめるために考える様子など、少しも変っていない。汪は古野社長や松本編輯局長の近況などを訊ねる。ヨオロッパの事情について、三吉の意見を求める。独・伊の間は実に危い、一つの物事が間違えば、いつ切れるか判らないほどの矛盾した結ばり方をしている、という話を聞いて、彼は深く頷く。

日本軍の、今度の南部仏印進駐については、ほのかに苦笑しているだけで、汪は何とも語らなかった。

「二年前に、東京で書いたものだが、機会がなくて、今日まで手許に留めておいた」といって、汪は自作の詩一篇を認めた書帖を三吉に呉れた。書帖は銀座の榛原製のものである。流麗な書体が頁を埋めている。最後に、太田三吉先生に贈る、東京にて、汪兆銘と署名してあった。

東京で、女医になる修業をしている娘の汪文彬*が目下休暇で帰って来ているが、数日したら、また東京へ行く、できたら同道してやってくれないか、と頼まれる。別段予定も何もない三吉は、それを引うけた。

＊ 次女。帝国女子医学専門学校（現東邦大学医学部）に留学。後に、インドネシアでキリスト教の医師として働く。

いまは死んだ三吉の社の前の社長の未亡人のところに預けられて、そこから女子医専に通っているこの娘の話は三吉も聞いていた。東京にいる多くの中国人留学生の中には、父の汪精衛が狙いで、随分執拗にこの娘をつけ廻すものも少くない、という話を聞いて、いまだに閨閥が絶対の物をいう中国のしきたりの強さに苦笑したこともあった三吉だったが、上海から一緒に乗船して、朝夕その娘と行動を共にしてみて、三吉は一層その感を深くした。父に似ず、母の陳璧君により多く似て、相当の醜女である。それが、滅法議論好きで、滔々と国際政治を論じて飽きないところなどは、流石に父と母と、両方からの血を引いたものであろうが、恋人としては味気なく、妻としてはさぞ小うるさいことであろうと思われた。

（一九四七・六・一一）

〔四百字詰め原稿用紙通し番号100から286までが散逸している。昭和十六年十二月五日、戦争体制に即応した同盟の組織改革で、政経、社会、体育の三部は統合して内信部となる。社会部次長だった大屋は内信部社会主任として、開戦を迎える。その部分の原稿が欠落しているのは残念である。大屋は、昭和十七年九月に政経部次長になり、翌年夏、中国、南方の同盟の総支社局を視察する〕

17　ビルマの寝仏

ビルマの秋は憂つである。来る日も、来る日も雨だ。蒸し暑い雨だ。汗の粒は毛穴のまわり、皮膚の表面にたまったまま、決して蒸発しようとはしない。沢山の蚊が、朝昼晩のきらいなしに、攻め寄せて来る。何もかも、腐ってしまおうとしている。

三吉はもう十日以上も、南方航空の支店や、軍の飛行隊などにわたりをつけて、このむし風呂から飛び出して行くための、たった一つの座席を求めていたのだが、それがどうしても得られない。三吉の仕事は終った。ビルマが持つ戦力についても、およその見当はついた。ビルマにある日本軍の能力に関しても、素人ながらに一応の概念を得ることはできた。すべては心細いばかりだ。そしてこれ以上三吉をこの土地に引きとめておくものは、何一つなかった。

いつになったら飛べるのか判らない飛行機待ちの怠屈な一日、折柄の日曜をさいわいに、三吉は、支局の若い記者たち三、四人を誘ってペグー〈注—現・バゴー〉の寝仏を見に行くことを企てた。ラングーンの北方六、七十キロのペグーの町には、有名な寝そべり大仏があった。

珍しく雲の切れ間の多い日であったが、それでも驟雨性の雨が、ときどき驚くような猛烈さで自動車の屋根を叩いた。窓をしめきって、快速で走る自動車の内部は、すし詰めに乗り込んだ人々のいきれで、堪えがたくむし暑い。自動車がペグーの町の中心に近い市場の横の四つ辻に停車した頃には、みんな、空腹とむし暑さとで、ふらふらになっていた。

食い物屋の一軒や二軒ぐらいはあるさあ、とたかを括って手ぶらで出て来たかれらは、町といっても店のあるのは市場の中とその周辺の一條だけのこの貧しい田舎町に、人間に物を食わせる家が一軒もないことを確めたとき、全く狼狽してしまった。市場で売っているバナナでも食って夕方までつなぐほかはないのであろうか？　かれらの狼狽は、かれらのうちの一人が、四つ辻の斜向う側の理髪屋らしい店の一隅に、ほんの鍋だけ据えて、簡単な焼き麺を食わしている中国人らしい男がいることを発見したことによって一応緩和されたが、そして、かれらは、わっとばかりに、恰も掠奪のために先を争うもののようにわれがちにと、その店に駆け込んで、燻豚肉も、にんにくも、ねぎも、麺も、すべて手づかみの荒々しくも不潔な料理方法にも文句もいわず、二、三杯ずつもかき込んだのであったが、寝仏の存在によって、比較的他処者の来訪が多いはずのこの町にして、なおかつ飲食店の未発達状況かくのごとくなる事実は、大いに三吉の注意を惹いた。ビルマ人は、しかし貧しいのであろう。料理店で物を食うなどのことは、大多数のビルマ人にとっては、いまだに縁のうすい事なのに違いない、三吉はそう思った。これは、仏印などに比べても、またさらに一段と惨めな事実である。

寝仏は、町のやや郊外じみたところに、大きな掛小屋風の建物の中で、しれじれと寝そべっていた。入口で靴を脱がされ、何やらよくは意味もわからぬままになにがしかの金を出さされて、高い石の段々を上って行くと、広々とした拝殿を前に、男だか女だかはっきりしない身長十米ばかりの大仏が、右を下に、手首で頭を支えながら、寝そべって、人々を見下している。彫刻としても幼稚なものだし、芸術的気品などは全然ない品物である。

拝殿には、晴着姿のビルマ女が、年老いたのと年若いのと半々ぐらいの数で、十人近く、ぺったりと、しき石に額をすりつけるような姿勢でへいつくばっていた。かの女らは死んだもののように、長い時間、身動き一つしない。多分何かの願をかけているのででもあろうと思われた。

迷信というものは、どこの国、どんなに文化度の高さを誇る国にも、まだまだある。また宗教に伴ういろいろなしきたりというものは、それを信じている人々にとっては、別段珍妙でも滑稽でもなくても、信じていない人々の目には、随分とバカバカしくまた愚かしげに見えるものが多い。

三吉は、ただ大きいというだけの寝仏の前で、踏みつぶされのように地面にはりついているこれらの女たちの姿の中に「愚かしきビルマ人」のシンボルを見ようとするほど性急ではなかったが、それでも、この光景はかなり強く印象に残った。

ペグーを訪れてしまうと、あとはほんとにもう、何一つすることは残っていない。

三吉は毎日毎日、どこからか、飛行機の席があったと報せて来るのを空頼みして待つばかりであった。

（一九四九・一二・六　何年ぶりかで、ここから書きつぐ）

待ちながら、毎日毎日、むしぶろのような雨に降りこめられて、支局の応接室で、碁をしたり、麻雀をいじったり、かびでも生えて来そうな日と夜とを送っていた。二、三丁離れたところにあるニューズ映画の日映支局*に行って、コールマン髭の支局長窪添や、やや左傾思想のようでもある若い企画部員の瓜生忠夫**などを相手に賭け麻雀をいどんだり、できたての現地酒をのんだりしていた。

＊　昭和十五年四月、朝日、毎日、読売、同盟のニュース映画部門を統合して、日本ニュース映画社が設立された。翌年四月に日本映画社（日映）に改組。

＊＊　東京帝大卒。昭和十六年、日本映画社に入社。戦後はマルクス主義の立場で映画、演劇、放送評論家として活躍。

（一九五〇・四・四　ここから書きつぐ）

東京からはしきりに出発督促の電報が来る。余りうるさいので、ほっておくと、ある日大使館気付の軍用無電で三吉あて暗号電報が届いた。外務省の弘報課長太田三郎からであった。とに角、至急に帰京してもらいたい、この電報は古野社長も同意の上で発信されるものである、この際、君に是非お願いしたい仕事が出来たのだ、という意味のものであった。

三吉には、それでおよその見当がついた。どうせ、外務省か、情報局の役人になってくれとでも言うにちがいない。冗談じゃない、と思いながら、三吉は太田三郎あてに、社用の無電で、飛行機に乗れ次第、予定どおりのコースで帰京するつもりだから、話はその上で承わりましょう、と返事した。

軍司令部に出入りしていた記者の山崎早市*が偶然のことから、昭南行きの爆撃機に便乗する便宜を掴えて来てくれた。「さあ」と言って今すぐの話なのである。あと一時間で出発だという。とんぼがえりを切るようなあわただしさで身の廻り品をかき集め、自動車を全速力で飛行場に走らせた。

＊治安維持法違反で逮捕、一高を除籍される。昭和十六年に同盟に入社。戦後、時事通信に入るが、レッドパージで解雇される。

しかし、その日は飛行機は出発しなかった。飛行場の要員たちもはっきりとは説明しなかったが、何でもインドからのイギリス機群が海岸方面に出没していたためらしく思われた。次の日の朝も何時になるか判らないが、とにかく早く来ていてくれという。三吉は六時に飛行場に行った。同じく便乗組らしい将校が三、四人、すでに来ていた。気象班の小舎や、情報班の小舎から、飛行場勤務の土色の兵隊たちが何度も出たり入ったりするが、爆撃機はいったい出発するのかしないのか、まだ森の中に隠されたままになっていて、滑走路へは引き出されてさえいなかった。

いよいよ、逃げるようにして、出発したのは、もう十一時近い時間であった。ぐんぐん高度をあげて、四千メートル近くを飛んでいるらしかった。三吉は、軽い息苦しさを覚えた。全身が凍るかと思われるほど寒かった。同乗の将校たちも押し黙っている。小便をすることもできない。五時間余りの辛い飛行ののちに、カッと灼けつくような昭南（シンガポール）の飛行場に着陸した。一時に、全身の毛穴から汗の粒々がむーと吹き出て来た。

18　ジャカルタへ

十月の十四日にはマニラでフィリピンの独立祭典が行われる予定になっていた。この独立もまた、ビルマのそれと似たような、余りにも白々しく空虚なものかも知れない。だがともかく三吉はこの式典にも参加する予定にしていた。それまでの間にジャワ島からでればバリ島まで行って来たい、というのがかれのプログラムである。

昭南からジャカルタ（ジャワ島のバタヴィアのこと）行きの飛行便は、南方航空会社の木村のお蔭で簡単に入手することができた。スマトラ島の大樹海を足下に眺めつつ、無気味に湧き立ち、崩れ拡がる積乱雲の峯を幾つも幾つも迂廻したり、乗り越えたりして、三吉の旅客機は赤煉瓦の積木細工を行儀よくばらまいたような、平面的な感じのジャカルタの街の上にやって来た。空から見ると行儀のよかった屋並みも自動車で街中に入ってゆくと妙にごちゃごちゃしていて、方々に、赤土色の汚い水を満々とたたえたクリークがゆるやかにごみや芥を浮べて流れていた。土人たちはこの汚水の中に入って水浴したり、口をすすいだりするし、真白い布を洗濯したりもしていた。かねて話に聞いていたとおりの不潔な、非衛生的なことが、あちらでも、こちらでも行われていた。

この街でも、街頭に氾濫しているのは、カーキー色に塗った日本軍の軍用自動車の傍若無人さと、土人の踏むペダルの力で音もなく辷り走る乗用三輪自転車の波と、がやがやと何事かを喚きながらサロンの足さばきも気忙しげに行き来する人々の流れとであった。

この町の一見正常にすら見ゆる

原稿は未完のままここで終わっている。

エッセイ集

戦争巡歴

大屋はアジア太平洋戦争勃発後に小説と同名の「戦争巡歴」と題するエッセイ集を書きあげ、それを刊行する出版社も決まっていたようであるが、都合で出版にいたらなかった。「戦争と共に」と「陣中新聞」はそのうちの一部である。

戦争と共に

序文に代えて、些か私自身の旅行歴を述べることが、この本の性質から言っても、最も適当なことのようである。

私は世界をともかくも二周《ふたまわ》りした。

一度は東から西へ、シベリア経由で行き地中海、印度洋経由で帰る小周《こまわ》りであって、まだ学生の頃であった。

二度目は独・英仏戦勃発と同時に上海からアメリカ経由の東周りで、帰りはアラビア、印度経由の空路を選んだからこれは完全な世界一周と言える。

この間、北支、蒙彊、満州国、仏印、中支、南支に度々旅行した。

そしてこれらの旅行は孰《いず》れも昭和十二年以降、支那事変以来の戦火波動に従ってなされたものであり、私の第一次欧州行きと、内地に於ける数々の旅行とを除けば、他の旅行はすべて「戦争と共に」経験されたものである。

戦争は言うまでもなく、衣・食・住の上に敏感に反映する。而も旅行者が最も直接に触れるものは衣・食・住である。衣・食・住を通じて見た戦争。東亜の、西欧の、東南欧の戦争、あるいはまだ戦われざる戦争。

私はそんなものを主として記録しようと試みた。

「戦争巡歴」と名づけた所以である。だが私は別に戦争にこだわりはしない。戦争は平和の対蹠的現象である。戦争をより強く印象するためには平和への回顧が必要である。

この本の中に一見戦争とは何の関係もないようなことが書いてあっても、それは右のような気持ちからのことである。

私の第一回海外旅行は、昭和五年、二十二歳のときであった。

高等学校を最劣等の成績で卒業「させて貰った」私に対して、理解ある親切な校長先生は、大学には進学しないようにと忠告された。私もまた大学に進学する気持ちは毛頭なかった。何の興味も感じられない砂を噛むような学科を詰め込まれることはもう沢山だ、と思った。それは、食べたくもないものを、無理に口の中へ押し込まれるようなもので、胸が悪くなるだけの話である。必要なものなら、食べたくなった時に食べればよい。

大学は出なくても「働ける人間」にはなれるだろうと考えた。

私は学問が嫌いなわけではない。それは校長先生も認めてくれて「君の道は他にあるようだ」と言った。好きな学問以外の学問は嫌いなのである。食べたいものしか食べたくない。要は食べたい時に食べる方法を知っていればいいんだろう、と嘯く気持ちであった。

こうして私は遂に大学への入学願書を最初から提出しなかった。

卒業式の時校長先生は全校の生徒を前に変な演説をした。その年の全国高等学校の卒業生が何千人とかいたそうだが、その中で、最初から全然大学の入学願書を提出しなかったのは僅か二人しかいなかった。そのうちの一人は家庭の事情で己の意志に反して已むなく提出しなかったのだが、他の一人ははっきりした考えのもとに自分の意志から提出を拒んだ。その男はわが校の本年度卒業生大屋久寿雄である。

校長先生の言葉に全堂の視線が一斉に私の上に降り注いだ。

卒業生諸君はこれから大学に行く。そしてめでたく卒業して学士号を克ち得て活社会に出て行くであろう。それも立派な行き方である。

大屋は今日限り学業の本街道に見限りをつけて勝手な山路に分け入ると言う。それもよい。

諸君は国内の諸大学に学んで今後更に何千円かの学費を費消するだろう。

大屋はその分を持って欧州に行くと言う。

どちらも結構である。

どちらもその信ずるところに従って、しっかりやって貰い度い。

今後何年か経って、互に相見る日、選んだ途は異なっていたが、立派に自分の途を歩き徹したことを喜びあえるように、それだけを希望する。

そんな意味の演説であった。

そして私の貧乏極まる第一回海外旅行ははじまったのである。

私の父は早く死んだ。どの位の金を遺して行ったかを私は、今日でもはっきりとは知らない。勝気の権化のような母の手で一切は厳格に処理されて行ったので、私ども三人の男の子と一人の女の子とは、ただ母親の厳命のままにスパルタ式の毎日を送っていればよかった。幼いながらも私どもは、父なき後のわが家は随分貧乏なのだ、と信じていた。

だが十五になり、十六になり、十七になって、級友の多くが頻りと西洋映画の批評をしたり、その蟇口の中に五円札だの十円札をいつも入れているのを見るようになると、「活動写真」と言うものを一度も見たことがなく、現金は五十銭以上持ったことのない私自身の中に、理性とは全く別個の私が生まれて来た。

私が約半年間「給仕」になったのも、また母親には何の相談もせずに屋台のおでん屋になる計画を進めて中途で挫折したのも、その頃のことである。

私は実に不孝者である。

その不孝者に、母親は欧州行きを許してくれた。月々百五十円送ってくれると言うのである。

私はトランク二個と毛布二枚とを持って出発した。

満州もシベリアも全行程言うまでもなく三等である。

ベルリンに約一ヶ月程いて、パリに落着いたのであるが、宿屋に泊るなどのことは思いもよらぬことであった。常に中流家庭に下宿した。それも「パンション」などの下宿営業者のところではなしに、ほんとの家庭にである。

フランスが如何に生活費低廉だとは言っても、外国人学生にとって百五十円は最低限の費用であった。

夏休みになると私はフランスの農村に行った。そして農家に頼んで泊めて貰った。朝早くから彼らと一緒に畑にも出れば、山や河にも行った。酒にも酔えばお祭りに行って踊ったりもした。

そして農村の生活で浮ばせた僅かの余裕を持ってパリや、リヨンや、ナンシーや、ストラスブールや、グルノーブルなどの大学に帰っていった。私はこれらの大学を転々とする至って気紛れな聴講生だったのである。

農村での倹約はこうして本になり旅費になった。方々を貧乏ながらも旅行した。

しかし、満州事変が起きて、日本が金の輸出を再禁止するに至って、円の相場が半分以下に下落してしまっては、私がどんなに逆立ちしても、もはやまともなことでは遊学を継続することはできなくなった。

パンと水だけの生活も時々してみた。パテ・ゴーモン映画などのエキストラにも出てみた。覚束ない論文を書いて僅かな原稿料も稼いでみた。

だけど、どうしてもいけない、と知ると、フランスより約二、三割方生活費の廉いベルギーへ逃げ出した。そしてここで愈々帰国を決意して、母からの送金を待つ間に、オランダへも行った。ベルギー国内をうろついてもみた。

アンヴェルスからイギリスのハルウィッチに渡り、ロンドンに約二週間、パリで知合いになった貧乏ながら清廉な一画家のアトリエに寝かして貰って船を待った。この男は後にとうとう餓死したと風の便りに聞いたが、その男の螺線《ばね》の剥き出た長椅子に起き伏ししつつ、足にまかせてロンドンの市中を歩き廻った二週間は私にとっては今でも深い印象となって残っている。

靖国丸の三等に客となって、ジブラルタル、ナポリ、スエズ、コロンボと順調な船旅を続けて、あと二週間すれば三年ぶりで故国の土を踏めるところまで来ていながら、私は突如シンガポールで降りてしまった。

そこには知人がいた。

私は知人の家に転げ込んで約半年、マレー半島をうろついたりして暮した。

そして私が愈々意を決して日本に帰って来たのは昭和八年の六月であった。

「おまえは外遊中にいったい何を学んだか」と言われると全く返事に困る。いろんなことをやったが何一つとして「これでございます」と言って、人前に差し出せるような纏まったことはして来ていない。

あれから三年半。

卒業式の日、校長先生から互に激励されて巣立って行った級友たちは、孰れも立派に学士となって夫々将来ある職に就いている。

私は徹底的な「放浪児《ヴァガボン》」に終始した以外何一つ身につけて来てはいない。

どうしても何かを差し出せと強いられるならば、仕方がない、「旅行度胸」と「貧乏摺れ」などと言う一見愚にもつかないものぐらいしか出すものがないのである。

母親は私の帰国をとも角神に感謝した。しかし心の中では私の不孝に泣かなかったとは保証出来ない。

「おまえは何になるつもりか」と訊ねた。

「筆で立つつもりですが、差し当っては新聞記者になるつもりです」と答えた。

そこで母親の知己を求めて当時の新聞聯合社（現在の同盟通信社の前身）に入社願書を提出した。

私が同社に入社を許されたのは昭和八年の十月である。

それまでの間私は北海道から樺太へかけて旅行していた。北京大学の人類学教授でフランス人ムラリスと言う人物が、夏季休暇を利用して、アイヌ、オロチョンなどの日本在住土人の研究に来たが、適当な案内人兼助手がいない、と言うので私は頼まれるままに彼と約二ヶ月間、樺太国境、海豹島まで足をのばし、敷香町には約三週間も滞在して、ポロナイ河の河口にある土人特殊部落になっているオタスス島にここから日参したりした。

新聞聯合社に入社してからも、国内旅行の機会は多かった。台湾に行くことも出来た。

だが、私をしてこの本を書かしめるに充分なだけの経験を与えてくれた本格的旅行が始まったのは、昭和十二年七月に勃発した支那事変以来のことである。

事変勃発と同時に私の社（その頃は既に同盟通信社に改組されていた）からは数名の特派員が急派されたが、政府は飽くまで不拡大方針を堅持していたので、私の社でも第二、第三陣の特派員派遣はこれを差控えていた。

しかし、北支の事態は天津事件、通州事件、北京篭城と際限もなく拡大して行く有様なので、八月下旬特派員第二陣として九名が急派され、私もその中の一人に選ばれていたわけである。

私としては生まれてはじめての「特異な旅行」である。銃なき出征である。

生後一年半の長男はこの年齢の幼児には珍しい湿性肋膜炎で入院中で、生死の境を彷徨していた。妻はつきっきりで夜も碌々眠っていなかった。

そんな状態のとき私は「ペンの出征」を命ぜられたのであった。

子どもは或は死ぬかも知れない。私もまた死なないとは保証出来ない。その頃既に従軍記者の戦死するもの一名、負傷するもの一名を出していた。

私は病院での遽しい別れに際して妻に手短く覚悟を語り、彼女の覚悟を聞いた。そして一人しかない子どもの憔悴した病み顔を見た。だが何とはなしに心安らかに出発して行った。

死ぬものは父親がいても死ぬ。幸いにしてこの子の生命力が強ければ、父親が戦野に傷つきあるいは殪れても助かるであろう。妻は若い。だが若くても人の母である限り闘うであろう。

心中些か悲壮でなくもなかった。

日華連絡線で塘沽に上り、硝煙消えやらぬ中を軍用列車で天津に運ばれて来た。激戦のあとが実になまなましかった。はじめて見る「戦争」の姿であった。

しかし、私はここで他の特派員諸君とは切り離されて、別の角度から戦争に参加することとなった。

天津着と同時に他の同僚たちはそれぞれ持ち場を与えられて、勇みに勇みつつ思い思いの前線に進発して行ったが、私一人天津残留を命ぜられ、即日軍報道部（当時は宣伝部と言った）嘱託に徴用され、軍報道部が計画中であった軍隊専用「陣中新聞」発行のことに当るべく命令されたのであった。

私は事の意外さに驚き且つ困惑した。

将兵と共に砲煙弾雨下の従軍を経験出来ない残念さは別としても、私には新聞に関する何らの知識も経験もない。

私は生粋の通信社育ちであり、新聞社などは見学したこともなく、従って活字のことも、大組みのことも、印刷のことも、整理のことも、何もかも一切知らないのである。

私には出来ない、と思った。

にも拘らず私は命令に服した。

それはこの命令が軍の命令であったからばかりではない。私が無謀に近い承諾を敢えてしたのには他に二つの理由があった。

その一は、軍が何故この怱々の戦塵下に、敢て軍専用の新聞発行を企てたか、ということを理解したからである。

将兵は一切を顧みず闘っている。しかし、闘う将兵の最大関心事は、他の戦線は一体どうなっているか、日・支の関係はどう展開しつつあるか、国内の政治はどう動きつつあるか、銃後の生活は一体どうなんだ、郷里ではどんなことが起こりつつあるか、世界の動向はどうなんだ、と言うことなのであった。

「おーい、記者さん、新聞持ってるかあ」というのが闘う前線将兵の第一声である。

新聞と名のつくものなら、どんな古い、そして破れたものでも、将兵は貪り読んだ。奪い合うようにして読んだ。

歩きながら眠ったり、小休止や大休止にはその場にぶっ倒れるようにして眠り込んだりする程疲れはてている勇士たちが、一旦「おい、新聞だ」と聞くとむっくり起き上がって、競い読むのである。

それは渇せる者の水を求むるにも似た、銃後にいてはとうてい想像もつかない狂的な熱情である。

彼らの闘う姿が壮絶であればある程、その彼らの背後に繋《つな》がれた目に見えぬ力は「戦線の後にあるもの」への愛着であり、絆《きずな》であり、関心なのである。

そしてこの目に見えぬ力が強ければ強いほど闘う将兵は忠烈無二なのである。

何人がよく、この有様を見て、彼らの渇をいやすことに渾身の努力を傾けずにいられるか。

前線では各班の特派員たちが、それぞれ携帯の無電器で同盟の放送を受信して、それをガリ版刷りのニュースとして将兵に配布する方法をとっていたが、それは部数にも限りがあり、戦況の如何によっては断続常なきを免れず、組織的にニュースに対する将兵の激しい渇をいやすことは望めなかった。

どうしても大規模且つ本格的な新聞の発行が必要であった。

私は断じて、どんな困難をも克服して行こうと決意した。

その二は、何にも知らぬ私を、恰も幼児の手をとり導くが如く、親切丁寧に教え導いて、支那人職工の指揮監督から、編輯、整理、組み、印刷に至るまで、何から何まで仕込んでやろうと言う恩人が一人ならず二人までも与えられたからである。

彼らの厚誼を恃み、将兵への感謝を力に、この大任に対して私を選んでくれた人々に対する感激を持って、私はこの仕事に当ることを決意した。

新聞は「陣中新聞」と名づけられ、小報型四頁、週刊として毎回五万部を刷った。

その後数ヶ月して中支軍でも同様の新聞を発行しはじめたが、支那事変では私の新聞が軍新聞の最初のものである。

軍司令部の北京移転と共に私も編輯所を北京に移し、かくて約十ヶ月間、私は専らこの仕事に当ったのである。

その間私は機会ある毎に第一線近くまで連絡の用事を帯びて出て行った。済南から青島方面に旅行したのは春だった。石家荘(今日の石門)を訪れたのは晩春だった。京綏線を八達嶺から張家口に出て、大同を探り、厚和、包頭まで足を伸ばし、帰途太原に立ち寄ったのは初夏であった。

それから六月末に突然仏印特派の命令を受けたのである。

その頃戦局は徐州の大会戦も済んで、皇軍は一路漢口攻略の体形を整えつつあり、戦火南方に拡大の兆し漸く濃く、援蒋物資の輸送路としての仏印ルートの問題が相当重要性を帯びて来つつあった。殊に帝国海軍の全支沿岸封鎖作戦の進捗と共に、広東ルートが日増しに脅威されはじめて以来、香港の援蒋物資は競って仏印のハイフォン港へと流れるようになって来ていた。

私が突然仏印行きを命ぜられたのは右のような情勢のためである、と私は考えていた。——勿論それも一つの理由であったが、他にその頃極秘裡に進められていた汪精衛を中心とする和平運動に備える意味もあったことを知ったのは、ずっと後になってのことであった。

北京から仏印への途次、私は八年ぶりで満州を訪れた。満州国になってからはこれが初めてである。奉天では元中日公使丁士源氏の宅に厄介になったりして、新京、ハルビンなどを視て歩いた。

変われば変わるものであると思った。わたしが最初に満州の地を通ったのは、新京がまだ長春と言っていた頃のことである。長春駅頭でまだ十七、八ぐらいかと思われる外人の娘が支那人苦力を洋傘の柄で仮借なしに打擲するのを見て、大いに憤慨したことなどをまざまざと思い出した。

仏印への赴任は香港経由であったが、私はここで約十日を準備のため過ごした。そしてイギリス系のジャディン・マヂソン会社の「クワントン」と言う半貨半客船に乗り込んで愈々仏印へ乗り込んだのであるが、途中、海南島の海口では三度も四度も支那官憲の取調べを受けて、これは下船を命ぜられるのではないかと少なからず冷々したものであった。

仏印で過ごした十ヶ月は今から思えば最も劇的で、最も重要な、恐らく私の前半生三十余年間中でも一番充実し且つ意義ある期間だったと思われるが、その頃はただ苦しく、蒸し暑く、息詰るような被圧迫感に押しひしがれて過ごしたものであった。

神経のささくれ立つような反日感が何事によらず露骨に示される。フランス語の新聞は日本軍のことを「敵軍」と書いた。われわれを見るフランス人の目の厭らしさ。

得体の知れぬ支那人が氾濫していた。

極く少数を除いては在留日本人ですらむしろ不愉快な人々の方が多かった。

私は事毎に当局の嫌味な仕打ちを耐えねばならなかった。何度も軍法会議に召喚を受けたり刑事裁判所に呼び出されたりした。

汪精衛がハノイに潜入して以来は従来の安南人尾行者のほかに支那人尾行者までが私を追い廻した。

そんな十ヶ月であった。

そしてこの十ヶ月間、私は頻々と香港に連絡のため出向いたが、また仏印の内部も出来るだけ旅行した。旅行する度に警察の取調べをうけたが、それでも機会あるごとに主要な地方は悉く踏査した。

仏印が今日のようになってからは出掛けてゆく人も多く、仏印通も沢山出来たが、空気険悪を極め、最も反日的だった頃の仏印を知っている人はそう沢山はないと思う。

汪精衛が愈々上海に脱出する前後には、武器の携帯を許されない私共は消火筒を護身用として常時机の上に置いておく様な有様であった。

汪精衛が上海に移転した後、私もまた上海在勤を命ぜられたが、間もなく欧州に戦乱が勃発したので、直ちにアメリカ廻りで欧州に急行することとなり、ここに私の第二回世界一周が始まるのである。

命令受領から出発までに僅か二日しかなかった。而も私の旅行券は仏印行きのものだったので、旅行券の書き替えもしなければならなかったし、為替の許可もとりつけなければならなかった。

私は神戸から陸路東京に急いで、二日間で一切の手続きを完了した上で、横浜で同じ船に乗り継ぐと言う離れ業に首尾よく成功した。

サンフランシスコでは折柄ちょうど万国博覧会が開催中であったのでこれを見た。それから寝台付きの旅客機で一気にアメリカ大陸を横断してニューヨークに着くと、ここでも万国博が待っていた。

ワシントンにも行った。そしてルーズヴェルト大統領と記者団の会見や、ハル国務長官との会見にも出席できたし、議会も傍聴することが出来た。

アメリカ滞在三週間。

ニューヨークからイタリア船サツルニアの客となって、途中アゾレス群島のポンタ・デル・ガダに寄港した時、英・仏・土援助条約の成立を聞き、リスボンに寄ってジブラルタルまで来ると、積荷中に禁制品の銅板があるとかで英海軍のため拘留されてまる五日。英本国に護送されるだろうとか、積荷を下ろしさえすれば放たれるだろうとか、不安のうちに無聊の日を重ねたが、結局問題の荷を下ろして漸く出港を許された。

ナポリは昔のナポリとではその面目を全く一新していた。港は真新しく堂々と改築されているし、街を歩いても昔あれほど名物だった物乞いの姿など全然見かけられなかった。

ローマでも同じ感じであった。

この六年間にファシスト・イタリアが成し遂げた国内の整備は実に驚くべきものだと思った。

私はローマからまずパリへ行く予定であったが、東京からの命令で急にバルカン地方へ乗り込むこととなり、イタリアのアラ・リットリアの旅客機で、軍港ブリンディン経由、イタリアが半年前併合したばかりのアルバニアの首都チラナへ飛んだ。

その頃の噂では、イタリアはここに大規模な空軍基地を建設中だとのことであったが、勿論それらの有無を視察することは許されなかった。三方を山に囲繞された茶碗の底のような盆地にあるこの都会は、一国の首都にしてはあまりにも貧弱な街であった。

それから更に重々たる山岳地帯の上を飛んでギリシアのサロニカに出て陸路をアテネに下り、ドイツのルフトハンザ会社の旅客機に乗り継いでブルガリアの首都ソフィアに出たが、この旅行は後になって、伊・希戦勃発に際し、この方面の戦局を理解する上に著しく役に立った。

かくて私はベオグラード、ブダペスト、ブカレスト、イスタンブールとバルカン諸国を飛行機で一周し、その後もバルカン協商会議、ハンガリア・ルーマニア国境画定会議(ツルヌ・セヴェリン会商)、ルーマニア・ブルガリア国境画定会議(クラヨヴァ会商)、ダニューブ河委員会などと事件の動きを追って、何回となくこれらの国々を経巡り、ルーマニアのベッサラビア地方を訪れたり、トルコの東アナトリア地方を巡察したり、シリア、パレスタイン地方まで足をのばした。そしてその間には昭和十五年四月、二月《ふたつき》後には運命的な大敗戦が待っているとも知らずに相も変らず豊な生活を楽しんでいたフランスを訪れて、八年ぶりで想い出のパリに三週間を過ごしたり、参戦直前のイタリアに舞い戻って、ヴェネチアやミラノ、ローマを訪れたり、まことに席の温まる遑もなく、東西南北に羽を伸ばし、支局に縛り付けられて任地以外にはあまり動くことの出来ない他の特派員諸君を大いに羨ましがらせたものだった。

ドイツの白・蘭進撃を聞いたのはブダペストでのことであった。

イタリアの参戦を聞いた時はブカレストにいた。そしてここでフランスの単独降伏を知った。

ソ連のベッサラビア進攻を聞いたのはイスタンブールにいた時である。イタリアのギリシア侵入を知ったのは、ヴィシー支局長として転任の途、ローマに立ち寄ったその朝のことであった。そして私は三日後には回れ右をして急遽バルカンに帰り、ソフィアにいて伊・希戦の展開を見守っていた。ギリシアはもはや枢軸国人である私の入国を許そうとはしなかった。

こうして戦争の影に怯え戦き、英・仏・独・伊・ソなどの諸勢力が虚々実々、鎬を削っての謀略戦、外交戦に秘術を尽くしているバルカンに在勤すること前後十四ヶ月、これらの小国が自ら戦わざる戦争に如何に影響され、如何に神経戦の犠牲となったかを具さに見聞し、いわば戦争を裏から眺めて来たのであった。

そして昭和十五年十二月末、ウイーンを経てベルリンに来り、戦い抜くドイツの姿を、時折訪れる英機の空襲に一入まざまざと体験していた頃、突如帰朝の命令に接した。

欧州戦争の結末を手がけずに帰朝することに些か心が残らぬでもなかったが、約三年半の間空《あ》けていた祖国に帰って、益々重大ならんとする事態の中に身を置くこともまた男の本懐としなければならない。

私はベルリンからブレンネロ峠を越えて一旦ローマに出て、更にイスタンブールに至り、そこから鉄路バクダードに出た。

バクダードに辿り着いては見たものの、実のところ私にはそこから先のあては全然なかった。

その頃欧州と東洋とを結ぶ連絡路は漸く窮屈を告げる一方で、海路は全然塞がれていたし、ソ連経由の鉄路は開いていたが、旅行券にソ連当局の通過査証をとりつけるためには、外交官ならいざ知らず、われわれ一般人としては三月《みつき》待てばよいのか半年待てばよいのか、それとも何時まで待っても徒労《むだ》なものなのか、全然判らないことだったので、私の場合のように急を要する時には凡そ利用価値のないものでしかなかった。

現にベルリンには、ソ連の査証下附を待って半年以上も何のあてもなしに荏苒《じんぜん》日を暮らしている日本人も相当多数いた有様であった。

そこで私はとに角バクダードへ出てみることとした。その頃のイラクは極めて神経質に船や航空機の動きを国外に報せることを厳禁していたので、行ってみなければ判らない。

バクダードまで行けば或はバスラから印度への回路があるかも知れないし、一月《ひとつき》も待つうちには運よく行けば或は航空便をとることが出来るかも知れない。そう考えてイラクへ乗り込んで来たのだった。

昭和十六年の紀元節を私はここで迎えた。砂漠の中の、実に汚くて暑い街である。アラビアン・ナイトなどで空想していたのとでは余りにも酷い相違なので、ちょっと幻滅の悲哀を感じるが、よく見ると面白いところもないではない。しかし、こんなところに漫然と便待ちをして、一月《ひとつき》も二月《ふたつき》もいなければならなかったらやり切れない。

そう思って八方駆け歩いた結果、幸運にも一週間ほどでオランダのK・L・M東洋航空路の座席がとれた。

そして東京まで約一万五千キロの空の旅である。

バスラに一泊して、印度に入り、カラチを経てジョドプールに一泊。カルカッタ経由ビルマに入ってラングーンに一泊。次の日お昼頃バンコックに着くから早いものである。

ここでK・L・Mを捨てて日航のバンコック線に乗り継ぎ、安南山脈を越えてハノイに一泊、次の日は海口、広東を経て台北に一泊、翌日の夕刻東京に着いた。

トルコ出発が二月七日、東京着が二月二十日。十三日間でこの距離を、而も当時のような悪条件のもとに突破したものは、先ず私一人ではないかと内心些か自負している。

私の旅行はこれで当分終りかと思っていたところ、その年の七月に突然陸軍から話があって、報道部嘱託として、南部仏印の平和進駐（出発当時はまだ平和進駐かどうか判っていなかった）に従軍することとなった。

また飛行機である。そして基地からは輸送船だ。

無事任務を果たしての帰途、南京に立ち寄って約二年ぶりで汪主席と会ったりして、九月東京に帰ってきた。

これが現在のところ私の旅行歴の全部である。

大東亜戦争には社の都合で従軍できなかった。しかし、久しぶりに銃後にあって、戦う祖国の明け暮れを真剣に体験した。これは私にとっては実に貴重なことであった。今までは常に海外にばかりいて、闘う銃後一億と共に生活する機会を持たなかったのであるが、世界の歴史が未だ曽つて知らなかった程の大戦争に蹶起した祖国を、こうして銃後の一員として守ることの出来たことは、まさに感謝である。

以下本書中に記すところは、これまでに略記した数次の旅行中に見聞した「風物点描」であり、物や生活を通じて見た戦争の姿である。

考えようによってはこの本は、一枚の紙も冗《むだ》に出来ない今日の世の中で、或は無用の長物、閑文字の冗たるものであるかも知れない。

だが、こんな形で記録される「戦争」の姿が一つぐらいあってもよいとも思われる。こんな形式の旅行記もまんざら読めないものでもあるまい。

幸い理解ある書肆を得て上梓の機会を得たことを嬉しく思う。

陣中新聞

支那事変の初め頃、北支派遣軍宣伝部（後の報道部）が陣中怱々の間に計画した軍専用の陣中新聞発行に関係したことは、私にとっては貴重な経験であった。

同盟の現地特派員の第二陣として昭和十二年九月十二日天津事件の跡生々しい天津総站に着いた私ども一行八名のうち、七名は直ちに北京へ赴いて更に第一線追踵の命令を受けたが、私だけは天津に残留を命ぜられた。そして軍で発行計画中の軍専用新聞の編集責任者たるべきことを申し渡されたのであった。

私は不満でもあり不安でもあった。

支那事変が勃発して即日第一次特派員十数名が取敢えず急派されることに決した時、私は当然その人選中に在るものとのみ期待していたにも拘わらず私の名は特派員の中に連なっていなかった。特派員第一陣は部長自ら引率して行くと言う。而も私に対しては「お前は今度は留守居役だ。次長を援けて留守を全うせよ。留守居役の役目も極めて重大だから」と言うような話があって当方は第一線従軍の願いは叶わないことに因果をふくめられていたのであった。それが九月、突然第二次特派員として行けと言うのである。次長の話では現地にある部長から特に私に対しては指名でその特派方を言ってきたので予定を変更して出すこととしたとのことであった。ちょうどその頃私の長男（当時はまだ一人であった）はまる一歳半の幼児であったがこの年頃の幼児には珍しく湿性肋膜炎を患って病院で死生の峠を往来していた。第二児を懐胎中の妻は三週間来つきっきりで寝食を忘れて看病していた。そんな事態の中で突如現地特派命令が下りたのであるから出かける時の私の気持ちは私なりに悲愴でもありそれだけにまた大いに張り切ってもいたのである。だから軍専用新聞の編輯をやれと言われた時には落胆もしたし心中多少の怒りも感じた。愛児の生死も見届けずに母や妻にもいろいろと後々のことまで言いきかして出て来た私のつもりでは赤紙応召でこそなかったが、こうしてわざわざ北支の第一線までやって来たからにはそこで新聞の編輯などをさせられようとは全く予想もしていなかったわけである。白河の濁流を押し上って、蒙々と舞い上がる土埃の中で軍隊や馬や軍需品が犇めき動めいて氾濫している塘沽の街に早くも強い戦争の臭いを嗅ぎ、そこから無燈の軍用列車に鮨詰となって時折遠近に散発する銃声を聞きながら夜をこめて天津まで辿りついた私どもとしては、頭の中も心の中も第一戦に従軍することで一杯だったのである。而も第一戦に出ていた同業者の中には早くも一名の戦死者と二名の負傷者とを出していた。別に好んで死に急ぐわけではなかったが、第一線従軍こそ私どもの本懐と考えられたのである。

それに私は不安でもあった。私には新聞製作の経験が全然なかったのである。私は生粋の通信社育ちである。記事を書いたり編輯したりすることなら多少自信はなくもなかったが、活字をいじり、大組をすることなどはこれまでに一度もやったことがない。しかも当初のうちはわたし一人でこの仕事をやるのだと言う。

私に果たしてやれるだろうか。

右のような不満と不安とを超えて敢て私がこれを引きうけた理由が二つあった。

その一は当時軍宣伝部嘱託として活躍していた現天津庸報社長大矢信彦、元同社編輯長坂本楨両氏の激励と好意がその一つ、他の一つはより重要な、そして精神的な理由からであった。

軍専用新聞の発行が計画された端緒はと言えば、その時私が聞いたのでは、当時同盟通信常務理事であった現社長古野伊之助氏が北支第一線を巡視した際、一般将兵のニュースに渇え飢えた様を見て、これは何とかしなければいけないと思い、軍専用新聞の発行に着想して軍当局に話したところ、当時の宣伝部長川口清健大佐、部員松村秀逸少佐なども同様この点を痛感していたので、即座に話が決まったのだと言う。

人間生活のある限り、新しいことを知り度い、自分たちの周囲やその向こうに起こりつつあることを知り度いと言う欲求は消滅しないものである。殊に戦争と言う人間生活のうちでも最も真剣な営みの真只中にある人々にあってはこの気持ちは特別に強い。将兵たちがニュースを求める気持ちの熾烈さは銃後にいてはとても想像も出来ない。彼らは何日も何日も殆んど一睡もせずに闘って、行軍中でも半分眠りながら歩いて行く程疲れていても、新聞の切れっ端などを見つけるとそれを奪い合うようにして貪り読むのである。小休止、大休止の時など崩れ折れるように地面に身を投げ出して眠っている将兵に「新聞だぞ！」と言うと彼らは敵襲の時のように跳ね起きて集まってくる。武器と空気、水、食物などが闘う将兵にとって絶対不可欠の要素であると同じに銃後からの便りと新聞とは彼らにとってこれまた不可欠の精神的栄養素であるかの如くであった。

日本は一体どうなっているんだ。世界はどう動いているだろうか。他の戦線はどこまで発展したのだろうか。大はそんなところから、小は銃後の細々とした出来事まで、兵隊たちは知り度がっているのだ。知り度がって飢え渇しているのだ。

満州事変の時以来第一線に携帯用無電機を持って従軍するようになった記者班は従来も軍の希望によっては滞陣の折々に東京の無電ニュース放送を傍受してこれをガリ版刷りにしたものを塹壕新聞などと称して配布したこともあったが、それらは孰れも小規模であったし且つ不定期だったので、将兵の要望を充分満たすことは出来なかった。

これではいけない、定期の軍専用新聞を発行して将兵の渇をいやしてやらなければならない、と言うのが今度の計画の起こりである。

そう聞かされた時、私は不満を捨てた。否むしろ選ばれてその編輯責任者に推されたことに身に余る光栄を感じて、やらして下さいと今では却って進み出る気持ちにすらなったのであった。こうして活字のことも大組のことも新聞紙面の製作に関しては何一つ知らない私が大胆にもその日から軍宣伝部の一員として、週刊ではあったが新聞二頁大（後に小報型四頁となった）発行部数五万の「陣中新聞」の編輯発行に当ることとなった。

軍宣伝部長川口大佐は時の派遣軍司令官寺内寿一大将に「陣中新聞」発行に関する報告を行なう際、海光寺の軍司令部に私を伴って行き、「今度この男に編輯の方をやって貰うことにしました」と言って紹介してくれた。寺内大将はにこやかに笑って「いい新聞を拵えてくれ」と簡単な言葉で激励された。

第一号はたしか十月早々に発行されたと記憶する。川口部長の下にあって直接指導にあたったのは松村少佐であった。私は主として松島街の同盟支局内で編輯に当った。軍からも別に編輯助手を一人つけてくれたので二人でこれに当った。印刷は天津庸報社でした。庸報は事変後軍の漢字機関紙のような形で発行されていたので、その首脳には日本人が据わっていたが、記者や職工は全部支那人であり、今まで日本語の印刷物は一度も手がけたことのない連中ばかりであった。そこへ印刷のことは何も知らぬ私が大矢氏や坂本君に泥縄式に教わっただけの知識を以って編輯した日本語新聞を下版したのだから乱暴極まる話だったわけだ。

支那人職工には平仮名が一番苦手であったらしく、また私どもの乱暴なペン字にもずいぶんと悩まされた様子でゲラ刷りは校正の朱筆で瞬く間に真っ赤になってしまった。

支那語と言えば俥挽きの苦力を呼ぶぐらいがせいぜいやっとであった私と、日本語を全然解しない職工長との仕事であるから組み版にも一工夫凝らさねばならなかったが、結局私はゲラ刷りを鋏と糊とで新聞紙面どおりに切り張りしてその組み版模型を工場に廻す方法を採った。こうすればあまり言語を必要としなかったし、どうでも言葉が要る時は坂本君やその他の日本人幹部を煩わして通訳して貰ったのである。

刷り上った新聞は或は飛行機で或は列車でそれぞれ軍麾下の部隊に送られて行った。連隊当り五百部見当で配布されていたようである。弾丸や食料など一個でも余計軍需梱包を送らなければならない輜重部にとって毎週決まって五万部からの新聞を第一線まで送ることは容易ならぬ犠牲であった。だが比較的順調に発送されていた。また当時軍宣伝部宣撫班長をしていた八木沼丈夫氏の部下たちも宣撫工作に出入りする度にこれを持って行ってくれたし、同盟の特派員たちも第一線との往復の度に五十部百部と持参して将兵に配っていた。こうして「陣中新聞」は育っていったのである。育つにつれて体裁も漸次整い、内容も兵隊新聞らしく「陣中衛生欄」を設けたり「郷土便り欄」を設けたり「陣中文芸欄」を造ったりして第一線の将兵が最も欲するものを与えることに努力して来た。

昭和十三年三月軍司令部が北京に移動するとともに「陣中新聞」も北京に移動して印刷は武田南陽氏が主宰していた新民報で刷ることとなったが、私はその後間もなく、同年六月末本社から仏印ハノイ特派を命ぜられたので軍のほうは解嘱してもらって、後を人に譲って退いた。

この間中支軍でも十三年四月から火野葦平軍曹などが中心となって「戦友新聞」という軍専用新聞を発行することとなったが、体裁内容とも大体私どもの「陣中新聞」と同じであった。

以上のような動機と経緯とを以って発足した「陣中新聞」はその後北京に創刊された「東亜新報」に合併されて今日では「東亜新報・陣中版」として僅かにその名称をとどめているにすぎないが、それは兎も角として、私はここに一つのことを指摘しておき度いと思う。それは私どもが関係した「陣中新聞」の如き形に於ける軍専用新聞の発行ではこれが世界最初〈注―アメリカの「星条旗新聞」が一八六一年南北戦争時に発行〉であると言う一事なのである。そしてこのことが特記に値する所以のものは，それが世界最初だからと言うことだけにあるのではない。更に深くその動機が記憶されなければならない。世界で最も勇敢な従軍報道は言うまでもなく日本のそれであって、支那事変以来大東亜戦争の今日に到るまでに私どもの同僚である従軍報道記者たちは武器なきペンの、或はカメラの或は無電機の戦士として常に将兵と共に第一線に在り、名誉の戦死をとげたもの恐らくは百名を越え、また負傷者を合すれば数百の多きに達するであろうが、世界のどこの国にも見ないこうした決死の報道活動の裏にはまた、ニュースに渇する将兵をいやさんとする「ニュースと結ばれた前線の友愛」も秘められていることは記憶するに快いことである。

敗戦雑記帳

八月十五日

晴朗な、そして暑い、夏らしい天気であった。昭和二十年八月十五日。

私にとって、この日は別段突然やって来たわけではなかった。朧げにはこの年の六月末ごろから、そして八月十日からは運命的な明瞭さをもって、私はこの日のあることを知っていた。従って、この日の正午、全国民に向かって放送された戦争終結の御詔勅を読ませ給う玉音を聞いても、一般国民がうけたような「寝耳に水」の驚きに胆潰れる思いはなくてすんだのである。

しかし、放送会館の広大な第一演奏室に全職員とともに整列して、この玉音放送を聞いているうちに、低頭して直立していた私の膝頭はとめどもなくがたがたと小ゆるぎに震えだして今にも崩折れるかと思われるばかりであった。泪はしきりに床の絨緞を濡らした。しどけなく水洟があとからあとからと垂れた。

私は詔書の文句を古めかしいと思い、そこに何となき空々しさ、この期に及んでなお慣用の虚飾的修辞を連ねたいわゆる公用文書の空虚さを感じて、文書そのものからは何の感銘も受けなかったように思う。また玉音にしても、それは玉音というには余りにも適わしからぬややだみ声に近い不透明音で、剰え発音に一種の訛りに似た強い癖すらあって、陛下の御声から何らかの特別な感銘を受けたという記憶もない。

にも拘わらず、私が人前を憚らずにこうまで泣いたのはいったい何故だろう。詔勅の拝聴が終わって、各自の席に帰ってからも、自席にじっとしていると、いつまでも泣けて、泣けて仕方がなかった。三階の表通りに面した私の席から見ていると、前の日比谷大通りには、協会の正面玄関上に取り付けた拡声器を仰いで、数百の群集が炎天の下に凝立していた。動く者は殆どいなかった。泣いている者も少なかった。皆放心したようになって立ちつくしていた。死のようなしじまの一刻であった。拡声器だけがそのしじまを破ってこれらの群集に政府布告や首相談などを放送して、何が故にわれわれが無条件降伏のうちにこの戦争を終わらなければならないかをくどくどと説明していた。

私はこれらの放送をくどく、莫迦々々しいと思いながら、とめどもなく涙を流していた。それは、自分でも多少てれるほどであった、泣きながら、自分でも訝しく思わずにはいられなかった。

午後一時から東亜諸地域の在留邦人向けに約三十分間、私自身マイクの前に立って、終戦の事実を告ぐる解説放送をした。この放送がアメリカで非常な問題を惹き起し、ついに大統領会見の話題にまでなって、トルーマン大統領をして「敗戦国民は総じてこんなことを言いたがるものだ」と苦笑せしめ、アメリカやイギリスの新聞はもとより、中立国筋の新聞までが何だかだと書き立てたために、日本の外務省でまで問題にするものが出て来るといった騒ぎの原因となったいわゆる「一時的敗戦《テンポラリー●ディフィート》」放送である。私のこの放送は敗戦確認の勅書放送後、最初に放出された外国向け放送であったため、思いもかけず非常な反響を呼んで、一犬虚に吠え万犬実を伝うる式の大波紋を描き、爾後一週間ばかりというものは敵側の電波は執拗にこの問題を捕えて、日本放送協会のチーフ・コンメンテーター・オオヤという男は「日本の敗戦は一時的なものにすぎないと言っている」とて、強硬に敦圄《いきま》いたものであった。事実はそうではなくて、私の放送趣旨は「武力戦には負けたけれども、東亜解放という大理想まで死んだとは思わない。敗戦という現象は民族の生命という永遠の歴史からこれを見れば、五十年か六十年の人生に一日か二日の風邪を罹らったほどのものでしかないのだから、お互いに絶望することなく、よりよき明日のために生きようではないか」というにあったわけだが、敵側ではこれを歪めて理解したわけであった。

それは兎もかくとして、この放送をやる間じゅう、私は泣けて泣けて、何とも放送が続けられなかった。はじめから原稿なし《オフ●ハンド》でやった放送だったが、嗚咽のために声も、思想も何度となく中断されて、やっている私としてはまったく支離滅裂なように思えた。——あとで、試聴器《モニター》を聞いていた人々の話を聞いたところでは間断なき中断にも拘らず、首尾一貫していて、かえって感銘深かったとのことであったが。

いったい、何が私をして、かくまでも強く泣かせたのか。自分でも段々判らなくなって来た。

私は戦争中でも日頃から、この戦争には負けたくないけれどもこの戦争は勝てない戦争であり、日本人及び日本の現状からすればこれは勝ってはならぬ戦争——勝てば日本は内部からの革命による崩壊で自滅し、また、世界を不幸にすること必至と思われる「呪われた戦争」であると確信し、場合によってはそれを公言して憚らなかったくらいであるから、今更敗けたことに驚きもしなければ、それをかくまで悲しむ理由もなかったのである。

私は勿論疲れていた。八月六日の広島市に対する原子爆弾の件以来、対外放送の編成部長をしていた私は殆ど帰宅せずに、昼夜つめ切っていたため、睡眠不足もあった。だがそれだけでこうまで泣くものとも思われなかった。

結局私は、永患いの親に逝かれた子の悲しみ——それが私の涙であろうと、そうした譬喩で自分の気持をわれとわが身に説明したのであった。どうせ死ぬ親だとは判っていても、愈々死なれてみなければ、死というものがさほど切実には感じられない、そうした人間の通有性が私の涙であったのだろう。

親を見ると殊勝らしく泣いていながら、心のうちでは敗けたのはまったく当然だと考えていたのが私である。これで勝てたら戦争しない奴はバカであると日頃放言していたくらいだから、内心「ザマ見たことか」と一抹の自嘲すら覚えていたのも事実である。それでもなお、心から底から悲しくて、泣けて泣けて仕方がなかったのも、偽らぬ私の気持であった。

戦争中は、銃後にいる者としてはまずまず実によく、健康を賭けて働き抜き、闘い抜いて来たほうだといまでも私は自認しているが、万事はこれで、予想どおりに片付いてしまった！　という気の緩みというか、力抜けというか、そうした気持が私の涙なのだったろうと考えている。

虚脱状態

敗戦の直後一、二週間ぐらいは、徒然の惰性も手伝ってか、何だかこれまでどおりやって行けそうな気がしていた。

しかるに、日が経つに従って、何だか段々いけなくなって来た。何もかも厭で仕方なくなって来た。積極的に、率先してやるのが莫迦莫迦しくてたまらなくなって来た。すべて、どうでもよいではないかというような、なげやりな気持ちがしだいに強くなって来た。これではいけないと思えば思うほど、虚脱の状態が深まって、目先に何の目標も見えなくなってしまった。とてもやれなく、またやりきれなくなって来たのである。いったい、何のために、何をやらねばならぬのか、それが判らなくなったのである。

そこで私は八月三十一日限り放送協会を辞職して、またもとの同盟通信に復帰したが、古野社長に「お前にも余計なつまらぬ苦労をさせたね、まあ、ゆっくり休養してくれ」と言われたときは涙ぐんだ。そして爾来、私は何もせずに、十月三十一日、同盟が正式に解散するまでのあいだまる二ヶ月、ぶらぶらと遊んでしまった。

九月二日には東京湾内の米戦艦ミズーリ号上で降伏文書

の調印がなされた。これに先立って内地の各地に米兵が進駐して来た。東京にも米兵の姿が次第に氾濫しはじめた。空には米機が朝から夕まで威嚇的に乱舞しつづけた。当初はしきりと米兵の暴行事件をかきたてていた日本の新聞はある日ピタリとそれを止めたと思うと、一斉に民主主義だの自由主義だのを書き立てはじめ、米兵の親切なことを書き、日本の軍部と官僚とを仇敵以上の憎悪をもって攻撃しはじめた。

何もかも急激に変って行った。戦争中は何もせずに鳴りを潜めていた人々が急に表面に飛び出してきて、反戦主義と民主主義の代表者のようなことを言いだした。するとこれに劣らず大急ぎで、昨日まで軍や官と結託して不潔な方法で私利私欲を営んでいた人々までが一夜のうちに看板を塗り直して、「徹底的親米政策の遂行と自由主義の確立」などを叫びだす有様であった。東條大将華やかなりし時代には恰もその隠然たる背後団体ででもあるかのごとく吹聴していた一派の右翼暴力団は、途端に転身して、得意の闇政策で大蔵省から五千万円という巨額の低利資金を引ぱり出し、それでもって、進駐軍慰安特殊施設協会というような、名前は別としてその実、淫売企業の大トラストの開設を目論むという有様であった。

多くの軍人や、一般人までが見事日本刀で自決して果てているのに、「日本刀では仕損じる惧れがあるから」とて態と拳銃自殺を企てた東條英機大将が生命をとりとめると、手当にあたった米軍軍医に「感謝の日本刀」を贈ってのめのめと、当初の予定どおり——即ち東條大将が終戦と同時に自決しなかった理由として、その側近が伝えたとおりに——「堂々法廷に立って事理を明らかにする」ため大森収容所に生き恥を晒すこととしたかと思うと、上は天皇陛下や近衛文麿から、下は新聞雑誌の一投書家に至るまで、日本中が口を揃えて東條を罵り、すべての罪を東條に被せようとするかのごとくであった。

市井では、六十、七十の老人から中学生に至るまで、急に英語のリーダーを引ぱり出して、電車の中の寸暇をも惜しんで英語の遽か勉強である。大東亜戦争になると、そうすることによって恰も現実の戦争に勝てでもするかのように狂気のごとく英語という英語を片端から「敵性語」なる斬奸状のもとに叩き潰し征伐して歩いた同じ人々が、用もないのに米兵の近くにすり寄って、卑しいヘヘラ笑いで片言を喋ることによって、妙な「変態的満悦感」を味わう有様である。昨日までは殊勝らしく街角に立って千人針を縫っていた女の子が、今日は晴れがましい優越感で米兵の腕に縋って歩いて行くのである。

何もかも変わってしまった。

そんな激流の二ヶ月間、私は、どうにもこうにも抜きさしならない沈滞の底にあって、鈍い獣のようにわずかにうごめいていた。

人びとがけたたましく叫ぶ新日本だの、文化日本だの、日本再建だの、民主主義だの、自由主義だの、一億総懺悔だの、その他等々の掛け声が、どれ一つとして私には真実の響きを伝えてはくれない。それがみんな嘘に響く。彼らにはいったい日本が負けたということが判っているのか知らと疑われてならないのである。敗戦のすぐ翌日から、かくも華々しくそしていかにも楽しそうに、次の目標がはっきり、一点の疑惑もなしに判っているものであろうか。少なくとも私には判らない。従って私には、どれに対しても一つとして何の熱情も持てない。

旧社会主義者だという一団の人びとがどこかの隅から這い出して来て、明日は俺たちの天下だと心ひそかに何ごとかを期待しているようだが、彼らにはいったい、明日の日本の運命がはっきり見通せているのか知ら。

アメリカの力によって長い牢屋生活から引ずり出してもらった共産主義者という連中が、出獄の翌日から早くも明日の理論的指導者面して、何の彼のと大言壮語しては演説会場を駆け廻っているが、彼らには今度の戦争の世界的な意義が果たしてどこまで判っているのか、ひどく疑わしく私には思われる。

私はひとり虚脱状態にあるのだ。とり残された感じである。

限りなく騒々しいこれら外界の有様を見ていると、私などは処詮旧式のバカ野郎にすぎないのかも知れないと思う。口出しをしたり、何か積極的にしてみたりしようなどと考えるのは止したがよいと思われる。

私も戦争中は相当ハッキリした反戦主義者であった。或る友人は私をとらえて「きみは戦争中の方が終戦後よりも遥かに徹底した反戦主義者だったよ」と苦笑したほど、私はいま混迷し、虚脱し、そしてみすみす取り残されつつあるのだ。

尤も、私はそれはそれでもよいと自分では思っている。皆が皆、昨日もきょうも、同じように揃って華やかに踊ったり唱ったりしなければならぬこともあるまい。自分に出られるような舞台が廻って来れば出ればよし、そうでなければこのまま何ということもなく消えてなくなったって不服はない。ただ、つねに、真実で、自分のすることに対して自信をもっていることだけは絶対に必要であろう。うそでもよいから、うそと自覚しつつ自分で踊るのならそれでよい。だが、踊らされるのは真っ平御免だ。踊らされるくらいなら何にもせずに朽ちたほうが本望である。それから、うそが厭ならじっとしていて立ち腐れまた結構である。

とに角、大変な、汚くて、不潔で、騒々しくて、やるせない、いやな世の中になったものである。私のような神経の弱いものにはとても寛容出来ない相手の何と多かったことか。

不潔なる現代日本人よ！　（十一月三日）

終戦前夜

原子爆弾の最初の一発が広島に来たときに私どもは「もういけない」と思った。それと同時に「政府もこれでとも角救われたろう」とも思った。それまで長いあいだ、政府は苦悶したのだ。私どもは詳しいことは知らなかった。しかし、鈴木内閣がその成立後間もなく、ある構想のもとにソヴェトに接近して行ったことを知っていた。これは小磯内閣の重光外相時代から、何度となく考えられもし、その機会を狙われてもいたことで、別段、鈴木内閣の東郷外相になって初めて着想されたというわけではなかった。

重光から東郷へ。もちろん、この間、国際的にも、戦局の上にも、また国内的にも、客観状勢の急展開があったので、その構想において多少の修正はあったけれども、ドイツのような徹底的破壊を免れるために、何とか一つソヴェトの仲介斡旋で最後の和平攻勢を試みようとする根本においては変わりなかったようである。

しかし、外務省の首脳者たちは「まず、九九％まで駄目だろう」と言っていた。

六月二十二日の御前会議でソ連に和平斡旋のことを依頼することが決定されて、それからモスクワの佐藤大使とのあいだに何通かの極秘電報が往復されたが、見透しはけっして明るくはならなかった。ただ一縷の光は「ソ連側でも真剣に此方の言い方を聞いていていてくれる」という、はかない事実にのみかかっている状態であった。

一方、困難は国内的にもあった。いままで、嘘に嘘を重ねた発表で国民を引張って来ていたのだから、国民の大部分はまだ十分闘えると信じていた。なかには、まだ少しも負けてはいない、というような錯覚を平気で抱いていた者も少なくはなかった。軍人たちのなかにすら――或る意味では彼らが最も極端な「だまされていた人びと」であったと言えるが――戦争はこれからだと、真剣にそう思っていた者が無数にいたのだ。一言にしていえば、戦争の実相は殆どまったく国民の耳目から蔽われていたのである。こうした国内事情を前にして、一体どうやって戦争終結を国民に告げることが可能であろうか。これが政府の悩みの種であった。

或る時期には、国内食糧事情の破局的逼迫ということを終戦の口実にしようか、ということが政府部内で真剣に考えられたこともあったくらいである。これなら、国民がその胃の腑をもって最も痛切に体験している現実だから、或るいは国民を納得させることができるかもしれない、と、これが、日本の戦争終末期の最高指導者たちの智慧であった。

それだけでは到底駄目だろう、という意見も強くて、ぐずぐずのうちに時は流れた。殊に、大陸や南方に三百万以上の大兵力を派している陸軍の肚がいっこうに決まらない。どう計算して見ても、これ以上の戦争継続は不可能であるということは何人の目にも明らかであった。海軍はその僅かに残された航空兵力以外戦闘力として残るものは殆どないことを率直に認めていた。陸軍としても、敵の本土上陸を迎えて、そのいわゆる「ゲリラ戦術」でこれに立ち向かうなどということの、言うべくして行われ得ないことは百も承知していた。しかも、何人にも最後の踏切りの肚がなかったのである。

こうしたぐずぐずのうちに、ソ連はわが方の申し入れに対してなんら最後的な明答を与えることなしに、ポツダム会談に出席してしまった。しかも、米・英の新聞報道のなかには、明らかにわが方の対ソ交渉の内容をそれとなく嗅ぎつけていると思わざるを得ないような、極めて穿ったものが相次いで現われはじめた。

それでもなお、原子爆弾の出現を夢にも想わず、またソ連の対日参戦をフィフティー・フィフティーの半信半疑でいたわが政府当局は依然として荏苒日を送っていたのである。

こうなると輿論のない国の政治家たちは辛い。国民の判断がかりに明敏であったにせよ、愚昧であったにせよ、とも角も、その輿論に教えられることも、押されることも、支持されることもなしに、悉く彼らのみの判断と責任とで、かかる興亡の難局に処して行かなければならないのである。従って、肚と見透しとのない者には決断もまたつきかねるのである。

広島に次いで長崎も原子爆弾にやられた。ソ連が参戦した。ポツダム宣言の後にもトルーマン米大統領は二回に亘って、殆んど最後的警告とも言うべき対日宣言を発して速やかなる降伏を勧告した。

おぼろげながらも、上述のような事情を知っていた私どもには事は既に決したと思われたのであった。閣議は単なる国内手続き上の問題でしかあり得ない、というように考えられた。ここで、今更戦争継続か否かの根本論議の余地があろうとも思われなかったのである。

愚図々々していれば原子爆弾の第三発目がまた何十万かの人命を、それこそまったく無益のうちにふっ飛ばすであろう。それが人道的だとか非人道的だとか言ってみたところで始まるものではない。米空軍による原子爆弾は偶発的なことで使用されたわけではないのである。これを使用するからには、彼らはその物質的効果についても、精神的反響についても、事前に十分検討した上で、断乎として使用しはじめたものに相違ないのである。必要とあらば何十発でも引続いて使用するであろう。

驚いたことには、この期に及んでもなお、軍部の一部は「なあに、原子爆弾といってもせいぜい三発でおしまいだ。各種事情から推察して、現在アメリカでは三発以上の原子爆弾は用意されていないことが確実視されている」と、何を根拠にして言うのか判らないが、自暴自棄的な捨台詞的放言を流布して強がる者が少くなかった。また、新聞・通信社などの軍部担当記者のなかには一も二もなくそのお先棒を担いで、こうした流説を吹聴して歩く者も皆無ではなかった。

彼らの目から見れば、私どもなどは一種の敗戦主義者、懦夫中の懦夫とも見えたであろう。だが、懦夫もまた強し。

懦夫中で最も凛乎として強かったのは、私の知る限りでは、当時の外務次官松本俊一氏であった。

当然一瀉千里であるべき筈の閣議が遅疑逡巡して、もめにもめ、相当の信念をもってこれに臨んだ東郷外相ですら、専ら陸軍の立場からしか発言し得ない阿南陸相や、この期に及んでなお国内治安などというちっぽけな問題をすべての問題の上に置いて本末転倒した議論で威嚇しまくしたてる安倍内相などの、大局論よりはむしろ現実上の強さにおいて優る局部論の前に言いまくられて、ややもすれば腰がぐらついて来るのを、内にあってしっかと支え、時によっては恰も叱咤するがごとくにこれを激励鞭撻して、ポツダム宣言のより速やかなる受諾一本槍に押しやったのは与って松本次官の信念であった。

もっとも、内閣にあっては鈴木首相もしっかりと先を見透していた。また、これを補佐した迫水書記官長〈注—迫永久常〉も終始、即時終戦論の有力な支持者であった。

連日連夜の閣議にあっては鈴木首相＝東郷外相のコンビネーションが、そしてその蔭にあっては迫水翰長＝松本外務次官のコンビネーションが、最後の土壇場に来た日本の運命を左右する唯一の積極的推進力だったのである。その他の議論は悉く、いわば日本自滅論であり、個人乃至一部派閥の面目論でしかなく、国民全体の将来の運命とは何の関係もない血迷った議論だったに外ならない。

当然終戦後の一応の事態収拾に当るものと予想されていた鈴木内閣がその後二十四時間を出でずして突如総辞職したのは、鈴木首相が言ったように「再度に亘って御聖断を煩わすに至った不明、不忠を深く恥じた」からであった。鈴木首相個人はもとより、何人の目にも行くべき目標は明確でありながら、しかもこの期に及んでなお不純な私心の跳梁に妨げられて閣論を統一し得ず、再度に及んで上聖天子の叡慮を罹わし奉らねばならなかったことを深く恥じて、総辞職したのである。

しかし、舞台裏の人々の信念はもはや不動であった。連日、連夜の閣議で、或は迷い、或は諦め、よろめきよろばった終戦議論が十日の午前三時に至り、陛下の御聖断を御恭うするところまで漕ぎつけたとき、そしてポツダム宣言の受諾を声明した公電が午前七時、スイス、スェーデンのわが公使宛に発送されたあと、同日午後七時頃、外務省弘報部第三課〈注―対外宣伝担当の調査局第三課長〉の太田三郎君は英文でタイプした一片の紙片を携えて、同盟通信社に長谷川海外局長を訪れた。

当時、放送局で海外局編成部長をしていた私も呼ばれて同盟に行った。

件の英文文書は、帝国政府がスイス、スェーデン向けに発送した公電と同文の、実に歴史的な重大文書であったが、私どもは一見して、身うちの血の逆流するのを覚えたのである。

松本次官の命令で、これを出来るだけ早く同盟と放送局からその対外放送によって世界中に周知せしめてくれるよう、というのが外務省からの要求であった。

公電は時間がかかる。事が決した以上は一分でも一秒でも早いがよい。一分遅れたために、この上数十万の同胞を無益に殺すようなことがあっては天にも人にも申訳ない、と松本次官は主張した。

しかし、当時の対外放送の制度から言うと、かかる場合、同盟としても放送局としても一応情報局の諒解を必要とすること、となっていた。だが、いまはそんなことを言っている場合でない。

長谷川と私とは、いまから考えると些か恥ずかしいけれど、そのときはほんとに「場合によっては死」を覚悟して、この英文原稿をそのまま海外に放送したのであった。極く少数の直接関係者だけにしか、もちろん、知らさぬように万端の手配はしたが、これが軍の一部強硬派に知れれば、実際どんなことになるかは予測出来なかったのが実情であった。

公電は飽くまで秘密交渉である。それを公電の到着よりも一足お先に、しかも平文で全世界に公知させたのであるから、松本次官の覚悟のほども知れる。また、松本次官が如何に全責任は自分がとると言ってくれても、情報局にさえ秘密にしてこれを海外に放送した点については、当然長谷川と私とがその直接責任者たらざるを得ない。

「仕方ないさ、明日からはお互に毎日褌を新しくして来るんだね」と長谷川と私とは強いて笑い合ったのであった。

反響は忽ちのうちに打返されて来た。私どもの放送が終わって僅か二時間後にはアメリカ側で早くも「日本はポツダム宣言受諾に決した」と大々的に報道を開始した。

翌十一日の朝、早くも、予期していたことが現実となってやって来た。憲兵隊から私服の憲兵が——これまでにも始終来てはいたけれども——やって来て、はじめのうちは遠回しに、何か重要な外交機密を放送しはしなかったか、と訊く。入れかわり、立ちかわり、憲兵がやって来た。後では制服の少佐までやって来た。はじめの頃やって来た連中は具体的には何も知らぬ様子であったが、午後から来た連中は既にはっきり昨夜からの事実を掴んでやって来ている様子であった。

その頃陸軍ではアメリカの短波・中波の両放送を傍聴していたとともに、東京からのラジオの短波放送をも監聴していたので、私どもの放送内容を逸早く知ったのであった。不思議なことには、彼らは放送局にばかりやって来て、同盟には少しも不審の目を向けなかった。同盟には十一日の早朝、海軍から長谷川宛に一応事実の実否について、問い合わせがあっただけで、憲兵隊からは一人も行かなかったとのことである。

私は、別段そう企んだわけではないが、事の勢い上、憲兵隊の不審を一手に引き受けて、これに応接したが、彼らは別段私を拘引しようとはしなかった。そして、ただ、今後は放送局の海外放送を厳重監視するということで、憲兵が二、三人朝から晩まで私の机の横で頑張ることになった。

この間、十二日の朝になると、一旦勅裁まで経た廟議が陸軍と内務方面からの強硬な反対意見のため、またまた覆されそうな形勢になって来たとのことであった。勝算はないまでもとも角、本土に敵を迎えて華々しく「日本人らしい」一戦を交うべし、と恰も戦国時代の井蛙武士でもが言い出しそうな偏狭論が有力になって来たのである。また、日本人の血のなかにはこうした盲目論に容易く共感し得る近視眼的感情が昭和も二十年というにいまなお多分に残されていた。

殊に、十二日の動揺の最も大きな原因をなしたものは、十日の公電においてわが方から連合側に対して明瞭な説明と証言とを求めてやった、天皇の御地位と国体の護持とに関する敵側の公式見解の回答内容であった。敵側の回答によれば、周知の如く、天皇と日本政府とは連合軍最高司令官に「隷属する」(subject to) というのであった。これに関する解釈が揉めに揉め抜いたのである。参謀総長と軍司令部総長とは打揃って参内して、天皇陛下に対し奉り、軍部として、また臣下として、敵側のかかる見解を受諾することはできない旨を言上した。東郷外相はお召しによって参内し、(subject to) が決して大権の全面的否定・剥奪を意味するものではないとの見解を申上げた。

更にまた、同じ回答中にある「人民の自由意志による政体」云々の文句が真剣な論議の的になった。

しかし、これらの議論が実は一切「空中の空」にすぎないものであることを言葉にして言う人は一人もいなかったのである。解釈は当方の一方的見解にすぎない。言わば、それは一時欺しの自己慰安に他ならないのだ。わが方の解釈が如何様であれ、それとは何らの関係もなしに、勝者の意志はわれわれの上に容赦なくのしかぶさって来るであろう。

要は、われわれが真に欲しているところがいったい何であるかをハッキリ知ることにあった。国家・民族としての自滅を覚悟でなお戦争を継続するか、それとも敗者としての運命を甘受しつつ、その許された範囲内で国家・民族としての生存に最善を傾けるか、この二者択一以外の何ものでもない。サブジェクト・ツーが何を意味するかを一方的に勝手に解釈して「それならよかろう」とか「それではだめだ」とかの議論を内輪だけで繰り返して見たところで、それはこの言葉を用いて回答を発した連合国側の最高意志の内容とは全然無関係な低迷徘徊にすぎないのである。

こんな、いわば関係者の自慰的議論のうちに十二日、十三日を送って、十四日にはまたまた御前会議だ。自慰的愚論で決しなかったことを——処詮決りっこないのがその必然的成行きであったわけだが――天皇陛下の御裁断に仰ごうという、じつに情けない心情が鈴木内閣末期の連日連夜に亘る重大閣議の総決算であった。これでは輔弼の重責とやらはどこへ置き忘れられたかも判らなくなってしまう次第である。御聖断は下ったが、この御聖断を仰ぐまでには、以上概述のような経緯を持った鈴木内閣としては、十五日朝の阿南陸相単独自決があったろうがなかったろうが、恥を知るほどの人々の群であったならば、当然辞職してその不明非力をお詫びすべきであったし、事実そうされたことは、せめてもの潔さであった。

この間、陛下の御決断を真の意味で補佐し奉った人に、蔭の役者ではあったが近衛文麿公があったことを記録しておく必要があろう。近衛は内府木戸幸一侯と緊密に連絡を保っていたが、国家最後の関頭に際して、数日前より疎開地軽井沢の別荘を出でて入京滞在していた。陛下は御決断に先立って屢々近衛を召してその意見を徴せられたし、近衛の見解はまた木戸を通じて常時天聴に達せられてもいたごとくである。木戸が近衛と全く同一意見であったことは言うまでもない。或る意味ではむしろ木戸こそ真に隠れたる「平和推進力」であって、近衛はその最有力な援軍であったといっても誤りではないかもしれない。更に近衛と見解を同じくする者としては、鈴木首相、迫水翰長、東郷外相、松本外務次官などがあった。即ちこれらの力が表裏・内外一体となって、残余の煮え切らず・踏み切れない因循分子とこの数日間力押しに渾身の力を傾けて来たわけであった。

この他、私たちが知らないところで、なお様々な「敗戦前夜の苦悶」が、いろいろな姿でなされたことであったろう。これだけの戦いを闘い、そしてそれに敗れ去り、建国以来二千六百余年間、いまだ一度として経験したことのない大変革を経験せんことを決心するのだから、そう簡単に事が決するわけもないのである。

連合側の決断の速かさに対して、わが方の諸事決定の緩慢さを指摘し、一概にこれを自嘲・自罵する手合いが敗戦の前夜にも多々いたが、彼らはもって軽蔑すべきのみ。はたしてこの手合い、自分のこととなれば僅か百円千円の支出にも、いうが如く即断即決をなし得るか否か。真実に闘い、真実に敗けたものの行動が、しかし水際立って鮮やかであったならば、それは神業というべきであろう。

（二〇、一〇、一二）

（付記。私はその後、松本俊一氏から、終戦に至る詳細な事情を聞いて、これを「終戦の前夜」と題し一冊の小冊

子に纏めて発表した。十一月十日）

近衛兵の反乱

終戦前の数日間、私は毎夜第一ホテルに泊まって不時の急用に備えていた。

八月十四日の午前、二回目の御前会議で最終的御聖断が下されると、陛下の御意志に基づき、十五日の正午、終戦の御詔勅を親しく玉音をもって全国民に放送遊ばされるというので、十四日午後、日本放送協会の録音班は下村情報局総裁〈注―下村宏〉、大橋会長（八郎）、矢部国内局長、荒川技術局長〈荒川大太郎〉などに伴われて参内し、陛下の御声を録音した。陛下御自らマイクロフォンの前に立たせ給うなどということは有史以来のことなのである。

十五日の午前四時半頃であった。ホテルで眠っていた私の部屋のドアを激しく叩く者がいる。起きてみると協会のボーイが一片のメモを持って立っていた。「急用あり、至急おいで乞う」と簡単に防衛部長の名で書いてある。防衛部長からの急用とは解せない、と思ったが、とも角直ちに駆けつけてみると、放送会館の正面玄関、横手玄関、それからその付近の四辻等にはいずれも数名宛の武装兵が配置されていて、彼らの銃剣が暁明の薄明りに鈍く光っていた。

私はこれらを万一の場合に備えて特派された警衛部隊だと思った。横手玄関で「海外局編成部長ですが」と名乗ると、一人の少尉が「よし、一緒に来給え」と言って二名の兵の銃剣で私を挟んで四階の防衛部長室に導いた。そこで私はこれらの兵が警衛部隊ではなしに、放送局占拠部隊であることを知ったのである。漠然と予期していたことが矢張り現実となって惹起したのであった。

防衛部長室には折柄宿直していた海外局長武藤義雄氏*ほか三、四名の部長が既に閉じ籠められていて、一人の中尉と二名の下士官が長刀の柄を抑えて無言のまま監視していた。

* 天津総領事、サンフランシスコ総領事。昭和十八年に退官し、日本放送協会理事となっていた。

私が入って行くと件の中尉は「追って他命あるまで、きみたちはこの室から出てはいかん」と冷然と命令した。莫迦々々しい話である。態々監禁されるために呼び寄せられたのであった。平常から武藤局長の小心さ、防衛部長の愚鈍さには少なからず立腹していた私は、このとき、一度に怒り心頭に発した。私が第一ホテルに泊まっていることなど、不法兵どもは知る由もないから訊かれても別段言う必要とてないのだ。それを監禁させるために態々呼び寄せるなどとは、まさしく言語道断の沙汰である。

これらの占拠兵はいずれも近衛師団であった。私どもには彼らの蹶起がどの程度の規模のものであったかは全然判っていなかったが、二・二六事件のときのことなどが想い起されて、事態は極めて深刻だと考えられた。二・二六のとき、事件の指導者であった安藤大尉が事失敗して自決して果てる直前、私どもの同僚中、前から親しかった或る者に対して「放送局と通信社を占拠しなかったのは重大な手落であった」と語ったということを想い合わせて、今度は来やがったな、と思ったのであった。

六時頃、私どもを監視していた中尉は「この建物から一歩も外に出てはいかんが、建物の中では自由にしていてよし」と言い残してどこかへ行ってしまった。

私は三階の編輯室に帰って来た。十八ばかりの部員が案じ顔にぼんやりしていた。廊下のあちこちには銃剣の兵士らが立っていたが、室内には一兵士もいない。

私は電話線は切断されているものとばかり思っていたので、まず同盟の海外局企画部との間にあった特設の直通電話を廻してみた。まだ時間が早いので、或は誰も出勤していないかもしれないし、また、同盟も放送局と同じ運命の下に置かれているかも知れないと懸念されたが、とも角ベルを鳴らしてみた。同盟側ではすぐと企画部長の入江啓四郎が電話に出て来た。

——そちらは別に変ったことはないかね。

できるだけ声をひそめて訊く私に、入江はむしろ不審そうな声で、「何にもないよ、どうしてかね?」と反問する。私は手短に事態を説明して、各方面に同盟から電話で急報してくれるよう依頼した。

そのうちに、放送局の電話も一切、切断されていないことが判ったので、私自身で、情報局の井口第三部長、松本外務次官、横山情報官、情報局磯野三郎一課長などの私宅に電話で急報して、必要な処置をとってくれるように依頼した。

窓から外を見ていると、同盟の政経部次長横井雄一が何食わぬ顔をして、恰も朝の散歩の如く装いながら、私の室の窓の方を仰ぎ見つつ通って行く。様子を見に来たな、と思ったので、上から「やあ、お早う」と声を掛けると、正面玄関の衛兵が一斉に上を見あげたので、それ以上の話は、勿論できなかった。

七時頃、一台のトラックで十数名の憲兵がやって来た。

そして、七時半頃、占拠兵の大部分――それは約一個小隊ほどであったが――は、あっさりと自動車で引揚げて行った。そして私どもは自由になった。

何だかあまりあっけないので、狐につままれた思いであった。

だが、私どもがこうした経験をしている間に、市内の各所ではも少し手の込んだ事件が散発的に行なわれていたのである。

まず、玉音録音に参入した下村、大橋の一行が帰っていない。十五日の朝七時すぎ、一行中の荒川技術局長だけが一名の少佐と数名の兵に連れられて帰局して来たので、その夜宮城内で発生した事件が判明したのであった。荒川氏が語るところによると、陛下の玉音録音は意外に手間どって、二回やり直したのち夜十時過ぎ漸くＯＫとなって、一同退出しようと宮内省庁舎内を通行中、突如一団の近衛兵に襲われて、一行はそのまま宮内省内の一小室に閉じ込められ、玉音の録音盤の引渡しを銃剣とピストルの威嚇のもとに要求されたのであった。しかし、録音盤は宮内省金庫の中に収められていて、一行の手中になかったので、将校連は金庫の鍵を持っている宮内官を求めて諸処を捜査したが、その間中、一行は一睡もせず、監禁のままに放置されていたのである。朝になって、一名の少佐が、これから自分で全国に放送するから案内せよとて、荒川技術局長一名を伴い放送局に乗りつけたものであった。

件の少佐はただちに演奏室に押し入り、全国に向かって放送をするからとて、放送員に用意を命じたが、折柄宿直中であった国内局報道部の柳沢副部長〈注―柳沢恭雄〉が咄嗟の機転で、恰も早朝まで空襲警報発令中であったのを奇貨とし、「警報発令中は電波は悉く東部軍の監理下にあるのでわれわれの自由にはなりかねる。たって放送希望とあれば、東部軍参謀と自身交渉されよ」と突っぱねたというのである。よって件の少佐は直ちに東部軍に電話して、参謀を呼び出し、交渉に及んだが、彼我の話が一向に合わない。次第に声高になり、東部軍参謀は件の少佐に対して、即刻放送局より退去すべきことを命じているらしく、威丈高な押し問答が暫時続けられたが、結局、そのうちに憲兵が到着して、占拠部隊は不得要領のうちに引きあげて行ったのである。

下村総裁、大橋会長以下の一行も九時半すぎには帰って来た。

また、この夜、近衛の他の一隊は近衛師団長に対して蹶起を迫ったが、言下に拒絶されて、その場に師団長を射殺している。この間の事情は九月中旬の朝日だったか、読売だったかに詳しく報じられている。

また他の一隊及び過激学生の一隊は同夜、手分けをして、鈴木首相、平沼枢密院議長の私宅を襲撃してこれを焼き、首相官邸、外務次官官邸及びその私宅を訪れたが、いずれも目的を果たさず退散している。

松本外務次官はこの夜、何となく形勢不穏と察して、第一ホテルに宿泊し、早朝帰宅したので、難を免れたわけであるが、私が電話したときは、帰宅して朝食をとりつつあったところだったという。

かくて、陛下の玉音録音盤はまずまず事なきを得て、予定どおり十五日正午全国に放送されたわけであるが、蹶起将校連は、この録音盤を奪ってこれが放送を阻止し、代って、断乎抗戦継続を全国に命令しようと企てたのであった。彼らは目的を果たさず、多くは自決して果てたとのことである。

彼らの反乱は当初私どもが予想したほど大規模なものではなく、極く少数の一部将校が無準備、無組織に、一時の昂奮から散発的に蹶起したまでのことであって、その後十六日には国内放送用の鳩ヶ谷、川越両送信所に一部兵力が闖入して約半日にわたり送信を妨げ、一時は発砲の危機を思わせたが、間もなく鎮撫され、更に市内各所では「日本のバドリオを斬れ」等のビラが撒布され、また、京浜地区には海軍航空隊による断乎抗戦のビラが空中から撒布される等のこともあったが、これらいずれも大事に到ることなしに終った。

これというのも、正直なところ、日本国民の戦意は終戦に先立って夙に崩壊し去っていたからである。軍と官と民とは完全に感情上の離隔を来していた。国内は相互不信と憎悪の渦とにとりまかれていた。国民はこの戦争に厭気がさし、将来に絶望していた。国民の大部分は内心戦争の早期終結を渇望していた。この上の無理が何ら齎すところなきことを直覚していた。だから、一部血気の人々が如何に画策してみても、国民の全部は深い沼の底に沈み行くような表情で、完全敗北をむしろ望んだのであると、私は思っている。

（十一月十五日）

敗戦国民のバカ面

私は心の奥底から「近代日本人」を嫌悪している。こんなに卑屈な、こんなに低劣な、こんなにさもしい、こんなにいやしい、こんなに意気地のない、こんなに自尊心を失った、こんなに自己も定見もない民族というものがまたとあるものではない。

私は曽つての日本人、私どもの祖先である日本人の真の姿は知らない。しかし、伝え聞き、本で読み、記録で知る日本人は、少なくとも明治の初期までのわれらの祖先は、も少ししっかりとしていたかのように思われる。

私は徒らなる攘夷思想やその行動を賢明だと思うものではない。それは明らかに国際情勢を知らぬ匹夫の勇でしかなかったと言えるであろう。だが、少なくともそれは一個の気概であったとは言える。生麦事件や大津事件が結果から見て阿呆な激発以外の何ものでもあり得なかったことも今日では明白な歴史的判断であり、下関事件や薩摩事件が蟷螂の斧に近い無謀であったこともまた異論のないところではあるにもせよ、これも一種の気概であった。明治維新前夜という内政的にも外政的にも極めて複雑な諸要素の絡み合った難局に際して、歴史家から今日では因循姑息と頑迷固陋の標本かの如き評価を与えられている幕府の重役どもにせよ、また野心と血気の混血児であった勤皇派の若武者たちにせよ、彼らは真剣にこの難局に立ち向った。明治維新の大業が爾後、世界的驚歎の的となるほどの成功をかち得たのも、明治天皇が英邁で在したこともさることながら、佐幕、討幕のいずれたるとを問わず、事に当った面々のこの真剣さの土台の上に発足したからであったと私は信じている。

われわれの祖先が持っていたこうした真剣さ、こうした見識は大正、昭和と年代を経るに従って忘れられ、失われ去っていたのである。

昭和の日本人は世俗に言ういわゆる「三代目」にすぎなかった。祖先が粒々辛苦して築いた日本の国威に驕り、これに狎れ、しかも自らはいつの間にか低能無気力なバカ民族と堕していたのである。

私は戦争に敗けたから急に日本民族が嫌いになったのではない。勝っている最中にはもっと強くこれを嫌悪した。平和時代にも漠然とではあったがこれを厭った。私は日本民族を誇りに思ったことは曽つて一度もない。こうした意味では、私という人間はこの国土の上に住んで、この国の米を食う資格・権利はない男だと言えるであろう。しかし、人間嫌いと称するカテゴリーの人間でも、敢て自殺でもしてしまわない限り、彼が嫌悪する人間どもと一緒に住んでいるほかない如く、私は日本人として生まれて来たが故に、本能的に日本人を愛さんとして愛し得ず却って嫌悪するのである。悲しき矛盾ではないか。

日本人は物真似の器用な人種であると言われている。この評価に不服な人々は強いて日本人の創造性を発見しようと努めて来た。しかし、彼らが発見し得た日本人の創造性とは何であったか。彼らは悉く過去の紙屑の中にのみ、それを発見に得たのにすぎない。現代日本人の中に何らかの創造性を発見しようとする努力は一切空に帰した。

日本の宣伝屋が対外的に紹介し得る日本的なものと言えば、いつまで経ってもそれは依然として「ふじやま」であり「さくら」であり「げいしゃガール」であり「きもの」であり「すきやき」であり「かぶき」であるにすぎない。

万葉集のあとに歌集なく、源氏物語のあとに文学がない。徳川期といい、明治期というも文化的水準からこれを見れば甚だ幼稚なものでしかない。思想の面から見ても、一つとして世界に紹介するに足りるものを持たない。すべては、物真似の上に築かれた現代日本であった。

にも拘わらず、大正・昭和の日本人は多く「大和魂」なる呪文を唱えて、自己催眠に安んじて来たのである。

それが果たしていかなる実体を意味するかも知らずに、門前小僧の空読経式な安易さと愚劣さをもって、日本人は「大和魂」という上っ辷りな空文句を唱和して今日に到った。大和魂といい、武士道精神というも、それは既に過去の語り草でしかなく、現代日本人の大部分とは何の関係もないものになり終っていることを強いて無視して来たのである。

己に恃むものを何一つ持たない日本人は不知不識のうちに強者に対しては卑屈矮小、弱者に対しては倨傲尊大の鼻持ちならぬ民族と化していたのである。

欧米人に対するときの意味なきヘラヘラ笑いとチョコマカした態度は、明らかに劣等意識《インフェリオリティ●コンプレックス》の表白であった。支那人や南方人に対するときの横柄さは明らかに小人的空威張りにすぎなかった。

戦場で示される日本軍の勇敢さは一種の伝説に近いものにさえなっていたが、これも心理的に解剖すれば、その多くは瞬間的な凶暴性の発作に近いものでしかないとも言えるものが多かった。それは無頼漢《ならずもの》的な強さでしかなかったのである。支那事変から大東亜戦争への過程において、私どもは幾百千の実証を見せつけられたことであろう。日清・日露の両役から義和団事件にかけての頃、世界に喧伝された日本軍の軍紀なるものもいまは一片の昔噺にすぎなかった。小国としてのつつましやかさを意識していたわれわれの祖先たちが示した礼儀正しさは、その後の空肥りによって完全に失い去られ、反省なき自己過信はあらゆる無秩序を自ら許すようになってしまったのであった。

支那に行っては支那人の前に日本民族を恥じ、南方に行っては南方諸民族の前に手をついてわが同胞の心なき仕業、見るに堪えない醜態を詫びずにはいられなかった者は、あえて私一人ではなかったろうと思う。

私が、汪精衛の全面和平運動に対して自分の微力をも省みず心から協力する気になったのは、単なる好奇心や功名心からばかりではなく、一つには日・華の真摯なる提携協力ということのいかに緊要であるかを痛感したからであり、この運動を通じて、心驕り心眼盲いたる日本人の再教育がなされることを期待したからでもあった。

南方占領地を巡歴して「日本人は共栄圏を昼間造って夜毀す。賽の河原ごっこをやっている」と声を大にして歎いたのも、日本人に対する絶望の歎息からであった。

大東亜戦争中、「この戦争にもし日本が勝つようなことがあったら、日本は革命で自己崩壊の危機に直面するだろう」と、日本の勝利を念じつつも一面こうした危惧を公然口外せずにはいられなかったのも、日本人の盲目的な驕慢を心から恐れたからであった。

それが、一度戦に敗れた今日ではどうだ。土砂降りの豪雨に叩かれた張子の虎というはまだ愚か、手もつけられぬ腐敗堕落の実相をあまりにもまざまざとさらけだしてしまったではないか。

昨日までの倨傲・尊大さはどこへやったのか。哀れ落魄の日本民族よ。

上は近衛文麿をはじめ高位高官がしきりと自己弁護のみを念じて汲々としているかと思えば、下は一般民衆化して乞食となる。米兵の投げ与えたチョコレートを路上に奪い合って罵り騒ぐのは、子供たちではなくて立派な紳士面の大人また然り。米兵宿舎のあたりでは残飯貰いの小中市民が何時間でも長蛇の列だ。米兵を囲んで無意味にヘラヘラ笑いをしている人間の何と多いことか。

敗けてなお毅然たる大民族の矜持なるものは、どこにもその片影すら見られない。

あのバカ面、このバカ面。

デモクラシーと言えば昨日の軍国主義者が悉く一夜にしてデモクラシーの先駆者に早変わりする。それは恰もミリタリズムに便乗してその甘汁に満腹したと同じ手口でしかない。猫も杓子も、その実何たるかを知りもしないデモクラシーの語を高唱して、勝手気侭を働いて恬たり。その有様を見てあれば、デモクラシーとは恰もバカが利口の頭を蹴り、怠者が勤勉者の犠牲において甘い汁を吸い、糞が味噌と同一なるを叫ぶことを意味するかの如くにすら思える。

デモクラシーとはまず義務である。完全なる個人的義務の遂行の上に与えられる権利の主張、これがデモクラシーだ。義務を見落とした権利のみがあってたまるものではない。

古色蒼然たる共産主義の亡霊どもが、やおら牢屋から這い出したと思えば、忽ちイデオロギーの専売者面で知りもしないことを吠え立てる。彼らのイデオロギーは、二十年前の廃物である。

軍国主義完成に重要な一役も二役も買った便乗社会主義者が、またもとの歌を唄いはじめた。戦争中徒食していた連中が、徒食していたが故に平和主義の音頭取りであり得ると主張して已まない。

あそこの隅でもここの隅でも、一律に形式主義的ないわゆる戦争責任の追及なるものが、流行している。曰く「重役の総退陣！」

モンペをかなぐり捨てた女どもが口では喋れぬ英語を女性の武器に喋らせて、一片のチョコレートか何かで嬉々として米兵に擁せられて、街を練り歩く。

敗けも敗けたり。よくもここまで、魂精の底の底まで敗けたものである。

敗戦の翌日から、恰もその瞬間を待ち構えてでもいたかのようにいち早く「文化国家の建設」などと大声に叫ぶいわゆる指導者どもは、いったい十年後、二十年後の日本について、いかなる見透しを持ってかくは美辞を並べているのか。

ピンからキリまで軽佻であり、浮薄であり、上っすべりであり、そして大部分はウソである。思いつきにすぎない。

真に敗れたる者は、も少し深刻に敗戦そのもののなかに沈淪し、そこに苦悩し、呻吟して、そこから何かを持ってやおら立ち上がる筈である。敗戦の翌日から早くも喧騒狂躁なる流行歌を唱いつつ街を行くような、そんな国民がどこにあるか。

敗戦もまた日本国民にとっては「借り物」なのであろうか。

歴史上はじめて経験するこの敗戦の苦しみは、かくまで腐れ果てた日本民族の叩きなおしには、なおまだ不足と思われた。もう一度、これ以上の痛打を必要とするのであろうか。情けない亡状ではないか。

頭を挙げて正視することもできない昨今の心境である。

（十一月十五日）

同盟の解散と新聞界の変動

戦争が終わったとき、私の仕事もまた終わったと思ったので、私は八月三十一日付で放送局を辞めて、再び同盟に還って来た。

その頃の私の判断では、放送事業はまもなく進駐軍の完全な統制下に置かれることとなろうが、同盟通信の方は一定の制限監督のもとに比較的自主的な経営が許されるのではないかと考えられたのであった。しかし、まもなくこの考え方はじつに甘いものであったことが次々に実証されはじめた。

九月も進むにつれて、進駐軍側の陣営も充実し、放送会館を大半乗取って本拠とするに及び、彼らは日本の報道界全般に亘って大手入れを開始した。放送事業に関しては大体私の見透しどおりになった。あらゆる海外放送は禁止された。国内放送も全面的検閲制度のもとに置かれた。浪花節、落語、漫才の類に至るまですべて英訳して検閲をうけなければならなくなった。プログラムの編成についても進駐軍当局の容喙は漸次積極的となって来た。事実上私の主宰下にあった海外局は解体されて跡形もなくなり、四百人を超えた陣容も雲散してしまった。

一方、新聞・通信界に対する進駐軍の働きかけは、表面的には放送事業に対するものほどには迅速且つ徹底的ではなかったが、しかしその実、抜くべからざる底力をもって、じりじりと、これを一定の方向に追い込み始めていた。主任のフーバー大佐は言論と報道の自由にかんする幾つかの指令を発するとともに、まず同盟に対し、続いて各新聞に対して全面的な事前検閲の制度を布いた。更に報道界の首脳を呼んで「懇談した」。

言論と報道の自由を無批判的にただ喜ぶものもいたが、実情は「お互に罵り、暴き、傷つけ合うことの自由」に堕した場合が多く、いうところの自由とは新日本の新範囲と同様に「四つの島」の内部に厳重に限られていた。

新聞紙面は従来の画一的な無味乾燥から一転して急激に「でたらめな不潔さ」に変って行った。その没良心的な劣悪醜穢さとアメリカに対する低級なお追従の不潔さとのために、新聞は読むに堪えず、ラジオは聞くに堪えなかった。

報道界の全般的傾向が以上のような様相を呈していたとき、同盟社長古野伊之助は九月下旬、突如として、しかも全く単独の意見に基き、同盟通信社の解散を決意したのであった。

昭和十年十一月をもって設立を認可され、翌十一年一月一日をもって業務を開始し、同年六月をもって在来の日本電報通信社と新聞聯合社（同盟）との事実上の合併が実現して、ここに名実ともにわが国の国家代表通信社としての基礎を固めて以来十年間、全国新聞・放送事業の共同機関であるとともに、また国家の意志発表機関としての役割を果してきた同盟は、十一月一日を期して解散されることとなった〈注―解散は十月三十一日〉。

古野も最初はそこまでは考えていなかったようであった。放送局を辞めて復帰した私を海外局企画部長にしようとする提案に対して、彼は「あれは別に使う予定だから四、五ヶ月遊ばしておけ」と当時の幹部に命じたとのことであるが、彼が当時考えていたことは、同盟が従来なさんとして未だ果し得なかったことの一つである新聞発行、それも巨大なサーキュレーションを有する大衆新聞としてのピクトリアル・ペーパーを発行して、その編輯長に私を擬していたのであったことが、二、三の側近及び彼自身の口からも私に洩されたが、これをもってしても、彼が最初は同盟の解散などは考えていなかったことを知り得る。

古野が心機一転して非常決心をするに至ったのは、マッカーサー司令部の方針が闡明にされて来るにつれて、敗戦日本には国家代表通信社の如き性格のものは存在を許されないことをいち早く看破したからだと、私は確信している。

日頃古野にきわめて近接していた連中のなかにも、古野のこうした突如たる、そして独断的決意を説明するに、「毎日」の高石真五郎などを中心とする「毎日」、「朝日」、「読売」三社の古野蹴落とし陰謀に対して古野が先手を打ったのだ、となすものが多いが、これは古野を知らざること甚だしく、また事の真相を解せざること著しい浅薄な観察であるといわざるを得ない。

朝日、毎日、読売の三社首脳がマッカーサー司令部当局に逸早く日参して、同盟通信社（そしてその独裁的経営者としての古野伊之助）の性格について種々陳情したのも事実である。これに対して古野が必ずしも快からず感じていたことも事実である。また前記三社が北海道、中部、西部の三有力地方紙を語らって別個の「民主主義的通信社」を設立せんと計画中であったことも事実である。

しかし、これらは古野をして同盟の解散を決意せしむる主たる原因ではなかった。

もし、マッカーサー司令部の方針が依然として従来どおりの国家代表通信社の存続を許すものであったならば、古野は上述のごとき現象に対しては、これを冷笑のうちに迎えて平然としてこれを闘い潰すべく起ったであろう。古野がこれまでに示した力量手腕（その故にこそ彼はまた多くの敵を持ったのであるが）と人を人とも思わぬ彼の不逞な性格から言って、単なる中傷や、競争的計画などの前にしかく易々として、「三十五年の努力の結晶」と彼自身愛惜しておかないほどのこの全事業を投げ出すわけもない。ましてや、先手を打った、などの説明に至ってはまったく意味がない。先手を打つのは勝つために打つのであって、自ら滅び去るために打つのではない。

古野は、中傷があろうとなかろうと、対立計画があろうとなかろうと、これはもういかぬと結論したが故に断乎同盟を解散したのであった。

その結果、部分的には前記の対立計画に一応の先手を打った形となった。同盟が自発的に解散したことによって、朝日、毎日、読売等による新通信社創立の計画は、「同盟の死体収容」を引受けざるを得ないこととなったのである。即ち彼らは解体同盟の純通信部門のみを収容して、共同通信社を新たに創立し、これを加盟各新聞社の共同機関とした。

残された旧同盟の各事業部門は、これを別個に翕合して時事通信社とした。旧同盟を割って二つとし、その何れをも充分経営的に成り立ち得るように案配するために古野が払った配慮は周到なものであった。しかもその古野自身は、十二月三日、マッカーサー司令部から発せられた第三次戦争犯罪人容疑者名簿中に指名されていたのである。同盟清算事務半ばにして収容の身となる古野の心中を思えば、暗然たらざるを得ない。

一方、新聞界にも深刻な内部変動が起きた。昨日まで競って軍国主義謳歌のコンクールに一等を争った各新聞が突如として、きょうからは昨日の眞・善・美を悉く否定し、罵り、排斥するのであるから、この無節操をやる方も、これを見聞するものも、一様にその不自然さに割り切れないものを禁じ得なかった。新聞やラジオのみが、昨日と同じ資本、同じスタッフをもって今日の新事態に臨んで憚りないという法はないとの全般的印象は急速に強まって来た。

まず朝日新聞が、その資本を代表する経営首脳陣はそのままにして、一応編輯首脳陣の総更迭を断行することによって、新局面に対処しようと試みた。しかし、これは社員側の強硬な反撃に会って、案外あっさりと経営陣の総退陣となった。朝日は出直した、というわけである。出直したうえからは誰に遠慮もなく、昨日を罵り、きょうに追随し、明日を謳歌しても咎むるところはあるまい、というところであろう。毎日もまたこの例に倣った。読売は社長正力松太郎の飽くまで不逞な「俺の新聞は俺の勝手だ」主義によって争議となって、いまだに未解決である。争議の進行につれて、争議団側の鈴木東民のごときは何故か「最高委員長」（いったい何が最高なのかわからない）などという恐ろしく時代錯誤的な肩書を担ぎ出したりしているうちに、紙面は急速に不潔な、恰も一部共産党の亜流紙のごとき様相を呈するに至った。

　群小の地方紙またこれに真似て、バスに乗り遅れざらんことを競った。

　放送協会でもいわゆる「民主化」争議の潮流に掉さすことを忘れてはいない。

　こうして、すべては、真の必要や必然性よりも、むしろ日本人一流の上っ辷りな軽佻浮薄による「流行」的傾向のうちに、大きな変化を示して行きつつある。そこではもっと本質的な事柄、すなわち真の質的転向に必要な素地はまだ問題にもされていない。経営、編輯の首脳は変わった。しかし、実際に筆をとって昨日まで軍国主義のベタ文字を綴り、その脳味噌も与えられた思考形式に慣れ切って来た第一線記者たちはそのままに、きょうからはまた別の歌、自由主義と民主主義の軽音楽をジャガジャガやらかしてそれで平気でいるのである。

　これが、日本言論機関の応急的民主化の真相である。そして、これは別段報道界に限った現象ではなく、政界、官界、実業界、教育界その他何れの界たるを問わず、日本の現社会の全般を通じて、どこにでもあてはまる批判である。

　日本は亡びた。そして、それはまだ復興の一歩をも踏み出してはいない。

（四五、十二月十日）

合作社〝時事〟の現状と将来に関する考察

50年2月

古野さんに読んでいただくために。

古野さん、相変らず御健勝で、楽天的にお暮しのことと存じます。

私はまた反対にますますチンピラ・インテリ的になってしまって、せせこましく、くよくよと、いろいろなことを考えながら過しています。我ながら困ったものだとは思っていますが、思想的にも、生活の上からも、いま少しく骨太にならなければとは思うのですが……

しかし、病気の方は、最近急にめきめきとよくなったように自分には思えています。この分だと、二、三月をじっと慎重に寝て過せば、四月からは、今度こそ失敗なく起きることができて、そのまま、道は日比谷に通じるのではあるまいか、と少なからず希望にもえている次第です。早いもので、もう、寝込んでから、まる二年が経ちました。ぼくの人生の1／20を完全に寝て暮したかんじょうになります。そして、この2年間に、なにかにつけては〝合作社時事〟のあり方というものについて、いろいろと考えて来ました。折にふれての、それらの漫然たる考えの蓄積と、時事の内部にも世間並みに押しよせて来た最近の危機的な諸事件に関連しての考えと、それを合せて近頃ぼくが抱きはじめた大きな危惧と疑惑とを、あなたに聞いて頂きたいのです。

そして、でき得るならば、それらについての、あなたのお考えも伺いたいのですが、そんなことは目下のところ望むべくもない。元気ならば当然、玉川のお宅にお伺いして、しゃべるところなのですが……

以下、私が書きますことの中には、御覧になって苦笑されるような思い上りや独断や、また病床生活から来る視野の狭さなどが随所にあって、あるいはあなたを不快にするようなことがありはしないかと惧れないでもありませんが、きょうは己を飾らず、思ったまま、考えたままを書いてゆきたいと思います。

御一読の上は、恐縮ですが、お手許に保管しておいていただきたく、そのうちに、人を差し向けて返していただきに参ります。

（2月15日）

〝合作社〟という、経営洋式の必然的な欠陥に関する疑惑について

時事が発足してからすでに4年半。そのうち、二年半を、私は病床で暮したわけですが（発足直後に半年休んでいます）しかし、合作社という意識の発展に関する限り、私はつねに社と共に歩んだと自分では信じています。私事にわたっていささか恐縮ですが、私が今日抱いている合作社意識がどのような過程を経て来たものであるかを理解していただくために、多少、当時の事情を振り返らしていただきます。

あなたも多分、御記憶だと思いますが、終戦直後、あなたが同盟の解散を決意されたとき、私は、それを機会に同盟縁故の新組織、つまり当時の第一通信社、第二通信社などのいずれにも加わらず、もっぱら自由な仕事がしてみたい、という気持になっていました。人々は当時、敗戦により完全な言論の自由が与えられたのだなどと喜んでいましたが、私には、そう単純には喜べなかったのです。ウソをツカサレルのはもう沢山だ、という気持でした。これまでは、始めた戦争は、とにもかくにも勝たなきあならない、と思えばこそ、必死になって、みじめなウソもツキ続けて来たのでしたが、ペシャンコに負けてしまった今日に至ってもなお、進んでウソを、これまでのウソとは全く別種のものではありますが、ウソであることには変りのない、そのウソを喜んでツキ続ける勇気が私にはなかったのでした。占領下に、どうして言論の自由があり得るのか、私には納得がいかなかったわけです。

というわけで、ある朝（何日だったが忘れましたが）当時麻布の赤十字病院の近くにあった同盟寮に、焼け出されの避難生活をしておられた、あなたをお訪ねしてその旨、お話ししたのでした。

私をしてキッパリ、旧同盟縁故の新団体と一切別離することを最後的に決心させてくれたのは、当時の大東亜次官、田尻愛義氏でした。彼の助言がなければ、私もあるいは心には思っていても、行動に移すところまで、ハッキリとは決意しかねただろうと思われます。田尻氏は私の心境を聞くと、では今後何をやるのか、と問うので、私としては、同盟からは去ってもこの道以外に活きる道を知らぬから、どうせジャーナリズムの範囲内で何かをやりたいのだが、

できればウソツキ競争の埒外に立って、悠然と〝自己の信ずる真実〟(それが過ってウソであっても、それは仕方がない)のみを解説し、報道する〝解説週刊新聞〟を発行してみたい、と答えたのでした。〝資金はあるのかね?〟〝ない〞〝どのくらい要る?〞〝具体的な問題として考えてみたわけじゃないから知らん〟〝一〇〇万円もあったらいいか?〟〝そんなには要るまい。工場まですっかり持つとなれば、或はそれでも足りんかも知れないが、週刊だから委託印刷で十分だし、あとは、事務所の整備費と人件費、差し当っての運転費などだけで足りると思う。〟

〝俺が何とかしようじゃないか、一つ、具体的に考えてみ給え〟というわけで、ぼくは、この計画を、私の相棒になって貰うつもりで井上勇に話したのでした。

井上については、私は今日でも、その記者としての腕、誠意に徹した人柄について、大きな信頼を持っているわけですが、当時もそうでした。井上は非常に乗り気になって、早速、タブロイド16pagesにした場合はどうとか、8pagesならどうとか、などと割りつけ表までつくったりして、勇み立つありさまでした。だが私は、彼にも金がどこから出るかは、まだ言いませんでした。というのは、私も敢えて質しませんでしたが、田尻氏は当時、兼任大東亜大臣重光の下で、次官として廃止と決定した大東亜省の残務整理を一手に引きうけていた人でしたから、多分、機密費の中から、それだけのものを出してくれるのじゃないか、と思われたからです。一〇〇万円という金額は、その後、人形町の何とかいう料理屋で、二、三度、田尻氏と二人で飲みながら相談した結果、最終的には五〇万円になりましたが、それでも私には十分に思えたのです。私が麻布にあなたをお訪ねして、いろいろお世話になりましたが……というような御挨拶をしたのは、ちょうど話がここまで来てからでした。

そのとき、あなたは、そうかね、それは結構一つ大いにやり給え、というようなことで、賛成して下さいました。それから、いろいろな話の末、あなたは、第一通信社はできても、旧同盟の中から沢山の失業者が出るが、それをどうしたものかと、第二、第三通信社などの構想を抱えて、さまざまな苦心をしている、というようなことを話されて、こういうときになって、〝いくらかましな人間〟どもが散り散りになってゆくことは残念なことである、という意味の述懐をされました。私は、あなたが考えるところあって、それとなくそのような話をされたのか、それとも、話の自然ななりゆきから、そんな述懐になったのかは、知りません。また、あなたのいわれた〝いくらかましな野郎ども〟の中にいま、あなたの目の前で、〝お世話になりましたが……〟といって手をついた、いわゆるチンピラ・インテリの私も含まれていたかどうかは、知りません。

ですが、聞いているうちに、私は、ハッと胸をつかれたのでした。私は、自分のことばかりしか考えていなかったのだ、自分の気持だけしか尊重していなかったのだ、ということに、愚かな話ですが、そのときになってようやく気付いたのでした。これは、大変なミスをやったと思いました。内地にいるものの中からも多くの失業者を出すだろうが、後れて、外地から帰って来る連中を一体どうするか？

チンピラ・インテリの感傷だけで、自分勝手な逃避を企てて、よいのだろうか？　自分に何程の能力があるかは知らないが、古野さんのこの憂いを共に分ち、古野さんの仕事に少しでもお手伝いするのが〝人間〟の道ではないか、というようなことを、あわただしく考えはじめました。だもんだから、お伺いしたときは、サヨナラを言いに行ったつもりが二時間ほどもして、辞去するときには、何だかわけのわからないことになって、われながら、アイマイな気持で、〝まあーっ、よく考えてみてくれよ〟というあなたのお言葉に送られて、出て来たような次第でした。

それから、何日か考えぬきました。そして、結局、ぼくは新計画を断念して、あなたのいわゆる第二通信社、失業救済事業に加盟する決心をしたのでした。田尻氏は、〝それもまたいいだろう、五〇万円は別口にしてどけておくから、もし、計画を実行してもいい時が来たら、そういい給え、いつでも出してやるから〟と言っていましたが、その後、通貨措置その他のことがあり、結局どうなったか、聞いていません。井上は少なからずガッカリしたようでしたが、彼も、それではとて第二通信社入りを決心したのでした。

この頃、御存知のように解散を間近に控えて、同盟の中は、蜂の巣をつついたような混乱状態でした。松本重治、栗林農夫、長島又男などという妙なとり合せが、さらに妙なことには、一種のナラズ者である浦上冬彦などに担がれて、浦上がどこからかくわえ出して来た金を資本に、〝民報〟の旗上げを準備していました。

一方、第一通信社側では、松方三郎を中心に中屋健弌が自薦参謀で、ギャー、ギャーいいながらスタッフ名簿の体制に奔走していましたが、松方の計画では、私と井上とは、〝解説委員〟という肩書で、スタッフの中に入っていました。私は元来私的関係からいうと、松方にはかなり近接していて、彼もまた、私を一応目にかけていてくれたと思います。

だから、そんな義理合いから言えば、当然、私は彼の傘下に加わるべきで、彼をはじめ、中屋、その他の参謀たちも、そう信じきっていたようでしたが、私は直接松方に、私の心境を手短に話して、左様なわけで私は第二通信社の方へ参加するから、悪しからず、と挨拶したのでした。松方は、あんな人ですから、あっさり、ああ、そう、と言っただけでした。

他方では、長谷川を中心に、板垣、安達、それに共産党色の濃い山崎早市などというのが、一個所に集ってしきりに、第二通信社設立の相談をしていました。私は、第二通信社参加の決意をしていながら、何となくうとましくて、これらのコソコソ話には余り参加しませんでした。当時私は、これは敗戦のショックで気持が矢鱈にメイッテいるからだろうと自己診断していたのですが、それも、あったかも知れませんが、また、いまから思うと、当時すでに肉体的に相当参っていたことも作用していたようです。それに、私は第二通信社参加と決心はしてみても、その中心人物たるべき長谷川、板垣の両人については、余り興味を持ちませんでした。長谷川については、戦争末期、あなたに対してでも、しきりに彼を編集局長にしてくれ、と陳情したりいたしましたが、それは大平安孝という人物にたまりかねて、〝最悪より、まだましだ〟という意味であったにすぎません。長谷川は、いろいろ長所を沢山持っている人だが、私は、人間長谷川には余り魅力を感じない。また、板垣は長谷川とは正反対の面で、いろいろ優れた点を持っている人だが、これまた、私は、同感しきれない。

というわけで、中心人物との結ばりの点からいえば、私情的には、私はむしろ、現在の共同に行くべき人間で、時事は場違いだったのです。だが、私が、あなたの話で意をひるがえしたいきさつから言って、あえて時事を選んだというわけでした。

私の態度は、以上のようでしたが、それでも私は私なりに、一つの理想を持たなくはありませんでした。たしか、十月はじめだったと思います。井上と二人で、安房勝山の、当時大日本航空の寮に看板をぬりかえていたある旅館に行って、三、四日、酒をのんでは、沖釣りを楽しむ、というような、ごろごろした日をすごしたことがありましたが、そのとき、私と井上とは、〝第二通信社設立の構想〟というような一篇の計画書を共同で書きあげたのでした。それは、一応三〇人前後の〝同志〟を〝株主社員〟とする特殊法人をつくることを骨子とするものでした。つまり、古野さんの気持に同感する同志三〇名を選んで、彼らに退職金中から五、〇〇〇円ずつを拠出せしめ、資本金一五万円の株式会社をつくる。この三〇名が経営の中心母体となって、運営の責任を持つ。その他の社員は〝協力社員〟とし、株主社員の推薦によって、協力社員の中から漸次〝株主社員〟をつくっていく、というようなことで、現在ほど普遍的なものではなかったが、やはり合作方式を根本とする考え方のものでした。

この意見書は長谷川君に提出したように記憶していますが、果してどこでどうなったかは不明です。それに私は何となく身体が不調で、十月中頃以降、ほとんど毎日のように開かれていた創立準備会にも、余り出席しませんでした。ですから、現在のような〝全員株主制度〟と、私が提出した〝選抜株主社員制度〟との関係がどうなっていたのか、その間に関連があったのか、それとも、全く無関係に提起された二つ別々な構想であったのか、そこいらのことは、私には判っていません。私がたまたま出席した最後の準備会(発起人会)では、板垣君が議長で高圧的にドナリ散しながら、社名を〝時事通信社〟とすること(これは、私の提案でした〈注—時事通信の社史によると、古野が名付け親になったとある〉)および、発足に当っての暫定的事務分担(私は一応政治部長ということでした〈注—内信部長に就任〉)などを決定しましたが、そのときすでに、〝全員株主制〟は既定の方針となっていました。いまから思えば、多分これは、あなたの発案、指導にもとづいたものでしょう。

しかし、全員株主制で発足したとはいえ、その頃の時事に、では果して、どの程度に、今日のいわゆる合作社的な意識がゆきわたっていたかというに、これはむしろ、ゼロに近かったように私には思われます。

私は、準備会の席上で、しばしば、われわれの新しい組織では、一切〝長〟という字を職名に使うのをやめよう、と提議したのでした。職名は職能や、職責を示すもので、身分や階級を示すものではないから、従来の〝長〟という字は、この両者を混同して表徴している点、われわれの新組織にとってふさわしくない、というのが私の主張でしたが、これはほとんど完全に黙殺されました。(いまにして思えば、ここいらが、私のチンピラ・インテリたる所以でした)また、創立総会の席上、社の代表者を〝社長〟と呼ぶことに一決しかかったのでしたが、このときだけは、私が強硬に、〝全員株主制〟には総代的代表はあり得ても、主権的な〝長〟はあり得ない、社長絶対反対、代表取締役で結構だ、と熱弁をふるった結果、皆もメンドーになったのでしょう、票決の結果、わずかな多数で、私の主張が通りました。

これが、発足当時における〝合作社イデオロギー〟の状態だったのです。

では、それが、どんな段階を経て、今日の有様にまで、発展して来たかについて私の考えを、お聞き願いたいのですが、きょうは、もう、少し疲れましたので、暫く休んでから再び書きつづけたいと思います。


（こうして書きはじめてみると、私の一番の弱点である文学青年趣味的生地がつい現れて、変に回想的な長物語りになってしまいそうです。しかし、もう少し御辛抱願います。あなたにしても、当時の事情で御存知ない点もありましょうし、また、お忘れの点もありましょう。また、私にしても、こんな機会でもなければ、こんな事を改めて書き綴ることもないかも知れません。ちょうどよい機会だとも思いますので、いささか私的回顧のきらいはあるかも知れませんが、話を続けたいと思います）

四十五年十一月一日、松方三郎の表現に従えば、〝昂然として、肩で風を切って、三階に上って行った〟時事の連中は、新しい通信社の店を開きました。


しかし、開店当初の時事が、どんな混乱の中にあったかは、いま思い出しても、よくあれで！ と思います。慄然とするほどのものでした。近頃はやりの〝てんやわんや〟という言葉どおりだったと言えましょう。創立総会で推薦という形で選出された第一期の役員たちにしても、経営が何やら、まるで判らず、板垣の怒号咆哮に畏縮して、彼のなすがままに、ただ呆然と見送っているという有様でした。編集にしても、従来に比べて余りにも変わりはてた物と人との貧しさに、手をあげてしまった形でした。あるのは、何本かの市内電話だけ。各官庁のクラブにすら、〝共同通信の反対〟で加入が許されない、という有様でした。出版関係では、単行本らしい単行本もほとんど出ず、雑誌も、赤字なのか黒字なのか、とんと判らず、とにかく紙を黒くしてその日をすごしていたにすぎません。地方支社局は、大半を共同の支社局長に兼任してもらっている有様でしたし、社屋なども、ほとんど全部〝片隅を借りて〟細々と同居させて貰っていたわけです。

要するに、合作社とか、建設とか、そんな筋のとおったことを言う段階にはなかったわけです。何が何だか判らないが、ムガムチューでその日その日を活き抜けて来た、というのが当っていましょう。

段々、大陸や、南方や、欧米からも、旧同盟の人々が続々帰って来る。時事は、それらの人々を迎え入れるために、いわばそれを第一使命として創立されたみたいなものですから、大手を拡げて迎えようとしたわけですが、ここに妙なことが起った。つまり、これら〝バスに乗り遅れた人々〟の中でも、これぞと思われる目星しい人々に対しては、共同の方でどしどし積極的に手を差しのべた、という事実です。また、迎えられる側でも、将来のハッキリしない時事よりは、大磐石かに見ゆる共同の方へ行くのは、人情でもあり、当然すぎるほど当然なことであったわけです。かくて、時事は共同に拒まれたノコリモノだけの救済収容機関と化したわけでした。他にも、いくつか理由はありましたが、のちの共同・時事の感情尖鋭化の一番大きな原因がここにあったことは、明らかです。これら、共同から閉め出された引揚者の大部分は、それぞれ郷里に帰って、そこで時事の地方組織に入ったのでした。

東京では、時事の二本柱であるはずの長谷川と板垣との間に、日に日に大きなヒビが入りはじめていました。また、クラブを取材拠点とする従来のやり方を全面的にやめて、デスクの企画を中心とする遊軍取材（私はそれをローカ・トンビ様式と呼んでいましたが）を主張する私と、共同の向うを張って全部のクラブに入会して、堂々と門戸を張ることを主張する安達鶴太郎とが鋭く対立していました（個人的には何でもなかったのですが、理論的にです）。そして、私は孤立無援で、編集局の大勢は安達を支持していました。

インフレは徐々にその兆候を示しはじめていましたし、戦後熱病の一つとして、最も猖獗を極めた迎合的労働組合運動が漸く社内を震撼させはじめていました。

合作社もヘチマもありあしないのです。ワアワア、ギャーギャー言うばかりです。

よくも、よくも、あれで、何とか乗り切って来たものだといま頃になって、不思議にすら思っています。

あなたは四十五年十二月半に、巣鴨にお入りになりました。私もその直後頃から、どうも身体が大儀で大儀でならず、毎日高熱を発して、何とも我慢ができない有様に、年内一杯寝てしまいました。四十六年正月になってやや元気になったようなので、再び出社しはじめたのですが、数日にして少量でしたが、喀血したのでした。熱も続いているし、これは二、三ヶ月ではダメだと思いましたので、部内輿論に従って、政治部長〈注—内信部長〉を安達にゆずったのち、私は療養生活に入ったのでした。

私は実は、肺病は前科なのでした。十八—二十歳の頃一度相当ひどく患ったのでした。だから今度も余り驚きもせず、医者も二、三度来てもらっただけで、専ら自己流の療法を行いましたが、幸い大したこともなく、非常に急速に落着きました。それは、今回でも同じことで（医者は奇蹟だといい、私の体質が特異なのだろうと言うほどです）二、三、四と三ヶ月の休養で、どうにか動いて差支えないところまで恢復したのでした。

ところが、この間に、社の方では、重大な変化が起っていました。その一は、長谷川、板垣の決裂です。この問題は、前々から懸念されていたことでしたし、私の病中にも井上がわざわざやって来て、事情を詳しく説明してくれたのでしたが、私は井上に、お前が仲裁役になって、斡旋するほかに方法がないではないか、とこのことを強く言って、彼の取りなしを期待したわけです。井上も賛成して、自ら斡旋に乗り出したのでした。ところが、結果は意外なことになってしまった。御承知のように、ミイラトリがミイラになっちゃって、井上と板垣が急に親密になり、井上・長谷川が一種の反目状態に陥ってしまったのです。それには、いろいろな事情もあったようですし、私もおよそのことは想像していますが、しかし、いまもってハッキリしたことは私にものみこめていません。

例の池貝鉄工所に発注した輪転機の処分問題を中心議題とする株主総会が四十六年の四月二十八日（だったと思います〈注―四月二十日〉）に開かれ、併せて役員の改選を行うから、出られたら出て来い、との報せを（誰からだったかは忘れましたが）うけ、私は病後、はじめて出社しました。

板垣、井上両取締役が辞表を提出しているわけです。総会は相当紛糾しました。そして、前後に役員改選となったとき、私は板垣、井上両君に対して、君たちは現在辞任を申出ているが、これは今後の改選で再選されれば、つまり、再信任をうければ応じてもいいという程度のものか、それとも現状では再信任の有無に拘わらず、役員は御免だという意志表示か、どちらだ？　と質したのでした。井上は再選されればうける、と答えました。板垣は、絶対辞任だ、と答えました。そこで、私は推薦委員会に対して、板垣を形式的にもせよ推薦することは止めよ、と申入れた結果、そのとおりになり、結局井上は再選されて、板垣は平社員に戻ったわけであります。そして席上、板垣は、近く社員としての資格も返上するつもりだと挨拶しました。他は知らず、私は已むを得ないが、その方が社の平和のためには、いいことだと考えましたので、あえて引き留めに動きもしませんでした。

　こうして、長谷川・板垣の深刻な対立は、一応板垣の引退という形で解決したかの如くでしたが、しかし、依然として長谷川・井上のCold Warの形で残ったのでしたし、いわゆる板垣派なるものへの長谷川の（私に言わせれば、むしろ幻影に近い）神経的なカングリとなって残ったのでした。

　重大な変化の第二は、社内の推進的潮流が長谷川ではなしに、むしろ安達を中心にして流れていて、長谷川などはむしろその支流をなしている形であったことです。長谷川、板垣、井上などが、何やら感情問題でゴタゴタしている間に、安達は編集局を実質的に掌握して（局長制はありましたが、局長は置かず、各部長の合議制をとっていました。局長を置いたのは、当時、総務局と調査局だけです）、彼の持論に従い、着々各クラブへの入会を実現し、共同を向うにまわして、及ばぬながらも随所に一戦を交え、勝ったの、負けたのと、御本人たちはいたって真剣だし、ハデだったらしいが、ハタから見れば最近流行の〝コップの中の嵐〟ごっこに興じ、〝同根の豆と豆殻の歎き〟を演出していたわけです。ところが、えてして、こうしたことが若い人々の人気には投ずるもので、編集局は安達を中心に張り切り、打倒共同の気分がロコツに昂っていました。これには、私はひどく驚くとともに狼狽した。ことに長谷川までが、右手で抑えて左手で煽るような、むしろ内心では大いにけしかけんばかりの態度なので、怒りさえも感じたのでした。

　こういうと、いつも私ばかりが先が見えて、私ばかりが冷静で、私ばかりが賢明かの如く聞えて、さぞお聞き苦しいと思いますが、私の立場から率直に当時のことを綴れば、こうなるのです。他の人には他の人の主張があると思いますし、それによって、私の話の一部分はあるいは多少修正をうけるかも知れませんが、いまのところは一応、このままお聞きすごしを願います。

　さて、そこで、私がマア・マア役に廻ることになりました。これは、日頃の私を知る人の目には、全くコッケイな漫画的風景に見えたのでしたが、仕方ありません。〝留めながら、なぐってるのじゃないかい、案外？〟などと冷やかす人も多かったのです。

　ところが、時事・共同の反目は、東京よりも、むしろ処によっては地方がよりひどいのでした。また、グングン速度をますインフレの波によって、給与は名目だけでも次々に改訂されねばなりませんでしたが、その度に共同より少い、多いがまた喧嘩のたねです。こうなると、何一つとし

大屋久寿雄の葬儀で挨拶する古野伊之助

大屋久寿雄の葬儀で弔辞を読む時事通信代表取締役の長谷川才次

てケンカの言いがかりにならないことはないという有様になってしまいます。

人員は急に膨張した。インフレは峠知らず、入費は急角度にかさむが、収入はこれに伴わない。編集、出版、地方組織のどれをとっても、まだ骨組みすら完全にはできていない。

こんな状態でも、時事がつぶれずに何とかやって来れたのは、〃合作社〃だったからでも何でもない、ぼくは、一に、清算事務所があったからではないか、と思っているのですが、どうでしょうか？ ぐずぐず文句を言いながらとにかく、一応面倒を見て貰えたから、何とか金ぐりもついたのだと思うのです。

第一、その頃までは、ほとんど誰一人として合作社などということを口にする者はいなかったのでした。四十六年の春、エドガー・スノーが日本に来て、当時、〃赤い通信社〃といわれていた時事（編集局が赤か桃色か、とにかく当時の流行色を呈していたのは事実です）を訪れて、これは完全なcooperativeだ、と言ったとか、言わなかったとかで、当時大いに有難がって、これを〃合作社〃と訳して吹聴したりしてはいたが、さりとて、経費そのものの中に、〃合作社〃を活かして織り込み運動などは、全く行われていなかったのが、当時の実情です。

昭和27年1月20日　時事通信社報　第80号　（6）

大屋久壽雄君逝去

略歴　明治四十二年静岡県嘉穂郡に生れ十六歳の時父を亡い、母うめ子さんに伴われて上京、成城学園を卒業直ちにフランスに留学リオン大学文科に学ぶ。昭和八年帰朝新聞連合社に入り、同盟通信社の発足とともに社会部を担当、十三年支那大陸に渡り十四年十五年にかけてパリ、ウィーン、バルカンに特派され、帰朝後は社会部、政経部、海外局企画部を勤め十九年放送局に転出、対外放送に活躍した。時事通信社創立と同時に内信部長となり、事業局長に転じ、時事年鑑復刊に当り卓抜な編集企画により大成功をおさめたことはまだ記憶に新らしいところ。この間、社業基礎確立のため熱意と才幹を傾けたが、二十三年一月、出張先で発病、以来自邸における療養生活に入つた。療養中も、寸時も社業も忘れることなく殆んど連日にわたり意見書いわゆる「大屋レター」を認めて関係者に送り社業発展の推進役をつとめた。遺族は母堂うめ子さん夫人歌子さん、長男剛人君（一六歳）、長女雄子さん（一四歳）、次男毅郎君（一二歳）、三男行男君（十歳）の五人。

上は生前の大屋君
下は青山斉場における告別式

無宗教の葬儀

闘病四年、再び起つあたわずして大屋久寿雄君ついに逝く。十二月二十二日の朝病状急変の報に長谷川さんほか一同が急遽病床に駈つけたときは手を差しのべて見舞を謝し、更にその日夕刻古野さんが見舞つたときは「大丈夫なおりますよ」とハッキリ口をきいていたので古野さんは帰りの車中であの分ではまた持ちなおすかも知れないと一縷の望みを抱いていたほどであつた。しかしその夜十時二十五分、彼は四十三歳を一期としてその生涯の幕を閉じ幽明境を異にしてしまつた。

大屋君は昭和八年十月新聞連合社に入りジャーナリストとしての第一歩をスタートしてから、同盟時事両通信社に勤務してその才腕を縦横に揮い、ことにわが社においては編集面のみでなく経営面でも幾多の功績を挙げていただけにその死は多くの社僚から痛く惜しまれた。

大屋君の葬儀は二十五日午後二時半から青山斉場で行われた。この日空はどんよりと曇り雲低くたれこめて空もその死を悲しむかのごとくであつた。祭壇には多くの生花の花環にかこまれて故人の遺影が飾られた。式は無神論者であつた大屋君の遺志に添うべく無宗教葬として営むことになり旧友の一人である私が司会し、まず太田さんが故人の履歴を朗読、ついで長谷川さんが一千五百の社僚を代表して別項のごとき弔辞を朗読、つぎに大屋君の恩師である元成城学園の創立者で現玉川学院長の小原先生が弔辞を述べられた。小原先生は嗚咽慟哭しばしば口を開くこともできない有様で参列者の席からもそちこちで歔泣の声が聞かれた。つづいて東京タイムス社長の岡村二一さん、俳人の栗林農夫さん、共同通信社会部長の高田秀二さん、わが社の井上勇さんらが弔辞を朗読、つぎに古野さんが大屋君の生涯について思い出話をされその冥福を祈りついで各方面から寄せられた弔電を桂田さんが披露し、最後に遺族を代表して大屋君の令弟菅さんがお礼の言葉を述べられ、つゞいて告別式に移り遺児剛人君を先頭に全会葬者が順次献花礼拝して四時滞りなく葬儀を終了した。

この日会葬者は実に四百余名に達し盛儀をきわめた。（浅野豊記）

弔辞

大屋久寿雄君

時事通信社一千五百の社僚を代表してここに弔辞を述べさせていただきます。あの終戦の当時、君は日本放送協会にあり、われわれは同盟通信社の対外宣伝を担当しておりましたが、あいたずさえて和平の実現に骨折つたいきさつはすでに終戦秘史として記録に残されておりますので省きましよう。

その後同盟通信社が自主的に解体したとき、君は卒先、時事通信社の結成に参画し、創業艱難の際に卓抜した材幹と烈々たる気魄とをもつて社業の基礎を固めるのに寄与されました。

君が病臥するに至つたのは仕事のために無理に無理を重ねた結果だつたのでありますが、病床にあつても、君の脳裏を去来するのは常に社の仕事でありました。われわれはしばらく仕事を忘れて療養に専念するようくりかえし君にすすめたのでありますが、社を愛する君の熱意は療養のための打算をゆるさなかつたのであります。

大屋久寿雄君！　健康に阻まれて思う存分仂くことが出来なかつたのはさぞかし残念だつたことと思いますが、創業の当時における君の業績と、灼熱的な君の愛社心とは、時事通信社の社史に特筆大書され、社僚同志の語り草となるでありましよう。君が生前口ぐせのように申しておりましたとおり君の肉体はあまりにも激しい君の性格と俊敏錐のごとき君の英才とを背負い切れずに、重荷のもとに圧倒されたのでありますが君の業績は時事通信社とともに永遠に生き残るでありましよう。肉体は死して、しかも君は永生の門不死の境に入つたのであります。

君以つて冥せよ。

昭和二十六年十二月二十五日

代表取締役　長谷川　才次

「もうアカン」

最後の通信随想

大屋君は病臥以来、活版通信を隅から隅までよむのが楽しみだといつて、全通信をたんねんに読んでは、通信随想をかいた。その最後の通信――

通信随想　No50　17/12

余病続発
もう　アカン
皆さん　元気で
来年を期しつつ

オーヤ

大屋の死去を報じる『時事通信社報』（昭和27年1月号）

［解説］異能の記者　大屋久寿雄

鳥居英晴

大屋久寿雄の大量の遺稿の一部は、七十年の歳月を経てかなり劣化していた。大屋が心血を注いで執筆したであろう原稿を慎重にめくりながら読み進めて行くと、大屋が汪兆銘（汪精衛）工作に関与していく様子が克明に描かれ、引き込まれて行った。

戦後まもなく、四十代前半で亡くなった大屋久寿雄の名前を知っている人は多くはないであろう。大屋は戦前、同盟通信記者をしていた。同盟通信社は国策によって設立された通信社で、終戦直後、自主解散した。共同通信社と時事通信社の前身である。わたしが大屋について調べていたのは、『国策通信社「同盟」の興亡―通信記者と戦争』（花伝社刊）の執筆のためであった。調べているうち、大屋が同盟記者のなかで、ひときわ異彩を放つ異能の記者であることがわかった。

日中戦争のさ中、一九三八年十二月、国民党副総裁汪兆銘が重慶を脱出し、ハノイに飛来したとき、大屋は同盟のハノイ特派員をしていた。大屋が終戦直前の一九四五年七月十五日付で執筆した「汪精衛工作備忘録」という文書が外務省外交史料館に収録されている。「大日本帝国政府」と印刷された便箋三十六枚にタイプ印刷されている。残念なことに、「備忘録」は途切れており、肝心な大屋の活動について記述した部分は欠けている。

フランス文学者で中央大学名誉教授の高橋治男氏が、『プーライユと文通した日本人―大屋久寿雄のこと―』（二〇〇八年、中央大学人文科学研究所刊）という非売品のブックレットを出されている。高橋氏と連絡をとったところ、大屋の遺稿を預かっているという。二〇一三年四月、「備忘録」の全文があるのではないかと期待して同氏のお宅を早速うかがった。

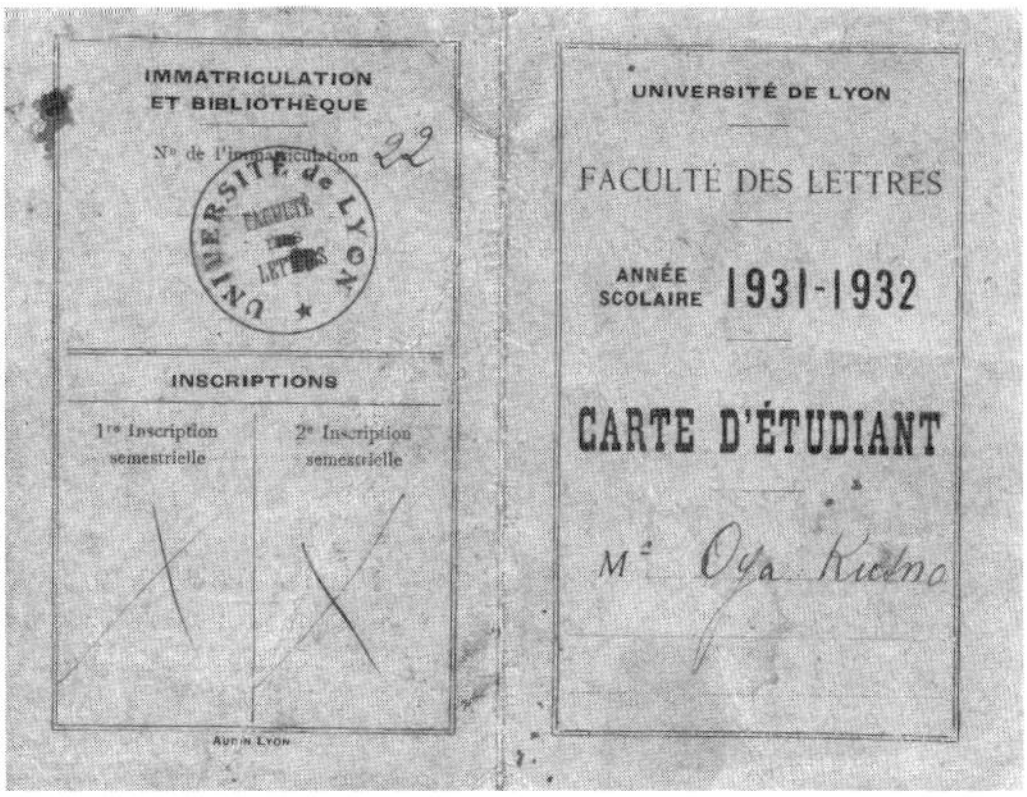

リオン大学の学生証　中に左の昭和４年１月９日の写真が貼ってある

「備忘録」は高橋氏が預かっていた遺稿の中にあったが、残念ながら外交史料館にあるものと全く同一のタイプ印刷されたもので、途切れていた。拙著執筆のため、大屋の遺稿など一式を、大屋の長男剛人氏の了解のもと、高橋氏に代ってわたしが一時的に預かることになった。『戦争巡歴』と題する手書きの原稿はこの中にあった。終戦翌年初めから書き始められ、同盟での記者活動を長編小説の形で記していた。同盟記者たちの生態が生き生きと描かれており、名前でしか知ることが出来なかった記者たちの個性溢れる実像が活写されていた。拙著を執筆するうえで、大いに役立った。

フランスで見つかった大屋の手紙

高橋治男氏は一九八九年、パリでフランスのアナーキスト系プロレタリア作家、アンリ・プーライユ（一八九六―一九八〇）の書簡を調べていた。そこで、一九三〇年代に「オオヤ・クスオ」という日本人が書いた十五通の手紙を見つけた。パリまたは欧州から発信され、日本に帰ってから送られたものもあった。日本のプロレアリア文学の作品をかなり読み込んでおり、いくつかの作品のフランス語訳を試みていることが分かった。高橋氏は「オオヤ・クスオ」に興味を持ち、どのような人物であるのか調べ始めた。インターネットがまだ普及していない時代、「大屋久寿雄」と判明するまでには苦労した。

二〇〇七年二月、定年退職を記念して高橋氏が行った談話会での談話をもとにしたのが『プーライユと文通した日本人』である。同書によると、

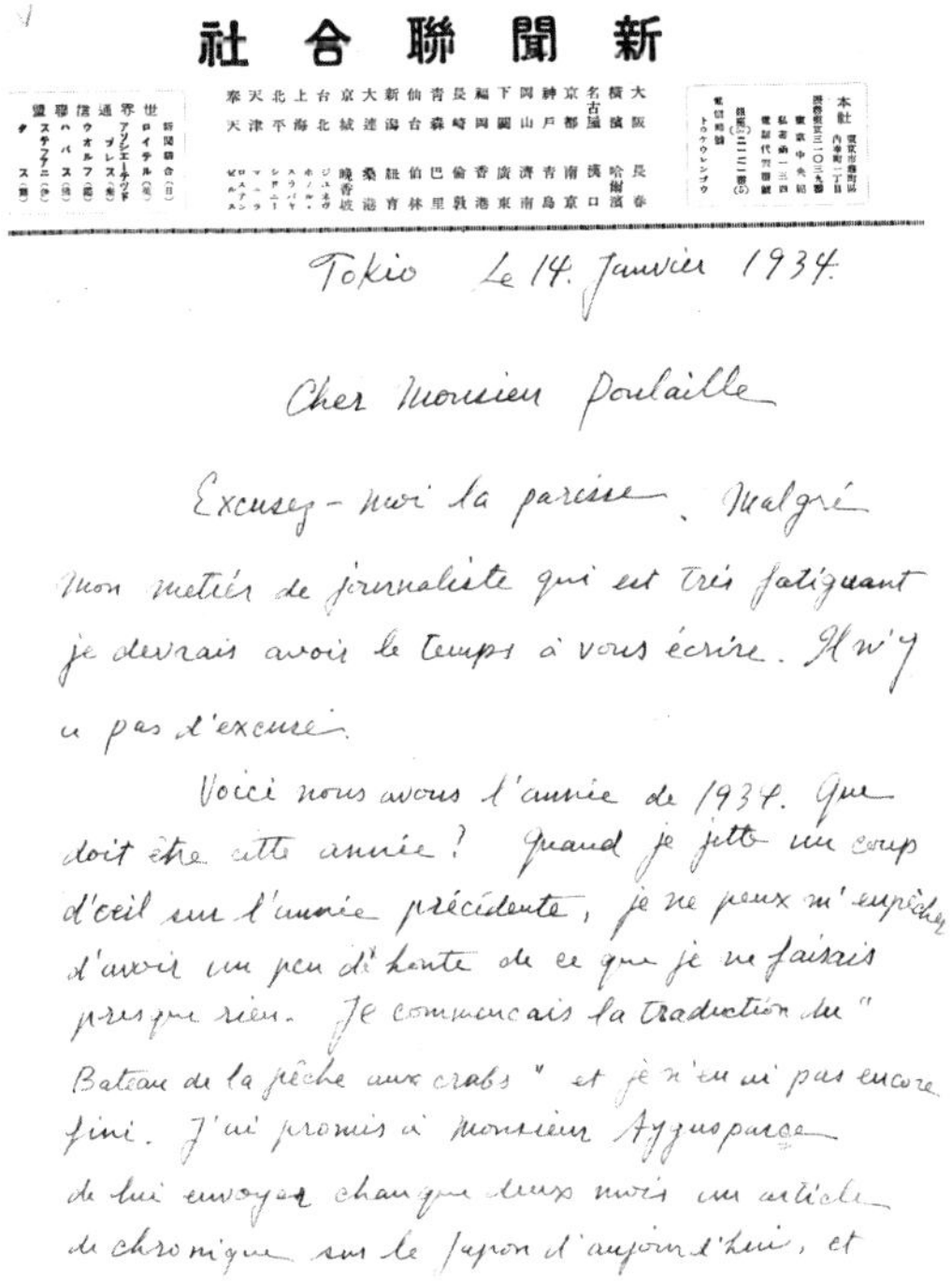

新聞聯合社

Tokio Le 14. Janvier 1934.

Cher Monsieur Poulaille

Excusez-moi la paresse. Malgré mon métier de journaliste qui est très fatiguant je devrais avoir le temps à vous écrire. Il n'y a pas d'excuse.

Voici nous avons l'année de 1934. Que doit être cette année? Quand je jette un coup d'oeil sur l'année précédente, je ne peux m'empêcher d'avoir un peu de honte de ce que je ne faisais presque rien. Je commençais la traduction du "Bateau de la pêche aux crabs" et je n'en ai pas encore fini. J'ai promis à Monsieur Ayguesparse de lui envoyer chaque deux mois un article de chronique sur le Japon d'aujourd'hui, et

1934年1月14日付大屋久寿雄のプーライユあての手紙（高橋治男氏提供）

大屋の経歴は次のようなものである。

大屋は一九〇九年七月五日、医者をしていた父雄三郎と母ムメの長男として福岡県嘉穂郡千手村（現・嘉穂町）に生まれた。二人の弟と妹がいたが、一九二四年に父親が病死すると、母親は二男啓だけを大屋家に残して三人の子供を連れて上京。母親は社会事業家の野口幽香が創立した二葉保育園で働き、小原国芳（のちの玉川学園創立者）が開設に尽力した成城第二中学校に大屋を入学させた。母の実家の菅姓を名乗った三男良も同校に入った。母はクリスチャンで、社会事業家でもあった。

大屋は早熟な左翼の文学青年で、母親をモデルにした大河小説『或る一家の歴史』など多くの小説、戯曲、短歌をつくった。高橋は『或る一家の歴史』について、「細かな心理描写には大変優れており、とても高校生の作品とは思えない」と評価する。大屋と弟は小原国芳が校長をしていた成城高校に進む。弟は社会主義学生グループに属して退学処分になった。大屋は卒業後、フランス、弟はドイツにそれぞれ留学した。

一九三〇年、大屋はトランク二個と毛布二枚とを持って、シベリア経由でフランスに向かった。二十一歳になっていた。アリアンス・フランセーズを卒業し、秋からリヨン大学文学部で学ぶ。ちなみに、汪兆銘とその側近の曽仲鳴もリヨン大学に留学している。

一九三二年三月、大屋はパリに出ていた。ここで、『放浪記』の印税を旅費に渡欧していた作家の林芙美子の案内を頼まれ、親交を結ぶことになる。芙美子の『原日記』によると、四月二十一日、大屋と芙美子はプーライユ宅を訪問する。芙美子は、ベルリンに留学中でパリに遊びに来ていた建築家、白井晟一と恋に落ちるが、芙美子を白井に紹介したのが大屋だった。芙美子が帰国後に発表した小説、『屋根裏の椅子』には大屋をモデルにした人物が登場する。小説の中の大屋は次のように描かれている。

「私の恋人はまた、プロレタリア文学をやっている仲のいい友人を持っていた。その男は九州人だと云う事であったが、おそろしくニッカポッカのよく似合う小男で、三人の男のうちで誰よりも魂が空疎であった。だが、魂が空疎ではあったが、一番正直で純粋さを他の青年よりもたぶんに持っていた」

大屋と林芙美子はパリで別れた後、再会することはなかった。同年七月、警察に捕まり、国外追放処分になる。処分理由は不明であるが、高橋はコミュニストとの共同行動が問題になったのではないかと推測する。大屋はベルギーに逃れる。一九三二年十一月、ロンドンから靖国丸に乗って、帰国の途につくが、日本でも警察に逮捕される可能性があるというので、シンガポールで下船する。そこでダンスの教師をしながら、半年以上を過す。大屋には当時フランスに恋人がおり、日本で落合うことになっていたが、一九三三年三月に急逝する。大屋は同年五月、約三年ぶりに帰国。高く評価していた小林多喜二の『蟹工船』のフランス語翻訳を進めた。

通信記者になる

大屋は一九三三年十月、同盟通信社の前身である新聞聯合社に入る。ここで水を得た魚の如く大屋の活躍が始まる。聯合や同盟時代の大屋については、新聞通信調査会の内部資料である『報道報国の旗の下に』の中に収められている座談会で語られている。新聞通信調査会の前身で同盟解散後に発足した通信社史刊行会は、同盟の正史といえる『通信社史』を一九五八年に刊行している。その続編が企画され、一九六二年十一月から一九六五年三月にかけて関係者による座談会が十九回開かれた。企画のひとつとして、「同盟気質を遺憾なく発揮した、テピカルな、代表的なさむらいを選りすぐって数人だして銘々伝を編纂しよう」ということになり、その第一回として大屋久寿雄と萩野伊八（同盟編集局次長）を取り上げ、一九六三年二月十一日に座談会が開かれている。そこには、同盟の社会部長、編集局次長を歴任し、戦後、東京タイムズを創刊した岡村二一や大屋の親友であった井上勇らが出席し、大屋をめぐるエピソードが語られている。

続編の発行は頓挫したが、座談会の記録は、『報道報国の旗の下に』としてまとめられている。大屋は岡村の弟子を自任していたが、その岡村が大屋について、「天才」と呼んで兜を脱いでいる。

岡村によると、大屋が聯合に入ったのは、母親の知り合いが毎夕新聞におり、その人が聯合の専務理事の岩永裕吉と総支配人の古野伊之助に働きかけて入社することができた。庶務部長の大川幸之助が社会部長の岡村を呼んで、「こういういわくつきの人物だが、君使ってみないか」と言った。社会部がまだ部長を入れて五人ぐらいのときで、「猫の手も借りたい。人が欲しいからよこせ」と岡村が引き取ることになった。

大屋は初日、ベレー帽にニッカポッカをはいて出社してきた。岡村は「なんだあれは……」と驚いた。内信局長の高井信義が「そんな格好をして来るならもう来なくてもいい」と言うと、翌日から普通の服装で来た。岡村は初めての取材に明治神宮に行かせた。大屋は自動車で帰ってきて、ポンと岡村の机の前に原稿を放り出した。初めての取材なのにふざけた野郎だと思いながら見ると、きちんとした記事になっている。岡村はやたら原稿を直すので評判が悪かったが、ほとんど手を入れないで使える原稿になっている。びっくりして、「お前いつの間に書いた」と言うと、「当たり前だよ、車の中で書いて来たよ」と無礼な口調で答えた。「新聞記者は車の中で書くのは当たり前だ」とど素人の新人が部長に説教した。

岡村は大屋を有能なやつだと思って、さかんに使っていると、ある日、次長の栗林農夫が岡村をつかまえて、「おい、あの野郎あのままのぼせたら碌なものにならない。生意気で、恥ずかしくて、新聞聯合の体面を汚す。外に出せない。徹底的にのしちゃうから、お前立ち会え」と言った。夜になって岩永裕吉がいなくなった専務室に大屋を引きずり込んだ。

岡村は岩永の椅子に座り、隣に座った栗林が、「これ大屋」とやりだした。栗林はあらゆる言語を弄して、大屋を締め上げた。「手前みたいなやつは少しぐらい才能があるとかなんとか、何でも知っているというような面しやがって、何だ貴様のやっていることは、人間的にゼロだ」。栗林から口出しするなといわれていた岡村は黙っていた。「みなが何と言おうが、古野が何と言おうが承知しない。たたき出す。明日から出てこなくてもよい、誰が何と言ったって岡村と俺がいかんと言うんだから首だ」と栗林が怒鳴りつけると、大屋はオイオイと大声を出して泣き出した。そんな事件があってからも大屋は相変わらず飲んだくれはやまなかったが、人間が変わったようだった。

大屋は入社後まもない一九三四年一月十四日付のプーライユあての手紙では、報道の自由がないと嘆いている。

「ぼくは、ジャーナリズムの世界に入ってからまだ日が浅いのですが、それでも、報道が支配階級の哀れなスポークスマンに過ぎないということに気づくに足るだけの時間は経過しています。意見の自由も言論の自由も、いまやありはしません。支配階級に不都合な通信はすべて、民衆への伝達を禁じられているのです。ぼくらは、権力の座にある階級の陰険な目的のために、真実を偽造し、実際には存在しない何らかのニュースをでっち上げさえするようにと、当局から強制されている。ジャーナリストとは、主人の意志を忠実に模倣する哀れな操り人形です。ぼくは自分のいまの仕事を、あまり楽しいものだとは思いません。それでも生計を立ててゆかねばならない。何というジレンマでしょう!

日本の帝国主義者たちは満州を日本に併合しようとしている。そしてそのために必要なあらゆる手段に訴えているわけです。例えば、現在の満州共和国執政を皇帝にすることによって満州国(マンシュウクオ)を帝国に変えようとするのも、そのひとつです。このニュースなどもまた、陰謀が成功する日までは大衆への報道を禁止しているわけです。

日本は満州に何万もの軍勢を派遣し続けているが、この事実もまた新聞に書くことができない。だから日本の民衆は、何人の日本兵が満洲にいるのかを正確に知ることができません。軍当局は、満州派兵の事実を国民が知ることを何ゆえに望まないのだろうか? それは明らかです。日本からの移民の安全を保証する以外に、目的があるか

らです。」（高橋治男訳）

記者になりたての大屋の純粋な心情が吐露された手紙である。プーライユの作品の日本語訳は陽の目を見ることはなく、『蟹工船』のフランス語訳もプーライユのもとに届くことはなかった。高橋は、「ファッショ化の波のなかで不本意ながら記者として働くうちに、プロレタリア文学どころではなくなってしまったのではないか」とみる。

満州事変以後、政府内に新聞聯合と日本電報通信社（電通）を合併させて国策通信社を成立させる動きが出た。交渉は難航し、新聞聯合が一足先に発展的に解消し、一九三六年一月、同盟通信が発足。同年六月に電通の報道部門である通信部を吸収合併する。日中戦争が勃発した当時、同盟社会部の陣容は四十五人、編集局内の最大勢力になっていた。社会部の若大将的な存在になっていた大屋は、生きのいい記者として活躍しているうちに、いつしか批判的な眼差しを失っていく。

歌子夫人とはこのころ結婚した。彼女が京橋の高級バー「山小屋」でアルバイトをしていたときに知り合った。剛人氏によると、「できちゃった婚」だったという。大屋は夫人には頭があがらなかったようである。大屋はいつも銀座で飲んでぐでんぐでんになると暴れた。同僚が大屋を成城の家まで車に乗せて連れて帰ると、大屋はぐでんぐでんに酔っているのに玄関にはいるとすぐ、夫人の前に手をついて、「ごめんごめん」と謝るのであった。

大屋は飲んだくれであったが、時間には厳しかった。小田善一は、五分ばかり出勤するのが遅れると、大屋から「人間は何ぼ飲んでもいいし、遊んでもいいけれど、時間だけはきちんとしなければいかんよ」と説教された。

『戦争巡歴』

『戦争巡歴』は「支那事変」「和平工作」「欧州大戦」「太平洋戦争」の四部で構成されている。四百字詰め原稿用紙にすると全体で二千枚程度あったと思われるが、残念ながら一部が散逸している。表紙に、「戦争巡歴（未定稿）一九四六・一・二二起稿」と記されている。第三部の脱稿は同年六月二十二日。千七百枚ほどを五ヶ月間で書きあげている。

『戦争巡歴』では大屋自身は「太田三吉」という名前になっているが、その他の登場人物は実名である。そうした理由について、大屋は次のように説明している。

「自分のことを書くのに、小説の形を借り、しかも三人称で己を描いて行ったのは、できるだけ客観的に過去を見ようという気持ちからである。しかし、小説の形をとったことによって、個々の描写は多分に潤色されことも拒めない。とはいえ、書きつつある瞬間にとっては、それはむしろ、より真実に近いものであった、ともいえる」

第一部「支那事変」。日中戦争勃発後、中国に派遣された社会部記者の大屋は前線には出されず、天津と北京で軍隊向けの『陣中新聞』の編集に携わる。戦争の拡大とともに、急速に膨張していく同盟の取材基地の模様が描かれる。こうした記録は、類書がなく貴重なものである。

第二部「和平工作」では、汪兆銘のハノイ脱出に関与する活動が描かれる。『戦争巡歴』のハイライトである。「備忘録」によると、大屋が汪工作の経過について記すのは、これで四回目であるとしている。一回目は参謀本部への報告書として執筆したもので、汪の仏印潜入から脱出までの四ヶ月間の経緯を日記体に記録した四百字詰め原稿用紙約五十枚のものであった。その一部分は一九四〇年十二月末、東京日日新聞紙上に三日にわたって森本太真夫記者の署名入りで「O君の日記より」として発表された、としている。これは門松少佐の斡旋により軍部の承認を得たものであったという。調べてみると、十二月四日から四回続きで、森本の手記として連載されているが、明らかに大屋の記録をもとにしたものである。

二回目は、汪精衛、周仏海、周隆庠、高宗武、曽仲鳴ら中国側関係者、影佐禎昭、門松正一、犬養健、伊藤芳男、松本重治、矢野征記ら日本側関係者にこれまで直接問い質した「メモランダム」を基礎にした原稿で、一九四二年一月に四百字詰め原稿用紙二百五十枚で脱稿した。

これをもとに、さらに書き進めて一九四三年四月に四百字詰め六百三十枚程度の原稿を完成させたが、一九四四年十一月三十日の空襲で庫に入れていた原稿は灰じんに帰した。

大屋は第二部「和平工作」について、「純然たる資料的記録として書き残しておいた前述の手記を補う」ものであるとしている。

第三部「欧州大戦」では、欧州で大戦が勃発したのに伴い、上海駐在になったばかりの大屋が欧州に派遣され、バルカン諸国を中心に欧州各地を一年半、飛びまわる。第四部「太平洋戦争」は、書き始めてすぐに中断し、一年後の一九四七年四月から執筆を再開、99番の通し番号のついた原稿の末尾に「1947・6・11」とある。南部仏印進駐で軍報道部班員として従軍したことが描かれている。大屋はその後、自宅で療養生活に入った。100番以降の原稿については、287から296の通し番号が記された原稿だけが残されている。292番の原稿の冒頭には、「1949・12・6・何年ぶりかで、ここから書きつぐ」と書かれている。残念なことに、開戦時のもようについて書かれたと思われる部分は散逸している。残されている部分には、大屋が一九四三年八月、南方を視察したときのことが書かれている。

汪兆銘工作

汪兆銘工作とは何であったのか。一九三七年七月七日、北京郊外で盧溝橋事件が勃発、八月十三日には上海で日中両軍が衝突し（第二次上海事変）、戦火は華中にも広がった。日本軍は十二月、国民政府の首都、南京を占領。中国駐在ドイツ大使のトラウトマンを通じた和平工作が不調に終り、近衛首相は一九三八年一月十六日、「爾後国民政府を対手とせず」との声明（第一次近衛声明）を発表して、国民政府と事実上国交を断絶した。

この声明直後、早期和平実現のため日中間で非公式和平交渉が始まった。中国側は高宗武（外交部亜洲司長）、董道寧（外交部亜洲司第一科長）、梅思平（元江寧実験県長）、周隆庠（国民政府外交部情報司日蘇科長）。中国側の和平派は、蔣介石に次ぐ国民党の実力者である汪兆銘を和平運動のリーダーとして担ぎ出した。

日本側は民間人と陸軍であった。西義顕（満鉄南京事務所長）、松本重治（同盟通信上海支社長）、伊藤芳男（満鉄嘱託）、影佐禎昭（参謀本部第八課長、次いで陸軍省軍務課長）、今井武夫（参謀本部支那班長）、犬養健（衆議院議員）。同年二月、董は伊藤とともに秘かに日本に渡り、影佐と会った。三月、高宗武は上海で、松本と伊藤のふたりと面会した。その後、高宗武は松本と香港や上海で数回にわたって和平工作について話し合った。

松本は七月三日、高宗武を秘かに上海から横浜行きの船で送り出した。松本は、高の後を追って、飛行機で福岡まで飛んだ。列車で東京に着いたのは七月五日。高は影佐や今井武夫中佐を介して、板垣征四郎陸軍大臣らと会い、松本の紹介で犬養健にも会った。松本は高を同盟通信社長の岩永裕吉のところにも連れて行った。高は七月二十一日、伊藤に伴われて横浜から上海に帰った。松本は七月下旬に上海に戻るまで、近衛首相、岩永、影佐らと打ち合わせを繰り返した。

北京に駐在していた大屋がハノイ特派の辞令を受けて東京に戻ったのは、こうした秘密交渉が重大な局面を迎えていたころであった。なかなか本社に姿を現さない大屋に岩永社長が苛々していたのは、こうした背景があった。

そのころ、フランス領インドシナ（仏印）を経由した蒋介石支援物資の輸送をめぐり、日本と仏印との関係は緊張していた。『通信社史』（一九五八年）は、「汪の重慶脱出に備えて、連絡員（大屋久寿雄）がハノイへ特派された」と記しているが、大屋はそうした使命を知らされて、ハノイに赴任した訳ではない。大屋は別の遺稿「戦争と共に」で次のように述べている。

「援蒋物資の輸送路としての仏印ルートの問題が相当重要性を帯びてきつつあった。殊に帝国海軍の全支沿岸封鎖作戦の進捗と共に、広東ルートが日増しに脅威されはじめて以来、香港の援蒋物資は競って仏印のハイフォン港へと流れるようになって来ていた。私が突然仏印行きを命ぜられたのは右のような情勢のためである、と私は考えていた。――もちろんそれも一つの理由であったが、他にその頃極秘裡に進められていた汪精衛を中心とする和平運動に備える意味もあったことを知ったのは、ずっと後になってのことであった」

大屋は知能の固まりのような男で、頭の回転が速く、流暢なフランス語を操り、しかも豪胆な性格だったので、パイプ役には打ってつけであった（前田雄二『新聞通信調査会報』一九七六年六月号）。辞令が発令された一九三八年六月時点で、汪がハノイにやってくる可能性まで松本重治は予想していたのだろうか。松本の『上海時代』や『近衛時代』には、ハノイへの特派員派遣の話も大屋も登場しない。

日本軍は十月末、武漢、広東を占領するが、以後戦線は膠着状態になる。近衛首相は一一月三日、事変究極の目的は東亜新秩序の建設にあり、「国民政府と雖も従来の指導政策を一擲し、その人的構成を改替して更正の実を挙げ、新秩序の建設に来り参するに於ては敢て之を拒否するものにあらず」と表明した（第二次近衛声明）。

近衛声明発表後、中国和平派と日本側の秘密交渉が進められ、十一月二十日、陸軍省の影佐大佐・今井中佐と高宗武・梅思平との間で「日華協議記録」が調印された。「日華協議記録」には、中国による満州国承認、日本軍の二年以内の完全撤兵などの和平条件が盛り込まれ、日本政府が同条件を公表すれば汪兆銘は蔣介石と絶縁し日本と提携して東亜新秩序建設に協力することがうたわれた。

汪兆銘は十二月十八日、重慶を脱出、昆明を経由してハノイに入ったのは二十日である。日本政府は、汪の重慶脱出と同時に、近衛首相が声明を発表する手筈を整えていた。汪の重慶脱出の連絡を受けて、近衛首相は十二月二十二日、声明を発表した（第三次近衛声明）。「支那における同憂具眼の士」に対し、「相携えて東亜新秩序の建設に向かって邁進」するよう呼び掛けた。さらに「東亜新秩序の建設を共同の目的として結合し、相互に善隣友好、共同防共、経済提携の実を挙げんとする」とする、近衛三原則を示した。しかし、「日華協議記録」で合意していた、撤兵については触れなかった。

松本重治は九月に腸チフスを発症して入院、和平工作から退く。松本に代って、犬養健がこの工作に関わった。松本は十二月初めに退院し、療養していたが十二月二十日、同盟本社から本社転勤辞令を受け取った。松本は、「近衛総理の声明に、『撤兵』の二文字がないことを発見し、愕然として、和平運動の将来に暗影を感じた」（『上海時代』）。

汪は二十九日、近衛の声明に呼応して、対日和平を呼び掛けた声明を発表し、日本軍の撤退を改めて求めた。中国の新聞は、汪の声明を「艶電」として伝えた。「代日電碼」（日付に代わる電信略字）では、「艶」が二十九日を意味した。「艶電」が発表されると、蔣介石は一月一日、汪の国民党籍の永久剥奪と一切の職務からの追放を発表した。

松本は十二月二十九日に熱田丸に乗り、六年間を過ごした上海をあとにして帰国、その後静養する。近衛は翌年一月四日、突然内閣を投げ出した。翌日、平沼騏一郎内閣が成立した。「近衛は万人の期待を裏切り、とくに近衛に期待を寄せて出てきた汪兆銘を裏切ったのであった」（西義顕『悲劇の証人』）。

汪兆銘の秘書、曽仲鳴は汪の居宅で就寝中に襲われて殺害される。ハノイ駐在の門松正一少佐は、陸軍中央に対して汪救出を申し出た。板垣征四郎陸相は影佐に汪救出を命じた。海軍からは須賀彦次郎大佐、外務省からは矢野征記、犬養健が派遣されることになった。影佐と犬養は、台湾拓殖会社の傭船と偽装された貨物船「北光丸」に乗ってハイフォンに向った。矢野は香港経由で空路ハノイに入った。須賀は実際には、救出チームに加わらなかった。

汪は一九三九年五月八日、上海に到着し、日本占領地での和平政権樹立を目指す。日本政府の協力を求めるため、汪は五月三十一日、周仏海、高宗武らとともに上海から日本に渡った。六月三十日に日本を離れるまで、平沼首相ら政府首脳と意見を交わした。

大屋の虚報

汪兆銘救出のためにハノイにやって来た影佐禎昭は『曽走路我記』、犬養健は『揚子江は今も流れている』という記録をそれぞれ残している。大屋久寿雄は親しい同僚の記者にも、ハノイでの汪兆銘工作へのかかわりについて語っていない。大屋は『戦争巡歴』で、仏印（フランス領インドシナ）での経験を「能う限りの忠実さをもって、ありのままに摘写せんとした」と記している。当時ただ一人のハノイ常駐記者として、汪兆銘のハノイ到着から脱出までの四ヶ月間について記録しているのは大屋だけであり、『戦争巡歴』は第一級の史料的価値を持つ。

『戦争巡歴』では、大屋が本来の報道ではなく、工作にのめり込んで様子が描かれているが、記者としての一線を超える行為をしている。ハノイ特派員の後任である前田雄二が「大屋久寿雄の大虚報」（『新聞通信調査会報』

一九七六年六月号）という記事で明らかにしている。調べて見ると、大屋の日記をもとにした森本太真夫記者による東京日日新聞記事（一九四〇年一二月七日付）にそれが記されていた。大屋は周隆庠、陳昌祖と四月二四日、「汪氏出発後、これをカモフラージュする必要上、仏印当局と諒解の上、氏は交趾支那《コーチシナ》〈注―ベトナム南部〉へ向かったが、一ヶ月後には帰来するとの説を流布する」と取り決めた。当時の新聞を確認してみると、大屋はこれを実行していた。五月一日付朝日新聞や中外商業新報などに掲載されている。

【河内三十日発同盟】曽仲鳴事件以来更に河内某所に居を移した汪兆銘は先日秘かに河内を出発、仏印当局保護の下に陸路仏印南部の某地に赴いたことが判明した。

右は表面上最近の天候不良に健康勝れず静養のためと言われているが、事実は近来頓に支那中央系不逞分子の潜入があり仏印当局日夜の警戒にも拘らず不安を感ずるに至った為、当局とも合議の上当分難を南方に避けたもので曽仲鳴が暗殺された河内の隠れ家は目下大至急内部を改造中で各階毎に鉄板、鋼鉄網等を以て厳重に防禦装置を施しつつあり右工事完成にはあと三週間を要するので汪兆銘は此の間避難先に滞在すると見られて居る。避難先に関しては当局も秘密厳守して居り判然しないが交趾支那の小都市と見られ河内に残留せる秘書某も言を濁して居るが仏印以外に出る事は絶対にないと言明して居る。

前田によると、大屋はこのことを印度支那産業支配人の坂本四郎には告白している。坂本は当時の日記をもとに語ったという。大屋は坂本に対し、悲痛な顔をして訴えた。「坂本君、僕は通信記者として最大の罪悪を犯したのだ。通信記者の生命は真実を通報することにある。それを事情の如何を問わず、虚報を放つことは、その生命を断ち、自殺することだ。それで自分は通信記者として死んだことになる」。

大屋は謀略的なことにまで手を染めてしまったことについて、『戦争巡歴』では触れていない。書けなかったのであろう。前田雄二は、「大屋氏は、国益のためにあえて虚報を打電した。そして、記者としての職業倫理に反逆する罪を犯した」とする。同盟通信は、汪兆銘工作において岩永社長はじめ首脳が協力した。報道機関である同盟が工作の当事者になってしまった。その矛盾の象徴的存在が大屋である。

汪政権樹立をめぐる日本との交渉は難航した。その過程で、あくまで第三勢力として和平運動を展開しようとする高宗武は汪兆銘の陣営から離脱した。一九四〇年三月三十日、汪を首班とする南京国民政府は「還都」という名のもとに成立した。日本は汪政権を同年十一月三十日、承認する。汪兆銘は一九四四年十一月十日、日本で病死。汪政権成立以降も、同盟は政権の新聞通信政策に深く関与した。日米間の対立は中国をめぐってであり、汪政権の存在は日米交渉で障害になった。汪政権は日本の敗戦直後の一九四五年八月十六日に消滅する。

一九四二年七月、帝国蓄音器から「聖戦記録　大東亜戦史」という十二枚組のレコードが発売された。日本放送協会や日本映画社の音源を使い、解説文は同盟が担当した。大屋久寿雄の異能さは、ここでも発揮された。依頼を受けた岡村二一が「弱ったな、どうもそんなことを書くのは嫌だといったら、『わけない俺書いてやるよ』と大屋が一週間ぐらいで書いてきやがった。それがまた実によく出来ているんだ。名文なんだよ。（中略）そういう離れ業をやってのけるんだね。その手際のよさとか、早さというのは確かに天才だったね。不思議な野郎だった。僕はその時初めて、二度目に驚きかえしたもんだけれど、えらいやつがおるもんだと思って降参したんだ」。

活弁調で吹き込んだのが竹脇昌作（俳優竹脇無我の父）だった。それは次のようなナレーションで始まる。

「広袤《こうぼう》千里、遥かなる赤道を越えて、大日章旗の征くところ、大御稜威《おおみいつ》大東亜十億民に洽《あまね》く、豪宕《ごうとう》雄渾なる新秩序建設の偉業いや進むとき、み吾等一億の胸に、新たなる感激と共に甦えるは、満洲事変に始まり、大東亜戦争に至る、過ぎ来し十年の輝く勝利の歴史であり、不屈の正義観、不撓の信念の想い出である」

満洲事変以来の日本の行動を正当化し、聖戦をうたいあげた。新人の頃のような日本の帝国主義を批判的に見る姿勢は完全に消え失せている。大屋は自身どのように考え方を変えて行ったのか、その「転向」のプロセスについては戦後の著作でも明らかにしていない。「私も戦争中は相当ハッキリした反戦主義者であった」（『敗戦雑記帳』）

と述べているが、自己弁明のように聞える。この点、自己批判した栗林農夫の方が正直のように思える。

敗戦とともに、同盟通信社は一九四五年十月三十一日に解散し、翌日、共同通信社と時事通信社が発足した。大屋は時事の発起人のひとりとなった。大学ノート十七頁に渡ってびっしりとしたためられた大屋のメモ、『合作社〝時事〟の現状と将来に関する考察』は、この間の動きを記した貴重な記録である。大屋は村田為五郎、太田恒弥とともに創立趣意書を起草した。「政府と大資本とより独立して報道の自由を確保して責任ある通信を発行する」と高い理想が掲げられた。恐らく大屋が中心となって書いたものと思われる。

大屋は時事創立とともに内信部長に就任、翌年、事業局長になる。大屋は一九四八年一月、出張先でカリエスを発症、自宅で療養生活に入った。療養中も、ほとんど連日にわたり「大屋レター」といわれる意見書を関係者に送って、仕事の指示をしていた。

大屋は四年間の闘病生活の末、一九五一年十二月二十二日、四十二歳でこの世を去った。歌子夫人、母、それに十代の四人の子供が残された。無神論者であった大屋の遺志にそって、葬儀は無宗教でとり行われた。

岡村は次のように振り返る。「とにかくあのくらい何をさせても考え方の広さ、仕事の手早さ、考えちゃおらないんだから、思いつきとして、その思いつきが悪くない、不思議な男だったね。それだけにがちゃがちゃやりすぎたから早く死なざるを得ないような……病中だって養生なんかしていなかった」。

大屋の遺稿はこれまで、なぜ日の目を見なかったのであろうか。NHK国際局OBの故北山節郎氏が著した『ピース・トーク　日米電波戦』(一九九六年)にも、大屋のことが描かれている。大屋は一九四四年、同盟通信から日本放送協会に出向し、海外局編成部長となった。米国のザカライアス大佐による対日放送に応答する放送に関与するなど、ポツダム宣言受諾に至る過程において、和平の実現に重要な役割を果たした。北山氏は当時、健在であった歌子夫人を取材しているが、夫人は遺稿の存在を明らかにしていないようである。『戦争巡歴』には、大屋の女性関係が描かれているため、はばかったのではないだろうか。剛人氏は冗談めかして、「ヨーロッパに兄弟がいるかもしれない」と語っていた。夫人は十五年ほど前に亡くなっている。

『戦争巡歴』には、同盟について、これまで知られていなかった事実が書かれている。同盟の内情について、同盟関係者によって書かれた書籍は多くはなく、同盟研究のうえで貴重な記録である。活字にして出版する価値があると判断した。剛人氏に会い、出版の了解を得た。剛人氏は脳梗塞を患い、自宅近くの施設に入居されていた。剛人氏はデューク・エイセスのオリジナルメンバーの一人であった。その後、出版社などに勤務した。残念ながら剛人氏は本書の完成を待たず、九年間の闘病生活の末、二〇一四年九月に亡くなった。享年七十八。

高橋治男氏は大屋の遺稿の入力作業をされており、「エッセイ　戦争巡歴」と「敗戦雑記帳」は同氏の入力によるもので、それ以外はわたしが行った。本書の出版にあたっては、共同通信社、新聞通信調査会の協力を得た。特に共同通信社の飯岡志郎氏と石山永一郎氏にはお世話になった。出版をめぐる環境が厳しいなか、出版を引き受けていただいた柘植書房新社の上浦英俊氏には、心から感謝の意を表したい。

大屋の著作

レオン・ブランシュヴィック著パスカル「パンセ」序説　共訳　『基督教叢書』第五二　長崎書店　一九三五年五月

「教育十字軍」（『成城文化史』所収）　成城高等学校同窓会　一九三八年

『バルカン近東の戦時外交』　同盟通信社　一九四一年五月

欧州大戦勃発直後に欧州に派遣された大屋が、帰国後一ヶ月余りで書き上げた。編集局長の松本重治が、「一方に故国の風物を眺めながら、他方胸奥にきざまれた異国の印象を整理しつつ、社務励精の余暇を割いて、一気に書き下したバルカン近東戦時外交裏面史の絵巻物である」という序を寄せている。

『仏印進駐記』　興亜書房　一九四一年十月

一九四一年七月、北部仏印に進駐する日本軍に、大本営陸軍報道部特派派遣員として従軍した大屋が書いたルポルタージュ。「私が意図したところは、皇軍の進駐をこくめいに跡づけることではなしに、皇軍が進駐した仏印というところは、どんな形の、どんな色の、どんな匂いのするところか。どんな過去と、どんな現在と、どんな未来とを持っている国か。そう言ったことを、肩肘張らずに、そして感覚的に報告しようとするところにあった」、とあとがきで記している。

『安南物語』　興亜書房　一九四二年六月

第一部で新庄嘉章が安南の民話を翻訳し、第二部で大屋が安南の歴史、宗教、文化、社会のことを述べている。「安南という国が、われわれの祖国日本とちがって、いかに悲しい運命のもとにあった国か、安南の人々がいかに虐げられてきたか、それゆえ、安南の子供たちも、いかに悲しい表情をたたえているかも判るであろう」、とはしがきにある。

『トルコ・政治風土記』興亜書房　一九四二年九月
大屋はまえがきで、「この国で仕事をするにつれて、『生かんとするトルコ共和国』の真剣そのもののような努力にひどく心打たれた」とし、「あらゆる角度から、私の体験と集めた資料に基いて、『生きぬかんとする』トルコの実相を描き出すことに努めた」としている。
『終戦の前夜―秘められたる和平工作の諸段階』時事通信社　一九四五年十二月
時事叢書の第六巻。三十一頁の小冊子。はしがきで、「無条件降伏に至るまでの経緯を能う限り忠実に記述した」としている。最終ページの広告に近刊として、大屋による『新日本外交論』が予告されている。これは出版されなかったが、遺稿の中に、一九四六年一月三日に書かれた、『小国外交論序論』と題する四百字詰め原稿用紙八十枚が残されている。

雑誌への寄稿
「フランス新聞を通じて見たバイヨンヌ事件」『国際パンフレット通信』（一九三四年二月）
レフ・オヴァロフ「老耄れ」『童説』（一九三六年各号連載）
「春は甦える軍都天津の明朗色」『国際写真新聞』（一九三八年一月）
「北支新聞・通信界の解剖」『国際パンフレット通信』（一九三八年三月）
「北支政治工作の中核『新民会』とは何か」『国際パンフレット通信』（一九三八年八月）
「バルカン危局を現地に観る」『文芸春秋』（一九四一年四月）
「バルカンと東地中海」『公論』（一九四一年四月）
「戦時下の欧州航空路」『逓信協会雑誌』（一九四一年五月）
「バルカンの情勢」『汎交通』（一九四一年五月）
「近東の苦悶」『公論』（一九四一年六月）

「独ソ戦と近東」『政界往来』（一九四一年八月）
「内在する敵」『同盟グラフ』（一九四二年五月）
「北阿戦局とエジプトの独立」『公論』（一九四二年八月）
「被統治民族の姿」『日本語』（一九四二年十月）
「共栄圏の確立と女性」『社会教育』（一九四二年十二月）
「トルコの中立を破る者は誰か」『時局雑誌』（一九四三年二月）
「南方の楽園」『南洋経済研究』（一九四三年四月）
「彼我の戦争目的」『同盟世界週報』（一九四三年四月）
「タイの生活革命」『同盟世界週報』（一九四三年八月）
「トルコは参戦するか」『時局雑誌』（一九四四年二月）
「欧州解説　民族の自殺」『青年読売』（一九四四年十月）
「米英必敗の論拠」『経済新誌』（一九四四年十月）
「官吏制度の改革」『時事解説版』（一九四五年十二月）
「平和世界への道標」『世界週報』（一九四七年一月号）
「田舎記者」『交扁』（一九四七年一月号
「国際的な心」『自警』（一九四七年二月）

時事通信社が一九四五年十二月に創刊した月刊誌『太平』（一九四七年五月、廃刊）に「国際つれづれ草」と題して随筆を連載している。
「げて酒談義」（『太平』一九四六年一月号）
「かばれ・にし・ひがし」（『太平』一九四六年四月号）

「蛮人煎飲の豆」(『太平』一九四六年六月号)
「かうひい譚」(『太平』一九四六年七月号)
以下の原稿は(「国際つれづれ草」のうち)と記されており、『太平』に掲載されたと思われるが未確認である。
「朝食」 四百字詰め原稿用紙二十二枚 一九四五年十月二十九日
「人生必須之所」 同十七枚 一九四六年二月十八日
「風呂の話」 同二十一枚 一九四六年二月十九日
「賭け事の話」同三十枚 一九四六年二月二十七日
「電話の掛けかた」 二百字詰め十七枚 一九四六年三月一日
「オタスの島と海豹島」 同五十九枚 一九四六年三月七日
「たばこの話」 同八十六枚 一九四六年三月八日
「愛されるために」 同五十一枚 一九四六年三月三十日

未発表原稿
「戦争巡歴」(エッセイ)
「戦争と共に」 四百字詰め原稿用紙三十二枚
「陣中新聞」 同十一枚
「戦争と茶」 同十六枚
「珈琲の悩み」 同四十一枚
「酒」 同二十二枚
「フランスの敗戦」 同二十六枚
「飲食その一」 同二十二枚

「飲食その二」　同十一枚
「酒手」　同一枚

「敗戦雑記帳」　一九四五年十二月十日
「随筆への憧れ」　十三枚　一九四五年十月四日
「ビルマの独立への旅」　十七枚　一九四五年十月五日
「良い日本語」　九枚　一九四五年十月五日
極秘覚書「日本外交の根本方針」　十七枚　一九四五年十二月一日
「小国外交論序論」　四十枚　一九四六年一月三日
「終戦外交の失敗に鑑みて」　十一枚　一九四六年一月十八日（『全人』三月号原稿）
「覚え書」　一九四六年三月起
「わが姿」　二百字詰め十九枚　一九四七年一月五日
「雑記帳」（最近不愉快なこと）　一九四七年五月四日
小説「女人戒心」　一九四七年九月七日（一日で書きあげる）、九月十四日（改題、筆を入れる）二百字詰め原稿九十二枚

大屋久寿雄年譜

一九〇九年
七月五日　福岡県嘉穂郡千手村（現・嘉麻市）で出生。父雄三郎、母ムメの長男。父は医師。
同村の小学校を卒業。
一九二四年　父雄三郎、死去。母ムメ、次男啓《ひらく》だけを大屋家に残して、久寿雄、三男良《かたし》、長女京子の子供三人を連れて上京し、二葉保育園で働く。
成城第二中学校に入学。
一九二九年
一月　個人誌『雲』創刊、『ある一家の歴史』を連載。
一九三〇年
成城高等学校を卒業（落馬が原因で肋膜炎から肺を病み、一年間休学している）。
五月　『雲』休刊。
シベリア経由で欧州へ。ベルリン、パリ滞在。
秋　フランス・リヨン大学文学部入学
一九三二年
四月二一日　林芙美子とともにプーライユ宅を訪問。
七月八日　パリで警察に捕まり、国外追放。ベルギー、オランダ、英国へ。
一一月四日　ロンドンから靖国丸に乗船。
シンガポールで下船。
一九三三年
五月　帰国、神戸水上署に拘引される。
北海道、樺太旅行。
一〇月　新聞聯合社に入社、社会部員。
一九三四年
七月　海洋少年団の練習船和爾丸に同乗して、南洋各地を訪問。
一九三五年
パスカル「パンセ」序説『基督教叢書』第五二
一九三六年
一月一日　同盟通信社発足。
一月二四日　長男剛人、誕生。
一〇月　北海道での陸軍特別大演習を取材。
一九三七年
九月　北支に派遣される。中屋健一ら一行七人、大阪からニュース映画班の花房末太郎が合流。門司を出港、唐沽に上陸。
九月一二日　天津に到着。「軍陣新聞」の編集を命ぜられる。
一九三八年
三月　日本軍司令部が天津から北京に移ったのにともない、北京の北支総局に移る。
四月　済南出張
六月半ば　ハノイ特派員辞令
六月二六日　蒙彊旅行のため北京を出発、憲容同行。

張家口、大同、厚和を訪問。
七月　北京を出発、奉天、新京、平壌をへて帰国。
七月下旬　東京出発、八幡市の弟を訪ねる。
長崎から連絡船に乗船、同僚の黒沢俊雄と乗り合わせる。
上海で松本重治と会う。
八月　香港から貨客船クワントン号に乗船。
八月二一日　ハイフォン港着、同日、ハノイへ。
九月中旬　矢田七太郎元公使、橋丸大吉書記生と広西・仏印国境を視察。
一〇月　サイゴン、訪問。
一〇月二八日　軍法会議に呼び出し。
一一月　広西・仏印国境を視察。香港、訪問。
一二月二〇日　汪兆銘、重慶を脱出して、ハノイに飛来。

一九三九年
一月一〇日　汪兆銘の側近、曽仲鳴と会見。
三月中旬　香港、マカオ出張。
三月二一日　汪兆銘の側近、ハノイで暗殺さる。
三月二六日　ハイフォンに向け、香港を出発。
四月　汪兆銘、ハノイ脱出。
六月　香港経由で一時帰国。松本重治を見舞う。
六月二二日　中南支総局勤務となる。
七月　社報七月号「仏印と事変の反響」を執筆。
九月一四日　パリ支局臨時在勤の辞令。
九月一六日　上海から鎌倉丸に乗船。
九月一八日　神戸で下船、急行で東京へ。
横浜から鎌倉丸に乗船。
一〇月六日　ホノルル経由、サンフランシスコ着。
米国に三週間滞在。
ニューヨークから船でアゾレス群島のポンタ・デルガダ、リスボン、ジブラルタル、ナポリ経由、ローマへ。
チラナ、アテネ、ソフィア、ベオグラード、ブダペスト、ブカレストを回る。
一一月一〇日　イスタンブール着。

一九四〇年
一二月末　ベルリンを訪問。

一九四一年
二月七日　イスタンブール発、列車でバグダッドまで。
以降、空路をとる。
二月二〇日　帰国
社会部次長。
三月　社報三月号「欧州より帰りて」を執筆。
外交協会第四五九回例会で「戦慄するバルカン諸邦」と題して講演。
五月　『バルカン近東の戦時外交』を出版。
七月二一日　大本営派遣の報道班員として、南部仏印進駐取材のため、飛行機で東京を出発。海南島三亜経由で三〇日、サイゴン着。三週間滞在。
一〇月　『仏印進駐記』を出版。
一二月五日　内信部社会主任。
一二月八日　アジア太平洋戦争勃発

一九四二年
七月　新庄嘉章と共著で『安南物語』を出版。
七月　帝国蓄音器『聖戦記録　大東亜戦争史』解説執筆。
九月二一日　政経部次長待遇
九月『トルコ・政治風土記』を出版。

一九四三年
二月一一日　編集局副参事。
八月　満州、中国、仏印、ビルマ、シンガポール、インドネシア、フィリピンを訪問。
一〇月　社報一〇月号「満・文・南方特急視察」を執筆。

一九四四年
海外局企画部
七月二二日　日本放送協会に出向、海外局編成部長。

一九四五年
八月一五日　ラジオ・トウキョウで日本人向けに放送。
八月三一日　日本放送協会出向解除。同盟に戻る。
一〇月三一日　同盟通信社解散。
一一月一日　共同通信社、時事通信社創立に伴い、時事通信社内信部長。
一二月『終戦の前夜：秘められたる和平工作の諸段階』を出版。

一九四六年
一月　小説『戦争巡歴』執筆開始。
六月一九日　図書室主幹。
一二月五日　事業局長兼図書室主幹。

一九四七年
一月二一日　年鑑部長兼務。

一九四八年
一月　カリエス発病、自宅療養。

一九五一年
一二月二二日　死去。

人名索引

＊太字は、重要人物。

凡例

一　原文は歴史的仮名遣いを使用しているが、現代仮名遣いに改めた。

一　字体は原文を出来るだけ尊重しながら、適宜常用漢字に改めた。

一　「」を適宜入れて、読みやすくした。

一　現在は差別語として不適切なものも、原文を尊重してそのままとした。

一　「戦争巡歴」の中見出しは、第二部「和平工作」にあるものを除いて、編集者がつけたものである。

一　〈注〉、〈＊〉は、編集者が入れたものである。

■著　者　**大屋　久寿雄**（おおや　くすお）
1909年7月、福岡県嘉穂郡千手村（現・嘉麻市）で出生。30年、東京の成城高等学校を卒業、シベリア経由で欧州へ。フランス・リヨン大学文学部入学。33年帰国。

1933年10月、新聞聯合社に入社、社会部員。

1937年9月、北支派遣、38年8月からハノイ支局長。39年9月、第２次大戦勃発とともに欧州に派遣。イスタンブールを拠点に取材する。41年2月、帰国、同盟通信社会部次長。

1944年7月、日本放送協会に出向、海外局編成部長、45年8月、出向解除、同盟に戻る。

10月、同盟通信社解散、11月、共同通信社、時事通信社創立、時事通信社内信部長。

1946年1月、『戦争巡歴』執筆開始、48年1月、カリエス発病、51年12月、死去。

■編集・解説　**鳥居　英晴**（とりい　ひではる）
1949年、東京、武蔵野市生まれ。

1972年、慶應義塾大学卒業後、共同通信社入社。社会部、新潟支局、ラジオテレビ局報道部、国際局海外部、2002年退社。

［著書］『国策通信社「同盟」の興亡-通信記者と戦争』花伝社、『日本陸軍の通信諜報戦』けやき出版。

［訳書］『民衆の北朝鮮-知られざる日常生活』花伝社。

戦争巡歴—同盟通信記者が見た日中戦争、欧州戦争、太平洋戦争

2016年9月9日第１刷発行　定価7500円＋税

著　者　　大屋　久寿雄
編集・解説　鳥居　英晴
編集協力　　共同通信社
発　行　　柘植《つげ》書房新社
〒113-0033　東京都文京区本郷1-35-13
TEL03 (3818) 9270　FAX03 (3818) 9274
http://www.tsugeshobo.com　郵便振替00160-4-113372
装　幀　犬塚勝一
印刷・製本　創栄図書印刷株式会社

乱丁・落丁はお取り替えいたします。　ISBN978-4-8068-0685-1　C0030